A religião dos primeiros cristãos

Uma teoria do cristianismo primitivo

GERD THEISSEN

A religião dos primeiros cristãos

Uma teoria do cristianismo primitivo

Paulinas

Dados Internacionais de Catalogação na Publicação (CIP)
(Câmara Brasileira do Livro, SP, Brasil)

Theissen, Gerd
  A religião dos primeiros cristãos : uma teoria do cristianismo primitivo / Gerd Theissen ; [tradução Paulo F. Valério]. — São Paulo : Paulinas, 2009. — (Coleção cultura bíblica)

  Título original: Die religion der ersten Christen : eine Theorie des Urchristentums.
  Bibliografia.
  ISBN 978-85-356-2406-9
  ISBN 3-579-02623-2 (ed. original)

  1. Cristianismo – Origem 2. História eclesiástica – Igreja primitiva, ca. 30-600 I. Título. II. Série.

09-00394   CDD-270.1

Índice para catálogo sistemático:
1. Cristianismo : Origem   270.1

Título original: *Die religion der ersten christen: Eine theorie des urchristentums*
© 2008 Gütersloher Verlagshaus, a division of Verlagsgruppe
Radom House Gmbh, München, Germany.

1ª edição – 2009
3ª reimpressão – 2024

Direção-geral:	*Flávia Reginatto*
Editores responsáveis:	*Vera Ivanise Bombonatto*
	Matthias Grenzer
Tradução:	*Paulo F. Valério*
Copidesque:	*Cirano Dias Pelin*
Coordenação de revisão:	*Marina Mendonça*
Revisão:	*Sandra Sinzato*
Direção de arte:	*Irma Cipriani*
Gerente de produção:	*Felício Calegaro Neto*
Capa e editoração eletrônica:	*Wilson Teodoro Garcia*

Nenhuma parte desta obra poderá ser reproduzida ou transmitida por qualquer forma e/ou qualquer meios (eletrônico ou mecânico, incluindo fotocópia e gravação) ou arquivada em qualquer sistema ou banco de dados sem permissão escrita da Editora. Direitos reservados.

Cadastre-se e receba nossas informações
paulinas.com.br
Telemarketing e SAC: 0800-7010081

Paulinas
Rua Dona Inácia Uchoa, 62
04110-020 – São Paulo – SP (Brasil)
📞 (11) 2125-3500
✉ editora@paulinas.com.br
© Pia Sociedade Filhas de São Paulo – São Paulo, 2009

Dedicado às Faculdades Teológicas das Universidades de Glasgow e de St. Andrews como gratidão pela concessão do título de Doutor *honoris causa*.

PREFÁCIO

Este livro é a tentativa de uma descrição e análise da religião cristã primitiva sob a ótica das ciências da religião. Gostaria de apresentar seu conteúdo de maneira tal que se tornasse acessível às pessoas, independentemente de sua postura religiosa ou não-religiosa. Por certo existem diversas apresentações da história do cristianismo primitivo e de sua literatura que não pressupõem posicionamentos específicos. O que falta é uma apresentação adequada da religião, da fé, do etos e dos ritos cristãos primitivos — ou seja, daquilo que movia interiormente as pessoas no cristianismo primitivo. Quem deseja informar-se a esse respeito, é remetido às "Teologias do Novo Testamento". Estas representam uma perspectiva intracristã. São escritas, geralmente, para futuros pastores e pastoras. Trata-se de tentativas legítimas e necessárias de apresentar uma religião a partir de dentro. Todavia, o Novo Testamento e o cristianismo primitivo são por demais importantes para que não se possa torná-los acessíveis sob uma perspectiva unicamente científica. Seus textos e suas convicções pertencem às informações culturais fundamentais da história humana — independentemente de que sejam ouvidos como pregações ou lidos como componentes de nossa tradição. Não é bom nem para a sociedade nem para a Igreja que eles sejam excluídos do discurso geral.

O certo é que todo estudioso escreve inconscientemente a partir de seu ponto de vista. O autor deste livro é cristão. Ensina teologia numa faculdade teológica. É pastor ordenado, pároco. Ele prega. Vive o cristianismo primitivo e seus textos. Alguns pretenderiam considerar isso um limite intransponível para seu empreendimento. No entanto, existe uma diferença entre alguém transformar sua perspectiva em programa, e aceitá-la e refletir sobre ela como contexto heurístico de descoberta, não, porém, como único contexto de credibilidade e de comunicação do próprio pensamento. Isto é, podemos apresentar as coisas que amamos de forma que se tornem compreensíveis e acessíveis a todos — até os que possuem, em relação a elas, posturas completamente diversas da nossa. A ciência serve para que possamos entrar em comunicação com pessoas que trazem marcas diferentes das nossas e que possuem visões contrárias. Na cultura hodierna, e especialmente na teologia, apenas uma minoria partilha esta opinião. Ela contradiz a mentalidade pós-moderna. Mas existem esforços semelhantes na exegese finlandesa: o estudioso do Novo Testamento, Heikki Räisänen, em Helsinki, independentemente de mim, tivera a ideia de uma tal apresentação da religião cristã primitiva. Nossas perspectivas resultam bastante diversas. Contudo, ambos somos de opinião que a comunicação científica é possível e necessária, para além das fronteiras das respectivas posições religiosas.

Ademais, parece-me que tal apresentação da religião cristã primitiva é também importante para a própria Igreja e para o cristianismo. Hoje em dia, ninguém pode ligar-se a uma tradição sem que não inicie um diálogo com outras. A "perspectiva externa" tornar-se sempre mais uma parte da "perspectiva interna". Nós só asseguramos nossas próprias tradições à medida que as dispomos ao diálogo. O diálogo com outros é parte de um diálogo com nós mesmos.

Este livro remonta às *Speaker's Lectures* ["Preleções dos conferencistas"], em Oxford, nas primaveras de 1998 e 1999. Agradeço à Faculdade Teológica da Universidade de Oxford pelo convite para aquelas conferências. Elas constituíram uma ocasião propícia e um desafio para a elaboração da teoria da religião cristã primitiva em forma concisa e em prazo limitado, não obstante eu tivesse a intenção de, bem mais tarde, entregar-me a esse projeto, na verdade como resumo de meu trabalho a respeito do cristianismo primitivo. O leitor experimentará, por vezes, que aqui se esboçou um plano que ainda pode ser completado e mais nuançado. A necessidade de condensar traços fundamentais da fé, da ética, do rito e da história do cristianismo primitivo levou necessariamente a diversas simplificações. Tampouco as observações que mais tarde foram acrescentadas às preleções puderam ser inseridas largamente na discussão de detalhes como seria desejável.

As conferências de Oxford apareceram inicialmente em inglês sob o título de *A Theory of Primitive Christian Religion* ["Uma teoria da religião cristã primitiva"], pela editora SCM de Londres, em 1999. A edição alemã foi revista mais uma vez e provida de complementos e notas importantes no texto.

Agradeço, de modo especial, ao Oriel College e a seu Reitor Ernest Nicholson pela acolhida que me foi dispensada como "companheiro convidado". Agradeço aos meus colegas e amigos de Oxford pelas inúmeras conversas, especialmente Robert Morgan, Christopher Rowland e Christopher Tuckett, bem como a todos os que me ajudaram mediante perguntas e comentários às minhas conferências. Meus agradecimentos se estendem a John Bowden, da SCM, que há muito tempo acompanha minha atividade, traduziu as preleções e os originais para o inglês e me apoia em meu trabalho. Em Heidelberg, minha gratidão vai para Heike Goebel e, especialmente, para Helga Wolf pela redação dos originais; para Fiederike Wendt e Simone Sinn, pela leitura das correções e revisão das citações bíblicas e literárias; para Annete Merz, pela leitura crítica de todo o original. Agradeço à minha esposa, minha mais importante interlocutora em todas as questões durante todo o tempo de trabalho dedicado a este livro.

Dedico este livro a ambas as Faculdades do Reino Unido, as quais concederam-me o título de Doutor *honoris causa* em teologia, em 1990 e 1997.

GERD THEISSEN

Capítulo 1
O PROGRAMA DE UMA TEORIA DA RELIGIÃO CRISTÃ PRIMITIVA

Por que uma teoria da religião cristã primitiva? Por que não "Teologia do Novo Testamento", a fim de apresentar sinteticamente a fé dos primeiros cristãos?

Como se sabe, pode-se ler "teologia" num sentido descritivo e num sentido confessional. O conceito "Teologia do Novo Testamento" é usado descritivamente quando ele indica uma análise de todas as declarações no N.T. que falam de Deus, ou do mundo e do ser humano em sua relação com Deus, sem que se atribua a tais declarações uma pretensão normativa. Em minha opinião, semelhante teologia descritiva do N.T. não está em condições de apreender a fé cristã primitiva em todo o seu dinamismo. A fim de descobrir o que movia os primeiros cristãos no mais íntimo de seu ser, é preciso perscrutar por inteiro a vida deles e inserir suas afirmações teológicas em contextos semiótico, social, psíquico e histórico que não são imediatamente "teológicos". O dinamismo da fé cristã primitiva está enraizado no dinamismo da vida.

À primeira vista, uma "teologia" em sentido confessional aproximar-se-ia muito mais desse dinamismo. Com efeito, ela é "confessional" porque parte da premissa de que esta fé ainda hoje possui força válido-normativa. Consequentemente, ela tende a supor que a fé possuía tal força também no tempo de seu aparecimento. Contudo, é preciso deixar claro: aquele que, numa apresentação da fé dos primeiros cristãos, parte da premissa válido-normativa — "Em Cristo, Deus redimiu o mundo e levou a vida humana à sua plenitude" — corre o risco de privar muitos contemporâneos secularizados de tal acesso ao N.T. Ele subtrai o centro da vida cristã primitiva ao diálogo geral. Move-se num discurso intracristão. Uma teoria da religião cristã primitiva pretende descrever e explicar a fé cristã primitiva em seu dinamismo que pervaga toda a existência, mediante categorias gerais das ciências da religião.¹ Ela aspira a possibilitar uma dupla leitura dessa fé: uma visão a partir de dentro e a partir de fora — e, acima de tudo, uma mediação entre essas duas perspectivas.

---

1   O programa de uma análise da religião cristã primitiva a partir das ciências da religião remonta a William Wrede, *Über Aufgabe und Methode der sogennanten Neutestamentlichen Theologie*, Göttingen: Vandehoeck 1897; = Georg Strecker (ed.), *Das Problem der Theologie des Neuen Testaments*, WdF 367, Darmstadt: Wissenschaftliche Buchgesellschaft 1975, 81-154; = *The Task and Methods of New Testament Theology*, in: Robert Morgan (ed.), *The Nature of New Testament Theology*, SBT 25, London: SCM 1973, 68-116. Atualmente, esse programa foi renovado por Heikki Räisänen. Cf. *Beyond New Testament Theology: A Story and a Programme*, London: SCM 1990; *Die frühchristliche Gedankenwelt: Eine religionswissenschaftliche Alternative zur, neutestamentlichen Theologie*, in: Christoph Dohmen/Thomas Söding (ed.), *Eine Bibel — zwei Testamente: Positionen biblischer Theologie*, Paderborn: Schöningh 1995, 253-265; *Comparative Religion, Theology, and New Testament Exegesis*, StTh 52 (1998) 116-129. O presente programa é assinalado por três características, que se distinguem por sua oposição a uma "Teologia do Novo Testamento" normativamente comprometida, e, nesse sentido, são variações do mesmo intento:
1. O distanciamento em relação à *pretensão normativa* dos textos religiosos. A "pretensão" deles torna-se objeto, mas não pressuposto da análise. A análise do cristianismo primitivo acontece de forma "aberta a identidades" (ou seja, acessível a pessoas de identidades religiosas diversas) e "aberta a aplicações" (ou seja, independentemente da aplicabilidade dos resultados na práxis eclesial).
2. A superação dos limites do *cânone*. Toda a literatura cristã primitiva, até mais ou menos Irineu, é incluída na pesquisa, pelo que a delimitação rígida entre o cristianismo primitivo e a Igreja Antiga é posta em questão. Em princípio, a literatura canônica e a não-canônica têm o mesmo valor.
3. O desvencilhamento das categorias *ortodoxia* e *heresia*: em princípio, todas as correntes cristãs primitivas gozam dos mesmos direitos. Dito de forma exagerada: em caso de dúvida, a ortodoxia é considerada como "a heresia que se impôs".
Três determinações ulteriores expressam de forma mais positiva aquilo por que tal análise do cristianismo primitivo a partir das ciências da religião se esforça. Aqui se encontra a força desse programa:
4. O reconhecimento da *pluralidade* e controvertibilidade dos esquemas teológicos no cristianismo primitivo. Não existe necessidade alguma de se elaborar um querigma unitário a partir dos escritos primitivos cristãos, não obstante a questão acerca da unidade permaneça preocupação legítima, sob a perspectiva histórica e das ciências da religião (e não, de forma alguma, apenas teológica): a teoria da religião cristã primitiva aqui pressuposta indaga de forma mais intensiva a respeito da unidade na diversidade do que o reconhecimento programático da pluralidade deixa pressupor.
5. A interpretação de ideias teológicas a partir de seu *contexto vital real*. A religião não consiste (apenas) de pensamentos, mas é expressão de toda a vida. Ideias religiosas são expressão de experiências religiosas e sociais — e, em todo caso, condicionadas também por fatores não-religiosos. Por conseguinte, incluir-se-ão também na análise os condicionamentos políticos e sociais.
6. Abertura perante a *história da religião*: a religião cristã primitiva será vista em sua interação com outras religiões — de modo especial como uma corrente proveniente do judaísmo, e que foi marcada pelo confronto com religiões pagãs. Essas outras religiões serão apresentadas sem depreciação — portanto, não a partir do ponto de vista de uma superioridade preestabelecida do cristianismo primitivo. Outra coisa é que também a consciência de superioridade de judeus e de cristãos no mundo pagão exige uma explicação. Ainda não existe um plano acabado de tal análise do cristianismo primitivo a partir das ciências da religião. Uma coisa deveria ficar clara: uma iniciativa dessa natureza dá ampla margem a diversos conceitos. A presente tentativa distingue-se provavelmente (1.) pelo uso de modelos teológicos, ainda que desempenhem papel apenas funcional. Eu as nomeio antecipadamente em frases feitas: religião como linguagem de sinais, seu comando por meio de axiomas implícitos, sua autonomia como sistema auto-organizado, a reelaboração de dissonâncias cognitivas na religião, a reação do milenarismo ao conflito da cultura autóctone com as culturas imperiais, as interpretações teórico-conflitivas do etos como expressão de uma superação da luta pela distribuição das oportunidades de vida, as teorias da liminaridade ritual com as necessárias quebras de tabus. Todas essas teorias ou princípios de teorias não se prestam à elaboração de uma teoria geral da religião, mas a apresentar os inícios de uma religião concreta em categorias gerais acessíveis. (2.) Mais

Ora, nas Ciências da Religião, de modo geral, discute-se o que venha a ser precisamente religião. A definição que se segue não pode e não pretende reivindicar ser a única definição possível; ao contrário, que ela, dentro do espectro de definições possíveis, não apresenta nenhuma formulação extremista: *Religião é um sistema cultural de sinais que promete o proveito da vida mediante a correspondência a uma realidade última.*[2]

A primeira parte da definição diz o que é a religião: a saber, uma linguagem cultural de sinais. Com isso, ela diz algo a respeito do ser da religião. A segunda parte diz o que ela realiza: o proveito da vida. Com isso, fica dito algo acerca de sua função. A definição deixa aberto se e em que sentido existe uma realidade última. Pois a afirmação de que a religião, mediante a correspondência a uma última realidade, promete o proveito da vida, assume, por certo, a autocompreensão das religiões, mas não exige que ninguém o admita.

O "ser" da religião: religião como sistema cultural de sinais

Tomemos a primeira parte da definição, que diz respeito ao ser da religião. Sua especificação como linguagem cultural de sinais contém três traços: a religião possui caráter semiótico, sistêmico e cultural.

---

fortemente do que em outros projetos, a religião será compreendida como um poder vital normativo: o possível aparecimento de um cânone (portanto, uma coleção de escritos com pretensões autoritativas) desempenha um papel importante para essa "teoria da religião cristã primitiva". Consequentemente, dar-se-á grande peso à pergunta acerca da unidade da religião cristã primitiva (na forma da questão da gramática de sua linguagem de sinais).

[2] A definição da religião como (1.) sistema cultural de sinais, (2.) que corresponde a uma realidade última e (3.) que promete o proveito da vida está influenciada por Clifford Geertz em Religion als kulturelles System, in: *Dichte Beschreibung, Beiträge zum Verstehen kultureller Systeme*. Frankfurt: Suhrkamp 1983, 44-95 = tradução inglesa: "Religion As a Cultural System", in: *The Interpretation of Cultures*. New York: Basic Books 1973, 87-125, aqui, p. 90. Segundo ele, religião é "um sistema de símbolos que visa a criar nas pessoas disposições e motivações fortes, abrangentes e duradouras, à medida que se formulam concepções de uma organização geral da existência, e essas concepções são envoltas de tal modo em uma aura de facticidade que as disposições e motivações parecem corresponder plenamente à realidade" (p. 48). Esta definição poderia ser simplificada resumidamente em dois pontos:
1. Em vez de sistema de símbolos, eu falo de sistema de sinais, visto que "símbolos", em sentido restrito (como a "cruz"), são apenas uma forma especialmente complexa de sinais, enquanto imperativos como "Não matarás" são, por certo, "sinais" linguísticos, mas não "simbólicos" (em sentido estrito).
2. A formulação "correspondência a uma realidade última" resume a descrição diferenciada da correspondência das disposições e motivações a uma organização da existência reputada como factual. Acrescente-se a isso uma razão prática: a religião promete um proveito da vida, ou seja, direito, conservação ou melhoramento da vida.

Em primeiro lugar, a religião é um fenômeno *semiótico*. Com isso, distinguimo-nos de outras definições de religião. Não afirmamos que ela é a experiência do sagrado. Não dizemos também que seja uma projeção humana. Dizemos: ela é um sistema objetivo de sinais. O que significa isso? O ser humano não pode existir em seu ambiente tal qual o encontra. Ele precisa modificá-lo. De um lado, ele faz isso mediante o trabalho e a técnica e, de outro lado, mediante a interpretação. A compreensão do mundo dá-se por meio de um sistema de interpretação: pelo senso comum no dia-a-dia, pela ciência, cultura e religião em campos especializados da vida. Por intermédio do trabalho e do conhecimento, o ser humano transforma seu mundo num lar habitável. A mudança do mundo, valendo-se da interpretação, não acontece mediante intervenções causais na natureza, como no trabalho e na técnica, mas por meio de "sinais", ou seja, com o auxílio de elementos materiais que, na qualidade de sinais, criam relações semióticas com algo específico. Tais sinais e sistema de sinais não alteraram a realidade específica, mas, sim, a nossa relação cognitiva, emocional e pragmática com ela: eles incrementam a nossa atenção, organizam coerentemente as nossas impressões, ligam-nas aos nossos comportamentos. Somente no mundo assim interpretado é que podemos viver e respirar.[3]

O que existe, pois, de especial no sistema religioso de sinais? Ele se caracteriza pela combinação de três formas de expressão que se ligam dessa maneira apenas na religião: mito, rito e etos. Expliquemos brevemente cada uma dessas formas de expressão.[4]

Mitos explicam, em forma narrativa, o que determina fundamentalmente o mundo e a vida.[5] Na maioria das vezes eles narram o comportamento de

---

[3] Esta compreensão do ser humano como *animal symbolicum* que transforma o mundo em seu lar, pela interpretação ligada a sinais, encontra-se em Ernst Cassirer, *Was ist der Mensch? Versuch einer Philosophie der menschlichen Kultur*, Stuttgart: Kohlhammer 1960.

[4] As três formas de expressão da religião serão definidas com base em Fritz Stolz (*Grundzüge der Religionswissenschaft*, KVR 1527. Göttingen: Vandenhoeck 1988, 79-81). Ele distingue "possibilidades de representação" ou "possibilidades de codificação" das mensagens religiosas no âmbito do fazer, do ver e do falar: portanto, formas de expressão praxiológicas, materiais e linguísticas. As formas de expressão praxiológicas e materiais da religião são aqui sintetizadas como formas de expressão rituais: Eucaristia e altar completam-se. As formas de expressão linguísticas aparecem como mitos, mas podem também continuar a desenvolver-se e tornar-se teologia e reflexão. O etos é considerado uma forma de expressão distinta — em consonância com o grande peso que possui na tradição judeo-cristã.

[5] Em minha opinião, devem-se distinguir três dimensões do mito: é um texto, um poder que modela a vida e uma estrutura de pensamento. As teorias acerca do mito não se contradizem umas às outras desde que se concentrem respectivamente sobre uma dessas dimensões:
(1.) O mito é um *texto*: uma narrativa que trata de um tempo decisivo para o mundo, no qual sujeitos numinosos (deuses, anjos e demônios) transformam (ou transformarão) um objeto instável da realidade num

diversos deuses num tempo primordial, ou num tempo escatológico, muito distante do presente mundo habitado. Na tradição bíblica, logo se deu uma transformação: o mito das ações fundamentais de Deus foi estendido por toda a história até o presente, tornou-se uma narrativa histórico-salvífica que também engloba a história. Ao mesmo tempo, a narrativa de inúmeros deuses converteu-se no relato de um só e único Deus, que conta apenas com um parceiro social: o povo de Israel como representante de toda a humanidade. No cristianismo primitivo, encontramos uma continuação desse desenvolvimento: um mito liga-se a uma história concreta em meio ao tempo. Um ser humano particular, membro do povo de Israel, torna-se o centro de todos os acontecimentos. Uma teoria da religião cristã primitiva deve tornar compreensível essa ligação singular entre mito e história.

---

objeto estável. Cf., a esse respeito, Fritz Stolz, Der mythische Umgang mit der Rationalität und der rationale Umgang mit dem Mythos, in: Hans H. Schmid (ed.), *Mythos und Rationalität*. Gütersloh: Mohn 1988, 81-106.

(2.) O mito tem uma *função*: trata-se de uma narrativa com força legitimadora ou utópica, que fundamenta uma forma de vida social ou a põe em questão (como em diversos mitos escatológicos). O funcionalismo investigou este aspecto do mito. Cf. Bronislaw Malinowski, *Myth in Primitive Psychology*. New York 1926 = Westport, Conn.: University Press 1971.

(3.) Finalmente, o mito é uma *mentalidade* ou *estrutura de pensamento*: mitos são narrativas em cuja base acha-se outra maneira de conceber o universo em formas de percepção e de explicá-lo segundo certas categorias. Nesse sentido, não estão em contraposição ao *logos*, mas são uma primeira forma do *logos*. Cf. Ernst Cassirer, *Philosophie der symbolischen Formen II. Das mythische Denken*, 1925 = Darmstadt: Wissenschaftliche Buchgesellschaft 1958.

No âmbito das formas de concepção de espaço e tempo, típico do mito é sua estruturação mediante a oposição entre o sacro e o profano: existem um centro sagrado do mundo e um tempo sacro definitivo (ou lugares e tempos sagrados) — sempre contrapostos ao espaço e ao tempo profanos. Dentre as categorias de pensamento, com as quais as noções de espaço e tempo serão ordenadas, estas são as mais importantes:

(a) Uma noção de substância segundo a qual as coisas aparecem como animadas: consequentemente, a primeira categoria do pensamento mítico é a *animação*. O universo mítico é um mundo de vontades e de intenções que agem em todas as coisas. A hostilidade do mundo é, por exemplo, personificada e animada — e, a seguir, representada pela figura de Satã e de seus demônios (cf. Aleida e Jan Assmann, Mythos, *HRWG* IV 1998, 179-200, p. 191).

(b) Uma noção de causalidade que também leva a produzir sucessivamente algo semelhante: o pecado individual da pessoa não acontece apenas analogamente ao pecado de Adão, mas é causado por este pecado. *Causalidade por analogia* é uma segunda categoria fundamental do pensamento mítico.

(c) Uma noção de relação na qual é possível uma *profunda identidade* entre coisas e pessoas que aparecem claramente distintas em nossas percepções cotidianas: por exemplo, em cada pessoa repete-se a culpa de Adão. Cada pessoa é Adão. A respeito desse modo de pensar em termos de identidade profunda, cf. especialmente Gerhard Sellin, Mythologeme und mythische Züge in der paulinischen Theologie, in: Hans H. Schmid (ed.), *Mythos und Rationalität*. Gütersloh: Mohn 1988, 209-233.

Numa visão de conjunto, as principais estruturas de pensamento podem ser assim resumidas:
Formas de concepção:
a) Espaço: espaço sagrado   — espaço profano
b) Tempo: tempo sagrado   — tempo profano
Categorias de pensamento:
a) Substância: Animação: todas as coisas agem personificadamente
b) Causalidade: Causalidade por analogia: algo semelhante produz-se sucessivamente
c) Relação: Identidade profunda: no fundo, o dessemelhante é idêntico

Ritos são padrões de comportamento repetitivos com os quais as pessoas interrompem suas atividades cotidianas, a fim de apresentar a outra realidade significada no mito.⁶ Conforme antiga divisão (Plutarco, Is 3.68), eles incluem:

- Palavras interpretativas (λεγόμενα)
- Comportamentos (δρώμενα)
- Objetos (δεικνύμενα)

Nas palavras interpretativas, o mito é atualizado em forma condensada. Destarte, os comportamentos adquirem um excedente simbólico e são relacionados como sinais da "outra realidade". Em razão desse "excedente", os objetos presentes no rito são subtraídos ao uso cotidiano, profano — inclusive o lugar e o edifício onde e nos quais os ritos se realizam. Uma teoria da religião cristã primitiva tem a ver com uma grande ruptura nas formas de expressão simbólica da religião. Desde logo — de diversas formas no judaísmo e no cristianismo (e também na filosofia) — as práticas rituais tradicionais (os sacrifícios cruentos de animais) foram substituídas por novos ritos (incruentos). Objetos tradicionalmente santos, como templos, perderam sua "sacralidade". Acima de tudo, porém, chegou-se a um comportamento novo e paradoxal entre realizações rituais e suas interpretações: os primeiros cristãos desenvolveram, na verdade, um sistema de sinais sem templo, sem sacrifício, sem sacerdote, e conservaram, então, de forma dissimulada em suas interpretações, esses elementos tradicionais de sistemas religiosos, muitas vezes até mesmo numa forma arcaica já então ultrapassada: eles cessaram, com efeito, de sacrificar animais, mas, em suas interpretações, reativaram uma forma de sacrifício de há muito superada: o sacrifício de pessoas — como o sacrifício expiatório de Jesus.

Etos pertence à linguagem dos sinais. Ou mais precisamente: o comportamento ético pode, em extensão diversa, ser integrado na linguagem religiosa de sinais. No judaísmo, essa integração foi realizada coerentemente: todas as normas e valores morais foram reunidos na Torá. O etos sapiencial cotidiano foi igualmente interpretado como parte dela, e os profetas considerados seus intérpretes. O direito, também, foi inteiramente

---

⁶ Cf. Bernhard Lang, Ritual/Ritus, *HRWG* IV, 1998, 442-458. Se quisermos estabelecer uma diferença entre rito e ritual, devemos, naturalmente, com B. Lang, assim definir: "Enquanto 'Rito' (plural: ritos) indica o menor elemento de um comportamento religioso, reserva-se a palavra ritual para o acontecimento global constituído de ritos" (p. 444).

perpassado por elementos teônomos — precisamente nas passagens em que ele se converteu num etos que se subtraiu ao controle e às sanções humanas. Com outras palavras, o um só e único Deus determina toda a vida mediante sua vontade. Toda conduta adquiriu um excedente semiótico de sentido por meio de sua relação com o mandamento de Deus e sua história. Não se tratava simplesmente de comportamento bom ou mau, mas era um comportamento impulsionado por mandamentos absolutamente divinos e sancionado por um poder absoluto. Uma teoria da religião cristã primitiva deverá ocupar-se de como tal integração do etos na religião foi realizada no cristianismo primitivo: por um lado, ela tenderá a um radicalismo ético e, por outro lado, essa pretensão humana exagerada, fruto desse radicalismo, será controlada pelo etos do perdão.

Se consideramos a religião como uma linguagem de sinais, isso significa, então, que não lhe atribuímos apenas um caráter semiótico, mas também um caráter *sistêmico*:[7] hoje, sabemos que "sinais" só podem desempenhar sua tarefa em relação e oposição a outros sinais. Eles constituem, juntos, um "sistema". De igual maneira, os sinais e as formas de expressão de uma religião configuram um sistema de sinais, uma "língua" homogênea, governada por determinadas regras e composta por elementos específicos, da mesma forma que uma língua é determinada pela gramática e pelo léxico. Os usuários dessa gramática devem estar tão pouco conscientes dela quanto nós o

---

[7] O modo "sistêmico" de conceber a religião, esboçado a seguir, está motivado por três noções:
(1) Os sistemas de convicção religiosa são governados por uns poucos "*axiomas implícitos*" ou "normas reguladoras", que não precisam necessariamente existir como declarações linguisticamente formuladas, mas que são, acima de tudo, passíveis de conscientização e de expressão linguística. Agradeço esta compreensão a Dietrich Ritschl, Die Erfahrung der Wahrheit. Die Steuerung von Denken und Handeln durch implizite Axiome, in: *Konzepte*, München: Kaiser 1986, 147-166.
(2) As religiões são línguas nas quais esses axiomas implícitos formam uma "*gramática*", pela qual, entre outras coisas, as associações e as incompatibilidades são determinadas. Essa ideia de uma gramática da fé provém de George A. Lindbeck, *The Nature of Doctrine. Religion and Theology in a Postliberal Age*, Philadelphia: Westminster Press 1984 = alemão: *Christliche Lehre als Grammatik des Glaubens. Religion und Theologie im postliberalen Zeitalter*. ThB 90, Gütersloh: Kaiser, 1994.
(3) Religiões são sistemas com referências próprias e alheias, bem como com a capacidade de auto-organização, que buscam autogovernar-se por axiomas implícitos (ou por meio de sua gramática). Essa forma teórico-sistêmica de conceber as religiões, devo-a às dissertações de dois estudiosos de Heidelberg: Andreas Feldtkeller e Astrid Schlüter. Cf. Andreas Feldtkeller, *Identitätssuche des syrischen Urchristentums. Mission, Inkulturation und Pluralität im ältesten Heidenchristentum*, NTOA 25, Freiburg Schweiz: Universitätsverlag/Göttingen: Vandenhoeck 1993; *Im Reich der syrischen Göttin. Eine religiös plurale Kultur als Umwelt des frühen Christentums*. (Studien zum Verstehen fremder Religionen 8), Gütersloh: Gütersloher Verlagshaus 1994. Aqui se emprega uma análise teórico-sistêmica para todo o sistema religioso. Astrid Schlüter, *Die Selbstauslegung des Wortes. Selbstreferenz und Fremdreferenzen in der Textwelt des Johannesevangeliums*. Heidelberg 1996 (publicada por volta de 2000), em contrapartida, emprega uma análise teórico-sistêmica para um universo textual religioso concreto.

estamos das regras de nossa língua materna quando a utilizamos: a gente aprende uma língua antes de dar-se ao trabalho de aprender sua gramática. Ademais, dispomos tão-somente de uma parte do léxico. A gramática de uma língua religiosa é composta também, como outras gramáticas, de regras positivas e negativas de associação, ou seja, de indicações a respeito daquilo que é permitido ou não combinar. Quando nós, por exemplo, entramos em uma igreja despida de imagens e nos deparamos apenas com uma bíblia aberta sobre o altar, logo sabemos: encontramo-nos em uma igreja da Reforma. Dentro do "dialeto" protestante da linguagem de sinais cristã, existe uma regra de associação negativa que diz: é proibido relacionar Deus com imagens — e muito menos representá-lo por meio de imagens. Em compensação para isso, existe uma regra positiva de associação: esse Deus mostra-se em toda a Sagrada Escritura. Dessa forma, bíblia e altar se ligam — e se renuncia a todo adorno de vela sobre o altar. Por meio de diversas gramáticas religiosas reconhecemos se nos movemos no interior de uma linguagem de sinais judaica, islâmica ou cristã — ou se nos encontramos, como em nosso exemplo, no âmbito de um "dialeto" reformado, luterano ou católico de uma mesma língua de sinais cristã.

Uma teoria da religião cristã primitiva deverá esforçar-se por conhecer tal "gramática" da linguagem de sinais cristã primitiva. A propósito, o ponto de partida é a gramática da religião judaica. Aqui, encontramos dois *axiomas fundamentais*: de um lado, uma regra negativa de associação: o só e único Deus não pode ser ligado a outros deuses — tudo aquilo que a eles pertence é-lhe abominação. Por outro lado, encontramos uma regra positiva de associação: Deus está ligado a seu povo de forma singular, de modo a fazer uma aliança com ele e ter-lhe dado a Torá para a preservação dessa aliança. Dito de forma abstrata: o monoteísmo e o nomismo da aliança são os dois axiomas fundamentais do judaísmo.

Acrescentem-se a isso diversos *motivos de base* individuais, ou seja, regras gramaticais da linguagem religiosa de sinais que possuem apenas alcance limitado. Elas são subordinadas aos axiomas fundamentais e são organizadas por esses axiomas: o motivo da criação, da sabedoria, do retorno, do amor ao próximo, da distância em relação a Deus etc.

A pergunta é: até que ponto esses axiomas fundamentais e esses motivos foram modificados no cristianismo primitivo? A regra monoteísta de exclusão não foi diluída quando um ser humano se pôs ao lado de Deus como seu Filho? Pelo menos no evangelho de João os cristãos tiveram de defender-se da acusação judaica de que entre eles uma pessoa humana se fazia passar por Deus (Jo 5,18). Da mesma maneira, pode-se perguntar se também o nomismo da aliança não foi fundamentalmente abandonado quando a ligação entre Deus e o povo foi expandida por meio da fé em um salvador de todas as nações. Em resumo, no cristianismo primitivo, em vez dos dois axiomas fundamentais judaicos, monoteísmo e nomismo da aliança, encontramos os dois axiomas fundamentais monoteísmo e fé no salvador — mediante o que o monoteísmo foi modificado pela fé no salvador e o nomismo da aliança foi estendido a todas as pessoas pela fé em um salvador universal.

Em todo caso, o conhecimento do caráter sistêmico da linguagem religiosa de sinais significa que devemos compreender-lhe a origem como "formação de sistema". Mas o que significa formar um sistema? Duas qualidades devem ser identificáveis: em primeiro lugar, um sistema tem a capacidade da *auto-organização* a partir de um de seus próprios meios, ou seja, em seu comportamento e em seu desenvolvimento ele não será dominado apenas de fora. Em segundo lugar, ele terá a capacidade de diferenciar-se de seu ambiente, ou seja, entre *autorreferência* e *referência externa*. Um sistema linguístico pode (graças ao comportamento linguístico de seus "habitantes") verificar, exitosamente, se uma manifestação é parte integrante do próprio sistema (da língua portuguesa, portanto) ou se representa um elemento estranho (se ela, por exemplo, representa uma construção tipicamente anglicizante), mesmo quando essa construção usa vocabulário português. Portanto, uma teoria do cristianismo primitivo indagará a partir de que centro o novo sistema religioso de sinais se organiza e como ele se diferencia do ambiente circundante, e como desenvolve e impõe suas próprias regras em seu próprio âmbito (em diversos conflitos e confrontações). Por esse motivo, deveremos investigar o processo de diferenciação a partir do judaísmo para um sistema de sinais auto-organizativo e independente.

Finalmente, ainda algumas palavras a respeito da terceira característica de uma linguagem religiosa de sinais: ela é um fenômeno *cultural*, ou seja, ela não é (apenas) nem um fenômeno natural, nem um fenômeno sobrenatural. "Cultural" significa que toda linguagem religiosa de sinais é criada por seres humanos, independentemente do fato de as próprias religiões se compreenderem a si mesmas como resultado de uma ação divina. A associação de determinados elementos a significados, e a organização de tais significados num sistema de sentido é procedimento humano e, acima de tudo: é um comportamento social. Com efeito, somente mediante a participação de grupos e comunidades inteiras é que um sistema de sinais pode tornar-se operante. As religiões são sistemas socioculturais de sinais. Consequentemente, são históricas: elas aparecem e desaparecem, esfacelam-se e misturam-se. Estão intimamente ligadas à história de seus grupos portadores. A história do cristianismo primitivo é a história do surgimento de uma nova religião que se desvinculou de sua religião materna e tornou-se independente. Uma teoria da religião cristã primitiva deverá forcejar por uma interpretação dessa mudança.

Na história das religiões, a renovação e a mudança podem acontecer mediante nova interpretação do sistema tradicional de sinais (por exemplo, por meio de exegese); contudo, podem também sobrevir por meio da escolha de elementos dentre os da religião tradicional: algumas práticas rituais, como a circuncisão, foram eliminadas no cristianismo primitivo; outros elementos, como o amor ao próximo e a metáfora paterna para Deus tornaram-se centrais. Por fim, existe a possibilidade de se realizarem novos desdobramentos mediante a troca com sistemas de religião aparentados. Também o cristianismo primitivo aperfeiçoou sua fé em interação com seu ambiente pagão, mesmo que a antiga escola da história das religiões tenha subestimado a extensão desse "sincretismo".

Tal mudança acontece no sistema religioso de sinais principalmente por meio de *carismáticos*, ou seja, mediante a influência que determinados indivíduos, movidos por uma força de irradiação irracional, exercem sobre outras pessoas — independentemente de cargos de poder e de tradições convencionais, muitas vezes contra forte hostilidade do ambiente: a estigmatização do carismático, por parte do ambiente, pode até mesmo aumentar sua força de penetração. Se ele "supera" a rejeição, manifestada em desprezo sociomoral e sanções negativas, tanto mais duradouramente ele põe em questão o "sistema" que o rejeita. Este *nexo entre estigma e carismático*[8] aparece de forma límpida: precisamente o crucificado — aquele

---

[8] Wolfgang Lipp trabalhou o nexo entre estigma e carisma em diversas publicações: Stigma und Charisma. Über soziales Grenzverhalten, *Schriften zur Kultursoziologie* 1, Berlin: Reimer 1985; "Charisma — Social Deviation, Leadership and Cultural Change. A Sociology of Deviance Approach, *The Annual Review of the Social Sciences of Religion* 1 (1977), 59-77. Suas ideias foram inicialmente aplicadas somente a Jesus e a

que sofrera uma morte horrível, *mors turpissime crucis* — tornou-se aqui Senhor do universo e autoridade decisiva. Os funcionários e os soldados romanos que o condenaram e o supliciaram entre dois malfeitores não podiam imaginar que, 300 anos mais tarde, o Império Romano "converter-se-ia" a ele e o reconheceria como juiz dos vivos e dos mortos.

Ao nexo entre carisma e estigma acrescenta-se um segundo *nexo*: *a ligação entre carisma e crise*. Carismáticos inovadores atuantes desenvolvem-se em tempos de ruptura, quando diversas pessoas estão dispostas a abandonar convicções tradicionais e orientar-se de maneira diferente. A esse propósito, observem-se apenas duas evidências: crises não são apenas tempos de empobrecimento, mas principalmente de transformação. Também épocas de desenvolvimento econômico podem abalar valores e orientações tradicionais. As crises estão longe de ser apenas experiências das classes inferiores. Elas alcançam todas as camadas sociais — pelo que a oposição entre camadas e classes quase sempre constitui um elemento da crise.

A função da religião:
religião como promessa do proveito da vida

Com nossas reflexões acerca do caráter cultural da religião, já levamos em consideração a função da religião na vida, a qual diz respeito à segunda metade de nossa definição. Religião é um sistema cultural de sinais *que promete o proveito da vida mediante a correspondência a uma realidade última*. Limitamo-nos aqui a explicitar em que consiste esse "proveito da vida". Pretendo voltar a outros aspectos da religião somente no último capítulo.

Frequentemente, na religião, por "proveito da vida" entende-se algo bem concreto, acima de tudo saúde e auxílio. Pense-se apenas nas histórias de milagres e nos carismas de curas no cristianismo primitivo. Muitas vezes, porém, as religiões prometem algo sublime para além disso: uma vida na verdade e no amor, obtenção da identidade nas crises e mudança de vida — até a promessa de vida eterna.

---

seus seguidores (Michael N. Ebertz, *Das Charisma des Gekreuzigten. Zur Soziologie der Jesusbewegung*, WUNT 45, Tübingen: Mohr 1987); em seguida, a todo o cristianismo primitivo (Helmut Mödritzer, *Stigma und Charisma im Neuen Testament und seiner Umwelt. Zur Soziologie des Urchristentums*, NTOA 28, Freiburg Schweiz: Universitätsverlag/Göttingen: Vandenhoeck 1994).

A reflexão a partir das ciências da religião investiga sobretudo o proveito psíquico e social da vida, ou seja, a função da religião na vida individual e social.

Quanto à função *psíquica* da religião, podem-se distinguir aspectos cognitivos, emocionais e pragmáticos.[9]

Cognitivamente, as religiões sempre ofereceram uma ampla interpretação do mundo: elas atribuem ao ser humano seu lugar no universo das coisas. Somente com a perda dessa "capacidade de concepção do mundo" nos tempos modernos é que surgiu a tendência de compreender a religião como "sentimento" ou como "apelo à decisão". Isso, porém, é unilateral. A religião mantém a fé em uma ordem oculta das coisas — e ela funciona ali, onde nosso saber soçobra em crises cognitivas (por exemplo, na questão a respeito do que existe para além de nosso ambiente vital e daquilo que se aparta de nós mesmos na morte). Ao mesmo tempo, a religião mantém desperta a sensibilidade para lugares de confusão cognitiva: ela provoca, sempre de novo, mediante testemunhas da irrupção, em nosso mundo, de um mundo totalmente diferente. Também o cristianismo primitivo testemunha tais "irrupções de revelação", que "invadem" o universo vital humano como um ladrão na noite. Repetidamente ouvimos falar de fenômenos extáticos, de visões e de revelações.

Emocionalmente a religião possui funções semelhantes: ela proporciona um sentimento de segurança neste mundo e uma confiança de que, no final, porém, tudo ficará bem ou poderia ficar bem. Precisamente por esse motivo, ela ocupa-se das situações-limite, quando essa confiança é ameaçada e abalada: na angústia, na tristeza, na culpa e no fracasso. Aqui ela estabiliza as pessoas diante do perigo de desmoronamento emocional. Simultaneamente, a religião provoca tais situações-limite. Ela motiva a atitudes extremadas, como a ascese e o martírio, ou suscita profundos sentimentos de culpa: o medo do inferno pertence igualmente ao cristianismo primitivo como a confiança no amor de Deus.

Por fim, a função *pragmática* da religião consiste em que ela legitima formas de vida com seus padrões de comportamento. Também aqui nos

---

[9] Diversas psicologias da religião acentuam unilateralmente aspectos emocionais da religião. Os seguintes autores fazem justiça às diversas funções da religião: Bernhard Grom, *Religionspsychologie,* München: Kösel/Göttingen: Vandenhoeck 1992; Nils G. Holm, *Einführung in die Religionspsychologie,* UTB 1592, München/Basel: Reinhardt 1990.

deparamos com uma proximidade entre superação de crises e provocação de crises. A religião oferece-nos possibilidades de lidarmos com aquilo de que não dispomos: com situações nas quais nossos padrões de comportamento falham. Ela supera as crises de nossa conduta e, no entanto, ela mesma provoca tais crises, à medida que ela define zonas de indisponibilidade: esferas das quais as pessoas poderiam dispor completamente, mas das quais elas não deveriam dispor. A religião envolve, assim, a vida humana em várias zonas com uma aura de intangibilidade: com tabus irracionais, dizem uns, com o brilho da semelhança divina, dizem outros.

Podem-se esclarecer as três funções da religião num quadro sinótico:

	Religião como força ordenadora	Religião como superação de crises	Religião como provocação de crises
Cognitiva	Construção de uma confiança emocional fundamental numa ordem legítima	Superação de crises cognitivas: confusão mediante experiências-limite	Provocação de crises emocionais por meio do medo, do sentimento de culpa etc.
Pragmática	Construção de formas de vida aceitáveis, seus valores e normas	Superação de crises: conversão, expiação, renovação	Provocação de crises: mediante a sensação do indispensável

O importante é que a pessoa se liberte de toda determinação de função unilateral da religião. Ela não serve apenas para a estabilização do pensar, do sentir e do agir, não serve apenas para a superação de crises. O "proveito da vida" pode também consistir em que as pessoas sejam expostas a comoções, que sejam acrisoladas mediante "provações" e "tentações", e alcancem vida nova. Se alguém enxerga na religião apenas a superação de crises, não pode compreender o cristianismo primitivo. Aqui, experimentamos muito mais, sempre de novo, erupções que se transformam, elas mesmas, em crises. O que ouvimos a respeito de impulsos irracionais, de irrupções de realidades estranhas, de formas de comportamento extremas como a ascese e o martírio não se coaduna de forma alguma com a imagem de uma religião sedativa, que "livra" a sociedade de inquietações metafísicas.

Tão múltiplas quanto as funções psíquicas da religião são suas *funções sociais*. Certamente existem aqui também interpretações monofuncionais da religião, por exemplo, quando alguém diz que a religião serviria como legitimação da ordem social estabelecida ou seria ópio do povo. Tudo isso é verdadeiro, mas não é toda a verdade. Aqui, da mesma forma, somente mediante uma multiplicidade de funções se fará justiça à vida religiosa de fato.[10] Com isso fica claro: em duas instâncias, a religião possui acima de tudo uma função social: na socialização do indivíduo e na regularização dos conflitos entre grupos.

A *função socializadora* da religião visa a que o indivíduo interiorize de tal forma os valores e normas da sociedade, que ele se torne um habitante do "mundo" historicamente contingente no qual ele vive. Por meio de ritos de passagem, a religião ajuda a crescer dentro desse arranjo vital e nele permanecer quando "crises de teodiceia" vem abalar o sentido e o valor da ordem existente. Com frequência, a religião pode sustentar alguns que estão ameaçados de perder-se por causa das crises. Amiúde, porém, tem ela também a função de motivar as pessoas a "sobressair-se" da forma de vida comum. Então ela se transforma num protesto contracultural oposto ao mundo que "jaz na maldade".

A *função reguladora de conflito* entre grupos e classes diferencia-se claramente da função socializadora da religião: aqui, não é o indivíduo que se confronta com a sociedade, mas grupos inteiros, formados a partir da posição econômica ou da pertença étnica, são arrastados em conflitos mútuos. Aqui também nos defrontamos com várias funções: regularização de conflitos, amenização e exacerbação de conflitos. A religião tanto pode lançar pontes, mediante a ênfase em valores fundamentais comuns, quanto atiçar agressões por meio de fundamentalismos.

A variedade das funções sociais da religião pode ser ilustrada pela tabela seguinte:

---

[10] Uma tentativa que leva em consideração também funções sociais da religião aparentemente opostas propus em: Gerd Theissen, *Theoretische Probleme religionssoziologischer Forschung und die Analyse des Urchristentums*, NZSTh 16 (1974), 35-56 = *Studien zur Soziologie des Urchristentums*, WUNT 19, Tübingen: Mohr 1989, ³55-78.

	Legitimação da ordem	Superação de crises	Exacerbação de crises
Socialização do indivíduo	Introdução na ordem social: ritos de passagem, mediação de valores	Estabilização nas crises de teodiceia	Protesto contracultural
Regularização de conflitos grupais	Legitimação de um consenso mínimo entre grupos conflitantes	Compensação por danos sociais	Protesto e utopia por justiça

Na pesquisa em torno do cristianismo primitivo, só se alcança um resultado realista se se levam em consideração todas essas funções contraditórias. No cristianismo primitivo, encontramos uma forte tendência a fazer dos cristãos os melhores cidadãos, mulheres e escravos, conforme a norma daquele tempo, uma tendência, portanto, expressamente conformista — e, ao mesmo tempo, uma colossal energia contracultural, que arrancava as pessoas de sua vida normal e as transformava em carismáticos ambulantes que seguiam um estilo de vida divergente. Encontramos indícios de uma "revolução de valores", na qual as pessoas simples se apropriavam de valores e concepções da classe superior — mas também de um conformismo de valores que reprimia esse impulso valorativo-revolucionário. Quem procura pesquisar o cristianismo primitivo imparcialmente, deverá sempre considerar os dois lados.

A fim de poder compreender as funções psíquicas e sociais da religião, é importante, por fim, ter clareza acerca de como a religião, como linguagem cultural de sinais, pode exercer tais funções. A esse propósito, existem duas posições bastante diversas nas teorias da religião.[11] Para muitos, o sistema

---

[11] Em princípio, podem-se diferençar as seguintes impostações nas teorias da religião: 1. As teorias cognitivistas da religião veem na religião um sistema de representações relacionadas com objetos especificamente religiosos. 2. As teorias expressivas (ou expressivistas) da religião veem na religião a expressão da vida humana, especialmente de sua emocionalidade (como, por exemplo, em Friedrich D. Schleiermacher). 3. As teorias pragmático-funcionais da religião veem na religião, acima de tudo, um sistema de controle do comportamento humano — mais ou menos quando elas interpretam o poder do sagrado como objetivação da supremacia da sociedade no confronto com o indivíduo (como, por exemplo, em Emile Durkheim). Neste livro, defender-se-á uma teoria cultural-linguística (ou semiótica) da religião: as religiões são sistemas de sinais com três dimensões. Elas organizam conhecimentos, emoções e comportamentos. A propósito dessa teoria cultural-linguística da religião, cf., acima de tudo, George A. Lindbeck, *Christliche Lehre als Grammatik des Glaubens*, 52ss.

religioso de sinais é apenas algo secundário em relação às funções vitais da religião. No início, aqui, encontra-se uma vivência religiosa (algo assim como a experiência do sagrado como *mysterium fascinosum et tremendum*) ou um problema vital elementar, articulado em formas religiosas (algo como a discussão com o pai prepotente no complexo de Édipo). O universo religioso de sinais serve, pois, como expressão secundária dessas experiências e problemas primários. Nessas teorias, a função da religião está na vida ou, ainda, uma experiência religiosa é o verdadeiro ser da religião.

Com isso já defendemos outra postura, à medida que definimos o ser da religião como um sistema cultural de sinais. Respalda-nos a convicção de que uma linguagem de sinais historicamente dada é a condição para a possibilidade de experiência e funções vitais religiosas. Os dogmáticos antigos do protestantismo expressaram isso, a seu modo, quando anteciparam o *verbum externum* (ou seja, a linguagem religiosa de sinais objetiva — portanto, versículo da bíblia e pregação) ao *verbum internum*, a experiência religiosa propriamente dita. Nisso eles tinham razão.

Agora, o que é preciso esclarecer é a pergunta: como esse universo de sinais pode trazer consequências para a vida? Como ele pode determinar o pensar, o sentir e o agir, e capacitar as pessoas para a cooperação social e para o conflito?

Para isso, precisamos mais uma vez considerar as formas de expressão da religião. No mito, no rito e no etos de uma religião, encontramos constantemente os mesmos elementos que influenciam a vida: papéis, símbolos e normas. A propósito, os mitos contêm acima de tudo papéis, os ritos trabalham com símbolos, o etos com mandamentos — característico, porém, é que papéis, símbolos e normas encontram-se por toda parte: eles vagueiam por todas as formas de expressão.

Papéis possibilitam identificação. Nesse sentido, as religiões são uma "oferta de papéis" para seus membros.[12] Sabemos que a assunção de papéis também muda a percepção: vemos diferentemente uma floresta quando a contemplamos no papel de silvicultor, excursionista, construtor de

---

[12] A análise clássica da religião como oferta de papéis que estrutura a percepção da realidade numa forma religiosa específica foi desenvolvida por Hjalmar Sundén, *Die Religion und die Rollen*, (sueco 1959), Berlin: Töpelmann 1966; *Gott erfaher. Das Rollenangebot der Religionen*, GTB 98, Gütersloh: Mohn 1975. Uma continuação positiva encontra-se em Bernhard Lang, Rolle, *HRWG* IV, 1998, 460-476, especialmente p. 469-471. Além disso, em Nils G. Holm/J. A. Belzen (ed.), *Sundén's Theory — an Impetus to Contemporary Psychology of Religion*, Religionsvetenskapliga skrifter 27, Aabo: Aabo Akademi 1995.

estradas etc. Por conseguinte, a assunção de papéis religiosos possibilita enxergar o mundo com olhos diferentes dos costumeiros: ele se torna transparente para Deus. Pode-se até mesmo dizer: a cada assunção de papéis está ligada uma criação de laços correspondente. Quem assume o papel do "discípulo", com isso estabelece uma relação com um "mestre". Quem assume o papel de uma "criança", entabula um relacionamento com "pais". Da mesma maneira, com os papéis bíblicos, "é oferecido" ao mesmo tempo um estabelecer de relações com Deus. Quem se identifica com o papel de Abraão, aceita também uma relação com o papel daquele que faz Abraão abandonar a casa paterna. Quem assume o papel do "eu" lamentoso nos Salmos, admite com isso uma relação com Deus. Tais papéis não se encontram apenas nas narrativas e nos mitos tradicionais das religiões; ao contrário, eles são "representados" nos ritos — e servem para o etos como paradigmas do comportamento. Mediante as realizações rituais a assunção de papéis é "internalizada": quem é batizado, torna-se "filho de Deus", quem participa da Ceia, torna-se discípulo de Jesus. Por meio do comportamento ético, esses papéis são "exercitados" também na vida cotidiana.

Símbolos surgem mediante uma percepção simbólica do mundo e, por meio das coisas reais, adquirem um caráter referencial a outra coisa.[13] Eles se tornam transparentes para todo o ambiente vital, para suas

---

[13] Só é possível usar com clareza a ideia ambígua do símbolo quando se mencionam, a cada vez, as tradições de pensamento dentro das quais ela é empregada.
(a) A partir da tradição estética, estamos familiarizados com o contraste entre símbolo e alegoria. Nesse contexto, o símbolo vale como uma manifestação sensível de uma ideia no concreto, ao passo que a alegoria permite apenas uma relação mediada pelo pensamento entre o sensível concreto e seu significado. Em ambos os casos, algo objetivo se revela no símbolo e na alegoria (J.W. Goethe). Estamos acostumados com essa oposição graças à teoria literária do classicismo alemão.
(b) A partir da tradição psicológica, conhecemos a noção de símbolo como expressão do inconsciente no sonho e no mito — seja como dissimulação social de impulsos e desejos ilícitos, que não podem ser introduzidos diretamente na comunicação (para S. Freud, a imagem onírica é antes uma "alegoria" escondida), seja como uma língua que torna o inconsciente acessível à comunicação pública (segundo C.G. Jung e outros, a imagem onírica é, antes, um símbolo revelador).
(c) Na tradição neokantiana, a noção de símbolo é um conceito genérico para diversas "formas simbólicas" de ordenar e de estruturar o mundo: mediante o mito, a linguagem, a arte e o conhecimento (E. Cassirer). Nesse caso, a noção de símbolo não se refere à manifestação de uma realidade transcendente objetiva ou subjetiva, mas é expressão de uma ação intelectual "transcendental" do ser humano com a qual ele organiza seu mundo.
Independentemente dessas três tradições, que se fazem, todas, sentir na noção de símbolo empregada acima, dever-se-ia distinguir, nas imagens linguísticas, símbolo de metáfora, sem separar os dois: um símbolo é a representação de um objeto real que se torna transparente para um sentido mais profundo. Uma chama real é apresentada de tal modo que ela se torna transparente para uma paixão real. Os símbolos fundamentam-se na capacidade de perceber simbolicamente o mundo real. Por conseguinte, textos simbólicos devem ser sempre compreendidos tanto literal quanto figuradamente. Eles possuem um sentido primário — e, ao mesmo tempo, um excedente de sentido. Em contrapartida, quando alguém fala de "chamas da paixão"

dimensões profundas e para aquilo que está para além dele. Eles se tornam, ao mesmo tempo, transparentes para as profundas camadas humanas no interior da alma. A diferenciação entre "símbolos" e "papéis" é sensata, pois a maioria dos símbolos não permite nenhuma identificação no sentido de que alguém possa identificar-se com eles como agente. Tais símbolos podem ser espaços topológicos: caminho, mar, deserto e campo; edifícios arquitetônicos como: templo, casa e cabana; ou membros do corpo como: mão, pé, olho, ouvido, coração etc. Mediante seu caráter alusivo a outra coisa, eles permitem uma orientação no mundo (e confrontação com o próprio íntimo). Eles constroem um cosmos no qual se pode respirar e viver: o mundo torna-se um grande lar, a natureza é um templo, o corpo é uma oferenda viva etc.

A forma segundo a qual a religião afeta mais diretamente a vida são as *normas*.[14] Nesse caso, não precisa tratar-se sempre de formulações imperativas, não obstante os "mandamentos" desempenharem na vida religiosa um papel que não deve ser subestimado. Também princípios sentenciosos possuem uma função orientadora na vida. Alguns desses imperativos e algumas dessas sentenças contêm um alto grau de abstração. Eles representam os temas fundamentais e os axiomas de uma religião — como, por exemplo, o primeiro mandamento ou o amor ao próximo no judaísmo e no cristianismo.

(sem referência a um fogo real), está construindo uma metáfora linguística a partir de uma realidade percebida simbolicamente. Enquanto os símbolos devem ser tomados literalmente (e, adicionalmente, podem ser compreendidos figuradamente), as metáforas só podem ser compreendidas figuradamente. Uma compreensão literal destas últimas seria sempre um mal-entendido. Portanto, a mesma "imagem" pode encontrar-se num texto como símbolo (como realidade transparente) ou como metáfora (como representação figurada). Consequentemente, o imaginário religioso, a quem chamamos acima de "símbolo", encontra-se amiúde nos textos como metáforas. Para a delimitação das diversas formas de imaginário, cf. Petra v. Gemünden, *Vegetationsmetaphorik im Neuen Testament und seiner Umwelt*, NTOA 18, Freiburg Schweiz: Universitätsverlag/Göttingen: Vandenhoeck 1993, I-49 (com bibliografia).

[14] Ambas as noções — "normas éticas" e "mandamentos" — pertencem a diversos contextos culturais de pensamento: um "mandamento" é parte de uma lei objetiva que é prescrita ao ser humano. A ideia de "norma" surgiu somente nos tempos modernos como conceito para "regras práticas"; posteriormente, porém, tornou-se um conceito completamente amplo, capaz de indicar tudo o que é "normativo" no dia-a-dia, na ciência e na religião. Cf. Dietmar Mieth, Normen, *HRWG* IV, 1998, 243-250. O que é distintivo para o sistema normativo da religião bíblica é que já existem duas diferenciações, mas que não prevalecem:
1. A distinção entre normas jurídicas e normas morais. Certamente, no A.T., é possível distinguir claramente as normas conservadas pelas sanções das isentas de sanções de um juiz humano, pois, nesse ponto, entra a compreensão de Deus como juiz. No entanto, na coleção de leis veterotestamentárias, amiúde encontram-se ambas imediatamente uma ao lado da outra.
2. A distinção entre normas éticas, que tornam possível a convivência humana, e as normas rituais, que possibilitam o culto a Deus. Também o cumprimento de normas éticas é entendido como "culto divino" — muitas vezes até mesmo mais do que o culto propriamente dito. Com isso, a ética torna-se enormemente revalorizada.

Por meio de papéis, símbolos e normas uns poucos axiomas e temas fundamentais são transmitidos em variações sempre novas: portanto, aqueles elementos de uma gramática da linguagem religiosa de sinais que nós interiorizamos nas, com e sob as narrativas, os ritos e as normas religiosas. Nós os internalizamos tão fortemente que eles, embora sejam aprendidos culturalmente, agem como um *a priori* do comportamento e da vivência. Eles determinam o modo segundo o qual interpretamos o mundo e a vida, e reagimos perante eles. A "fé", como o diz, com razão, Paulo, provém da "palavra" transmitida historicamente (Rm 10,17). O que essa palavra transmite está próximo do coração do ser humano (Rm 10). Ela é "interiorizada". À luz dessas convicções interiorizadas é que enxergamos o mundo. Quem, portanto, a partir das ofertas de papéis e de símbolos religiosos, internalizou o tema fundamental da "criação", isto é, a convicção de que tudo foi criado por um poder superior infinito, este muda sua percepção do mundo e sua conduta perante ele à luz dessa fé na criação: tudo se torna transparente para o criador. E todo o fazer humano deve conservar sua criação.

Interrompemos aqui nosso esboço de uma teoria geral da religião. As categorias mais importantes, com cujo auxílio pretendemos analisar o cristianismo primitivo, foram desenvolvidas ou mencionadas brevemente. Por conseguinte, numa terceira seção, podemos apresentar, resumidamente, uma primeira descrição do cristianismo primitivo e tracejar três problemas fundamentais de que nos ocuparemos nos capítulos sucessivos.

Problemas fundamentais de uma teoria da religião cristã primitiva

Se quisermos descrever o *proprium* da religião cristã primitiva, o mais fácil é assinalar sua diferença em relação à religião judaica matriz. A esse propósito, percorreremos as categorias introduzidas acima: axiomas fundamentais, motivos de base, formas de expressão e, respectivamente, indagaremos pelo que existe de comum e de diferente em relação ao judaísmo.

Enquanto o judaísmo é determinado por dois *axiomas fundamentais*, um monoteísmo[15] exclusivo e um nomismo da aliança[16] que une este Deus a esse povo e este povo a esse só e único Deus, no cristianismo primitivo esse axioma fundamental é modificado. O monoteísmo é conservado como o primeiro axioma; no entanto, é modificado pelo segundo axioma — a fé em um salvador: todo o sistema religioso de sinais é reestruturado a partir da figura de um único salvador. Tudo está relacionado a esse meio. Este salvador aproxima-se de Deus, o que deveria ser experimentado pelos judeus como questionamento de um monoteísmo rigoroso. Ao mesmo tempo, mediante esta fé em um salvador, o judaísmo abre-se a todas as pessoas. O cristianismo primitivo é, em larga escala, um judaísmo universalizado.

Diversos *motivos de base* da religião permanecem os mesmos no judaísmo e no cristianismo, sendo que no cristianismo eles se cristalizam em torno de um novo centro. Ambas as religiões compartilham motivos fundamentais de sua compreensão do mundo: de um lado, esta é irracional em relação à criação. O poder divino pode sempre, de forma surpreendente, intervir nos acontecimentos. Em contrapartida, a esse "motivo da criação e do prodígio", encontramos um "motivo sapiencial". Essa criação é expressão da sabedoria de Deus, a quem é perceptível em suas estruturas regulares. De igual modo na compreensão da história — não obstante toda

---

[15] O monoteísmo é, desde o tempo do exílio, a confissão fundamental de Israel. No caso, trata-se de um monoteísmo exclusivo, que exclui a existência de outros deuses e a veneração a eles — ao contrário de um monoteísmo filosófico, que se assemelha à veneração prática de diversos deuses no culto popular, à medida que, no final das contas, por trás das diversas divindades, enxerga um único deus. O encontro desses monoteísmos é o tema de base do antigo judaísmo no tempo helenístico. Cf. Yehoshua Amir, Die Begegnung des biblischen und des philosophischen Monotheismus als Grundthema des jüdischen Hellenismus, *EvTh* 38 (1978), 2-19. No monoteísmo exclusivo, teoricamente pode-se distinguir entre monoteísmo profético e monoteísmo prático: o profético é transmitido pela figura profética, com apelos à revelação (por meio de Ecnaton, no Egito, ou Deuteroisaías, em Israel), ao passo que o monoteísmo prático desenvolve-se a partir do culto a um deus (de um henoteísmo temporário, ou mesmo monolatria perpétua), ao qual frequentemente podem sobrevir situações de crise nas quais as pessoas esperam a salvação inteiramente de um deus. Em Israel, os dois vinham juntos: figuras proféticas oraculares impunham a fé em um só e único Deus, uma situação de crise crônica tornava a mensagem deles plausível. Cf. Bernhard Lang, Monotheismus, *HRWG* IV, 1998, 148-165. A respeito da diferença entre monoteísmo profético, prático e filosófico, ver pp. 151-154.

[16] A noção de "nomismo da aliança" exprime que a eleição do povo, da parte de Deus (sua aliança), pressupõe o cuidado do povo mediante a lei. A lei não tem a tarefa de estabelecer a aliança de Deus com Israel, mas, sim, conservar Israel nessa aliança. Portanto, a lei, com vistas à salvação, não realiza nenhum *getting in* [entrada], mas um *staying in* [permanência]. Por conseguinte, o judaísmo é, igualmente, uma religião da gratuidade, como o cristianismo. Esta estrutura fundamental da religião judaica foi salientada por Edward P. Sanders, *Paul and Palestinian Judaism. A Comparison of Patterns of Religion*, London: SCM 1977 = *Paulus un das palästinische Judentum. Ein Vergleich zweier Religionsstrukturen*, StUNT 17, Göttingen: Vandenhoeck 1985.

a ênfase na intervenção soberana de Deus — encontra-se uma ordem oculta: o desígnio salvífico de Deus para Israel e para a humanidade.

Da mesma maneira, as duas religiões compartilham os principais motivos fundamentais da autocompreensão humana. Em ambas, a fé é vista como o acesso adequado para Deus: um firmar-se em Deus com pensamentos, sentimentos e desejos; a conversão é considerada oportunidade e mandamento no confronto da pessoa com Deus; um profundo sentimento da distância em relação a Deus penetra o pensamento, mediante o qual, no cristianismo, esse sentimento é mais radicalmente formulado (por Paulo) do que no judaísmo. O motivo da fé, da conversão e da distância estruturam o relacionamento com Deus.

Análoga é a estruturação do relacionamento com as demais pessoas mediante os dois motivos de base do amor ao próximo e da humildade. No cristianismo, o amor ao próximo, em continuação com as tendências judaicas, é estendido ao amor ao inimigo, ao estrangeiro e ao pecador. A disponibilidade para a humildade entra como complemento: se o amor ao próximo é amor entre pares, então somente mediante a renúncia do superior a seu estado de superioridade e por meio da revalorização da condição dos inferiores é que o amor se concretiza, portanto, pela humildade e renúncia ao *status*.

Mesmo que existam diferenças no plano dos motivos de base subjacentes entre judaísmo e cristianismo, elas são, no entanto, limitadas. A proximidade e o parentesco entre ambas as religiões é indiscutível. As diferenças aparecem menos no nível mais profundo do que na camada superficial das formas de expressão.

A primeira forma de expressão de uma religião é o *mito* ou as narrativas de base.[17] Na maioria das vezes, elas desenrolam-se num tempo primitivo

---

[17] Em vez de "mito", pode-se falar de forma mais neutra de "narrativas de base". Pois precisamente na religião bíblica, nessas narrativas de base o mítico e o histórico foram estreitamente ligados — e no interior do histórico misturaram-se "literatura e verdade". A noção de *story* [história] abrange tudo: o mítico, o fictício e o histórico em sentido próprio. Tais narrativas de base fundamentam tanto a identidade de grupos inteiros quanto a do indivíduo. Aquilo a que chamamos de "Cristologia" no Novo Testamento baseia-se sempre em uma narrativa (ora mais, ora menos desenvolvida). Os títulos de grandeza cristológicos são abreviaturas de narrativas. Quanto à teoria da relação entre abstrações adicionadas e narrativas na religião, cf. Dietrich Ritschl/Hugh O. Jones, "Story" als Rohmaterial der Theologie, TEH 192, München: Kaiser 1976. Uma apresentação da cristologia neotestamentária que se desvencilha da fixação em títulos e aprecia-os no quadro de suas "narrativas" é a de Martin Karrer, *Jesus Christus im Neuen Testament*, GNT 11, Göttingen: Vandenhoeck 1998.

indefinido, quando os deuses ordenaram o mundo. No judaísmo, esse mito tinha se ligado à história de forma singular: ele transformou-se numa história da salvação que, após a era primordial, concentra-se totalmente em Israel e que, ultrapassando o lendário tempo primitivo, chega até o presente. Nela, o drama entre diversos deuses e deusas foi substituído pelo drama do Deus único e do povo por ele escolhido. Este Deus não tem nenhum parceiro social entre deuses e deusas, mas apenas a Israel como parceiro social e representante de toda a humanidade. Israel é seu servo, seu filho, sua testemunha, sua esposa. O cristianismo primitivo não apenas dá continuidade a essa história, mas concentra-a de forma inusitada em uma única pessoa, Jesus de Nazaré. Ele foi compreendido como cumprimento de toda a história bíblica até agora, e ainda mais, nele expectativas escatológicas míticas foram apresentadas como história: ele personifica o senhorio de Deus. Ele "historiciza" este mito escatológico. A centralização da nova narrativa religiosa de base nessa figura histórica do presente e do passado próximo torna a nova religião ainda mais "histórica" do que sua religião-mãe. A ligação com a história concreta foi intensificada. Ao mesmo tempo, porém, experimentamos no cristianismo primitivo uma intensificação do mito, até mesmo uma remitologização regular que se fixa nessa única figura histórica: Jesus, no mais breve tempo possível depois de sua morte, foi elevado à condição de divindade. Ele foi venerado como Filho de Deus, Senhor exaltado e Salvador. O tempo de seu surgimento foi envolto com o fulgor místico de um novo tempo de julgamento e sua história foi dramatizada como um confronto entre Satã e demônios, entre Deus e seu Filho, entre o Senhor e as potências espirituais míticas por ele subjugadas. Encontramos, portanto, no cristianismo primitivo, duas tendências que correm em sentido contrário: uma intensificação da referência histórica e uma intensificação do mito, uma re-historicização, uma remitologização ao mesmo tempo. Ou, dito de outra forma: história e mito formam uma unidade singular e cheia de tensão. Uma pessoa concreta torna-se uma divindade, uma divindade encarna-se numa pessoa concreta. Essa unidade retesada deve ser o primeiro tema de uma teoria da religião cristã primitiva. Trataremos dele no segundo e no terceiro capítulos.

A segunda forma de expressão religiosa do cristianismo primitivo seria o *etos*.[18] Aqui, já se pode observar na história de Israel e do judaísmo

---

[18] Embora, na ciência da religião, o mito e o rito, na maioria das vezes, sejam mencionados imediatamente um ao lado do outro — e, quando muito, como complemento —, acena-se ao etos, no que se segue, conforme a narrativa de base do cristianismo primitivo (no qual se deve buscar seu mito), analisaremos em primeiro lugar

uma crescente "teologização" de todas as normas.[19] Não apenas os mandamentos cúlticos e um mínimo de ética fundamental, tais como foram formuladas no Decálogo, mas todas as normas foram reconduzidas à vontade de Deus e legitimadas a partir da Torá: desse modo, todo o direito foi teologizado, não valia como lei promulgada oficialmente pelo rei, mas, sim, como lei de Deus. Todas as máximas sapienciais de vida foram consideradas como parte da Torá. Todas as instruções proféticas valiam como explicação dela. O judaísmo tinha orgulho de, dessa forma, modelar toda a vida a partir da Torá. Consequentemente, todas as normas foram revestidas da intensidade do "indispensável". O cristianismo primitivo dá continuidade a essa tendência. Ele radicaliza o etos transmitido quando normaliza a agressividade, a sexualidade e a comunicação humana até o mais íntimo e também para além do socialmente controlável — como nas antíteses do sermão da montanha. Ao mesmo tempo, deparamo-nos com uma tendência contrária: uma relativização das leis rituais, nas quais a circuncisão, as regras alimentares e de pureza são colocadas à disposição. Tal relativização atinge, de certa forma, todos os mandamentos: perante a radicalização de mandamentos éticos básicos, cresce uma sensibilidade para a impossibilidade de realizá-los, e uma disposição não moralizante ao perdão e à reconciliação que servia precisamente ao pecador que se mostrava avesso a normas. Encontramos, portanto, duas tendências em direções contrárias: de um lado, uma radicalização das normas até o limite do psíquico e socialmente possível (e, ainda, muitas vezes, para além disso); de outro lado, uma radicalização da aceitação (até os limites do socialmente admissível). Explicar essa tensão é a segunda tarefa de uma teoria da religião cristã primitiva. Dela nos ocuparemos do quarto ao sexto capítulos: com a tensão fundamental entre as duas tendências de radicalização e seu efeito na vida social e psíquica.

---

seu etos. Isso corresponde tanto ao enorme peso do etos na religião bíblica quanto à imensa importância do rito: no rito encontramos uma síntese condensada de toda a religião — inclusive seu etos. Somente quando este é conhecido, é possível reconhecer sua simbolização no rito.

[19] O fato de no Antigo Testamento todas as normas serem teologizadas foi salientado de modo especial por Eckart Otto em *Theologische Ethik des Alten Testaments*, ThW 3,2, Stuttgart, Berlin, Köln: Kohlhammer 1994. Evidencia-se ali que Deus, muitas vezes, age nas normas que não são reforçadas por meio de sanções. No livro da aliança, estão isentas de sanções jurídicas: a libertação de escravos hebreus (Êx 21,1-11), a atenção para com o estrangeiro, as viúvas e os órfãos (22,20-23), proibição de juros (22,24-25), a proibição da distorção do direito (23,1ss), o socorro ao inimigo (23,4ss), ano sabático e respiga (23,10-11), a santificação do sábado também para animais, escravos e estrangeiros (23,12) — portanto, precisamente os mandamentos sociais, nos quais se pode experimentar um espírito mais humano.

Na terceira forma de expressão das religiões, ou seja, no *rito*,[20] encontramos, mais uma vez uma tensão fundamental, característica do cristianismo primitivo. Igualmente aqui — não obstante toda descontinuidade —, ele dá prosseguimento a tendências da história religiosa bíblica precedente: nesta, os sacrifícios tinham se tornado sempre mais sacrifícios expiatórios e os rituais de pureza tinham intensificado cada vez mais. Sem dúvida, o cristianismo primitivo pôs fim à práxis sacrifical secular. Ele instituiu novos ritos, principalmente o Batismo e a Eucaristia, no lugar dos antigos ritos. Contudo, reconhecemos o prolongamento de tendências anteriores: com efeito, ambos os ritos (ou sacramentos) visam ao perdão dos pecados e à expiação. Nesse desenvolvimento, entrelaçam-se agora duas tendências contrárias. Os sacramentos surgidos recentemente são marcados, em sua celebração exterior, por impressionante "ausência de violência". Eles transformam gestos cotidianos — ablução e refeição — em ritos simbólicos. Neles não jorra sangue algum. Contudo, em contraposição a essa redução da violência na execução externa, introduz-se um incremento de violência nos significados, mediante os quais os novos ritos recebem um excedente simbólico de significado: o Batismo é interpretado como o assumir livremente a morte e um sepultamento simbólico (Rm 6,3-4). A Ceia do Senhor refere-se ao sacrifício de uma pessoa humana e é até mesmo (de fora) interpretado como um canibalismo bárbaro, visto que nela são consumidos a carne e o sangue do Filho do Homem (cf. Jo 6,51-53). Em uma teoria da religião cristã primitiva estas tendências contrapostas devem ser explicitadas. Delas nos ocuparemos no sétimo e no oitavo capítulo.

Obviamente já se impõe a suposição de que as três tensões fundamentais no mito, no etos e no rito estão relacionadas. De um lado, tem sempre a ver com um movimento voltado para a história, para a realidade humana, para a cotidianidade e, do outro lado, tem a ver com um movimento contrário em direção ao mito, à radicalidade ética e a uma contracotidianidade proveniente de fantasias supostamente cruéis. Por isso, pode-se perguntar se, no final das contas, as duas tendências opostas estão ligadas aos dois axiomas de base da religião cristã primitiva: o monoteísmo está ligado a uma afirmação da criação, a um realismo ético e à proximidade cotidiana; a fé no Salvador, ao contrário, liga-se a uma deificação mítica de Jesus, a

---

[20] Sigrid Brandt, *Opfer als Gedächtnis. Zur Kritik und Neukonturierung theologischer Rede von Opfer* (tese), Heidelberg 1997, apresenta uma análise teológica dos ritos do sacrifício à Ceia do Senhor.

uma ética radical na nova criatura e a uma interpretação arcaica de ritos salvíficos.

Em todo caso, trataremos em detalhe da unidade e autonomia[21] da nova religião cristã primitiva nos capítulos restantes.

Nos capítulos nove e dez, gostaria de mostrar como a religião cristã se diferencia do judaísmo e como se constitui numa linguagem de sinais própria. Percorreremos o caminho de um movimento de renovação intrajudaico, passando por uma heresia judaica até o cisma definitivo e a fundação de uma nova religião. No N.T., esse desdobramento encontra seu vértice no evangelho de João, onde tudo, na nova religião, é organizado e legitimado a partir de um único centro: a partir do Enviado, o salvador, cuja mensagem é completamente autorreferencial. Ele faz de si mesmo o conteúdo de seu anúncio e se destaca do "mundo" em referências dualísticas estrangeiras.

No capítulo onze dever-se-á investigar como essa autonia da nova linguagem de sinais se desenvolveu e foi preservada na grande crise do cristianismo primitivo. Trata-se, no caso, no séc. I, da crise judaica quando do rompimento com o judaísmo, e no séc. II, quando da crise gnóstica, que era uma tentativa de dissolver a linguagem de sinais cristã em uma linguagem humana comum de símbolos. Ambas as crises servem direta ou indiretamente ao distanciamento em relação ao ambiente circundante — e são, não por último, condicionadas pela situação política total do cristianismo primitivo. Forças contrárias à transigência com o meio foram ativadas em repetidas crises proféticas nas quais o radicalismo original do cristianismo primitivo revigorou-se.

Todas essas crises esclarecem não apenas exteriormente, mas também interiormente as fronteiras daquilo que no cristianismo primitivo é a linguagem de sinais válida normativamente. Todavia, nesses limites, o cristianismo primitivo desenvolve uma espantosa diversidade e pluralidade. Sua pluralidade deverá ser esboçada no capítulo doze, numa visão panorâmica de sua história — acima de tudo a fim de mostrar que essa história, mediante a formação do cânone, como delimitações explícitas e uma opção consciente pela pluralidade, chega ao fim. Com a formação do cânone

---

[21] A ideia de uma "autonomia da religião" não é nenhuma categoria geral das ciências da religião. Num ramo das ciências da religião, hoje enfatiza-se principalmente que a segregação da religião no seio da sociedade e sua separação do Estado é um desenvolvimento especificamente europeu e que não pode ser projetado em outras sociedades. Cf. Dario Sabbatucci, Kultur und Religion, *HRWG* I, 1988, 43-58.

conclui-se a construção do novo sistema de sinais. A meta do cristianismo primitivo foi alcançada. Todos os demais desdobramentos se justificam mediante a interpretação dos escritos canônicos. Em conclusão, nesse capítulo salientar-se-á o que confere unidade e coerência à pluralidade da nova religião: a gramática oculta da nova linguagem de sinais na forma de axiomas de base e de motivos fundamentais que em diversas variantes perpassam os mais importantes grupos de textos, formas e temas. Elas encarnam o que funciona como normativo nas religiões históricas. Sem essa "normalização" por meio de axiomas de base e de motivos fundamentais nenhuma religião pode existir. Portanto, o exame de tal gramática religiosa é tarefa de uma análise do cristianismo primitivo a partir das ciências da religião.

No capítulo treze, último, debruçamo-nos mais uma vez sobre o ponto de partida de nossa reflexão. Neste capítulo introdutório explicitamos uma definição de religião e, a título de experiência, aplicamo-la ao cristianismo primitivo. Nisso, uma parte da definição não foi debatida. Nossa definição foi: *Religião é um sistema cultural de sinais que promete o proveito da vida mediante a correspondência a uma realidade última.* Apresentamos a religião cristã primitiva como um *sistema de sinais* e como *proveito da vida*. O que, porém, significa numa tal teoria da religião *"mediante a correspondência a uma realidade última"*? Com isso chegamos àquele ponto onde uma teoria da religião cristã primitiva deixa a pessoa livre para uma decisão: ela pode transformar essa teoria em uma teologia do Novo Testamento, quando ela utiliza a linguagem de sinais desenvolvida no cristianismo primitivo para entrar em contato com uma realidade última. Mas ele tem igualmente a liberdade de ocupar-se dessa religião à moda de uma conservação de monumentos, que procura conservar as raízes de nossa cultura. Quem iria discutir que a conservação de monumentos não seja uma ocupação séria? Nesse caso, ela é um preventivo contra a destruição de monumentos ou contra o esquecimento.

Concluo com uma imagem para a interpretação da religião cristã primitiva aqui defendida. Essa religião é uma linguagem de sinais — uma "catedral semiótica", construída em meio à história, não feita de pedras, mas de sinais de diversos tipos. Como todas as igrejas e catedrais, também ela foi inteiramente projetada por pessoas, construída por pessoas, é usada e conservada por pessoas. Todavia, assim como não se entendem as catedrais góticas quando nelas não se ouve nem se vê um hino de louvor a

Deus em forma de pedra, da mesma maneira não se entende também essa catedral semiótica, quando se olvida que seus construtores um dia a erigiram como um hino de louvor e gratidão pela irrupção de uma realidade transcendente. O visitante secular de uma catedral pode e deve visitá-la na consciência de que está diante de uma autotranscendência humana, moldada em forma de pedra, levada a cabo não apenas por motivos religiosos, mas também por estruturas de poder e com intenções de dominação, bem como mediante intensas angústias e anseios humanos. Mas esse visitante secularizado ficaria atrofiado em sua sensibilidade humana se ele não pudesse considerar a catedral também como um vigoroso testemunho da vida humana que contém um desejo que ultrapassa o mero viver por viver. Outros visitantes percorrerão a catedral, a fim de guiar seus pensamentos para uma última realidade, por meio da dinâmica petrificada do edifício. Eles se deixam tomar pela saudade da transcendência nela embutida. Eles se unem ao hino de louvor. O que existe em contrário a que ambos os visitantes permutem seus modos de ver e entabulem um diálogo sensato a respeito da catedral? O presente esboço de uma teoria da religião cristã primitiva deseja tornar possível tal diálogo — uma conversa a respeito do misterioso mundo de sinais da religião cristã primitiva. Para alguns, isso é um pedaço de conservação de monumentos, e a conservação de monumentos é uma ocupação altamente honrosa. Deveria acrescentar que, para mim, o ocupar-me com a religião cristã primitiva é mais do que tal conservação de monumentos.

Parte I

Mito e história no cristianismo primitivo

Capítulo 2
A IMPORTÂNCIA DO JESUS HISTÓRICO PARA O SURGIMENTO DA RELIGIÃO CRISTÃ PRIMITIVA. A REVITALIZAÇÃO DA RELIGIÃO JUDAICA POR MEIO DE JESUS

No cristianismo primitivo, no centro do sistema religioso de sinais encontra-se uma ligação particular entre mito e história. Esse elo é mal interpretado quando é desfeito de forma unilateral, seja em direção à "história", seja em direção ao "mito".

Assim, na interpretação do cristianismo primitivo, sempre existiram tentativas de se considerar a história de Jesus de Nazaré como o cerne próprio da religião cristã primitiva e de se ver no mito apenas a expressão para o significado desse acontecimento histórico — como um aura que nada acrescenta ao evento, mas apenas o envolve numa luz esclarecedora. A ação libertadora da pesquisa histórica foi anular a mitologização dessa história.[1]

---

[1] A libertação da tradição de Jesus da roupagem mítica da dogmática eclesial foi o objetivo da pesquisa liberal em torno da vida de Jesus, à medida que ela estava marcada por uma motivação histórica. É-lhe característica a obra de Heinrich J. Holtzmanns, o qual, em razão de sua teoria-das-duas-fontes, para a qual ele conseguiu o reconhecimento, acreditava poder propor um quadro histórico válido de Jesus. Cf. *Die synoptischen Evangelien. Ihr Ursprung und ihr geschichtlicher Charakter,* Leipzig: Engelmann 1863. Numa fase posterior da teologia liberal, prevaleceu um impulso sob a ótica das ciências da religião, o qual descobria sempre de novo as recordações a respeito do Jesus histórico modificadas pelas expectativas prévias de um salvador. Peculiar a essa fase é Wilhelm Bousset, *Kyrios Christos. Geschichte des Christusglaubens von den Anfängen des Christentums bis Irenaeus,* Göttingen: Vandenhoeck 1913. A oscilação entre uma reconstrução histórica e uma reconstrução mítica da tradição em torno de Jesus era ainda mais forte na literatura científico-popular e pré-científica do que na pesquisa neotestamentária profissional. Tanto a respeito da pesquisa teológica quanto a propósito da pesquisa em geral informa de maneira inteligível Albert Schweitzer, *Von Reimarus zu Wrede. Eine Geschichte der Leben-Jesu-Forschung,* Tübingen: Mohr 1906. A partir da segunda edição sob o título de: *Geschichte der Leben-Jesu-Forschung,* UTB 1302, Tübingen: Mohr ⁹1984.

Igualmente unilaterais foram as tentativas opostas de dissolver a unidade entre mito e história: via-se na poesia mítica do cristianismo primitivo o cerne próprio da religião cristã primitiva e havia a tendência de explicar este mito quase sem referência à história do Jesus terrestre. Na história da religião, antigas expectativas de um salvador teriam apenas esperado encapotar-se sob um homem, como se fora uma veste. A extrema variante dessa interpretação acreditava poder renunciar totalmente à aceitação de um Jesus histórico, enquanto na variante moderada dessa interpretação era-se de opinião de que não se podia mais reconhecer nada do Jesus histórico, uma vez que o brilho mítico teria absorvido completamente as lembranças em torno dele. A tarefa libertadora da pesquisa histórica aqui seria anular, mais uma vez, a historicização do mito, a fim de poder evidenciar o conteúdo religioso dos anseios e esperanças míticas. Para isso, a teologia moderna encontrou uma versão oficial um tanto enevoada: tratava-se de encontrar, nos textos, o Cristo querigmático — independentemente dos sempre discutíveis sobejos do Jesus histórico que nele possam estar entretecidos.

Contra as duas dissoluções da unidade entre mito e história, gostaria de afirmar: tudo indica que, no centro do cristianismo primitivo não se achava nem um mito secundário historicizado, nem uma história secundária mitologizada. No início, havia uma tensa unidade entre história e mito.

O contrário vale para o Cristo querigmático: ele não era apenas um ser mítico. Por outro lado, depois da Páscoa modelaram-se cuidadosamente as lembranças do Jesus histórico e, a partir delas, traçou-se uma imagem sempre mais ampla de Jesus. Nas cartas paulinas mais antigas, encontramos somente grânulos históricos: por meio destes, saberíamos apenas que Jesus era considerado descendente de Davi (Rm 1,3), defendeu ensinamentos acerca do matrimônio e da forma de vida de missionários (1Cor 7,10; 9,14), que ele, antes de sua morte, instituiu uma refeição como memorial de sua morte (1Cor 11,23-25), que ele padeceu a morte de cruz e que depois da morte, apareceu como o Vivente a seus discípulos (1Cor 15,3-5). A partir desses e de muitos outros pormenores, uma geração mais tarde, criou-se o amplo quadro de Jesus dos Evangelhos, de forma que, ao longo do tempo, a consolidação na lembrança histórica tornou-se cada vez mais nítida. Portanto, também o Cristo querigmático é uma unidade entre mito e história.

Neste capítulo, voltamo-nos para o Jesus histórico. Perguntamos: qual a contribuição que ele trouxe para o surgimento de um novo sistema religioso de sinais? A propósito, defendemos a tese de que, a respeito dele, não se pode falar que tenha lançado os fundamentos para uma nova linguagem religiosa de sinais. O que podemos observar é uma revitalização da linguagem de sinais da religião judaica. Com outras palavras: Jesus viveu, pensou, agiu e morreu como judeu. Um dos resultados mais importantes de duzentos anos de pesquisa moderna em torno de Jesus é que ele pertencia a duas religiões: ao judaísmo, a que ele estava ligado de todo o coração; e ao cristianismo, cuja figura referencial central ele se tornou após sua morte — e certamente pelas interpretações que seus seguidores judeus deram de sua pessoa.

A pergunta é certamente justificada: o cristianismo não começa com ele, ao menos de forma "implícita"? Em seu anúncio e em sua atividade não estava contido um dinamismo que impulsionava a ultrapassar as fronteiras do judaísmo? Não ouvimos falar constantemente de conflitos com seus contemporâneos judeus? Não foi ele eliminado mediante o conluio de instâncias judias? Estaria ele a ponto de realizar um êxodo do judaísmo, sem que ele e seus discípulos estivessem conscientes disso? A fim de poder esclarecer e responder metodicamente a essas perguntas, comentemos, a seguir, o relacionamento de Jesus com as formas de expressão da religião judaica: com seus mitos, etos e ritos. Acrescentamos uma seção sobre a política, pois pode ser que seu fim violento se explique mais a partir dos conflitos políticos do que dos conflitos religiosos de seu tempo, pelo que, naquele tempo, dificilmente se podiam distinguir religião e política. No final, voltamos, então (mais uma vez), à questão do relacionamento do mito com a autocompreensão de Jesus.

O mito no anúncio do Jesus histórico

O que é um mito? Mitos são narrativas provenientes de um tempo decisivo para o mundo, com portadores de ações sobrenaturais que levam à estabilidade uma situação instável. Eles se desenrolam num mundo próprio, com estruturas de pensamento que se distinguem de nosso mundo cotidiano: no interior de um mito, duas coisas ou pessoas distintas em nossa experiência podem ser "profundamente idênticas": um morto pode voltar sob nova aparência, a queda de Adão pode repetir-se em cada pessoa, um rito pode realizar a presença real de outra coisa. Tomando-se como base essa definição de mito², então o anúncio de Jesus contém, em seu cerne, um mito, um mito dos últimos tempos como um tempo decisivo para o mundo, um tempo em que Deus prevalecerá contra todos os outros poderes sobrenaturais — Satã e seus demônios — a fim de mudar a situação atual instável de desgraça numa circunstância salvífica.³

Esse mito não é outra coisa senão o coerente monoteísmo judaico: Deus, em última análise, será o único e absoluto Deus, ao lado de quem não existirão mais quaisquer poderes que limitem seu senhorio — e ele tornará real sua salvação em Israel e em toda a criação. O anúncio do domínio de Deus é uma dramatização mitológica do primeiro mandamento, sendo que, em vez do êxodo do Egito, introduziu-se o êxodo das relações opressoras do presente — rumo ao senhorio prestes a eclodir. Jesus compartilha esse mito com outros judeus. Ele fala do reinado de Deus sem precisar explicar esse conceito. E isso não é nenhum acaso: os mitos expressam aquilo que é inquestionavelmente "dogmático" em um grupo ou sociedade. Algo assim é, no judaísmo, o senhorio do único e absoluto Deus. Ora, Jesus liga esse discurso do reinado de Deus — uma metáfora política, portanto — com uma segunda metáfora familiar: a imagem de Deus como Pai. Ambas as imagens provêm do acervo coletivo de imagens do judaísmo e já haviam sido relacionadas mutuamente, já antes de Jesus. A metáfora do pai estava ligada especialmente aos israelitas, que foram provados por Deus "como por um pai", ao passo que a metáfora do rei dizia respeito aos pagãos, a quem Deus puniu "como um rei severo" (Sb 11,10). Notável é que Jesus fala sempre do reinado de Deus, de sua "basileia" (βασιλεία) como uma grandeza concreta, jamais de Deus como "rei", de um "basileus" (βασιλεύς) como uma função pessoal. Mediante isso, nele surge uma lacuna que ele preenche com a metáfora do pai: Deus chega ao poder, em seu reinado, não como "rei", mas como "pai". Seus filhos e filhas têm, como *familia dei*, um relacionamento privilegiado com ele e são coparticipantes de seu senhorio. Por essa razão, a mensagem central de Jesus é assim resumida no Pai-Nosso: "*Pai* nosso..., venha o teu *rei*nado...". Em todos os aspectos,

---

² A noção de mito foi explicada no § 1, nota 5. Ela foi introduzida na pesquisa acerca de Jesus por: David F. Strauss, *Das Leben Jesu, kritisch bearbeitet*, 2 vol., Tübingen: Osiander 1835/36. Segundo ele, de um lado, o mito esclarece que o sobrenatural está entretecido na história de Jesus: como "saga não intencionalmente veladora", o mito encobriu Jesus com as expectativas preexistentes. Por outro lado, para o autor, aqui se expressa uma verdade: as ideias da unidade entre Deus e o ser humano. O mito é a veste "em forma de história" dessas ideias, a cuja realização toda a história visa.

³ Cf., para o que segue, Gerd Theissen/Annete Merz, *Der historische Jesus,* Göttingen: Vandenhoeck 1996, espec. § 9 Jesus als Prophet: Die Eschatologie Jesu, 221-255.

essa mensagem é uma revitalização do mundo de sinais judaico a partir de duas metáforas fundamentais colocadas no centro. Contudo, esse "mito" do senhorio vindouro do Pai assume em Jesus uma forma que se distingue por três particularidades, mediante as quais o mundo mítico é expandido ou transformado de modo singular: mediante a historicização, a poetização e uma "desmilitarização" do mito.

A transformação "histórica" do mito

Se os viventes atuais tornam-se participantes do impetuoso senhorio de Deus, então o senhorio de Deus liga-se a experiências históricas no presente: o mito é introduzido na história e historicamente transformado. Isso aconteceu não somente na imaginação religiosa do cristianismo primitivo, mas já no próprio Jesus. O futuro mítico está presente de três maneiras na atividade de Jesus:

- Ele está presente mediante a superação do mal. Jesus interpreta seus exorcismos como senhorio de Deus contra Satã e seus poderes (Mt 12,28). Satã já foi precipitado do céu (Lc 10,18). Estas são, indubitavelmente, expressões míticas, mas elas estão ligadas a experiências históricas concretas, no caso, a exorcismos.

- Ademais, o futuro mítico está presente como cumprimento do passado. Aquilo por que gerações ansiosamente esperaram, acontece agora no presente das testemunhas oculares (Mt 13,16-17). O tempo se cumpriu, o reinado de Deus aproximou-se (Mc 1,14-15).

- Por fim, o futuro mítico está presente no momento atual como germe escondido. O reinado de Deus "está no meio de vós" (ou "em vós") (Lc 17,20-21). Ele se realiza como uma semente, que se "desenvolve" até à colheita num tempo espantosamente breve (Mc 4,26-29).

A exegese neotestamentária não pode oferecer nenhuma explicação lógica satisfatória para a presença daquilo que é vindouro. No fundo, segundo nossa lógica corriqueira, trata-se de afirmações contraditórias. Aquilo que deveras é futuro, não pode existir ao mesmo tempo no presente. Contudo, no âmbito do pensar mítico, isso não é estranho. Aquilo que é manifestamente diverso e diferente, em um nível mais profundo pode ser idêntico: o agir atual de Jesus é também, nesse sentido, "profundamente idêntico" com o futuro senhorio de Deus. A historicização do mito trabalha com as possibilidades de pensamento do próprio mito, mesmo quando ela supera a separação entre tempo mítico e tempo profano, e pretende proclamar como "histórico", em meio a esse tempo, um acontecimento "mítico" proveniente de outro tempo qualitativo.

A transformação "poética" do mito

Em Jesus, intimamente ligada à historicização do mito escatológico está sua poetização: também na experiência estética pode estar presente aquilo que, em realidade, está ausente. A obra de arte faz transparecer a beleza, ainda que seja apenas um belo resplendor ou uma "aparência" dela. Por isso, não é por acaso que Jesus usa formas estéticas para transmitir sua mensagem. Um traço característico de seu anúncio são as parábolas — breves histórias fictícias de grande qualidade poética. Efetivamente, elas não tratam apenas do reino de Deus, como nos fazem crer as introduções estereotipadas do evangelho de Mateus. Elas ocupam-se também com o ser humano (cf. Mt 7,24) ou com "esta geração" (Mt 11,16), em resumo: com Deus e com toda a vida. Sem dúvida, porém, tudo aponta para o só e único Deus. E nisso, seu senhorio vindouro e já emergente está presente em toda parte. Contudo, essa presença não é nenhuma "presença real-mítica", como se o senhorio de Deus "se encarnasse" nas parábolas (ou melhor, "se inverbalizasse"). Se no mito, uma ninfa voadora transforma-se em uma árvore, então ela tem sua presença real na árvore. A árvore "identifica-se profundamente" com a ninfa. Em contrapartida, se as parábolas narram a respeito de Deus e de seu reinado, as imagens fictícias das parábolas apontam para algo a que elas não são idênticas: elas são apenas uma imagem cujo significado leitores e ouvintes mesmos devem explicitar. Os ouvintes têm a liberdade de descobrir por si próprios o que as imagens querem dizer. Enquanto os mitos expressam a inquestionável axiomática de uma sociedade e de uma cultura (e, justamente por isso, podem ser tão ilógicos e bizarros, porque exprimem aquilo que já é pressuposto como "lógico" e "evidente"), as parábolas desejam oferecer estímulos a também pensar diferentemente a respeito de Deus, do ser humano e do mundo — diversamente daquilo que a axiomática e a dogmática de uma sociedade sugere. A boa poesia é não-conformista. Também as parábolas de Jesus impulsionam a um pensamento divergente — tal como já o haviam feito a linguagem poética figurada da profecia e da sabedoria judaicas.

A transformação "política" do mito

Quando Jesus, em sua escatologia, dramatiza, historiciza e expressa em linguagem poética o axioma de base do judaísmo do "um só e único Deus", ele se mantém, assim, dentro das expectativas escatológicas tradicionais. No entanto, em uma passagem, deparamo-nos com uma mudança de conteúdo: tradicionalmente, a expectativa escatológica da soberania de Deus está quase sempre ligada a uma vitória sobre os pagãos que no presente oprimem e afligem Israel: segundo Is 33, Deus tornar-se-á rei mediante a vitória sobre os poderes estrangeiros, instalando-se em Sião (33,17-22). De acordo com Is 24,21-22, ele derrota os reis da terra, a fim de tornar-se, ele mesmo "rei" (24,33). Consoante o Trito-Zacarias, após um julgamento sobre todos os povos inimigos, "Iahweh será rei sobre todo o país" (Zc 14,9). No livro de Daniel, o reino de Deus desfaz o domínio do império simbolizado pelas feras (Dn 7). Fontes extracanônicas confirmam essa imagem: conforme 1QM VI,8, a soberania régia de Deus acontece mediante uma vitória militar sobre os inimigos. De acordo com a *Ass. Mos.* 10,1-3, a vinda da realeza de Deus está ligada à vitória sobre Satã e sobre os pagãos hostis. Segundo Sib 3,767, ela sobrevirá depois de uma guerra sangrenta. Em Jesus, porém, o reinado de Deus já se faz presente ocultamente, sem que os pagãos sejam vencidos. O reinado de Deus e o senhorio dos romanos podem, por algum tempo, coexistir no presente. Por isso, a fusão temporal do presente com o futuro significa mais do que uma mudança no convencional. Isso será confirmado mediante a expectativa do futuro: também para o futuro não se espera nenhuma vitória sobre os pagãos, mas uma afluência de todos os pagãos (talvez com os judeus da diáspora), vindos de todos os pontos cardeais. Os excluídos não serão os pagãos, mas, sim, aqueles que pretendem que o reino de Deus lhes pertença (Mt 8,11-12). Satã e seus demônios é que serão derrotados pelo senhorio de Deus (Mt 11,28 par). A reviravolta provocada pelo senhorio de Deus é uma reviravolta no plano metafísico — o fim do domínio dos demônios — e uma revolução no interior do povo: o reinado de Deus pertence aos pobres (Mt 5,3), às crianças (Mc 10,14); os cobradores de impostos e as prostituídas nele entrarão antes dos piedosos (Mt 21,32). Não se deveria chamar a essa mudança da expectativa do reinado de Deus de despolitização; trata-se, antes de uma "desmilitarização". Ela é separada da grande vitória (militar) sobre outros povos.

> Excurso: a interpretação milenarista do movimento de Jesus[4]
>
> O surgimento de uma expectativa escatológica segundo a qual o mundo deverá, em breve, transformar-se de forma miraculosa tem diversos paralelos nos assim chamados "movimentos milenaristas" do Terceiro Mundo. A comparação com eles é iluminadora. Sempre nos encontramos no campo de conflito de duas culturas, entre as quais uma avança de forma imperialista e torna uma cultura autóctone politicamente dependente. Nessa situação conflituosa sempre emergem figuras carismáticas que preconizam uma mudança de todas as coisas e mobilizam seguidores para essa mudança. Isso leva invariavelmente a conflitos com os detentores do poder político. Enquanto no Terceiro Mundo, entrechocam-se culturas que se acham em diversos estágios de desenvolvimento, naquele tempo, na Palestina, confrontavam-se duas culturas altamente diferenciadas, semelhantes na origem: os romanos e os judeus, ambos com a consciência de uma tarefa histórica e com uma expressiva consciência histórica, ambos com uma memorável tradição jurídica, ambos com escritura e economia financeira. Isso explica algumas das diferenças em relação aos outros movimentos milenaristas dos tempos atuais:
>
> 1. Certamente o movimento de Jesus começa como um movimento de revitalização intrajudaico. Contudo, mais tarde, ele alcançará sucesso acima de tudo fora do judaísmo; com efeito, no decorrer de 300 anos, ele conquistou a cultura estrangeira "imperialista": Roma converte-se ao cristianismo. Não existe nada que se compare a isso, que um dos novos movimentos milenaristas, no âmbito da cultura europeia, se tenha assim difundido. Isso se harmoniza com o fato de que o movimento de Jesus se diferencia das reações "nativistas" contra os estrangeiros, nisso que esse movimento se abre a eles — em primeiro lugar nos sonhos escatológicos de uma refeição comum entre os pagãos e Abraão, Isaac e Jacó, mas logo também, na realidade, mediante a assunção de pagãos na comunidade. Enquanto os líderes dos movimentos milenaristas modernos passaram quase todos por escolas missionárias cristãs e, em sua revitalização da cultura autóctone, assumem traços sincréticos da cultura estrangeira sobrevivente, não podemos constatar sincretismo comparável a esse no movimento primitivo de Jesus. A mensagem de Jesus e de seus primeiros discípulos está enraizada no judaísmo.
>
> O movimento de Jesus, portanto, supera precisamente os limites que outros movimentos milenaristas não ultrapassam: as fronteiras entre o próprio povo e os estrangeiros.

Em resumo, em relação ao "mito" no anúncio de Jesus, pode-se dizer: o Jesus histórico viveu em um mito escatológico, que nada mais é do que

---

[4] A interpretação do movimento de Jesus e do cristianismo primitivo como movimento milenarista foi realizada pela primeira vez, independentemente um do outro, por Sheldon R. Isenberg, *Millenarism in Greco-Roman Palestine*, Religion 4 (1974), 26-46, e John G. Gager, *Kingdom and Community. The Social World of Early Christianity*, Englewood Cliffs New Jersey 1975. Uma discussão pormenorizada com esta impostação encontra-se em Gerd Theissen, Jesus — Prophet einer millenaristischen Bewegung? Sozialgeschichtliche Überlegungen zu einer sozialanthropologischen Deutung der Jesusbewegung, *EvTh* 59 (1999), 402-415.

uma dramatização do axioma básico monoteísta do judaísmo. Ele também não abandona o universo de sinais judaico ali onde ele liga esse mito a sua própria história — pois a conexão entre mito e história é característica da religião bíblica; muito menos ele a descarta quando muda, por meio de parábolas, a inquestionável axiomática do mito em francos estímulos e impulsos, os quais, sem autoridade externa, constroem sobre a evidência interna da imagem poética. E ele também não a deixa de lado quando "desmilitariza" a expectativa do reinado de Deus. Voltemo-nos, agora, para a segunda forma de expressão de uma linguagem religiosa de sinais — o etos.

O etos do judaísmo e o anúncio de Jesus[5]

Com frequência, a ética de Jesus é apresentada como uma superação da ética judaica da Torá: sua interpretação da Torá tê-la-ia abandonado, ele a teria suprimido nas antíteses, teria superado sua casuística, criticado sua mentalidade retributiva etc. Contudo, somente a partir da perspectiva dos cristãos posteriores, que há muito se tinham afastado do judaísmo, é que Jesus pode ser percebido dessa forma, como um contraste ao judaísmo. No contexto de seu próprio tempo, sua ética pertence ao judaísmo. Assim como Jesus, com a historicização do mito (do fim dos tempos) intensifica traços básicos da religião judaica, da mesma maneira com a radicalização do etos. Israel já havia, desde sempre, referido todas as normas à absoluta vontade de Deus, integrando-as na Torá: todo o direito, a sabedoria, a política, que foram criticados e influenciados pelos profetas. Mediante isso, todas as normas estavam carregadas de uma exigência incondicional. A vontade de Deus encontrava-se em toda a vida — de igual maneira tanto nos mandamentos éticos quanto nos rituais. Todas as normas adquiriam um função de mandamentos rituais: ou seja, possibilitar uma proximidade de Deus e uma vida "em sua presença". Onde, no anúncio ético de Jesus, defrontamo-nos com tendências radicais, dá-se continuidade a essa tendência fundamental da religião judaica: a ligação com o Absoluto traz em si, uma tendência "radicalizante".

Ora, o que existe de especial na ética de Jesus poderia ser visto na ligação que essa tendência radicalizante tem com uma tolerância em rela-

---

[5] Para um discurso mais preciso da ética de Jesus, seja-me permitido referir-me à nossa apresentação em Gerd Theissen/Annete Merz, *Der historische Jesus*, §12, p. 311-158.

ção às transgressões das normas: com o etos da reconciliação, do perdão e da assunção do ser humano real. De fato, este é um traço importante em Jesus, mas também esse enraizado no judaísmo: o etos da reconciliação entre irmãos é também desenvolvido de forma exemplar nos Test XII. José, contra cuja vida os irmãos uma vez atentaram, torna-se ali grande modelo de perdão.

Mais importante é explicar de forma objetiva o resultado inicialmente contraditório. No caso, chama a atenção o fato de as afirmações que aguçam a Torá frequentemente se encontrarem em ditos — portanto, em formulações diretas de imperativos e de regras —, ao passo que as tendências diluentes da Torá e fortalecedoras da realidade marcam muito mais as tradições narrativas.

A Torá diz: "Deves honrar pai e mãe!". A tradição de um dito aguça o mandamento dos pais quando ela se volta asperamente contra a práxis da Corban, isto é, contra a possibilidade de subtrair o acesso dos pais (idosos) a objetos, consagrando estes ao Templo (Mc 7,10-12). A apelação a Deus não deve também rivalizar-se com os pais. O mandamento dos pais vale incondicionalmente. Em contrapartida, outra tomada de posição em relação ao mandamento dos pais encontra-se no apotegma dos seguidores. Um dos pretendentes a seguidores de Jesus deseja primeiramente sepultar seu defunto pai, antes de acompanhar Jesus em suas andanças. Jesus, porém, lhe diz: "Segue-me e deixa que os mortos enterrem seus mortos" (Mt 8,21-22). Isso é uma violação impiedosa do mandamento dos pais. Só é possível entendê-la como comportamento simbólico. Assim como Oseias devia desposar uma adúltera, não a fim de legalizar o adultério, mas para transmitir sua mensagem a respeito do amor de Deus por um povo adúltero, da mesma forma o discípulo deve formular a mensagem: em Jesus, apareceu uma pessoa que compromete incondicionalmente, que invalida até mesmo o mandamento dos pais. O reinado de Deus que ele encarna tem absoluta primazia.

Mais adiante diz a Torá: "Não matarás!". Jesus, porém, aguça esse mandamento na primeira antítese do Sermão da Montanha, à medida que ele também inclui o âmbito da ira — como impulso a matar: aquele que se enfurece contra seu irmão, torna-se culpado (Mt 5,21-22). No entanto, esse dito se contrapõe a uma narração como a da purificação do templo, na qual vemos Jesus agir movido por uma "ira santa": com violência, ele expulsa do templo os comerciantes de animais sacrificais e os cambistas! Aquilo que é válido no que diz respeito à ira contra o "irmão", perde o valor quando se trata de instituições — de relações institucionalizadas? Aquela "ira" que deve ser dominada em relação ao semelhante concreto é aqui permitida e necessária? Ou a exigência abstrata do dito é corrigida mediante o realismo da narrativa?

Além disso, diz a Torá: "Não cometerás adultério!". Também este mandamento é aguçado por Jesus no Sermão da Montanha. Já deve ser válido para a cobiça interior em relação a outra mulher. Aquele que olha para uma mulher a fim de desejá-la, já adulterou com ela em seu coração (Mt 5,28)! Igualmente austero é o dito sobre os eunucos, o qual louva o celibato (Mt 19,12). A esses ditos contrapõem-se narrativas que acentuam certa tolerância sexual. Mesmo quando se trata de narrativas frequentemente tardias, nelas pode ter-se conservado um traço da atitude de Jesus: Jesus livra uma adúltera da lapidação por parte de um bando de homens (Jo 8,2-4). Ele defende a "grande pecadora" que dele se aproxima na casa de um fariseu (Lc 7,36-38). Aqui, a razão para a diferença das afirmações poderia encontrar-se na diversidade dos destinatários: a severa moral sexual dos ditos dirige-se claramente aos homens. Apenas a eles se aplica a palavra sobre os eunucos! Tem-se somente a eles em mente quando se trata de adultério mediante o olhar cobiçoso para uma mulher estranha. A moral sexual tolerante das narrativas, porém, apresenta-se defensora das mulheres. Esta assimetria faz bastante sentido!

Mais adiante, diz a Torá: "Não cobiçarás os bens de outra pessoa!". Jesus, porém, agudiza este mandamento com o desafio à renúncia ao dinheiro. Ninguém pode servir a dois senhores: a Deus e ao Dinheiro (Mt 6,24). A probabilidade de os ricos entrarem no reino de Deus é pequena (Mc 10,25). Contudo, uma narrativa informa despreocupadamente que Jesus se fez convidar e acolher por um rico cobrador de impostos (Lc 19,1-3). O juízo negativo sobre a riqueza não diz respeito à pessoa dos ricos — muito menos quando eles se preocupam em socializar a riqueza e em compensar danos provocados por exploração. E o relato do jovem que não está disposto a vender seus bens, mostra realisticamente que o etos radical da propriedade esbarra em seus limites (Mc 10,17-19).

Por fim, diz a Torá: "Amarás a teu próximo como a ti mesmo!". Jesus qualifica esse mandamento como o maior, que está em pé de igualdade com o primeiro mandamento — portanto, com o axioma fundamental do judaísmo (Mc 12,28-30). Ele exacerba-o na tradição de um dito sobre o mandamento do amor ao inimigo — que Mateus, com razão, estilizou como uma exigência que ultrapassa a tradição, mediante um contraste antitético com o mandamento do amor ao próximo (Mt 5,43-45). Ora, o interessante é que, em algumas tradições narrativas, precisamente os "inimigos", os estrangeiros e os pecadores não aparecem como os destinatários do amor, mas como sujeito dele. Todas essas narrativas encontram-se no evangelho de Lucas, o que não constitui nenhum acaso. Elas afinam-se com a imagem lucana do Jesus humano. Assim, no relato do centurião de Cafarnaum aparece um *"inimigo"*: um pagão, possivelmente oriundo do exército romano e que agora serve sob as ordens de um príncipe romano. Dele se diz expressamente que "ama" o povo judeu, como o demonstra a sinagoga que mandara construir (Lc 7,5). Mais adiante, no relato do samaritano, encontra-se um *estrangeiro*. Embora a questão do amor ao próximo pareça primeiramente visar à extensão do amor ao próximo a esse estrangeiro, a força da história é precisamente esta: esse estrangeiro mesmo é o praticante exemplar do amor. Ele não é destinatário, mas sim, sujeito do amor (Lc 10,30-32). Por fim, na narrativa da mulher no banquete de Simão aparece uma "grande *pecadora"*. Também aqui não se trata de demonstrar amor por ela. Antes, ela é apresentada como paradigma daquela que ama: aquilo que Simão, o anfitrião, negligencia, ela realiza com lágrimas, beijos e gestos (Lc 7,36-39). De fato, ela "muito amou" (Lc 7,47).

Encontramos, portanto, um ao lado do outro, um etos radical (em forma de ditos) e um etos realista (amiúde, porém, nem sempre, em forma de narrativa). Nessa proximidade, poder-se-ia espelhar o contraste usual entre um etos proclamado e um etos vivido. Mas isso não explica tudo. É por demais evidente que também as narrativas, com frequência, estão prenhes de um etos radical da exigência. De vez em quando parece existir um sentido mais profundo por trás da aproximação de ambas as formas de radicalização: visto que as exigências radicalizadas são irrealizáveis, cresce a consciência de que nenhuma é perfeita — e, consequentemente, ninguém tem o direito de estigmatizar os outros como transgressores de normas — seja um grupo marginal no próprio povo, seja estrangeiros fora do próprio povo. Por isso, não pode ser mero acaso o fato de a radicalização da proibição de matar e de cometer adultério não seja formulada como imperativo. Não se diz: *"Não deves irar-te!"* ou: *"Não deves olhar para uma mulher com olhos de cobiça sexual!"*. Diz-se, antes: *"Quem se irrita,* torna-se *culpado". "Todo aquele que olha para uma mulher com desejo libidinoso já* cometeu *adultério com ela em seu coração".* A exigência radicalizada transforma-se potencialmente aqui em reconhecimento da insuficiência de todas as pessoas — e esse reconhecimento é, a seu turno, fundamento de uma pregação radical da graça.

Essa dupla radicalização do etos, tanto na direção de uma consequente austeridade quanto na de uma insuperável disponibilidade para o perdão é o desdobramento de possibilidades que já existiam na tradição judaica. Não constitui nenhuma ruptura com o judaísmo. De modo que resta apenas um campo no qual tal ruptura poderia verificar-se: o da linguagem ritual de sinais.

Os ritos judaicos e o anúncio de Jesus

O judaísmo é uma religião ritual. Comportamentos simbólicos preestabelecidos perpassam o dia-a-dia, direcionam-no para Deus, fazem lembrar dele e de sua presença. Por trás disso acha-se uma admirável intenção de penetrar tudo na vida com sua presença e também de elevar pequenos gestos simples à categoria de uma liturgia. Uma crítica ritual iconoclasta compreende quase nada dessa função religiosa dos ritos. Falta também a compreensão de sua função social. Eles são os sinais visíveis da pertença ao judaísmo, ato de confissão pública. A esse propósito, no tempo do exílio e do pós-exílio, cristalizam-se sempre mais três formas de procedimento rituais como sinais identificadores (*identity marker* [indicadores de identidade]) do judaísmo: circuncisão, regras alimentares e observância sabática. Visto que as formas de comportamento ritual dizem muito mais acerca da proximidade ou distância em relação a um grupo do que as convicções interiores que fogem ao controle social, conclui-se, a partir da linguagem ritual de sinais, se Jesus situa-se no centro do judaísmo, na periferia ou para além de suas fronteiras.

Em primeiro lugar, uma observação parece depor em favor de um enraizamento de Jesus no centro do judaísmo: ele não diz uma palavra sequer que problematize a *circuncisão*. Logo depois de sua morte, a circuncisão foi questionada por volta do quadragésimo ano. Contudo, somente o evangelho de Tomé coloca nos lábios de Jesus uma palavra que relativiza a circuncisão em seu significado (EvTm 53). Ora, alguém poderia naturalmente dizer: a circuncisão não constituía um problema no ambiente de Jesus porque era praticada em criancinhas sem uma decisão consciente delas. Era um rito tão natural que já não era (na Palestina) um ato de confissão. Em contrapartida, a observância das determinações sabáticas, das regras de pureza e das regras alimentares era questionada. A posição de Jesus no judaísmo não deve mostrar-se nesses campos?

Aqui, pois, resulta um quadro bem diferente daquele da circuncisão: ouvimos falar de conflitos sabáticos de Jesus com autoridades judaicas. No dito sobre a pureza de Mc 7,15, ele qualifica de irrelevante toda pureza exterior — e com isso, suprime o princípio fundamental do mandamento levítico da pureza. As regras alimentares parecem ser negligenciadas no discurso do envio (Lc 10,8)! Acima de tudo, no fim de sua atividade, encontra-se em conflito com o centro ritual da religião judaica: o Templo. No entanto, gostaria de afirmar: em todas as suas declarações, Jesus permanece no âmbito do judaísmo.

No que diz respeito aos *conflitos sabáticos*, no judaísmo de então havia uma vívida discussão a respeito do que era e do que não era permitido no sábado. Destarte, desde as guerras macabeias era permitido defender-se em dia de sábado — depois de, certa vez, mil judeus terem sido dizimados num sábado porque haviam renunciado à resistência (cf. 1Mc 1,29-38). Em determinadas situações excepcionais, em caso de legítima defesa, portanto, era permitido matar. Quando Jesus, em Mc 3,4, desafiadoramente, pergunta: "É permitido, no sábado, fazer o bem ou fazer o mal? Salvar a vida ou matar?", provavelmente ele está aludindo à permissão de matar em tempo de guerra, e deduz o maior a partir do menor: se é, pois, permitido fazer o mal, quanto mais fazer o bem! Em resumo: Jesus apenas expande os casos conhecidos de salvação da vida em dia de sábado aos casos de promoção ativa da vida. Com isso ele permanece na moldura da discussão judaica a respeito do sábado.

Mais ainda do que os conflitos sabáticos, o *dito sobre a pureza* em Mc 7,15 serve como prova de que Jesus teria rompido com a Torá: "Nada há no exterior do homem que, penetrando nele, o possa tornar impuro; mas o que sai do homem, isso é o que o torna impuro". Para nós, o importante é: a esta palavra não está ligada nenhuma exigência de não mais observar os mandamentos da pureza. Falta qualquer exigência imperativa. Apenas se constata indicativamente que, em si, nada existe de puro ou impuro. Mediante tal constatação designativa, seria perfeitamente aceitável que os mandamentos da pureza fossem cumpridos exteriormente — não porque fossem convincentes, mas por respeito a uma tradição ou por conveniência. Quando, no cristianismo primitivo tardio, se discute acerca dos mandamentos de pureza, fala-se, em contrapartida, de revelações que continham uma inquestionável exigência imperativa: em At 10,9-11, em uma visão, Pedro vê diversos animais impuros e recebe repetidamente a ordem: "Imola e come!". Somente agora é que uma máxima sentenciosa tornou-se uma prescrição comportamental concreta! Somente agora as normas judaicas foram transgredidas.

Ainda que as regras de pureza incluíssem mais do que simplesmente a diferenciação entre alimentos permitidos e alimentos proibidos, elas influenciavam a vida cotidiana de forma intensiva precisamente como *regras alimentares*: Jesus não se interessou de modo especial pelas leis alimentares. No discurso de envio, ele ordena a seus discípulos que comam (tudo) o que se lhes for posto à frente (Lc 10,8). Mais ainda, porém: em sua visão do banquete escatológico, para o qual acorrem pessoas dos quatro cantos do mundo para o reino dos céus, ele projeta um quadro de uma refeição comum entre judeus (isto é, os patriarcas Abraão, Isaac e Jacó) e pagãos, sem que as regras alimentares tenham qualquer importância (Mt 8,11-12). Contudo, isso também deve ser encaixado no judaísmo: sonhos escatológicos não devem ser transpostos para a práxis atual — e as instruções do discurso do envio visam a andarilhos carismáticos que simplesmente têm a permissão de adotar uma postura liberal em relação às normas do "mundo comum"!

Portanto, não se pode dizer que Jesus tenha abandonado fundamentalmente a linguagem ritual de sinais. Ele se ocupa dela em sua forma concreta, interpreta-a mais liberalmente do que diversos de seus contemporâneos — isso tudo, porém, não se trata de uma ruptura com o judaísmo.

Isso se torna ainda mais claro quando se leva em consideração a postura de Jesus perante novos ritos. João Batista havia exigido de todos os judeus um *Batismo* único como expressão de conversão imediatamente, antes da irrupção do julgamento escatológico. Na verdade, no judaísmo, tal mudança deveria ser atestada mediante uma nova vida. Contudo, para o Batista, o machado já havia sido posto na raiz da árvore: não havia mais tempo para "frutos de conversão". Por conseguinte, ele propunha, em nome de Deus, no último momento, um "comportamento substitutivo" simbólico com o qual alguém podia demonstrar a seriedade de sua conversão. Com esse rito, sem dúvida, João estava prestes a criar um grupo à parte dentro do judaísmo — semelhantemente aos essênios que, por meio de repetidas abluções rituais, segregaram-se do restante dos judeus e boicotaram o culto no Templo. De acordo com o que sabemos, durante o tempo de seu ministério público, Jesus não batizou. Certamente ele exigia a conversão, mas renunciava a um gesto ritual que a pudesse testemunhar publicamente. Talvez ele pudesse renunciar a isso porque, segundo sua convicção, Deus concedia tempo e oportunidade à pessoa para uma conversão demonstrada por boas ações. Em todo caso, a separação ritual em Jesus, em relação ao judaísmo, é menor do que em João e com mais razão, mais ínfima ainda do que entre essênios. Certamente, tal como os essênios, Jesus conhece também uma crítica ao Templo, mas sua profecia sobre o Templo é um testemunho indireto de uma grande ligação interior com o centro da linguagem ritual de sinais do judaísmo. Ele queria "reformar" esse centro — dito de forma mais precisa: substituí-lo por um Templo novo, escatológico.

Assim como Jesus, com sua temática em torno do Templo, toca o centro do judaísmo, da mesma forma ele se acha em meio ao judaísmo. Em si, ele não é nenhum "judeu marginal"[6], a não ser na perspectiva de outros grupos judeus segregados, como os fariseus, os saduceus e os essênios, uma figura marginal com problemáticas opiniões liberais e com um misterioso carisma, solapador das tradições.

Chegamos, pois, a um resultado claro: Jesus possuía uma identidade judaica.[7] Ele revitalizou a linguagem de sinais judaica. Vivificou-a a partir de um conteúdo central — a partir da fé em um só e único Deus. Nele

---

[6] Assim o título de uma excelente apresentação de Jesus, de John P. Meier, *A Marginal Jew. Rethinking the Historical Jesus*, vol. 1/2, New York: Doubleday 1991/1994.

[7] Depois de Jesus ter sido amiúde colocado em contraste com o judaísmo, a fim de já se encontrar nele, implicitamente, o cristianismo (e uma cristologia), no tempo das assim chamadas "novas questões acerca do Jesus histórico" (de 1953 até cerca de 1980), vai-se formando hoje um consenso de que Jesus faz parte do judaísmo — uma percepção que se acha tanto no "antepassado" da pesquisa histórico-crítica em torno de Jesus, Hermann S. Reimarus, no séc. XVIII (1694-1768), quanto no maior estudioso do Novo Testamento dos séc. XX, Rudolf Bultmann (1884-1976). Esse parecer levou, mais uma vez, Edward P. Sanders à ruptura em *Jesus and Judaism*, London: SCM 1985. James H. Charlesworth oferece um panorama da discussão na coletânea por ele organizada *Jesus' Jewishness. Exploring the Place of Jesus within Eearly Judaism,* New York: Crossroad 1991. Eu discuti o problema mais uma vez no artigo: Jesus im Judentum. Drei Ansätze einer Ortsbestimmung, KuI 14 (1999), 93-109.

percebemos uma historicização do mito judaico do reinado de Deus, uma dupla radicalização do etos judaico como intensificador e amortecedor de normas. Os conflitos com seus contemporâneos eram conflitos dentro do judaísmo, e não com o judaísmo. Ele não representou nenhum êxodo do judaísmo, mas um movimento de renovação dentro dele. Com isso, ele se insere numa corrente de movimentos de renovação intrajudaicos desde os macabeus — numa tentativa jamais dissolvente de revitalização da religião judaica. Visto que isso, quase sempre, direta ou indiretamente, acontecia como uma resposta ao desafio das potências que dominavam o judaísmo, nenhum desses movimentos de renovação — portanto, tampouco o movimento de Jesus — pode ser compreendido sem essa moldura política. Somente fatores políticos fazem compreender por que Jesus fracassou.

A situação política do judaísmo e o Jesus histórico

A partir do momento em que a cultura helenista, representada pelos estrangeiros dominadores ptolomaicos, selêucidas e romanos, expôs o judaísmo a uma intensa corrente de assimilação, sempre surgiram no judaísmo movimentos de renovação que se opunham a esse vórtice assimilativo, à medida que revigoravam as próprias tradições. As normas especificamente judaicas eram acentuadas. Consequentemente, a intensificação da Torá não é uma especificidade do movimento de Jesus, mas, ao contrário, encontra-se em toda parte nesses grupos. No confronto com a cultura helenística, surgiram no séc II a.C. os movimentos de renovação mais antigos: os essênios, os fariseus e — distintos desses — os saduceus. Em reação à nova cultura romana, espocou, desde a virada do século, um movimento militante de resistência — o movimento batista —, bem como uma série de movimentos proféticos de curta duração. O movimento de resistência, por fim, arrastou todo o judaísmo palestinense a uma revolta contra Roma. Todavia, em comparação com o tempo precedente e com o subsequente, o tempo de Jesus era relativamente pacífico. *Sub Tiberio quies* ["paz durante o reinado de Tibério"] opina Tácito a propósito desse tempo com relação à Palestina (*Hist* V,9).

A imagem exterior engana. Os conflitos continuavam a intumescer-se sob a superfície. Não foram deflagrados em formas de combates, mas com o auxílio de símbolos — com uma política simbólica, que poderia continuamente mudar-se em formas militantes de conflito, mas que também oferecia oportunidade para uma solução pacífica.[8]

Nesse tempo, tanto os dirigentes da Galileia quanto os da Judeia procuravam, mediante símbolos, aproximar o judaísmo da cultura helenística, a fim de integrá-lo mais rapidamente ao Império Romano.

Herodes Antipas, por volta do ano 19, mandou erigir uma nova capital em Tiberíades. A cidade foi construída sobre um cemitério judaico (F. Josefo, *Ant.* 18,36-38). Antipas aceitou conscientemente as consequências disso. De fato, agora ele podia ter certeza: quem se estabelecesse nessa cidade "impura", teria considerado mais valiosa a lealdade a ele do que a lealdade em relação aos ritos judaicos tradicionais de pureza. Ademais, se ele denominou "Tiberíades" sua nova capital, dedicada, portanto, ao imperador reinante, com isso se indicava a meta final dessa política simbólica: a lealdade ao imperador e ao Império Romano deveria ser fortalecida. Acrescente-se a isso o fato de ele ter mandado colocar em seu novo palácio imagens de animais, uma espécie de proibição contra a proibição de imagem, o que, naquele tempo, ainda era, de certa forma, estritamente observado. No início da guerra judaica, essas imagens foram destruídas por uma multidão revoltada, antes que pudesse ser vencida por uma delegação vinda de Jerusalém (Josefo, *Vida*, 65-66). A indignação contra elas mostra como era grande a importância simbólica que possuíam.

Não pode ser por acaso que ouvimos falar de uma série de conflitos politicamente simbólicos oriundos também do tempo do mandato de Pôncio Pilatos, que governava no mesmo período. Assim, Pilatos tentou trazer para Jerusalém bandeiras com imagens do imperador (ou com o monograma do imperador). Essa transgressão do mandamento que proibia as imagens na cidade santa suscitou protestos tão persistentes que o forçaram a desistir do empreendimento (F. Josefo, *Ant*. 18,55-59; *Guerra,* 2,169-177). Acrescente-se a isso o fato de Pilatos ter sido o único dos prefeitos da Judeia a mandar cunhar moedas com símbolos cúlticos pagãos, com instrumentos de libação e bastão de

---

[8] A tese que será resumida brevemente, a seguir, respeitante a um pano de fundo político da atividade de Jesus, fundamentei-a detalhadamente em Jesus und die symbolpolitischen Konflikte seiner Zeit. Sozialgeschichtliche Aspekte der Jesusforschung, *EvTh* 57 (1997), 378-400.

presságios. Talvez tenha também infringido as normas de pureza com a construção de um aqueduto. Pelo menos sua construção desencadeou protestos violentos.

A meta dos governantes era promover a integração da população judaica da Palestina na cultura helenístico-pagã mediante símbolos de aculturação. Mas eles se depararam com a resistência. E essa resistência no povo utilizava-se, igualmente, da linguagem de ações simbólico-políticas. Três profetas vêm ao proscênio durante o reinado de Pilatos. Todos transmitem sua mensagem também com atitudes simbólicas, que se podem entender como protesto e oposição contra os símbolos de aculturação impostos de cima para baixo.

Antes de Jesus, o primeiro a entrar em cena é *João Batista*. Seu Batismo é uma ação simbólica. E, implicitamente, tem um sentido político. Se todos os judeus devem, mais uma vez, batizar-se, então é porque todo o país está ameaçado de impureza. A questão da pureza é demonstrativamente posta em relevo aqui — e isso bem diante de um soberano que havia transgredido explicitamente as leis de pureza com a construção de sua capital. A crítica que Batista faz também à política matrimonial dele encaixa-se nesse quadro: com efeito, com seu casamento as normas matrimoniais judaicas tinham sido desrespeitadas. Batista articula aqui apenas uma indisposição largamente difusa no confronto de governadores que sempre mais se distanciavam das tradições locais.

Depois de Jesus, surgiu na Samaria um *profeta samaritano* que prometeu a seus seguidores tornar acessíveis sobre o monte Garizim os utensílios do Templo que Moisés havia ocultado (F. Josefo, *Ant*. 18,85). Algo fica evidente: aqui aparece alguém com a pretensão de ser um "Moisés redivivo" e de decidir, em favor dos espaços samaritanos, a disputa entre judeus e samaritanos quanto à legitimidade dos lugares de culto. Aqui se trata de uma revitalização da religião samaritana. E pode ser mais do que mero acaso o fato de os utensílios cúlticos pagãos que Pilatos mandou representar em suas moedas estarem quase em oposição direta aos vasos cúlticos desaparecidos misteriosamente. De qualquer maneira, Pilatos mandou assassinar o samaritano e seus seguidores — e por causa desse banho de sangue, foi deposto.

Cronologicamente entre João Batista e o profeta samaritano anônimo surge *Jesus de Nazaré*. Ele também expressava sua mensagem por meio de ações simbólicas[9] que representavam uma oposição contra as classes dominantes, contra os romanos e contra a aristocracia local a eles ligada.

A constituição do *círculo dos Doze* é uma ação político-simbólica — uma investida contra a situação de fato de Israel mediante o recurso a tradições primitivas que ainda subsistiam apenas em círculos oposicionistas (como entre os essênios). De fato, as doze tribos ainda permaneciam apenas como recordação de um passado grandioso e como esperança da restauração de Israel. Jesus não esperava essa reconstituição nos moldes das estruturas de poder de então — uma aristocracia sacerdotal com *um* sumo sacerdote no topo, dependente dos romanos. Ele desenhou a esperança de um governo representativo no qual o povo será dirigido por homens simples, oriundos do povo — pescadores e camponeses (Mt 19,28-30).

Outro comportamento politicamente simbólico é a *entrada em Jerusalém*. A cada festa do Templo, o prefeito romano, com sua coorte proveniente do Ocidente, voltava a Jerusalém a fim de zelar pela ordem e pela paz durante os festejos não raros agitados. Quando Jesus, sem tropas e vindo do Oriente, acolitado por peregrinos, entra em Jerusalém e, na ocasião, é saudado como representante do "reinado de nosso pai Davi" (Mc 11,10) — então isso é, provavelmente, uma encenação consciente de contestação. É difícil imaginar que os acentos inconfundivelmente político-simbólicos nessa narração sejam motivos tão secundários quanto os demais no relato do ingresso na cidade.

Uma terceira ação político-simbólica que deve ser mencionada aqui é a *purificação do Templo* — um gesto que se situa expressamente na esteira das ações simbólicas proféticas (Mc 11,15-17). A profecia acerca do Templo apresenta a mensagem desse comportamento: por meio dela o Templo atual e a aristocracia a ele ligada perdem sua legitimação. A vontade de Deus visa a um novo Templo. A perturbação da ação sacrifical demonstra: esse novo Templo será diferente do atual: tanto suprimirá completamente os sacrifícios, quanto estará acabada sua implicação nos interesses públicos.

---

[9] Nem todos os gestos simbólicos de Jesus são ações politicamente simbólicas. Ele se serve delas a fim de veicular toda a sua mensagem. Cf. Heinz Schürmann, *Die Symbolhandlungen Jesu als eschatologische Erfüllungszeichen. Eine Rückfrage nach dem irdischen Jesus* (1970); *Jesus — Gestalt und Geheimnis*, editado por K. Scholtissek, Paderborn: Bonifatius 1994, 136-156. Maria Trautmann, Zeichenhafte Handlungen Jesu. Ein Beitrag zur Frage nach dem geschichtlichen Jesus, *FzB* 37, Würzburg: Echter 1980.

Poderíamos ainda interpretar outros comportamentos de Jesus como expressões político-simbólicas: em sua autocompreensão, os exorcismos tornam-se sinais do início do reinado de Deus; eles são o começo da expulsão do país de tudo o que é estrangeiro, demoníaco e mau (Mt 11,28 par.). A comensalidade com pessoas marginalizadas antecipa o grande banquete escatológico do povo restaurado, do qual — contrariamente às expectativas nacionalistas — participarão pagãos de todo o mundo (Mt 8,11-12). O litígio a propósito do pagamento do imposto demonstra tanto a oposição entre o senhorio do imperador e o senhorio de Deus quanto a intenção de evitar uma confrontação militante com o poder estrangeiro. Precisamente por isso Jesus apela para a linguagem simbólica da inscrição na moeda: se ela, mediante imagem e rótulo, demonstra ser propriedade do imperador, então devem-se pagar os impostos ao imperador com essas moedas, pois a propriedade deve ser devolvida a seu proprietário! Com isso, porém, implicitamente também se diz: o que é propriedade de Deus deve ser devolvido unicamente a Deus (Mc 12,13-17)!

Em todos esses comportamentos simbólicos, ações discretas adquirem um excedente simbólico de sentido que aponta para além do "gesto" imediato. É sempre o "mito" no qual Jesus mesmo viveu que proporciona esse excedente de sentido: o mito da mudança para o reino de Deus, imediatamente existente e já agora em andamento. Somente no contexto dessa expectativa é que ações limitadas conservam uma resistência fundamental às situações vigentes. Somente mediante ele é que elas se tornam "ações simbólicas"; e somente por meio dele é que elas adquirem "forte e expressivo sentido político-simbólico". Esse mito não envolve apenas as ações e as palavras de Jesus com uma aura especial, mas toda a sua pessoa. E, mediante isso, ele o levará à fatalidade.

Conforme os relatos, as classes dominantes acusam-no com base em dois motivos: um primeiro, por causa de sua profecia sobre o Templo. Esse ponto de acusação interessava somente perante o sinédrio. A narrativa de um interrogatório perante Pilatos silencia a esse respeito. Aqui, um segundo ponto de acusação desempenha uma função decisiva: a acusação de que ele teria pleiteado o poder como "rei". Ambos os pontos de acusação correspondem aos dois comportamento político-simbólicos narrados anteriormente: a purificação do Templo e a entrada em Jerusalém. Tais atitudes deviam provocar distúrbios políticos. Jesus foi justiçado como agitador político: denunciado pela aristocracia do Templo por causa de sua investida no Templo, morto pelos romanos pela expectativa de que ele representaria o reinado local como rei dos judeus. Contudo, como Jesus mesmo se posicionou perante tais expectativas e temores? Qual era sua autocompreensão?

Mito e autocompreensão de Jesus[10]

A pergunta pela autocompreensão de Jesus só se esclarece no contexto da linguagem judaica de sinais existente naquele tempo: somente com os meios de sua religião é que Jesus podia exprimir que função ele atribuía a si mesmo. Antes de responder à pergunta se e qual título ele, possivelmente, aplicou a si mesmo, dever-se-ia levar em consideração que o decisivo para a autocompreensão de Jesus não é esse ou aquele título, mas a "historicização" do mito escatológico em toda a sua atividade. Ela envolveu sua pessoa com um brilho sobrenatural. Ela emprestou-lhe um papel decisivo no drama entre Deus e o ser humano no presente: ele fez do reinado de Deus uma experiência histórica atual — à medida que, de um lado, experiências atuais concretas tornaram-se presença real mítica do reinado de Deus e, de outro lado, parábolas e comportamentos simbólicos tornaram-se imagens de uma realidade mítica que (ainda) não estava presente.

Esse brilho sobrenatural, produzido pelo mito — produzido por um mito no qual Jesus e seus discípulos viviam — era a causa de seu carisma, com o qual Jesus fascinava seus seguidores e exasperava seus opositores. Jesus era um carismático judeu que obtinha seu poder de irradiação pelo fato de ter revigorado a linguagem de sinais mítica, ética e ritual do judaísmo a partir do centro de sua fé judaica: ou seja, a partir do axioma fundamental da fé monoteísta. Seu anúncio era rigorosamente teocêntrico. Com essa revitalização da linguagem religiosa de sinais judaica, ele unia-se a uma corrente de movimentos de restauração desde o tempo dos macabeus, os quais, todos, opunham-se à dissolução da identidade judaica operada pela prepotente cultura estrangeira helenística, mesmo que, em sua oposição, elas estivessem bastante marcadas precisamente por essa cultura estrangeira. É característico dos carismáticos que a autoridade deles (o "carisma" deles) pode ser exercido sem apoio em tradições e funções existentes, na verdade, muitas vezes contra elas. Disso se depreende que,

---

[10] Procuramos apresentar essa discussão bastante complicada em G. Theissen/A. Merz, *Der historische Jesus* § 16: *Der historische Jesu und die Anfänge der Christologie*, 447-492.

consequentemente, não é necessário que Jesus se tenha identificado com algum dos papéis preexistentes de libertador ou salvador. Ainda que um juízo seguro seja bastante difícil, considero improvável que ele próprio tenha se atribuído determinada expectativa de um papel predefinido. Os argumentos seguintes levam-me a esta comprovação:

a) Mediante sua pregação, Batista despertara a expectativa de *alguém mais forte* que estava por vir (Mt 3,11). Ela devia ter sido intensa no ambiente de Jesus. De fato, muitos de seus discípulos e seguidores provinham, como o próprio Jesus, do círculo de simpatizantes de Batista. Essa expectativa em relação a alguém mais forte surge sem rótulo. Nem "mais forte", nem "vindouro" são títulos messiânicos seguros. No entanto, com eles se indica uma figura soberana que supera todas as dimensões conhecidas — de modo que repetidamente se defende a tese de que Batista estaria aludindo ao próprio Deus.

b) Provavelmente, outras pessoas manifestaram a expectativa de que Jesus fosse o "Messias". Quanto a esse título, parece acertado dizer que foi atribuído por outros.[11] Também no círculo dos discípulos essa expectativa pode ter sido expressa na confissão messiânica de Pedro (Mc 8,29). O povo pode tê-lo confrontado com a esperança de um "filho de Davi" — um davídico de linhagem real (cf. Mc 10,47.48). Com muita probabilidade, o receio de que ele fosse um pretendente messiânico ao trono influenciou o processo das autoridades contra ele: ele foi executado como "rei dos judeus" (Mc 15,26) — e o relato da paixão deixa claro que esse rei outro não era senão o "Messias" (Mc 15,32). Provavelmente, seguidores e opositores desejaram-no ou temeram-no como "Messias". Contudo, como ele próprio se posicionou em relação a tal expectativa resta obscuro. Pode-se apenas dizer o seguinte: diante de Pilatos, ele não se distanciou claramente dessa expectativa.

---

[11] Não dispomos de nenhuma analogia para o fato de alguém ter-se tornado "Messias" depois de morto; ao contrário, temos semelhanças históricas para o fato de alguém ter sido proclamado "Messias" por outras pessoas. Assim, rabi Akiba proclamou messias o líder da última grande revolta dos judeus contra Roma (j. Taan. IV, 68d). F. Josefo atribuía expectativas messiânicas a Vespasiano: ele seria o soberano mundial esperado pelos profetas judaicos, oriundo do país da Palestina, onde Vespasiano se encontrava durante a primeira guerra judeo-romana (F. Josefo, *Guerra* 3,401-402). O apocalipse sinótico adverte contra pessoas que são tidas por outros como Messias (Mc 13,21).

c) O único "título" que se acha com frequência em sua boca é a enigmática expressão *"Filho do Homem"*. Naquele tempo, na linguagem cotidiana, significava "toda pessoa" ou "uma pessoa" e, ocasionalmente, podia ser também uma perífrase para "eu", considerando-se que esse significado, porém, não fazia parte do conteúdo do léxico, podendo funcionar somente *ad hoc*. Paralelamente existe uma expressão linguístico-visionária: o discurso sobre um juiz sobrenatural no fim dos tempos, que aparece *"como* um filho de homem" (Dn 7,13). Também a tradição linguístico-visionária acentua a humanidade dessa figura: a semelhança humana está em oposição ao poder das feras que representam diversos impérios bestiais. Tal figura personifica uma alternativa humana ao reino das feras. Em nenhuma das duas tradições trata-se de um título fixo. E em nenhuma dessas tradições está relacionada exclusivamente a uma pessoa! Jesus podia ter usado essa expressão. Provavelmente ela tornou-se um título de nobreza somente mediante o uso que ele dela fez. No cristianismo primitivo, era tida como uma característica da linguagem de Jesus e foi transmitida somente nas palavras de Jesus (e, nelas, até mesmo secundariamente expandida). Provavelmente, em primeiro lugar, Jesus impregnou com uma dignidade messiânica a compreensão de cada pessoa. Contudo, em nada se altera a expressividade conteudística dessa posição central da "noção de filho do homem", se atribuirmos esse desenvolvimento só ao cristianismo primitivo: em todo caso, nos evangelhos sinóticos, o "homem" aparece simplesmente como a única expressão que, no imaginário do cristianismo primitivo, vale como autodesignação de Jesus. Como sempre, interpreta-se: Jesus (ou o cristianismo primitivo) expressa essa "humanização" do mito. No centro do sistema religioso de sinais põe-se uma figura descrita simplesmente com a expressão que significa "o homem". Os textos comparativos, provenientes do restante do judaísmo, para uma figura majestosa, contemplada em visões, sempre contêm, ao contrário, um termo comparativo: essa figura é "como um homem" e "como um filho de homem". Aqui, porém, ela se torna simplesmente "o homem". Todavia, isso é, provavelmente, antes de tudo, um desenvolvimento pós-pascal, o que pretendemos tratar no próximo capítulo.

Resumamos a articulação do pensamento: por um lado, não existe o Jesus histórico num mundo sem mitos — e, por outro lado, o Cristo mítico que, em razão de interpretações pós-pascais, distancia-se sempre mais do mundo histórico. Já o Jesus histórico viveu num mito que revitalizou o axioma básico monoteísta da religião judaica. Ele viveu no mito do reinado venturo de Deus, mediante o qual finalmente deveria tornar-se realidade aquilo que o monoteísmo judaico já havia sempre postulado: que Deus se tornará a realidade determinante para tudo. Jesus podia pressupor esse mito em sua pregação; ele não o explica em parte alguma. Contudo, ele o modificou mediante a maneira pela qual ele viveu nele e com ele:

1. Ele o historicizou, à medida que o conectou à sua própria história e a suas ações.

2. Ele lhe conferiu uma forma de expressão poética em parábolas que continham um estímulo para uma nova compreensão de Deus.

3. Ele o ligou a formas de expressão político-simbólicas, desmilitarizando-o assim, à medida que o desvinculou da esperança de subjugação dos pagãos. Mas ele não o despolitizou. Ao contrário, Jesus situou-se no contexto dos conflitos político-simbólicos de seu tempo. Assim como a expectativa de uma mudança escatológica de todas as coisas não aconteceria sem o conflito entre as potências dominantes e o povo judaico — da mesma forma, essa tensão política constitui o pano de fundo do anúncio escatológico de Jesus. No entanto, Jesus concede à esperança religiosa uma grande autonomia em relação à política: a lealdade com relação a Deus não obriga a uma revolta contra o imperador, mas, justamente por isso, não compromete a uma lealdade incondicional ao imperador. A pessoa mesma deve decidir, lá onde ambos entram em conflito: "O que é de César, dai a César — o que é de Deus, a Deus" (Mc 12,17).

Capítulo 3
COMO SE CHEGOU À DIVINIZAÇÃO DE JESUS?
A TRANSFORMAÇÃO DA RELIGIÃO JUDAICA MEDIANTE A FÉ PÓS-PASCAL EM CRISTO

Jesus renovou a religião judaica. Ao anunciar a irrupção iminente do reinado de Deus, ele recolocou, de forma inusitada, no centro da linguagem religiosa de sinais judaica as convicções fundamentais a respeito do um só e único Deus. Os primeiros cristãos, porém, colocaram o próprio Jesus no centro de seu universo religioso de sinais, em seus hinos e orações entronizaram-no à direita de Deus e, com isso, lançaram as bases para a separação entre cristianismo e judaísmo. O caminho do teocentrismo de Jesus para o cristocentrismo dos cristãos, do judeu carismático Jesus à sua divinização, da historicização do mito por Jesus à mitologização de sua história é tema central de uma teoria da religião cristã primitiva.

Há consenso em que os cristãos afirmaram muito mais a respeito de Jesus do que Jesus dissera de si mesmo. Existe maior consenso ainda em que a motivação para essa transcendentalização de todas as declarações do Jesus histórico originou-se das aparições pascais. Elas são bem testemunhadas como experiências visionárias. Quanto ao seu conteúdo empírico subjetivamente autêntico não devia haver dúvida, independentemente de como se interpretava essa experiência.

Pode-se, obviamente, perguntar: não nos deparamos aqui com um limite de toda análise sob a perspectiva das Ciências das Religiões? Pode-se falar do acontecimento pascal de tal forma que seja argumentativamente imaginável para os de dentro e para os de fora? Pelo menos o processo "semiótico" que está ligado a esse acontecimento e que nos é compreensível é claramente perceptível: Jesus é posto no centro (ou no ápice) do sistema religioso de sinais, pelo que regras fundamentais desse sistema de sinais parecem perder a validade: a distância entre Deus e o ser humano e a exclusividade de Deus, que ninguém tem próxima de si — e nenhum deus toleraria perto de si. Em Jesus, essa lógica parece invertida: visto que ele, para os primeiros cristãos, encontra-se indiscutivelmente junto de Deus, ele próprio deve ser Deus! Mas como se chegou a essa elevação de Jesus?

As aparições sozinhas dificilmente podem explicar. Não dispomos de nenhuma analogia histórica para o fato de alguém, por meio de aparições, tornar-se "Messias" ou "Filho do Homem" ou "Filho de Deus". Antes, as aparições devem ter sido vividas à luz de determinadas convicções, a fim de poder produzir a certeza de que Jesus possui uma condição divina e constitua o centro do universo religioso de sinais.

Tal processo de transformação de um sistema religioso de sinais pode ser esclarecido por duas vertentes, sem que seja possível separá-las: a partir das experiências que abalam o sistema vigente; e a partir do sistema vigente que elabora tais experiências.

No que diz respeito às *experiências*, a transformação do mundo judaico de sinais é provocada por uma experiência de dissonância.[1] É a dissonância entre o carisma de Jesus e sua crucifixão. Seu carisma despertara a expectativa de que ele desempenharia um papel decisivo no acontecimento escatológico entre Deus e as pessoas. A crucifixão foi o malogro dessas expectativas — aliás, muito mais: ela foi seu desprezo e humilhação conscientes. O *titulus crucis*, exibido pelo supliciado como "rei dos judeus", continha a lição de que, com o crucificado, todas as esperanças de um libertador de Israel deveriam ser crucificadas com ele. A fim de superar essa experiência de dissonância, o crucificado teria de atingir uma categoria

---

[1] No que segue, trabalhamos com uma teoria clássica da psicologia social: com a teoria da dissonância cognitiva de Leon Festinger, *A Theory of Cognitive Dissonance*, Stanford, CA: Stanford University Press 1957 = *Theorie der kognitiven Dissonanz*, Bern: Huber 1978. "Dissonância cognitiva é a ideia e teoria geral..., que explica a circunstância conflituosa vivida por alguém, depois que ele tomou uma decisão, assumiu um comportamento ou foi exposto a uma informação que está em contradição com as opiniões, sentimentos e valores prévios" (Philip L. Zimbardo, *Psychologie*. Edição alemã por S. Hoppe-Graff, B. Keller e I. Engel, Berlin, Heidelberg, New York: Springer⁶1995, 710). Em tal situação, é possível atenuar ou eliminar os elementos dissonantes — ou fortalecer e acrescentar elementos consonantes. Certamente, para os discípulos, a experiência do malogro de Jesus na cruz foi uma experiência "dissonante" que conflitava com suas expectativas e convicções — e essa dissonância foi ainda mais acentuada mediante as aparições pascais. Por conseguinte, a divinização de Jesus pode ser compreendida como um caminho para a mitigação da dissonância.

e um valor ainda mais elevados do que aqueles que lhe foram atribuídos originalmente. Mediante a superação da morte, ele se mostrou definitivamente mais poderoso do que seus juízes e algozes. Por conseguinte, as aparições pascais possibilitaram interminável valorização da pessoa de Jesus, mediante a qual a extrema dissonância entre seu carisma e a cruz podia ser superada. Contudo, sozinhas, tais experiências não conseguem explicar a elevação da pessoa de Jesus à categoria divina. Acrescente-se a isso a latente prontidão do *sistema* religioso *de sinais* para adaptar tais experiências de dissonância num sentido determinado. Nossa tese é: a exaltação de Jesus ao *status* divino só podia, portanto, provocar uma redução cognitiva da dissonância porque ela correspondia a uma dinâmica contida no monoteísmo judaico. No séc. VI a.C., a fé no um só e único Deus foi forjada pela superação de uma experiência análoga: a elevação de Iahweh à condição de um só e único Deus foi igualmente a superação de uma crise como a elevação de Jesus à categoria singular divina. Em ambos os casos, entra em ação a mesma "dinâmica monoteísta", de forma que a divinização de Jesus não estivesse em contradição com o axioma fundamental do mundo de sinais judaico, mas fosse sua consequente "construção" e "plenificação". De fato, não foram os pagãos, mas os judeus que entronizaram Jesus à direita de Deus; e não o fizeram a fim de abandonar conscientemente o monoteísmo judaico, mas, sim, para levá-lo à plenitude.

Em que, pois, consistia essa dinâmica monoteísta no séc. VI a.C.?[2] No tempo do pré-exílio, já havia surgido em Israel a exigência de venerar a Iahweh somente. Era indiferente se esse movimento monolátrico constituía o anseio de uma minoria radical ou podia fundar-se num amplo consenso entre o povo; o decisivo era: a monolatria não questionava a existência de outros deuses. A monolatria admitia que outros povos venerassem outros deuses, mas, justamente por isso, insistia na exigência de que Israel adorasse apenas a Iahweh. Só as experiências de crises do séc. VI fizeram passar de tal monolatria a um consequente monoteísmo que negava a existência de outros deuses. Perante a destruição de Jerusalém, a deportação

---

[2] Havia uma animada discussão acerca do surgimento do monoteísmo. O consenso atual é que ele não se achava no início da história de Israel, mas somente como resultado de um longo e conflituoso desenvolvimento que só chegou a manifestar-se e realizar-se no tempo do exílio no Deutero-Isaías. A propósito do debate, oferecem boas informações: Fritz Stolz, *Einführung in den biblischen Monotheismus*, Darmstad: Wissenschaftl. Buchgesellschaft 1966; Robert K. Gnuse, *No Other Gods*. Sheffield: Academic Press 1997, o qual, nas páginas 92-94 retoma positivamente minha contribuição em *Biblischer Glaube in evolutionärer Sicht*, München: Kaiser 1984, 65-110.

da classe superior e o longo exílio, restava apenas a possibilidade de reconhecer a supremacia dos povos vitoriosos e de seus deuses ou manter-se firme na fé em IHWH, à medida que se equilibrava a catástrofe sobre a terra mediante uma vitória no céu: os outros deuses foram considerados como não-existentes. Não foram eles que venceram Israel em combate, mas, sim, o um só e único Deus que se havia utilizado das outras nações, a fim de punir Israel e que, após completado o castigo, reconduziria Israel para um novo futuro. Ele domina também os vencedores. Quanto mais completa parecesse a derrota de IHWH e de seu povo sobre a terra, tanto mais grandiosa devia ser a vitória "metafísica" de IHWH sobre todos os outros deuses no céu (e com isso, também no universo religioso de sinais).

A dinâmica monoteísta tem, portanto, três aspectos estreitamente interligados:

- Em primeiro lugar, ela é a *superação cognitiva da dissonância* em uma catástrofe; ela vence a discrepância entre expectativas salvíficas em Iahweh e experiências de desastres na história.

- Em segundo lugar, é confirmação e *intensificação* de um consenso, de uma tendência monolátrica já preexistente que é elevada ao "monoteísmo".

- Em terceiro lugar, é *suplantação da concorrência,* tendo em vista os outros deuses e os povos que os veneram. Diante do um só e único Deus todos eles se tornam um ridículo "nada".

A dinâmica monoteísta repete-se na dinâmica cristológica do mundo primitivo cristão de sinais. A *experiência de crise* aqui é a crucifixão como desmentido das expectativas ligadas a Jesus. As aparições pascais permitiram transformar essa derrota numa vitória do exaltado sobre seus juízes e sobre o mundo. O profundo rebaixamento só podia ser equilibrado mediante uma elevação que a tudo superasse. Por meio da elevação do crucificado ao *status* divino, superou-se a dissonância da cruz.

Essa elevação confirma uma *convicção de fé* já preexistente: Deus pode despertar os mortos para uma vida nova. E na direção contrária: sempre onde mortos são trazidos a uma vida nova, isso é uma obra de Deus. As aparições pascais podiam ativar e confirmar tal axioma fundamental da religião judaica: a fé no um só e único Deus que pode criar a vida *ex nihilo,* pela qual esse nada era, na maioria das vezes, imaginado como um "algo" caótico. Assim como ele, no princípio, criara o mundo do nada, da mesma maneira agora, no presente, ele estava agindo na superação da morte à medida que ele traz ao ser o nada-sendo (Rm 4,7).

A consciência de que o sistema de convicções judaicas é superior a todos os outros sistemas de convicções religiosas foi fortalecida mediante a instalação de Jesus em uma posição divina: com a elevação de Jesus à divindade, põe-se em movimento uma *suplantação da concorrência* que ressalta a superioridade de Jesus sobre todas as demais figuras concorrentes — no judaísmo e no paganismo: ele é um nome que está acima de todos os nomes. Mas precisamente esse constante sobrepujamento de outras *numina* leva indiretamente a adaptações. Por conseguinte, encontramos no desenvolvimento da cristologia um acentuado "sincretismo de superação".[3]

Assim se conclui nossa tese: somente no interior de um quadro de referência religioso, no qual já existia um "programa" de reinterpretação da derrota em vitória e da extrema humilhação em elevação é que as aparições pascais podiam tornar-se causa e estímulo para a divinização de Jesus. Visto que esse "programa" já era atuante na elaboração do axioma fundamental do monoteísmo da religião judaica, isso significa que: a deificação de Jesus só foi possível por uma dinâmica imanente do monoteísmo judaico — ainda que ela logo tenha sido vista como uma ameaça a esse monoteísmo.

A seguir, discutiremos a transformação do sistema judaico de sinais sob os três aspectos há pouco mencionados: como superação da disso-

---

[3] A noção de "sincretismo" indica tanto a permuta de elementos entre sistemas religiosos diversos quanto a mistura desses sistemas. Cf., por exemplo, a definição de Kurt Latt, Synkretismus, RGG bd V, ²1931, Sup. 952: "Indica-se, com sincretismo, a mistura de diversas religiões na época do helenismo e do império, particularmente a penetração das concepções de fé do Oriente no mundo greco-romano e sua parcial helenização". No caso, é quase impossível determinar o sincretismo sem estabelecer a perspectiva a partir da qual tal permuta ocorreu: ou cada indivíduo determina o relacionamento das religiões por meio de sua concepção religiosa ou por sua participação em diversas religiões, ou, no entanto, os sistemas religiosos relacionam-se uns aos outros em suas práticas religiosas, ou eles escolhem, dentre suas formas de expressão, determinados elementos tendo em vista as demais religiões. Andreas Feldtkeller diferencia essas quatro perspectivas em Der Synkretismus-Begriff im Rahmen einer Theorie von Verhältnisbestimmungen zwischen Religionen, *EvTh* 52 (1992), 224-245. Um "sincretismo de superação" consiste em que uma religião escolhe de seu repertório de tradições e de formas de expressão algumas com as quais ela possa ultrapassar as religiões concorrentes. Para isso, ela não deve assumir diretamente algo "estranho", mas simplesmente ativar algo "próprio" — e, na verdade, de tal maneira que sua reativação esteja marcada pelo encontro com o diferente. Uma assunção simultânea de elementos estranhos (os quais, porém, são vividos como próprios) pode estar espontaneamente ligada a isso.

nância, como intensificação da fé monoteísta e como superação sincrética da concorrência.

A exaltação de Jesus como superação da dissonância

A elevação de Jesus à condição divina serviu para uma superação cognitiva da dissonância. Contudo, seria demasiado simples pensar apenas em categorias psicológicas — portanto, enxergar aqui aquele mecanismo que entra em ação quando nós, depois de comprarmos uma casa pela qual pagamos mais do que queríamos ou podíamos, ou do que a casa objetivamente valia, deixamo-nos entusiasmar pelo valor dessa casa a fim de esquecer que houve uma discrepância entre preço e resultado. Valorização na fantasia é, com frequência, compensação psíquica para desvalorização inadmissível. Mais comparável é a discrepância entre um sistema teorético e experiências embaraçosas que forçam a reelaborar a teoria. Tal discrepância e suas consequências para o sistema são mais do que os processos psíquicos nos quais essa discrepância é descoberta e suas consequências superadas. Também as experiências com Jesus e com sua derrocada fizeram eclodir uma profunda discrepância que obrigou a uma reconstrução do sistema de sinais. Essa reedificação levou à centralização do salvador único. Essa discrepância *religiosa* (uma contradição, portanto, entre o sistema de sinais e a experiência) é o elemento decisivo. Contudo, a reconstrução do sistema de sinais realizou-se mediante conflitos *individuais* ao longo da vida de cada uma das pessoas e teve consequências para a vida *social* dos grupos cristãos primitivos. Como reforma de um sistema religioso de sinais objetivo é, certamente, mais do que a soma das transformações psíquicas e sociais nas quais essa reorganização se deu. No entanto, sem essas mudanças psíquicas e sociais, mal poderíamos entender o que se passou então. Por conseguinte, discutiremos sequencialmente a elevação de Jesus como superação religiosa, psíquica e social da dissonância.

A dissonância *religiosa* a ser superada era a contradição entre as expectativas em um carismático envolto em aura messiânica e seu fracasso na cruz. Durante o tempo de sua vida, sua mensagem havia prometido que o reinado de Deus, prestes a acontecer, desfaria a contradição entre a esperança de Israel na restauração da independência e a persistente dependência de poderes estrangeiros. O reinado de Deus significava: libertação da dominação estrangeira. Nessa proclamação estava incluído o conflito religioso fundamental entre esperanças religiosas e as expectativas contraditórias a elas. A crucifixão, porém, parecia divulgar uma mensagem completamente diferente: as esperanças no restabelecimento de Israel foram em vão, e as esperanças de resistência contra os romanos seriam frustradas. A crucifixão era o castigo comum para escravos e rebeldes, e ela preconizava: assim acontecerá a todos os que esperavam uma revolução iminente ou a quisessem provocar. E nesse caso também se esconde um conflito religioso geral. Aquilo que a esperança religiosa promete, encalha e despedaça-se sobre a rocha da realidade hostil. A elevação de Jesus por meio de sua morte podia suplantar essa "dissonância" de forma convincente. Com efeito, a elevação de Jesus a um mundo para além da morte, no qual reina Deus somente, subtraía-o a todo poder humano. Nos limites da morte, até mesmo as mais poderosas religiões cairiam. A íntima conexão entre o crucificado e Deus dava à sua autoridade uma origem superior e livre de toda desilusão! Ele participava do poder do um só e único Deus, poder capaz de vencer a morte.[4]

Como, porém, os discípulos chegaram psicologicamente a essa convicção? Uma primeira consideração vale para todos da mesma maneira. Todos foram atraídos a Jerusalém na esperança de uma irrupção imediata do iminente reinado de Deus que, aos olhos deles, estava intimamente ligado à pessoa de Jesus. A crucifixão destruiu essas esperanças, mas as aparições pós-pascais deviam ser experimentadas como realização daquelas: o reinado de Deus, não obstante tudo, havia começado, mesmo que de forma completamente diferente daquilo que eles haviam esperado. Deus despertou Jesus dentre os mortos e o fez participar de sua realeza. Ele foi encarregado de implantar o reinado de Deus. Com isso, os discípulos superaram simultaneamente um conflito pessoal. Todos haviam fugido e deixado Jesus em apuros no momento de sua prisão. Por

---

[4] Em minha opinião, as aparições pascais não são produzidas mediante dissonância cognitiva, mas, de sua parte, produzem dissonância cognitiva: elas aumentam a dissonância já existente. E essa dissonância, levada até o insuportável, produz as interpretações das aparições pascais como elevação de um ser humano à dignidade divina, pelo que essa interpretação é legitimada e tornada plausível por meio de uma tradição (ou seja, pela reinterpretação de passos escriturísticos como Sl 110,1). O fato de as aparições pascais esclarecer também a diferença em relação a outros carismáticos proféticos que deixaram, com seu fracasso, uma dissonância cognitiva em seus seguidores. Os profetas milagreiros apareciam com a promessa de um prodígio futuro. Os romanos atacavam cada vez. Os movimentos desencaminhavam-se depois da morte do profeta. Sua autoridade dependia dos sinais prometidos e desmoronava com a não-realização destes. Jesus, ao contrário, rejeitou bem conscientemente tal sinal cósmico homologado (cf. Mc 8,11-13 e par.). Ele próprio era o representante do reinado de Deus. Ele mesmo era "o Sinal". Por conseguinte, a aparição pós-morte de sua pessoa em visões podia ser experimentada como confirmação de sua pessoa.

essa razão, em todos eles, deve ter-se tornado ainda maior a dissonância cognitiva entre o comportamento deles e sua experiência, de um lado; e suas esperanças, de outro.

Uma segunda ponderação torna concreto esse contexto geral para todos os discípulos, tendo em vista cada um dos seguidores e seguidoras de Jesus. A contradição fundamental entre o mundo religioso de sinais e a experiência age sobre eles na forma de *conflitos individuais*. Certamente conhecemos bem pouco a propósito da experiência pessoal e da atitude de cada uma das testemunhas da páscoa. Contudo, o pouco que sabemos aponta, não casualmente, nessa direção.[5]

Pedro, a primeira testemunha da páscoa, vivenciou o conflito básico entre a convicção religiosa e a experiência como contradição pessoal entre sua relação de seguidor de Jesus e sua negação naquela noite em que Jesus foi entregue. Para ele, consequentemente, a aparição pascal significou não somente a redução de uma discrepância religiosa fundamental entre esperança e experiência, mas bem pessoalmente: a superação de uma cisão consigo mesmo. Os poucos vestígios de sua experiência pascal em nossas fontes indicam isso. Em Jo 21,15-17, o ressuscitado lhe pergunta por três vezes: "Tu me amas?" — inconfundivelmente numa referência à tríplice negação de Pedro. A páscoa significa, para Pedro, a "retomada" do negador!

Tiago, como irmão de Jesus, experienciou esse conflito básico como oposição entre laços familiares e distanciamento da família em relação a Jesus durante o tempo de sua vida: ele tentara fazê-lo passar por maluco (Mc 3,20-21). Pode ser que, para Tiago (e, intermediado por ele, também para os demais membros da família) a páscoa tenha sido uma reconcilia-

---

[5] Ultimamente, Gerd Lüdemann, *Die Auferstehung Jesu. Historie. Theologie,* Göttingen: Vandenhoeck 1994, renovou a hipótese de uma visão subjetiva. No que se segue, tomo alguns pensamentos dele — sem fazer minha a hipótese de visão subjetiva, segundo a qual, as visões são exclusivamente produto dos processos psíquicos dos discípulos. Depende completamente de nossa construção da realidade se consideramos possível que também, mediante processos intrapsíquicos, uma mensagem objetiva possa ser transmitida às pessoas. Citando uma analogia: em minha opinião, não pode haver dúvidas quanto à "objetividade", ou seja, quanto à exatidão factual de algumas transmissões de informações após a morte de pessoas (das quais as pessoas narram sobretudo em tempos de guerra), mesmo que nós não possamos encampar isso em nossa construção científico-natural da realidade — sem que também dela não possamos excluir. A propósito da dependência de nossas declarações acerca da realidade em relação às construções mais abrangentes da realidade precisamente nas declarações da páscoa, cf. Peter Lampe, Wissenssoziologische Annäherung an das Neue Testament, *NTS* 43 (1997), 347-366, e seu livro anunciado *Die Wirklichkeit als Bild: Das Neue Testament als Grunddokument abendländische Kultur im Lichte konstruktivistischer Epistemologie und Wissenssoziologie,* Neukirchen-Vluyn: Neukirchener 2000.

ção com o irmão. Provavelmente, a páscoa foi também a retomada de uma tradição de família recalcada ou negada. Caso a família, de fato, se atribuísse uma descendência davídica, o que é possível, ela podia agora expandir o messianismo aí contido, em vez de o reprimir e negar.[6]

Paulo experimentou o conflito básico entre as esperanças de Israel e a experiência história concreta como conflito entre sua inimizade para com o crucificado, a quem ele considerava um amaldiçoado pela lei — e um conflito existente com a lei, do qual ele não tinha consciência e que ele procurara vencer com um zelo explícito pela lei. Na rejeição do amaldiçoado pela lei, ele havia rejeitado também algo em si mesmo. E com a aceitação do crucificado, ele aceitou um lado escuro de si mesmo.[7]

Podemos, ao menos, demonstrar um conflito em relação a Maria Madalena — a qual fora, talvez, a primeira a ter tido uma aparição por longo tempo "ocultada". Podemos supor que a solicitude atribuída às mulheres para com Jesus, depois de sua morte, não seria possível: nenhuma mulher podia encarregar-se de seu cadáver e de seu sepultamento. Se a aparição pascal às mulheres está ligada à tentativa de elas recuperarem esse zelo — assim pode ser a narrativa lendária —, poderia, no entanto, apontar para um motivo real: o crucificado foi sepultado sem o cuidado das mulheres que lhe eram próximas!

Os motivos são diferentes em relação a todas as pessoas. Uma explicação psicológica uniforme não é possível — sem levar em conta que, em todos os casos, uma relação positiva ou negativa com o crucificado está ligada ao conflito que as testemunhas pascais tinham consigo mesmas. Contudo, esse conflito psíquico sempre se desenrola na moldura existente daquele conflito fundamental entre os axiomas e motivos da fé judaica e a experiência do fracasso! O sistema religioso

---

[6] A origem davídica de Jesus é, desde cedo, testemunhada por Paulo (Rm 1,3), mas é discutida em outras passagens (Jo 7,42; talvez também Mc 12,35-37). Mal se pode imaginar que uma família de descendência davídica tenha enfatizado isso publicamente no tempo em que reis e príncipes de dinastias não-davídicas reinavam sobre os judeus. Isso só podia trazer complicações. Somente depois de um dos seus, Jesus, ter sido considerado "messias" de maneira completamente diferente é que se podia, talvez, reconhecer-se pertencente à tradição dessa família. Isso, porém, não é seguro.

[7] Por certo, muitos estudiosos do Novo Testamento acham impossível que se possam fazer afirmações acerca da dinâmica psicológica na biografia de Paulo. Não sou assim tão completamente cético: é provável que Paulo tenha tido um conflito inconsciente com a lei no seu tempo pré-cristão. Esse conflito estaria ligado à sua afirmação de que — conforme sua consciência — ele era irrepreensível segundo a lei (Fl 3,6). Cf. Gerd Theissen, *Psychologische Aspekte paulinische Theologie*, FRLAN 131, Göttingen: Vandenhoeck 1983, esp. 230-232.

de sinais precede as experiências pessoais — e não se deixa explicar a partir dessas experiências.[8]

O mesmo vale para a dimensão *social* da fé pascal. A elevação do crucificado ao *status* divino produzira efeitos nas reivindicações de autoridade nas comunidades primitivas cristãs e em sua força de irradiação no ambiente circundante. Já a tradição formal da aparição em 1Cor 15,3-6 menciona, ao lado das aparições individuais, dois grupos de aparições: uma perante os Doze, com a qual está relacionada a pretensão de liderança das doze tribos restauradas: provavelmente Pedro reuniu os Doze, convencido de que eles (sem Judas) agora tinham sido colocados no papel de liderança que lhes fora prometido. Paralelamente, fala-se de uma enigmática aparição perante mais de quinhentos irmãos — mediante o que, com o conceito "irmãos" (certamente incluídas as irmãs), acena-se a um elemento igualitário no cristianismo primitivo. Mais importante ainda é que todos os cristãos podiam, por causa da cruz e da páscoa, vivenciar seu papel marginal na sociedade como um papel potencialmente autorizado. Assim como Jesus assumiu, conscientemente, um papel marginal, assim também eles, agora, poderiam, conscientemente, assumir papéis secundários — na certeza de que o mundo que os rejeita era exatamente injusto como os que rodeavam Jesus, quando o recusaram e o mataram. No cristianismo primitivo encontra-se de forma exemplar o nexo entre estigma e carisma: a assunção voluntária de papéis estigmatizados torna-se fundamento de influência carismática, quando os carismáticos

---

[8] Enfatize-se mais uma vez: não estou ensaiando aqui nenhuma dedução psicológica das aparições pascais. Não é pelo fato de alguém investigar os aspectos psicológicos de um acontecimento que ele o faça, por isso, derivar dos fatores psicológicos. Quando se investigam os aspectos psicológicos do nascimento de uma criancinha para sua família, não se aceita, porém, a criança como uma realidade que transcende todos os processos psicológicos. Os limites de uma explicação psicológica das aparições pascais podem ser evidenciados mediante uma inversão, a título de experiência, dos indícios de explicação acima dados:
1. As aparições pascais estão ligadas a conflitos com outros cristãos (em Paulo, por exemplo) ou com a família (no caso de Tiago?), mas dificilmente elas se deixam derivar deles. Pois, nos primeiros tempos do cristianismo primitivo devem ter existido cristãos que, após uma atitude inicialmente refratária ao cristianismo, decidiram-se pela fé cristã (como Paulo) ou, com sua conversão ao cristianismo, redimensionaram seu relacionamento familiar (como, possivelmente, Tiago). No entanto, essas pessoas não tiveram nenhuma visão do Cristo. Em resumo: os presumidos fatores psicológicos provavelmente subsistiam, mas eles não mais produziam nenhuma aparição do Cristo.
2. As aparições pascais certamente também fundamentaram autoridade. A luta pela autoridade, porém, era um problema crônico no começo do cristianismo primitivo. Se as aparições pascais tivessem sido produzidas por essa necessidade de reconhecimento, de autoridade e de legitimidade, então tais aparições deveriam ter sido mais numerosas e por mais tempo também: os presumíveis fatores sociológicos persistiam, mas eles não produziram mais nenhuma aparição do Cristo.
Expusemos uma análise detalhada das tradições pascais in Gerd Theissen/Annete Merz, *Der historische Jesu*, §15, 415-446.

subsistiram à rejeição da sociedade — e agora, da parte deles, põem em xeque a legitimidade de sua rejeição e das normas, valores e convicções atuantes nela. Contudo, onde se deu tão magnífica sobrevivência à estigmatização da sociedade, como em Jesus, o crucificado e ressuscitado? E onde se deu uma reviravolta do repúdio à elevação maior do que a que lhe aconteceu?

A exaltação de Jesus como intensificação da convicção monoteísta fundamental

O hino aos filipenses descreve o extremo autoaniquilamento e autoestigmatização de Jesus até a morte de cruz a fim de fundamentar, precisamente, que Deus o elevou acima de todas as potências. Nele são depositadas as esperanças do Deutero-Isaías segundo as quais, um dia, todas as pessoas confessarão um só e único Deus (cf. a citação de Is 45,23 em Fl 2,10-11) — e agora a homenagem daqueles que se acham no céu, na terra e sob a terra é dirigida a Jesus como *KYRIOS*. A elevação de Jesus ao patamar divino não é apresentada, portanto, como agressão à convicção monoteísta, mas como cumprimento da expectativa de uma fé universalmente difusa no um só e único Deus.

Esta ausência de tensão entre monoteísmo e cristologia é característica da primeira geração do cristianismo primitivo. Certamente muito ouvimos falar, por Paulo, de discussões com os judeus e judeo-cristãos a propósito de questões legais. Em nenhuma parte, porém, de controvérsias quanto à "alta cristologia" e uma ameaça ao monoteísmo, como mais tarde, no evangelho de João. Os dois escritos teológicos, ou seja, os dois grupos de escritos, preservados pela primeira geração — a Fonte dos Ditos e as cartas paulinas autênticas —, resolvem o problema (que não existia até então) de diversas formas. Somente quando se tentou somar suas duas soluções é que surgiu aquela saída teológica cristocêntrica, que devia ser criticada pelos judeus como ameaça ao puro monoteísmo.

A Fonte dos Ditos introduz (talvez ligada a sua redação final) no início, tirada de uma coleção de ditos, a história formal, um tanto saliente, da tentação. Nessas tentações, Jesus adquire sua autoridade a fim de poder ensinar as palavras seguintes. Um teste decisivo é o monoteísmo. De forma exemplar, Jesus repele a tentação de, ao lado de Deus, venerar outro, como uma tentação satânica. Em resumo: o Jesus da Fonte dos Ditos é um monoteísta modelo.

Paulo segue outra via. O Jesus histórico interessa-lhe apenas incidentalmente. Suas palavras não têm, para ele, nenhum conteúdo de obrigação absoluta. Do contrário, ele não teria relativizado o dito acerca do divórcio, tendo em vista os casamentos mistos (1Cor 7,12-14), nem teria conscientemente "descurado" a proibição de ganhar o pão como apóstolo, conforme o discurso da missão (1Cor 9,14-16). Para Paulo, a autoridade de Jesus não se baseia nas palavras e feitos do Jesus terrestre, mas na ação de Deus. Deus enviou Jesus como seu Filho único. E Deus o ressuscitou dos mortos no gesto soberano, criador. O exaltado deve sua condição divina total e exclusivamente em Deus apenas. Está excluída qualquer suspeita de que uma pessoa possa ter-se passado por Deus. É que o homem Jesus não interessa a Paulo. Ele não quer conhecer Cristo "segundo a carne" (2Cor 5,16). No sentido inverso, pode-se, provavelmente, constatar uma relação: uma vez que Paulo ainda está profundamente enraizado em convicções monoteístas fundamentais, ele não pode estabelecer nenhuma relação positiva com o Jesus terreno. Paulo receava envolver o Jesus terreno com um brilho divino, porque, para ele, existe uma enorme distância entre cada pessoa e o único Deus. O ser terreno de Jesus é, para ele, despojamento e mero ser gente. Seu fracasso total na vida terrena, a cruz, mostra que toda a sua grandeza é obra de Deus. Se Paulo venera nele um ser divino, aquilo que ele venera surgiu unicamente mediante o poder sobranceiro de Deus, e não mediante portentos ou palavras de um ser humano.

Portanto, não temos ainda, na primeira geração, nenhum equilíbrio entre a tradição do Jesus terrestre, de um lado, na qual Jesus adquire sua grandeza pelo fato de conservar e provar sua fé monoteísta contra todas as tentações, e o querigma do agir de Deus em seu Filho humilhado e exaltado, por outro lado, em que somente Deus é o sujeito e confere toda grandeza. Somente a segunda geração, com a escritura dos Evangelhos, elabora uma síntese que, dos Evangelhos de Marcos ao de João, funde sempre mais o Jesus terreno com o exaltado.

Somente agora se encontra a grandeza do exaltado como reivindicação do terreno. O Jesus joanino afirma, com base em seus milagres, que ele realiza as obras de Deus (Jo 5,17). O terreno traz a Boa-Nova: eu e o Pai somos um (Jo 10,30). E, em ambos os casos, resulta em uma tentativa de morte por parte dos judeus joaninos, pois em ambas as ocasiões, aos olhos deles, fere-se o axioma monoteísta básico da religião judaica: aparentemente, o próprio Jesus aqui se faz Deus (Jo 5,18; 10,33). Somente agora a alta teologia se torna um motivo de separação entre judeus e cristãos.

Deve-se ainda enfatizar: no início, a elevação do crucificado é compreendida como realização da fé monoteísta. O um só e único Deus, perto de quem todos os demais deuses são "nada", mediante seu Filho único, seu Enviado, subjugou e venceu todas as demais potências e poderes (ou seja, todos os outros deuses e poderes numinosos). Tanto na condição terrena quanto na de exaltado, Jesus detinha o mandato de realizar e instaurar consequentemente a fé monoteísta.

A exaltação de Jesus como suplantação da concorrência

A ligação da fé em Cristo com a dinâmica monoteísta, que fazia prevalecer o um só e único Deus contra todos os deuses, devia levar a uma contínua incrementação da grandeza de Jesus no tempo pós-pascal: o novo Senhor Jesus devia impor-se contra todos os demais deuses concorrentes e superá-los. De fato, com o monoteísmo, o cristianismo primitivo herdara-lhe a consciência de superioridade e a autocompreensão antissincretista: ele rejeitava seja a veneração de outros deuses, seja a assunção de elementos da linguagem religiosa de sinais que estivessem ligadas a outros cultos. Exatamente por esse motivo é que ele devia tornar, sempre de novo, plausível sua pretensão de superioridade e de exclusividade — não mediante a assunção direta de concepções estranhas, o que era impossível diante da autocompreensão antissincretista, mas, antes, por meio da formação do próprio universo religioso de sinais, de maneira tal que este fosse capaz de concorrer com outras religiões. Os concorrentes que disputam o mercado assemelham-se parcialmente uns aos outros, quando se empenham em suprir as mesmas necessidades. O mesmo vale para religiões numa situação pluralista: elas precisam "imitar" umas às outras, a fim de na imitação mútua, superar-se. A imitação, porém, acontece mediante o aperfeiçoamento das próprias tradições como antítipo das outras. A essa forma indireta de mútua influência denomino de "sincretismo de superação".

Esse sincretismo de superação agia no cristianismo primitivo em duas direções: de um lado, o poder de Cristo é elevado acima de todas as demais autoridades e poderes; de outro lado, Cristo é colocado mais perto dos seres humanos do que quaisquer outras divindades. Encontramos, paralelamente, um aumento da distância que situa o exaltado acima de todos os poderes e o afasta da vida e dos limites humanos — e uma redução da distância, que o liga mais intimamente ao destino humano do que outras divindades. Provavelmente, o entrelaçamento de ambas as tendências numa só e única figura conferia à nova fé sua força vital. Ele realiza um desejo secreto das religiões de seu tempo — tanto no judaísmo quanto nas religiões pagãs: o anseio por uma divindade que se situa sobre todos os poderes e, ao mesmo tempo, liga-se intimamente ao viver e ao morrer humanos.

Suplantação do poder mediante a exaltação

A força atuante no sincretismo de superação pode ser esclarecida da melhor maneira possível tomando-se, por exemplo, 1Cor 8,5-6, em que Paulo, com a ajuda de uma forma tradicional, relaciona sua fé monoteísta com o politeísmo pagão. Ali, ele começa por negar fundamentalmente a existência de deuses pagãos, a seguir, porém, delimita:

"Se bem que existam aqueles que são chamados

| Deuses, quer no céu | quer na terra |
| e há, de fato, muitos deuses | e muitos senhores |

para nós, contudo,

existe um só Deus, o Pai,	e um só Senhor, Jesus Cristo,
de quem tudo procede	por quem tudo existe
e para o qual caminhamos	e para quem caminhamos".

Aqui é digno de nota: Paulo transfere a fórmula *heis-Theos* (["um só Deus"] portanto, uma deixa do estrito monoteísmo) para o Cristo e a diversifica para a fórmula *heis-Kyrios* ["um só Senhor"]. O "único Deus" transforma-se em um "só Senhor". Essa transferência de predicados divinos para Jesus é acentuada mediante as fórmulas universais que são relacionadas, de maneira semelhante, a ambos, a Deus e ao Senhor. Paulo coloca um e outro claramente em contraste com os demais deuses: aqui existe o único Deus, ali, os demais deuses; aqui o único Senhor, ali, os outros senhores. Resulta em uma polêmica situação de contraste entre os dois. Nisso, os outros deuses que, segundo Paulo, na verdade não existem, são desvalorizados. Mais tarde Paulo explica a existência negativa deles de maneira mais precisa: eles existem como demônios (1Cor 10,19-20). Dito de forma mais exata: o que se oferece a tais divindades não-existentes na verdade é oferecido a demônios que existem realmente.

Em minha opinião, a superação do poder mediante a formação de um contraste competidor e da demonização de "concorrentes" desvalorizados pode ser bem observada na relação entre a fé em Cristo e o culto ao imperador.[9] Entre os judeus, a rejeição do culto ao imperador foi aceita como elemento de sua tradição. Entre os (gentio-) cristãos era diferente. Aqui, a rejeição do culto ao imperador não aparece legitimada por meio da tradição, mas baseada em "decisão", que era tanto menos compreensível, uma vez que os cristãos (diferentemente dos judeus) prestavam culto a uma figura humana como a uma divindade (*quasi deo*) (Plin ep X,96). Ainda que o culto ao imperador não tenha sido em nenhuma parte ostensivamente exigido, mas, em todo caso, nos processos de julgamento fosse alegado como "argumento" e ocasião para a "conversão" das horríveis superstições dos cristãos, no cristianismo primitivo, porém, tinha-se bastante consciência da antítese fundamental em relação a ele.

Deparamo-nos com essa consciência em todos os lugares onde o imperador é *demonizado*. Vê-se nele Satã, o chefe dos demônios. Uma das mais antigas provas disso é a história das tentações. Quando ali Satã exige de Jesus a *proskynese* ["prostração"] e lhe promete, em troca, o reinado, e Jesus, porém, alija essa oferta como ofensa ao monoteísmo, provavelmente o Império Romano é que serve de modelo para esse Satã. De fato, Gaio Calígula introduziu a *proskynese* no cerimonial da corte em Roma, emprestava riqueza a reis vassalos (como também outros imperadores), mas foi o único imperador a entrar em confronto direto com o monoteísmo judaico por causa de sua tentativa de transformar o Templo de Jerusalém num lugar de culto ao imperador.[10]

---

[9] Adolf Deissmann, *Licht vom Osten. Das Neue Testament und die neuentdeckten Texte der hellenisch-römischen Welt*, Tübingen: Mohr [4]1923, 290: no cristianismo primitivo surge "um polêmico paralelismo entre o culto ao imperador e o culto a Cristo".

[10] A tese de que, por trás da tentação na montanha acha-se uma controvérsia com Gaio Calígula e sua tentativa de, em Jerusalém, no Templo, fazer-se adorar, no lugar do um só e único Deus, desenvolvi em *Lokalkolorit und Zeitgeschichte in den Evangelien. Ein Beitrag zur Geschichte der synoptischen Tradition*, NTOA 8, Freiburg Schweiz: Universitätsverlag/Göttingen: Vandenhoeck 1989, 215-232.

Na tradição subjacente em Mc 13, as angústias perante a profanação do Templo sob Calígula poderiam levar a uma exigência profética de uma fuga para as montanhas: a "abominação da desolação", que não deve ficar no Templo, mas que já existe abertamente, seria, pois, a já preparada estátua de Gaio Calígua, que só esperava ser transportada para Jerusalém.[11]

Também no evangelho de João o poder romano é confrontado com Satã. Os judeus joaninos, que querem matar Jesus, segundo Jo 8,44, não realizam a própria vontade como livres filhos de Abraão, mas a vontade de Satã, o "senhor desse mundo", como ele é chamado em outra passagem. Esse soberano torna-se ativo em Judas: Jesus anuncia-o em Jo 14,30, ele aparece como Judas que, entre outras coisas, entra em cena como comandante de uma coorte romana (Jo 18,3). No final, Jesus foi executado, porque Pilatos, do contrário, teria sido desleal com o imperador: esse imperador é o "senhor desse mundo", cuja vontade será cumprida com o suplício de Jesus. Esse senhor do mundo tirou a liberdade dos judeus, de modo que querem matar Jesus. A ele e a seu funcionário Pilatos foi concedido "do alto" (ou seja, de Deus) poder temporário sobre Jesus (Jo 19,11)!

A demonização mais clara do imperador aparece no Apocalipse. A fera satânica do abismo exige o culto ao imperador e é símbolo o Império Romano hostil a Deus (Ap 13). Mas também a aristocracia ásio-menor a ele ligada aparece como uma segunda fera satânica (Ap 13,11-13).

A demonização do imperador, porém, é apenas um dos lados da "suplantação da concorrência" da veneração religiosa do imperador. O outro lado é uma *situação de contraste* da cristologia: esta se transforma ora consciente, ora inconscientemente, num contraprojeto em relação ao culto ao imperador. Nos detalhes, tais referências são discutíveis. Aqui, posso apenas mencioná-las brevemente.

Em Rm 1,3-4, Paulo cita uma fórmula pré-paulina com um duplo nível cristológico. Jesus provém da estirpe de Davi, foi, porém, mediante a ressurreição, estabelecido Filho de Deus "com poder" (ou seja, em realidade

---

[11] A pressuposição de que, por trás de uma tradição assumida em Mc 13, acha-se a crise-Calígula dos anos 39/40 tem uma longa história. Gustav Hölscher, Der Ursprung der Apokalypse Mrk 13, *ThBl* 12 (1933), Sup. 193-202, defendeu-a com eficácia duradoura. Tentei renová-la, com argumentos sucessivos em *Lokalkolorit und Zeitgeschichte*, 133-176.

e eficácia). Se Paulo introduz com ela uma carta escrita por volta de 56, endereçada aos romanos, provavelmente ele alude à morte do imperador Cláudio, no dia 13 de outubro de 54, e a sua divinização depois da morte: Cláudio descendia da estirpe júlio-claudiense e era (como outros imperadores) já depois da morte elevado à condição divina. Sua apoteose não foi indiscutível, como mostra a sátira *Apokolokintosis**, de Sêneca, que apareceu pouco antes de sua morte: ali, o imperador pede para ser acolhido entre os deuses no céu, mas é rejeitado como indigno e enviado ao mundo inferior.[12]

O evangelho de Marcos, em sua apresentação da história de Jesus, pode ser lido como um "contraevangelho" em relação à propaganda dominante de então. O evangelho (εὐαγγέλιον) de Jesus Cristo está em oposição aos evangelhos (εὐαγγέλια) da ascensão dos flavianos ao poder (Flávio Josefo, *Guerra*, 4,618.656). Também a respeito dos flavianos foram transmitidas profecias. Contaram-se deles maravilhas que deveriam legitimar seu domínio. Também Vespasiano foi declarado "filho de deus" (isto é, de Amon). Diante de sua ascensão, o evangelho de Marcos escreve um antievangelho, narra o caminho de Jesus rumo a seu "reino", narra as profecias de Batista, que legitimavam Jesus, e os muitos milagres que davam prova de seu pleno poder. A mensagem do evangelho de Marcos é: não são os flavianos que realizam o cumprimento das promessas, mas Jesus de Nazaré é que as cumpre. A propaganda religioso-política dos novos soberanos é, ao contrário, sinal do tempo escatológico, no qual os crentes serão seduzidos pelos poderes hostis a Deus.[13]

O evangelho de Mateus leva adiante essa mensagem. Ele ocupa-se implicitamente com a esperança subsistente e amargamente desfeita na guerra judaica e de que o Oriente conseguiria de novo chegar ao domínio sobre o Ocidente, mediante um soberano advindo de Judá. Josefo atesta que muitos "sábios", por meio de passagens escriturísticas correspondentes, foram levados ao erro (*Guerra* 6,312s.). Em contrapartida, diz o evangelho de Mateus: esse soberano esperado já apareceu

---

* N.T.: *Apokolokintosis* quer dizer exatamente "transformação em abóbora": "apoteose" significa transformação do homem em deus; portanto (*colocynte* = abóbora), transformação em abóbora. Abóbora no sentido de bobo, homem sem intelecto (Meide Anção — Textos in <www.meide.med.br>).

[12] Cf. Gerd Theissen, Auferstehungsbotschaft und Zeitgeschichte. Über einige politische Anspielungen im 1. Kapitel des Römersbriefs, in: Sabine Bieberstein/Daniel Kosch (ed.), *Auferstehung hat einen Name. Biblische Anstöße zum Christsein heute*, FS für Hermann-Josef Ventz, Luzern: Edition Exodus 1998, 59-68.

[13] Expus esta interpretação do evangelho de Marcos em *Lokalkolorit und Zeitgeschichte*, 270-284.

em Jesus. Nele é que se realizam as expectativas do Oriente, tal como as representam os magos vindos do Oriente. Ele é o rei no qual as expectativas dos judeus e de suas escrituras são levadas à plenitude até mesmo nos pormenores. Ele é o davídico que trará a salvação. Contudo, diferentemente das demais figuras belicosas, esse davídico aparece sem poder militar, não lidera uma guerra, mas cura doentes e entra em sua capital montando um jumentinho. Ele repeliu a tentação do senhorio terreno a fim de, após sua ressurreição, receber todo o poder no céu e na terra, e reinar sobre todos os povos por meio de sua mensagem (e não por meio de tropas).[14]

Outra testemunha para uma situação de contraste da cristologia em relação ao culto ao imperador é a carta aos Efésios: Cristo aqui é o "Pacificador", aquele que supera a inimizade entre judeus e pagãos, que reconcilia ambos os grupos e "vem" num advento triunfal a fim de proclamar sua paz (Ef 2,17). Todas as imagens: pacificador, reconciliador, advento para proclamação da paz têm analogia na *pax-propaganda* dos flavianos. Também os flavianos procuravam integrar os judeus no Império Romano, à medida que eles os fizeram participar da construção do novo templo para Júpiter Capitolino: o antigo imposto do Templo devia agora ser pago a esse símbolo da dominação romana, como uma espécie de integração cúltica forçada do judaísmo. Com tal política, os flavianos deveriam fracassar, ao passo que a carta aos Efésios orgulha-se de que a comunidade cristã consegue aquilo que a realidade política não alcança: a integração de judeus e pagãos numa comunidade e num culto divino.[15]

Entre os deuses do mundo antigo, os imperadores eram os mais recentes emergentes. Outros deuses gostariam de encontrar novos adoradores, mas estavam velhos demais. Aqui, porém, era perceptível que algo mudara no céu dos deuses. Ao culto do imperador não estava ligada nenhuma piedade viva, pessoal; antes, era expressão de integração social: para as populações dependentes, a oportunidade de demonstrar lealdade

---

[14] Essa interpretação do evangelho de Mateus está mais precisamente fundamentada em Vom Davidssohn zum Weltherrscher. Pagane und jüdische Endzeiterwartungen im Spiegel des Matthäusevangeliums, in: Michael Becker/Wolfgang Fenske (ed.), *Das Ende der Tage und die Gegenwart des Heils,* FS Heinz W. Kuhn, Leiden: Bril 1999, 145-164.

[15] A propósito da oposição entre a imagem de Cristo e o culto ao imperador na carta aos Efésios, cf. Eberhard Faust, Pax Christi et Pax Caesaris. Religionsgeschichtliche, traditionsgeschichtliche und sozialgeschichtliche Studien zum Epheserbrief, NTOA 24, Freiburg Schweiz: Universitätsverlag/Göttingen: Vandenhoeck 1993.

política sob forma religiosa e, para a classe dominante, um meio de conferir ao Império Romano uma "fachada" religiosa. Onde o imperador era venerado, existia uma comunhão suprarregional. Acima de tudo, o culto ao imperador foi empreendido ativamente pelos bem-sucedidos política e socialmente, pelas notabilidades das províncias e pelos libertos bem-sucedidos, pelos príncipes vassalos recém-empossados, como Herodes I — que, tanto em Cesareia quanto em Sebaste, instituiu o culto ao imperador —, e pelos militares. Traziam-se as imagens do imperador nos estandartes como expressão de lealdade política e de relacionamento especial com o soberano: o exército era a clientela social do imperador e oferecia oportunidades limitadas de ascensão. Com outras palavras: os portadores do culto ao imperador eram os grupos tomados de mobilidade ascendente, nos círculos tradicionais locais de notabilidades, os quais, com isso, davam a entender sua crescente penetração numa rica aristocracia suprarregional.

Enquanto, por volta da virada do século, "os senhores do mundo" assumiam o lugar de deuses, pequenos grupos religiosos no Império Romano apresentavam um dominador universal alternativo, que está acima de todas as demais divindades e atribuíam-lhe a submissão de todos os poderes e potências no céu e sobre a terra. As demais deidades eram declaradas como não-existentes. Essa "revolução no céu" não foi atribuída a nenhum membro da classe dominante, mas ao membro de um povo subjugado; não a um vencedor, mas a um crucificado. Sua "clientela social" era encontrada em todas as províncias e povos. Ele criou uma rede suprarregional de solidariedade entre seus fiéis seguidores, acima de tudo ali onde o Império Romano demonstrava uma fraqueza de integração: entre os grupos citadinos de todas as classes, excluídos pelo poder político (local e imperial). Eles experimentavam o crescimento conjunto do reino, mas não podiam dele participar de forma privilegiada. Quem se ligava a esses seguidores do crucificado, era tomado de uma mobilidade geral que não se mostrava em mudanças sociais, mas em uma transformação ético-religiosa, em retorno e conversão, não em lealdade ao imperador e ao império, mas em uma ligação com o Cristo e seu reino. E assim como a clientela social do imperador incluía pessoas de todas as classes, desde os mais poderosos senadores até os escravos da *família Caesaris*, assim também a "clientela social" desse senhor do mundo: suas comunidades reuniam pessoas de todas as camadas, ainda que claramente muito mais das camadas inferiores do que das superiores (1Cor 1,26). De um lado, entre os imperadores e sua clientela, entre Cristo e seus seguidores, de outro lado, existia, portanto, uma semelhança estrutural. Em ambos os contextos encontravam-se formas de solidariedade suprarregional, uma promessa de mudança de vida, coesão difusa em todas as camadas, um privilégio seguro em relação aos demais que viviam sem tal ligação com o "senhor dos mundos". Contudo, o contexto vital [*Sitz im Leben*] social era diversificado: ali estavam as classes superiores dominantes e os que delas dependiam; aqui, os grupos citadinos de todas as categorias, excluídos pelo império. Ali tratava-se de grupos sociopolíticos e de processos; aqui, de grupos religiosos e de transformações. Todavia, a semelhança estrutural existente podia, numa sociedade na qual os processos religiosos e políticos estavam intimamente entretecidos, transformar ambos em concorrentes. Nas visões do apocalipse, um vidente expressou de forma brusca essa incompatibilidade, menos em razão de conflitos reais e de perseguições do que devido a conflitos temidos e por causa de uma clara intuição acerca do antagonismo fundamental entre ambos.

Suplantação do bem-estar mediante a proximidade

A experiência do sagrado tem dois aspectos: o de um poder superior e o de uma proximidade benfazeja. Em sua imaginação religiosa, os primeiros cristãos estabeleceram Cristo sobre todas as outras divindades e, mediante essa "revolução no céu" (no mundo semiótico de suas convicções), desapossaram todos os outros. Mas a novel fé adquiria sua força de atração, sobretudo pela contiguidade dessa nova divindade em relação às pessoas. O Cristo encarnado significa a presença real de Deus entre as pessoas, em seu agir e sofrer, até a morte. Por meio dele, a separação entre Deus e o ser humano é superada.

Naquele tempo, já existiam tendências de redução dessa distância entre Deus e o ser humano. No judaísmo, havia certamente fortes obstáculos para suprimir a distância entre Deus e o ser humano. O um só e único Deus é transcendente. Nenhuma religião da Antiguidade acentua esse ponto tanto quanto o judaísmo. Mas, precisamente por essa razão, encontramos nele um desejo de suplantar essa distância. Ele perpassa o cristianismo primitivo — e ali, onde este realiza tal desejo, utiliza, de forma característica, uma linguagem emprestada de religiões pagãs! Isso se torna evidente de modo especial em duas passagens:

- uma vez no desenvolvimento de uma concepção de um Salvador, na qual a divindade e a humanidade se ligam indissoluvelmente, mediante o tornar-se humano, a encarnação e a procriação espiritual do Salvador — concepções que ultrapassam as tradições judaicas;

- mais adiante, por meio do desenvolvimento de uma compreensão sacramental que simboliza uma identificação dos cristãos com o destino humano do Salvador, de maneira tal que ultrapassa as analogias nas Ciências das Religiões, mediante a qual tal identificação é animada.

a) A concepção primitiva de um Salvador como expressão de redução religiosa da distância

No judaísmo, o desejo de uma redução religiosa da distância expressa-se, entre outras coisas, no desenvolvimento de figuras mediadoras que lançam pontes entre Deus e os seres humanos. No que diz respeito a tais mediadores, trata-se de atributos divinos hipostasiados ou de pessoas pertencentes ao mundo de Deus, enviadas à terra: anjos ou pessoas preexistentes.[16]

Foram hipostasiados sobretudo os "atributos" de Deus voltados para o mundo: sua "Sabedoria" e seu "Juízo" (ou seu "Logos"). Eles adquirem sempre mais existência autônoma. Eles são a própria deidade, à medida que podem ser experimentadas como próximas no mundo, na história e nas pessoas. Assim, Sb 7,26-27, diz da "Sabedoria":

> ... pois ela é reflexo da luz eterna,
> espelho nítido da atividade de Deus
> e imagem de sua bondade.
> Por outro lado, sendo só, ela tudo pode;
> sem nada mudar, tudo renova
> e, entrando nas almas boas de cada geração,
> delas fez amigos de Deus e profetas.

---

[16] Uma extraordinária tipologia e análise das figuras mediadoras que se interpõem entre Deus e os seres humanos no judaísmo é oferecida por Andrew Chester, Jewish Messianic Expectations and Mediatorial Figures and Pauline Christology, in: Martin Hengel/Ulrich Heckel (ed.), *Paulus und das antike Judentum*, WUNT 58, Tübingen 1991, 17-90.

No cristianismo primitivo, Jesus é visto como mensageiro e encarnação da Sofia (da Sabedoria) e do Logos (do Juízo). Mas, nas declarações judaicas sobre a Sofia e sobre o Logos, esses jamais se encarnam exclusivamente em uma pessoa. Sofia e Logos estão presentes em toda parte onde as pessoas aprendem a Torá e cumprem a vontade de Deus: nas "almas" dos amigos de Deus e profetas (Sb 7,27). Eles jamais se tornam carne, não se transformam numa existência humana concreta. Consequentemente, eles podem penetrar em diversas almas. A concepção da encarnação do Novo Testamento ultrapassa claramente representações análogas de uma incorporação da Sabedoria em diversas pessoas: ela expressa a presença real exclusiva de Deus num ser humano particular. O mesmo vale para a figura de anjos e de pessoas preexistentes que medeiam entre Deus e o ser humano. Quando eles são enviados à terra como mensageiros de Deus, não realizam nenhuma modificação em seu modo de ser, mas tão-somente uma mudança de lugar. Não encontramos nenhuma mediação entre o ser de Deus e o ser do homem, mas apenas a mudança topológica de uma figura que permanece a mesma. Ainda que algumas declarações da cristologia antiga possam ser interpretadas de modo que o Cristo fosse um anjo (ou um mensageiro enviado por Deus à terra), a cristologia primitiva, porém, ultrapassa essa noção: esse mensageiro assume um ser humano real e padece a morte — não obstante ele fosse, no mundo divino, muito mais do que um anjo. Esse mensageiro é a presença real de Deus entre os homens.

A ideia da presença real de Deus entre os homens é expressa nos sinóticos mediante a apresentação da procriação espiritual do Filho de Deus, em Paulo e em João por meio das noções de encarnação. Em ambos os casos, a linguagem cristã primitiva de sinais utiliza representações pagãs.

Os judeus tinham, na realidade, verdadeiro horror à união sexual entre seres divinos e seres humanos. Gênesis 6,1-3 retrata como os filhos dos deuses, relacionando-se com mulheres humanas, geram os gigantes dos tempos imemoriais — a causa da grande catástrofe do dilúvio. A literatura apocalíptica vê nessa união antinatural entre deidades e pessoas humanas a origem do mal (*äthHen*). Até o próprio pecado de Adão empalidece em alguns textos diante dessa irrupção do mal.

Somente em forma bastante sublimada é que a ideia de uma procriação por intermédio de Deus podia inserir-se no judaísmo: numa interpretação literal dos textos, Fílon atribui o nascimento maravilhoso de Isaac a um poder divino (*Quaest in Gen III*, 18.56). Ao mesmo tempo, ele interpreta o matrimônio dos patriarcas como casamento alegórico com virtudes (*cher* 41ss.): as virtudes seriam fruto do sêmen de Deus nas pessoas. Aquilo que em Fílon é uma imagem alegórica, nas narrativas da infância é remitizado: Deus, mediante seu Espírito e seu poder, gera não apenas virtudes, mas um pessoa humana concreta. Esse ser humano, Jesus, deve seu ser especial a uma procriação divina. O anjo anuncia a Maria em Lc 1,35:

> O Espírito Santo virá sobre ti
> e o poder do Altíssimo vai te cobrir com a sua sombra;
> *por isso* o Santo que nascer
> será chamado Filho de Deus.

Ainda que, para essa procriação espiritual, apele-se para passagens veterotestamentárias, para o Sl 2,7 e para Is 7,14 (LXX), já havia sido incluída, no entanto, nesses passos, a representação pagã da geração de uma pessoa humana por meio do poder divino. Com razão, constata F. Bovon: "A geração do Messias mediante o espírito divino é um desenvolvimento do messianismo judaico sob influência estrangeira...".

Em Paulo e em João, as noções de presença real de Deus são expressas por conceitos de incarnação:[17]

> Ele, estando na forma de Deus,
> não usou de seu direito de ser tratado como um deus,
> mas se despojou,
> tomando a forma de escravo.
> (Fl 2,6-7)

> E o Verbo se fez carne,
> e habitou entre nós;
> e nós vimos a sua glória.
> (Jo 1,14)

> Pois nele habita corporalmente toda a plenitude da divindade.
> (Cl 2,9)

---

[17] As exposições que se seguem a respeito da concepção da encarnação dependem de Dieter Zeller, Die Menschwerdung des Sohnes Gottes im Neuen Testament und die antike Religionsgeschichte, in: *Menschwerdung Gottes — Vergöttlichung von Menschen,* NTOA 7, Freiburg Schweiz: Universitätsverlag/ Göttigen Vandenhoeck 1988, 141-176.

A incorporação da Sabedoria em pessoas é, em todo caso, um primeiro degrau dessa concepção. A Sabedoria incorpora-se, de fato, em diversas "almas", mas não na carne de uma pessoa em particular. Ela é a Torá que toda pessoa deve acolher em sua vida. A fé na incarnação tem sua analogia muito mais próxima em afirmações sobre deuses que aparecem sobre a terra sob figura humana. Os Atos dos Apóstolos apresentam um exemplo disso. Os habitantes de Listra consideram Paulo e Barnabé como deuses por causa da cura miraculosa de um paralítico: "Deuses em forma humana desceram até nós" (At 14,11). A mesma concepção pode estar relacionada, em outra parte, com soberanos e sábios. Assim declara Rômulo, depois de seu arrebatamento:

> Foi a vontade dos deuses, caro Prôculo, que eu permaneça por tanto tempo entre os homens, que eu construa uma cidade destinada ao máximo poder e à mais alta fama e, a seguir, devia voltar a morar no céu, de onde eu vim (Plutarco, *Rômulo*, 28,2).

b) A compreensão sacramental cristã primitiva como expressão de redução religiosa da distância

A seguir, acene-se brevemente aos recém-surgidos sacramentos no cristianismo primitivo, os quais serão mais adiante analisados detalhadamente. É típico, entre outras coisas, de ambos os sacramentos — o Batismo e a Eucaristia — que eles provenham de comportamentos rituais simbólicos que originalmente não tenham tido nenhuma relação com a sina de morte de uma divindade. O Batismo surge do Batismo de João que serve para o perdão dos pecados ante o juízo final iminente. A Eucaristia surge das comensalidades de Jesus, as quais, perante a comensalidade vindoura no reinado de Deus, já agora simbolizam a salvação. Somente em Rm 6,1-3 o Batismo é interpretado como Batismo na morte de Jesus e como ser-sepultado-com-ele. A Eucaristia foi interpretada ou pelo próprio Jesus histórico em sua última refeição com relação à sua morte iminente, ou relacionada a ela pelos seus discípulos após sua morte. A Didaché conhece, em todo caso, uma Eucaristia sem referência à morte (Did 9/10!). Seja como for, constatamos uma tendência de concentrar a linguagem ritual de sinais do cristianismo primitivo no destino mortal de uma divindade — e ligar o ser humano, de diversas formas, a esse destino de morte. Também nisso, de acordo com meu parecer, as fronteiras da tradição judaica são abandonadas. Pois em ambos os casos, a linguagem simbólica dos sacramentos fere concepções judaicas que são tabus: eles ligavam a identificação do Batismo com um sepultamento, a um lugar de impureza. Tumba e morte eram lugares ocupados negativamente. A interpretação do comer e do beber em relação ao corpo e ao sangue de Cristo tocava profundamente tabus enraizados da fruição do sangue. A proximidade da divindade à fatalidade da morte tem, porém, analogias seguras nas religiões pagãs, mas supera estas num ponto decisivo: em nenhuma parte apresenta-se tão clara e inequivocamente, de forma simbólica, a identificação do ser humano com o destino mortal da divindade como nos sacramentos cristãos primitivos.

De fato, é certo: encontramos na Antiguidade a fé em deuses agonizantes. No caso, trata-se sempre de dois deuses: uma divindade feminina mais velha e uma divindade parceira mais jovem, normalmente um parceiro masculino. A divindade parceira mais jovem padece a morte. A mais velha aflige-se por isso. No conflito entre vida e morte, acontece uma suspensão parcial da morte — dificilmente, porém, pré-cristãmente, a uma verdadeira ressurreição.[18]

A visão de conjunto seguinte mostra: a maioria dessas divindades provém do Oriente.[19] Somente em Elêusis encontramos um culto genuinamente grego:

---

[18] Para as exposições que se seguem, cf., acima de tudo, Dieter Zeller, analogia Die Mysterienkulte und die paulinische Soteriologie (Röm 6,1-11). Eine Fallstudie zum Synkretismus im Neuen Testament, in: Hermann P. Siller (ed.), *Suchbewegungen. Synkretismus — kulturelle Identität und kirchliches Bekenntnis*, Darmstadt: Wissenschaftliche Buchgesellschaft 1991, 42-61. Dieter Zeller levou adiante seus resultados, mais uma vez, de forma diferenciada em Hellenistische Vorgaben für den Glauben an die Auferstehung Jesu?, in: *Von Jesus zum Christus*, FS Paul Hoffmann, editado por R. Hoppe e U. Busse, Berlin, New York: de Gruyter 1998, 71-91. Antes da era cristã, existia na Antiguidade greco-romana, acima de tudo, o tipo dos heróis divinizados depois da morte, como Héracles [Hércules] e Asclépio [Esculápio]. No âmbito oriental, existia o tipo do deus da vegetação morituro que, antes da morte completa, é salvo. Segundo esse tipo, Dionísio participa de ambas as possibilidades, uma vez que ele foi assimilado a Ísis-Osíris. Contudo, já depois da era cristã, surge aquele tipo do deus moribundo e passível de ressurreição que serviu inicialmente como modelo para a cristologia. O resultado de Zeller: "A partir do séc. II depois de Cristo em diante, configura-se, de fato, o tipo do deus sofredor e capaz de ressuscitar, que pode aparecer como concorrente do crucificado ressuscitado" (p. 91).

[19] A tabela apresentada adiante das diversas divindades parceiras foi tirada de Dieter Zeller, *Christus unter den Göttern. Zum antiken Umfeld des Christusglaubens*, Stuttgart: Kath. Bibelwerk 1993, 42. Ulteriores informações sobre cada culto em particular encontram-se em Hans-Josef Klauck, *Die religiöse Umwelt des Urchristentums I. Stadt und Hausreligion, Mysterienkulte, Volksglaube*, Stuttgart, Berlin, Kohl: Kohlhammer 1995, 77-128.

Região original de difusão	Divindades femininas mais antigas	Divindades parceiras mais jovens
Elêusis	Deméter	Perséfone
Mesopotâmia	Istar	Tamuz
Ugarit	Anat	Baal
Fenícia	Astarte	Adônis
Frígia	Cibele	Átis
Egito	Ísis	Osíris

Segundo a visão grega, os deuses são, na verdade, imortais. Vivem longe da morte. Mas o mito que está na base dos mistérios elêusicos e órficos mostra: também o mundo dos deuses não é poupado da irrupção da morte. Isso é válido ainda mais para os deuses orientais. A irrupção da morte é apresentada de diversas formas. Nos três primeiros casos — Perséfone, Tamuz e Baal — a jovem divindade parceira é levada para o mundo inferior e mantida ali prisioneira. Nos três últimos casos, elas são mortas violentamente: Osíris é assassinado por seu irmão Set e, a seguir, esquartejado. Átis emascula-se e morre. Adônis é morto por um javali. A superação da morte não é nenhuma ressurreição: Osíris reina como soberano do mundo dos mortos. Perséfone deve passar quatro meses do ano no mundo inferior. O cadáver de Átis não se decompõe. Do sangue de Adônis surgem flores. Por conseguinte, é falso falar de "divindades que morrem e que ressuscitam": são divindades moribundas que, mediante concessão, arrancam da morte um pouco de "vida".

Apenas algumas dessas divindades são veneradas nos cultos mistéricos, ou seja, nos cultos que não eram celebrados publicamente, mas aos quais se devia individualmente deixar-se consagrar. Assim, havia os mistérios de Deméter, de Cibele e de Ísis.[20] Nesses ritos de consagração po-

---

[20] Em sentido inverso, existiam também deidades mistéricas que não se encaixam no modelo "divindades femininas mais velhas e divindades morituras mais jovens (na maioria das vezes, masculinas)": Dionísio e Mitra. Não obstante todas as diferenças, eles têm algo em comum: são deuses que se suicidam. Seus seguidores identificam-se com esse ato de morte e o celebram numa refeição. Para Dionísio, a omofagia é característica: o comer a carne crua de animais, dilaceradas com as próprias mãos pelos seus seguidores

der-se-ia ver uma analogia, a mais antiga, com o Batismo cristão como um morrer com Cristo. Nisso, porém, negligencia-se uma importante diferença: essas festas (sejam, pois, festas públicas ou mistérios "privados"), nos quais o destino da divindade que morre é celebrado, estão todas ligadas a ritos de lamentação: os seguidores do deus lamentam com a divindade feminina mais velha, a perda da divindade parceira. Os sequazes, portanto, não experimentam, eles próprios, o destino de morte, eles o lamentam. Eles se identificam muito mais com a divindade mais velha, pranteadeira, do que com a divindade mais jovem, moribunda, mesmo que existam indícios de tal identificação com a divindade mais jovem.[21] Nos sacramentos cristãos, porém, os seguidores de Jesus vivem seu destino de morte de modo simbólico: eles são sepultados com ele no Batismo, eles consomem na Eucaristia um alimento que é identificado com seu destino de morte. O anseio por proximidade à divindade, que encontramos, naquele tempo, nos cultos de divindades moribundas, são aqui aproveitadas e superadas.

---

em êxtase. Para Mitra, a morte do touro acha-se no centro do mito. Eles se diferenciam pelo fato de Mitra distanciar-se do tipo da divindade que sofre e morre, sim, talvez como divindade mistérica, uma consciente contracriação em relação às jovens divindades moribundas lamentadas pelas mulheres. Ele é o deus vitorioso a cujo culto somente os homens são admitidos. Dionísio, ao contrário, personifica (sobretudo na mitologia órfica) um deus padecente. O filho de Dionísio é dilacerado por Titãs. O que é típico, porém, é que seus seguidores não se identificam com a vítima, mas com os algozes: como sequazes dos Titãs, eles precisam ser libertados da culpa de seus antepassados. Por essa razão, os mistérios de Dionísio e de Mitra são, justamente, apresentados como paralelos para a Eucaristia. Quanto a Dionísio, não podia haver apenas um "beber" do deus: o deus do vinho parece estar presente no vinho: "Verte-se o deus perante todos os deuses" (Eur. Bakch. 284). Ele é comido em êxtase, talvez até mesmo na figura de animais selvagens. Encontraríamos, pois, aqui (e talvez somente aqui) "teofagia", o que é discutível (cf. H.J. Klauck, *Die Religiöse Umwelt* I, 99). Em relação a Mitra, notou-se o paralelo com a Eucaristia já no segundo século. Justino, *Apol.* I, 66,4, falava exaltadamente a propósito com as seguintes palavras: "Os maus demônios também imitaram isso. Eles ensinam que isso acontece nos mistérios de Mitra. Pois sabeis ou devíeis estar cientes de que pão e um copo d'água são apresentados, seguidos de determinadas palavras, durante as solenidades por ocasião de uma readmissão". Não ouvimos falar de uma presença real da divindade nesses elementos de refeição — somente quanto a Dionísio ela é indiretamente deduzível. No cristianismo primitivo, porém, ela é afirmada diretamente, ainda que de forma misteriosa, completamente ambígua. Nos sacramentos, a proximidade da divindade supera a proximidade da divindade nos ritos pagãos similares.

[21] Durante o ritual, os participantes dos mistérios realizavam o lamento e o dó depois da divindade parceira mais velha. Eles "identificavam-se" com ela como os cristãos, mais tarde, com a *mater dolorosa*. A partir disso, porém, não podemos deduzir uma fusão com a divindade carpideira, seja nos mistérios seja mais tarde na piedade mariana. A participação no lamento da divindade transformava-se em júbilo quando a divindade mais velha, mediante seu poder, subtraía parcial ou simbolicamente à morte a divindade mais jovem. E nisso, em minha opinião, deve ter levado a uma "identificação" também com a divindade mais jovem, sem que os místicos se fundissem a ela. Antes, eles esperavam que a poderosa divindade mais velha os ajudasse igualmente no sofrimento e na morte, tal como ela ajudara sua divindade parceira mais jovem. Esse deveria ser o sentido da fórmula dos mistérios de Átis ou de Osíris, conservada por Firmicus Maternus, *De errore profanarum religionum*, 22,1: "Consolai-vos, místicos, o deus está salvo. Para nós, a salvação virá do sofrimento". No cristianismo primitivo temos, ao contrário, uma "fusão" muito mais direta dos fiéis com Cristo.

Podemos, pois, resumir: no mito do cristianismo primitivo encontramos uma ligação singular entre história e mito; uma narrativa mítico-histórica fundamental. Com o Jesus histórico começa uma historicização radical do mito, por ele mesmo acionada: sua "incarnação" numa pessoa concreta. Ao mesmo tempo, começa uma mitologização dessa pessoa. Em razão da fé pascal, ele participa da condição e do poder do um só e único Deus. Essa divinização de Jesus é expressão de uma superação cognitiva da dissonância na qual atuam os mesmos motivos presentes na acentuação do monoteísmo judaico: a pretensão de revelação e de autoridade só pode ser mantida corretamente em relação a figuras divinas ou humanas fracassadas, quando estas são elevadas manifestamente acima de todos aqueles poderes que as levaram à derrota. No cristianismo primitivo, essa dinâmica genuinamente monoteísta torna-se, no contato com a religiosidade pagã, um "sincretismo de superação": a concorrência com outras divindades poderosas (como os imperadores divinizados) impulsiona a elevação de Jesus sobre todos os poderes e dominações. Diante de Cristo deve todo joelho dobrar-se! A concorrência com outras divindades moribundas permite interpretar a aniquilação de Jesus como insuperável proximidade salvífica ao ser humano: nenhuma outra divindade está tão próxima do homem em sua efemeridade, em sua miséria e em sua culpa. No mundo semiótico do cristianismo primitivo, a figura de Cristo não é posta apenas no centro, mas nas mais alta culminância e na mais profunda profundidade. Ele impera no céu sobre todos os poderes — e desce até o inferno. Quando vemos atuar no desenvolvimento dessa figura a superação da dissonância, certamente já fizemos, de qualquer modo, uma pressuposição: que uma pretensão absoluta entra em dissonância com experiências que a contradizem. Resta a pergunta: como é possível que as pessoas tenham "modelado" aparições relativamente históricas com o "instrumento" de uma reivindicação absoluta? Ainda não compreendemos completamente o mistério da imaginação religiosa, tal como atua na divinização de Jesus. Por essa razão, gostaria ainda de voltar a esse tema no último capítulo. A seguir, porém, voltemos para um tema no qual a superação cognitiva da dissonância age de outra maneira: não pela formação de uma "narrativa de base", mas pela formulação de um "etos". A radicalidade desse etos devia desfazer dissonâncias que só poderiam surgir mediante a radicalidade de uma experiência de salvação.

Parte II

O ETOS DO CRISTIANISMO PRIMITIVO

Parte II

O que é o
CRISTIANISMO PRIMITIVO

Capítulo 4
OS DOIS VALORES FUNDAMENTAIS DO ETOS CRISTÃO PRIMITIVO: AMOR AO PRÓXIMO E RENÚNCIA AO *STATUS*

Os mitos religiosos oferecem a possibilidade de as pessoas coordenarem seu comportamento com a ajuda de símbolos e papéis comuns. Só podemos compreender retamente tais papéis e símbolos se os inserirmos no contexto comportamental delas. Esse contexto atitudinal abrange tanto o comportamento real quanto o comportamento requerido por normas e valores. Ao conjunto do comportamento vigente, factual e exigido em um grupo chamamos de "etos".[1] Por conseguinte, o etos do cristianismo primitivo não é aquilo que só secundariamente ajunta-se ao significado primário dos mitos religiosos (a suas funções e símbolos), mas pertence constitutivamente a esse significado. O etos é o sentido do mito na linguagem do comportamento.

Sob a ótica histórica, o etos cristão primitivo está situado entre o judaísmo e o paganismo. É o etos de um grupo que provém do judaísmo, mas que encontrou a maioria de seus seguidores no paganismo. Ele se diferencia do etos judaico apenas de forma gradual. Ele intensifica e radicaliza os princípios ali existentes, certamente com uma tendência a superá-los mediante

---

[1] A noção de "etos" "indica uma moral conservada socialmente, tal como é característica para um grupo, uma profissão, um estado, uma sociedade. Não quer dizer que esse etos seja sempre praticado na respectiva comunidade, mas ele é aí reconhecido. Ele é o fundamento para a distribuição da honra e da desonra. Ele se expressa em sentenças e máximas e em uma tendência do comportamento. A esse respeito, é natural considerar que, ao lado do etos "oficial", existe sempre um programa paralelo "não-oficial". Em contrapartida, a "ética" é a reflexão teórica de normas e valores morais — seja que ela se limite a desenvolver criticamente o etos dominante num grupo (no âmbito de uma ética hermenêutica), seja que se queira (re)construir radicalmente a moral a partir de alguns princípios (no âmbito de uma ética racional), seja que se deseje transmitir (no âmbito de uma ética fenomenológica) a visão de valores éticos. A propósito desses três princípios da ética, cf. Michael Walzer, *Kritik und Gemeinsinn,* Berlin: Rotbuch-Verlag 1990 = *Interpretation and Social Criticism,* Cambridge, Mass.: Harvard Univ. Press 1987.

uma "justiça melhor" (Mt 5,20). Essa "tendência de superação" é levada adiante no ambiente pagão. Os primeiros cristãos querem corresponder, de maneira exemplar, a muitas normas do mundo pagão circundante. Ao mesmo tempo, porém, chega-se aqui a uma transformação qualitativa do etos. O cristianismo primitivo introduz no mundo pagão dois valores oriundos da tradição judaica, os quais, dessa forma, são novos: o amor ao próximo e a humildade (ou a renúncia ao *status*).[2] Ao lado de uma acomodação aos valores e normas do mundo pagão (com pretensão de superioridade), surge, por conseguinte, a consciência de uma antinomia em relação a ele. Paralelamente à pretensão de cumprir melhor do que todos os demais as normas comuns do mundo ambiente, surge uma consciência contracultural de que a religião cristã primitiva mostra-se quase como uma "religião-de-excêntricos".

Numa apresentação do etos[3] cristão primitivo, é conveniente, em primeiro lugar, concentrar-se sobre os dois valores fundamentais do amor ao próximo e da renúncia ao *status*. A ligação entre eles é, no mundo pagão (não no judaico), a novidade do etos cristão primitivo. Além disso, eles se referem a duas dimensões fundamentais das relações sociais. O amor diz respeito acima de tudo à relação de grupos internos e externos. O amor cristão primitivo deseja superar essa fronteira. A renúncia ao *status* tem a ver com a relação entre os que se acham em posição elevada e os que se acham em posição inferior. A renúncia ao *status* (ou humildade) postula que a pessoa renuncie à ostentação, à imposição ou à posse de uma condição superior. Aqui devem ser superados os limites entre "superiores" e "inferiores". Ao analisarmos, em seguida, esses dois valores básicos, queremos atentar para três questões:

1) Como esses dois valores fundamentais se relacionam mutuamente?
    O amor é compreendido como amor aos companheiros da mesma

---

[2] Albert Dihle, Ethik, *RAC* 6 (1965), 646-796, esp. 681-689, sublinha cinco "características negativas da é(tica) antiga", que são "mudadas radicalmente" pelo cristianismo: (1.) a falta da representação do mal radical, (2.) a noção de vontade, (3.) a noção de consciência (no sentido de uma instância ajuizadora irracional e espontaneamente atuante), (4.) a apreciação deficiente da doação em favor do próximo, (5.) a falta da humildade. Os três primeiros traços referem-se à imagem do ser humano que está na base da ética correspondente, ao passo que os dois últimos remetem a valores conteudísticos que determinam o comportamento. Logo, o amor ao próximo e a humildade são os dois valores que o cristianismo introduz de maneira nova na ética *pagã*, os quais, porém, foram tomados da ética *judaica*.

[3] Uma boa apresentação geral é oferecida por Wolfgang Schrage, *Ethik des Neuen Testaments*, GNT 4, Göttingen: Vandenhoeck ²1989. No três capítulos subsequentes, resumo, entre outras coisas, ideias que pretendo desenvolver em um livro — *Wertwandel und Urchristentum* —, no qual há muito tempo trabalho. O projeto está contido em Jesusbewegung als charismatische Wertrevolution, *NTS* 35 (1989), 343-360; Wert und Status des Menschen im Urchristentum, *Humanistische Bildung* 12 (1966), 61-93.

categoria? E como se dá o amor entre pessoas de *status* diferentes? Existe uma ligação orgânica entre amor e humildade? Um age sobre o outro?

2) Como se relaciona o etos do amor e da humildade com o mito primitivo cristão? Existe aquela unidade entre mito e etos que deixa transparecer o etos como interpretação do mito e o mito como fundamentação do etos?

3) Como se relaciona a radicalização do amor e da humildade com a radicalização da graça? Existe um elo entre a radicalização da exigência e da graça — a tensão fundamental no etos cristão primitivo — com a tensão entre mito e história na narração fundamental cristã primitiva?

Depois de analisarmos, neste capítulo, os dois valores fundamentais, nos dois próximos capítulos investigaremos um espectro mais amplo do etos cristão primitivo, a fim de mostrar que esses dois valores básicos constituem a chave para a compreensão de muitas exigências particulares.

O amor ao próximo como primeiro valor fundamental cristão primitivo[4]

O amor ao próximo já se encontra no Antigo Testamento e no judaísmo. Pela primeira vez ele está prescrito na lei de santidade — portanto, na parte mais recente do imenso conjunto de leis. Em Lv 19,18, fala-se do amor ao próximo que, em princípio, goza do mesmo *status*. Sua equivalência é, em parte, um fato — trata-se de um próximo que pode aparecer como adversário num processo e tem os mesmos direitos — em parte, é a exigência de seu reconhecimento como pessoa de igual valor. Pois deve-se amar o próximo "como a si mesmo". Esse amor ao próximo liga-se, então, em Lv 19, a um etos-de-misericórdia oriental comum, que vale para os fracos, as viúvas e os órfãos, portanto para pessoas que possuem condições desiguais ou marginais.

---

[4] Dentre as muitas apresentações a respeito do mandamento do amor, saliento: Michael Ebersohn, *Das Nächstenliebegebot in der synoptischen Tradition*, MThSt 37, Marburg: Elwert 1993. Thomas Söding, *Das Liebesgebot bei Paulus*. Die Mahnung zur Agape im Rahmen der paulinischen Ethik, NTA NF 26, Münster: Aschendorf 1991. Uma apresentação completa de toda a pesquisa neotestamentária encontra-se em Hubert Meisinger, *Liebesgebot und Altruismusforschung*. Ein exegetischer Beitrag zum Dialog zwischen Theologie und Naturwissenschaft, NTOA 33, Freiburg Schweiz: Universitätsverlag/Göttingen: Vandenhoeck 1996.

O estrangeiro que habita convosco será para vós como um compatriota, e tu o amarás como a ti mesmo, pois fostes estrangeiros na terra do Egito. Eu sou Iahweh vosso Deus (Lv 19,34).

A expansão do mandamento do amor ao próximo a pessoas "estranhas ao grupo" começa, portanto, já no Antigo Testamento. O contexto do mandamento do amor ao próximo mostra, ademais, que ele é inculcado precisamente no relacionamento com o inimigo e com o adversário (no processo), e que também os socialmente fracos estão incluídos. Quanto me é dado saber, o mandamento do amor ao próximo já se encontra, em sua primeira formulação, como amor ao inimigo, ao estrangeiro e aos fracos.[5] Em princípio, ele é válido para o "próximo" que tem os mesmos direitos, mas se torna premente exatamente onde essa igualdade de direitos e essa equivalência não são mais evidentes ou não são mais aceitas como indiscutíveis.

Quanto ao desenvolvimento posterior do mandamento do amor ao próximo, só podemos esboçá-lo de forma fragmentária. O importante para nós é que tendências de expansão e de restrição do amor ao próximo acham-se em paralelo tanto no judaísmo primitivo quanto (mais tarde) no cristianismo primitivo.

O melhor exemplo para *tendências de expansão* são os Testamentos dos Doze Patriarcas. Os doze filhos de Jacó desenvolvem em discursos de despedidas a seus filhos uma impressionante ética do amor ao próximo e da fraternidade. No TestXII, o maior pecado contra a fraternidade é a venda de José como escravo, a anulação consciente de seu *status* e de sua liberdade. Apesar disso, no Egito José obtém cargo e dignidade. Seus irmãos, porém, estão diante dele como refugiados em busca de auxílio. Ele demonstra seu amor fraterno à medida que ele lhes perdoa e não usa seu *status* elevado contra eles. Seu amor para com eles inclui a renúncia ao *status*: "E não me elevei orgulhosamente entre eles em decorrência de minha magnífica posição privilegiada, mas, entre eles, eu era como um dos menores" (TestJos 17,8). Ao mesmo tempo, o amor ao próximo defendido nos TestXII, adicionalmente supera também — ao lado das fronteiras entre superior e inferior — os limites entre grupos internos e grupos externos. O amor deve vigorar não apenas em relação aos irmãos, mas "*a cada* pes-

---

[5] Que essa tendência a "eliminar fronteiras" já estivesse presente na lei de santidade, na primeira formulação do mandamento do amor, mostrou-o Hans Peter Mathys, *Liebe deinen Nächsten wie dich selbst. Untersuchungen zum alttestamentlichen Gebot der Nächstenlibe (Lv 19,18)*, OBO 71, Freiburg Schweiz: Universitätsverlag/Göttingen: Vandenhoeck 1986.

soa" (TestIss 7,6 v.1.). Esse mandamento expandido do amor ao próximo aparece, porém, caracteristicamente como mandamento da misericórdia. Assim, Zabulon exorta seus filhos: "Exercer a compaixão em relação ao próximo e a misericórdia em relação *a todos*, não apenas no confronto com as pessoas, mas também no tocante aos animais irracionais" (TestZab 5,1).

Os textos de Qumrã apresentam o melhor exemplo para as tendências contrárias, a *restrição* do amor ao próximo. Na Regra da Comunidade, todos os membros da própria comunidade especial são obrigados a "amar todos os Filhos da Luz..., mas a odiar todos os filhos das trevas" (1QS 1,9-10). O amor fraterno *ad intra*, porém, não considera cada um como membro de igual valor; ao contrário, cada um deve ser amado "conforme sua parte na Sessão do Conselho de Deus" (1QS 1,10). Efetivamente, a comunidade é fortemente hierarquizada em sua constituição. As repetidas exortações para a "humildade" significam que cada um deve aceitar sua condição nessa ordem hierárquica.

Tendências de expansão no cristianismo primitivo

O etos cristão primitivo do amor ao próximo é uma radicalização do etos judaico. A novidade está em que o duplo mandamento do amor a Deus e ao próximo é colocado no centro e descrito expressamente como o maior mandamento. Ele já existia antes de Jesus, não, porém, numa posição tão central. Com isso, ele se expande — conforme "tendências" que já encontramos no Antigo Testamento.[6]

O amor ao próximo torna-se em primeiro lugar *amor ao inimigo* (Mt 5,43-45). No caso, o inimigo não significa apenas o inimigo pessoal. Ao contrário, fala-se de "inimigos" como um grupo que dispõe do poder de perseguição e de discriminação. Por conseguinte, o mandamento também não é dirigido a um indivíduo, no singular, mas a uma coletividade, no plural: "Amai os vossos inimigos!".[7] Em segundo lugar, o amor ao próximo

---

[6] Cf. nossa apresentação do mandamento do amor como centro da ética de Jesus em: Gerd Theissen/Annette Merz, *Der historische Jesus*, 339-349.

[7] O mandamento do amor ao inimigo e a renúncia à violência não eram apenas o postulado de um comportamento social radical utópico, mas tinham o seu *"Sitz im Leben"* na Palestina de então. Por duas vezes ouvimos falar que, na primeira metade do primeiro século depois de Cristo, os judeus obtiveram sucesso mediante um protesto pacífico e uma franca disponibilidade para sacrificar-se indefesamente: inicialmente, nas demonstrações contra a tentativa de Pilatos, nos anos vinte de introduzir em Jerusalém emblemas do imperador (Josefo, *Guerra* 2,169-174; Josefo, *Antiguidades* 18,55-59), depois, contra a tentativa de Gaio

expande-se em *amor ao estrangeiro* (Lc 10,25-27). No relato exemplificador do samaritano misericordioso, o samaritano mostra-se "próximo" — não em razão de uma condição preexistente, mas por causa de sua atitude: ele "se aproximou" do próximo, ou seja, concretamente: ele se desviou de seu caminho, a fim de, diferentemente do sacerdote e do levita, cuidar da vítima que os ladrões largaram quase morta.[8]

Em terceiro lugar, o amor ao próximo torna-se *amor aos pecadores* (Lc 7,36-38). A assim chamada grande pecadora, discriminada pelos outros, é acolhida por Jesus, e ela responde com seu amor, molhando-lhe os pés com lágrimas e enxugando-os com seus cabelos.

Na tradição de Jesus, essa dilatação do amor liga-se com a denúncia do amor em relação aos membros familiares mais íntimos: "Se alguém vem a mim e não odeia seu próprio pai e mãe, mulher, filhos, irmão, irmãs e até a própria vida, não pode ser meu discípulo" (Lc 14,26). Todas as tentativas de negar ou mitigar esse etos crítico em relação à família — atestado também em outras palavras — são inúteis: o que sempre se entende por "odiar" é o contrário de "amar" (cf. Mt 6,24; Lc 16,13). Indiscutível é: aquilo que é prescrito em relação ao inimigo, ao estrangeiro e ao pecador menosprezado é precisamente questionado em relação aos membros da família. Contudo, precisamente esse etos crítico em relação à família mostra: o amor aqui desprende-se de seu primeiro *Sitz im Leben* — do amor na família e entre parentes — e é dedicado àqueles que se acham fora desse círculo estreito. Enquanto, em geral, esses mais íntimos são preferidos e amados, os demais fazem o papel de estranhos com os quais, em caso de necessidade, deve-se arriscar o conflito; aqui, dá-se o contrário: o discípulo deve ousar o conflito com a família, mas deve exercitar o amor para com os excluídos!

Calígula, no final dos anos trinta, de desconsagrar o Templo (Fílon, *Leg ad Gaium* 197-337; Josefo, *Guerra* 2,184-203; Josefo, *Ant.* 18,256-309). Tais acontecimentos são expressão de uma "mentalidade" vigente e, ao mesmo tempo, indícios para "oportunidades" objetivas de uma resistência pacífica — e, nesse sentido, existe aqui um nexo imediato com o anúncio de Jesus. Cf. Gerd Theissen, Gewaltverzicht und Feindesliebe (Mt 5,38-48/Lk 6,27-38) und deren sozialgeschichtlicher Hintergrund, in: *Studien zur Soziologie des Urchristentums*, WUNT 19, Tübingen: Mohr ³1989, 160-197.

[8] Nisso, de resto, o samaritano segue uma tradição local: certamente não é nenhuma casualidade que os samaritanos, quando da reforma cultual helenística, no início do séc. II a.C., tenham dedicado seu Templo, no Monte Garizim, a "Zeus Xenios" — ao Júpiter hospitaleiro, portanto, que acolhe abertamente os estrangeiros (Jos *Ant* 12,257-264). Tanto menos é mero acaso que entre os samaritanos o tratamento que Melquisedec dispensa a Abraão seja evidentemente uma das narrativas fundamentais para o santuário deles sobre o Monte Garizim (cf. Pseudo-Eupolemos em Eus. Praep. Ev. IX, 17,4-6). O povoado samaritano que recusa Jesus (Lc 9,51-53) contradiz o próprio etos dos samaritanos.

Acrescenta-se uma segunda característica desse amor ao próximo distenso. Por causa de sua expansão, ele ameaça perder sua simetria fundamental: os inimigos não são pessoas de mesmo *status*. Trata-se de grupos que são superiores em poder. Quando Mateus contrasta o mandamento do amor ao inimigo com o mandamento do amor ao próximo, e apresenta o amor ao inimigo como radicalização do amor ao próximo, ao citar Lv 19,18, ele suprime a "fórmula de equivalência". Ele não diz "Ouvistes que foi dito: Amarás teu próximo *como a ti mesmo!*", mas simplesmente "Amarás o teu próximo!" (Mt 5,43; diferentemente de Mt 19,19; 22,39). Ele pressente, com razão, que o elemento de equivalência só pode falhar em relação ao amor ao inimigo.

No entanto, essa tendência do amor a reconhecer o igual valor de outras pessoas é mantido. Especialmente Lucas demonstra sensibilidade para esse ponto. Não apenas diante do fato de ele incluir, em meio à formulação do mandamento do amor ao inimigo, a regra de ouro (Lc 6,31), um princípio da reciprocidade que, nesse contexto, só pode indicar uma reciprocidade ideal: deve-se fazer aos inimigos aquilo que, decerto, fundamentalmente deles se deseja, mas que, na realidade, não pode ser esperado. Ou seja, a pessoa deve-se orientar pela reciprocidade como medida, mesmo lá onde essa reciprocidade é conscientemente ofendida por outros.

Ainda mais evidentes são os exemplos que Lucas oferece para o amor dilatado. O samaritano estrangeiro não é, de fato, algo assim como o destinatário do amor, mas, sim, sujeito dele. Depois que o sacerdote e o levita falharam, na verdade um "israelita" — conforme a sequência tradicional — devia aparecer a fim de exercitar o imperioso amor ao próximo. Em seu lugar, apareceu o samaritano: apareceu no papel do israelita com os mesmos direitos como sujeito e não como destinatário da atitude misericordiosa e, mediante tal comportamento, torna-se "próximo".

De igual modo, a assim chamada grande pecadora não é apenas receptora do amor de Jesus. Jesus lhe perdoa com a fundamentação de que "ela muito amou!" (Lc 7,47). Também ela é, portanto, sujeito do amor. E ela — exatamente como o samaritano — é reconhecida explicitamente como sujeito do amor.

Talvez não seja por acaso que Lucas também deixe entrar em cena um representante do "inimigo" nacional que exercita o amor: o centurião pagão de Cafarnaum recebe a confirmação da parte dos anciãos judeus: "Ele ama nossa nação" (Lc 7,5).

Amor que supera as barreiras, que inclui os excluídos e marginalizados, mostra-se aqui precisamente nisso que os excluídos são reconhecidos como sujeitos do amor. Aqui se mantém firme a reciprocidade fundamental contida no amor ao próximo contra diferenças concretas. Contudo, é inequívoco: a expansão do amor para além dos grupos internos restritos está ligada ao fato de que entra em jogo a diferença de posição, *status* e poder — seja que esse amor expandido transforme-se em misericórdia para com os fracos (de modo que, na história do samaritano, o "amor ao próximo" e a "misericórdia" se fundem), seja que ele se transforme em amor para com o inimigo prepotente. Com a expansão, torna-se improvável a igualdade de *status*.

Tendências de restrição no cristianismo primitivo

No cristianismo primitivo, o desenvolvimento fora dessa tradição sinótica marcada pela força irradiadora de Jesus vai, antes, em outra direção: agora encontramos tendências para certa restrição do mandamento do amor, ao mesmo tempo, porém, também uma elevada sensibilidade para a reciprocidade entre as pessoas buscada no amor.

A tendência de restrição é conhecida. Em 1Ts 3,12, Paulo ainda apresenta o "amor mútuo e para com todos os homens" equivalentemente um ao lado do outro, mas em Gl 6,10, ele o escalona gradualmente. Ele exorta: "Pratiquemos o bem para com todos, mas sobretudo para com os irmãos na fé". Os membros da comunidade são, consequentemente, preferidos, sem que Paulo tenha suprimido alguma vez o amor ao estrangeiro e ao inimigo (cf. Rm 12,9-21). Mais longe vai o evangelho de João, que apresenta a comunidade e o mundo contrapostos dualisticamente: aqui o amor é apenas ainda "amor mútuo" (Jo 13,34; 15,12.17). Nas cartas joaninas, ele aparece como "amor fraterno", limitado à comunidade (1Jo 2,10, por exemplo). Certamente, não se pode interpretar mal: esse amor mútuo deve também agir exteriormente. Deve ser uma característica identificadora do discípulo de Jesus, pelo qual todos (ou seja, também os excluídos) devem reconhecê-lo (Jo 13,35). Potencialmente, todos estão incluídos nesse amor, porque Deus amou todo o mundo e não somente os escolhidos nele (cf. Jo 3,16).

Essa tendência à restrição do amor é avaliada unilateralmente, na maioria das vezes, como uma história de perda. Mas ela é mais do que isso. Com a ancoragem do amor na comunidade como seu *Sitz im Leben*, sobressaiu-se mais fortemente também sua tendência latente à reciprocidade fundamental das pessoas — de modo especial em Paulo, na carta de Tiago e no evangelho de João. Contudo, nessa reciprocidade das pessoas ligadas pelo amor deve-se ver um "ganho".

Ali, onde Paulo, tratando de problemas concretos ligados à responsabilidade do amor, argumenta e admoesta, ele pressupõe sempre uma desigualdade. Ele apela a algo superior, a exercitar o amor superior recíproco. O curioso é que nisso ele tem em vista a igualdade. Nele, o amor leva à igualdade entre os de diferentes posições e *status*. Destarte, ele exorta os fortes a ir ao encontro dos fracos com amor (1Cor 8,1; cf. Rm 14,15). O amor é o contrário da autoinsuflação que um *status* mais elevado do reconhecimento e do comportamento enfatiza (cf. 1Cor 8,1). Mais adiante, ele solicita dos coríntios uma coleta para os pobres de Jerusalém como prova do amor deles. A meta é estabelecer a igualdade, de modo que um não tenha o supérfluo enquanto o outro passa necessidade (2Cor 8,7ss). Filêmon, o senhor de escravos, deve acolher mais uma vez Onésimo, seu escravo que litigou com ele, só que não mais como escravo, mas como irmão. A fim de deixar claro que com isso ele não estaria indicando nenhuma "fraternidade espiritual" que não tem nenhuma consequência no relacionamento diário, Paulo enfatiza expressamente: o ex-escravo deve, doravante, ser um irmão tanto na carne quanto no Senhor (Fl 16).[9] Os coríntios devem, por fim, perdoar a um malfeitor, depois que Paulo lhe perdoou. Ele deve tornar-se novamente um membro da comunidade com direitos iguais (2Cor 2,5-11). De fato, Paulo diz que o amor tudo suporta. Mas, para Paulo, o amor não suporta nenhuma diferença fundamental entre os cristãos. Ele visa à igualdade, seja que os superiores juntem-se aos inferiores, seja que um escravo seja elevado à condição de "irmão".

---

[9] Atualmente, existe quase um consenso geral de que Onésimo não era nenhum *servus fugitivus*, mas que foi até Paulo com o pedido de reconciliação com seu senhor (cf. Peter Lampe, Keine Sklavenflucht des Onesimus, *ZNW* 76 (1985), 135-137; Der Brief an Philemon, in: Nikolaus Walter/Eckart Reinmuth/Peter Lampe, *Die Briefe an die Philipper, Theassalonicher und an Philemon*, NTD 8,2, Göttingen: Vandenhoeck 1988, 205-232). Decisiva também não é a questão se Paulo se engaja por sua libertação ou não. Com efeito, o alforriado, o *libertus*, continuava dependente de seu senhor. Considerá-lo e tratá-lo como "irmão" era algo totalmente inusitado na Antiguidade — independentemente do fato de ele estar ligado a seu senhor como *servus* ou como *libertus*.

A *carta de Tiago* formula essa tendência do amor ao próximo à igualdade de direitos de forma quase programática. Depois que ele, mediante um exemplo fictício (mas que deveria ser representativo para acontecimentos reais), recomendou expressamente que na comunidade os socialmente elevados não deveriam ser privilegiados, nem os socialmente rebaixados deveriam ser humilhados, interpreta o mandamento do amor ao próximo como oposição ao tratamento desigual das pessoas (Tg 2,1-11): "Assim, se cumpris a Lei régia segundo a Escritura: 'Amarás teu próximo como a ti mesmo', agis bem. Mas se fazeis acepção de pessoas, cometeis pecado e incorreis na condenação da Lei como transgressores" (Tg 2,8-9).

O *evangelho de João* constitui o ápice desse desenvolvimento. De um lado, ele limita o amor ao âmbito interno da comunidade, de outro lado, porém, nele se sobressai nitidamente o traço marcante desse amor mútuo: ele relativiza o *status*. Em sua primeira metade, ele apresenta Jesus como revelador da vida, o qual, no final de sua atividade pública, constata retrospectivamente que ele cumpriu o mandamento do Pai: "E sei que seu mandamento é vida eterna. O que digo, portanto, eu o digo como o Pai me disse" (Jo 12,50). A segunda parte apresenta, entretanto, a revelação do amor para os discípulos. Ela se expressa não apenas no fato de agora Jesus (passar do mandamento para a revelação da vida) realizar e transmitir "um novo mandamento" — o mandamento do amor mútuo —, mas ela se mostra em primeiro lugar numa atitude de Jesus. O amor de Jesus pelos seus é apresentado na cena do lava-pés como exemplo para seus discípulos. Jesus renuncia expressamente a seu *status* de "Senhor" e "Mestre". Ele assume o papel do escravo, do aprendiz e da mulher. Destes, pois, é que se esperava, acima de tudo, a tarefa de lavar os pés. Com essa renúncia ao *status*, ele suscita o protesto de Pedro, portanto, o protesto daquele que, mais tarde, será instituído líder da comunidade: o amor, que na comunidade renuncia ao exibicionismo e à prevalência não se opõe apenas ao mundo, mas também está em contraposição às tendências da comunidade. Ele precisa impor-se contra uma mentalidade hierárquica. A missão de Jesus se completa na revelação desse amor — na transmissão do novo mandamento. Somente com ele é que Jesus *revelou* tudo o que ouvira do Pai. Exclusivamente mediante a revelação desse amor e desse mandamento de amor é que os discípulos passaram realmente da condição de escravos à de amigos de Jesus (Jo 15,15).[10]

Portanto, encontramos, no desenvolvimento do mandamento do amor no cristianismo primitivo, duas tendências: de um lado, a superação das fronteiras entre grupos internos e externos; por outro lado, entre "superiores" e "inferiores". Contudo, as duas tendências que ultrapassam fronteiras não podem agir de forma plena simultaneamente. O amor que inclui as pessoas estranhas nos próprios grupos internos encontra dificuldades porque deve aceitar diferenças reais de *status*. O amor entre pessoas de mesmo *status* e que estão de comum acordo limita-se a pequenos grupos. Nestes, o amor pode concretizar-se de forma exemplar naquilo a que todo amor visa: ao reconhecimento da igual dignidade das outras pessoas. No entanto, esse amor que reconhece a igual dignidade das outras pessoas depara-se com obstáculos porque ele deve restringir-se ao próprio grupo (e nele próprio é sempre combatido): no âmbito do grupo interno, a diferença de *status* é mais facilmente relativizada do que nas periferias sobre as quais um grupo simplesmente pouca influência exerce.

Já nos deparamos com a primeira tendência na tradição sinótica, marcada pelo Jesus terreno. Aqui, o amor ultrapassa as fronteiras do grupo interno, mas se choca com a diferença de *status*. Encontramos a segunda tendência nas tradições paulina e joanina, impregnada pela fé no Cristo glorificado. Aqui, o amor excede os limites do *status*, mas permanece ligado ao âmbito do grupo interno.

Paralelamente, encontramos uma segunda diferença: na tradição sinótica, o amor é o reverso de uma disposição ao conflito com relação aos membros da família. Ele é radical e possui traços contraculturais de uma religião não-convencional de carismáticos itinerantes sem-tetos. Essa disposição para o conflito volta nas tradições paulina e joanina, a fim de flexibilizar um etos marcado pelo favorecimento da família. Com a revalorização do grupo interno, o mais antigo dos grupos internos — a família — é também revalorizada sob nova forma.

Com isso, formulam-se dois temas que nos ocuparão a seguir: de início, a renúncia ao *status* como o segundo valor fundamental do etos pri-

---

[10] Jörg Augenstein, *Das Liebesgebot im Johannesevangelium und in den Johannesbriefen*, BWANT 134 = Folge 7, Heft 14, Stuttgart, Berlin, Köln: Hohlhammer 1993, demonstrou que também nos escritos joaninos, o amor tem uma eficácia externa.

mitivo cristão e, mais adiante, a radicalidade desse etos, que parece exigir demais das pessoas e que anseia por um equilíbrio.

Renúncia ao *status* como o segundo valor cristão fundamental primitivo[11]

Se o amor ao próximo refere-se fundamentalmente aos vizinhos e companheiros que detêm os mesmos direitos, mas se defronta em toda parte com desigualdades concretas, a relativização e a superação da diferença de *status* tem de tornar-se necessariamente o valor complementar do amor ao próximo, seja pela renúncia dos superiores ao seu *status*, seja pela elevação dos inferiores ao *status* dos primeiros.

Para esse valor fundamental, o etos do cristianismo primitivo tem à disposição três noções. Tradicionalmente, ele é descrito como *"humildade"* ou *"humilitas"*. Ele inclui também, ao lado do comportamento, os sentimentos interiores. Descreve tanto o comportamento daquele que possui uma condição inferior e, interiormente, consente com ela, quanto aquele que tem uma condição elevada, mas dela não se aproveita. Humildade, nesse ponto, é a noção mais ampla. Se alguém quiser salientar a humildade daquele que renuncia ao que possui, então a noção de *"renúncia ao status"* é adequada. Aqui, indica-se sempre um movimento de cima para baixo — incluindo-se os sentimentos interiores inerentes a esse gesto. A renúncia ao *status* pode ser a renúncia à apresentação ostensiva de seu *status* ("modéstia", portanto), poder ser renúncia ao emprego de uma condição mais elevada a fim de impor sua própria vontade, ou até mesmo renúncia à posse de um cargo, algo assim quando alguém abre mão da profissão que exerce até então e segue a Jesus! Na tradição bíblica, a renúncia ao *status* está frequentemente ligada a uma elevação de *status* correspondente: humilhação e elevação caminham juntas. Se se quiser descrever esse processo abrangente, então a noção de *"mudança de posição"* é apropriada.

Já a partir de um breve relance sobre as afirmações mais importantes, resultam algumas particularidades da *humilitas* cristã primitiva:

---

[11] Esta seção a respeito da renúncia ao *status* e da humildade baseia-se em Gudrun Guttenberger Ortwein, *Statusverzicht im Neuen Testament und in seiner Umwelt*, NTOA 39, Freiburg Schweiz: Universitätsverlag, Göttingen: Vandenhoeck 1999.

Quanto à *mudança de posição*, no cristianismo primitivo, pode-se tratar tanto da troca entre os primeiros e os últimos (cf. Mc 10,31; Mt 19,30; 20,16; Lc 13,30), quanto da conexão íntima entre humilhação e elevação (Lc 14,11; 18,14; Mt 23,12; Fl 2,6ss; 2Cor 11,7; Tg 4,10). Uma variante da mudança de posição é particularmente característica: o autorrebaixamento visa à elevação de outros. Isto é típico do evento Cristo, mas também para Paulo, quando ele, ironicamente, indaga: "Terá sido falta minha anunciar-vos gratuitamente o evangelho de Deus, humilhando-me a mim mesmo para vos exaltar?" (2Cor 11,7).

A respeito da *renúncia ao* status falam ditos como: "Aquele que dentre vós quiser ser grande, seja o vosso servidor, e aquele que quiser ser o primeiro dentre vós, seja o servo de todos" (Mc 10,43-44; cf, 9,35; Mt 23,11). Característico do cristianismo primitivo é que ele faz da renúncia ao *status* a condição para a autoridade intracomunitária. "Humildade", ou seja, a disposição de escravos e dependentes, torna-se o distintivo daqueles que pretendem assumir papel de comando na comunidade.

No cristianismo primitivo, exorta-se à *humildade* (ταπεινοφροσύνη) como sentimento interior na literatura epistolar. Típico aqui é a admoestação à humildade recíproca. Como exemplo para os demais, mencione-se Fl 2,3: "Nada faças por competição e vanglória, mas com humildade, julgando cada um os outros superiores a si mesmo" (cf., mais adiante, Rm 12,16; Ef 4,2; 1Pd 5,5).

Enquanto o mandamento do amor fundeia-se firmemente na tradição judaica e com admoestações pagãs converge para um comportamento pró-social, a renúncia ao *status* e a humildade, como comportamento social recíproco é algo novo. Com efeito, a humildade em relação a Deus (como virtude religiosa) está solidamente fundamentada na tradição judaica, mas somente mais tarde, a partir daí, desenvolve-se no período neotestamentário (independentemente do cristianismo primitivo) a humildade em relação aos companheiros (como virtude social). Essa virtude social contradiz um antigo código de honra comum, segundo o qual cada um deve comportar-se segundo sua condição, e o aumento de *status* e de respeito é uma das molas propulsoras do comportamento. No âmbito desse código de honra, a "humildade" (ταπεινοφροσύνη) é vista como sentimento servil, digno de desprezo. O novo etos judeu e cristão da humildade conduz, no caso, a uma "revalorização do valor": uma deficiência moral torna-se virtude. A novidade do etos cristão primitivo (e judaico) mostra-se, aqui, consequentemente, ainda mais claramente do que no "amor ao próximo", ou mais precisamente: somente na ligação de ambos os valores do amor e da humildade é que a estrutura fundamental e a novidade do etos cristão primitivo se tornará visível.

Como se chegou à descoberta dessa nova virtude social? Como foi possível que a humildade diante dos deuses superiores tenha-se transformado numa atitude social? A pressuposição eram novos conceitos do agir de Deus, do agir do rei e do relacionamento nas comunidades. Quanto a essa questão, só podemos apresentar um breve esboço do desenvolvimento.

Nas antigas sociedades, as pessoas podiam querer enfatizar ou defender ainda mais o próprio *status* (assim, em toda parte), ou até mesmo rivalizar-se programaticamente por respeito e honra (como na agônica cultura greco-helenística), mas a humildade perante os deuses era-lhes indiscutível: o Oriente sublinha a distância em relação aos deuses mais do que o Ocidente. Mas se trata da mesma experiência numinosa que se mostra quando Quílon (cerca de 560 a.C.) diz de Júpiter: "Ele humilha o exaltado e eleva o humilhado" (DiogLaert 1,69), ou quando Isaías prega: "O olhar altivo do homem se abaixará, a altivez do varão será humilhada; naquele dia só Iahweh será exaltado" (Is 2,11).

O primeiro passo para uma valorização positiva do humilhar e do exaltar se dá onde o comportamento engrandecedor e rebaixador de Deus torna-se imagem de esperança e não apenas expressão de uma acanhamento humilde diante da prepotência do destino. Somente então ele se torna um possível modelo orientador para o comportamento humano. Na Antiguidade pagã, encontramos esparsos testemunhos disso. Na *Anábase*, de Xenofontes, o general anima os inúmeros gregos subjugados com palavras segundo as quais os deuses estariam do lado deles, "uma vez que eles estão em condições de tornar rapidamente os grandes pequenos e salvar os pequenos, mesmo em situação difícil, se eles quiserem" (Xen, *Anábase* III,2,10). Acima de tudo, porém, em Israel — num povo notoriamente pequeno e vencido — essa mudança de grandeza e pequenez transforma-se em imagem de esperança. Um exemplo aqui deve bastar. Assim, Ana exulta em 1Sm 2,6-7:

> É Iahweh quem faz morrer e viver,
> faz descer ao Xeol e dele subir.
> É Iahweh quem empobrece e enriquece,
> quem humilha e quem exalta.

Poder-se-iam apresentar ainda diversas outras provas desse *axioma de mudança de posição* que estrutura a declaração sobre o comportamento divino.

Entretanto, resta ainda um longo caminho até a prontidão para renunciar espontaneamente ao *status*. A renúncia ao *status* é mais possível para aquele que simplesmente detém o mais alto *status*. Ele nada perde ao "aproximar-se" dos demais. As primeiras indicações para a renúncia ao *status* (ou para a "humildade") como virtude social encontram-se no ideal do rei. Elas se acham em raros projetos de um senhorio humano.[12] Na Antiguidade pagã, fala-se do rei Agesilau, que teria desprezado os excessivamente orgulhosos, "era, porém, mais modesto (ταπεινότερος) do que as pessoas comuns" (Xen, *Agesilau* 11,11; IV séc. a.C.). O rei macedônio Antígono Gônatas cunhou a famosa frase segundo a qual "o reinado seria uma escravidão honrosa (uma ἔνδοξος δυλεία)" (Ailian var 2,20). No campo bíblico, o ideal do futuro rei messiânico se mostra em Zc 9,9: ele entrará humildemente (hebraico: *ani*; grego: πραύς) em Jerusalém, montando sobre um jumento! A mesma palavra para "humilde" (*ani*) encontra-se, não por acaso, em alguns "salmos régios" como autodescrição do orante (cf. Sl 18,28 (27) ⇔ 2Sm 22,28; 40,18 (17) ⇔ 70,6 (5); 86,1 e 109,22).

O terceiro passo para a *humildade* foi dado somente em pequenas associações comunitárias. Nelas também, o indivíduo nada tinha a perder quando relativizava *status* e posição. Contanto que todos se ativessem às regras e normas comunitárias, ele ganhava pela forte solidariedade da comunidade. Assim, nos textos de Qumrã encontra-se talvez pela primeira vez a "humildade" inequivocamente como virtude social:

> Ninguém deve degradar-se abaixo de sua categoria e ninguém deve elevar-se acima do lugar que lhe cabe, mas todos estejam em sincero acordo e humilde bondade, em amável comunhão e reto pensamento de um em relação a seu próximo, num conselho de santidade e de filhos de um círculo eterno" (1 QS II,23-25, trad. J. Maier).

É evidente aqui que "humildade" (*anawah*) não significa renúncia ao *status* e à posição, mas a afirmação do *status* adjudicado numa comunidade organizada de maneira fortemente hierárquica. Somente na visão idealizada de Fílon é que essa "humildade" se torna uma virtude recípro-

---

[12] Esse ideal humano de rei é investigado por David Seeley, Rulership and Service in Mark 10:41-45, *NT* 35 (1993), 234-250. Não se acha apenas na Antiguidade pagã, mas também no âmbito da tradição judaica.

ca, de pano de fundo igualitário: "Não existem absolutamente escravos entre vós, mas todos são livres e prestam uns aos outros serviço mútuo" (Fílon, *Prob* 79). Com isso, ele ultrapassa de longe a realidade da comunidade essênia.

O etos cristão primitivo da humildade leva adiante de forma consequente os mencionados pressupostos. Contudo, nisso apresentam-se duas tendências diversas. Na tradição sinótica, marcada pelo Jesus terreno, o axioma da mudança de posição age com a exigência da renúncia ao *status*. Exige-se acima de tudo a renúncia ao *status* — num contraste crítico em relação aos que possuem *status* e poder. Em contrapartida, faltam exortações à humildade (para a ταπεινοφροσύνη) como uma mentalidade que impregna todo o comportamento. Exortações à "humildade" aparecem em primeiro plano somente na literatura epistolar cristã primitiva e, na verdade, sob a forma de uma humildade "recíproca", até que ela se torne, posteriormente, na era cristã primitiva, uma "humildade" unilateral do autossujeitar-se: o efeito crítico do axioma da mudança de posição e das exortações à renúncia de *status* esmaece.

Renúncia ao status *na tradição sinótica*

Consideremos inicialmente a esfera sinótica. Aqui encontramos os primeiros pressupostos para o desenvolvimento da humildade como virtude social: a interpretação do agir de Deus à luz do axioma de mudança de posição como humilhação e elevação salvíficas. Encontramo-los programaticamente no *Magnificat*. Deus faz valer sua salvação à medida que ele derruba dos tronos os poderosos e eleva os humildes (Lc 1,52). Essa mudança de posição mostra-se no nascimento do Messias: se ele nasce de uma mulher simples, do povo, uma mulher que descreve sua condição como "humildade" (ταπεινότης), então com isso a mensagem já está dada: com o novo regente, opera-se uma transformação geral. Elevação e humilhação são imagens de esperança para a grande mudança escatológica, que se dá em meio ao tempo. Essa imagem de esperança está ligada a impulsos críticos. Precisamente Lc/At articulam frequentemente críticas aos poderosos: Satã que, como soberano do mundo reivindica para si *status* divino e a veneração correspondente, nos relatos da tentação é figura do Império Romano (Lc 4,5-8). O rei judeu Agripa I, que aceita uma aclamação como "deus", por causa disso é imediatamente levado por Deus à miséria e à morte (At 12,20-23). Que Deus derruba os poderosos do trono é, para Lucas, a um tempo experiência histórica e esperança.

Encontra-se também na tradição sinótica a segunda pressuposição para o desenvolvimento da humildade como virtude social: um ideal humano de soberano a que pertence a autolimitação do senhorio mediante a renúncia ao *status*. Jesus é apresentado como aquele que realiza esse ideal humano de soberano. Ele é o rei humilde, que entra em Jerusalém montado num jumentinho (Zc 9,9 = Mt 21,5; cf. Jo 12,15). Ele é o soberano Filho de Deus, que poderia exercer todo o poder divino, mas que a ele renuncia a fim de percorrer o caminho até a extrema humilhação na cruz. Como Filho do Homem, que não veio para ser servido, mas para servir a todos com a doação da própria vida, ele é tanto um modelo para seus discípulos (Mc 10,45), quanto um antítipo para os governantes terrenos, que oprimem as nações e abusam do poder contra as pessoas (Mc 10,42).[13] Consequentemente, entre os discípulos, só deve ter autoridade aquele que estiver disposto a ser servo e escravo de todos. Portanto, a exigência da renúncia ao *status* é formulada conscientemente em contraste com a política desumana dos governantes. É verdade que Lucas omite essa perícope do discurso dos Zebedeus, mas traz a afirmação decisiva num lugar ainda mais central: na última ceia. Ao senhorio político de reis que disfarçam seu domínio mediante a ideologia da beneficência, ele opõe o serviço humilde na comunidade (Lc 22,24-27).

Com isso, na tradição sinótica, humildade é indiscutivelmente "renúncia ao *status*" — e essa renúncia ao *status* está ligada ao ímpeto crítico contra aqueles que possuíam uma posição elevada. No âmbito dessa tradição, a humildade não é nenhuma virtude dos rebaixados, que se conformam a seu *status* inferior mediante a submissão. Ao contrário: humildade é *imitatio* da soberania que voluntariamente renuncia a seu *status*. Humildade é virtude dos poderosos.

Humildade recíproca na literatura epistolar

Segundo a literatura epistolar primitiva cristã, dá-se aqui um novo desenvolvimento. Axioma de mudança de posição e renúncia ao *status* fa-

---

[13] Apesar da crítica ao comportamento de soberanos pagãos, essa crítica recorda um ideal humano de rei difuso tanto no judaísmo primitivo quanto no paganismo. Cf. Oda Wischmeyer, Macht, Herrschaft und Gewalt in den frühjüdischen Schriften, in: Joachim Mehlhause (ed.), *Recht — Macht — Gerechtigkeit*, Gütersloh: Kaiser 1998, 355-369.

zem-se aí sentir, mas esse desenrolar se liga com a terceira pressuposição do surgimento da humildade como virtude social: com seu assentamento em associações comunitárias. No interior das comunidades cristãs, a humildade não é a atitude servil no confronto com os dominadores e poderosos, mas uma conduta no trato com toda pessoa, independentemente de seu *status* social. Ela é *imitatio* daquele que deixou seu alto *status* na preexistência a fim de realizar a salvação da humanidade sobre a terra mediante o autorrebaixamento.

Comparado à tradição sinótica, acrescenta-se a isso um elemento novo: nas comunidades, exigem-se humildade e renúncia ao *status* mútuas. Esse elemento de reciprocidade é ainda menos cultivado na tradição judaica (cf., porém, a prestação de serviço mútuo entre os essênios, segundo Fílon, *Prob* 79). Provavelmente essa exortação à reciprocidade tenha sido tomada do mandamento do amor. De fato, ali se diz claramente: "Amai-vos uns aos outros": ἀγαπᾶτε ἀλλήλους (cf. 1Ts 3,12; 4,9; Rm 13,8; 1Pd 1,22; Jo 13,34; 15,12 etc.). A íntima conexão entre amor e humildade salienta-se em Gl 5,13, onde Paulo admoesta: "Pela caridade, colocai-vos a serviço uns dos outros!". A perda de *status* (mediante o serviço mútuo de servos) é compensada pelo ganho em comunidade e, na verdade, não é nenhuma perda, visto que cada um está pronto para ela. Se alguém quiser preservar a nova "liberdade" cristã conquistada, deve estar preparado para a "escravidão" da reciprocidade mediante o amor (Gl 5,12-13).

Em Paulo e na tradição que traz a sua marca, encontramos também em outros lugares uma ligação entre amor, humildade e reciprocidade. Visto que mal foram notados, mencionem-se os testemunhos mais importantes.

Em Fl 2,2-3, Paulo exorta à unanimidade. Ele começa com um estímulo ao amor e conclui com uma exortação à humildade recíproca: "Com humildade, julgue cada um os outros superiores a si mesmo". Essa humildade é mais precisamente caracterizada como uma atitude segundo a qual "cada um não cuida só do que é seu, mas também do que é dos outros" (Fl 2,4) — aquilo que, segundo 1Cor 13,5, vale também para o amor. O paradigma para tal atitude é o próprio Cristo. O hino aos filipenses apresenta sua "renúncia ao *status*" — e uma mudança de posição que transforma todo o mundo — mediante a humilhação e a elevação do Cristo.

Em Rm 12,9-11, exorta-se ao amor. É típico desse amor a unidade de espírito ou "em reciprocidade" esforçar-se por ela. Isso é concretizado numa exortação à humildade: "Tende a mesma estima uns pelos outros, sem pretensões de grandeza, mas sentido-vos solidários com os mais humildes" (Rm 12,16). Mais uma vez encontramos uma ligação entre humildade, reciprocidade e amor.

Essa ligação encontra-se também em Ef 4,2 numa exortação à unidade na comunidade. Estimula-se, entre outras coisas, à "humildade e mansidão, com longanimidade, suportando-vos uns aos outros com amor". Aqui também a humildade é uma atitude recíproca. E, como em outras passagens, tal disponibilidade mútua para reconhecer os outros como superiores, reduz os conflitos na comunidade. Ela é condição para a unidade.

Paulo liga essas exortações que encorajam a comunidade à humildade recíproca com um emprego crítico do axioma de mudança de posição. Ele não exorta à "humildade" a fim de que autoridades intracomunitárias consigam unilateralmente respeito. Ao contrário, com sua autoridade apostólica, ele se submete explicitamente à comunidade. Os apóstolos pertencem à comunidade, esta pertence a Cristo (1Cor 3,21-23). Essa submissão à comunidade pode ser formulada ironicamente: Paulo é um tolo, é fraco e desprezível — a comunidade, em contrapartida, é sábia, forte e respeitada (1Cor 4,10). Nessa ironia, porém, esconde-se uma convicção fundamental de Paulo. Do contrário, ele não teria escrito aos coríntios dizendo que trazia a morte de Jesus em sua vida, a fim de que a vida de Jesus lhes fosse revelada (2Cor 4,11); ele se humilha a fim de que eles sejam elevados (2Cor 11,7). Paulo, portanto, liga o etos da "humildade" mútua com uma visão crítica das autoridades intracomunitárias. Nisso, no entanto, falta-lhe — diferentemente dos Evangelhos — uma crítica às autoridades "mundanas". Pode-se certamente constatar certa tensão entre a organização do amor na comunidade (Rm 12,9-21; 13,8-10) e a organização jurídica do Estado (Rm 13,1-7). Contudo, daí não resulta nenhuma crítica aos dominadores políticos — diversamente dos sinóticos. Paulo exorta antes submeter-se a eles como parte de uma organização que estimula o bem e pune o mal!

Conforme já vimos, quando tratamos do mandamento do amor, encontramos também no evangelho de João uma estreita ligação entre o amor mútuo e um comportamento serviçal recíproco. Esse "humilde" comportamento não é, porém, (conscientemente?) expresso com o vocabulário da "humildade". No evangelho de João não existem palavras da raiz ταπεινός. Os discípulos de Jesus são estimulados antes a compreender-se não (mais) como escravos, mas como amigos. Em tal ambiente, fica de fora a utilização da humildade para a estabilização do senhorio.

Precisamente esta possibilidade já se delineia com certeza no N.T. Em 1Pd 5,5, exorta-se à humildade recíproca, mas falta uma ligação contextual imediata com o amor; antes, porém, com a exortação à submissão aos líderes da comunidade: "Do mesmo modo, vós, jovens, sujeitai-vos aos anciãos. Revesti-vos de humildade em vossas relações mútuas, porque Deus resiste aos soberbos, mas dá sua graça aos humildes". Aqui também se incluem, certamente, os líderes da comunidade na exortação à humildade, mas a humildade significa também submeter-se a eles. Mais longe ainda vai a primeira carta de Clemente. A humildade, aqui, já não acontece reciprocamente, mas é reconhecimento unilateral das autoridades intracomunitárias. Escreve-se aos revoltosos de Corinto, que se pretende rezar por eles, "a fim de que lhes sejam concedidas mansidão e humildade, a fim de que eles cedam não a nós, mas à vontade de Deus" (1Clem 56,1). A humildade recíproca tornou-se condescendência unilateral.[14]

Com isso, a averiguação do segundo valor fundamental da humildade mostrou que ele está ligado estreitamente com o primeiro valor fundamental do "amor". Na tradição sinótica, declarações a propósito de ambos os valores fundamentais estão ainda relativamente desvinculadas, uma ao lado da outra. Em Paulo (e, de certa maneira, também em João), elas estão ligadas organicamente umas às outras: a humildade recíproca é compreendida como expressão do amor mútuo. No entanto, enquanto a tradição sinótica liga a humildade e a renúncia ao *status* com um impulso crítico contra os poderosos, em Paulo está ausente esse estímulo crítico em relação às autoridades fora da comunidade; em compensação, porém, no próprio exemplo, ele realça tanto mais expressamente a relatividade da autoridade intracomunitária. Mais tarde isso muda: em 1Clem, a humildade tornou-se submissão perante as autoridades da comunidade.

O "mito" cristão primitivo e os dois valores fundamentais do cristianismo primitivo

No início desse capítulo, partimos da ideia de que o etos de uma comunidade religiosa corresponde ao mito e o interpreta. No final, podemos

---

[14] Cf. Klaus Wengst, *Demut — Solidarität der Gedemütigten,* München: Kaiser 1987, 97-99.

confirmar: o aperfeiçoamento do mito cristão primitivo é determinado pelos dois valores fundamentais do cristianismo primitivo; o destino do Filho de Deus e Revelador é expressão do amor de Deus pelas pessoas. Esse amor de Deus eleva-se até o extremo: ele se torna amor ao inimigo e ao pecador. Ele vale precisamente para aquele que vive em conflito com Deus (Rm 5,6-8). O mesmo se pode dizer do segundo valor fundamental, a humildade: o caminho do Filho de Deus no mundo é expressão da maior renúncia ao *status* imaginável. O Preexistente era igual a Deus. No entanto, ele renunciou a essa condição, tornou-se gente e assumiu a figura de servo. E aqui também a renúncia ao *status* atinge os extremos, ou seja, até o martírio voluntário: ele humilhou a si mesmo até a morte na cruz. Ele foi sentenciado como malfeitores, escravos e rebeldes são condenados (Fl 2,6-8). Para nosso problema, é indiferente se o mito cristão primitivo produziu o etos correspondente, ou se o etos cristão primitivo produziu o mito que lhe é próprio. Em todo caso vale: os dois se fortalecem mutuamente. A linguagem de sinais narrativa do mito encontra sua correspondência na linguagem de sinais pragmática do etos.

Vimos, então: o mito cristão primitivo é, na realidade, uma unidade composta de mito e de história que resulta numa singular narrativa de base religiosa. Em seu aperfeiçoamento, ligam-se umas às outras tendências contraditórias de historicização do mito e de mitologização da história. Respectivamente, encontramos também no etos cristão primitivo uma tensão imanente: a tensão entre uma radicalização da exigência e uma radicalização da graça.

As exigências do amor e da humildade são radicalizadas de uma forma que excede as possibilidades humanas. É especialmente o caso no qual, ao lado da exigência do amor ao inimigo, ao estrangeiro e ao pecador, aparece a ruptura com os membros mais íntimos da família. Essa crítica à família conduz à ascese. Esse é o caso, mais adiante, em que a renúncia ao *status* exigida eleva-se até o martírio. O mártir incriminado possui a posição mais ínfima na sociedade. Ascese e martírio são excessivos para a maioria. Contudo, tais exigências radicais confrontam-se, nos textos cristãos primitivos, com declarações acerca de uma mais radical graça de Deus e da exigência de uma tão radical disponibilidade para o perdão entre as pessoas. Finalmente, mostre-se que essa tensão é necessária social e psiquicamente, mas a unidade interior por trás dessa tensão só é possível mediante a narração fundamental do cristianismo primitivo: ela está disposta no sistema de sinais da fé cristã primitiva.

1. Sob o aspecto sociológico, todo grupo com normas estritas é obrigado a ativar contratendências de aceitação social, a fim de que as normas estritas não dividam o grupo — nem que seja apenas em uma hierarquia de "membros" próprios e deficitários. Por conseguinte, não é por acaso que no centro do Sermão da Montanha, como a mais radical das exigências, acha-se o Pai-Nosso, com o pedido de perdão, e que apenas o pedido de perdão seja retomado explicitamente no contexto imediato: só se pode viver com exigências irrealizáveis, quando se tem certeza do perdão, não obstante as normas não cumpridas — e, de sua parte, aceita aqueles que não correspondem às normas radicalizadas. De acordo com o Sermão da Montanha, o perdão dado por Deus obriga ao perdão mútuo (Mt 6,14).

2. Sob o aspecto psicológico, dá-se, em todo caso, uma quase necessária mudança de radical exigência para radical aceitação. Quando todas as exigências são de tal forma aguçadas que ninguém as pode mais observar, então todos estão entregues à graça — e ninguém tem o direito de criticar seus semelhantes de forma moralista: fundamentalmente, tal pessoa não é melhor do que eles. Quando, ademais, sob a premissa de que o comportamento ético das pessoas tem consequências nos acontecimentos naturais, espera-se que os pecados das pessoas levem a uma catástrofe cósmica, mas esta não acontece — então, cada momento do mundo que continua a existir pode ser vivido como sinal da graça de Deus. Em vez de permitir que o merecido castigo se abata sobre o mundo e sobre os pecadores, Deus concede imerecidamente a todos uma oportunidade, à medida que ele permite, como sempre, que o sol se levante sobre bons e maus!

3. Contudo, sociológica e psicologicamente, a transformação de aguçamento de normas em aceitação só tem efeito quando ela se fundamenta objetivamente no sistema de sinais religioso. Os dois valores fundamentais cristãos primitivos — amor e renúncia ao *status* — não são elevados apenas como exigências para o comportamento das pessoas. Na narração fundamental cristã primitiva eles são mostrados também como comportamento de

Deus: o próprio Deus realiza o amor (sem a cooperação humana), à medida que ele ama seus inimigos, os pecadores. O próprio Deus concretiza a humildade, à medida que ele, mediante a renúncia ao *status*, aproxima-se dos seres humanos em sua finitude. Quem interiorizou o amor e a humildade e também vive o encontro com Deus à luz desses dois valores fundamentais, para este, seu próprio fracasso se desfaz nesses valores fundamentais mediante a confiança em sua realização por meio do agir de Deus. Nesse caso, o nexo ímpar entre mito e história desempenha um papel importante: pois, somente quando o Deus preexistente (do qual só se pode falar de forma mítica) penetra na história real (da qual se deve falar historicamente), ele se aproxima efetivamente do ser humano pecador e finito. Entre a descensão de Deus no mito cristão primitivo e a aceitação do ser humano no etos cristão primitivo existe uma analogia — bem como entre a transcendência da história mediante o mito e a transcendência das possibilidades comportamentais humanas por intermédio de exigências radicalizadas. Visto que o presente histórico é uma passagem para "uma realidade totalmente diferente", apresentável apenas mitologicamente, nele se podem formular as exigências radicais do cristianismo primitivo: o etos cristão primitivo é, por conseguinte, uma "ética interina"[15], ética de uma situação escatológica excepcional, ou seja, toda a história tornou-se um "ínterim", e não apenas uma fase final nele. Assim, dá-se uma ligação orgânica entre mito e etos: a radicalização da graça está fundamentada na historicização do mito, a aceitação do ser humano na descensão da realidade divina na história. O mito da encarnação da divindade na história fundamenta a incondicional assunção do ser humano em sua finitude. O transcender da história no mito, por sua vez, fundamenta o transcender das possibilidades humanas no etos radical. A irrupção do novo mundo envolve com uma aura mística o comportamento do novo ser humano. O mito escatológico cerca com o brilho da manhã da eternidade a vida daquele que renasceu. Na segunda parte, acerca do etos cristão primitivo, também nos ocuparemos dessa unidade entre mito e etos.

---

[15] Albert Schweizer, *Geschichte der Leben-Jesu-Forschung*, 411.423.628, descreveu a ética de Jesus como ética provisória — como ética de uma situação emergencial no breve tempo até o fim do mundo.

Capítulo 5
A RELAÇÃO DO CRISTIANISMO PRIMITIVO COM O PODER E OS BENS: EXIGÊNCIAS ÉTICAS À LUZ DOS DOIS VALORES FUNDAMENTAIS I

Como se reconhecem os valores fundamentais de um etos? Às vezes, eles são enfatizados como básicos pelos próprios representantes de um etos. É o caso do amor ao próximo no cristianismo primitivo. Ele é apresentado de forma explícita, com o mandamento de amar a Deus, no vértice de todos os mandamentos (Mt 22,34-36 e par.). Contudo, para a humildade e para a renúncia ao *status*, não podemos apresentar como valor fundamental nenhum sinal comparável. Consequentemente, devemos assumir aqui outros critérios: os valores fundamentais ligar-se-ão às convicções centrais de um grupo. A renúncia ao *status* estrutura a cristologia. A humilhação e a elevação servem-lhe de moldura (Fl 2,6-8). E até a noção de amor encontra nela sua expressão: o envio do Filho ao mundo e sua doação tornam-se expressão do amor (Jo 3,16-17). Em terceiro lugar, pode-se apelar para um critério formal: os valores fundamentais sempre se repetem nos textos de uma comunidade. Amor e renúncia ao *status* são temas importantes em quase todos os textos cristãos primitivos — de modo especial na literatura sinótica, paulina e joanina. Decisivo, porém, é, de fato, um último critério: os valores fundamentais se mostram como valores *de base* mediante o fato de eles marcarem outros valores e normas. Eles agem como metavalores e metanormas para outras declarações éticas. Isso é o que demonstraremos neste capítulo.

O etos cristão primitivo consiste, em primeiro lugar, em que valores e normas que até então estavam ligadas a um "etnos" especial — o povo escolhido por Deus — são universalizados: eles se tornam acessíveis também aos demais (mediante o que essa universalização correspondia às expectativas e esperança judaicas). Assim, universalizam-se eleição e promessa, lei e sabedoria, descendência de Abraão e herança. Quando o Jesus glorioso, no final do evangelho de Mateus, diz: "Ide, portanto, e fazei que todas as nações se tornem discípulos... e ensinando-as a observar tudo quanto vos ordenei" (Mt 28,19-20), isso significa a tarefa de tornar acessível a todas as nações o etos judaico tal qual foi interpretado por Jesus. Esse processo de universalização de valores e normas judaicos está ligado a uma "contracorrente", a uma aculturação parcial dos valores e normas pagãs (cf. Fl 4,8). Chega-se, assim, a um intercâmbio entre o judaísmo e o mundo pagão.

O segundo processo é menos observável. Com frequência, o etos cristão primitivo consiste em que os valores e normas da classe superior tornam-se acessíveis a todos. Poder-se-ia falar de uma "democratização" de um antigo etos de dominação aristocrático! Esse processo que se realiza de cima para baixo choca-se também com uma contracorrente: deparamo-nos igualmente com uma "aristocratização" de uma mentalidade popular. Um etos, ancorado nas classes inferiores, é formulado de tal maneira que é representado por uma autoconsciência aristocrática. Precisamente os dois valores fundamentais do cristianismo primitivo são exemplos disso: o amor ao próximo têm seu lugar no etos da camaradagem, não no etos da dominação. A humildade também provém da mentalidade de pessoas modestas. Contudo, no cristianismo primitivo, ambos os valores são formulados de maneira nova, de modo que se tornam distintivos de pessoas que obtiveram, agraciadas por Deus, um alto *status*: elas alcançam o soberano amor ao inimigo e a renúncia ao *status* de superiores — ambos apoiando-se em ideais de soberanos.

A seguir, esse intercâmbio entre valores de classes superiores e classes inferiores no cristianismo primitivo deverá ser mostrado em quatro esferas: nas atitudes em relação ao poder e aos bens, como perante os dois valores materiais fundamentais, e no trato com a sabedoria e a santidade, como os dois valores espirituais fundamentais na sociedade de então. Tais modificações do etos não se dão no vazio. Nelas se mostra uma dinâmica social. Já a escolha e partilha dos bens e valores mencionados explicam-se melhor mediante reflexões sociológicas e sócio-históricas.

A história pode ser contemplada como uma luta pela distribuição das oportunidades de vida, na qual sempre estarão envolvidos os seguintes bens: a distribuição do domínio e da propriedade, de um lado, a distribuição da cultura e do poder normativo, de outro.

Sob um aspecto, essa luta pela distribuição é conduzida por um poder "coercitivo" e "econômico"; sob outro aspecto, é realizada com um poder "persuasivo" e "normativo".[1] Nessa visão, o conflito aparece como a situação normal; o que carece de explicação é: por que, apesar dessa estrutura de conflito, se chega sempre à cooperação e ao consenso. Na maioria das vezes, no quadro de uma tal "teoria do conflito" da sociedade[2], só é possível explicá-lo admitindo-se que os grupos e classes mais fortes forçavam os mais fracos à cooperação e ao consenso. Para esse fim, eles usam como arma ideológica também o poder normativo da religião e o poder persuasivo dos intelectuais. Contudo, também do outro lado, encontramo-los como arma: continuamente grupos e classes oprimidas se rebelam contra os dominadores e o "sistema dominante" por eles manipulado — e para isso, também, eles empregam as armas legitimadoras da religião e do saber. A luta pela partilha é sempre acolitada por uma luta por legitimação.

É possível, porém, explicar de forma diferente a história e a sociedade, sem negar tais conflitos — isto é, à luz de uma teoria da integração. Aqui, a cooperação e o consenso aparecem como a norma. Resta esclarecer como é possível que, não obstante a primazia da cooperação e do consenso, surjam conflitos que façam desmoronar todas as possibilidades de cooperação e de consenso. A história, portanto, é aqui interpretada menos como um notório combate pela partilha do que como a construção de uma organização do convívio humano, que precisa reiteradamente ser defendida contra o caos das crises e das catástrofes sociais. Por conseguinte, aqui não se confrontam apenas grupos e classes, mas a ordem social como a totalidade de algumas pessoas que interiorizam essa ordem ou dela se afastam. Sob esse aspecto, o valor do poder normativo e do consenso de base alicerçado nele é tão elementar que somente extremos interesses políticos ou econômicos particulares podem rebentar essa ordem. Aqui, não se trata de ligar os dois princípios de uma teoria da sociedade numa teoria geral. Isso não

---

[1] Cf. Amitai Etzioni, *The Active Society: A Theory of Societal and Political Processes*, London: Macmillan 1968. Etzioni não faz distinção entre poder persuasivo e poder normativo. No entanto, em minha opinião, há uma diferença entre buscar convencer mediante bons ou maus argumentos, ou seja, com a retórica, e empregar o poder normativo, inclusive a ameaça da perda de estima e consideração. Ambos se entrecruzam, mas os diferenciamos claramente: com alguém que espanca a própria mãe, não cabe argumentar. Demonstramos-lhe nosso desprezo.

[2] Como exemplo para uma teoria do conflito da sociedade, mencione-se Lewis A. Coser, *Theorie sozialer Konflikte*, Neuwied/Berlin: Luchterhand 1972 = *The Function of Social Conflict*, New York: Free Press; como exemplo para uma teoria da integração, Talcott Parons, *Beiträge zur soziologischen Theorie*, Neuwied: Luchterhand 1964.

é nem necessário nem útil. Pois, ao que parece, a própria realidade social apresenta aquela contradição que se mostra nas duas teorias opostas. Isso é mais bem perceptível naquelas sociedades nas quais o conflito e a integração se institucionalizaram de diversas maneiras: como oposição entre sistema político e sistema religioso, entre rei e sacerdote, entre Estado e Igreja. O sistema político ocupa-se com limitar e resolver os conflitos mediante o poder, enquanto o sistema religioso preocupa-se com manter a ordem fundamental e a fé.[3]

Podemos observar no antigo judaísmo essa tendência de diferenciação entre poder e religião. O sistema político era dominado pelos romanos e por seus príncipes vassalos. O sistema distribuía o poder e os bens. O sistema religioso, porém, tinha seu centro no Templo e em seu sacerdócio. Ele repartia a bênção e a maldição, a pureza e a impureza, o pecado e a graça. Obviamente, ambos se chocavam. Contudo, no judaísmo, os "escribas", representantes da sabedoria, estavam continuamente agregados ao sistema religioso. A tensão entre os dois sistemas não se mostra apenas em instituições diferentes. Ela se acha também nos sonhos escatológicos: de um lado, havia a expectativa de um messias régio, que também assumiria as funções de santificação (SlSal 17)*. No entanto, nos textos de Qumrã, apresenta-se-nos a expectativa de uma diarquia de um messias régio e sacerdotal, na qual o último tem a primazia. No que diz respeito ao cristianismo primitivo, é característico que o Jesus sinótico entra em conflito com ambos os sistemas: sua entrada como rei messiânico que, como antítipo dos dominadores reais existentes, entra humildemente em sua cidade, indica um conflito com o sistema político. Ele é executado pelos representantes do sistema político como "rei dos judeus". Mas sua purificação do Templo é um ato simbólico paralelo que revela um conflito com o sistema religioso: o Templo precisa ser libertado de atividades profanas. Com isso, a atribuição de puro e impuro é questionada. Não por acaso que ele é acu-

---

[3] A propósito do que se segue, cf. Gerd Theissen, The Ambivalence of Power in Early Christianity, in Cynthia L. Rigby (ed.), *Power, Powerlessness, and the Divine. New Inquiries in Bible and Theology*, Atlanta: Scholars Press 1977, 21-36. Enfatize-se mais uma vez: a separação entre Estado e Igreja, entre sistema político e sistema religioso é um desenvolvimento característico apenas da história europeia. O início desse desdobramento acha-se no judaísmo e no cristianismo primitivo.

* N.T.: SlSal: *Salmos de Salomão* aparecem tardiamente em algumas listas cristãs do cânon veterotestamentário. Constituem uma obra de caráter didático e polêmico, escrita em Jerusalém nos meados do século I a.C. A língua original é a hebraica, embora só tenha sobrevivido na tradução grega. Recolhe 18 salmos (Julio Trebolle Barrera, *A Bíblia judaica e a Bíblia cristã*. Introdução à história da Bíblia. Petrópolis: Vozes, 1996, p. 229).

sado, perante as autoridades do Templo, por causa de sua profecia contra o Templo!

Por conseguinte, discutimos, seguidamente, a postura do cristianismo primitivo diante do poder e dos bens — como que perante os bens materiais mais importantes, pelos quais a luta pela partilha se empenha e, logo após, sua atitude para com a sabedoria e a santidade (sacerdotal) — como os bens imateriais essenciais, com os quais a ordem social é mantida e legitimada. Em cada uma dessas esferas deverá ser mostrado que acontecem transferências de valores e de normas para cima e para baixo. Chega-se a uma singular ligação entre valores superiores e inferiores. Ao mesmo tempo, porém, também, a uma abertura para os "pagãos", ou seja, a uma transcendência das fronteiras do puro e do impuro, do sacro e do profano — e, com isso, a um intercâmbio que ultrapassa os confins das culturas. O cristianismo primitivo dá continuidade aos dois desenvolvimentos que se enraízam profundamente no judaísmo: nele, os acontecimentos históricos tinham levado a que camadas superiores e inferiores devessem ligar-se e aliar-se — e, desde o avanço do helenismo no Ocidente, permaneceu numa permuta vigorosa com a cultura pagã. Em seu etos característico, o cristianismo primitivo é inteiramente produto da história judaica.

Mudança de valor no trato com o poder e o senhorio

Desde sempre o senhorio político tem-se adornado com um brilho religioso.[4] Os regentes do Oriente antigo compreendiam a si mesmos como "filhos de Deus", e as cidades gregas veneravam de forma cultual os "benefícios" extraordinários de governadores. De modo especial, o surgimento de impérios que se apoderavam dos povos dava novo impulso ao culto ao imperador: o imperialismo de Alexandre, o Grande, foi legitimado (ao menos após sua morte) pelo culto ao imperador, da mesma maneira o im-

---

[4] Cf. Christoph Elsas, Herrscherkult, *HRWG* III, 1993, 115-122. Não se deve imaginar o culto ao soberano como uma ultrapassagem ingênua da fronteira entre o ser humano e a divindade. 1. Na Grécia, os começos do culto ao imperador não se relacionam à pessoa, mas aos seus benefícios para uma cidade, dos quais dependia sua existência. 2. A veneração de diversos soberanos dizia respeito muitas vezes somente a regentes mortos, que tinham entrado no mundo dos deuses: assim, no antigo reino, no Egito, na China, e na própria Roma (cf. Elsas, p. 116-119). 3. A veneração ligava-se ao imperador somente em conexão com representante do poder distinto dele: sua "imagem viva sobre a Terra" no novo reino, no Egito, ou à sua imagem, ligada à deusa Roma. Cf., além disso, Antonie Wlosok (ed.), Römische Kaiserkult, WdF 372, Darmstadt: Wissenschaftl. Buchgesellschaft 1978.

perialismo dos soberanos romanos, os quais, nas províncias, já durante suas vidas, depois da morte, porém, também em Roma, faziam-se venerar como seres divinos. Também em Israel houve reis que se legitimaram como "filhos de Deus". Contudo, com a ruína da monarquia, impôs-se um limite a essa glorificação religiosa do poder. Ela foi transformada em esperança de um rei futuro, instituído por Deus: o messias. Essa esperança foi precisamente reanimada diante do avanço de impérios estrangeiros. Assim, no SlSal 17, como reação aos romanos. O messias davídico ali esperado possui três traços:

a) é um dirigente carismático à frente das doze tribos e realiza entre elas a pura teocracia: a *basileia* de Deus;

b) ele instaura a *paz* na terra e renuncia ao poder militar;

c) ele expulsou da terra, antecipadamente (com a força de sua boca!), os *inimigos*.

Na tradição de Jesus e nas tradições cristãs primitivas posteriores, expectativas semelhantes em relação a um rei são retomadas e transformadas. O que é típico é que os três elementos mencionados — poder teocrático, restabelecimento da paz, superação dos inimigos — agora não estão ligados apenas a um regente, mas aos seguidores de Jesus, portanto, a pessoas simples do povo.

a) No centro do anúncio de Jesus, encontra-se o senhorio de Deus: a *basileia* de Deus. Na maioria das vezes, imagina-se esse reinado de tal maneira que as pessoas nele seriam súditos, então sob um regente humano como sob dominadores humanos corruptos. No entanto, muitos indícios levam a crer que Jesus pretendia atribuir a seus seguidores também um função de nobreza no reinado: uma participação no poder, ou uma *"cobasileia"*. Ele lhes promete: "Bem-aventurados os pobres, pois deles é a *basileia* de Deus!" (Mt 5,3). O paralelismo dessa bem-aventurança com a promessa aos tristes e aos famintos é decisivo para a compreensão: quando os tristes forem consolados e os famintos saciados — então a primeira bem-aventurança visará precisamente à superação daquela deficiência indicada com o termo "pobreza". Não se promete, porém, nenhuma riqueza, mas sim a *basileia* de Deus. Por quê? Linguisticamente, a pobreza está sempre associada à opressão por parte dos mais poderosos. Segundo a tradição linguística bíblica, ela é mais do que simplesmente pobreza econômica. É impotência política. Por conseguinte, o "ter-poder" é a contrapartida positiva. Consequentemente, assim devemos compreender a bem-aventurança: aos pobres oprimidos agora pelos poderosos deve pertencer o poder! Por essa razão, os discípulos não são "súditos", mas "filhos de rei", livres de tributação excepcional (Mt 17,24-26). Por isso, Jesus pode ligá-los associativamente com reis: não obstante a situação deles, são mais valiosos do que o rei Salomão (Mt 6,29; 12,42). Por essa razão, aos Doze é prometido, de modo especial, que eles julgarão as tribos de Israel (Mt 19,28 e par.). Consoante o SlSal 17,26, esta é a tarefa do messias régio. Ela aqui é confiada a um coletivo messiânico. A expectativa tradicional de um messias foi transformada num messianismo de grupos.[5] Essa ideia da cobasileia dos cristãos teve efeito continuado: Paulo conhece a promessa de que os cristãos "reinarão" com Cristo na vida (Rm 5,17). Julgarão anjos (1Cor 6,3), aliás, eles já alcançaram o senhorio (1Cor 4,8). Como cidadãos na πολίτευμα ["cidade"] celestial, eles gozam de um alto posto (Fl 3,21). Eles são livres (Gl 4,26). Como membros do corpo do messias, todos têm um carisma. Um discípulo de Paulo enxerga neles, já no presente, corregentes de Cristo. A carta aos Efésios liga imagens republicanas com essa metáfora de entronização monárquica: eles se tornaram concidadãos de Cristo, eles que eram, outrora, estrangeiros e adventícios — portanto, cidadãos com poucos direitos (cf. Ef 2,6.19). A *cobasileia* é presente e futuro — futuro, como por exemplo, na passagem: "Se permanecermos firmes, então reinaremos (com ele)" (2Tm 2,12) e, acima de tudo, no Apocalipse, onde se promete ao vencedor o trono do messias (Ap 2,26-28; 3,21; 20,6).

b) Tarefa do regente é o restabelecimento da *paz*. Bons soberanos são louvados como promotores da paz — sejam eles dirigentes históricos, como o príncipe hasmoneu Simão (1Mc 14,4-6) e o jovem Herodes (F. Josefo, *Ant.* 14,160; cf. 15,348), ou o esperado davídico messiânico no SlSal 17. Jesus atribui a seus discípulos

---

[5] Expus essas ideias em Gruppenmessianismus. Überlegungen zum Ursprung der Kirche im Jüngerkreis Jesu, *JBTh* 7 (1992), 101-123. A observação de que o cossenhorio dos discípulos dava continuidade às ideias tradicionais da participação dos justos no juízo não constitui nenhuma objeção: o decisivo é que se trata de uma participação no senhorio do messias, como se expressa claramente em Ap 2,26-27; 3,21 e 20,6.

também essa função senhorial: "Felizes os que promovem a paz, pois serão chamados filhos de Deus" (Mt 5,9). A ligação do "título-filho-de-Deus" com uma função senhoril clássica desperta também, nessa bem-aventurança, associações com o poder régio. Os cristãos assumem o papel daqueles soberanos que, com a reivindicação de serem "filhos de Deus" (ou um pouco mais atenuado: *divi filii*), restauram a paz.[6] Na carta aos Efésios, essa promoção da paz é confiada a judeus e a cristãos. A paz é "desnacionalizada". Ela inclui os inimigos. Nisso o Cristo, como promotor da paz e reconciliador, torna-se o inconfundível antítipo do imperador. Contudo, nesse "processo de paz", os cristãos detêm um papel importante não apenas como corregentes, mas como companheiros de luta: eles lutam na *militia Christi* contra os poderes numinosos maus que até então mantinham judeus e cristãos divididos — e tudo isso "pelo evangelho da paz" (Ef 6,15).

c) Naturalmente, a superação dos *inimigos* também faz parte do ideal de soberano. As expectativas em torno do messias mostram aqui certa ambivalência. De um lado, ele deve impor-se contra os inimigos e expulsá-los (SlSal 17,21-23); por outro lado, deve atraí-los de todos os cantos da terra, de modo que possam afluir na grande peregrinação dos povos para Sião (SlSal 17,31). Esse traço humano do rei messiânico continua a desenvolver-se no cristianismo primitivo: os pagãos esperam pelo messias (cf. Mt 12,21 = Is 42,4; Rm 15,12 = Is 11,10). Uma variante humana do antigo ideal de soberano inclui até mesmo o amor ao inimigo:

> Alguém elogiou o axioma citado por Kleomenes que, indagado sobre o que um bom rei deveria fazer, dissera: "fazer o bem aos amigos, e o mal aos inimigos!". Então ele respondeu: muito melhor do que amigo fazer o bem aos amigos, é fazer dos inimigos amigos (Plut Mor 218 A).

Se, no cristianismo primitivo, o amor ao próximo é radicalizado no amor ao inimigo, então o ponto de partida é o ideal da camada inferior do amor ao próximo: de modo característico, os dois membros judeus da classe superior, Josefo e Fílon, não falam

---

[6] Cf. Hans Windisch, Friedensbringer — Gottessöhne. Eine religionsgeschichtliche Interpretation der 7. Seligpreisung, *ZNW* 24 (1925), 240-260; Gerd Theissen, Pax Romana et Pax Christi. Le christianisme primitif et l'idée de la paix, *RThP* 124 (1992), 61-84.

jamais de "amor ao próximo". Eles preferem a noção aristocrática de filantropia! Esta era, na Antiguidade, um ideal do senhorio. O cristianismo primitivo, ao contrário, reassume o etos da camaradagem do povo judeu e o liga a um etos aristocrático do senhorio. O amor ao próximo, tornando-se, na verdade, amor ao inimigo, corresponde, então, ao axioma fundamental do soberano humano, que é agir com magnanimidade com os próprios inimigos.[7] O amor ao inimigo do Sermão da Montanha diz: a *clementia Caesaris* e a "brandura" do rei devem ser praticadas por todos os cristãos — não a partir da posição do superior externo, mas do perseguido e difamado. Contudo, precisamente assim eles serão "filhos de Deus" — portanto, detêm uma posição régia de grandeza. Aqui se democratiza um ideal senhoril também conhecido no judaísmo: a carta de Aristeia defende-o (cf. Arist. 188.207.254) e na de Agripa I se diz que ele teria considerado a "mansidão" mais condizente com o rei do que a cólera (F. Josefo, *Ant* 19,334). Com isso, o amor cristão primitivo ao inimigo é um bom exemplo para a permuta entre valores das classes superiores e das inferiores.

Essa transferência para baixo de valores da classe superior mediante a delegação de poder a pessoas simples está ligada a uma "transferência para cima" de valores da classe inferior, a uma aristocratização da conciliação e do amor de vizinhança. Ambos são inseparáveis. No entanto, aqui não se forma nenhum etos harmônico de um nivelamento entre classes superiores e inferiores. Encontramos uma crítica evidente aos poderosos, cujo rigor demonstra uma perspectiva de baixo, ainda que os argumentos voltados contra os poderosos muitas vezes proviessem das classes superiores: o poder deve mudar sua natureza e basear-se na renúncia ao *status*. Quem quiser ser o primeiro, deve estar disposto a tornar-se o servo e o escravo de todos — e isso num contraste consciente em relação à soberania política (Mc 10,42-44). Esperava-se que os poderosos fossem derrubados de seus tronos (Lc 1,52). E também ali, onde eles não são atacados abertamente, eles são criticados, de maneira velada, em imagens míticas — de forma bem clara em Ap

---

[7] Assim, com razão, Luise Schottroff, Gewaltverzicht und Feindesliebe in der urchristlichen Jesustradition, Mt 5,38-48/Lk 6,27-36, in: Georg Strecker (ed.), *Jesus in Historie und Theologie*, FS H. Conzelmann, Tübingen: Mohr 1975, 197-221. A propósito do antigo ideal senhoril da *clementia*, cf. Traute Adam, *Clementia Principis*, KiHist 11, Stuttgart: Klett 1970.

12 e 13, onde, sob o domínio satânico das feras, esconde-se inequivocamente o Império Romano. Essa agressividade subjacente contra os poderosos deve, por isso, ser contida por um igualmente enérgico zelo para com a lealdade civil (Rm 13,1-7). Por conseguinte, encontramos como contrapeso, sobretudo na literatura epistolar, um etos bem mais moderado. Mas, a atitude crítica mais radical existe e mostra que, no cristianismo primitivo, os valores das classes superiores não foram imitados com admiração, mas açambarcados de forma revolucionária: eles foram arrancados de uma classe de senhores rejeitada, a fim de, sob outra forma, serem praticados por pessoas simples. Ao mesmo tempo, deve-se enfatizar: o etos cristão primitivo não se constrói apenas no processo de permuta entre classes superiores e inferiores, mas também mediante a transposição de fronteiras étnicas. A mudança nas concepções de poder, paz e inimigo não beneficia apenas os próprios grupos nacionais. Ao contrário, no etos cristão primitivo, dá-se uma desnacionalização. A *basileia* de Deus dilata-se para os pagãos que acorrem dos quatro cantos do mundo (talvez com os judeus da diáspora) (Mt 12,28). O mesmo vale para a "paz". Conforme a Carta aos Efésios, a paz é a reconciliação entre judeus e pagãos. Cristo, o grande promotor da paz, consegue aquilo que os imperadores romanos não podiam realizar: estes fracassaram na integração do povo judeu. Por certo chegou-se a um tipo de integração cultual forçada, após a primeira guerra judaica, quando, com o imposto do Templo, financiou-se a construção do templo de Júpiter Capitolino em Roma — mas a reconciliação interior ficou fora. Em contrapartida, o Cristo de Efésios destruiu a inimizade existente entre judeus e pagãos e reuniu a ambos num culto a Deus: Cristo reconcilia aqui os que estavam perto e os que estavam longe (Ef 2,17; cf. Is 57,19). Fórmula semelhante encontra-se nos Atos dos Apóstolos: na aceitação do centurião romano Cornélio, percebe-se a realização da proclamação da paz aos que estavam perto e aos que estavam longe em Is 57,19 (At 10,36). Por fim, no amor ao inimigo, torna-se evidente a superação das fronteiras nacionais: o inimigo é descrito de tal maneira como perseguidor e difamador que os inimigos nacionais e os politicamente poderosos são também aí incluídos.

A seguir, passemos a um breve apanhado sobre o lado psicológico desse novo modo de lidar com o poder e o senhorio. O controle da ira fazia parte do antigo etos do senhorio. Quem não é capaz de dominar a si mesmo, não pode governar os outros. Esse autocontrole é necessário, porém, acima de tudo ali onde os soberanos podem dar livre curso a seus sentimentos, sem serem imediatamente prejudicados — mas, a longo prazo, desestabilizam seu governo. Portanto, o tema mais importante da ética da classe superior na Antiguidade não é o controle da sexualidade, mas sim, o domínio da ira — a autolimitação do domínio sobre os outros. Essa exigência do controle da ira é radicalizada no cristianismo primitivo. A primeira antítese do Sermão da Montanha enxerga, com razão, o nexo entre o matar e a ira. O poder de matar, porém, é, acima de tudo, uma possibilidade reservada aos poderosos. Aquele que mata torna-se senhor da vida do outro. A chave para o controle ético dessa possibilidade medonha reside no interior do ser humano: no domínio da ira. Na primeira antítese, o etos aristocrático do senhorio do controle da ira torna-se etos da fraternidade:

> Ouvistes que foi dito aos antigos: "Não matarás"; aquele que matar terá a responder no tribunal. Eu, porém, vos digo: todo aquele que se encolerizar contra seu *irmão*, terá de responder no tribunal; aquele que chamar ao seu *irmão:* "Cretino"! estará sujeito ao julgamento do Sinédrio; aquele que lhe chamar "renegado" terá de responder na geena de fogo (Mt 5,21-22).

O autocontrole da ira não está aqui a serviço do domínio sobre os outros, mas a serviço da reconciliação com eles. Ele deve possibilitar a convivência numa comunidade fraterna!

A renúncia à vontade de domínio sobre os outros vai até mesmo mais longe. No Sermão da Montanha, não encontramos apenas a exigência de superar a agressividade contra o outro, mas, também, suportar francamente a agressividade do outro. Na quinta antítese, formula-se essa exortação paradoxal: não se deve resistir à pessoa má, antes: "Se alguém te fere na face direita, oferece-lhe também a esquerda" (Mt 5,39). Essa é uma clássica exigência de autoestigmatização, ou seja, um assumir livre e conscientemente de uma posição inferior, atraindo para si e suportando a agressão do outro. Essa atitude não deve fortalecer o outro em seu comportamento, mas torná-lo inseguro. Em favor dessa interpretação, que vê na paradoxal renúncia à resistência um apelo à mudança na atitude do outro, falam os muitos exemplos de comportamento autoestigmatizantes no cristianismo primitivo precisamente com esse intento — sem contar o papel central da autoestigmatização na cristologia: o Filho de Deus assume voluntariamente o papel socialmente desprezível do crucificado, a fim de ganhar para Deus os "inimigos" de Deus! Ele quer mudá-los à medida que se entrega inerme à maldade e à violência humanas.

Mudança de valores no trato com os bens e a riqueza

Igualmente no lidar com os bens e a riqueza, no cristianismo primitivo, valores aristocráticos foram assumidos por gente simples e nisso, fundidos aos próprios valores. Como modelo para o etos cristão primitivo, deve-se considerar aquela "mentalidade beneficente" difusa nas classes dominantes e entre os soberanos. Encontramo-la no antigo Oriente, onde reis e oficiais propagavam uma atitude diligente em relação aos pobres e fracos. Muitos funcionários egípcios gabavam-se, em suas lápides, de terem em vida, por exemplo, vestido os nus e nutrido os famintos. Deparamo-nos com atitude semelhante no antigo "evergetismo"*, a dedicação de donativos privados em favor da população.[8] Em todo caso, trata-se sempre de formas de domínio: reis, aristocratas e funcionários asseguram-se a lealdade de seus governados. A antiga cultura citadina da pólis vivia até mesmo continuamente do fato de benfeitores assumirem espontaneamente (amiúde visando à consecução de uma função) as despesas de obras públicas: para a construção e conservação de balneários, teatros, mercados, aquedutos, para financiamento de jogos e de espetáculos teatrais etc. Tais "benefícios" aproveitavam a todos os cidadãos (livres) como cidadãos de sua cidade. A ninguém ocorria apoiar de maneira especial os pobres. Nisso o Oriente se diferencia do Ocidente.

É consenso geral que, com o cristianismo primitivo, introduziu-se uma mudança de valores no interior do mundo pagão (quando não também dentro do judaísmo): no lugar do antigo "evergetismo", entrou a misericórdia cristã, que se voltava preferencialmente para os pobres e fracos. Poder-se-ia interpretar essa mudança de valores assim: com o cristianismo primitivo, espalhou-se no Ocidente um etos comum oriental da misericór-

---

* N.T.: "Evergetismo" provém da palavra grega *eujerge*,thj ["benfeitor"], e diz respeito a um fenômeno que é de importância vital para a compreensão da sociedade grega — a beneficência da elite grega e o reconhecimento social de seus benefícios.

[8] Cf. Hans Kloft, *Liberalitas Principis,* Köhl, Wien: Böhlau 1970; Paul Veyne, *Brot und Spiele, Gesellschaftliche Macht und politische Herrschaft in der Antike,* Darmstadt: Wissenschaftliche Buchgesellschaft 1990; = *Le pain et le cirque. Sociologie historique d'un pluralisme politique*, Paris: Editions du Seuil 1976.

dia, que já dizia respeito aos pobres e aos fracos (assim H. Bolkestein).[9] Com isso, porém, perder-se-ia de vista que o etos oriental da misericórdia dos reis e dos funcionários já havia claramente mudado em Israel. Ele foi ligado ao "amor ao próximo", portanto, um comportamento pró-social no confronto com o vizinho que detinha os mesmos direitos. Um etos dos reis transformou-se em solicitude para todo o povo: todos deviam amparar viúvas, órfãos e estrangeiros — não porque eles lhes eram fundamentalmente superiores, mas porque Israel mesmo no Egito fora contado entre os fracos e estrangeiros. Por conseguinte, é bem mais adequado admitir, com P. Veyne, que com o etos cristão primitivo da misericórdia, uma moral popular do apoio mútuo foi elevada a círculos aristocráticos.[10] Essa moral popular se mistura nisso com partes afundadas de uma mentalidade aristocrática de benfeitores. Exemplifique-se essa fusão em duas passagens: primeiramente, na antiga máxima do benfeitor: "Há mais felicidade em dar do que em receber" (At 20,35) e, em segundo lugar, nos atos de misericórdia segundo Mt 25,31-33.

   a) Como provérbio, a palavra de Jesus: "Há mais felicidade em dar do que em receber" é conhecida de todos. Não se encontra nos Evangelhos. O Paulo lucano transmite-a em seu discurso de despedida em Mileto como palavra de Jesus — e como parte de seu próprio testamento (At 20,35). Menos conhecido é que, no caso, trata-se de uma antiga e comum *máxima de benfeitor*, e

---

[9] Hendrik Bolkestein, *Wohltätigkeit und Armenpflege im vorchristlichen Altertum. Ein Beitrag zum Problem "Moral und Gesellschaft"*, Groningen: Bouma's Boekhuis 1967 = reimpressão da edição Utrecht 1939).

[10] Quanto ao enraizamento do amor ao próximo na moral das pessoas humildes, cf. Paul Veyne, *Brot und Spiele*, 44. Ali ele escreve, não sem uma crítica velada, depois de ter atribuído erroneamente ao próprio Jesus o assim chamado discurso de categoria de Batista em Lc 3,10-14: "Era uma ética 'irresponsável'..., porque foi feita por uma pessoa e para pessoas que não deviam carregar nenhuma responsabilidade comum. Restava-lhes apenas convencer-se uns aos outros de que lhes era totalmente vantajoso atenuar e mitigar uma ordem ou lei cujos criadores eles não eram nem factual nem consensualmente. Essa moral popular não desenvolve princípios abstratos. Ela se expressa em sentenças e em exemplos típicos. Amar ao próximo como a si mesmo: isso não é mais a solidariedade nacionalista do antigo Israel belicoso, mas a solidariedade dos fracos. Também o oferecer a outra face, em vez de apelar para a lei do talião contra um irmão na miséria. Ninguém deve esgotar o seu direito ao extremo, pois mesmo quando alguém está em seu direito, deve-se ceder um pouco a seu adversário. Ademais, o que poderia um pobre obter se expusesse seu caso aos poderosos?" (p. 44). "A moral popular da assistência mútua e da esmola tornou-se uma seita moral" (p. 45). "A solidariedade sectária remonta ao próprio Jesus; o evangelho de João traça uma imagem realista, apaixonada, de modo algum convencional de Jesus" (p. 45). O apelo ao evangelho de João e, com isso, apresentar a ética do Jesus histórico como sectária é, na verdade, uma inversão da realidade histórica. No entanto, no fundo, P. Veyne enxergou corretamente: a moral do amor ao próximo e da assistência recíproca é uma moral de gente simples. Certamente deve-se completar: no cristianismo primitivo, essa moral popular, "de baixo", está impregnada de uma moral senhoril "de cima", na qual gente simples se esforça por comportar-se como reis e príncipes.

que ela pode ser primeiramente demonstrada como um axioma de mentalidade e comportamento régios.[11] Ela é acessível como norma de conduta da dinastia persa de Tucídides (II, 97,4), e é atribuída, em diversas variantes, ao rei persa Artaxerxes (Plut Mor 173 D) e ao soberano grego Ptolomeu (Aelia, *Var. Hist* XIII,13). Em sintonia com essa máxima, Aristóteles descreve a aristocrática virtude da "eleuteriotes", portanto, da liberalidade ou *liberalitas* (Eth nic IV,1,1120a). No cristianismo primitivo, pela primeira vez essa máxima régia e aristocrática foi notoriamente transferida para as pessoas simples. Com isso, ela deveria ser modificada quanto ao conteúdo, visto que reis e ricos aristocratas possuem bens em abundância, dos quais eles podem dar. As pessoas humildes, ao contrário, só possuem aquilo que conseguem ganhar com o próprio trabalho. Por conseguinte, Paulo só introduz a antiga máxima do benfeitor depois que ele próprio se apresentou como modelo para a comunidade (vale dizer, para seus anciãos), visto que ele trabalha com as próprias mãos a fim de sustentar a si e a seus colaboradores. A fim de não se tornar um fardo para ninguém, ele teria tanto mais trabalhado que estava em condições de até mesmo socorrer os fracos. Aqui é inconfundível: um princípio básico, originalmente aristocrático é "transferido" para pessoas que somente mediante o trabalho corporal devem prover os meios de apoiar os outros e agir como "benfeitores". Outra possibilidade ainda de pessoas desprovidas de condições tornarem-se "benfeitoras" consiste na renúncia. O grande exemplo disso é a pobre viúva, que oferece seu último quadrante — e com essa quantitativamente insignificante oferta, ela dá qualitativamente mais do que muitos ricos (Mc 12,41-44). No cristianismo primitivo, essa exigência de renúncia conduz ao rito do jejum-diaconia, ou seja, o jejum em favor de outros. O apologeta Aristides elogia nas comunidades primitivas, por exemplo: "Se existe entre vós algum pobre e necessitado, e vós não dispondes de nenhum bem necessário sobrando, então jejuai um, dois dias, a fim de que suprais o indigente de sua carência de alimento" (Apol 15,8). O antigo axioma do benfeitor — "Há

---

[11] Cf. Gerd Theissen, Geben ist seliger als nehmen (Apg 20,35). Zur Demokratisierung antiker Wohltätermentalität im Urchristentum, in: Andrea Boluminski (ed.), *Kirche, Recht und Wissenschaft*, FS Albert Stein, Neuwied: Luchterhand 1995, 195-215.

mais felicidade em dar do que em receber" — só podia, portanto, ser praticado nas comunidades de forma modificada: em conexão com um rigoroso etos do trabalho e com a disponibilidade para a renúncia e para o jejum. Os valores das camadas superiores e os das inferiores ligam-se aqui de maneira singular. Com isso, porém, a meta da beneficência muda: não se trata mais de asseguração da soberania ou de elevação do prestígio público. Trata-se da solicitude de todos, numa associação comunitária na qual todos se apoiam mutuamente.

b) Da mesma forma, as "obras de misericórdia" apresentadas em Mt 25,31-46 encontram-se na Antiguidade primeiramente como as boas ações de altos funcionários egípcios. Quando eles as mencionam em seus epitáfios, não pretendem com isso apenas forjar uma "identidade moral" que lhes angariaria fama nesse mundo e acesso ao outro. Com elas demonstravam, ao mesmo tempo, seu *status* social. A "biografia ideal" do mordomo Harva demonstra-o com desarmada franqueza, quando ele inclui também entre seus favores o conferir cargos:[12]

> Fiz aquilo que agrada às pessoas e que os deuses louvam, alguém verdadeiramente digno de honra, que não cometeu erros. Dei pão ao faminto, roupa ao nu; fui alguém que alijou o mal e manteve longe a miséria, que enterrou as pessoas honradas e cuidou dos idosos, que afastou a indigência dos sem-nada; uma proteção para os órfãos, um amparador das viúvas; que confiou uma função a alguém quando este ainda era um bebê...

---

[12] Citado conforme Eberhard Otto, *Die biographischen Inschriften der ägyptischen Spätzeit. Ihre geistesgeschichtliche und literarische Bedeutung*, Leiden: Brill 1954, 222. Quanto à discutida interpretação da perícope, cf. Gerd Theissen, Die Rede vom großen Weltgericht (Mt 25,31-46). Universales Hilfsethos gegenüber allen Menschen?, in: Arnd Götzelmann/Volker Herrmann/Jürgen Stein (eds.), *Diakonie der Versöhnung. Ethische Reflexion und soziale Arbeit in ökumenischer Verantwortung*, FS Theodor Strohm, Stuttgart: Quell 1998, 60-70: em minha opinião, a tradição judaica, mantida em Mt 25,31-46, colocava originalmente o problema da condição dos pagãos no juízo final — e concedia a todos os pagãos a oportunidade, caso eles tivessem ajudado os israelitas (os irmãos do rei messiânico, de acordo com Dtn 17,5). A tendência dessa tradição (originalmente ligada de modo particular a Israel) foi, depois, universalizada. Mateus mesmo a teria fortalecido ainda mais à medida que ele apresenta perante o tribunal não apenas os "pagãos", mas "todas as nações", e os avalia segundo aquilo que fizeram aos "pequeninos". É possível que aí, por trás, estejam as experiências de carismáticos cristãos peregrinos, mas se pretende indicar todos os necessitados: da expressão "a um desses meus irmãos mais pequeninos" (25,40), Mateus não repete o nome de irmãos, o que poderia dar a entender uma circunscrição aos missionários cristãos, mas a noção dos "pequeninos" (25,45). Neles, as pessoas inconscientemente socorreram o messias. Que alguém possa confrontar-se com uma divindade oculta em estrangeiros é um motivo literário comum na Antiguidade (basta conferir a acolhida inconsciente de anjos em Hb 13,2). Mas se pode relativizar isso como motivo literário a fim de sublinhar a surpresa dos justos em relação a seus próprios feitos. Estou consciente de que exímios exegetas de Mt 25,31-46 interpretam diferentemente.

Em Mateus, obras semelhantes não mais servem como demonstração de poder e de soberania. Ao contrário: as obras de misericórdia são resumidas com a noção de "servir" (Mt 25,44), mais precisamente, como serviço ao Senhor do mundo que, de forma anônima, é representado por todos os necessitados. Os indigentes detêm aqui o mais alto *status*, não os que os ajudam. Enquanto, em contrapartida, na Antiguidade, aqueles que socorrem achegam-se a Deus — assim, por exemplo, quando Plínio o Velho diz: *Deus est mortali iuvare mortalem* (n.h.II,5,18) ["para um mortal, é divino ajudar um mortal"] —, Deus aqui aparece no papel do necessitado, o ajudar torna-se servir, não dominar.

Poder-se-iam negligenciar os dois exemplos de uma transferência descendente de valores da classe superior e seu liame com a mentalidade das pessoas humildes se muitas outras observações não depusessem em favor de que a igualdade material no cristianismo primitivo não era apenas um problema entre ricos e pobres, mas tarefa de todos. Obviamente os ricos eram especialmente desafiados. E já existem, desde cedo, indícios de uma legitimação desse comportamento mediante um tipo de "teoria de circulação" do dar.[13] Ela se encontra primeiramente em 1Clem 38,1-12, desenvolvida posteriormente no *Pastor de Hermas*, Sim II,5-10. Segundo ele, os pobres são ricos junto a Deus, ao passo que os ricos têm um débito perante ele. Deus escuta a oração dos pobres. Quando, pois, os ricos que não têm muito a dizer a Deus, socorrem os pobres, estes rezam por eles — e Deus se encarrega de fazer com que a riqueza dos ricos não se acabe, de forma que eles possam também continuar a distribuí-la aos pobres. Tais concepções de uma "solidariedade vertical" são niveladas e corrigidas por meio de concepções de uma "solidariedade horizontal". A essas pertence a já discutida exigência de Paulo de trabalhar com as próprias mãos a fim de poder apoiar os fracos (At 20,34-35). Contudo, inclui-se também a exortação de Batista em Lc 3,11, a de duas camisas, dar uma a quem não tem nenhuma, e proceder da mesma forma em relação ao alimento. Aqui não se apela a pessoas ricas, que certamente possuem mais do que duas camisas. Conta-se aqui, ademais, a exortação no sermão da planície em Lucas, a emprestar sem esperança de receber de volta. Para concluir, Lucas altera

---

[13] Martin Hengel, *Eigentum und Reichtum in der frühen Kirche. Aspekte einer frühchristlichen Sozialgeschichte*, Stuttgart: Calwer Verlag 1973, esp. pp. 65-68: "O compromisso da igualdade efetiva".

essa admoestação quando diz: "Emprestai sem desesperar de coisa alguma" (δανίζετε μηδὲν ἀπελπίζοντες) (Lc 6,35). *"Apelpizein"* (ἀπελπίζειν) significa em toda parte "desesperar", e não "esperar de volta". O significado comum da palavra faz muito sentido aqui: quem empresta não do seu excedente, mas de seu essencial, esse pode desesperar-se com a demora do reembolso. Também, os ricos, aliás, não são interpelados diretamente nessa passagem do discurso lucano sobre a planície (eles são, antes, como ausentes atacados com agudos ais!). A exigência "Dá a quem te pedir e não reclames de quem tomar o que é teu" (Lc 6,30) não combina com ricos, que saberiam bem defender-se, quando alguém tentasse tirar-lhes alguma coisa. Aqui, instigam-se pessoas simples à doação! Por fim, recorde-se Paulo: ele louva as comunidades macedônias porque elas, não obstante sua grande pobreza, contribuíram para a coleta em prol de Jerusalém (2Cor 8,2).[14]

A elaboração de tal solidariedade horizontal impediu que as comunidades cristãs primitivas se tornassem clientes sociais de alguns patronos ricos. Mesmo assim, esses tinham nas comunidades uma posição de destaque. Os cristãos reuniam-se, provavelmente, em suas casas — pois somente os abastados possuíam grandes espaços. O apoio deles era indispensável para o sistema caritativo. Mas, precisamente por isso, havia o perigo de que fossem tratados de forma privilegiada, contra o que a Carta de Tiago adverte (Tg 2,1-3). Esse peso factual dos ricos foi contrabalançado estruturalmente mediante o elemento da solidariedade horizontal; moralmente, porém, por penetrante crítica à riqueza na tradição de Jesus, a qual teve repercussões duradouras: "É mais fácil um camelo passar pelo buraco da agulha do que um rico entrar no Reino de Deus!" (Mc 10,25). Esse julgamento agressivo da riqueza devia funcionar como um apelo aos ricos, a

---

[14] Deve-se mencionar aqui também a ideia da comunhão de bens cristã primitiva: ela foi sempre antes apenas um sonho dos primeiros cristãos — mas é possível que ele já tenha sido sonhado na comunidade hierosolimitana primitiva (isto é, propagada como um lema). Tentei demonstrar isso em Urchristlicher Liebeskommunismus. Zum *"Sitz im Leben"* des Topos ἅπαντα κοινά, in Apg 2,44 und 4,32, in: Tord Fornberg/David Hellholm (eds.), Texts in Their Textual and Situational Contexts, FS Lars Hartman, Oslo/Copenhagen: Svandinavian University Press 1995, 689-711. A crítica de Friedrich W. Horn, Die Gütergemeinschaft der Urgemeinde, *EvTh* 58 (1998), 370-383, não me convenceu totalmente: eu invoco o vocabulário dos sumários como um indício (ao lado de outros) de que Lucas aqui transmite uma tradição — e não de que essa tradição seja histórica. Com estatística vocabular certamente não se pode provar isso. O fato de a ideia reformativa de comunhão de bens (situada em Jerusalém e, em minha opinião, fracassada) não ter deixado nenhum traço em Marcos, Mateus, Qumrã e João, não é tão admirável assim: também o litígio em torno da circuncisão, que podemos localizar em Jerusalém, não deixou ali nenhum vestígio — embora tal disputa, diferentemente da comunhão de bens, tivesse conseqüências duradouras. Tanto menos encontramos ali um eco da aparição pascal a Tiago (cf. 1Cor 15,7), posto que tal aparição pascal fosse de grande importância para a história da comunidade de Jerusalém.

fim de que mantivessem distância da riqueza perigosa — e, ainda assim, alcançar o Reino de Deus. Acima de tudo, evitou que a reputação moral deles fosse demasiado grande. Perante Deus eles eram pobres. E vice-versa afirmava-se: "Não escolheu Deus os pobres em bens deste mundo para serem ricos na fé e herdeiros do Reino que prometeu aos que o amam?" (Tg 2,5). Provavelmente, essas tradições críticas em relação à riqueza permaneceram tanto tempo vivas porque eram utilizadas a fim de conter a influência dos ricos nas comunidades.[15] Essa agressividade contra os ricos demonstra que o cristianismo primitivo já se havia também libertado fundamentalmente do "evergetismo" da Antiguidade. No evangelho de Lucas, Jesus pode atacá-lo diretamente como ideologia do senhorio (Lc 22,25).

> Os reis das nações as dominam,
> e os que as tiranizam são chamados Benfeitores (εὐεργέται).
> Quanto a vós, não deverá ser assim;
> pelo contrário, o maior dentre vós torne-se como o mais jovem,
> e o que governa como aquele que serve (Lc 22,25-26).

Com isso, deve ter ficado suficientemente provada a fusão entre valores da camada superior com valores da camada inferior no lidar com os bens e com a riqueza. Mas quanto à questão da abertura para grupos externos? No cristianismo primitivo, o etos auxiliar se abria também para os estranhos? Com efeito, existem provas claras a esse respeito. Um exemplo elucidativo é a coleta da comunidade antioquena para Jerusalém. Ela ilustra, ao mesmo tempo, de forma evidente, a transferência do antigo "evergetismo" para pessoas humildes. Segundo At 11,27-29, no período de uma grande penúria sob Cláudio, as comunidades antioquenas recolheram uma coleta para a comunidade de Jerusalém, levada até esta por Paulo e Barnabé. Por trás dessa informação, independentemente da historicidade desse caso único, encontra-se no mínimo um estado de coisas estrutural: auxílios que podiam ser repetidos. De fato, mais tarde, Paulo organiza uma coleta para Jerusalém, possivelmente segundo o modelo de uma coleta já acontecida na comunidade antioquena. Essa coleta pode ter acontecido durante o período de uma grande carestia entre 46/48 d.C. Josefo narra a respeito dessa fome (*Ant.* 20,49-53), mas desconhece, de fato, a ação de socorro de uma comunidade cristã de fora, enquanto, por outro lado, cita um grande gesto de apoio da rainha Helena de Adiabene, que recentemente se convertera ao

---

[15] Louis William Countryman, *The Rich in the Church of the Early Empire. Contradictions and Accomodations*, New York, Toronto: Mellen 1980.

judaísmo. Ela mandou comprar enorme quantidade de cereais e distribuir em Jerusalém, de modo que deve ter salvado muitas vidas. Aquilo que a rainha fez em grande estilo, também os cristãos fizeram dentro de seu modesto âmbito: eles igualmente agiram como benfeitores suprarregionais. De modo análogo, eles exercitaram, como reis, a "beneficência" em relação a seus irmãos e irmãs. Eles outrossim superaram com isso as fronteiras nacionais, pois a comunidade de Antioquia foi, segundo Atos dos Apóstolos, a primeira comunidade na qual existiam também gentio-cristãos (que se haviam convertido a um "judaísmo-sem-circuncisão" — assim como a dinastia de Adiabene se passara para o judaísmo). Quando Paulo, mais tarde, juntou uma coleta entre as comunidades ásio-menores e gregas para a distante Jerusalém, as pessoas humildes puderam, então, com suas parcas contribuições, fazer a experiência de benfeitores que organizavam uma distribuição suprarregional, como, do contrário, somente reis e aristocratas podiam fazer.

As tradições cristãs primitivas mostram, em outras ocasiões, tendências à expansão da solicitude para além das fronteiras nacionais e culturais. Essa dilatação é o ponto surpreendente na história paradigmática do samaritano misericordioso: o amor ao próximo se demonstra aqui na relação ao estrangeiro (Lc 10,25-27). O mesmo se diz na grande descrição do julgamento final em Mt 25,31-33: ali, será constatado se todas as nações (πάντα τὰ ἔθνη) ajudaram os irmãos e irmãs do Senhor do universo. A pergunta é dirigida a todos, independentemente da nacionalidade.

Resta ainda lançar um olhar sobre as motivações psicológicas que correspondem a essa visão acerca dos bens e da riqueza. Como é frequente, encontramos aqui, lado a lado, exigências mais moderadas e exigências mais radicais. Moderada é a difusa admoestação contra a avareza ou pleonexia (cf. Mc 7,22; Lc 12,15; Cl 3,5; Ef 5,3). A avareza tem a ver com idolatria (Cl 3,5; Ef 5,5) e exclui do Reino de Deus (1Cor 6,10; Ef 5,5). Ela é condenável porque é o desejo de ter mais do que o necessário para a vida. Mais radical é a exigência da tradição sinótica de libertar-se também da preocupação com as necessidades elementares da vida — não apenas da ambição por aquilo que vai além delas. Em Mt 6,25-27, os discípulos são desafiados a não se preocuparem com a comida e a vestimenta. Tal como os pássaros sob o céu e os lírios do campo, eles devem confiar que Deus proverá às suas necessidades. Pelo contrário, eles devem preocupar-se com o "reinado de Deus" (alguns manuscritos escrevem apenas "com o reinado"), então tudo o mais lhes será dado por acréscimo. A lógica desta exortação consiste em que, aquele que possui o reinado, não precisa mais preocupar-se com comida, bebida e vestimenta. Para o círculo dominante isso não é mais nenhum problema. O desejo do "reinado (de Deus)" é, portanto, uma ânsia pela *cobasileia* — por uma participação no senhorio ativo, mediante a qual os discípulos são colocados na condição de libertar-se, tal como o rei Salomão, da preocupação por algo tão corriqueiro como a vestimenta. Devemos assim compreender essa promessa: assim como a eles o beber, o comer e o vestir-se serão dados por acréscimo (προστεθήσεται) — como bens dos quais eles, então, disporão — assim o reinado lhes será dado como um bem sobre o qual eles, assim, poderão dispor. Em minha opinião, a palavra se dirige a carismáticos andarilhos sem-teto, mesmo se, sobre o pano de fundo de seu estilo de vida, ela tire consequências gerais, válidas para todos — como a verdade comum de que ninguém pode acrescentar nada a sua vida e de que cada dia tem sua preocupação. Visto que algumas categorizações em relação a esse *Sitz im Leben* específico são às vezes discutidas,[16] apresento apenas dois argumentos.

1) A imagem dos pássaros sob o céu é interpretada de forma completamente diferente de como acontece nessa exortação de Jesus. A observação e a imagem da tradição sugerem precisamente os pássaros como exemplo pela construção providente do ninho, e enfatizam-lhes a diligência com que trabalham em seus ninhos

---

[16] Assim, Oda Wischmeyer, Matthäus 6,25-34 par. Die Spruchreihe vom Sorgen, *ZNW* 85 (1994), 1-22: a série de sentenças diz respeito a todas as pessoas — tanto a seguidores quanto a sedentários. Talvez uma diferenciação ajude um pouco mais: o *"Sitz im Leben"* é um tanto diferente dos ouvintes visados e, estes, por sua vez, algo diverso dos ouvintes efetivamente interpelados. Gostaria de conservar como *"Sitz im Leben"* o radicalismo itinerante. A despreocupação da qual fala Mt 6,25-27 está marcada pela experiência de carismáticos andarilhos — ou seja, por Jesus e o círculo de seus discípulos. É indiscutível que essa despreocupação seja recomendada a todos — e todas as pessoas são consideradas, especialmente em ambas as generalizadas observações de 6,24 e 6,34. Forma de vida radical e etos universal, porém, não são contraditórios: os filósofos cínicos andarilhos incorporavam, em sua forma de vida marginal e radical, valores comuns que também eram compartilhados por pessoas sedentárias em sua cultura: a busca de autonomia e de autarquia, a independência daquilo que só tinha valor por convenção — em favor daquilo que era importante em razão de uma ordem mais natural etc. É possível que o dito a respeito do divórcio quisesse, originalmente, excluir qualquer separação (Lc 16,18; Mc 10,12 e par.). Contudo, não somente em Mateus é mitigado por meio da cláusula da porneia, mas também em Paulo, mediante um tipo de "cláusula-de-matrimônio-misto": Paulo aceita o divórcio em matrimônios entre cristãos e não-cristãos, contanto que seja iniciativa do parceiro não-cristão (1Cor 7,10-12). Sem dúvida, essa é uma interpretação mais funcional para a vida e mais moderada da regra do divórcio. A regra das provisões no discurso do envio obriga os missionários a uma renúncia clara à precaução, e à confiança em que eles encontrarão o sustento (Lc 10,3-5 e par.). Paulo interpreta essa regra das provisões como um privilégio, segundo o qual o apóstolo tinha o direito de reivindicar das comunidades o sustento — e ele se orgulha de haver renunciado a essa prerrogativa (1Cor 9,1-3).

e procuram alimentar seus filhos (cf. 4Mc 14,15-17). Nada disso, porém, é levado em conta: eles são apresentados como imagens da liberdade das preocupações e do trabalho! Aqui, a mencionada realidade rebate na imagem: a saber, a realidade de carismáticos itinerantes que, de fato, não trabalham para prover-se.

2) Acrescente-se uma segunda observação: quem fala de preocupação cotidiana, na maioria das vezes pensa em preocupação com os outros. Nesse sentido, em 1Cor 7, Paulo fala da preocupação mútua dos cônjuges um pelo outro — e, consequentemente, pode valorizar essa preocupação mais positivamente do que a preocupação pelo comer e pelo beber em Mt 6,25-27 (cf., ademais, a preocupação recíproca no corpo de Cristo em 1Cor 12,25). Em Mt 6,25-27 não há, certamente, nenhum traço dessa solicitude pelos demais. Os interpelados não se preocupam por seus filhos, por seus cônjuges, por sua família. Ouvimos falar apenas de uma preocupação com a própria vida. Isso se aplica melhor a carismáticos andarilhos que se separaram de suas famílias ou que não possuíam família alguma.

Esclarecedor para o etos cristão primitivo é, pois: precisamente a essas figuras marginais atribui-se uma consciência régia. Despreocupados como pessoas que possuem a "realeza", devem desvencilhar-se da preocupação a respeito das necessidades elementares — e com isso, diferenciar-se de todas as pessoas. Aqui se atribui a pessoas alheias ao grupo uma autoconsciência aristocrática!

No final, num olhar retrospectivo aos temas discutidos do etos cristão primitivo do "poder" e da "propriedade", lembremos um fenômeno com o qual nos deparamos em ambas as esferas dos temas e com o qual ainda nos encontraremos adiante: a proximidade, um ao lado do outro, de um etos radical e outro moderado,[17] o primeiro amiúde na tradição sinótica, o último, com frequência, na literatura epistolar. É possível esclarecer bem

---

[17] O *"Sitz im Leben"* do etos radical da tradição sinótica foi determinado por mim como radicalismo itinerante em Wanderradikalismus. Literatursoziologische Aspekte der Überlieferung von Worten Jesu im Urchristentum", *ZThK* 70 (1973), 245-271 = Studien zur Soziologie des Urchristentums, ³1989, 79-105. A desradicalização das palavras de Jesus nos escritos paulinos é tema de um projeto comum de Kun Chung Wong, Hongkong, e meu. Conforme uma ousada palavra de Jesus (em Mt 21,31), as prostitutas (po,rnai, na forma feminina) têm a probabilidade de alcançar o reinado de Deus antes dos escribas e dos sacerdotes. Em Paulo, ao contrário, os prostitutos (po,rnoi, na forma masculina) é que são rigorosamente excluídos do reinado de Deus (1Cor 6,9). Aqui ele é até mesmo mais "severo" do que Jesus, mas se distancia de sua radicalidade no voltar-se para os desclassificados e pecadores.

essa proximidade quando se comparam as tradições sobre Jesus com as afirmações de Paulo pragmaticamente aparentadas — no que se pode muitas vezes supor que Paulo, consciente ou inconscientemente, reportava-se a uma tradição de Jesus correspondente.

A proximidade entre um etos radical e um etos moderado pode ser esclarecida historicamente e objetivamente interpretada. Historicamente, pressupõe-se uma explicação histórico-social. Em sua origem, o etos radical remonta a cristãos primitivos carismáticos andarilhos que se haviam desfeito dos laços domesticantes da vida cotidiana. Levavam uma vida distanciada do poder, da propriedade, do trabalho e da família. No centro deles estava Jesus, ele próprio um carismático itinerante, cujo estilo de vida foi perpetuado mesmo depois da Páscoa. Esses carismáticos ambulantes foram as primeiras autoridades das comunidades cristãs primitivas que gradativamente iam surgindo. As tradições deles foram conservadas sobretudo nos evangelhos sinóticos. O etos dele é o "radicalismo itinerante". O desenvolvimento do cristianismo primitivo foi determinado por um deslocamento das estruturas de autoridade para as comunidades locais. Estas ganharam em autonomia, deixavam-se orientar por seus líderes co-

---

As declarações sobre os ricos são semelhantes. De acordo com Jesus, eles não têm a menor chance de entrar no reinado de Deus (Mc 10,25). Em Paulo, no lugar dos ricos, aparecem os avarentos: eles são excluídos do acesso à *basileia* (1Cor 6,10; cf. Ef 5,5). Isso não diz respeito aos ricos sem cupidez.

Segundo as palavras de Jesus, o próprio reinado de Deus é apresentado segundo a imagem de um grande banquete: de todas as partes acorrerão pessoas a ele, a fim de reclinar-se à mesa com os três patriarcas (Mt 8,10-11). Em contrapartida, Paulo acentua — quase que em nítida suspensão de tal concepção terrena — que "o Reino de Deus não consiste em comida e bebida, mas é justiça, paz e alegria no Espírito Santo" (Rm 14,17).

Jesus estimula a que se paguem os impostos ao imperador; não existe nenhuma obrigação religiosa de negar-se ao imposto. Mas, para além da resposta esperada, ele acrescenta uma ressalva: dai a Deus o que é de Deus (Mc 12,13-15). Em Paulo, certamente ressoam ideias (ou tradições?) semelhantes, mas não existe nele uma oposição entre o imperador e Deus: "Dai a cada um o que lhe é devido: o imposto a quem é devido; a taxa a quem é devida; a reverência a quem é devida; a honra a quem é devida" (Rm 13,7).

O Sermão da Montanha exige que se ame o inimigo, que se abençoe o perseguidor e que se renuncie abertamente à resistência contra o malvado (Mt 5,38-40). Em Paulo, existem exortações semelhantes em Rm 12. Também ele quer que não se pague o mal com o mal, mas acrescenta realisticamente: "Procurai, se possível, viver em paz com todos, por quanto de vós depende" (Rm 12,18).

O dito acerca da pureza em Mc 7,15 é uma sentença corajosa e radical, que nega toda impureza exterior e subtrai todo o fundamento das regras alimentares. Também Paulo compartilha essa postura: "Tudo é puro", mas ele continua de maneira restringente: "Mas faz mal o homem que se alimenta de má consciência" (Rm 14,20). Ele recomenda, em favor do convívio fraterno e do amor aos demais, não pôr em prática consequentemente um princípio em si mesmo correto.

Jesus exige que seus discípulos deixem o trabalho e a família a fim de segui-lo (Mc 1,16-18 e par.). Paulo diz quase o contrário a suas comunidades: cada um deve permanecer na condição na qual ele foi chamado. A grande transformação por meio da libertação em Cristo não deve levar a mudanças exteriores (1Cor 7,17.20.24; cf. também 1Ts 4,11-12).

munitários — os bispos, diáconos e presbíteros — e se protegiam sempre mais contra carismáticos itinerantes que vagavam por aí.

No entanto, com seu peso maior, impõe-se o etos moderado e sempre mais claramente conservador dos presidentes domésticos: a crítica à família é substituída por um etos de apoio à família; a renúncia à propriedade, por uma administração social dos bens; a crítica ao poder, por uma adaptação seletiva às estruturas de poder do mundo etc. Esse desdobramento já se inicia com Paulo — um carismático itinerante, cuja grandeza consistiu em ter direcionado toda a sua atividade para a construção de comunidades locais. Esse etos moderado foi-nos conservado na literatura epistolar. Encontra-se acima de tudo nas cartas deutero-paulinas como um "patriarcalismo amoroso" conservador.

Essa diferenciação histórica não deve, porém, levar a negligenciar o nexo concreto entre as duas formas de etos: desde o começo, os carismáticos itinerantes tinham formulado sua mensagem para grupos simpatizantes fixos. Em suas tradições, encontram-se diversas afirmações válidas para todos. E, no sentido inverso, as comunidades locais posteriores também vivem um intenso intercâmbio entre si, possibilitado por cristãos andarilhos. Admiram-se nelas as autoridades carismáticas do tempo primitivo. Nos evangelhos sinóticos, elas conservaram suas tradições — de forma a se tornarem também acessíveis às comunidades locais. Pois isso é que é digno de consideração: as tradições radicais do tempo primitivo foram também mais tarde conservadas. Foram continuamente consideradas como importantes. Com isso, a crítica à riqueza recebeu também uma nova função, como a crítica ao poder das tradições de Jesus, intracomunitariamente, elas servem para forjar comunitariamente as funções emergentes — a subordiná-las à comunidade como serviço, e não (por força do comum) antepor-lhes o *status* social. Ademais, a proximidade de ambas as formas de etos prepara a possibilidade de compreender as duas como níveis do mesmo etos.

Além disso, porém, existe também um segundo fator para a manutenção do etos radical: ele se torna atuante também no aperfeiçoamento mítico do evento Cristo.[18] Nele, em forma mítica, ele foi codificado e, com isso, conservado. O próprio Cristo tornou-se o arquétipo da renúncia ao

---

[18] Cf. Gerd Theissen, Mythos und Wertrevolution im Urchristentum, in: Dieter Harth/Jan Assmann (eds.), *Revolution und Mythos,* Frankfurt: Fischer 1992, 62-81.

poder e de uma crítica aos poderosos. Ele é o poder de Deus, que se revelou na cruz como "fraqueza". Os senhores desse mundo crucificaram-no, mas foram vencidos por ele. O próprio Cristo torna-se arquétipo da renúncia à propriedade: é aquele que deixou sua riqueza no mundo preexistente. Paulo escreve aos Coríntios: "Com efeito, conheceis a generosidade de nosso Senhor Jesus Cristo, que por causa de vós se fez pobre, embora fosse rico, para vos enriquecer com a sua pobreza" (2Cor 8,9). Isso vale também para o campo do próximo tema, o trato com a sabedoria. Aqui também o Cristo (interpretado miticamente) personifica a mudança radical de medida: aquele que é a Sabedoria de Deus, tornou-se loucura. E em razão dessa, toda sabedoria mundana é desqualificada (1Cor 1,18-20). Mito e etos constituem uma unidade. Por meio do mito, perpetua-se um etos radical que ainda pode continuar a produzir efeitos por muito tempo, depois de o etos praticado já se ter, efetivamente, tornado muito mais "moderado".

Capítulo 6
A RELAÇÃO DO CRISTIANISMO PRIMITIVO COM A SABEDORIA E A SANTIDADE: EXIGÊNCIAS ÉTICAS À LUZ DOS DOIS VALORES FUNDAMENTAIS II

É manifestamente evidente que na história existe a disputa pelo poder e pelos bens. Mas também a cultura e a sabedoria, a santidade e a pureza são objeto de lutas por distribuição. A questão é: quem tem acesso ao saber socialmente reconhecido? Quem personifica o mais alto grau de santidade de poder normativo? Essa querela é também uma luta pela distribuição do poder; de fato, o saber confere poder, e santidade proporciona influência. Contudo, essa luta por distribuição se desenrola diferentemente dos conflitos políticos e econômicos. O sábio e o sacerdote têm o poder de definição e de legitimação. Eles definem o que é bom e o que é mau, o que é puro e o que é impuro, o que é sagrado e o que é profano. E eles usam o poder a fim de deslegitimar aquilo que eles consideram como mau, impuro e profano. Com esse fim, eles apelam para uma ordem preexistente que eles, em parte, apreendem da estrutura da realidade (assim, na sabedoria), em parte deduzem do conhecimento revelado transmitido (assim, na cultura sacerdotal). A crença numa ordem legítima está na base de seu prestígio e de seu poder. Eles acompanham o combate real pela distribuição de bens materiais mediante uma luta pela legitimação da ordem correta das coisas. Por conseguinte, o poder deles é também uma possibilidade de reprimir, limitar e regularizar o combate real pela distribuição. Sob a perspectiva da ordem legítima, o conflito é um distúrbio, um desvio, algo que deve ser superado.

A sabedoria e a santidade podem ter seu *"Sitz im Leben"* em instituições e grupos especiais. Ainda que os detentores do poder e os ricos sempre tenham a tendência de controlar as instituições de conhecimento de ordem sapiencial e sacerdotal, seria falso ver nos sábios e nos sacerdotes apenas "marionetes" da elite dominante — e em sua atividade, apenas a música de acompanhamento ideológica para o poder das armas e das mercadorias. Com isso, subestimar-se-ia a importância da legitimidade: quando potentados políticos perdem sua legitimidade, logo perdem também seu poder real. Em minha opinião, com a discussão em torno da legitimidade, entra em cena um fator autônomo nos conflitos sociais e políticos. A Antiguidade também tinha consciência da oposição entre poder normativo e domínio político. Platão sonhava com a unificação da sabedoria e do poder, com o rei que é, a um tempo, sábio perfeito, e com o sábio que é rei perfeito.[1] E esse sonho continuou a ser alimentado também depois dele. O judeu Fílon o vê realizado em Moisés, que era, ao mesmo tempo, perfeitamente rei, sacerdote e profeta.[2]

Em razão de uma situação histórica singular, no judaísmo do tempo de Jesus, de fato, o poder e a riqueza, de um lado, a sabedoria e a santidade, de outro, estavam "organizados" em diversos centros — com diversos pontos de contato entre si: no curso do tempo, a sabedoria tornou-se uma sabedoria religiosa, em estreita ligação com o Templo, como o demonstra a entusiástica descrição do culto no Templo no grande livro sapiencial de Jesus Sirácida (Eclo 50,1-24). Escribas, que se orientavam pelas tradições do povo, eram os representantes da sabedoria judaica. Do outro lado, o poder político era representado pelos romanos e pela aristocracia local que com eles colaborava — pelos herodianos e seus sequazes. Deve-se enfatizar que tal diferenciação não é necessária. Ela está ausente de diversas sociedades. Ela se impôs na história europeia na oposição entre Estado e Igreja, mas isso é antes um desdobramento especial cujas raízes remontam ao tempo do surgimento do cristianismo primitivo. Em todo caso, é historicamente conveniente considerar individual e respectivamente a atitude perante o poder e a propriedade, a sabedoria e a santidade.

---

[1] Platão, *Politeia* V, 473d: "Dizia eu: se os filósofos não se tornarem reis nos Estados, ou os que ora são chamados de reis e autocratas não filosofarem verdadeira e meticulosamente, quando, então, estas duas coisas estarão juntas — o poder estatal e a filosofia... — então o mal não dará descanso aos Estados...".
[2] Fílon, *Vita Mos* II, 2-3.

Mudança de valor no trato com a sabedoria[3]

Na Antiguidade, existia certo consenso de que a sabedoria praticamente não se achava nas camadas inferiores. A filosofia, o "amor à sabedoria", foi, por muito tempo, ocupação da classe superior. E se ela, na figura de Sócrates, ligava-se à vida de operários, e se os filósofos cínicos sabiam-se opostos à sociedade escalonada hierarquicamente, se deduz, então, pelo protesto deles, aquilo que valia no geral para a cultura: os grandes filósofos, como Platão e Aristóteles, eram membros da classe superior!

Infelizmente, não podemos situar socialmente, de forma inequívoca, a sabedoria veterotestamentária. O certo é que existiu uma sabedoria nas classes superiores ligadas à corte, o que não exclui que tradições sapienciais populares fossem cultivadas em Israel também em outras partes. Contudo, somente na época helenística é que nos deparamos com um testemunho claro da ligação da sabedoria com a classe superior: Jesus Sirácida ligava a sabedoria (outrora internacional e universal) não somente à Torá revelada e ao povo de Israel, mas, no interior do povo judaico, ele faz uma distinção entre classe superior e classe inferior, entre aqueles que devem trabalhar corporalmente, e aqueles que estão dispensados dessa tarefa (Eclo 38,24-39,11). Em princípio, ele constata: "A sabedoria do escriba se adquire em horas de lazer, e quem está livre de afazeres torna-se sábio" (Eclo 38,24). Pois as pessoas que trabalham fisicamente estão de tal forma estorvados pelo esforço que elas não têm nem tempo nem disposição para pensamentos mais elevados. Como exemplo, Sirácida cita o agricultor, o operário da construção civil e o arquiteto (o *tekton* e o *architekton*), o ourives, os que fazem entalhes nos selos, o ferreiro e o oleiro. Especialmente espirituosas são suas irônicas palavras sobre o agricultor, a quem ele atribui uma conversa com seus bois e touros, em vez de um diálogo sapiencial:

> Como se tornará sábio o que maneja o arado,
> aquele que se gloria de brandir o aguilhão,
> o que guia bois e o que se ocupa com aquilo que eles têm de fazer
> e que conversa com os touros novos?

---

[3] Para a seção a seguir, como apresentação geral das tradições sapienciais, cf. Max Küchler, *Frühjüdische Weisheitstraditionen*, OBO 26, Freiburg Schweiz: Universitätsverlag/Göttingen: Vandenhoeck 1979; Hermann v. Lips, *Weisheitliche Traditionen im Neuen Testament*, WMANT 64, Neukirchen-Vluyn: Neukirchener 1990. Especialmente para a tese da seção seguinte: Gerd Theissen, Weisheit als Mittel sozialer Abgrenzung und Öffnung. Beobachtungen zur sozialen Funktion früjüdischer und urchristlicher Weisheit, in: Aleida Assmann (ed.), *Weisheit. Archäologie der literarischen Kommunikation* III, München: Fink 1991, 193-204.

Sua mente está voltada para os sulcos que traça
e seus contínuos esforços voltam-se para a forragem das novilhas
(Eclo 38,25-26).

Certamente Jesus Sirácida não despreza as pessoas que trabalham. Ele pode atribui-lhes até mesmo uma "sabedoria" relativa, quando ele, no final de seu discurso sobre agricultores e operários escreve: "Todos esses depositam confiança em suas mãos e cada um é sábio em seu trabalho" (Eclo 38,31). O maior defeito deles, porém, é que na vida pública, nas assembleias populares e na comunidade, eles não têm nenhuma função importante, além de não conhecerem as tradições jurídicas nem as máximas de sabedoria. Eles são sábios apenas em suas profissões (Eclo 38,34). O verdadeiro sábio, ao contrário, tem intimidade com a notória palavra "sábio". E se ocupa com os grandes textos da tradição: "Diferente é aquele que aplica a sua alma, o que medita na lei do Altíssimo. Ele investiga a sabedoria de todos os antigos" (Eclo 39,1).

Cerca de 200 anos depois de Jesus Sirácida, aparece Jesus como mestre de sabedoria na Galileia e na Judeia, não obstante ele, por sua origem, não tivesse nenhuma formação que o tornasse habilitado para isso diante dos outros. A história de sua rejeição em Nazaré expressa-o bem. Ele ensina ali na sinagoga e desperta admiração e raiva: "E numerosos ouvintes ficavam admirados, dizendo: 'De onde lhe vem tudo isto? E que sabedoria é esta que lhe foi dada? E como se fazem tais milagres por suas mãos? Não é este o carpinteiro (o *tekton*), o filho de Maria, irmão de Tiago, Joset, Judas e Simão? E as suas irmãs não estão aqui entre nós?' E estavam chocados por sua causa" (Mc 6,2-3). De acordo com os critérios de Jesus Sirácida, por ser um pedreiro, um *tekton*, Jesus estaria excluído da verdadeira sabedoria!

Essa sabedoria de Jesus encontra novos destinatários, os quais, exatamente como o mestre, essa sabedoria segundo os critérios tradicionais tinha excluído de si. A sabedoria aqui aparece como sabedoria revelada, que permanece oculta aos sábios e entendidos, mas que é revelada por Deus aos pequeninos. Ela é transmitida por Jesus. Ele, Jesus, substitui assim a sabedoria. Ele, Jesus, dirige o chamado da sabedoria a seus discípulos, quando ele exclama ao povo:

Vinde a mim todos os que estais cansados sob o peso do vosso fardo
e vos darei descanso.
Tomai sobre vós o meu jugo e aprendei de mim,

porque sou manso e humilde de coração,
e encontrareis descanso para vossas almas,
pois meu jugo é suave e meu fardo é leve
(Mt 11,28-30).

Este assim chamado "convite do Salvador" encontra diversos paralelos em Jesus Sirácida. Ali, a sabedoria conclama: "Vinde a mim todos os que me desejais..." (Eclo 24,19). Ela procura conquistar com o argumento: "Vede com os vossos olhos: tive pouco trabalho e encontrei para mim muito repouso" (Eclo 51,27 LXX). A propaganda é feita para eles com as seguintes palavras: "Colocai o vosso pescoço sob o jugo, recebam vossas almas a instrução" (Eclo 51,26). Contudo, enquanto Jesus Sirácida exclui da sabedoria todos os trabalhadores, a palavra de Jesus fala a trabalhadores. Ela se dirige àqueles que mourejam e estão sobrecarregados. Orienta-se para aquelas pessoas até então excluídas da sabedoria. A propósito, enfatizemos: com isso, Jesus insere-se numa tendência geral que procura ligar a condição do escriba com o exercício de uma profissão, e suprimir aquela delimitação elitista da verdadeira sabedoria à classe superior que encontramos em Sirácida.

No entanto, não apenas os trabalhadores estão entre os novos destinatários da sabedoria de Jesus, mas também as mulheres. A perícope de Maria e Marta mostra Jesus como mestre. Na escuta de sua sabedoria, Maria encontra aquele descanso que sua irmã Marta não encontra. Com isso, ela se exclui das funções previstas para as mulheres. Mas se diz expressamente: ao agir assim, ela escolheu a melhor parte (Lc 10,38-42). Que o ensinamento sapiencial de Jesus se dirige também às mulheres, mostra-o um traço formal em algumas tradições: encontramos com frequência a formação de pares sexualmente simétricos, ou seja, palavras que se aplicam respectivamente, uma ao lado da outra, a homens e a mulheres. A essas pertencem, por exemplo, a parábola da ovelha desgarrada e da dracma perdida: o bom pastor é um homem, a proprietária da dracma é uma mulher (Lc 15,1-2). Os pássaros sob o céu, que não trabalham, correspondem ao trabalho do campo (conforme um antigo estereótipo sexual, trata-se de um trabalho externo: um domínio do homem), enquanto os lírios do campo correspondem ao trabalho de fiar (consoante o mesmo estereótipo, um trabalho interno: um domínio da mulher) (Mt 6,25-27).[4]

---

[4] Quanto ao duplo dito, segundo a perspectiva homem/mulher, cf. Martin Ebner, *Jesus - ein Weisheitslehrer? Synoptische Weisheitslogien im Traditionsprozeß,* HBSt 15, Freiburg, Basel, Wien: Herder 1998, 377-381. Gerd Theissen, *Frauen im Umkreis Jesus,* Sexauer Gemeindepreis für Theologie 1993, Sexau 1993, 1-23.

A tradição de Jesus tem consciência de que com tal sabedoria para todos torna acessível às pessoas simples um "valor da classe superior". Em Mt 12,41-42, Jesus compara inicialmente seus ouvintes aos ninivitas que se converteram à pregação de Jonas. Aqui está subentendido todo o povo. A seguir, porém, ele acrescenta uma segunda comparação: eles são igualmente comparáveis à rainha do sul, que veio ter com Salomão, a fim de ouvir-lhe a sabedoria. Em Jesus, porém, está presente uma sabedoria maior do que a de Salomão!

Em Paulo, essa revalorização da sabedoria continua. Também segundo ele, a sabedoria oculta de Deus busca novos destinatários nos quais não se acha nenhuma sabedoria desse mundo. Ela os encontra nas comunidades cristãs primitivas, onde não há "muitos sábios segundo a carne, nem muitos poderosos, nem muitos de família prestigiosa" (1Cor 1,26). Perante o mundo, essa sabedoria é "loucura". Entretanto, essa loucura é mais poderosa do que a sabedoria do mundo. Com insuperável agudez, expressa-se a revalorização da sabedoria e da loucura.

A Carta de Tiago distingue programaticamente dois tipos de sabedoria: uma terrena, que atrai inveja e disputa, e uma "do alto", que é pacífica, bondosa, misericordiosa, imparcial e sem hipocrisia (Tg 3,13-18). Essas duas sabedorias não se deixam classificar segundo camadas sociais, mas por concepção social: a verdadeira sabedoria, que vem de Deus, é "humilde" e está ligada com a renúncia à pretensão de *status*. E, dessa forma, é acessível aos "humildes".

Com efeito, o cristianismo era uma sabedoria para as pessoas simples: sabedoria não no sentido de uma grande formação intelectual, mas antes, no sentido de uma completa organização coerente da vida segundo uns poucos princípios. Nesse sentido, o médico Galeno, no século II d.C. certifica que entre os cristãos havia homens e até mesmo mulheres que levavam uma vida filosófica, e ele menciona explicitamente, autodisciplina, autodomínio no que diz respeito ao comer e ao beber, e o esforço em prol da justiça como características dessa vida filosófica dos cristãos: como o amor deles pela sabedoria (*de pulsum differentiis* 3,31).

Resta inconfundível: no cristianismo primitivo (paralelamente a desenvolvimentos no judaísmo), no lidar com a sabedoria, dá-se uma transferência para baixo da cultura da classe superior, a qual, nesse processo, muda seu caráter. Ela se torna sempre mais uma paradoxal sabedoria de revelação que se mostra precisamente àqueles que são tradicionalmente excluídos da sabedoria. Essa apropriação da sabedoria liga-se a uma veemente polêmica contra os representantes tradicionais da sabedoria: contra os escribas e doutores da lei. Se nos limitarmos às sentenças mais antigas contra eles em Qumrã e em Marcos, então evidencia-se que acima de tudo se lhes critica o comportamento antissocial deles no trato com o próprio saber. Eles sobrecarregam os outros com o fardo de seus ensinamentos, mas eles próprios não movem um dedo sequer para carregá-los (Lc 11,46). Possuem a chave do conhecimento, mas, em vez de utilizá-la a fim de franquear a sabedoria aos demais, eles impedem que os outros a alcancem — sem contar que eles próprios ficam de fora (Lc 11,52). Eles dão importância a prioridades e lugares de honra — enquanto ao mesmo tempo se enriquecem com os bens das pobres viúvas (Mc 12,38-40). Cobra-se, portanto, precisamente aquilo que é difundido no cristianismo primitivo: a abertura da sabedoria para todos, também para os afadigados e sobrecarregados, também para aqueles que não são honrados por sua sabedoria!

Essa sabedoria supera não apenas fronteiras sociais de cima para baixo. Ela se abre também para além das fronteiras nacionais. A esse respeito, é preciso recordar que ela é, originalmente, um acontecimento internacional. Isso não é simplesmente uma descoberta dos pesquisadores modernos, que encontraram nos Provérbios de Salomão uma parte dos provérbios de Amenemopê (Pr 22,17–23,12). Isso o sabiam também as antigas tradições: o rei Salomão intercambiava sua sabedoria com o rei Hirão, de Tiro (F. Josefo, *Ant.* 8,143), e, com ela, atraía a rainha de Sabá (1Rs 10/2Cr 9). Mas aqui, na época veterotestamentária, tinha-se estabelecido uma nacionalização da sabedoria. Segundo os princípios de Dt 4,6-8, ela foi executada no livro de Jesus Sirácida: a sabedoria proveniente de Deus procurou moradia em todas as nações; não tendo, porém, encontrado, por ordem de Deus se estabeleceu em Israel. Ali, então, ela serve a Deus na tenda sagrada — ou seja, no Templo (Eclo 24,3-10). Com isso, de uma sabedoria experiencial, acessível a todos, ela se torna sempre mais uma sabedoria de revelação, inteligível apenas a um círculo escolhido: segundo Jesus Sirácida, apenas ao povo judeu. Nos escritos apocalípticos, ela é restrita até mesmo a pequenos grupos em Israel. Assim, conforme *Henoc etiópico* 42,1-2, ela não encontrou também em Israel nenhuma morada:

A sabedoria não encontrou lugar algum onde pudesse morar, pois possuía uma morada nos céus. A sabedoria partiu a fim de habitar entre os filhos dos homens, e não encontrou morada; a sabedoria voltou ao seu lugar de origem e tomou seu lugar entre os anjos.

Agora, ali, no céu, ela só é ainda acessível a videntes e visionários escolhidos, que a puseram por escrito em seus textos apocalípticos para pequenos grupos.

No cristianismo primitivo, dá-se, além disso, mais uma restrição da sabedoria: ela se concentra numa única pessoa — em Jesus. Ele é muito mais do que Salomão com sua sabedoria (Mt 12,42). Ele contém em si todos os "tesouros da sabedoria e do conhecimento" (Cl 2,3). Mediada por essa pessoa, agora ela se torna acessível a todos — em Israel e para além.

Isso já se retrata na tradição de Jesus. Se Jesus é comparado a Salomão e a sua sabedoria, então essa sabedoria já aparece, de antemão, como algo que também atrai estranhos. Uma vez que, em paralelo com a comparação com Salomão, acha-se a comparação com a pregação de Jonas, que levou os estranhos ninivitas à conversão, a força de irradiação de Jesus sobre os pagãos é claramente enfatizada: em Jesus, a sabedoria judaica assume uma forma que a torna acessível aos pagãos.

Na literatura epistolar encontra-se o assim chamado "esquema de revelação", ou seja, a concepção de que o mistério de Deus estivera oculto por muito tempo, mas que se tornou patente em Cristo e agora inclui também os pagãos (cf. Rm 16,25-27; Cl 1,26-27; Ef 3,1-13). Quase se poderia ver aqui uma reedição consciente das tradições da sabedoria: de acordo com a tradição, a sabedoria procurou uma moradia entre todas as nações (ou pagãos), mas a encontrou apenas em Israel (Eclo 24). O esquema cristão primitivo de revelação modificou essa concepção no sentido de que agora os pagãos (em vez de Israel) tornaram-se o lugar da revelação da sabedoria de Deus.[5] O nexo com os motivos de sabedoria tradicionais se mostra no fato de que o mistério da revelação de Deus é chamado de "multiforme sabedoria de Deus" (Ef 3,10) ou que reconduz "a Deus, o único sábio" (Rm 16,27) ou é descrita como instrução de sabedoria (Cl 1,28). Com isso, os autores das cartas dizem conscientes de si mesmos: a sabedoria presente no ensinamento cristão é uma revelação acessível a todas as nações.

---

[5] Michael Wolter, Verborgene Weisheit und Heil der Heiden. Zur Traditionsgeschichte und Intention des Revelationsschemas, *ZThK* 84 (1987), 297-319.

Novamente podemos observar aquele processo de transformação do etos válido também para o lidar com o poder e os bens: de um privilégio da classe superior, a sabedoria torna-se um "conhecimento" acessível a todos, modificando seu aspecto nesse processo, à medida que ela se liga às formas sapienciais da classe inferior: por um lado, ela se torna uma paradoxal sabedoria de revelação que permanece oculta aos sábios profissionais; por outro lado, ela se liga a sentenças simples, a imagens e a parábolas que são compreensíveis a todos. A sabedoria assim modificada fica ao alcance de todas as nações.

O nexo entre mito e etos, etos e comunidade torna-se evidente precisamente na história da "transmissão da sabedoria". A partir dos escritos tardios do A.T., observamos uma "elevação" da sabedoria. Ela não é apenas objetivada como um bem por que vale a pena esforçar-se, não é simplesmente "personificada" poeticamente, mas "hipostasiada" como um aspecto autônomo de Deus. Ela aparece junto de Deus e, nisso, funde-se com a esposa de Deus, a rainha do céu, recalcada pela fé monoteísta. Essa elevação da sabedoria ao céu correspondia a uma elevação dos sábios sobre a terra: novas elites letradas reivindicavam, na forma de especulações sapienciais, possuir acesso imediato a Deus — de certo modo independentemente da revelação mediada historicamente (cf. Pr 1-8; Eclo 24; SbSl 7-10). No Novo Testamento, encontra-se uma tendência que vai na direção contrária. A sabedoria é trazida de novo do céu e se torna acessível na terra numa pessoa concreta: em Jesus de Nazaré, o qual, porém, em breve (também por causa de sua identificação com a sabedoria) será elevado a um parceiro de Deus no céu, autônomo e atuante. Podemos observar como Jesus, no começo (em Qumrã), era o mensageiro da sabedoria, como ele no evangelho de Mateus foi talvez "identificado" com a sabedoria (compare-se Mt 11,19 com 11,2; Mt 23,34 com Lc 11,49), mais tarde, porém, totalmente inserido no papel da sabedoria divina, preexistente. Acima de tudo, o evangelho de João fala dele no contexto de tal "cristologia sapiencial", na qual a "sabedoria" feminina é trocada pelo "logos" masculino (Jo 1,1-3).[6] Também aqui se percebe ainda que tal revelação de sabedoria dirigia-se acima de tudo aos mem-

---

[6] Quanto aos motivos de sabedoria no evangelho de João, cf. Martin Scott, Sophia and Johannine Jesus, *JSNT.S* 71, Sheffield: JSOT Press 1992. A propósito do contínuo motivo do "banquete da sabedoria", cf. Karl-Gustav Sandelin, Wisdom as Nourisher: A Study of an Old Testament Theme, its Development within Early Judaism and its Impact on Early Christianity, *AAABo* 64,3, Aabo Akademi 1986.

bros da classe superior: o "líder" dos judeus, Nicodemos, é o primeiro que, na condição de "mestre em Israel" (portanto, como um sábio profissional), é confrontado com o querigma joanino do enviado preexistente (Jo 3,1-3). E a família de Lázaro, cuja vida está envolta numa bruma de luxo (perceptível nos caros unguentos e na tumba na rocha), faz parte dos amigos mais íntimos de Jesus (Jo 11,1-3; 12,3-5). Mas, também aqui, demonstra-se primeiramente em um cego de nascença, que os olhos do ser humano precisam ser abertos por meio de um milagre, a fim de que ele chegue ao conhecimento da verdade (Jo 9,1-3). Esse caráter sapiencial do evangelho de João mostra-se ainda ali onde Jesus, como pão da vida, convida à aceitação de sua revelação (Jo 6,35-37). Isso lembra o convite da sabedoria no Eclesiástico: "Os que me comem terão ainda mais fome, os que me bebem terão ainda mais sede" (Eclo 24,21). Ou onde Jesus se revela como verdadeira vinha, à qual todos os discípulos estão ligados mediante o amor. Isso relembra a autoapresentação da sabedoria em Eclo 24,17-18: "Eu, como a videira, fiz germinar graciosos sarmentos... Eu sou a mãe do belo amor e do temor, do conhecimento e da santa esperança". Na forma do "espírito da sabedoria" Jesus pode permanecer para sempre junto aos seus como sabedoria de revelação — mesmo depois de sua partida (Jo 14,15-17.25-26 e mais).

Mudança de valores no trato com a santidade e a pureza

Os poderosos e ricos esforçam-se para revestir seu poder e seus bens com o brilho da sacralidade e, da legitimidade. Sábios e sacerdotes administram esse brilho e, mediante isso, frequentemente se deixam seduzir, buscando aumentar seu poder político e seus bens econômicos. Seu poder característico, porém, é o poder de definição. De acordo com Lv 10,10:

> ... os sacerdotes têm plenos poderes "...de separar o sagrado e o profano, o impuro e o puro". Eles devem "ensinar aos israelitas todos os preceitos que Iahweh estabeleceu para eles, por meio de Moisés".

As duas noções de "sagrado" e "puro", usadas quase sinonimicamente, não significam exatamente a mesma coisa: "sacralidade" é, primariamente, uma qualidade de Deus, que pode ser estendida secundariamente a pessoas, objetos e ritos. O oposto de "sagrado" é profano, não impuro. Pois o sagrado pode também ser impuro, ou seja, pode tornar impuro quando entra em contato com pessoas que não possuem o grau de sacralidade necessário. Pureza, ao contrário, é primariamente uma qualidade de pessoas e de objetos. Pureza significa habilitação para o culto; ela possibilita o acesso de pessoas ao culto e o uso de objetos nele. O profano pode ser puro e impuro. Somente numa aproximação cultual a Deus é que a distinção entre puro e impuro se torna relevante do ponto de vista comportamental.[7]

No que se segue, podemos discutir apenas alguns aspectos da diferença entre sacro e profano, puro e impuro — ou seja, as estratégias que são utilizadas para a asseguração do poder com a ajuda de categorias da sacralidade: estratégias para a manutenção do *status*, para a separação em relação aos leigos, para o asseguramento de privilégios.

A *manutenção do status* dá-se mediante uma abundância de regras de descendência e de matrimônio. Todos os sacerdotes devem descender de sacerdotes e devem provar tal descendência mediante registro de linhagem (cf. F. Josefo, *Vita* 1). Não lhes era permitido casar com prostituídas, divorciadas, prisioneiras de guerra e, naturalmente, com estrangeiras (Lv 21,7; F. Josefo, *Ap.* 1,31). Para os sumos sacerdotes vigoravam regulamentações ainda mais rigorosas.

As *agudizações dos tabus* para os sacerdotes aumentam a distância em relação aos leigos. O tabu da impureza está ligado acima de tudo aos limites da vida: à morte e à doença, à sexualidade e à menstruação. Os sacerdotes devem manter-se distantes de todo e qualquer cadáver e só lhes é permitido realizar ritos fúnebres pelos parentes mais próximos (Lv 21,1-4. 11-12). As exigências de continência sexual para eles são maiores do que para os demais: os filhos de Eli perdem o direito de sua família ao sacerdócio porque dormem no santuário com mulheres que ali vêm para o culto (1Sm 2,22-24). O contato com o sagrado pode exigir abstinência sexual: antes da revelação no Sinai, Moisés e todo o povo devem abster-se de atividade sexual durante três dias (Ex 19,15).

As *amenizações dos tabus* para os sacerdotes são o reverso de sua "sacralidade" especial: eles também têm acesso ao sagrado lá onde outros ficam de fora. Para isso se estabelecem fronteiras hierárquicas: somente ao

---

[7] A respeito das categorias "sacralidade" e "pureza", cf. David P. Wright, Holiness (OT), *ABD* III, 237-249; Unclean and Clean (OT), *ABD* VI, 728-741; Robert Hodgson Jr., Holiness (NT), *ABD* III, 249-254; Hans Hübner, Unclean and clean (NT), *ABD* VI, 741-145.

sumo sacerdote é permitido entrar no santo dos santos uma vez por ano; nos átrios do Templo, apenas alguns sacerdotes escolhidos; no pátio dos sacerdotes, todos os sacerdotes; no pátio contíguo, todos os homens de Israel; o último pátio da área sagrada, também pelas mulheres. Fora do distrito sagrado, também aos pagãos é permitido entrar no terreno do Templo!

Em reação a isso, sempre existiram "tendências de democratização". Pois, a "sacralidade", com efeito, fundamentava a diferença de *status* no povo, mas também a diferença entre o povo de Israel e as demais nações. Exige-se de todo o Israel: "Sede santos, porque eu, Iahweh vosso Deus, sou santo" (Lv 19,2; cf. 22,31-33). A todo o Israel se promete: "Vós sereis para mim um reino de sacerdotes, uma nação santa" (Ex 19,6). Essa consciência de que todos são santos, pode levar à crítica da sacralidade sacerdotal privilegiada, como o demonstra a revolta do bando de Coré (Nm 16). As "tendências de democratização" que são reprimidas aqui, vão-se impondo cada vez mais no transcorrer do tempo: precisamente a época neotestamentária mostra diversos grupos especiais em Israel, os quais estendem a sacralidade sacerdotal a leigos, para assim precaver-se da separação das tradições autóctones contra os estrangeiros.

Se encontramos, no movimento de Jesus e no cristianismo primitivo, tendências de ampliar a sacralidade e as exigências de santidade, é porque estas pertencem a uma mudança de valores que acontecia em todo o judaísmo, pois no cristianismo primitivo as concepções de santidade dilatavam-se até a não-judeus, desde que aderissem à fé cristã.

A *asseguração do status* mediante descendência — portanto a primeira estratégia para o asseguramento de privilégios sacerdotais — é supressa no cristianismo primitivo e, na verdade, não apenas quanto ao ato de privilegiar uma elite do povo, mas também de privilegiar todo o povo. Já a pregação de Batista, em princípio, polemizava contra uma condição de sacralidade assegurada mediante a descendência de Abraão (Mt 3,9 e par.). Todos os israelitas devem adquirir uma nova condição de santidade por meio de um rito de purificação — o Batismo. No cristianismo primitivo, esse Batismo está ligado ao Espírito Santo. O Espírito torna-se o poder que confere o *status* e substitui a descendência genealógica. Isso pode ser exemplarmente observado em Jesus: o Espírito que sobrevem no Batismo confere-lhe sua condição de "Filho de Deus" (Mc 1,9-11), vale dizer, leva à proclamação pública desse *status* (Mt 3,17). Da mesma maneira, numa fórmula pré-paulina, o Glorificado recebe seu *status* de "Filho de Deus" por meio do "Espírito de santidade". Com isso, o *status* que Jesus já possuía como descendente de Davi é eliminado e superado (Rm 1,3-4). Os autores do evangelho de Mateus e de Lucas aceitam como inevitável certa tensão entre suas genealogias patrilineares e a concepção do testemunho espiritual de Jesus, a fim de mostrar: o verdadeiro fundamento do *status* messiânico de Jesus não é sua descendência real, mas, sim, seu testemunho mediante o Espírito. O testemunho do Espírito interrompe a genealogia. O interessante é que Mateus inclui entre os antepassados de Jesus quatro mulheres que contradizem as elevadas exigências de sacralidade para os matrimônios sacerdotais: Tamar era viúva, Raab, uma prostituída, Rute, uma estrangeira, Betsabeia, uma adúltera.[8] No entanto, Jesus é o Messias testemunhado pelo Espírito! Com isso ele se torna também um modelo para todos os cristãos. Com efeito, todos os cristãos têm seu *status* de "filhos de Deus" graças ao Espírito, independentemente de descendência e de origem (Rm 8,4; Gl 4,6). Todos são "santos" (cf. Rm 1,7; 1Cor 1,2 e mais). A expressão "os santos" logo cedo se torna uma autodesignação de todos os cristãos: todos são aquilo que, de outra forma, em sentido enfático, apenas os sacerdotes eram.

Com o *status* de santidade, as *agudizações dos tabus* são estendidas a todos? De fato, constata-se uma intensificação de normas. A questão, porém, é: até que ponto elas são inspiradas culticamente? Em Jesus, deparamo-nos aqui com um resultado aberto. Se ele, no dito sobre o divórcio, identifica um segundo casamento com o adultério, então aí subjaz uma concepção de matrimônio segundo a qual um matrimônio continua válido também para além da separação e do divórcio. As analogias e a inspiração para esse aguçado etos matrimonial podem ter sido as regras conjugais para os sacerdotes, segundo as quais aos sacerdotes era vedado contrair núpcias com divorciadas (Lv 21,7). Contudo, certamente não é isso. Ao mesmo tempo, nas palavras de Jesus pode-se apreciar a ascese sexual como eunuquismo por causa do Reino de Deus (Mt 19,12). Os eunucos eram excluídos do culto (cf. Dt 23,2). Aqui, as exigências de sacralidade

---

[8] Outras interpretações das quatro mulheres na genealogia do evangelho de Mateus são possíveis: 1. Considere-se a irregularidade do comportamento divino, que segue caminhos extraordinários. Isso diz respeito também à interpretação acima apresentada. 2. Pense-se em mulheres pecadoras. Isso não inclui Rute. 3. As mulheres pagãs devem tornar claro o direito do Messias também sobre os pagãos. Aqui, porém, não se pode estabelecer nenhuma relação com Maria. Quanto às diversas interpretações, cf. Ulrich Luz, *Das Evangelium nach Matthäus*, EKK I,1, Zürich: Benizer/Neukirchen-Vluyn: Neukirchener 1985, 93-94.

são conscientemente supressas: aquilo que torna inapto para o culto, confere proximidade ao Reino de Deus! Ademais, não se deve esquecer que a moral sexual ascética nas palavras de Jesus confronta-se com uma moral sexual expressamente tolerante em alguns relatos sobre o trato de Jesus com as mulheres (Lc 7,37-39; Jo 8,2-4).

A moral sexual tolerante está ausente em Paulo. Aqui, encontramos tão-somente as exigências de um estrito controle sexual, fundamentado agora explicitamente no caráter sacerdotal da vida cristã: "Fugi da fornicação!... Ou não sabeis que o vosso corpo é templo do Espírito Santo, que está em vós...?" (1Cor 6,18.19). A primeira exigência da santidade de vida prescrita por Deus é a rejeição da fornicação (1Ts 4,3). Contudo, em Paulo, não somente o etos sexual é compreendido como expressão da "santidade" de vida. Se o corpo do cristão é um templo, então ele realiza, com toda a sua vida, nesse templo, o "sensato culto a Deus": os cristãos devem oferecer a Deus seus corpos como "sacrifício vivo e santo" (Rm 12,1). Sob esse título, encontra-se a parênese que abrange toda a vida cristã: prudência no convívio na comunidade, amor uns aos outros e para com os de fora, lealdade para com o Estado etc. A ética sexual só é tocada completamente à margem (cf. Rm 13,13). Esse "culto a Deus no cotidiano do mundo" não é nenhum comportamento de indivíduos isolados. É comportamento no âmbito da comunidade. Pois a própria comunidade é o novo templo de Deus (1Cor 3,16-18). Desde a morte de Cristo, a vida dela é uma páscoa constante, na qual se trata de desfazer-se do antigo fermento — ou seja, afastar-se de toda imoralidade (1Cor 5,6-7). Por meio de Cristo, todos, desde sua conversão, foram lavados, santificados e justificados" (1Cor 6,11). A purificação ritual, o Batismo (ao qual se alude com a expressão "lavar-se"), leva à santificação. Esta, mais uma vez, consiste numa nova vivência ética da justiça. No cristianismo primitivo, passa-se de uma santificação cultual a uma conduta de vida ética no âmbito da comunidade. Enfatize-se que, com isso, ela mostra seu caráter judaico: a penetração de toda a vida pelos mandamentos rituais e éticos da Torá, sem que se faça uma distinção fundamental entre eles, é uma característica das comunidades e grupos judaicos. Mesmo quando os cristãos desistem de alguns comportamentos rituais — especialmente aqueles que se prestavam à identificação dos judeus —, com a santificação de toda a vida eles ainda dão continuidade a uma profunda concepção judaica. E se eles, com isso, estendem a toda a vida concepções sacerdotais, isso corresponde também a tendências do judaísmo de então.

Um exemplo clássico dessa transmissão de *status* e comportamento sacerdotal a todos os membros da comunidade é 1Pd: os cristãos, como comunidade, constituem "edifício espiritual e um sacerdócio santo, a fim de oferecer sacrifícios espirituais" (2,5). Eles possuem uma elevada condição como "raça eleita, sacerdócio real, nação santa" (2,9), à qual agora pertencem também aqueles que originalmente não faziam parte do povo de Deus (2,10). Imediatamente depois disso, segue-se a exortação a comportar-se de forma exemplar entre os gentios (2,11-12) — e isso, não obstante os cristãos, de certa forma, agirem contra o consenso de todo o mundo circundante: eles abandonaram o modo de vida herdado dos pais, e mais ainda: eles consideram a ruptura com a tradição como libertação: "Pois sabeis que não foi com coisas perecíveis, isto é, com prata ou com ouro, que fostes resgatados da vida fútil que herdastes dos vossos pais, mas por sangue precioso de Cristo..." (1,18-19). Somente mediante o abandono de sua vida passada, mediante a ruptura com as tradições, é que eles alcançaram a santidade:

> Como filhos obedientes, não consintais em modelar vossa vida de acordo com as paixões de outrora, do tempo da vossa ignorância. Antes como é santo aquele que vos chamou, tornai-vos também vós santos em todo o vosso comportamento (1Pd 1,14-16).

Também aqui a santificação é claramente uma nova forma de vida no âmbito da comunidade, distanciamento do modo de vida gentio. E, apesar de a carta de Pedro preconizar assim uma ética da conformação e da disposição para a autoestigmatização mediante o suportar o sofrimento, ele exorta a tal humilde atitude em aristocrática consciência: aqueles que padecem como escravos ou como cristãos, na verdade são uma raça régia!

No lidar com os valores sacerdotais da santidade e da pureza, pode-se também falar de uma transferência para baixo de valores aristocráticos. Como em nenhum outro lugar, essa transferência para baixo está ligada a uma crítica às elites sacerdotais tradicionais. Delas, porém, não se tomam apenas (de forma modificada) as concepções de uma vida boa, mas também os meios para criticar a exclusividade sacerdotal.

Precisamente as *agudizações de tabus* sacerdotais (portanto, o direito deles de poderem transgredir algumas normas cultuais que valiam inquestionavelmente para os leigos) é que se tornam argumentos contra as normas cultuais. Já no evangelho de Marcos, a liberdade de colher espigas em dia de sábado fundamenta-se no comportamento do rei Davi e do sacerdote Abiatar (Mc 2,23-28), apesar de Davi não ter violado nenhum sábado quando comeu os pães da proposição, e as espigas do campo serem algo diferente dos pães ázimos do templo. Trata-se de algo mais decisivo: assim como o rei Davi reivindicou para si um privilégio dos sacerdotes, assim também agora os discípulos de Jesus assumem um direito régio ao infringir o sábado. Eles se apropriam de prerrogativas sacerdotais a fim de anular exigências cultuais-sacerdotais. Mateus intensificou ainda mais os argumentos correspondentes (Mt 12,1-3): ele aponta para o serviço sacerdotal no Templo em dia de sábado. Se os sacerdotes trabalham no dia de sábado, assim também aos cristãos é permitido trabalhar — especialmente quando o fazem por causa da misericórdia, que deve ser considerada mais valiosa do que os sacrifícios. Elucidativo é o modo como ele fundamenta a segunda infração do sábado: a cura em dia de sábado de uma pessoa com a mão atrofiada, que vem imediatamente depois da narrativa da colheita das espigas. Mateus acrescenta (para além de Marcos) o argumento da ovelha que caiu numa cova, de resto corrente em outros debates judaicos em torno do sábado: "Quem haverá dentre vós que, tendo uma só ovelha e caindo ela numa cova em dia de sábado, não vai apanhá-la e tirá-la dali?" (Mt 12,11). É completamente claro que ele pressupõe pessoas que possuem apenas uma ovelha. Aqui se tem em mente as pessoas simples e pobres. Contudo, precisamente a elas vem atribuída a autoconsciência de sacerdotes e reis.

Essa maneira livre e provocativa de lidar com normas e tabus cultuais tinha de levar a conflitos com os sacerdotes, tanto mais que Jesus, com sua profecia acerca do Templo, atacava diretamente o centro cultual do judaísmo. Os sábios concorrentes (os escribas fariseus) colaboram menos com sua morte do que os sacerdotes saduceus. E, depois de sua morte, eles permanecem os opositores mais importantes do movimento de Jesus no judaísmo.

A atitude em relação ao Templo permite ilustrar também a última tendência a essa mudança de valores a ser aqui discutida: a desnacionalização da santidade. Talvez em nenhuma outra parte o poder de definição de determinações sacrais foi tão maciçamente atuante quanto na segregação dos gentios do templo. Ao redor do átrio interno do templo foram postas inscrições que ameaçavam de morte qualquer estrangeiro, caso penetrasse no átrio interno.[9] A ameaça era sinistramente formulada: "Cada um será a causa da própria morte". Um linchamento também não estava completamente excluído de tal ameaça, pois ficava em aberto quem provocava a morte. Os primeiros cristãos (talvez em razão de palavras de Jesus acerca de peregrinação das nações) esperaram que essa exclusão dos gentios do Templo fosse suspensa num futuro próximo. Na purificação do Templo, em Marcos, Jesus exprime essa esperança com palavras tiradas de Is 56,7: o Templo deve ser um lugar de oração para todas as nações (Mc 11,17). Estêvão talvez tenha representado essa esperança. Ela poderia estar por trás da acusação de que ele esperava a destruição do templo por Jesus e uma "futura"(!) mudança dos costumes de Moisés (At 6,14). Se ele tivesse profetizado que, no futuro, a exclusão dos pagãos seria suspensa, seria compreensível se Estêvão foi eliminado (numa interpretação extensiva das inscrições de advertência) mediante linchamento! Mais tarde, Paulo será acusado de ter introduzido um pagão no átrio interior do Templo (At 21,28), e também ele quase foi vítima de linchamento e assassinato. Na acusação contra Paulo é tanto mais certo que a abertura do Templo correspondia às expectativas de Paulo e de outros cristãos. O próprio Paulo podia compreender seu trabalho missionário entre os gentios como um serviço sacerdotal, "a fim de que as nações se tornem oferta agradável, santificada pelo Espírito Santo" (Rm 15,16). De fato, ele quer conduzir os pagãos ao Templo. Todas as nações devem ser santificadas. Não há dúvida alguma: no cristianismo primitivo, o mandamento — "ser santo, porque Deus é santo" — estende-se do povo de Israel a todas as nações (1Pd 1,14-16; 2,10).

Também no trato com os valores sacerdotais da pureza e da santidade, aparece a unidade entre mito e etos, etos e comunidade. Se o poder sacerdotal consiste em definir e "distribuir" o sacro e o profano, a santidade e a maldição, o pecado e a justiça, dá-se, então, uma mudança radical nessa distribuição: os pagãos, anteriormente tidos como "ímpios", tornam-se "santos", os pecadores são justificados. A isso corresponde, no mito de

---

[9] A proibição de os gentios não pisarem no átrio interno do Templo é bem atestada tanto literária quanto arqueologicamente. As inscrições de advertência são mencionadas diretamente em F. Josefo, *Ant.* 15,417; *Guerra*, 5,194; 6,124-126. Foram encontrados dois exemplares. Cf., ademais, Fílon, *legGai* 212; At 21,27-28; F. Josefo, *Ap* 2,102-104; *Bell,* 2,341; 5,402.

Cristo, que Cristo, como inocente, tomou a culpa sobre si; como justo, padeceu; como abençoado, carregou a maldição. Como Paulo, em relação aos outros valores cuja reavaliação ele "codifica" nas imagens de sua cristologia e, com isso, passa inteligivelmente a ideia, assim também aqui: o evento Cristo realiza não apenas uma inversão de poder e fraqueza, de riqueza e pobreza, de sabedoria e loucura, mas também de pecado e justiça:

> Pois era Deus que em Cristo reconciliava o mundo consigo... Aquele que não conhecera o pecado, Deus o fez pecado por causa de nós, a fim de que, por ele, nos tornemos justiça de Deus.
> (2Cor 5,19.21).

> Ou: Cristo nos resgatou da maldição da Lei tornando-se maldição para nós... a que de que a bênção de Abraão em Cristo Jesus se estenda aos gentios.
> (Gl 3,13-14).

Paulo ainda não havia desenvolvido sistematicamente tal cristologia em categorias cultuais. Mas alguns elementos dela já se encontram nele: a concepção da morte expiatória substitutiva, da entronização sacerdotal do ressuscitado perante Deus (Rm 8,34). Consequente e plenamente elaborada, encontramos tal cristologia em categorias cultuais somente na carta aos Hebreus. Ela une duas imagens fundamentais: por um lado, o mundo é um templo, no qual o santo dos santos, Cristo, penetrou; por outro lado, a história é um caminho no deserto, palmilhado pelo povo de Deus. A conexão das duas imagens (distribuída nas partes dogmáticas e parenéticas de Hebreus) realiza uma transformação de valores cultuais: o sumo sacerdote, Cristo, penetrou certamente uma única vez no santo dos santos, mas ele não é o único a entrar aí: ele abre o caminho para todos os membros do povo de Deus (Hb 10,20). Ele se tornou o precursor deles (6,20). No culto cósmico, não há mais sacerdotes e leigos. Todos encontram o acesso ao santuário — a meta da grande peregrinação pela história: a cidade do Deus vivo (12,22). Esse caminho foi aberto por Cristo, mas percorrido mediante a confirmação ética dos cristãos. O sacrifício do sumo sacerdote celestial aconteceu, a fim de purificar "nossa consciência de obras mortas" (9,14). O culto possibilita a libertação de uma "má consciência" (10,22). O caminho de todos para Deus é a conservação da fé como perseverança e confiança na marcha através da história. Essa comunidade abandonou as hierarquias sacerdotais: ao lado do único sumo sacerdote, não há espaço para uma multidão de sacerdotes sobre a terra. Tudo isso pertence ao velho mundo passageiro!

No final de nossas exposições, voltamos ao nosso ponto de partida. Procuremos, mais uma vez, resumir brevemente as ideias fundamentais, antes de ligarmos a isso alguns pensamentos que nos levam mais adiante. O etos primitivo cristão é constituído por dois valores fundamentais: pelo amor ao próximo e pela humildade. Esses dois valores fundamentais ultrapassam as fronteiras entre grupos internos e externos no amor ao próximo radicalizado, que diz respeito também aos estrangeiros, ao inimigos e aos pecadores. Eles suplantam os limites entre os superiores e inferiores na humildade radicalizada, que não é atribuída apenas aos que se acham em plano inferior, mas também aos de *status* elevado, e se torna critério de poder e de autoridade. Em sua dimensão vertical e horizontal, esses dois movimentos desbaratadores de fronteiras impregnam também o restante do etos cristão primitivo, ou seja, as concepções a propósito do trato com o poder e os bens, com a sabedoria e a santidade. Aqui, trata-se sempre de uma "descida" de valores da classe superior, que se cruza com uma "subida" de valores da classe inferior; e aqui se trata sempre de uma desnacionalização de concepções de valores, que se liga com uma aculturação ao etos de outras nações.

É oportuno resumir, mais uma vez, os dois valores fundamentais do cristianismo primitivo, e fundamentá-los num valor comum. Comum a ambos é o fato de eles partirem de um valor da pessoa humana, independentemente de *status* e de pertença a um grupo. De fato, naquele tempo, na virada do século, descobriu-se o valor do ser humano, independentemente da pertença a um *status* ou a um grupo não somente no cristianismo primitivo, mas também, paralelamente, no judaísmo e na filosofia.[10]

No cristianismo primitivo, o *Sitz im Leben* social de tal etos são grupos nos quais não somente no discurso ético, mas também na vida real, camada superior e camada inferior, judeus e gentios são mais aproximados do que costumavam ser na sociedade — mesmo que, no caso da classe superior, se tratasse de uma classe superior de periferia, sem influência política. Esses grupos reunidos socialmente desenvolveram-se até se tornarem uma grandeza autônoma, ao lado das duas unidades sociais decisivas da sociedade antiga: a família e o Estado, *oikos* e *polis*, respectivamente. Não obstante se tenham originado de um movimento dissidente de animados andarilhos

---

[10] Cf. Gerd Theissen, Wert und Status des Menschen im Urchristentum, *Humanistische Bildung* 12 (1988), 61-93.

carismáticos, com um etos radical, esses grupos, em tempo relativamente curto, tinham-se tornado independentes de suas origens, desenvolvendo-se num etos muito mais moderado. Mas também nesse etos moderado, a radicalidade original continuava a produzir seus efeitos. Pois as comunidades precisavam delimitar suas fronteiras contra as demais unidades sociais da sociedade antiga. Mantiveram-se as tensões em relação à família. Numa reação contra o etos crítico da família, desenvolveu-se até mesmo uma ética expressamente defensora da família (o "patriarcalismo amoroso" do lar cristão, tal como o encontramos na forma mais pura nas cartas deutero-paulinas). No entanto, não é nenhum acaso que também agora as palavras de Jesus que expressavam uma postura crítica em relação à família tenham sido transmitidas e usadas: em caso de conflito, a comunidade se posicionava de tal forma que suas convicções contra os laços familiares prevalecessem. Permaneceram igualmente tensões no confronto com o Estado. Numa reação contra as tendências críticas em relação ao Estado, desenvolveu-se até mesmo um etos de uma acentuada lealdade ao Estado (em Rm 13,1-7 e 1Pd 2,13-17). Mas também aqui não foi mera coincidência que as tradições críticas perante o Estado tenham permanecido vivas. Pois, em caso de conflito, a comunidade esperava que também aqui, o cristão, por causa de suas convicções, rejeitasse a obediência ao Estado: o martírio era uma (rara) possibilidade. E estava ligada a um alto "prestígio" na comunidade.

A dinâmica social por trás do etos cristão primitivo, apenas brevemente aqui esboçada, pode talvez explicar a tensão fundamental nesse etos: a tensão entre radicalização da exigência e da graça, entre agudização de normas e aceitação social. Essa tensão está radicada, no final das contas, na estrutura mesma desse etos: quem radicalizar o amor ao próximo e a humildade em relação às outras pessoas, deve tão-somente intensificar esses mesmos valores em relação a si mesmo — e atinge, depois, o etos da autoaceitação, não obstante todas as deficiências. Mas, enfim, como se chega à radicalização pressuposta? Certamente todas as normas éticas tendem a isso. No dia-a-dia, elas só são realizadas com empenho. Elas provocam em si mesmas uma tensão entre o etos ideal e o real. Mas deve ter havido condições concretas para que o etos radical se tenha imposto.

Em minha opinião, pode-se chegar à radicalização das exigências quando as pessoas simplesmente começam a imitar e praticar valores aristocráticos — acima de tudo, quando elas não apenas assumem as normas no que diz respeito ao conteúdo, mas também a autocompreensão aristocrática a elas ligada: a pretensão de fazer melhor do que os outros. De fato, os primeiros cristãos queriam realizar uma justiça melhor (Mt 5,20). Eles queriam ser "luz do mundo" e "sal da terra" (Mt 5,13-16). Eles queriam também lá, onde partilhavam o consenso de seu ambiente, superá-lo: a pretensão deles era não apenas ser pessoas boas, mas, sim, melhores. Mesmo nos códigos familiais "conservadores" experimenta-se isso. Eles visam não apenas a escravos bons, mas a irrepreensíveis; não apenas a mulheres bondosas, mas exemplares; não apenas a bons cidadãos, mas a cidadãos modelos. Comunidades nas quais grupos superiores e inferiores se juntam como em nenhuma parte da sociedade, oferecem a oportunidade para essa "transferência para baixo de valores da classe superior" — e a radicalização do etos ligada a isso. O impulso para esse processo deve ter partido do movimento original de andarilhos carismáticos sem-teto. Quem se põe à margem de todos os compromissos com a sociedade pode também transpor as fronteiras de *status* e de hierarquias em seu modo de pensar e em seu projeto de vida.

Da mesma maneira, a radicalização da graça deve ter tido um "*Sitz im Leben*" e uma função na vida das comunidades cristãs primitivas. Com efeito, essas comunidades recém-fundadas tiveram de desenvolver um alto poder de integração — tanto mais se levarmos em consideração que elas queriam congregar pessoas de origem completamente diferente, de diversas culturas, de variados *status*. Essa integração estaria fadada antecipadamente ao malogro se as exigências radicais de um comportamento pró-social não fosse contrabalançado por um etos que conta com o fracasso concreto das pessoas, e encontra caminhos que possibilitem aos fracassados e aos culpados um convívio em autoestima. Por isso, os grupos cristãos primitivos só podiam empenhar-se em viver seu etos radical do amor e da humildade porque eles possuíam igualmente uma convicção radical da dignidade do pecador: ele é o amado por Deus. A salvação diz-lhe respeito. Ele tem a oportunidade de um recomeço.

Essa coexistência de um etos radical com a mediocridade humana comum foi esclarecida pelo fato de o etos cristão primitivo ter-se inscrito no evento Cristo (numa conexão singular entre história e mito). Não se tratava apenas de um etos da conduta humana, mas do etos do comportamento divino. O próprio Deus realizou aquela transformação de valores que fazia do forte fraco, da propriedade a pobreza, da sabedoria a loucura e do pecado a justificação. Tudo isso aconteceu no destino do Filho de Deus — e de modo especial mediante seu caminho para a cruz e sua superação na ressurreição. Enquanto o etos cristão primitivo estivesse firmemente inscrito nesse mito, ninguém mais o poderia apartar das convicções fundamentais cristãs primitivas. Caso a vida real da comunidade chegasse a distanciar-se dele, ela poderia renovar-se sempre a partir dessa narração fundamental da fé cristã.

A propósito, na narração fundamental mítico-histórica do cristianismo primitivo volta a tensão de base do etos cristão primitivo. De um lado, a grande ênfase reside no fato de um ser divino ter vindo a esse mundo. Ele se fez gente, deveras: carne, sofrimento e morte. Nele, a divindade assumiu em si mesmo a realidade humana finita e distanciada de Deus. A assunção do imperfeito, do refratário a normas e do desviado corresponde à radicalização da graça. De outro lado, pertence a essa narração fundamental mítico-histórica a superação dessa realidade por meio da ressurreição. Com ela, uma nova realidade começa em meio ao velho mundo. Com ela se abrem novas possibilidades de relacionamento. A isso corresponde a radicalização das exigências em cuja base está a visão de uma nova criatura que está completamente penetrada pelo amor a Deus e a seu próximo, que não faz de seu semelhante nem objeto de sua cobiça sexual nem objeto de agressividade desenfreada, que na luta pela sobrevivência espalha a paz e que renuncia à mentira e ao logro, que é movido pela bem-aventurança: "Felizes os puros de coração, porque verão a Deus" (Mt 5,8).

Para concluir, uma observação pessoal: minha apresentação do etos cristão primitivo poderá parecer demasiado "positiva" para alguns. Será que um homem moderno não projetou aqui suas concepções de um etos universalizável na análise do cristianismo primitivo? Talvez se possa fazer uma contrapergunta: um etos moderno, voltado para um entendimento mais comunicativo, estaria talvez mais marcado por tradições cristãs do que ele próprio imagina? Podemos deixar a questão aberta. O cristianismo primitivo não é apenas etos. É também mito e rito. E aqui nos deparamos (especialmente na linguagem ritual de sinais) com concepções chocantes e antiquadas. No entanto, é possível que precisamente nelas resida o vértice dos ritos cristãos primitivos.

Parte III

A LINGUAGEM SIMBÓLICA RITUAL DO CRISTIANISMO PRIMITIVO

Capítulo 7
O SURGIMENTO DOS SACRAMENTOS CRISTÃOS PRIMITIVOS A PARTIR DE AÇÕES SIMBÓLICAS

As religiões são sistemas simbólicos que remetem a uma realidade definitiva. Quem estuda a história da religião cristã primitiva pode perceber o surgimento de um novo sistema religioso de sinais ou, para expressá-lo numa imagem: a construção de uma catedral semiótica. Seu material de construção são sinais em três formas diversas: uma linguagem simbólica narrativa constituída por mito e história, uma linguagem simbólica normativa composta de imperativos e expressões valorativas e uma linguagem simbólica ritual formada, acima de tudo, pelos sacramentos cristãos primitivos do Batismo e da Eucaristia.[1] Depois de termos discutido a linguagem simbólica narrativa e normativa do cristianismo primitivo, nesses dois capítulos subsequentes voltamo-nos para a linguagem simbólica ritual. Ela é amiúde subestimada porque no N.T. apenas uns poucos textos se referem aos ritos cristãos primitivos. Contudo, ela é de grande importância: nos ritos, concentra-se todo o sistema simbólico de uma religião. O contexto comportamental primário de um mito religioso é o rito, não o etos. Mas o que é um rito?[2] Ritos são ações que se tornam um fim em si mesmas

---

[1] "Ritos" é a noção mais ampla, "sacramentos", a mais restrita, que enfatiza apenas dois ritos, os quais, no interior da religião cristã primitiva, são particularmente importantes: o Batismo e a Eucaristia. Ambos se acham numa relação particularmente estreita com a narrativa cristã primitiva de base. Somente eles remontam a gestos e a palavras de Jesus, somente eles estão intimamente ligados a sua morte e ressurreição. Os dois possuem particular importância para o etos cristão primitivo — como ponto de partida para a parênese (assim o Batismo) e como fundamento da comunidade (a Eucaristia, por sua vez). Em minha opinião, não se trata de uma pré-compreensão confessional se apenas esses dois ritos são considerados "sacramentos" nesta teoria da religião cristã primitiva. Como se sabe, na verdade somente no protestantismo é que eles são considerados os únicos sacramentos, ao passo que o catolicismo, além desses, considera como sacramentos a Confirmação, a Penitência, a Unção, a Ordem e o Matrimônio. Nesse ponto ele tem razão, visto que também eles pertencem à linguagem ritual simbólica da religião cristã primitiva — e está certo ainda em incluir nessa linguagem ritual de sinais muitos outros atos simbólicos, os assim chamados "sacramentais": dedicações, bênçãos, exorcismos.

[2] Cf. Bernhard Lang, Ritual/Ritus, *HRWG* IV, 1998, 442-458: "'Ritual' é um conceito genérico para atos religiosos que, em determinadas circunstâncias, são realizados de modo igual, cujo desenrolar-se é determinado pela tradição ou pela prescrição, e que podem comportar gestos, palavras e o uso de objetos" (p. 442-443).

pela observância de regras estritas. Por conseguinte, não precisam possuir ainda caráter religioso. O cotidiano profano está também cheio de ritos. Contudo, as próprias cerimônias secularizadas possuem frequentemente uma aura religiosa. Por quê? Existem duas razões para isso.

A primeira razão: a regulamentação rigorosa torna os ritos independentes do espaço e do tempo, de forma que eles, como sequência de ações idênticas, são repetíveis. São meios privilegiados de se estruturarem o espaço e o tempo por meio de festas periódicas, e de se conservar ou renovar a identidade do ser humano ao longo das transformações mediante ritos de passagem. Utilizando sua identidade independente do tempo e do espaço, eles possibilitam um "desembarque" do rio da efemeridade. Por isso, as pessoas os experimentam sempre de novo como uma irrupção do "eterno" no tempo.

A segunda razão: os ritos estão livres do utilitarismo cotidiano. Uma ação que é, ela mesma, o fim, só pode tornar-se representação simbólica da realidade última, que é, em si mesma, fim, sentido e valor — e da qual depende tudo o que tem sentido e valor. O regulamentário, em si, é santificado no rito. Por isso eles são meios singulares para a representação das regras fundamentais da vida em comum, as quais são imprescindivelmente obrigatórias para todos — portanto, aquilo que permite uma coordenação entre comportamento, pensamento e sentimento.

Como ação regulamentada que tem fim em si mesma, o rito se opõe ao caos, ou seja, à essência do anormal, do desordenado, do destrutivo. Os ritos ajudam na defesa contra o caos. Ou, dito de outra maneira: eles preservam da angústia que precipita o ser humano num caos psíquico[3], e da agressão, que leva os grupos ao caos social. Essa defesa contra o caos ou contra a dissolução da ordem vigente não acontece, porém, pela repressão do caos, mas, sim, por meio de sua admissão ritualizada. V. Turner[4] demonstrou: ritos de passagem subtraem o ser humano às antigas estruturas

---

[3] Sigmund Freud, Zwangshandlungen und Religionsübungen, in: *Gesammelte Werke* 7, Frankfurt/M.: Fischer 1941, 129-139, devido a essa função de defesa contra a angústia, estabeleceu um paralelo entre ações compulsivas e rituais religiosos, mas em seu ensaio, de forma alguma ele avalia negativamente os rituais religiosos. Eles não se fundamentam em recalques de impulsos inconscientes, mas assentam-se sobre a renúncia consciente ao gozo de instintos socialmente prejudiciais. Apenas de forma secundária é que ele menciona rituais religiosos neuróticos, como algumas atitudes penitenciais.

[4] Cf. Victor Turner, *The Ritual Process, Structure and Anti-Structure*, Chicago: Aldine 1969. Sua teoria do ritual está citada em Rolf Gehlen, Liminalität, *HRWG* IV, 1998, 58-63. Uma aplicação frutuosa ao Novo Testamento encontra-se em Christian Strecker, *Die liminale Theologie des Paulus. Zugänge zur paulinischen Theologie aus kulturanthropologischer Perspektive*, FRLANT 185, Göttingen: Vandenhoek 1999.

da sociedade e introduzem-no numa espécie de contrassociedade na qual se constrói uma antiestrutura para a organização da sociedade. E eles o conduzem dessa situação-limite para uma nova ordem. O que é válido para os ritos de passagem, vale também para outros ritos que retornam periodicamente. Pense-se nos saturnais, nos quais a ordem social era invertida e os escravos tornavam-se temporariamente senhores. Por conseguinte, deve-se esperar encontrar em todos os ritos elementos de uma antiordem que permite precisamente aquilo que de outra forma seria tabu. Daí não se deve concluir que o grupo em questão deseja suprimir tais tabus. Ao contrário. Sua supressão ritualmente admitida (muitas vezes apenas simbolicamente indicada) deve, na verdade, fortalecer os tabus e as normas. A superação do caos psíquico e social acontece não por intermédio da repressão e o recalque do caótico, mas, sim, por meio de sua admissão e configuração rituais.

A religião cristã primitiva oferece uma oportunidade única de se estudar uma linguagem simbólica ritual. Pois, de certa forma, ela surge aqui "diante dos nossos olhos". Nela podemos observar uma vigorosa transformação da linguagem ritual tradicional: naquele tempo, os sacrifícios foram substituídos por uma nova linguagem ritual — no judaísmo, em algumas correntes filosóficas e no cristianismo primitivo. Por razões muito diferentes, nesses três campos chegou-se à eliminação do culto sacrifical. De início, descreveremos essa nova linguagem ritual de sinais como um todo. A seguir, observaremos sua origem e mudança.

A linguagem simbólica ritual do cristianismo primitivo como um todo

Salientamos, acima, duas funções privilegiadas do rito: a estruturação do tempo e a coordenação das pessoas. Ambas as funções estão presentes em cada rito. No entanto, às vezes, em "ritos" especiais, elas se sobressaem de forma particularmente clara. Assim, de fato, no Batismo e na Eucaristia.[5]

---

[5] Para o capítulo seguinte, no que toca a Eucaristia, remeto a: Gerd Theissen/Annete Merz, *Der historische Jesus*, §13, 359-385; quanto ao Batismo: Gerd Theissen, Die urchristliche Taufe und die soziale Konstruktion des neuen Menschen, in: J. Assmann/Stroumsa, G. (ed.), *Transformations of the Inner Self in Ancient Religions*, Leiden: Brill 199, 87-114; Petra von Gemünden, Die urchristliche Taufe und der Umgang den Affekten, in: J. Assmann/Stoumsa, G. op. cit., 115-136.

A estruturação do tempo biográfico se dá por ritos de passagem, ou seja, por meio de ritos de transformação que acompanham a vida em todas as transições, desde o nascimento até o túmulo. Alguns desses ritos se afastam dessas relações biográficas padronizadas, por exemplo, os ritos de iniciação dos cultos mistéricos, que se baseiam numa decisão livre de aderir a um culto, e que não estão ligados a determinado setor da vida. O Batismo primitivo cristão é um desses ritos de iniciação.

Na Antiguidade, em contrapartida, a organização da vida nas comunidades se dava acima de tudo mediante sacrifícios, especialmente onde eles estavam ligados a refeições comunitárias. A ceia eucarística cristã primitiva é, sem dúvida, um rito de integração (sempre repetido) que renova a coesão da comunidade.

Dessa forma, as duas funções básicas do rito sobressaem-se respectivamente, de forma unilateral, nos dois sacramentos cristãos primitivos. O Batismo é o rito de iniciação decisivo, enquanto a Eucaristia é o rito central de integração. Contudo, seria falso limitar a nova linguagem simbólica ritual a esses dois ritos. Ao contrário, ao lado deles, encontramos ainda outros gestos e atitudes não-verbais, que possuem caráter ritual. Com essa linguagem simbólica, partes importantes do corpo adquirem qualidade semântica:

Na imposição das mãos, as *mãos* tomam o sentido de representar de forma simbólica, no Batismo, a comunicação do Espírito. Todo cristão recebe, por meio dele, um *status* elevado. Consequentemente, não admira que a imposição das mãos sirva para a ordenação dos ministros (1Tm 4,14; 2Tm 1,6), independentemente do fato de desempenhar também um papel importante nas curas.

Os *pés* estão no centro do lava-pés (Jo 13,1ss). Esse rito se liga a um gesto de hospitalidade. Por meio do lava-pés mútuo, os seguidores de Jesus simbolizam a "humildade", ou seja, sua renúncia ao poder. Por outro lado, o gesto de "bater o pó" dos pés é a execução ritual de um rito de separação e de distanciamento por ocasião de uma hospitalidade recusada (cf. Lc 10,10-12 par).

A *cabeça* é incluída na linguagem simbólica ritual pelo "ósculo santo" (cf. 1Cor 16,20; 2Cor 13,12; Rm 16,16; 1Pdr 5,14). O gesto fala por si: ele simboliza o mútuo afeto fraterno dos cristãos.

A *língua* também se transforma num órgão de uma linguagem simbólica ritual. O falar em línguas (ou glossolalia) é uma ritualização da linguagem: ela se despoja do utilitarismo do cotidiano e encontra uma nova aplicação como expressão emocional de situações extáticas (cf. 1Cor 12,10.30; 13,1; 14,1ss). O som do alaúde certamente não está ritualisticamente atestado, mas a irrupção da glossolalia no âmbito de uma liturgia mostra o caminho para uma firme ritualização.

Como toda língua, também a linguagem simbólica ritual, em seus diversos elementos, forma um "todo" que adquire seu sentido mediante uma rede de oposições, antônimos e sinônimos, e no qual algumas partes são mais centrais do que outras. A linguagem simbólica ritual como um todo poderia expressar que na religião cristã primitiva todo o corpo dever tornar-se "uma oferenda viva", oferecida a Deus no dia-a-dia. O significado central do Batismo e da Eucaristia, porém, exige uma explicação especial, tanto mais que os dois ritos se impuseram em oposição a outros: assim, em Corinto havia esforços no sentido de transformar a glossolalia em ritual de iniciação decisivo; apenas os que falavam em língua seriam, pois, cristãos em sentido próprio. E no evangelho de João, é visível a tendência de aprofundar a Eucaristia por meio do lava-pés, quando não até mesmo substituí-la! Contudo, ambas as tendências não se impuseram. Isso deve ser atribuído a uma característica especial do Batismo e da Eucaristia, possivelmente a uma característica comum a ambos. Com efeito, o Batismo e a Eucaristia se distinguem por uma comunhão semântica: ambos foram (secundariamente) relacionados à morte de Cristo. A Eucaristia surgiu a partir da comensalidade de Jesus. Em memória da última, ela está relacionada com a morte de Jesus! E essa morte de Jesus substitui, por outro lado, os sacrifícios antigos.

Se a linguagem simbólica ritual é um todo, então se pode dizer: como um todo, ela é contraposta à linguagem simbólica tradicional. Ela substitui os sacrifícios tradicionais. Ela realiza isso em seus dois ritos centrais, por uma estreita conexão com o sacrifício de Jesus na cruz. Ela perfaz isso, ademais, mediante uma porção de gestos rituais não-verbais, que transformam todo o corpo num "sacrifício" — com mão, pé, boca e língua. A partir disso, pode-se pressupor que a linguagem simbólica ritual do cristianismo primitivo, ao menos em parte, foi funcionalmente equivalente aos sacrifícios tradicionais.

Infelizmente, estamos muito longe de uma teoria geral do sacrifício.[6] Todavia, segundo minha opinião, diversos aspectos nas teorias atuais do sacrifício deixam-se integrar, quando se percebe na práxis sacrifical, como ainda o demonstraremos, uma representação simbólica da realidade de que a vida vive à custa de outra vida — e ao mesmo tempo uma tentativa de tirar proveito para si dessa circunstância: a própria vida deve ser assegurada ou incrementada pela doação ou até destruição de outra vida. A esse propósito, deve-se considerar que somente em casos extremos é que conflitos em torno de oportunidades de vida se manifestam em agressões mútuas diretas (por conseguinte, é unilateral a interpretação do sacrifício apenas como expressão de agressão e como meio de assimilação da agressão). O conflito se mostra também na concorrência pelos mesmos bens. Revela-se na permuta unilateral de bens, na qual uma das partes é prejudicada. Mesmo quando alguém compreende o sacrifício como doação e não como morte substitutiva, com isso ele pode expressar a "lei de vida" comum de que a vida vive à custa de outra vida.

A nova linguagem simbólica ritual do cristianismo primitivo poderia indicar, portanto, que algo mudou no entregar-se a essa "luta pela vida": se o único sacrifício de Cristo substitui os diversos sacrifícios que se repetem, então com isso se expressaria: a promoção da vida não acontece apenas mediante a oferta de outra vida ou somente à custa de outra vida — ao contrário, o proveito da vida pode também acontecer pela doação da própria vida em favor de outra vida.

Se essa suposição (provisória) está correta, os sacramentos cristãos primitivos, em sua íntima ligação com a morte sacrifical de Cristo, expressariam uma afirmação central da ética e da narrativa fundamental do cristianismo primitivo. Precisamente por isso, devemos perguntar criticamente: como se deu, afinal de contas, essa estreita ligação entre a morte sacrifical de Cristo e os sacramentos cristãos primitivos?

---

[6] Cf. a definição de sacrifício em Hubert Seiwert, Opfer, *HRWG* IV, 1998, 268-284: o sacrifício é "um ato religioso que consiste no despojamento ritual de um objeto material" (p. 269). O despojamento é o denominador comum de todo tipo de sacrifício — e nele reside a possibilidade de enfatizar a ligação ou o distanciamento obtido mediante o despojamento de um objeto — no caso, trata-se ou de uma ligação com os deuses, ou de afastar estes em benefício da união entre as pessoas. Importantes sugestões agradeço ainda a Sigrid Brandt, *Opfer als Gedächtnis. Zur Kritik und Neukonturierung theologischer Rede von Opfer,* tese doutoral. Heildelberg 1997.

Ora, uma teoria geral do sacrifício é, por assim dizer, uma utopia. Com frequência, nas diversas teorias do sacrifício, costuma-se recorrer a uma suposta "cena primitiva" no início da práxis sacrifical.[7] Dessa forma, alude-se à necessidade experimentada pelas culturas que viviam da caça de, durante a caçada, direcionar todas as agressões a um objetivo — e excluí-las do próprio grupo caçador, bem como a necessidade de absolver-se pela usurpação da vida e dividir a presa de modo justo. O ritual sacrifical cumpriria essas funções. Contudo, com as razões para a origem do sacrifício, ainda não estaria esclarecido por que culturas agrícolas e sociedades citadinas, afinal, têm oferecido sacrifícios durante séculos.

Em minha opinião, o fim da secular práxis sacrifical, por volta da virada da época, oferece uma oportunidade de compreensão. Ela tem a vantagem de que não precisamos postular acontecimentos em obscuros tempos remotos, mas, sim, de poder interpretar fontes existentes. Para o culto sacrifical, os resultados que se obtêm a partir de seu fim, são, naturalmente, em seu modo, exatamente tão limitados quanto os que procedem de sua postulada situação de origem. Mas eles também têm o direito de fazer parte de uma teoria geral do sacrifício.

Além do mais, no âmbito do cristianismo primitivo, surge um segundo fato: o sacrifício único de Jesus, que substitui os diversos sacrifícios, foi originalmente um martírio único. Somente secundariamente é que ele foi relacionado com realizações rituais repetitivas. E também esses ritos estavam apenas se formando: a partir de ações simbólicas realizadas escatologicamente, um Batismo na água como precursor do Batismo no Espírito e uma refeição comunitária como precursora da ceia escatológica, só posteriormente se tornaram atualizações rituais de um acontecimento salvífico passado: um Batismo na morte de Jesus e uma ceia em memória de sua morte. A seguir, descreveremos esse processo, isto é, em primeiro lugar aquele estágio do surgimento dos novos ritos, no qual eles ainda não tinham sido relacionados com a morte de Jesus; depois, sua transformação e significação mediante essa morte — a qual, em sua interpretação como morte sacrifical, contribuiu para o fim da práxis sacrifical.

---

[7] Algumas teorias do sacrifício pressupõem uma "cena primitiva" para todo tipo de sacrifício; outras, postulam diversas cenas primitivas para diferentes tipos de sacrifícios. Assim, Walter Burker, Opfertypen und antike Gesellschafsstruktur, in: Gunther Stephenson (ed.), *Der Religionswandel unser Zeit im Spiegel der Religionswissenschaft,* Darmstadt: Wissenschaftl. Buchgesellschaft 1976, 168-186.

Ações simbólicas como formas primitivas dos sacramentos

Nossa tese é: a nova linguagem simbólica ritual do cristianismo primitivo surgiu a partir de ações proféticas simbólicas, com as quais João Batista e Jesus transmitiram sua mensagem escatológica (em oposição latente aos ritos tradicionais).[8] Essas ações simbólicas tornaram-se sacramentos cristãos primitivos somente mediante sua referência secundária ao destino de Jesus, de modo especial à sua morte, interpretada como sacrifício. Apenas em conexão com essa interpretação da morte de Jesus é que eles tinham o poder de superar os sacrifícios tradicionais. Unicamente agora eles se transformaram numa nova linguagem simbólica ritual, funcional e semioticamente equivalente aos sacrifícios. As ações simbólicas primitivas podem ser caracterizadas por quatro traços:

1. *Sua referência histórica*: ritos, geralmente, são antigos. São praticados desde tempos imemoriais. E eles são praticados porque existiam desde os tempos mais antigos. Os dois sacramentos cristãos primitivos, Batismo e Eucaristia, porém, surgiram ao longo do tempo — ou, mais precisamente, no presente histórico do cristianismo primitivo, que era vivido como o final dos tempos. Com seu Batismo, João Batista instituiu criativamente um novo rito no qual ele fez das repetitivas abluções do judaísmo, um Batismo único no limiar do final dos tempos. Jesus deu o impulso para a Eucaristia à medida que ele, em sua última ceia, ligou à sua pessoa comensalidades repetitivas (mediante palavras não mais inequivocamente reconstituíveis). Os ritos cristãos primitivos são ritos "novos", cuja origem não reside num tempo primordial mítico, e não remontam a deuses, mas a duas figuras carismáticas do passado próximo.

2. *Seu caráter profético*: ambos os ritos são originalmente ações simbólicas proféticas, ou seja, em uma situação única, modelos de comportamento transitório, cuja meta principal é a transmissão de uma mensagem. O Batismo e a comensalidade de Jesus contêm ambos uma mensagem numa situação única — a situação derradeira, aliás, diante do fim próximo. E eles não se deixam separar de seus "fundadores".

---

[8] A tese de uma origem do Batismo e da Eucaristia a partir de ações simbólicas proféticas é convincentemente defendida por Morna d. Hooker, *The Signs of a Prophet. The Prophetic Actions of Jesus*, Harrisburg Penn: Trinity Press 1997.

O Batismo só é realizado por Batista. Não é nenhum autoBatismo. Até seu discípulo, Jesus de Nazaré, renuncia a praticá-lo. Para ele, trata-se de um Batismo exclusivo de João. Essa ligação exclusiva com uma única pessoa só pode explicar-se pelo seu caráter de ação simbólica profética. Com efeito, esta está sempre ligada à mensagem particular de determinado profeta.[9]

O mesmo vale para a comensalidade de Jesus. Ela encerra a mensagem de que, pela associação com cobradores de impostos e pecadores, faz-se presente a salvação de Deus — com vistas a uma comensalidade escatológica no Reinado de Deus, ao qual afluirão pessoas dos quatro cantos do mundo (entre os quais, também pagãos, ou seja, "pecadores"). A comunhão com cobradores de impostos e pecadores está ligada à pessoa de Jesus — e, por isso, com ela Jesus causa escândalo!

3. *Seu caráter de fronteira*: ambas as formas originárias dos sacramentos cristãos primitivos são rituais de transição. Diferentemente do que se dá em outros ritos de passagem, não se ultrapassa nenhuma soleira biográfica, mas, sim, o umbral para um novo mundo. O Batismo com água de João pressupõe o Batismo escatológico com Espírito e fogo. A comensalidade de Jesus realiza-se como antecipação da ceia escatológica no Reinado de Deus. Na última ceia, Jesus poderia ter conscientemente visado a essa refeição escatológica: ele esperava celebrar a ceia, da próxima vez, no Reino de Deus (após sua irrupção) (Mc 14,25). Como em outros "rituais de transição", encontramos aqui também certa "antiestrutura" em relação às formas de vida tradicionais. O Batismo inclui uma oposição latente ao culto do Templo.[10] Pois este oferecia o perdão dos pecados — para o indivíduo, em sacrifícios pelos pecados e de sacrifícios de expiação, para o povo todo, no dia do perdão. Quando Batista

---

[9] Mais tarde, não obstante a ligação exclusiva do Batismo com Batista, parece ter acontecido uma retomada do Batismo — também por parte dos seguidores de Batista, conforme At 19,1-7. Certamente, poder-se-ia entender a passagem como se os discípulos de João que lá se encontravam tivessem sido uma vez batizados pelo próprio João Batista. A localização deles em Éfeso, evidentemente, depõe antes contra tal possibilidade. Paralelamente à retomada da práxis batismal no cristianismo pós-pascal, parece que se chegou também, portanto, a uma retomada entre os discípulos de Batista.

[10] Em minha opinião, é ainda perceptível uma oposição entre o Batismo e o culto do Templo na disputa a propósito da autoridade de Jesus para a "purificação do Templo" (Mc 11,27-33): com o reconhecimento do Batismo (não em primeiro lugar de João como pessoa), os opositores de Jesus admitiriam que o Templo não mais preenche plenamente sua função.

proclama, distante apenas alguns quilômetros do Templo, que todos deveriam submeter-se ao Batismo para o perdão dos pecados, então está implícito um voto de desconfiança contra a eficácia dos ritos tradicionais de expiação. Quando Jesus, durante a semana da Páscoa (em minha opinião, ainda antes da festa da Páscoa propriamente dita), celebra uma refeição com seus discípulos, à qual ele atribui um sentido especial, por meio de palavras indicativas, então ele constrói implicitamente uma alternativa ao ritual do Templo, possivelmente até de forma consciente.[11]

4. *Sua simbologia cotidiana*: as formas primitivas dos sacramentos não comportavam adornos rituais rebuscados. Falta-lhes a complicada estética litúrgica de rituais estabelecidos.[12] Acontecimentos simples e cotidianos são revestidos de conteúdo simbólico. Esse conteúdo simbólico pode ser claramente conceptível: é esclarecedor que uma "ablução" possa também, em sentido figurado, representar uma "purificação" de pecados. É igualmente ilustrativo que uma refeição comunitária possa ser antecipação da alegria escatológica na refeição dos últimos tempos. Entre a realização diária e o sentido simbólico existe uma relação icônica.

Deve existir alguma ironia no fato de ações simbólicas, que estavam ligadas a uma situação única e a uma figura profética singular, tenham-se transformado em ritos repetitivos, realizados por detentores permutáveis de uma "função" e ligados a um ofício. Uma mensagem ímpar tornou-se uma instituição. E, no entanto, esse desdobramento não é assim tão paradoxal como parece à primeira vista: originalmente, existe um confronto entre o fim imediatamente iminente e as ações simbólicas. Visto que esse fim não oferece mais tempo algum para a comprovação de uma conversão mediante boas ações e uma conduta de vida modificada, Batista oferece (ou, como se deve dizer no âmbito de uma linguagem religiosa: Deus oferecia, por intermédio de seu profeta) uma ação simbólica substitutiva. Por meio de prévia autoacusação pública, a confissão dos pecados, a seriedade

---

[11] Essa interpretação da "última ceia" de Jesus como oposição e alternativa ao culto do Templo, desenvolvemos in Gerd Theissen/Annete Merz, *Der historische Jesus*, 380-383.

[12] A esse respeito, cf. Burkhard Gladigow, Ritual, komplexes, *HRWG* IV, 1998, 458-460: a crescente complexidade dos ritos está intimamente ligada à profissionalização da religião: eles são realizados por especialistas da religião — e, em contrapartida, eles legitimam tais especialistas porque somente eles sabem como um rito é realizado "convenientemente". Contudo, a isso se liga também como motivo autônomo para o aperfeiçoamento do culto uma alegria estética. Por outro lado, a redução de ritos ao elementar está amiúde ligada a reformas e movimentos de protesto inter-religiosos — por exemplo, a Reforma Protestante.

da conversão da antiga vida era convincentemente atestada; mediante a aceitação do Batismo, a disposição para uma nova vida era igualmente autêntica. A promessa de uma nova vida era para os convertidos e lhes era assegurada pelo Batismo. Igualmente a última ceia de Jesus deverá ter sido celebrada numa grande expectativa escatológica. Provavelmente, até o último momento, Jesus estava na incerteza de se o conflito com a aristocracia do Templo chegaria ao ponto de sua eliminação violenta ou se o Reinado de Deus irromperia. Por isso, ele podia dizer que não beberia do fruto da videira até o dia em que o beberia de novo no Reino de Deus (Mc 14,25). Ambos os gestos simbólicos carregam, portanto, os traços de um confronto com o fim imediatamente iminente — e precisamente por essa razão, deles poderiam originar-se sacramentos nos quais, na experiência do participante, a eternidade pode sempre de novo irromper no "tempo". Contudo, antes de se chegar a esse desenvolvimento, as duas ações simbólicas deviam ser reinterpretadas.

A transformação de ações proféticas simbólicas em sacramentos cristãos primitivos

A transformação das ações proféticas simbólicas de Batista e de Jesus nos sacramentos cristãos primitivos está ligada a uma tríplice mudança: (1) uma nova interpretação dessas ações simbólicas associadas à morte de Jesus, (2) uma dissolução da relação icônica entre a prática exterior e o sentido religioso e (3) um aguçamento das transgressões das fronteiras dos tabus no espaço ritual. Esses três desdobramentos estão intimamente ligados, aliás, no fundo, aconteceram por causa da relação com a morte de Jesus. Com eles, surgem novos ritos que agem misteriosamente — e, em minha opinião, somente nessa potência misteriosa é que eles têm o poder de substituir realmente a antiga linguagem simbólica do sacrifício.

A relação com a morte de Jesus

A relação secundária de uma ação simbólica com a morte de Jesus é demonstrável da maneira mais clara possível no Batismo. Batista batiza na expectativa de alguém mais forte, que trará um Batismo definitivo com fogo e Espírito. O cristianismo primitivo identifica esse alguém mais forte com Jesus. Ele era o batizador no Espírito. As experiências do Espírito na comunidade foram vistas como demonstração viva de que ele, do céu, enchia seus seguidores com força divina. A transmissão do Espírito, ligada ao Batismo, está relacionada com o "nome de Jesus" (Mt 28,19; At 2,38 etc.). Com isso, a referência deve ser ao Senhor glorificado, cuja plenipotência é invocada no Batismo. Em breve, porém, também o Jesus terrestre deveria ser incluído: de fato, o Batismo estava ligado à promessa do perdão dos pecados, sendo que o perdão dos pecados se dava, segundo um antigo consenso cristão primitivo, com a morte expiatória de Jesus (cf. 1Cor 15,3-5). O Batismo para o perdão dos pecados, em nome Jesus, devia, portanto, em íntima necessidade, estar relacionado com a morte de Jesus. Mediante o Batismo, a salvação obtida por meio da morte de Jesus era adjudicada ao batizado — por meio de conselhos verbais e da linguagem não verbal do rito. Por essa razão, o Batismo certamente ainda não tinha sido interpretado como um morrer-e-ser-sepultado-simbolicamente-com-Cristo. Esse último passo foi possibilitado, pelo contrário, por duas vertentes: de um lado, encontramos nos ritos pagãos de iniciação daquele tempo uma dramatização simbólica da experiência da morte (por exemplo, no culto a Ísis). À semelhança disso, o Batismo também foi interpretado como uma experiência simbólica da morte.[13] Por outro lado, o "Batismo" tornou-se, desde cedo, uma metáfora para o perigo de morte e para a experiência de morte (Mc 10,38).

Essa reconstrução do desenvolvimento do Batismo, sob a perspectiva da história da tradição, até a interpretação da morte não é, porém, suficiente para explicar a força de penetração dessa interpretação. Essa nova interpretação radical do Batismo deve ser vista em conexão com uma profunda mudança no "*Sitz im Leben*" do Batismo. O Batismo de João convocava os israelitas à conversão. Essa conversão significava uma

---

[13] Até hoje se discute até que ponto Paulo, em sua interpretação do Batismo à luz da morte de Jesus em Rm 6, assume a linguagem das religiões mistéricas. O que é indiscutível é que nas solenidades mistéricas amiúde é simbolizada uma experiência da morte — contudo, essa experiência da morte (1) não deve ser entendida como imitação da morte de uma divindade mistérica mediante uma morte propriamente dita; frequentemente, os místicos choravam a morte da divindade sem vivenciar imitativamente essa morte. (2) Essa encenação da experiência da morte não é nenhuma ablução. Nas festividades em honra de Ísis, onde existe uma ablução, trata-se apenas de um ato preparatório — distante diversos dias da iniciação em sentido estrito (cf. Apuleius, *Met* XI, 23,1). A derivação da teologia dos prosélitos judaicos, aventada com frequência como opção à proveniência das religiões mistéricas, isoladamente, não é suficiente como explicação alternativa: Asenet tem consciência de que, por meio de sua conversão ao judaísmo, certamente foi criada de novo da morte para a vida (JosAs 8,10; 15,5). Todavia, a criação a partir de um prévio estado permanente da morte é algo diferente da experiência de um morrer mediante o qual alguém penetra numa nova vida. Os cristãos, de fato, desenvolveram sua interpretação do Batismo com seus próprios meios — mas que nisso eles tenham reforçado elementos que indicam o Batismo como experiência da morte, dificilmente é imaginável sem analogias pagãs: os de Ísis são celebrados "segundo a imagem de uma morte voluntária e uma salvação por graça" (*ipsamque traditionem ad instar voluntariae mortis et precariae salutis celebrari*) (Met XI, 21,7).

volta para o Deus dos pais; não era nenhum recomeço radical. Israel devia concretizar aquilo que desde sempre devia ser a partir de Deus. O Batismo de pagãos, porém, era algo diferente. Os pagãos não deviam "voltar" para os deuses de seus pais, mas, ao contrário, afastar-se radicalmente deles a fim de servir o Deus uno e único. Para eles, a ruptura com o tempo precedente era ainda mais decisiva — tão grande quanto a ruptura entre vida e morte. Aqui, a ligação do Batismo com a morte e uma (nova) vida torna-se imediatamente clara, ainda que já no judaísmo a conversão à fé judaica tenha sido interpretada como uma nova criação a partir da morte (JosAs 8,10; 15,5). Por conseguinte, não é nenhum acaso que a interpretação da morte no Batismo só se encontre no grande missionário dos pagãos — Paulo. Sua pregação exigia dos pagãos mais do que uma conversão; ela exigia uma ruptura com o passado e uma radical transformação de toda a existência. Ela exigia nada menos do que a morte do homem velho com Cristo, a fim de, com Cristo, começar uma vida completamente nova.

Mais difícil de provar é que também a Eucaristia só de forma secundária foi ligada à morte de Jesus. Seguro mesmo é que a última ceia de Jesus foi precedida por outras refeições comunitárias que continham um excedente simbólico de significado. Jesus — se realmente o fez — somente em sua última ceia estabeleceu uma ligação entre a refeição e sua morte. A interpretação secundária da "ceia" à luz da morte remontaria, pois, já ao Jesus histórico. Todas as palavras da instituição contêm essa referência. Poderia dar-se o caso, porém, que essa referência à morte tenha sido forjada somente depois da Páscoa e motivada pela execução de Jesus nesse ínterim. Em prol disso, depõe o fato de na Didaqué existirem formas eucarísticas sem referência à morte (9/10), e no evangelho de João, o lava-pés substituir a Eucaristia e ali, durante a última ceia, não se encontrar nenhuma interpretação dos dados em relação ao morrer de Jesus (embora o evangelho de João conheça tal significado, cf. 6,53-58). Por fim, poderia ratificar essa ideia a constatação de que a ligação da última ceia com a promessa da nova aliança (assim na variante paulina das palavras da instituição) é uma das mais recentes interpretações da última ceia. Em Jeremias, porém, "nova aliança" não está ligada ao sacrifício. Em Hebreus, ela é até mesmo conscientemente oposta aos sacrifícios veterotestamentários (cf. Hb 8,7-9; 10,16-17).

Com essa referência à morte reelabora-se algo que já estava previamente presente nas refeições comunitárias de Jesus: o perdão dos pecados. A acolhida dos pecadores como comensais com direitos iguais pelo Jesus terrestre torna-se possível agora — depois de sua morte e em sua presença —, pela invocação de seu "morrer por nós" (e mediante a convicção de que, como Ressuscitado, ele está presente na Eucaristia de forma misteriosa).

Portanto, a relação com a morte de Jesus fortalece, nas ações simbólicas, a ligação com o perdão dos pecados. O perdão dos pecados torna-se, com isso, independente do João histórico, a quem até então o Batismo estava exclusivamente ligado; torna-se independente do Jesus terrestre, cuja presença, na ceia, representa para os comensais uma intensa presença real da salvação. Por meio da fundamentação na morte de Jesus, o perdão dos pecados permanece acessível também depois de sua morte. Somente por isso é que tais ritos se tornam repetíveis, desvencilháveis das figuras carismáticas que um dia os "criaram". Somente agora é que sua referência original ao futuro é completada por uma "referência ao passado", à morte de Jesus. Eles não mais apontam para o juízo futuro (como o Batismo) ou para a salvação futura (como a refeição comunitária de Jesus), mas, sim, intermedeiam a salvação já realizada — realizada pela morte de Jesus, acontecida no entretempo. E essa mediação torna-se algo francamente misterioso. Isso nos leva ao ponto seguinte.

A tensão entre realização exterior e sentido religioso

Com a nova referência à morte de Jesus, os novos ritos perdem seu caráter evidente ou "icônico": uma purificação com água pode ser compreendido como imagem para uma purificação interior, a comida terrestre como imagem da refeição celestial. Em contrapartida, os sacramentos cristãos primitivos possuem um cárater não-icônico. Isso pode ser demonstrado em relação a ambos os sacramentos.

O Batismo não é um retrato da morte de Jesus.[14] De um lado, não se realizava pela imersão de toda a pessoa na água, o que poderia ser inter-

---

[14] Contra a tese de uma imitação da morte de Jesus no Batismo, encontram-se bons argumentos em Eduard Stommel, "Begraben mit Christus" (Röm 6,4) und der Taufritus, *RQ* 49 (1954), 1-20; Christliche Taufriten und antike Badesitten, *JAC* 2 (1959), 5-14. Obviamente os restos arqueológicos (pias batismais e representações) são todos dados tardios. Contudo, seria difícil imaginar que durante um Batismo primitivo completo (incluindo-se uma imersão de todo o corpo) não se tivessem conservado resíduos das formas

pretado como um morrer simbólico por afogamento. Ao contrário, o batizando ficava de pé na água e era banhado com água. De forma análoga, também o Batismo no Espírito foi aguardado como "efusão" do Espírito Santo. As primeiras ilustrações do Batismo não conhecem nenhum Batismo completo de todo o corpo. As pias batismais conservadas seriam, em geral, pequenas demais para isso. Ademais, a redução do Batismo a uma tríplice aspersão com água na Didaqué (Did 7,1-3) — para o caso de não haver água corrente ou parada nas proximidades — esclarece-se melhor se o Batismo fosse realizado por aspersão ou efusão, e não mediante imersão. Por outro lado, é preciso ver: uma relação figurativa com a morte de Jesus não poderia também realizar-se pela imersão. Pois Jesus não padeceu morte por afogamento. Ele foi crucificado e sepultado. "Sepultamentos aquáticos" não são, porém, de nosso conhecimento. Entre o Batismo e um sepultamento (cf. Rm 6,4) não existe nenhuma relação evidente. A relação entre o acontecimento ritual e seu sentido religioso é proporcionada não mais iconicamente, mas narrativamente: por intermédio da narração da morte de Jesus, portanto, por meio de palavras. A imaginação religiosa do crente cria a ligação entre o lado externo e o sentido interno do sacramento. Assim, cresce a importância da fé.

O mesmo crescimento na abstração não-icônica pode-se constatar também na Eucaristia. Entre a refeição terrestre e a celeste existe uma analogia figurativa; em compensação, entre o alimentar-se do pão e do vinho e a crucificação de Jesus, não. O pão não é nenhuma carne. Quando se diz: "Isto é meu corpo", a tensão semântica entre o significante e o significado (entre o pão e o corpo de Cristo) torna-se inequívoca. Já no caso da carne seria menor. Consequentemente, as palavras só podem ter um sentido figurado ou "metafórico": é evidente, pois, que pão não é nenhum "corpo". O mesmo se pode dizer do vinho. Em nenhuma parte dos textos cristãos primitivos se faz questão de que seja vinho tinto, mediante o que, pela cor, obter-se-ia uma relação icônica com o vinho.[15] A Eucaristia, portanto, possui também um caráter não-icônico. A ligação com o sentido do ritual

---

batismais tardias em tais relíquias. Se o Batismo com água e o Batismo com o Espírito são paralelos, então à efusão do Espírito Santo deve ter correspondido um "derramamento" de água.

[15] Na Palestina, bebia-se vinho tinto. Demonstra-o a metáfora do "sangue das uvas" (Gn 49,11; Dt 32,14; Sr 39,26; 50,15). Em Is 63,2 e Ap 14,19-20, pressupõe-se o vermelho como a cor do vinho. Uma vez que, na Antiguidade, podia-se falar também de vinho de cevada (Hdt. 2,77) e vinho de palmeira (Hdt. 1,193; 2,86), em princípio, uma diferenciação mediante a cor vermelha seria razoável — se se tivesse dado importância à cor vermelha.

produz-se pela imaginação: por meio do pensamento da última ceia de Jesus e da paixão. A paixão torna-se presente pelo uso de palavras e mediante o poder de abstração da fé. Palavra e fé superam a dissociação entre significante e significado.

Essa dissociação entre realização externa e sentido religioso torna-se ainda mais explícita quando tomamos o sacrifício como comparação: a Eucaristia, em relação com o sacrifício, é "incruenta", não-dramática, próxima ao cotidiano e menos cerimoniosa em sua realização exterior. Outra coisa, porém, sucede com seu sentido religioso: por sua relação com a morte de Jesus, despertam-se recordações de um rito arcaico: o sacrifício de pessoas. À evidente diminuição de violência na realização externa — não se imola nenhum animal, não corre sangue algum — corresponde um aumento de violência na narrativa referente à Eucaristia, presente na imaginação religiosa. Isso nos leva a um último ponto.

A superação das fronteiras dos tabus nos sacramentos cristãos primitivos

Por meio da relação de ações simbólicas com a morte de Jesus, em forma ritualmente protegida, superam-se fronteiras de tabus e, certamente, não pela realização exterior que, na verdade, consiste em ações completamente inofensivas — comer, beber, abluir e efundir — mas, sim, na imaginação religiosa ligadas a elas.

Isso é completamente evidente na Eucaristia. Estabelecida na "narrativa" da Eucaristia, a ligação com um crucificado, cuja morte é atualizada ritualmente, ultrapassa a grande proibição quanto ao sacrifício de pessoas — certamente apenas na fantasia, não na realidade. Pois a morte histórica de Jesus na cruz não foi nenhum sacrifício ritual e a realização ritual na Eucaristia não é nenhuma imolação. Somente mediante a relação entre a morte de Jesus e a Eucaristia é que um martírio acontecido uma única vez tornou-se fundamento de um rito repetitivo. Mas isso não é tudo. A identificação do pão e do vinho com o corpo e o sangue de Cristo toca um dos mais profundos tabus do judaísmo: a proibição da fruição do sangue. O sangue era tido como a sede da vida (Gn 9,4-6). À medida que os judeus, durante o abate do animal, evitavam todo usufruto do sangue, eles respeitavam a vida nos animais imolados. O estímulo a beber sangue — ainda que fosse um modo "simbólico" de beber sangue —, deveria ser, para todo judeu, uma abominação. Algumas vezes, essa infração do tabu de sangue serviu de argumento para negar ao Jesus histórico as palavras da instituição. Com isso, porém, apenas se transfere o problema: com efeito, as palavras da instituição circulavam já no judaísmo. Paulo, um judeo-cristão, conhece-as e transmite-as. Mateus as reproduz, não obstante seu cunho judeo-cristão. Independentemente disso, permanece o inconveniente de que o provar do corpo e do sangue de Cristo como completo canibalismo simbólico, para qualquer pessoa, seja judeu ou não-judeu, toca um tabu. Contudo, a Eucaristia se impõe precisamente com esse significado "antimoral"! Isso não é nenhuma acaso: rupturas completas de normas e de tabus num espaço ritualmente separado e protegido não é algo incomum. Ao contrário — justamente quando se quer fortalecer a organização da vida, pode-se encenar, no rito, a antiorganização correspondente. Com isso um grupo não dá a entender de forma alguma sua imoralidade. A infração do tabu, permitida no espaço virtual do rito, possibilita muito mais que esse tabu, na realidade, possa ser tanto melhor conservado. A barbárie consentida pela imaginação no rito é uma contribuição para que a barbárie seja superada no dia-a-dia, para que os impulsos antissociais sejam expressos, sejam absorvidos e transformados em motivações pró-sociais. Eles são ritualmente reelaborados e transformados.

Uma objeção natural contra essa interpretação da Eucaristia como infração de tabu ritualmente encenada é: somente a sensibilidade moderna veria aqui uma quebra de tabu. Na Antiguidade, as pessoas não a veriam dessa forma. Essa objeção pode ser rebatida. De um lado, os primeiros cristãos foram acusados, pelos de fora, de celebrar refeições "tiestéicas"* — orgias canibalísticas secretas.[16] A denúncia é injustificada. Mas ela se baseia num conhecimento ritual comum da Antiguidade de que, nas celebrações religiosas, encenam-se rupturas de tabus. Por

---

* N.T.: *Mit.*, relativo a Tiestes, filho de Pélope.
[16] A partir da defesa dos apologetas é que ficamos sabendo da acusação de canibalismo ou de refeições "tiestéicas". Cf. Tert. *Apol 7-8*; Athenag Supp 3. 35; Justin Apol I,26. Especialmente interessante é Porf fr. 69 sobre Jo 6,53-57: ele interpreta em sentido figurado as palavras eucarísticas em Jo 6: "Se não comerdes a carne do Filho do Homem e não beberdes seu sangue, não tereis a vida em vós", mas se mantém em sua censura de que isso seria pior do que a história de uma refeição tiestéica: Tiestes recebeu do próprio irmão Atreus os próprios filhos como refeição. Por essa razão, Tiestes o amaldiçoou. Cf. Rudolf Freudenberger, Der Vorwurf ritueller Verbrechen gegen die Christen im 2. und 3. Jahrhundert, *ThZ* 23 (1967), 97-107.

outro lado, desde cedo os cristãos expressam que a Eucaristia pode potencialmente simbolizar um delito. Paulo admoesta os corintos: "Eis por que todo aquele que comer do pão ou beber do cálice do Senhor indignamente, será réu do corpo e do sangue do Senhor" (1Cor 11,27). Se a Eucaristia torna-se motivo para dar vazão a diferenças sociais — então ela, segundo Paulo, torna-se de fato um "delito", como se os próprios participantes da Eucaristia tivessem matado Jesus. Somente sua configuração ritual no sentido da fé e do comportamento cristãos muda esse crime potencial num sacramento que transmite a salvação.

À primeira vista, é menos evidente a superação dos limites de um tabu no Batismo. Aqui também, somente pela (secundária) interpretação da morte é que se estabelece tal ruptura liminar do tabu: rigorosamente falando, Paulo não compara o Batismo com a morte, mas, sim, com o sepultamento. Assim como o sepultamento é a confirmação social válida da morte, que já se deu previamente, assim, em Rm 6,3-4, o Batismo, como o ser sepultado com Cristo, é a confirmação externa de um prévio morrer-com-Cristo interior, um fato de que Paulo também pode falar independentemente do Batismo (por exemplo, Gl 2,19-20). Com essa metáfora do túmulo e do sepultamento toca-se em um tabu. Para os judeus, os túmulos são lugares de impureza concentrada. É preciso manter distância deles. Mesmo quando eles são embelezados por fora, por dentro, porém, estão cheios de "ossos e de toda podridão" (Mt 23,27). Por essa razão, não se pode construir uma casa sobre túmulos. Eles precisam estar separados do lugar da vida. Uma vez que os mortos e os cadáveres contaminam, os sacerdotes só podiam participar do sepultamento de seus parentes mais próximos (cf. Lv 21,1-4). Ao sumo sacerdote é proibido até assistir à cerimônia fúnebre de seu pai e de sua mãe (Lv 21,11). Precisamente esse lugar impuro da tumba torna-se, na interpretação cristã primitiva do Batismo, o lugar onde o velho homem é superado, a fim de que o homem novo alcance a salvação. Aqui também se pode pressupor que justamente na infração do tabu, encenada ritualmente, encontram-se os efeitos estimulantes para a vida e o comportamento: os batizados abandonaram um lugar de abominação e de impureza, padeceram a morte de forma simbólica e não apenas sobreviveram a essa zona de perigo, mas também, por meio dela, penetraram na salvação. Isso pode oferecer uma liberdade diante do medo humano comum da morte, pelo qual essa morte não era mais vista como o destino da natureza humana, mas como consequência do pecado.[17] Com a morte simbolicamente antecipada, uma crescente consciência do pecado é despertada e superada: "Com efeito, quem morreu (no Batismo), ficou livre do pecado" (Rm 6,7).

A ruptura de tabu no Batismo não é, certamente, tão intensa quanto na Eucaristia. Pois quanto à questão de pureza e de impureza, não se trata de tabus morais (como o canibalismo e a matança), mas de tabus rituais, com os quais se simbolizam, acima de tudo, a separação e o distanciamento sociais. A impureza de pessoas e de objetos avisa: não me toque! Por conseguinte, não admira que o Batismo enfatize, antes de mais nada, o medo social do contato e as barreiras de tabu: na carta aos Gálatas, Paulo transmite uma tradição segundo a qual os batizados se revestiram de Cristo. A respeito deles se diz: "Não há judeu nem grego, não há escravo nem livre, não há homem nem mulher; pois todos vós sois um só em Cristo Jesus" (Gl 3,28). Se levarmos em consideração o número de tabus com que as diferenças sociais aqui mencionadas são sustentadas, podemos calcular quão largo é o passo transgressor de tabus que os batizados dão. Tendo eles, num primeiro passo, no Batismo, superado tais tabus sociais, então eles se permitem um segundo passo, também na Eucaristia, onde se tocam ainda muitos tabus sociais elementares.

Isso tudo, porém, não visa à supressão desses tabus, mas a interiorização de uma profunda certeza de salvação e de moral. Como se deve imaginar isso? Ou, reformulando a pergunta: O que realizam os dois sacramentos? Como eles agem? No âmbito de uma teoria da religião cristã primitiva, com certeza não podemos simplesmente recorrer aos modelos dogmáticos de explicação da teologia tradicional, mas eles são um auxílio, acima de tudo, porque neles, com frequência, expressa-se uma reflexão

---

[17] Em Rm 6,11-13, Paulo não fala simplesmente do "morrer com Cristo", mas distingue, ao lado do morrer propriamente dito, (1.) o ser crucificado com Cristo (6,6) e (2.) o ser sepultado com Cristo (6,4). Ele emprega a metáfora da morte de cruz a fim de poder interpretar o morrer simbólico no Batismo como "castigo" pelos pecados. Por isso, nessa passagem se diz: "Sabendo que nosso velho homem foi crucificado com ele para que fosse destruído este corpo de *pecado*, e assim não sirvamos mais ao *pecado*". (6,6). A metáfora do sepultamento é usada para acentuar o caráter definitivo da morte. Pois somente com o sepultamento é que a morte é considerada definitiva na comunidade. Ambas as metáforas tocam em soleiras de tabus. A morte de cruz é uma morte desonrosa: *mors turpissime crucis* (Orig. *Comm in Mt zu 27,22-23*, cf. a esse respeito, Martin Hengel, "Mors turpissime crucis". Die Kreuzigung in der antiken Welt und die "Torheit" des "Wortes vom Kreuz", in: J. Friedrich/P. Stuhlmacher (eds.), *Rechtfertigung*, FS Ernst Käsemann, Tübingen: Mohr 1976, 125-184). A crucificação era uma estigmatização social, enquanto o sepultamento era uma impureza cúltica.

perspicaz. Consoante eles, os sacramentos são mediadores da salvação, à medida que, por uma conexão entre palavra e matéria, surge um *verbum visibile*: uma linguagem não-verbal que, quando ouvida e acolhida na fé, pode eficazmente mudar o ser humano. Se tomarmos como fundamento as categorias formais dessa teologia sacramental, então podemos constatar uma dissociação entre os elementos e a palavra associada: o que se passa com os elementos, com a água, com o pão e com o vinho, é um acontecimento corriqueiro, sem dramaticidade, sem qualquer violência. Em comparação com os rituais sacrificais da Antiguidade, constata-se aqui uma consequente redução da violência. Contudo, aquilo que se introduz nesse acontecimento como sentido interior, mediante a palavra, é um aumento extraordinário de violência imaginária: o Batismo é um "suicídio" simbólico, assumido livremente; a Eucaristia fundamenta-se no assassinato de outra pessoa. Em minha opinião, a eficácia do sacramento fundamenta-se precisamente nessa tensão.

No Batismo, estimula-se ritualmente o medo de fazer de si mesmo uma vítima que deve morrer — carregada com os próprios pecados que condenam à morte a *própria* vida. O medo da existência e do fracasso são aqui representados, encenados e ritualmente superados: pois, para os batizados, os espaços medonhos do túmulo e da morte tornam-se porta da salvação. Na Eucaristia, estimula-se ritualmente a consciência do pecado de que toda vida vive à custa de *outra* vida. Por meio da representação, mantém-se viva a lembrança de que outra pessoa é oferecida pelos crentes que, na forma mais primitiva — pelo canibalismo simbólico —, apropriam-se dessa vida alheia que se lhes oferece. No Batismo, portanto, trata-se do medo da culpa e da morte com vistas à própria vida (a qual, exatamente como tudo o mais, deve se tornar sacrifício); em contrapartida, na Eucaristia, trata-se do medo do pecado e da morte com vista à vida alheia (a qual deve ser aniquilada como sacrifício em nosso lugar). Os ritos expressam inconfessadamente o modo de ser antissocial oculto do ser humano. Contudo, eles o fazem a fim de mudarem essa existência antissocial em motivação para um comportamento pró-social. Esse compromisso com um comportamento pró-social está ligado a ambos os sacramentos. Seja-me permitido mostrar isso brevemente à luz dos textos cristãos primitivos.

No que tange o rito de iniciação do Batismo, a afirmação unânime de todos os textos é: por intermédio dele, as pessoas transformam-se de tal maneira que "vivem uma vida nova" (Rm 6,4). Por conseguinte, amiúde exortações éticas partem das imagens da teologia batismal: no confronto entre o velho e o novo homem (Cl 3,9-10; Ef 4,22-24), na comunicação do Espírito no Batismo (1Cor 6,11) ou no "banho da regeneração" (Tt 3,5). O simbolismo exterior visa à uma renovação: a água serve à purificação, à separação da impureza. Os batizandos são revestidos de uma veste nova: revestem-se de Cristo (Gl 3,27). Testemunha-se visivelmente a toda a comunidade: eles realizaram uma ruptura com a vida que levavam até agora.

Durante o rito de integração da Eucaristia, os gestos exteriores encontram-se igualmente em tensão com as violentas significações. Com efeito, na Eucaristia, os víveres cotidianos são partilhados equitativamente. Na realização exterior, demonstra-se precisamente que a vida não deve viver à custa de outra vida, mas todos participam dela. Consequentemente, a Eucaristia serve também como argumento para incrementar a solidariedade da comunidade, do modo mais explícito certamente em 1Cor 11,17-19: alguns membros da comunidade, mais abastados, "aproveitaram-se" abertamente de seu *status* para envergonhar os pobres e começaram mais cedo a refeição comum ou reivindicaram para si alimento melhor. Paulo enxerga nessa ofensa à igualdade uma falta contra o sentido da Eucaristia: os participantes se fazem novamente culpados da morte de Cristo. Poderíamos "traduzir" assim: eles praticam de novo aquela vida à custa de outra vida, que se fez visível na morte de um por todos — e que, mediante esse morrer, deve ser superado.

A dissociação entre a realização externa (com um evidente sentido cotidiano) e o sentido religioso (que se orienta para a morte de Cristo) continua de tal forma que ambos são tematizados separadamente: no evangelho de João, temos fundamentalmente dois textos eucarísticos: em primeiro lugar, o parágrafo eucarístico no discurso do pão dentro da primeira parte pública do evangelho de João; a seguir, como introdução do discurso de despedida não-público, a narrativa da última ceia e o lava-pés. O texto eucarístico de Jo 6,51-53, salienta com indisfarçável clareza o cruel semitom do significado religioso da Eucaristia: "Se não comerdes (a palavra que aparece ali pode significar também "mastigar") a carne do filho do Homem e não beberdes seu sangue, não tereis a vida em vós" (6,53). Por meio do consumo da carne e do sangue, porém, Cristo está nos crentes e eles nele (6,56). Essa concepção fortemente arcaica e mágica é dissolvida, porém, pela execução externa da Eucaristia e ligada à miraculosa alimentação com pães. Nela, Cristo é comido como "pão da vida" — e, no contexto, isso quer dizer claramente: a revelação possibilitada por ele é acolhida. De fato, "pão" e "alimento" são imagens antigas da Sabedoria. No âmbito desse contexto, portanto, as palavras eucarísticas, fortemente mágicas, só podem ter um sentido espiritual: pois, "o espírito é que vivifica, a carne para nada serve. As palavras que vos disse (isto é, as palavras eucarísticas) são espírito e vida" (Jo 6,63).

Por outro lado, encontra-se em Jo 13 a descrição de uma última refeição despretensiosa, sem uma profunda interpretação religiosa dos elementos. Tal narração se encontra precisamente lá onde, segundo o esquema dos outros Evangelhos, esperar-se-ia a Eucaristia. Mas a interpretação dessa última refeição está ligada a um novo e discreto ritual: no lava-pés. Este mostra: o verdadeiro sentido da comensalidade é o serviço mútuo e o amor recíproco. Essa interpretação dada apenas no círculo dos discípulos é, para o evangelho de João, a própria interpretação da Eucaristia, ou seja, que ele a transpõe para além da interpretação tradicional (presente em Jo 6,51-53) e considera as duas compatíveis, a saber, que ele, com essa nova interpretação, pretende substituir a antiga.

O evangelho de João corresponde à nossa observação de que o processo externo e o sentido religioso interno na Eucaristia entram numa tensão dinâmica recíproca. O evangelho de João articula essa tensão no interior de um mesmo Evangelho. Diferentemente, encontramos com frequência unilateralmente uma acentuação do sentido religioso com uma interpretação "distante do cotidiano", a respeito de um sacrifício humano do qual alguém se apropria mediante o comer (assim, por exemplo, em Paulo), ou parcialmente, a representação de uma refeição de grande proximidade com o cotidiano, na qual, porém, falta a relação com a morte de Jesus (Did 9/10). O evangelho de João conecta ambas, apresenta as duas, uma ao lado da outra, mas com uma clara anteposição do objetivo próprio do sacramento: a edificação e a consolidação da comunidade de amor dos discípulos de Jesus.

Um resultado importante é: somente por meio da relação com a morte de Jesus é que as ações simbólicas criadas por João e por Jesus se tornam os misteriosos sacramentos cristãos primitivos do Batismo e da Eucaristia. As ações simbólicas primitivas achavam-se certamente em oposição latente à linguagem simbólica ritual tradicional que tinha como centro o culto do templo com seus sacrifícios. Em concorrência com ele, o Batismo oferecia o perdão dos pecados; em competição com ele, a Eucaristia oferecia uma comensalidade baseada num sacrifício. Contudo, tais ações proféticas simbólicas concorrentes não podiam nem pretendiam substituir os antigos ritos — e também não foram entendidas nesse sentido. Os primeiros cristãos continuaram a participar do culto no templo. Eles não rejeitaram de forma alguma os sacrifícios. Todavia, por causa de três fatores aconteceu, sem intenção programada, a dissolução da linguagem ritual tradicional e o fim do culto sacrifical.

O primeiro fator é a *nova* significação teológica das ações proféticas simbólicas primitivas: pela ligação com a morte sacrifical de Jesus, os sacramentos se tornaram potencialmente abertos a atrair para si toda a semântica sacrifical e todas as funções sacrificais, e a tornarem-se o equivalente do culto sacrifical.

O segundo fator dever ser observado num processo *social*: os primeiros cristãos acolheram, desde muito cedo, pagãos como membros com direitos iguais. Nos anos 40, eles se reuniram no concílio dos apóstolos, a fim de conceder-lhes um *status* de direitos iguais na comunidade. Eles exigiram desses gentio-cristãos uma separação radical de todos os ritos pagãos, mas não podiam conseguir-lhes nenhum acesso ao templo com seus sacrifícios, mesmo que eles sonhassem com tal permissão. Objetivamente, com a acolhida dos pagãos, as comunidades cristãs estavam sob a pressão (da qual não tinham certamente consciência) de criar uma linguagem simbólica ritual própria que abrangesse toda a semântica e todas as funções da linguagem simbólica tradicional e que pudesse substituir também o templo com seus sacrifícios, quando não até mesmo o sobrepujasse.

O terceiro fator é um acontecimento *político*: durante a guerra judaica, no ano 70 d.C., o Templo de Jerusalém foi destruído. Jesus havia previsto isso em sua profecia acerca do Templo. Os cristãos podiam compreender essa desaparição do Templo como confirmação de sua mensagem. Com o Templo, porém, desapareceu o único lugar para sacrifícios legítimos. Por conseguinte, (depois do ano 70 d.C.) a mensagem de Jesus podia-se resumir no Evangelho Ebionita nas palavras de Jesus: "Eu vim para suprimir os sacrifícios, e se vós não cessardes de oferecer sacrifícios, a ira não vos abandonará" (EbEv Frg. 6).

O fato decisivo, porém, foi a convicção de que Jesus padeceu a morte sacrifical definitiva por todas as pessoas e que sua morte era atualizada e atuante nos dois sacramentos. Somente pela relação com a morte de Jesus se dá, nos ritos primitivos cristãos, aquela tensão que lhes é característica entre a redução da violência na realização e o aumento da violência na imaginação. A interpretação da morte de Jesus como morte sacrifical é, no entanto, apenas uma entre muitas interpretações no cristianismo primitivo. Todavia, precisamente essa interpretação tem um grande peso. Pois muita coisa depõe a favor de que somente interpretada como morte sacrifical é que a morte de Jesus podia provocar o fim da práxis sacrifical multissecular. Por conseguinte, devemos ainda, outra vez, mais intensivamente, indagar pelo sentido dessa morte sacrifical no âmbito da linguagem simbólica primitiva cristã — acima de tudo perguntar por que ela (de acordo com a carta aos Hebreus) pôde causar o fim dos sacrifícios.

Capítulo 8
A INTERPRETAÇÃO SACRIFICAL DA MORTE DE JESUS E O FIM DOS SACRIFÍCIOS

Não obstante as religiões e os cultos antigos fossem tão variados, ainda assim possuíam um axioma comum: a veneração de uma divindade acontecia pelo sacrifício. Os primeiros cristãos desviaram-se desse axioma. Eles deixaram de sacrificar. Foi uma revolução na história da religião. Mas, como tantas revoluções, assim também foi o resultado de um contínuo desenvolvimento, no qual avançaram tendências presentes no judaísmo de então (em analogia com o mundo pagão). Por isso, numa primeira parte, essa *dissolução dos sacrifícios* deve ser descrita em primeiro lugar historicamente. De acordo com a autocompreensão cristã primitiva, essa dissolução não foi nenhum acaso, mas a consequência da morte singular de Jesus. Sua morte sacrifical substituiu todos os outros sacrifícios. Numa segunda parte, pois, averiguamos como os primeiros cristãos interpretaram essa morte — e qual o papel que sua *interpretação como morte sacrifical* possuía no âmbito das diversificadas interpretações de sua morte. A fim de se compreender como esse único sacrifício pôde substituir os diversos sacrifícios, devemos saber quais as funções que os sacrifícios exercem na vida. Por essa razão, uma terceira parte esforça-se por determinar essas funções, posto que isso seja quase impossível diante das muitas diferentes *teorias dos sacrifícios* nas ciências da religião. Somente então, numa quarta parte, podemos indagar até que ponto a nova linguagem simbólica cristã primitiva oferecia *equivalentes funcionais para os sacrifícios rituais*. A esse propósito será importante que não comparemos elementos isolados dessa nova linguagem simbólica com o culto sacrifical tradicional. Somente a totalidade da religião cristã primitiva pôde desenvolver aquela força e aquela dinâmica que conduziram ao fim da práxis sacrifical.

A dissolução dos sacrifícios na época cristã primitiva

Se os grupos cristãos primitivos se desligaram do culto sacrifical, então eles pressupuseram com isso um desenvolvimento já previamente em andamento. Em todas as grandes religiões existiram opiniões críticas contra os sacrifícios.[1] Já os profetas haviam denunciado a contradição entre a piedosa práxis sacrifical e a injustiça social. Com isso, eles não queriam suprimir os sacrifícios, mas consideravam inválido um culto sacrifical sem a justiça. Sua crítica contra os sacrifícios estava necessariamente situada. Alguns Salmos vão mais longe. Eles expressam a ideia de que Deus fundamentalmente não quer nenhum sacrifício, que ele exige a doação da pessoa por inteiro, que não pode ser substituída por nada. Motivos mais situacionalmente condicionados, bem como críticas mais fundamentais ao culto já existiam, portanto, na tradição judaica. Eles receberam novo impulso desde a interrupção forçada do culto hierosolimitano no tempo dos Macabeus. A partir dessa profanação do culto do Templo, grupos judeus se distanciaram sempre mais do culto sacrifical.

O primeiro grupo que suprimiu sua participação no culto sacrifical foram os *essênios*. Eles consideravam o Templo de Jerusalém como impuro. Flávio Josefo narra que eles enviavam para lá apenas ofertas sagradas. Isso ainda não era fundamentalmente nenhuma recusa do culto sacrifical. A esperança de uma retomada de um culto puro permanecia viva.[2]

---

[1] A propósito de crítica aos sacrifícios, cf. P. Gerlitz, Opfer I, *TRE* 25 (1995), 253-258, esp. 257: por três motivos encontramos a crítica aos sacrifícios: 1) Com base na *doutrina da reincarnação*, os animais são considerados como possíveis incarnações de pessoas que já morreram. Empédocles revoltava-se contra o fato de pessoas, no sacrifício de carne, alimentarem-se de seus próprios parentes (Frgm. 137 Diels Kranz). Pelas mesmas razões, o budismo rejeita os sacrifícios. 2) A *concepção de justiça* está por trás da crítica profética aos sacrifícios. Os profetas denunciam a incompatibilidade entre imoralidade e culto sacrifical (Am 5,21-24; Mq 6,6-8; Os 6,6; Is 1,11-17). Em vez de comportamento ético, permitir-se-iam sacrifícios. Também no Islamismo encontramos essa crítica aos sacrifícios: "Nem vossa carne nem vosso sangue chegam até Deus, mas antes, do temor de Deus de vossa parte" (Sura 22,37). 3) Em princípio, a *fé na criação* pode ser aventada contra todos os sacrifícios. O ser humano não pode dar a Deus aquilo que ele não teria recebido. Tal crítica fundamental contra os sacrifícios encontra-se no Sl 50,8-15.23. A ação de graças é o único sacrifício que o ser humano pode oferecer a Deus (cf. Sl 40,4-9; 51,18-19; 69,31-32). Em compensação, falta aqui a crítica social dos profetas.

[2] Os essênios não recusaram radicalmente os sacrifícios. Em razão de seu calendário divergente e de sua rejeição do sumo sacerdócio oficial, os sacrifícios praticados no Templo eram completamente inválidos para eles. Eles não podiam praticar as imolações rituais ligadas ao Templo e ao calendário cúltico, como, por exemplo, a refeição pascal e a incineração da novilha vermelha. A identificação fundamental deles com o Templo está bem atestada. Eles doavam oferendas sagradas para as construções e pagavam o imposto do Templo. Cf. Hartmut Stegemann, *Die Essener, Qumran, Johannes der Täufer und Jesus*. Herder Spektrum 4128, Freiburg, Basel, Wien: Herder 1993, 242-245.

O segundo grupo que talvez temporariamente limitou o culto sacrifical foram os *samaritanos*. Após a destruição do Templo de Garizim, no final do II séc. a.C., durante o domínio asmoneu, eles mal podiam praticar o culto sacrifical. Possivelmente, não é nenhum acaso que o Jesus joanino, tendo em mente a Garizim, fale de um culto a Deus em "espírito e verdade" (Jo 4,24). Aqui também não existe nenhuma rejeição absoluta do culto sacrifical.[3]

O *movimento de Batista e de Jesus* era expressão de uma crítica profética ao Templo. No anúncio de Batista ela está contida implicitamente. O Templo vigente é impotente para oferecer o perdão efetivo dos pecados. Somente o Batismo o oferecia. No anúncio de Jesus, essa crítica ao Templo torna-se explícita — seja que ele quisesse instalar em seu lugar um culto sacrifical melhor, seja que ele na Eucaristia oferecesse uma alternativa (situacionalmente condicionada) a ele.

Um passo adiante rumo a um culto sem sacrifícios foi dado pelos *gentio-cristãos*. Uma vez que eles se haviam separado de seus antigos cultos, eles não mais podiam sacrificar em seu ambiente. Ao mesmo tempo, porém, eles, como incircuncisos, não tinham acesso ao culto sacrifical judaico no Templo. Naquele tempo, a interpretação sacrifical da morte de Jesus tornou-se o substituto para todos os outros sacrifícios. Contudo, também essa rejeição aos sacrifícios não foi radical. Os primeiros gentio-cristãos provavelmente esperavam que um dia o Templo lhes fosse aberto e que eles, então, também pudessem participar do culto sacrifical judaico.[4] Ademais, os judeo-cristãos continuavam a participar do culto sacrifical. Paulo

---

[3] Os samaritanos perderam seu santuário em 128 d.C. Dificilmente é concebível que na época do domínio asmoneu eles continuassem a sacrificar no lugar do Templo destruído. Mas, em todo caso, eles foram forçados a suprimir temporariamente os sacrifícios. O Pentateuco válido entre eles, aliás, prescrevia obrigatoriamente os sacrifícios. Com o fim da dominação asmoneia, ele puderam reavivar suas tradições cúlticas. De acordo com Shemarjahu Talmon, Die Samaritaner in Vergangenheit und Gegenwart, in: Reinhard Pummer (ed.), *Die Samaritaner*, WdF 604, Darmstadt: Wissenschaftl. Buchgesellschaft 1992, 379-392, espec. 387, eles prosseguiram com o sacrifício de animais e restringiram-nos ao cordeiro pascal apenas no séc. XIX.

[4] Essa esperança está expressa em Mc 11,17, com a ajuda de Is 56,7: o Templo deve ser um lugar de oração para todas as nações. Quando Paulo, conforme At 21,28, é acusado de ter levado ao Templo um pagão, Trófimo, isso pode ter sido objetivamente falso. Mas, em todo caso, o mesmo Paulo havia escrito, um pouco antes, na carta aos Romanos que ele compreendia sua missão como serviço sacerdotal a Deus, a fim de apresentar os pagãos como oferta (Rm 15,16). Onde mais poderia ele oferecer senão no Templo? A acusação de "contrabandear" pagãos para o Templo — não importa quão histórico ou não-histórico At 21,28 seja —, só podia ser feita contra os cristãos (na realidade ou nos relatos sobre eles), porque eles eram conhecidos por verem já em cumprimento a afluência de pagãos para Sião. Estêvão já deve ter sido motivado por essa esperança. Acusaram-no de ter pregado que Jesus (no futuro!) mudaria os costumes de Moisés (At 6,14). Talvez ele esperasse, com a iminente parusia, a abertura do Templo para todos os pagãos — e com isso, uma anulação da Torá nesse ponto!

também não o suprime em lugar nenhum. Uma nova situação se instaura apenas com a destruição do Templo no ano 70 d.C.

Mediante isso, os judeus e os cristãos tornaram-se os dois maiores grupos da Antiguidade que não mais conheciam os sacrifícios. Os *judeus*, na verdade, esperavam uma reconstrução do Templo. Mas se tornaram efetivamente independentes do culto sacrifical. O estudo da Torá e sua práxis — acima de tudo, a práxis das obras do amor — transformaram-se em substituto plenamente válido para os sacrifícios. O culto a Deus transformou-se em culto da Palavra de Deus, como já havia muito tempo tinha se desenvolvido nas sinagogas. Mas também essa rejeição do culto sacrifical não era ainda definitiva. As leis sacrificais continuavam em vigor, eram estudadas e interpretadas, e, no entanto, não mais podiam ser praticadas.

Somente o *cristianismo*, depois da destruição do Templo, desenvolveu uma rejeição fundamental do culto sacrifical. Apenas agora, na Carta aos Hebreus, o único sacrifício de Jesus tornou-se a supressão definitiva de todos os outros sacrifícios rituais.[5] Nela, os *grupos gentio-cristãos* reivindicavam, independentemente do culto da religião-mãe, oferecer tudo aquilo que, de outra forma, um culto na Antiguidade oferecia: certamente eles não tinham nenhum *sacerdote* sobre a terra; em compensação, porém, tinham um sumo sacerdote no céu. Eles não tinham *Templo* algum; em contrapartida, tinham um Templo cósmico, que abrangia o céu e a terra. Não tinham nenhum *sacrifício*, mas, em troca, tinham um sumo sacerdote que se ofereceu por eles, uma vez por todas e, por meio disso, revelou a infrutuosidade de todos os demais sacrifícios. Eles não tinham *ídolos*, mas, por outro lado, eles adoravam aquele que era a imagem de Deus — um reflexo de sua glória. Em resumo, eles ofereciam tudo aquilo que, segundo a antiga compreensão, uma religião (ou melhor: um culto) realizava — apenas de maneira diferente, melhor e mais perfeita. Tam-

---

[5] Caso se date a Carta aos Hebreus, com uma minoria de exegetas, antes do ano 70, ela já teria representado, antes da real destruição do Templo, uma independência interior do cristianismo em relação ao culto do Templo e ao culto sacrifical. Nada mudaria na tese de base: em prol de uma redação após o ano 70, depõe, contudo, (1.) o fato de que a carta (em 13,18-25) quer sugerir uma autoria paulina, sem expressá-la diretamente no cabeçalho inexistente. Visto que ela se pretende passar por paulina, todas as informações acerca do Templo devem ser redigidas de tal forma como se o Templo ainda estivesse lá. Em favor de uma data tardia de redação fala (2.) a declaração de que a antiga aliança foi declarada envelhecida por Deus e está prestes a desaparecer (8,13); igualmente a alusão à primeira tenda, que é uma parábola da época atual, mas que desaparece com o tempo de uma ordem melhor (9,8-10): a destruição do Templo não é aqui indicada como alusão ao fim iminente, como símbolo desse mundo passageiro atual?

bém os *judeo-cristãos* ligaram-se à radical crítica aos sacrifícios depois do ano 70 e, com isso, seguiram adiante, como os demais judeus. Eles sabiam: Jesus havia previsto a destruição do Templo. E isso foi reinterpretado, após sua efetiva destruição, no sentido de que Jesus teria querido preparar o fim do culto sacrifical. Em um evangelho judeo-cristão, Jesus resume assim seu envio, conforme vimos: "Eu vim para suprimir os sacrifícios, e se vós não cessardes de oferecer sacrifícios, a ira não vos abandonará" (EbEv Frg. 6). No mesmo evangelho encontramos, além disso, alusões a vegetarismo, o que provavelmente está em relação com a crítica aos sacrifícios cruentos.

Com isso, esses círculos judeo-cristãos se aproximam de um quarto grupo: os *neopitagóricos*.[6] Estes rejeitavam os sacrifícios cruentos porque eles, em razão da doutrina da transmigração das almas, supunham almas humanas nos animais. Visto que todo sacrifício de animal podia ser potencialmente um sacrifício humano, aboliu-se o sacrifício. Entre os cristãos, ao contrário, aquele único sacrifício humano substituía todos os sacrifícios de animais. Infelizmente, sabemos muito pouco acerca da crítica dos neopitagóricos aos sacrifícios. Elas não tiveram grande influência no culto pagão.

Decisivo é que por volta da virada do século, com o fim dos sacrifícios, deu-se uma violenta ruptura na história das religiões, mas não aconteceu repentinamente. Também no cristianismo ela se deu paulatinamente. Os primeiros cristãos são apenas um entre muitos outros grupos judaicos que se distanciaram dos sacrifícios. A recusa dos sacrifícios não é, portanto, de forma alguma o grande avanço do cristianismo em relação ao judaísmo, mas, sim, o resultado e um desenvolvimento intrajudaico. Ela não correspondia a nenhum programa consciente. Ao contrário, fatores contingentes como a destruição do Templo tiveram aqui também grande importância. Somente quando isso estiver claro é que se pode constatar: apenas no cristianismo se chegou a uma *fundamental* e continuamente *praticada* recusa dos sacrifícios. Seu caráter radical distingue o cristianismo dos demais grupos judaicos que, devido à situação, suspenderam a práxis sacrifical. A

---

[6] Conservou-se um fragmento de um escrito "Sobre os sacrifícios" do neopitagórico Apolônio de Tiana (por Euseb Praep. Ev. 4,13; Dem.Ev. 3,3,11). Aqui, ele diferencia um deus altíssimo do restante dos deuses. Só se podia entrar em relação com esse deus altíssimo por meio do *logos*, não porém mediante animais e plantas, que estão impregnados de impureza. Aos demais deuses, podem-se oferecer sacrifícios. Também isso não é nenhuma crítica radical aos sacrifícios.

subsequente rejeição praticada diferencia-o da crítica filosófica radical aos sacrifícios. Por isso, podemos com razão, no que se segue, limitar-nos ao cristianismo primitivo.

De acordo com a autocompreensão do cristianismo primitivo, esse caráter essencial da crítica aos sacrifícios está ligado à morte sacrifical de Jesus. Entretanto, também a interpretação da morte de Jesus como morte sacrifical não é a única interpretação. Ela aparece ao lado de outras interpretações. Por conseguinte, pode-se perguntar: ela contribuiu realmente para o fim dos sacrifícios? Ou ela é apenas a expressão posterior de um distanciamento dos sacrifícios já previamente existente? Ela é deveras a superação definitiva dessa mentalidade sacrifical? Ou ela não é muito mais a reanimação da mentalidade sacrifical — mediante o recurso a uma forma sacrifical havia muito tempo superada: ao sacrifício humano? Por essa razão, ocupamo-nos em um segundo parágrafo com a interpretação sacrifical da morte de Jesus.

A interpretação sacrifical da morte de Jesus

É improvável que, historicamente, Jesus tivesse conscientemente querido sua morte como morte sacrifical. Os discípulos experimentaram sua execução como uma catástrofe. Não estavam preparados para ela. Só posteriormente é que eles lhe conferiram um sentido — e nisso, a variedade de interpretações também deixa perceber ainda o traumático desafio de uma morte horrenda. Repetidamente, em novas tentativas e imagens, ele precisava ser superado. Contudo, na vida do Jesus histórico já existia um suporte para a posterior interpretação sacrifical de sua morte.

Autoestigmatização na vida e no ensinamento de Jesus

Em sua *vida*, Jesus assumiu conscientemente o papel de um marginalizado desprezado. Era um pregador ambulante — sem salário, sem casa, sem família. Sentava-se à mesa com pessoas moralmente desconsideradas. Ostensivamente menosprezava algumas tradições, como o demonstram os conflitos em torno do sábado e sua indiferença quanto às questões de pureza. Com isso, ele devia atrair para si crítica e agressão. Sociologicamente falando, tal assunção de papéis nos quais não se tem oportunidade de conseguir reconhecimento é um ato de autoestigmatização.[7]

Paralelamente a isso, ele defendia um *ensinamento* que exigia a autoestigmatização como conduta. A exigência de não dar livre curso às agressões, à medida que depois da bofetada na face esquerda, oferece-se também a direita — esse é tal ensinamento: visa a que a pessoa conscientemente se exponha à agressão exterior (Mt 5,39). De igual modo, a exigência de que o seguidor rompa com a família e omita atos elementares da piedade familiar, como o sepultamento do pai, é uma exigência de autoestigmatização (Mt 8,21-22).

Deve-se considerar, ademais, que Jesus e seus discípulos cresceram numa sociedade que já tinha uma desenvolvida cultura da autoestigmatização. A ela pertencem as ações simbólicas dos profetas. Quando Isaías vagava despido, quando Oseias desposava uma prostituída e adúltera, então eles assumiam explicitamente papéis desprezíveis a fim de anunciarem sua mensagem. O mesmo vale para Batista. Sua vida ascética — sua ascese de ambiente, de alimento e de vestimenta — é igualmente uma grande autoestigmatização, como a autoacusação pública exigida por ele antes do Batismo: a confissão dos pecados.

Hoje, reconhecemos na autoestigmatização consciente uma importante estratégia de mudança cultural. Os valores dominantes são abalados à medida que eles são desconsiderados por meio da assunção ostensiva de papéis que são avaliados negativamente. Quem assume conscientemente um comportamento reprovável, transmite ao seu ambiente essa mensagem: os valores que estão na base da rejeição e do desprezo são falsos. Aquele que tem o dom de encontrar seguidores, pode realizar uma mudança de valores — mesmo contra o consenso de valores majoritário. Chamamos de carisma à capacidade de encontrar seguidores, mesmo contra a resistência do ambiente. Os carismáticos podem transformar a autoestigmatização em alavanca de mudanças. Até mesmo o martírio pode ainda servir à sua legitimação, mas coloca fortemente os opositores dos carismáticos em situação de culpa.

---

[7] Cf. Helmut Mödritzer, *Stigma und Charisma*, 95-167: ele diferencia uma autoestigmatização ascética no anúncio de Jesus, que se mostra no desprendimento de bens, casa e proteção, de uma autoestigmatização provocatória, que se mostra em sua compreensão de pureza e sua ação no Templo, e uma autoestigmatização forense, que se mostra no fato de que ele se arrisca conscientemente ao martírio.

Jesus foi um carismático cujo carisma também se baseava na estratégia do comportamento autoestigmatizante. Ajusta-se bem à imagem global de sua vida o fato de ele ter conscientemente posto sua vida em risco. Ele tinha perante os olhos o destino de Batista. Ele devia contar com um fim violento. Em contrapartida, é altamente improvável que essa disposição para a autoestigmatização já tenha sido expressa por Jesus com a imagem de uma "morte sacrifical". O mais provável é que ele, até o fim, tenha esperado que Deus tornasse realidade o Reino de Deus anunciado por ele e que o cálice da morte lhe passasse ao largo (cf. Mc 14,36).

As interpretações da morte de Jesus no cristianismo primitivo

Depois da páscoa, a morte de Jesus foi interpretada numa abundância de imagens diversificadas.[8] Em princípio, podem-se diferenciar dois tipos de interpretação que eu, segundo o modelo da compreensão dos reformadores protestantes, distingo: a morte de Jesus vale tanto como *exemplum* quanto como *sacramentum*. A propósito, a noção de *exemplum* deve ser expandida. O que pretendo dizer é: Jesus é um modelo do comportamento divino e humano. Na morte de Jesus, mostra-se fundamentalmente o modo de agir de Deus — e como o ser humano deve comportar-se e levar a vida. A morte de Jesus, como *exemplum*, recebe seu significado mediante a analogia com o comportamento divino e humano. A noção de *sacramentum*, ao contrário, abrange todas as interpretações nas quais a morte de Jesus supera a desgraça, à medida que ele elimina a perturbação de uma ordem, ou restabelece um relacionamento pelo qual o restabelecimento de uma ordem entre culpa e direito pode ser descrito como "expiação" e o restabelecimento de um relacionamento pessoal como "reconciliação".

A seguir, ao lado dessa distinção entre *exemplum* e *sacramentum*, devemos observar a integração da ressurreição nas diversas interpretações da morte de Jesus. Isso é decisivo justamente para a interpretação sacrifical, pois a ressurreição do ser vivente sacrificado não pertence aos sacrifícios

---

[8] Gerhard Barth, *Der Tod Jesu Christi im Verständnis des Neuen Testaments,* Neukirchen-Vluyn: Neukirchener 1991, oferece uma boa visão geral. Cf., além disso, Marie-Louise Gubler, *Die frühester Deutungen des Todes Jesus. Eine motivgeschichtliche Darstellung aufgrund der neueren exegetischen Forschung,* OBO 15, Freiburg Schweiz: Universitätsverlag/Göttingen: Vandenhoeck 1977.

tradicionais de animais. A ressurreição contém, de saída, um excedente em relação à metáfora dos sacrifícios.

a) A morte de Jesus como *exemplum* do comportamento divino e humano

Uma *primeira* superação da morte de Jesus consistiu em que nela se viu um "*acontecimento necessário*" — tão necessário e tão pouco influenciável pelas pessoas como todo acontecimento querido por Deus (cf. Mc 8,31; 14,21). Profecias e alusões nos escritos bíblicos possibilitaram reconhecer essa necessidade divina da morte de Jesus (cf. Mc 14,49; Lc 24,44-46). Nessa interpretação, a fé na ressurreição podia ser facilmente integrada, à medida que também a ressurreição de Jesus foi compreendida como acontecimento necessário — predito nas Escrituras (1Cor 15,3). Por isso, a morte de Jesus transformou-se em passagem para a glória: "Não era preciso que o Cristo sofresse tudo isso e entrasse em sua glória?" (Lc 24,26). Somente com tal "passagem" é que a morte de Jesus poderia alcançar um sentido salvífico — e certamente depois, quando Jesus foi compreendido como "precursor" (cf. Hb 6,20) que havia aberto o caminho do céu para as pessoas que o seguiram (Hb 10,20).

Uma *segunda* possibilidade de interpretação da morte de Jesus consistia em incluí-lo na corrente do *profetas mártires*.[9] Os profetas desde sempre se depararam com resistência a sua mensagem e nisso perderam a vida. A parábola dos vinhateiros expressa de modo alegórico essa ideia da morte violenta dos profetas (Mc 12,1-3; cf. 1Ts 2,15). Jesus era um dos muitos profetas que deveriam deixar sua vida em Jerusalém (QLc 13,34; 11,49-51). A ressurreição de Jesus podia ser integrada nessa concepção na qual era incluída como evento-contraste à morte do mártir. Na parábola dos vinhateiros, ela foi secundariamente inserida mediante a citação escriturística da pedra rejeitada que se tornou, por Deus, pedra angular (Sl 118,22 = Mc 12,10). Um esquema-contraste semelhante marca os sumários dos Atos dos Apóstolos (At 2,22-24; 4,10,30-41; 13,27-29). Uma variante para o contraste entre rejeição da parte das pessoas e escolha da parte de Deus é a oposição entre o autorrebaixamento de Jesus e sua elevação por Deus,

---

[9] Odil Hannes Stec, *Israel und das gewaltsame Geschick der Propheten*, WMANT 23, Neukirchen-Vluyn: Neukirchener 1967, demonstrou que Jesus com isso é interpretado segundo a tradição deuteronomística: Israel rejeitou e matou violentamente seus profetas.

tal como está contido no hino aos filipenses (Fl 2,6-11). Aqui é importante também: a morte alcança sentido salvífico somente pela integração da ressurreição; que Deus escolhe os humildes e rejeitados e torna-se a imagem da esperança para todos os humilhados e excluídos (cf. 1Cor 1,18-20), nos quais Deus age de forma análoga.

Uma *terceira* interpretação da morte de Jesus encontra-se ali onde dela se fala com os motivos da *passio iusti*.[10] O sofrimento de Jesus é apresentado, portanto, com o auxílio de passagens dos salmos de lamentação ou do servo de Deus sofredor. Torna-se modelo para o sofrimento dos cristãos. Implicitamente, a história da paixão contém essa interpretação, de forma evidente, acima de tudo, a primeira carta de Pedro (1Pd 2,21-25). Em seus sofrimentos, os cristãos deviam sentir-se ligados a Cristo. Também nessa interpretação, o sofrimento só obtém sentido salvífico mediante a inserção da ressurreição de Jesus: pois, na verdade, o sofrer e o morrer com Cristo são transcendidos pela esperança de uma nova vida. A morte de Jesus, em si, nesse contexto, não possui nenhum caráter salvífico. Somente a superação da morte enseja a salvação: a noção — σὺν-Χριστῷ — de uma *conformitas* entre Cristo e os cristãos é claramente diferenciada das noções — ὑπέρ. Os cristãos não padecem a própria morte por outros. Seu morrer-com-Cristo não opera nenhuma salvação.

b) A morte de Jesus como *sacramentum* para a expiação e para a reconciliação

Nas interpretações da morte de Jesus como *sacramentum* não existe nenhuma analogia entre o agir de Deus, de Cristo e do ser humano; ao contrário, acentua-se exatamente a distância entre Deus e o ser humano. A ordem da "justiça", que liga Deus e o homem, é profundamente perturbada pela injustiça humana: sua restauração exigia a "expiação". O relacionamento pessoal entre Deus e homem tornou-se "inimizade", de modo que Deus e homem precisam ser "reconciliados".

Em *primeiro* lugar, situa-se aqui a *interpretação expiatória* da morte.[11] Quando Paulo, em Rm 3,25, escreve a respeito de Cristo, que "Deus

---

[10] Lothar Ruppert, *Jesus als der leidende Gerechte?* SBS 59, Stuttgart: Katholisches Bibelwerk 1972.
[11] A interpretação expiatória da morte de Jesus tornou-se o centro do Novo Testamento acima de tudo pela nova "Teologia de Tubinga". Mencionem-se aqui apenas Martin Hengel, Der stellvertretende Sühnetod Jesu. Ein Beitrag zur Entstehung des urchristlichen Kerygmas, *IkaZ* 9 (1980) 1-25. 135-147; *The Atonement. A*

o expôs como instrumento de propiciação, por seu próprio sangue, mediante a fé", então ele está se referindo ao padecer vicariamente a ira de Deus previamente jurada sobre todos os pecadores (Rm 3,18-20). Sobre o crucificado, foi pronunciado um juízo de aniquilamento de Deus. Não se pode manter distante do homem moderno essa escandalosa concepção das declarações expiatórias do Novo Testamento. Paulo pode dizer que Deus, mediante a morte de Jesus, condenou "o pecado em sua carne" (Rm 8,3), ou que Jesus, por nós, ter-se-ia tornado "maldição" (Gl 3,13) e "pecado" (2Cor 5,21). Encontramos aqui uma noção que não inclui obrigatoriamente a ressurreição. Pois Paulo não prossegue suas afirmações à medida que diz que Cristo tornou-se "expiação", "maldição", ou "pecado", a fim de que ele superasse esse mal mediante a ressurreição. À declaração sobre sua morte segue-se, ao contrário, uma afirmação positiva para os crentes: sua morte expiatória é para eles justificação (Rm 3,26; 2Cor 5,21) e bênção (Gl 3,14). Contudo, a ressurreição pode ser integrada da forma mais evidente possível na imagem do culto celeste na carta aos Hebreus. Jesus sacrifica-se como vítima expiatória, a fim de poder atravessar a cortina que dá acesso ao santo dos santos. Seu caminho para o céu é o ato salvífico por excelência. Mas também em Paulo encontramos uma ampliação da noção de expiação até a ressurreição, como ainda haveremos de ver.

Uma *terceira* concepção análoga é a do *resgate*. Enquanto na interpretação expiatória, trata-se de uma libertação de um perigo ameaçador mediante o próprio Deus, a concepção do resgate permite pensar na libertação de um poder estranho. O fundamento evidente é a *redemptio ab hostibus* — o resgate das mãos dos inimigos.[12] A esse respeito, permanece obscuro se a ira de Deus sobre os pecados tenha-se se tornado um poder hostil independente ou se, de fato, pensava-se em poderes demoníacos independentes de Deus (Gl 3,3; 4,5; 1Cor 6,19-20; 7,23; Mc 10,45 etc.). Também essa concepção do resgate não inclui necessariamente a ressurreição, mas pode ser expandida por ela. A ressurreição transforma-se, então, em vitória sobre os poderes hostis, algo assim como na noção de que o ressuscitado des-

---

Study of the Orignins of the Doctrine in the New Testament, London: SCM 1981. A esse propósito, Rm 3,25 é amiúde usado como referência a Lv 16: a Sexta-feira da Paixão é um dia de reconciliação cósmica.

[12] Com Werner Elert, *Redemptio ab hostibus*, ThL 72 (1947), 265-270, deve-se pensar antes no resgate de prisioneiros de guerra. Esta interpretação é mais provável do que a de Adolf Deissmann, *Licht von Osten*, 271-273, que interpreta a concepção do resgate a partir do rito da antiga libertação de escravos em Delfos, no qual um deus intervinha como resgatador fictício, visto que o escravo mesmo não tinha direito e não podia portar-se como parceiro de um contrato.

truiu o título de dívida lavrado por eles, desarmou seus inimigos e triunfou sobre eles (Cl 2,14). Ou que ele, com seu sangue, "salvou" os cristãos e fez deles reis e sacerdotes — e reina eternamente (Ap 1,4-20). Contudo, essa concepção-de-*Jesus-victor* pode ser encontrada também independentemente da concepção de resgate (cf. 1Pd 3,18-22; Jo 12,27-33).

Numa *terceira* variante, o "morrer pelos pecados" ou "por nós" pode também aparecer como *doação de amor*. Enquanto na concepção expiatória (em sentido estrito) domina a ameaça da ira de Deus, e na "concepção-resgate" a ameaça de outros poderes, agora a morte de Jesus aparece como expressão do amor de Deus, ameaçado, acima de tudo, pela inimizade das pessoas. Aqui, a ressurreição pode aparecer, o mais antecipadamente possível como parte constitutiva do evento salvífico. O amor visa à reconciliação entre parceiros inimizados.[13] A reconciliação, porém, pressupõe a existência deles. Onde Paulo fala de uma doação da vida de Jesus, fala sempre também da ressurreição de Jesus (cf. esp. Rm 5,6-7; 8,31-33; 2Cor 5,14-16). Em Paulo, essa integração da ressurreição no acontecimento salvífico ainda continua, como o demonstraremos a seguir.

A inclusão da ressurreição na interpretação da morte de Jesus

Tínhamos visto: na interpretação da morte de Jesus como *exemplum*, essa morte só se torna morte salvífica mediante a inclusão da ressurreição. No entanto, na interpretação da morte como *sacramentum*, ela obtém um significado salvífico autônomo. Em minha opinião, é característico de Paulo o fato de ele integrar o significado constitutivo da ressurreição para o evento salvífico a partir da interpretação-*exemplum* também em sua interpretação como *sacramentum* e, com isso, ele dá continuidade a uma linha de desenvolvimento intrajudaica.

Assim, em 1Cor 15,3-5, ele cita uma fórmula tradicional que diz: "Cristo morreu por nossos pecados, segundo as Escrituras. Foi sepultado, ressuscitou ao terceiro dia, segundo as Escrituras. Apareceu a Cefas, e depois aos Doze". Aqui, em primeiro lugar, aparece apenas a morte como

---

[13] À medida que a concepção reconciliadora está ligada ao morrer de Jesus, realça-se aqui uma metáfora política: a reconciliação entre partidos conflitantes litigantes. Assim, especialmente 2Cor 5,18-20. Cf. Gilliers Breytenbach, *Versöhnung. Eine Studie zur paulinischen Soteriologie*, WMANT 60, Neukirchen-Vluyn: Neukirchener 1989.

razão para a superação dos pecados. Todavia, na discussão com os corintos que negavam a ressurreição, Paulo insiste nisso: se Cristo não tivesse ressuscitado, então ainda estaríeis em vossos pecados (1Cor 15,17). A morte sozinha não realiza nenhum perdão dos pecados.

Na segunda carta aos Coríntios ele pode, por isso, expandir a fórmula "morrer por nós" para a ressurreição. Pois Cristo "morreu por todos a fim de que aqueles que vivem não vivam mais para si, mas para aquele que morreu e ressuscitou por eles" (2Cor 5,15). A expressão "por eles" aqui se refere gramaticalmente não somente ao morrer, mas também ao ser ressuscitado. Ambos são experimentados por Cristo e pelos cristãos, conjuntamente. Paulo diz: se um morreu por todos, então "todos estão mortos". A salvação só pode consistir em que também todos, como Cristo, cheguem a uma nova vida. Portanto, não é nenhum acaso que Paulo, justamente nesse contexto fale da morte de Jesus como expressão do amor de Deus (2Cor 5,14) e de "reconciliação" (2Cor 5,18-19). É uma reconciliação que diz respeito à vida de ambos os parceiros no evento salvífico.

Na carta aos Romanos, encontramos, portanto, três princípios de uma diferenciação conceptual entre a interpretação salvífica da cruz e da ressurreição. A cruz tem, em todo caso, força expiatória para os pecados (atuais). Com a ressurreição, porém, acrescenta-se ainda algo novo:

1. Se a morte de Jesus significa perdão dos pecados para o *passado* (Rm 3,25), então a ressurreição atua como superação do pecado para o *presente e para o futuro*. Nesse sentido é que se deve entender a (tradicional?) fórmula de Rm 4,25, que fala de Cristo como aquele "que foi entregue pelas nossas faltas e ressuscitado para a nossa justificação".[14]

---

[14] Enquanto Paulo resume primeiramente numa linguagem abstrata reflexiva sua doutrina da justificação em Rm 3,21-31; em Rm 4,1-25 ele traz o exemplo de Abraão como prova escriturística para a justificação do pecador. Entre a tese abstrata e a evidente prova escriturística narrativa, o peso se desloca da morte expiatória para a ressurreição. Na tese abstrata, menciona-se apenas a morte expiatória de Cristo como fundamento da salvação (Rm 3,25). No caso de Abraão, porém, o fundamento da justificação é exclusivamente a fé no cumprimento da promessa — ou seja, a fé na possibilidade de uma nova vida, não obstante seu corpo morto (ou seja, não mais capaz de procriar). A disposição de entregar Isaac à morte (Gn 22,1-3) não tem a menor importância. No resumo conclusivo (Rm 4,25), Paulo liga as duas: morte e ressurreição. Retrospectivamente, pode-se supor que Paulo já em Rm 3,24-26 tem em mente a ressurreição. É que por duas vezes ele interpreta a "redenção realizada por Cristo" como "prova" da justiça de Deus: uma vez como perdão dos pecados no passado, e depois como prova da justiça de Deus no presente. Na primeira "prova da justiça" de Deus, certamente Paulo pensa na morte de Cristo. Poderia ele na "segunda prova da justiça de Deus" ter pensado, portanto, na ressurreição? Comparem-se as formulações em Rm 3,25-26 e Rm 4,25:

2. Se a morte de Jesus Cristo trouxe reconciliação para *esta vida*, então a ressurreição (ou a vida) de Cristo trouxe salvação para *a vida eterna*, portanto, no futuro escatológico. Nesse sentido é que se deve entender Rm 5,10: "Pois se quando éramos inimigos fomos reconciliados com Deus pela morte do seu Filho, muito mais agora, uma vez que reconciliados, seremos salvos por sua vida". Também nesse contexto encontramos a concepção da morte de Jesus como doação de amor (Rm 5,8) e da "reconciliação" como meta do evento salvífico (Rm 5,10-11).

3. Se a morte de Cristo é a superação dos pecados mediante o amor de Deus, então a ressurreição conduz à *intercessio* daquele que é glorificado perante Deus. Por esse motivo, ninguém pode acusar os cristãos perante o tribunal de Deus. Assim, lemos em Rm 8,34: "Quem condenará? Cristo Jesus é aquele que morreu (sim), ou melhor, que ressuscitou, aquele que está à direita de Deus e que intercede por nós".

Portanto, a expansão do sentido salvífico da morte para a ressurreição é, em Paulo, inequívoco. Onde ele não apela somente para fórmulas tradicionais, mas elabora autonomamente, deixa inconfundivelmente claro: Deus realiza a salvação não por intermédio da morte, mas por meio da morte *e* da ressurreição, ou seja, pela superação da morte.

A pergunta seguinte é, pois, se com isso a lógica sacrifical tradicional é abandonada[15] ou se essa dilatação já não estava presente nela, potencialmente, havia muito tempo. A esse propósito, lancemos um olhar sobre a expiação cúltica e extracúltica no Antigo Testamento.[16]

A redenção mediante a morte de Jesus aconteceu:	Deus ressucitou Jesus dos mortos:
(1) como prova de sua justiça, à medida que ele perdoa pecados (ἁμαρτήματα) que foram cometidos antigamente no tempo de sua paciência	(1) o qual foi entregue por nossos pecados (παραπτώματα)
(2) como prova de sua justiça no tempo presente e a fim de justificar (δικαιοῦν) aquele que apela para a fé em Jesus	(2) e foi ressuscitado para a nossa justificação (δικαίωσις)

---

[15] Georg Fitzer, Der Ort der Versöhnung nach Paulus, *ThZ* 22 (1966), 161-183, ali, p. 179: no culto sacrifical, os animais sacrificados permanecem mortos. Consequentemente, para ele: "... na mentalidade sacrifical a ressurreição não tem nada a procurar... toda a concepção sacrifical torna-se uma farsa se a vítima ressuscita".

[16] As exposições que se seguem baseiam-se em Hartmut Gese, Die Sühne, in: *Zur biblischen Theologie. Alttestamentliche Vorträge*, BEvTh 78, München: Kaiser 1997, 85-106: a expiação fundamenta-se numa

No *culto* sacrifical veterotestamentário existia, talvez, uma equivalência da ressurreição, um conservação simbólica da vida para além da morte. No sacrifício expiatório, a matança do animal não é o ato expiatório, mas, sim, o rito de sangue, pelo qual o sangue do animal é passado nos chifres do altar e derramado ao pé do altar. Esse rito de sangue devolve a vida, de forma simbólica, à divindade; o sangue é a sede da vida. Expiatória, portanto, não é a morte em si, mas o contato entre a "substância vital" da vítima sacrifical e a divindade após a morte do animal sacrifical. Manifesta-se aí uma consciência de que, em última instância, não é a destruição da vida que proporciona o benefício, mas sua conservação e salvação? Obviamente deve-se dizer restritivamente: a conservação da vida diz respeito à vida em geral, não à vida do animal sacrifical individualmente. A vítima sacrifical permanece morta. Todos os ritos de restituição da vida — também em outros cultos sacrificais — não podem lograr ir além disso.

Confirma-o uma olhadela nos poucos casos de *ações expiatórias fora de um contexto cúltico*. Segundo Dt 21,1-9, os habitantes de um lugar no qual tivesse ocorrido um assassinato inexplicável, podiam absolver-se mediante a matança de uma novilha. Numa corrente de água permanente, ela era desnucada. Os anciãos da cidade lavavam as mãos. A água lavava simbolicamente o sangue e com isso, afastava o homicídio. O sangue não é, portanto, conservado nem devolvido à divindade. Ao contrário, ele era alijado. Encontra-se a mesma lógica noutra passagem. Depois do desvio de Israel para o "bezerro de ouro", Moisés implora por expiação para o povo e oferece sua vida como expiação: "Agora, pois, se perdoasses o seu pecado... Se não, risca-me, peço-te, do livro que escreveste" (Ex 32,32). Subtende-se o livro da vida. Moisés não quer expiar mediante sua permanência nesse livro, mas sim, ao ser excluído dele. A doação da vida é que expia, não a conservação da vida. Significativo é que essa oferta da doação expiatória da vida de um homem de Deus não é aceita. A ideia de uma expiação pela doação da vida encontra-se apenas na periferia do Antigo Testamento. Ela lhe é fundamentalmente estranha.

---

existência vicária do animal sacrificado para a pessoa sacrificante. No caso, a expiação não é realizada pela matança, mas mediante dois atos rituais ligados ao sacrifício: (1.) a dilaceração com as mãos e (2.) o rito de sangue. A dilaceração com as mãos demonstra: a vítima sacrifical morre no lugar da pessoa. A aspersão do sangue sobre o altar mostra: a vida tirada será reconduzida a Deus, o Senhor da vida. Acontece uma incorporação no sagrado.

Se tal ideia se encontra no período pós-veterotestamentário no judaísmo e, no cristianismo, torna-se uma elemento interpretativo central da morte de Jesus, então isso se deve a influências helenísticas.[17] Ali, no helenismo, atesta-se frequentemente a noção de que uma pessoa morre por outra. No mundo pagão, exclui-se de antemão a ideia de que tal morte por outra pessoa inclua o retorno daquele que se autossacrifica da morte. Ao contrário, sua morte é definitiva.[18]

Do ambiente pagão, penetrou também no mundo bíblico a concepção do morrer substitutivo. Típico dessa noção é que nos poucos lugares onde aparece, está sempre ligada à esperança de uma nova vida. Isso é válido também para a passagem mais antiga, um canto do Servo de Deus do Segundo Isaías. Ao Servo de Deus que se autossacrifica, promete-se a vida (seja em que sentido for): "Se ele oferece sua vida como sacrifício expiatório, certamente verá uma descendência, prolongará seus dias..." (Is 53,10).

No segundo livro dos Macabeus, à morte dos mártires se liga a esperança de que a ira de Deus contra o povo se aplacará. Obviamente isso não é a noção de morte expiatória pelo outro. Com efeito, os mártires confessam *expressis verbis* que eles morrem pelos próprios pecados (2Mc 7,32). Falta a transferência da terminologia sacrifical cúltica para a morte deles. Contudo, atribui-se à morte deles (em força de uma oração de petição) um efeito salvífico para os outros. Mas já nesses primeiros ensaios de uma interpretação expiatória da morte do mártir, esta é vista à luz da esperança na ressurreição. Ao lado do livro de Daniel, o segundo livro dos Macabeus é a testemunha mais antiga da esperança na ressurreição (cf. 2Mc 7,9.14 etc.). Diferentemente do mundo pagão, também aqui a morte só é aceita como morte salvífica para outros quando é vista à luz da promessa da vida.

Esse é, com muito mais razão, o caso do quarto livro dos Macabeus. Ali, o mártir Eleazar confere a sua morte um sentido de vítima expiatória: "Sê benigno para com teu povo. Deixa-te aplacar pelo castigo que tomamos sobre nós. Torna meu sangue um sacrifício purificador para

---

[17] Hendrick S. Versnel, "Quid Athenis et Hierosolymis?" Bemerkungen über die Herkunft von Aspecten des "Effective Death", in: Jan W. van Henten (ed.), *Die Entstehung der jüdischen Martyrologie*, StPB 38, Leiden: Brill 1989, 162-196.
[18] Alceste é a grande exceção que confirma a regra: ela é a única que está disposta a morrer por seu marido Admeto, ameaçado pela Morte por causa da negligência de um sacrifício. Segundo uma das versões, Hércules arranca-a da Morte (Eur. *Alceste*), segundo outra, Perséfone, por compaixão pelo seu amor ao marido, envia-a de volta à terra (Plat. *O Banquete* 179b-d).

eles, e toma minha vida em substituição à vida deles!" (4Mc 6,28-29; cf. 17,20-22). Antes da segunda interpretação resumida da morte dos mártires como morte expiatória, acentua-se expressamente que os mártires "encontram-se agora perante o trono de Deus e vivem na bem-aventurança eterna" (4Mc 17,18). Somente depois é que a morte deles é interpretada como compensação pelos pecados do povo. A esperança de uma ressurreição corporal é, em verdade, substituída pela esperança na vida eterna (15,3) e na "imortalidade" (14,5; 16,13). Contudo, é inequívoco que: somente em conjunto com a esperança em um restabelecimento da vida do mártir é que começa, no judaísmo, a interpretação da morte deles como expiatória. No final do quarto livro dos Macabeus, o autor cede a palavra ao próprio Deus: "Eu matarei, e eu farei de novo viver…" (4Mc 18,19).

Podemos extrair um resultado prévio: a práxis sacrifical, segundo a autocompreensão cristã primitiva, chegou ao fim com a morte sacrifical de Jesus realizada apenas uma vez. Contudo, essa morte sacrifical é expandida para a ressurreição, a qual supera a morte. Isso é algo novo tanto em relação ao culto sacrifical veterotestamentário quanto no confronto com a concepção pagã da morte expiatória de pessoas, mas corresponde a uma tendência do judaísmo. O judaísmo só podia conceber um efeito salvífico no morrer se tivesse em vista um restabelecimento da vida. Deus não opera a salvação à medida que mata, mas, sim, à medida que ele vence a morte, e isso vale também para a morte expiatória. Nossa pergunta seguinte é, portanto: até que ponto essa interpretação sacrifical modificada da morte e da ressurreição de Jesus podia substituir os sacrifícios tradicionais? Como se pode explicar essa substituição dos sacrifícios? Explicações que apelam para intenções têm pouco alcance. De fato, os primeiros cristãos não tinham de antemão a intenção de suspender os sacrifícios. Eles defendiam, na verdade, um culto — e uma crítica ao Templo. Mas, a essas intenções, algo mais devia ser acrescentado, a fim de que sua crítica ao culto pudesse se radicalizar numa rejeição fundamental dos sacrifícios e se impusesse. Isso pode ser mais bem esclarecido com uma visão funcional.

As funções dos sacrifícios tradicionais

A ideia fundamental de uma visão funcional é: novas formas rituais devem preencher melhor as funções do culto sacrifical. Só se podia chegar à extinção do culto sacrifical se aquilo que as pessoas praticaram ao longo de séculos, isto é, sacrificar aos deuses, portanto, todos os medos e desejos, obrigações e coerções que atuavam no culto sacrifical, fosse mais bem satisfeito do que até agora, mediante novas formas de expressão religiosa. Numa palavra: procuram-se novas formas de expressão religiosa que sejam funcionalmente equivalentes aos sacrifícios tradicionais. A fim de determinar as funções dos sacrifícios tradicionais, precisamos de uma teoria geral dos sacrifícios. Infelizmente não existe uma. O que existe é somente uma confusa abundância de diversas teorias. Por essa razão, antecipo algumas delimitações metodológicas. Elas devem tornar evidente que estou consciente dos possíveis perigos da tentativa de explicação a ser esboçada a seguir.

Considerações metodológicas

Teorias gerais sobre os sacrifícios querem aplicar-se a uma multiplicidade de ações rituais que estão resumidas na noção de sacrifício. A primeira pergunta a elas é: afinal de contas, existe "o sacrifício" como um fenômeno universal? O resumo de todos os "sacrifícios" sob uma noção geral já não é um arranjo bastante artificial?[19] Além do mais, as teorias gerais sobre os sacrifícios pretendem explicar por que as pessoas oferecem sacrifícios, ou seja, no fundo, por que elas começaram, um dia, a oferecer sacrifícios. Algumas dessas teorias sobre os sacrifícios recorrem a uma cena primitiva num indefinido tempo passado — seja que pensem num parricídio na horda primitiva (Sigmund Freud) ou na situação de uma horda caçadora (Walter Burker). Por uma simples razão, porém, jamais saberemos por que as pessoas, um dia, começaram a oferecer sacrifícios: não dispomos de nenhuma fonte para esse tempo passado obscuro. Não passamos das suposições inteligentes.

Mas existe um caminho melhor. Certamente não possuímos fonte alguma da pré-história da qual resulte por que razão as pessoas certa vez tenham começado a sacrificar. Porém, temos fontes provenientes do tempo em que eles cessaram de oferecer sacrifícios. Segundo as fontes, esse tempo é privilegiado. Por que não também objetivamente? Por que o fim do culto sacrifical não deveria oferecer uma oportunidade de conheci-

---

[19] Cf. Josef Drexler, *Die Illusion des Opfers. Ein wissenschaftlicher Überblick über die wichtigsten Opfertheorien ausgehend vom deleuzianischen Polyperspektivmodell*, Münchener Ethnologische Abhandlungen 12, München: Akademischer Verlag 1993.

mento exatamente tão privilegiada quanto o começo? Obviamente, esse fim oferece primeiramente apenas informações acerca dos motivos por que se pôs fim à práxis sacrifical vigente. Se alguém interpreta a práxis sacrifical a partir de seu fim, corre certamente o perigo de superestimar tais motivos e de retroprojetá-los no tempo precedente. Discutamos isso em dois exemplos:

a) Uma característica da práxis sacrifical pós-exílica é que toda a práxis sacrifical é compreendia de forma nova a partir da *mentalidade expiatória*. Todo o culto tem por finalidade simplesmente a expiação de delitos. Até que ponto podemos, pois, generalizar esse motivo oriundo do período pós-exílico? Com a então saliente mentalidade expiatória, tornou-se consciente aquilo que em cada sacrifício estava contido desde sempre de forma latente? Cada matança ritual não era um abuso contra a vida? E sua configuração ritual não significa de qualquer forma um ato de expiação? Com efeito, não dou por excluído que a partir do último estágio do sacrifício não se possa esclarecer toda a práxis sacrifical anterior. A interpretação do sacrifício *que tinha o pecado como centro*,* que começa a salientar-se somente no final do desenvolvimento do culto sacrifical israelita, continha, pois, um momento da verdade para a interpretação de todos os sacrifícios.

b) O mesmo vale, pois, para o fim do sacrifício no cristianismo primitivo. Quando os primeiros cristãos substituem todos os sacrifícios por um sacrifício especial de uma pessoa — isto é, uma vítima da agressão humana ou um *sacrifício de agressão* —, então talvez se possa concluir retroativamente: se esse único sacrifício humano podia realizar-se em substituição de todos os sacrifícios de animais, então desde sempre os animais foram oferecidos vicariamente pelos homens. Com isso, porém, acentua-se fortemente um elemento agressivo nos sacrifícios, o qual não é imediatamente percebido. Poder-se-ia, com tanto mais razão, enfatizar a atmosfera festiva da alegria. Com efeito, os sacrifícios eram festas comunitárias. Ou poder-se-ia acentuar seu caráter estético. Festas sacrificais eram uma "completa obra de arte". Teorias gerais sobre os sacrifícios, que interpretam os sacrifícios acima de tudo como simbolização da

---

* N.T.: *Hamartiozentrische* no original. *Harmatía*, do grego, pecado, culpa.

agressão e assimilação da agressão, estão, por isso, sob a suspeita de serem uma disfarçada interpretação *cristocêntrica* de todos os sacrifícios — a partir do único e definitivo sacrifício. A partir de uma visão cristocêntrica inconsciente, talvez já se insiram elementos agressivos no culto veterotestamentário, no qual ainda não existiam (manifestamente) — como, por exemplo, quando se interpreta a relação entre o sacrificante e os animais imolados como substituição do sujeito e não apenas como transferência de culpa. Mas isso depõe contra o momento da verdade, também essa interpretação dos sacrifícios obtidas a partir do fim dos sacrifícios? Certamente, aqui também há o perigo de superestimar esse momento.

Deveria restar claro: a concentração da atividade sacrifical sobre um sacrifício expiatório e um sacrifício de agressão corresponde a um desenvolvimento histórico especial da atividade sacrifical no âmbito bíblico. As transferências para outros sacrifícios só são possíveis à medida que tanto a superação da agressão entre as pessoas quanto a expiação para os distúrbios entre as pessoas encontrem ali também um lugar demonstrável (ao menos latentemente). Devemos também levar em conta outros motivos. A interpretação da atividade sacrifical a partir do fim esconde em si riscos metodológicos de retroprojeção. Mas se trata também de uma oportunidade de pôr a descoberto, a partir do fim, alguns traços que até agora estavam ocultos. Após essas restrições metodológicas, podemos ousar a tentativa de determinar as funções do sacrifício de acordo com as diversas teorias dos sacrifícios, a fim de, então, perguntar sobre o que poderia substituí-las.

As funções do sacrifício

A diversas teorias do sacrifício podem ser divididas em três grupos: as teorias das oferendas compreendem-nos como ato de dádiva perante a divindade; as teorias da comunhão, como ato de ligação da comunidade ofertante (para a qual, em todo caso, contam os deuses e a vítima sacrifical) e as teorias da agressão, como ato de aniquilamento na matéria sacrifical.

Segundo as *teorias das oferendas*, as vítimas mudam o relacionamento entre Deus e o homem. Assim como as pessoas procuravam conquistar para si o chefe da tribo com presentes, assim, de acordo com essa mais antiga teoria dos sacrifícios, eles procuravam também conquistar os deuses para si (Edward Burnett Taylor 1832-1917).[20] A teoria das oferendas pode ligar-se a uma dinâmica teoria dos sacrifícios: mediante dons sacrificais, desperta-se o poder das divindades em favor do ofertante (Gerhardus van der Leeuw 1890-1950).[21] A fim de acionar o poder divino para si, o ofertante deve ultrapassar a fronteira entre o profano e o sagrado e intermediar entre as duas esferas. A barreira entre o profano e o sagrado é, porém, alta. A mediação aqui acontece por meio do aniquilamento da oferta sacrifical (conforme a teoria da mediação de Henri Hubert 1872-1927 e Marcel Mauss 1872-1950).[22] Em todas essas teorias, transparece um traço bem comum: sacrifícios são dons aos deuses dos quais se espera algo positivo. Pode-se acrescentar a suposição: os sacrifícios sempre substituem a pessoa ofertante. Com eles, ela doa (vicariamente) parte considerável de si mesma. Cada oferenda é uma porção de autodoação.

As *teorias da comunhão* enfatizam, ao contrário, a fundação de uma profunda ligação mediante a manducação do animal sacrificado. Obviamente os deuses recebem os dons apenas de forma fictícia. Concedem-se-lhes apenas poucas partes do animal sacrificado — nem sequer as melhores, de modo que vozes racionalistas, na Antiguidade, podiam falar de fraude sacrifical em relação aos deuses. A parte maior do sacrifício é consumida pela comunidade em festa. A clássica teoria da comunhão (de William Robertson Smith 1845-1898) presumia que, com tal ato, as pessoas tornavam-se capazes de aparentar-se com a divindade e com o animal. Os deuses eram os antepassados da tribo, o animal sacrificado era o animal totêmico do clã — em todo caso, um antepassado do qual se descendia, de modo que, na figura do animal, em última instância, tomava-se para si a força da divindade. Não é preciso partilhar essa complicada hipótese a fim de aceitar que: sacrifícios geram comunhão entre as pessoas. Eles regulam a distribuição do alimento. Eles representam real e simbolicamente como víveres escassos devem ser repartidos. Se no sacrifício como doação, o eu

---

[20] Cf. a apresentação in: Josef Drexler, *Die Illusion des Opfers*, 47-48; Hubert Seiwert, Opfer, *HRWG* IV, 1998, 271-172.
[21] Geerhardus van der Leeuw, Die do-ut-des-Formel in der Opfertheorie, *ARW* 20 (1920/1) 241-253; cf. a apresentação em Hubert Seiwert, Opfer, 273. O distintivo desse princípio é a suposição de uma força vital neutra que é acionada mediante o sacrifício — e numa circularidade, tanto o poder do deus quanto o do ofertante se fortalece, sendo que o decisivo, porém, seria o fluir desse poder.
[22] Cf. a apresentação em Josef Drexler, *Die Illusion des Opfers*, 47-48; Hubert Seiwert, Opfer, 272-273. Esse princípio explicativo abrange diversos aspectos. No entanto, é característica a interpretação do sacrifício como restabelecimento do contato entre o mundo do sagrado e o mundo profano. No ato de matar efetua-se uma liberação de energia que atinge tanto o mundo do sagrado quanto as pessoas.

se doa a um poder maior, na *communio* do sacrifício, as outras pessoas (em todo caso, também deuses e animais) tornam-se parte do eu — e o conflito latente é desfeito na partilha: na festividade comunitária do sacrifício todos são "um".

As *teorias de agressão*, em contrapartida, veem nos sacrifícios, antes de mais nada, rituais da assimilação da agressão e superação da agressão. A essas pertence a clássica teoria de Sigmund Freud.[23] Segundo tal teoria, os sacrifícios são rituais obrigatórios nos quais as pessoas se livram de uma obscura culpa primordial de um parricídio. O animal sacrifical é apresentado substitutivamente pelo pai da horda primitiva. Em sua manducação ritual a culpa primordial é, de um lado, compulsivamente suscitada (e, por isso, deve ser sempre repetida), por outro lado, é expiada. René Girard[24] oferece uma variante geral dessa teoria: não somente o pai, mas qualquer objeto de desejo levaria ao conflito, visto que o desejo seria imitado — e duas pessoas não podem possuir simultaneamente o mesmo objeto cobiçado. Necessariamente devem entrar em atrito. Os sacrifícios aliviam a comunidade desse conflito estrutural à medida que eles transferem a agressão para um bode expiatório. Todos os sacrifícios são aqui, em última instância, interpretados segundo o modelo do ritual do bode expiatório, não obstante este, com toda certeza, não seja nenhum sacrifício típico. Walter Burkert desenvolveu uma teoria da agressão do sacrifício bastante diferenciada.[25] Os grupos caçadores da idade da pedra achavam-se diante de um grande desafio social. Eles precisavam estimular suas agressões a fim de direcioná-las para a caçada e, ao mesmo tempo, controlar estritamente tais agressões, a fim de desviá-las das pessoas que deveriam cooperar na caça e na partilha da presa. Não é preciso também subscrever tais teorias em seus elementos particulares. No entanto, uma coisa é plausível nelas: nos sacrifícios, algo é sempre aniquilado. Uma parte ou o todo são eliminados e o que deve ser consumido comunitariamente é retirado. Com isso se faz presente um elemento de agressão — muito mais naqueles tempos antigos do que em nossa experiência. Pois os animais, então, como parceiros do

---

[23] Sigmund Freud, *Totem und Tabu. Einige Übereinstimmungen im Seelenleben der Wilden und der Neurotiker (1912-13)*, Gesammelte Werke 9, Frankfrut/M: Fischer 1944.

[24] René Girard, *La violence et le sacré*, Paris: Bernard Grasset 1972 = *Das Heilige und die Gewalt*, Frankfurt/M.: Fischer 1992; *Le Bouc émissaire*, Paris: Bernard Grasset 1982 = *Der Sündenbock*, Zürich: Benziger 1988.

[25] Walter Burkert, *Homo Necans*. Interpretationen altgriechischer Opferriten und Mythen, RVV 32, Berlin, New York: de Gruyter 1972; *Wilder Ursprung. Opferritual und Mythos bei den Griechen*, Kleine Kulturwissenschaftliche Bibliothek 22, Berlin: Klaus Wagenbach 1990.

homem, eram-lhe mais próximos do que hoje. E é válido também aqui: na eliminação do animal sacrifical, os ofertantes distanciam-se de uma porção de si mesmos. Quando o animal sacrifical é alijado, então ele assume com isso aquilo que as pessoas querem afastar de seu meio e de suas vidas.[26]

Os diversos tipos de sacrifício têm, em diferentes formas, função de doação, comunhão e agressão. Nas oferendas das primícias (oferenda dos primeiros frutos) sobressai-se o caráter de doação; nos sacrifícios comunitários com a comensalidade festiva correspondente, enfatiza-se o caráter de comunhão; no ritual do bode expiatório, sua função de assimilação da agressão. Em muitos tipos de sacrifícios, elementos das três funções foram ligados. Os ofertantes escolhem, então, entre três possibilidades, em escassas oportunidades de vida, elevar a própria oportunidade. Ora aciona-se o poder do mais forte em benefício próprio. Então o sacrifício é uma oferta para ele. Ora lança-se sobre o mais fraco o prejuízo que, de outra forma, dever-se-ia assumir. Então o sacrifício é um desarmado sacrifício de agressão. Ora dividem-se as oportunidades de vida segundo normas sociais entre pessoas concorrentes. Então o sacrifício torna-se um sacrifício comunitário.

O eu do ofertante obtém poder com isso, seja mediante a "doação" a alguém mais forte, a quem ele se submete (assim, no sacrifício de dons), seja à medida que ele se separa daquilo que o sobrecarrega, mediante o que ele joga substitutivamente o peso sobre outro ser vivente mais fraco (assim, no sacrifício de agressão); seja identificando-se com companheiros de igual poder, quer dizer, criando uma ficção de tal igualdade em que todos alcançam o seu direito (assim, no sacrifício comunitário). Os sacrifícios seriam, pois, representação simbólica da luta pelas oportunidades de vida. Neles se atesta o firme conhecimento do ser humano, segundo muitas convicções: a vida vive à custa de outra vida. O mais fraco busca a ajuda do mais forte, o mais forte oprime o mais fraco, o aproximadamente quase tão forte esforça-se por uma partilha regulamentada dos víveres. Os sacrifícios representam simbolicamente essas formas de dominação da vida e procuram, ao mesmo tempo, influenciar positivamente essa luta pela vida. Quando, pois, na linguagem simbólica do cristianismo primitivo se dá uma

---

[26] Hubert Seiwert, Opfer, 280, distingue duas "intenções fundamentais" do sacrifício: "ligação e distanciamento". Essas duas intenções de base separam-se no sacrifício expiatório: o distanciamento do pecado torna-se tão evidente aqui que com a mesma matéria sacrifical que expressa o distanciamento do pecado não se pode obter a ligação entre as pessoas mediante a manducação comunitária dessa matéria.

mudança tão decisiva como o fim dos sacrifícios tradicionais, então com isso se indicaria que na concepção da luta pela vida algo fundamental mudou. Mas o quê? Os primeiros cristãos esperavam obter talvez meios de poder ainda maiores nessa luta primitiva pela vida mediante novos ritos? Dito de outra forma: que funções desempenharam na vida os novos ritos?

A linguagem simbólica cristã primitiva como equivalente funcional dos sacrifícios tradicionais

Se os sacrifícios tradicionais não eram mais necessários no cristianismo primitivo, então outros elementos da religião devem ter assumido suas funções. Daí, o cristianismo primitivo desenvolveu um novo sistema simbólico. Entre os diversos princípios de uma nova linguagem simbólica ritual, prevaleceram dois sacramentos: o Batismo e a Eucaristia. Ambos surgiram de ações figurativas simbólicas que só posteriormente foram coligadas com a narrativa de base primitiva cristã da morte e da ressurreição de Jesus. E ambos ligavam-se a diversas metáforas sacrificais que descreviam o comportamento dos cristãos — seu etos. Temos, portanto, no todo, elementos provenientes de três formas de expressão da religião que substituíram os sacrifícios:

1. Batismo e Eucaristia como *ritos* novos;
2. uma nova narração de base (um *mito*) da morte e ressurreição de Jesus;
3. um *etos* que pode ser descrito mediante a metáfora dos sacrifícios: o sacrifício de louvor, a ajuda mútua, o sacrifício do mártir.

Eu defendo que nenhum desses elementos dessa nova linguagem simbólica religiosa, individualmente, por si mesmo, tinha a força de substituir os sacrifícios tradicionais, mas apenas a combinação desses elementos. A combinação desses diversos elementos assumiu juntas as três funções tradicionais dos sacrifícios.

O *sacrifício de oferendas*: o Batismo é uma doação simbólica de toda a vida a Deus. Nele está provado que os cristãos não ofereciam apenas dons individuais, mas toda a sua vida a Deus como "sacrifício vivo" (Rm 12,1). Com o Batismo, eles acionavam uma força superior para si: a força do Espírito Santo, que protege dinamicamente contra os poderes hostis e capacita para a nova vida. Com o Batismo, eles ultrapassam, ademais, uma fronteira entre a morte e a vida: a fronteira de uma vida pecadora para uma vida na presença de Deus. E aqui também essa "mediação" se realiza na destruição simbólica da vítima: o Batismo é um morrer simbólico — um aniquilamento que, pela participação na força da ressurreição, conduz para além da fronteira, para uma nova vida, dedicada a Deus (Rm 6,1-3). O equivalente funcional para a função de doação do sacrifício no cristianismo primitivo é, portanto, o Batismo, certamente em ligação com a narração de base da morte e da ressurreição e com uma metáfora sacrifical ética da doação da vida.

O *sacrifício de comunhão*: a Eucaristia preenche inequivocamente uma segunda função dos sacrifícios tradicionais. Ela cria uma *communio*. A noção de igualdade aqui é central. Paulo vê todo o sentido da Eucaristia ameaçado quando, durante seu desenrolar-se, aparecem diferenças sociais. Onde não mais acontece deveras a partilha igualitária dos dons da vida, simbolicamente apresentada, comete-se uma falta equivalente contra o próprio Cristo (1Cor 11,17-19). Nessa função comunitária, é importante que todos os participantes comam do mesmo alimento e bebam do mesmo cálice. Os dons para a Eucaristia e as orações eucarísticas são "ações de graças" e "louvor". Por isso é que logo a ceia é chamada de "Eucaristia". Às vezes não estamos seguros em relação aos escritos cristãos primitivos, se com os "sacrifícios" da comunidade se quer indicar apenas esse louvor e oração litúrgicos ou o sacramento mesmo. O equivalente funcional para a função de comunhão do sacrifício no cristianismo primitivo é, portanto, mais uma vez, uma ligação entre uma ação ritual (a Eucaristia) e a narração de base da morte de Jesus e uma metáfora sacrifical litúrgica. A Eucaristia é a grande "ação de graças" da comunidade a Deus.

Os *sacrifícios de agressão*: a crucificação de Cristo possui manifestamente o caráter de uma execução violenta. Ela é compreendida como um "morrer por nós" e descrita com metáforas cúlticas. Segundo Paulo, trata-se de um *"hilasterion"* — um acontecimento expiatório, seja lá como Paulo tenha imaginado isso: o crucificado substitui o lugar de expiação do A.T., o *kapporet* [do hebr., "propiciatório"] sobre a arca da aliança? A cruz de Cristo é um lugar de expiação num sentido totalmente formal? Ou se quer dar a entender a morte do mártir? Mas também esta seria interpretada como *"hilasterion"* numa mentalidade cúltica. Deve, pois, ficar evidente que essa função sacrifical só tem uma equivalência na narrativa dos cristãos — a execução de Jesus, acontecida uma única vez, vale como sacrifício expiatório; contudo, nenhuma correspondência na linguagem simbólica ritual e ética do cristianismo primitivo. Não há nenhum gesto ritual que realize de novo a eliminação da culpa. Não há nenhuma correspondência para a sempre renovada eliminação da vítima expiatória. Ela permanece ligada ao acontecimento único da cruz e da ressurreição. O equivalente funcional para os sacrifícios de agressão substitutivos expiatórios é, no cristianismo primitivo, exclusiva e tão-somente a morte de Jesus.[27]

Com isso atingimos um ponto decisivo em nossas reflexões. Todo o sistema da linguagem simbólica ritual do cristianismo primitivo contém uma irregularidade que só é percebida quando comparada, como um todo, com a atividade sacrifical tradicional. Os sacrifícios pelos pecados no Antigo Testamento distinguem-se dos demais mediante duas particularidades:

Primeira: a carne sacrifical não é consumida pela comunidade dos sacrificantes, mas exclusivamente pelos sacerdotes. Eles também são excluídos da comensalidade durante os sacrifícios pelos pecados no grande dia da expiação.

Segunda: a parte constitutiva do animal sacrifical que, durante o sacrifício comunitário, é trazida para Deus, ou seja, que é queimada sobre o altar, é queimada fora do acampamento. No grande dia da expiação, acrescenta-se ainda que o sacerdote, a seguir, deve lavar suas vestes e banhar o corpo (Lv 16,23-28).

A lógica implícita dessas prescrições é evidente: o sacrifício expiatório é excluído da comunidade. Ele deve, por certo, afastar dela aquilo que a onera. Com outras palavras: o sacrifício de comunhão e o sacrifício de agressão expiatório se excluem mutuamente. Essa regra de exclusão não é levada em conta na linguagem simbólica ritual do cristianismo primitivo.

---

[27] Podemos observar no cristianismo primitivo, de forma geral, uma dissociação entre o ritual externo e a imaginação interna. Certamente jamais existiu, em parte alguma, uma correspondência um-a-um entre mito e rito. Mas é indiscutível que os ritos mistéricos foram compreendidos como "*imitatio*" de um mito: como mimh,mata (Plut. Is. 27). Minucius Felix 22,1, fala de "*dolorem... imitatur*" (outros testemunhos em D. Zeller, *Mysterienkulte*, 59). Também os sacramentos cristãos primitivos eram certamente imitação do Batismo de Jesus e de sua última ceia. Mas o conteúdo significante interno afasta-se dessa *imitatio* quando o Batismo é interpretado como "sepultamento" (Rm 6,4) e "circuncisão" (Cl 2,11) — ou a Eucaristia como comer o corpo e beber o sangue derramado de Jesus: é inútil procurar um protótipo de teofagia nos relatos da instituição da Eucaristia. Por meio da dissociação entre rito e sentido se fortalece a importância da imaginação interior. O mais importante só mui casualmente é mostrado de forma clara pelo rito; ele se dá na *fé* dos participantes.

A morte de Jesus é o sacrifício expiatório. Contudo, esse sacrifício está intimamente ligado com o sacrifício de comunhão da Eucaristia e com o sacrifício existencial de doação do Batismo.

As palavras da instituição da *Eucaristia*, em suas diversas versões, não deixam dúvida de que nela se celebra a morte de Jesus, a qual supera os pecados. As palavras: "Isto é meu corpo" e "isto é meu sangue" são relacionadas, de maneiras diversas, com uma interpretação soteriológica — como corpo "para nós" ou como o "sangue que foi derramado para o perdão dos pecados" (Mt 26,28). No caso de um sacrifício expiatório, porém, era estritamente excluído o consumo da vítima. Contudo, precisamente isso é o que acontece simbolicamente na Eucaristia. Pão e vinho são interpretados como corpo e sangue de Jesus e são consumidos pela comunidade comensal. Um sacrifício de agressão expiatório torna-se o fundamento de um sacrifício de comunhão em aberta oposição à regra de exclusão do culto sacrifical veterotestamentário.

Pode-se constatar irregularidade semelhante no *Batismo*. Ele atribui o efeito expiatório da morte de Jesus a cada um individualmente. Ele acontece "em nome de Jesus" e "para o perdão dos pecados". Contudo, no grande sacrifício expiatório do dia da expiação, um rito batismal só tem alguma importância quando se dá o caso que o sacerdote se livre de toda impureza contraída mediante o contato com o sacrifício expiatório. No Batismo cristão, porém, ele tem exatamente a função contrária: deve realizar uma íntima ligação com a morte de Jesus. É Batismo em sua morte, ser sepultado com ele — um fundir-se com ele (Rm 6,1-5). Ele não simboliza distância, mas, sim, identificação com o sacrifício!

Como se podem explicar essas duas infrações com a antiga lógica sacrifical? Conheço apenas uma explicação: a ressurreição não pertence à antiga lógica sacrifical. Um animal sacrifical não conhece nenhuma ressurreição. Visto que Cristo, porém, segundo a convicção cristã primitiva, ressuscitou, por conseguinte, sua morte, interpretada como sacrifício expiatório, deve ser integrada no sistema simbólico do cristianismo primitivo, segundo regras diferentes das dos sacrifícios expiatórios da atividade sacrifical veterotestamentária. A antiga prática sacrifical foi superada porque o único sacrifício humano que, consoante a convicção cristã primitiva, trouxe a superação do pecado, foi superado pela ressurreição. Aqui também se acha a chave para a resposta à pergunta sobre como é que os primeiros cristãos puderam regredir, em sua imaginação religiosa, a um sacrifício tão bárbaro como o é o sacrifício humano. Essa vítima única não permaneceu na morte. E essa é também a explicação para o fim da práxis sacrifical. Os diversos sacrifícios não foram substituídos pela única morte sacrifical, mas, sim, mediante a superação dessa morte sacrifical na ressurreição.

Recorde-se aqui um resultado a que chegamos a partir das teorias gerais sobre os sacrifícios: sacrifícios são representações simbólicas da luta pelas oportunidades de vida. As três funções sacrificais das oferendas, da comunhão e da assimilação da agressão expressam: a vida mais fraca busca a ajuda da vida mais forte; a mais forte oprime a vida mais fraca; a vida que está no mesmo nível procura partilhar os víveres. Mediante os ritos e as convicções do cristianismo primitivo — portanto, por meio dos sacramentos e da fé — as pessoas se ligavam a um poder vital que era mais forte do que a morte. Esse poder subtraiu-os ao fardo mais pesado: o pecado e a morte. E eles desejavam dar a todos sua parte de vida. Se o único sacrifício de Cristo podia substituir os muitos sacrifícios repetitivos, então, com isso, podia-se expressar a Boa-Nova: o incremento da vida acontece não somente pela doação de outra vida nem apenas à custa de outra vida. O proveito da vida pode estar também na doação da própria vida como "sacrifício vivo", o que é simbolizado no Batismo. E tal doação conduz não à desvantagem, mas, sim, a uma justa partilha dos víveres entre todos, o que é representado simbolicamente na Eucaristia.

Discutimos, portanto, a relação entre mito e história, etos e graça, realização ritual e sentido ritual. A cada vez nos deparamos com grandes tensões: mito e história aparecem em tensão mútua, mas alcançam uma unidade na mito-histórica narrativa de base da religião cristã primitiva. A radicalização da exigência e a graça estão em tensão recíproca, mas por causa dos dois valores fundamentais do amor e da humildade deixam-se conduzir a uma unidade. A redução da violência na realização ritual e o aumento da violência na fantasia ritual estão em tensão entre si, mas somente juntos é que transformam os dois sacramentos cristãos primitivos em ritos que mudam o ser violento da pessoa humana em motivações para um comportamento pró-social. Nas três formas básicas da linguagem simbólica religiosa descobrimos, portanto, sempre de novo, uma unidade por trás de evidentes tensões. Nos capítulos que se seguem, dever-se-á mostrar como surgiu essa linguagem religiosa simbólica unitária.

Mostraremos, em primeiro lugar, de que maneira ela, como nova linguagem simbólica, afastou-se paulatinamente do judaísmo, até que esse processo alcança seu ápice no evangelho de João. Mais adiante se demonstrará como essa nova linguagem simbólica se conserva, apesar da grande pluralidade interna e de profundas crises, e encontra um consenso no cristianismo canônico — com delimitações em relação a variantes aparentadas do cristianismo, mas rejeitadas como "heréticas". Com outras palavras: procuraremos, nos próximos capítulos, esboçar uma breve história da religião cristã primitiva (como surgimento de um sistema simbólico autônomo).

Parte IV

A RELIGIÃO CRISTÃ PRIMITIVA COMO UNIVERSO SIMBÓLICO AUTÔNOMO

Capítulo 9
O CAMINHO DA RELIGIÃO CRISTÃ PRIMITIVA RUMO A UM UNIVERSO SIMBÓLICO AUTÔNOMO: DE PAULO AOS EVANGELHOS SINÓTICOS

Até aqui, vimos considerando a religião cristã primitiva como uma catedral semiótica, construída a partir de "sinais" de diversos tipos: em primeiro lugar, de uma narração de base histórico-mítica de Jesus; em segundo lugar, de um etos que ultrapassa fronteiras e; em terceiro lugar, de novos ritos. Assim, tornam-se conhecidos os "materiais de construção" de nossa catedral semiótica. O que devemos agora investigar é a "história da construção": como se explica que esses novos elementos simbólicos não tenham sido integrados na impressionante religião judaica? Por que não bastou contentar-se simplesmente com um altar lateral nesse imenso templo? Por que se construiu um edifício próprio? Como se deu a emancipação da nova linguagem simbólica religiosa em relação a sua religião-mãe?

Também aqui é preciso começar com uma constatação paradoxal: historicamente, é pouco significativo, para essa emancipação, responsabilizar influências não-judaicas, como se convicções de fé pagãs, introduzidas secretamente, tivessem afastado os primeiros cristãos de sua religião judaica materna. Ao contrário, nessa libertação, torna-se notável uma genuína herança judaica, isto é, as tendências de emancipação da religião rumo a um universo simbólico autônomo e a um espaço de comunicação independente. O paradoxo consiste em que essa tendência de autonomia num grupo judeu não apenas levou à autonomia da religião em relação aos campos da vida profana, não somente à delimitação no confronto com as religiões pagãs, mas também à separação da própria religião materna: à autonomia também em relação a ela.

A esse respeito, esclareçamos o seguinte: na maioria das culturas, a religião é apenas um aspecto parcial da cultura geral. No judaísmo, porém, presenciamos, pela primeira vez, a ousada tentativa de se construir toda uma sociedade e toda uma cultura a partir de uma crença religiosa. Quando, após a primeira destruição do Templo e depois do exílio, a sociedade judaica ameaçou desaparecer da história, ela foi reconstruída a partir da religião. Apenas a promessa de IHWH e seu mandamento subsistiram à catástrofe, e ainda mais: mediante essa catástrofe, IHWH tornou-se o único e absoluto Deus. Na experiência de Israel, ele foi o único, entre os muitos deuses das nações, a sobreviver a essa crise. Se a sociedade pós-exílica foi reconstruída a partir da fé nele, então a religião não era mais uma função do povo, da sociedade ou da cultura, mas, ao contrário: povo, sociedade e cultura serviam unicamente à veneração desse único Deus e à fidelidade a ele. A irrupção do monoteísmo conduziu a uma organização de toda a religião e de toda a vida a partir desse centro — e, com isso, a um esforço de autonomia em relação a todos os demais fatores e funções da vida.

Mas a fé no Deus único e absoluto estava provisoriamente ligada a um único povo particular — mesmo se nele estivesse viva a esperança de que, um dia, todas as nações pudessem ser levadas ao reconhecimento do verdadeiro Deus. No cristianismo primitivo, desfez-se essa crença na ligação a esse povo único. Ele criou para si um "novo povo", a Igreja, composta de judeus e pagãos. Com isso, surgiu uma nova comunidade, baseada unicamente em convicções religiosas. Se, no judaísmo, a religião já se tornara um poder autônomo, que procurava modelar toda a vida do povo, então ela agora se torna um poder que, em primeiro lugar, criou para si um "povo" novo — de todas as nações e culturas — e que se tornou independente de sua religião materna.

Isso não se deu em um único passo. Aquilo que mais tarde se emancipou como cristianismo primitivo, era originalmente uma tentativa de abertura do judaísmo para os não-judeus. Um primeiro passo consistiu na renúncia a sinais rituais que serviam de característica identificadora do judaísmo. Isso veio de encontro à compreensível resistência de muitos judeus: o novo grupo de "cristãos" não podia ser aceito pela maioria como uma variante legítima do judaísmo. A rejeição da circuncisão e das prescrições alimentares levou à eclosão de um cisma na primeira geração depois de Jesus: à revogação da comunidade — mas sempre na consciência de uma profunda pertença mútua.

Um segundo passo aconteceu na segunda geração: até o ano 70 d.C., não obstante todas as diferenças rituais, havia um laço cúltico comum com o Templo, ainda que uma parte dos cristãos, os gentio-cristãos, fosse dali excluída. Com a destruição do Templo, perdeu-se esse lugar comum de culto. Em compensação, o judaísmo que tentava reorganizar-se, reativou tanto mais os traços tradicionais da religião judaica, a obediência à Torá, com todas as exigências rituais, éticas e religiosas a ela inerentes, que podiam também ser praticadas sem o Templo. Ao mesmo tempo, com os evangelhos, os cristãos forjaram para si uma narração de base própria e desvencilharam-se da comunidade narrativa do judaísmo.

Um terceiro passo deu-se quando o cristianismo primitivo não apenas emancipou-se efetivamente do judaísmo, mas tornou-se consciente de sua autonomia interior. Quando, na nova religião, tudo foi relacionado ao único Revelador, então todos os elementos dessa nova religião foram reorganizados a partir dele, e ele devia obter um *status* absoluto, como é o caso no evangelho de João. Somente agora (no evangelho de João), constatou-se uma contradição fundamental entre os cristãos e os judeus: aos olhos dos judeus, os cristãos iam de encontro ao monoteísmo. De um cisma, que poderia ter sido passageiro, nasceu uma nova religião.

Pode-se, portanto, dizer: o surgimento do cristianismo primitivo é a história de uma tentativa de universalização fracassada do judaísmo. A força criativa do cristianismo primitivo se mostra no fato de ele ter transformado esse malogro em motivação para a fundação de uma religião independente. Contudo, permaneceu como "cicatriz de nascimento" um distanciamento, muitas vezes exagerado, em relação ao judaísmo, um antijudaísmo em diversos escritos do cristianismo primitivo que sempre de novo deixa evidente que o cristianismo primitivo, em suas melhores partes, nada mais é do que um judaísmo universalizado.

O início do desenvolvimento rumo à autonomia da religião cristã primitiva: o Concílio dos Apóstolos e Paulo

Jesus e seus seguidores estavam profundamente enraizados no judaísmo. Nada lhes era mais estranho do que a ideia de sobrepujar ou abandonar o judaísmo. Ainda mais, o movimento deles era um dos muitos movimentos de revitalização no judaísmo desde a crise religiosa da época dos Macabeus. Contudo, desde o início, esboça-se, no movimento de Jesus, a tendência de uma abertura do judaísmo — em todas as três formas de expressão da religião:

O início se dá na linguagem simbólica *mítica*. Logo Jesus foi acreditado como o Messias em quem as promessas deveriam cumprir-se, segundo as quais todas as pessoas deviam chegar ao reconhecimento de Deus. Esse reconhecimento universal foi representado tradicionalmente como vitória e domínio de Israel sobre seus inimigos. Os seguidores de Jesus mudaram tais sonhos político-militares na expectativa de um domínio ético-religioso. O Messias[1] deveria governar as nações mediante suas promessas e mandamentos. Todavia, seu direito sobre todas as nações (inclusive os não-judeus) permaneceu.

A linguagem simbólica *ritual* do judaísmo foi também relativizada no movimento de Jesus. O próprio Jesus defendeu a expectativa de que pessoas de todas as nações (com os judeus da Diáspora?) afluiriam ao Reinado de Deus a fim de tomar refeição com os patriarcas de Israel — sem que prescrições alimentares separatistas tenham qualquer importância. Talvez ele já tenha sonhado com uma abertura do Templo, como mais tarde o fará Estêvão, ou como no evangelho de Marcos. De qualquer maneira, ele lançou o fundamento para uma relativização radical dos mandamentos concernentes à pureza (Mc 7,15), o que, após a páscoa, trouxe consequências práticas para o cristianismo primitivo.[2]

Os mandamentos *éticos* da Torá continham, aliás, uma universalidade interna. Jesus havia aguçado a Torá precisamente ali onde ela demonstrava

---

[1] Essa transformação da expectativa do Messias fortaleceu-se mediante a experiência da crucifixão de Jesus. A perícope de Emaús mostra: os discípulos esperavam um libertador terreno de Israel (Lc 24,21). Depois da páscoa, eles devem aprender como algo completamente novo, que o Messias deve sofrer — e com isso, contradizem-se as expectativas de um dominador terrestre (Lc 24,26). Enquanto, já antes da páscoa, a noção de messias fora associada a Jesus, logo depois da páscoa ele é venerado como Filho de Deus: já na carta de Paulo mais antiga (1Ts 1,10) e na Fonte dos Ditos (QLk 4,3.9; cf. 10,22). O compreensivo receio judeu perante tal ideia logo foi superado — provavelmente em conexão com a abertura do cristianismo aos pagãos: já no evangelho de Marcos, um pagão é que, pela primeira vez (ao lado dos demônios), reconhece Jesus como "Filho de Deus" (Mc 15,39). À noção de Filho-de-Deus, logo acrescentou-se o título-de-Senhor: ele possibilita transferir para o Exaltado as declarações sobre Deus (como, por exemplo, no hino aos filipenses; cf. Fl 2,10 = Is 45,23 LXX).

[2] At 10,1-48 ainda deixa entrever que só depois da páscoa, a relativização fundamental da pureza e da impureza trouxe efeitos práticos. É necessário uma revelação para que se elimine a distinção entre alimentos puros e impuros a fim de levar Pedro a comer algo impuro.

tendências universais. O cristianismo primitivo só precisava aqui desenvolver as tendências já existentes no próprio judaísmo.

A passagem do judaísmo aberto do movimento primitivo de Jesus para um grupo especial à margem do judaísmo foi ocasionada, como é frequente nas separações de igrejas e de religiões, por questões rituais, pois os ritos são os sinais externos de pertença e de não-pertença. No cristianismo primitivo, essas questões foram tratadas no Concílio dos Apóstolos e em conexão com o subsequente conflito antioqueno — já com consequências imediatas também para o etos e para o mito do cristianismo primitivo.

Qual era o problema *ritual*? Desde muito cedo, os "helenistas", expulsos de Jerusalém para Antioquia e para a Síria, haviam começado a conquistar também pagãos para a nova fé sem deles exigir a circuncisão como condição para que fossem aceitos. Judeus circuncisos e pagãos não circuncisos conviviam com direitos iguais nas comunidades recém-fundadas. A renúncia à circuncisão se deu por convicção. A circuncisão servia como sinal de separação entre judeus e pagãos. Se no fim dos tempos messiânicos essa separação estava superada, então sua demarcação ritual deveria tornar-se supérflua. Em contrapartida, havia resistência da parte de alguns judeo-cristãos. Contudo, os enviados da comunidade antioquena, Paulo e Barnabé, conseguiram fazer obter do Concílio dos Apóstolos o reconhecimento dos gentio-cristãos incircuncisos. Eles deveriam ser considerados — assim pelo menos Paulo compreendeu o acordo — membros com direitos iguais na comunidade.[3] A partir disso, surgiu um problema cuja envergadura era desconhecida por qualquer outro problema daquele tempo: os gentio-cristãos deviam renunciar a todos os ritos pagãos; somente então se podia pensar numa associação com os judeo-cristãos. Todavia, os pequenos grupos cristãos não podiam oferecer a esses gentio-cristãos nenhuma compensação para a linguagem simbólica religiosa abandonada: com efeito, como incircun-

---

[3] Os acordos feitos no Concílio dos Apóstolos podiam conter um "conflito oculto": os outorgantes de Paulo pensavam poder aceitar os gentio-cristãos sem a circuncisão como um "estágio inicial" para o verdadeiro cristianismo — em analogia com os tementes a Deus. Talvez eles esperassem que acontecesse com os gentio-cristãos o milagre escatológico de uma conversão total ao judaísmo (com a recepção da circuncisão). Se se renunciava a obrigar os gentio-cristãos à circuncisão, isso não significava que era proibido, por questões de convicção interior, deixar que fossem espontaneamente circuncidados. Paulo, porém, via na recepção de gentio-cristãos na comunidade uma qualidade de membro completamente válida, que não deveria ser onerada com nenhuma outra imposição ou expectativa. No conflito com os gálatas, ele faz derivar, dos acordos feitos no Concílio dos Apóstolos, até mesmo uma obrigação para os gentio-cristãos: a de não se circuncidarem — certamente uma interpretação não partilhada pelos demais.

cisos, esses gentio-cristãos não tinham acesso ao culto do Templo. Para a Antiguidade, porém, Templo e sacrifício eram o centro da prática religiosa. Obviamente esperava-se que, em breve, o Templo fosse franqueado também aos pagãos. No entanto, experimentava-se também oposição a essa abertura. Em resumo: com os pactos do Concílio dos Apóstolos, os primeiros grupos cristãos viram-se pressionados a desenvolver uma linguagem simbólica própria que fizesse justiça a todas as necessidades religiosas e pudesse ser partilhada por todos os membros, judeus e não-judeus. O Batismo devia tornar-se, pois, definitivamente o rito de admissão, substituindo a circuncisão. A Eucaristia devia tornar-se inapelavelmente o rito de integração, em substituição às refeições sacrificais da tradição. Era preciso desenvolver uma linguagem simbólica religiosa própria, ou seja, uma religião própria.

Os problemas rituais logo tiveram consequências para a cunhagem do *etos* cristão primitivo. O acordo conseguido no Concílio dos Apóstolos foi, posteriormente, posto em questão por uma corrente judeo-cristã radical que pretendia reintroduzir nas comunidades missionárias paulinas a circuncisão e as regras alimentares para todos os cristãos. No confronto com essa tendência, Paulo desenvolveu sua teologia. Visto que seus adversários judeo-cristãos respaldavam-se na Torá, ele devia pôr esta em questão muito mais profundamente do que o fizera até então. Ele a questionava não apenas como fonte de normas rituais, mas também como fundamento para normas éticas: nenhum ser humano podia cumprir seus preceitos. Ela permanece como exigência exterior em relação à pessoa, escrita sobre pedra, ao passo que somente a vontade de Deus, escrita no coração humano, pode cumprir a Torá (2Cor 3,1-3). A Torá não conseguia realizar tal interiorização da vontade de Deus, mas somente o Espírito. De uma problematização de normas rituais limitadas da Torá, passou-se também, com isso, a uma problematização da Torá como fundamento para normas éticas.

Contudo, essa problematização só foi possível porque, para Paulo, ao lado da Torá, havia outra instância como fonte definitiva de revelação: Cristo. Somente por meio dele pôs-se a descoberto a ambivalência da Torá, tornou-se discernível o que nela era letra que mata e Espírito que vivifica (2Cor 3,4-6). Com isso, acionou-se também a terceira forma de expressão da nova fé, de maneira tal que deu ensejo à separação do judaísmo: o *mito cristológico*.

Nesse nosso contexto, devemos anotar: a partir de diferenças nos rituais, já nas primeiras gerações se definem diferenças no etos, fundamentadas na cristologia (portanto, com a narração de base histórico-mítica do cristianismo primitivo). Entretanto, nessa primeira geração, trata-se de um cisma, de uma separação na comunidade, sem, contudo, uma rejeição e uma negação mútuas definitivas. Fundamentemos isso brevemente.

Em primeiro lugar, remeta-se aos dois axiomas fundamentais do judaísmo: o monoteísmo e o nomismo da aliança. Na primeira geração, o *monoteísmo* não era ainda um ponto discutido — e isso com razão. Certamente Paulo fala da elevação de Jesus ao *status* divino. Mas essa exaltação é obra exclusiva de Deus para o Crucificado. Ela não se fundamenta numa ação do homem Jesus, pelo que Paulo se interessa tão pouco que ele quase lhe nega praticamente importância para sua teologia (2Cor 5,16). O monoteísmo começa a ser seriamente ameaçado apenas quando se insinua que o próprio Jesus terrestre se fez Deus. Com as cartas paulinas, da primeira geração nos foi conservada apenas a Fonte dos Ditos (mesmo que tão-somente como fonte de Mateus e de Lucas). Nela também não se questiona o monoteísmo. Ao contrário, na história das tentações (em Qumrã), Jesus defende de maneira exemplar a fé monoteísta contra todos os ataques.

Da mesma forma, o segundo axioma fundamental do judaísmo, o *nomismo da aliança*, que unia o Deus uno e único de modo privilegiado ao povo de Israel, não foi posto em questão na primeira geração. Mesmo quando, em Paulo, existem afirmações ásperas a respeito dos judeus, ainda assim elas não podem anular o fato de que ele, na carta aos Romanos, conta com a salvação de todo o Israel: na parusia, todos os judeus reconhecerão Jesus (Rm 12,25-27). Essa ideia continua sendo possível para Paulo, posto que seja a revelação de um mistério contra todos os ataques e acusações. Em minha opinião, Paulo não está sozinho. Também a Fonte dos Ditos conhece uma esperança semelhante. Por certo, no momento presente, Jerusalém rejeita os enviados da sabedoria. Ela mata os profetas e os que lhe são enviados; a divindade retirar-se-á do Templo: "Eis que vossa casa ficará abandonada. Sim, eu vos digo, não me vereis até o dia em que direis: bendito aquele que vem em nome do Senhor!" (Lc 13,35). Mesmo que essa interpretação da expectativa em torno da parusia em Paulo[4] e na

---

[4] A interpretação de Rm 11,25-27 é discutida: poderia Paulo também ter pensado no Cristo já aparecido sobre a terra? Em sua vida e em sua atividade, já se tinham cumprido Is 59,20-21 e Is 27,9? Dificilmente. Pois o

Fonte dos Ditos[5] seja discutida, pode-se, no entanto, dizer: na primeira geração, ainda se considerava o cisma entre judeus e cristãos como um fenômeno passageiro que deveria ser superado mais tarde pela parusia do Senhor.

No que diz respeito às formas de expressão da religião, quanto a esses primeiros tempos, deve-se considerar que o cristianismo primitivo não possuía, no fundo, nenhuma *narração de base* própria elaborada. A fé em Jesus como terrestre e exaltado determinava, obviamente, a nova crença, mas Paulo pode ainda desenvolvê-la, à medida que ele interpreta as Sagradas Escrituras (ao que se chamou, mais tarde, portanto, de Antigo Testamento) comum a todos os demais judeus. Não lhe passava pela cabeça reunir as tradições de Jesus numa narrativa própria. Para ele, Cristo é o centro (externo) da Escritura (veterotestamentária). Isso é suficiente para fundamentar sua fé.[6] A Fonte dos Ditos ainda está a caminho de uma completa narrativa da vida de Jesus. Ela reúne, como em um livro profético,[7] as palavras de Jesus — e seria imaginável como ampliação do cânone bíblico (veterotestamentário), como antigamente se apresentavam diversos escritos apócrifos ao cânone.

De igual modo, a separação nos *rituais* ainda não era insuperável. A circuncisão ficou facultativa apenas para os gentio-cristãos. Para os ju-

---

Jesus terrestre não veio "de Sião" (Is 59.20 = Rm 11,26), mas da Galileia. Mais provável é a interpretação que subentende o Cristo vindouro na parusia. Com efeito, em 1Ts 1,10, o "salvador" (com a mesma palavra grega) quer dizer o Cristo futuro que há de voltar.

[5] A interpretação de QLc 13,34-35 é controvertida. A maioria dos exegetas não pensa numa saudação positiva "àquele que vem" na parusia, mas numa "doxologia judicativa", ou seja, no reconhecimento do juiz que começará seu severo julgamento. Contra esta interpretação, depõe (1.) o esquema, subjacente no dito, da Sabedoria que procura em vão uma morada, sua rejeição e sua acolhida. Conhecemos esse esquema a partir de Sr 24, do Prólogo do evangelho de João e de QLc 7,31-35. Por conseguinte, também em QLc 13,34-35 deveria constar uma aceitação positiva no fim. (2.) Como castigo pela rejeição dos enviados de Deus, soa a ameaça: "Eis que vossa casa ficará abandonada" (Lc 13,35). A parusia renova, então, a presença da divindade. Ela é a supressão do castigo do abandono. Daí o júbilo por causa do retorno da divindade. (3.) A saudação com: "Bendito aquele que vem em nome do Senhor" (Sl 118,26) encontra-se literalmente quando da entrada em Jerusalém (Mc 11,9) — e ali, certamente, não é nenhuma doxologia de julgamento.

[6] As cartas paulinas ainda não são escritas com a pretensão de canonicidade. Em sua forma, elas não se apoiam em nenhuma das formas já existentes no cânone veterotestamentário. Elas se consideram escritos ocasionais. Em todo caso, uma coletânea de cartas paulinas (já feita por Paulo mesmo?) poderia, em sentido bem determinado, ser "canônica": isto é, pretender oferecer a um grupo religioso um fundamento de fé normativo (cf. David Trobisch, *Die Paulusbriefe und die Anfänge der christlichen Publizistik*, KT 135, Gütersloh: Kaiser 1994).

[7] A Fonte dos Ditos pode ser classificada como livro profético ou como escrito sapiencial. Ambas as formas estão representadas no cânone do A.T. Independentemente de como seja classificada, Q poderia ser mais um escrito do cânone veterotestamentário. Em contrapartida, os evangelhos, em sua forma, são algo novo: eles são variantes do antigo *Bios*.

deo-cristãos ela era indiscutível. Havia consenso apenas em que ela não era nenhuma condição de salvação. Paulo reservou-se o direito de concluir, a partir disso, que sua aceitação por parte dos gentio-cristãos significava perda da salvação. Somente Paulo defendeu, no confronto com os Gálatas, essa opinião. Mais evidente ainda é a situação na Fonte dos Ditos. Ela não contém nenhuma tradição de crítica à Torá. Faltam-lhe os conflitos sabáticos. Falta-lhe uma palavra crítica quanto à questão da pureza, como em Mc 7,15. Não há uma palavra contra o Templo, que anuncie sua destruição. Jesus aparece como um profeta fiel à Torá — em linha contínua com João Batista. Ainda que ele supere Batista, segundo a Fonte dos Ditos (mesmo com sua pregação judicativa), ele pertence ao judaísmo tão certamente como Batista.

A diferença mínima estava no *etos*: Paulo mesmo julga importante a constatação de que, em Cristo, a Torá foi cumprida em sentido ético (Rm 13,8-10; Gl 5,14). Ele combate como difamação a especulação que ele, à moda sofística, ensinaria a praticar o mal, a fim de que o bem, a graça de Deus, se tornasse mais potente (cf. Rm 3,8). Certamente Paulo não ensinou nada disso. Era preciso acreditar que Paulo via no mandamento do amor o cumprimento de toda a Torá. Sua ética é também uma ética da Torá — obviamente a ética de uma Torá colocada no coração das pessoas pelo Espírito de Deus, de modo que a nova criatura faz, espontaneamente, a partir de dentro, aquilo que exteriormente a Torá prescreve. Tudo é ainda mais evidente na Fonte dos Ditos. Ela ensina explicitamente a irrevocabilidade da Torá (QLc 16,17).

Em resumo: no que toca à primeira geração, trata-se ainda de um cisma, ou seja, uma separação da comunidade. Os cristãos reuniam-se em encontros próprios. Eles tinham sua própria organização, não importa até que ponto estivesse desenvolvida. Contudo, sempre se esperava um reencontro. Somente a segunda geração realizou uma ruptura definitiva, também da fé.

O caminho rumo à autonomia da religião cristã primitiva e os evangelhos sinóticos

Em minha opinião, a escritura dos evangelhos, em si, foi um passo decisivo para a ruptura definitiva entre a fé cristã e a judaica. Com a *forma* do Evangelho, o cristianismo primitivo proporciona-se uma narração de base própria e divorcia-se da comunidade narrativa do judaísmo. De fato, os evangelhos foram escritos, desde o início, com a pretensão de canonicidade.[8]

Enquanto as cartas paulinas não possuem nenhum modelo nos escritos canônicos da Bíblia (no A.T.) e, de acordo com seu gênero literário, não podem ser consideradas como ampliação dos escritos bíblicos, os evangelhos dão continuidade à historiografia veterotestamentária. No evangelho de Mateus isso é manifesto a qualquer um. Ele começa com uma visão panorâmica genealógica sobre a história de Israel, de Abraão até Davi, de Davi até o exílio e do exílio até hoje. Na história do nascimento, Jesus é tipologicamente relacionado com Moisés. Citações de cumprimento escriturístico pervagam toda a obra. Lucas também interpreta a vida de Jesus como realização do A.T., de um lado, como cumprimento das esperanças e expectativas dos piedosos veterotestamentários nas narrativas da infância; por outro lado, como continuação da história do povo de Deus nos Atos dos Apóstolos — análogo à história do povo de Deus no Antigo Testamento. No entanto, formalmente, os evangelhos são algo novo. Eles se concentram em uma única pessoa. Eles são um "Bios".[9] Tais apresentações de uma vida individual eram difusas na literatura pagã. Em contrapartida, eram estranhas à literatura judaica. No judaísmo, encontramo-las apenas como exceção na *Vita* de Moisés, de Fílon — e aqui com a advertência de que teria sido escrita para pagãos (*vitMos* I,1). Também o gênero literário "evangelho" surgirá quando se procurou reunir as tradições de Jesus para os gentio-cristãos. O Evangelho mais antigo é (também) direcionado aos gentio-cristãos. Trata-se de um *Bios*. Mas, também nele, o cumprimento da história da salvação é mais importante do que as características formais de um *Bios*.[10] Pois não começa com o nascimento, mas, sim, com uma

---

[8] Somente mais tarde os escritos neotestamentários se tornaram escritos "canônicos" no sentido de uma coleção de escritos vinculativos. Contudo, eles tinham uma "pretensão canônica" em sentido estrito: foram escritos como fundamento autorizado para a orientação da vida de uma comunidade religiosa. Muitos dos escritos detentores de tal "reivindicação canônica" interior (por exemplo, o evangelho de Tomé ou o *Evangelium Veritatis*) não se tornaram posteriormente parte do "cânone" externo, no sentido de uma coleção de escritos autorizadamente vinculadora. Com razão, a teologia liberal rebelou-se contra o dogma de um cânone, à medida que ele limitava a pesquisa histórica do cristianismo primitivo aos escritos canônicos. Cf. Gustav Krüger, *Das Dogma vom Neuen Testament*, Giessen 1896.

[9] Cf. Richard A. Burridge, *What are the Gospels? A Comparison with Graeco-Roman Biography*, Cambridge: University Press 1992, 240-243. Com razão, ele propõe distinguir entre "biografia", no sentido da história de uma vida, e o "Bios" dos antigos.

[10] É inusual que falte uma breve menção ao nascimento. É certo que encontramos no *Demonax*, de Luciano de Samósata, um antigo "Bios" que se limita à atividade pública desse filósofo cínico, e que se compõe de perícopes isoladas que, no final, desembocam na narrativa de sua morte. Cf. Hubert Cancik, Bios und

citação do Antigo Testamento (na verdade, uma citação mista do Êxodo, Malaquias e Isaías: 1,2-3). Ele já aponta desde o início: esta vida é a plenitude de uma longa história. Portanto, nos evangelhos encontramos tanto a pretensão de dar continuidade aos escritos canônicos, quanto a pretensão de superá-los pela concentração em uma única figura. A reivindicação canônica está ligada à consciência de oferecer algo novo em relação ao cânone vigente até então.

Com os evangelhos, muda, ao mesmo tempo, o *conteúdo* das tradições de Jesus, a concepção de Cristo de tal maneira que pode colidir com um monoteísmo estrito. Se, de um lado, já existia, como em Paulo, a fé no Exaltado que devia sua condição divina exclusivamente a Deus e, de outro lado, como na Fonte dos Ditos, tradições individuais do Jesus terrestre, as quais permitiam-se ser compreendidas como palavras de um profeta judeu, então, com a forma dos evangelhos, as duas foram fundidas. Jesus é apresentado de tal maneira que em suas palavras e ações torna-se transparente seu *status* divino. Tais palavras e gestos tornam-se o fundamento para sua adoração como Deus. Com isso, ultrapassa-se uma fronteira: Fílon diz, certa vez, na crítica à autodivinização de Gaius Calígula, "seria mais possível que um deus se tornasse homem do que um homem se tornasse deus" (Gai 118). A concepção paulina de um Filho de Deus vindo do céu e que assume a figura humana seria, por conseguinte, mais concebível ainda para um judeu; bem menos, porém, a ideia de que um ser humano, em razão de suas obras e palavras, se tornasse Deus.

A forma e o conteúdo dos evangelhos testemunham e operam uma crescente separação do judaísmo. No entanto, os três evangelhos sinóticos apresentam, cada um, acentos característicos. Em Marcos, torna-se particularmente evidente o distanciamento *ritual* em relação ao judaísmo, visto que Marcos deve assimilar a perda do Templo como centro ritual do judaísmo e do cristianismo. Em Mateus, faz-se visível uma delimitação *ética* com a proclamação de uma "justiça melhor". Ele se confronta com um judaísmo que se reorganiza, que reflete, depois da perda do Templo,

---

Logos. Formgeschichtliche Untersuchungen zu Lukians "Demonax", in: *Markus-Philologie, Historische, literargeschichtliche und stilistische Untersuchungen zum zweiten Evangelium*, WUNT 33, Tübingen 1984, 115-130. Mas, mesmo no Demonax, menciona-se a descendência de Demonax de uma nobre linhagem cipriota. Ficamos sabendo algo sobre seu professor, seu amor à filosofia e sua familiaridade com poetas já desde a mais tenra juventude. Não obstante essa analogia formal e, em alguns pontos, sedutora, com o evangelho de Marcos, o início imediato do evangelho de Marcos, com o Batismo e a pregação pública de Jesus, é inusitado.

sobre a justiça exigida pela Torá. Por fim, em Lucas, encontramos uma delimitação *narrativa* com respeito ao judaísmo. Ele dá continuidade à história da salvação veterotestamentária de tal forma que deve tornar historicamente compreensível a separação entre judeus e cristãos, e legitimá-la. Cada um dos três evangelistas escolhe, de certa maneira, uma das três formas elementares de expressão religiosa a fim de articular a diferença entre a religião judaica e a cristã.

O evangelho de Marcos: a delimitação ritual em relação ao judaísmo

O evangelho de Marcos apresenta o Jesus terrestre como a misteriosa epifania de um ser celeste. A glória do Ressuscitado resplandece por meio da pessoa do Terrestre e lhe empresta uma aura supraterreste. Marcos forja essa nova imagem de Jesus com o auxílio de três cenas de epifania no início, no meio e no fim de seu evangelho, as quais conferem a esse evangelho uma estrutura inconfundível.[11] Em cada uma delas o céu se abre, e Jesus é percebido como um ser que pertence, ele mesmo, à esfera celestial.

No início, acha-se a visão do Batismo, na qual uma voz, vinda do céu aberto, dirige-se a Jesus como "Filho de Deus" (1,11). No centro, segue-se a cena da transfiguração, na qual a mesma voz celestial apresenta Jesus aos três discípulos mais íntimos como "Filho de Deus" (9,7). O final apresenta a história da descoberta do túmulo, junto ao qual o anjo transmite a Boa-Nova da ressurreição (16,6). A Boa-Nova do Batismo dirige-se apenas a Jesus. Durante a transfiguração, os discípulos é que são os destinatários. Se Moisés e Elias aparecem junto a Jesus e, no entanto, doravante, os discípulos devem "escutar" Jesus, como o diz a voz celeste, então Jesus substitui a Torá e os Profetas (representados por Moisés e por Elias). As figuras celestes, Moisés e Elias, permanecem em seu mundo. Junto ao túmulo vazio, porém, surge um mensageiro do outro mundo em meio a esse

---

[11] Em minha opinião, essa estrutura do evangelho de Marcos, a unidade entre Batismo, transfiguração e crucifixão, foi reconhecida pela primeira vez por Philipp Vielhauer, Erwägungen zur Christologie des Markusevangeliums (1964), in: *Aufsätze zum Neuen Testament*, ThB 31, München: Kaiser 1965, 199-214. Sua análise da composição do evangelho de Marcos foi um pouco modificada: (1.) A cena de epifania correspondente ao Batismo e à transfiguração é a aparição do "anjo" no túmulo vazio (não a confissão do centurião). (2.) Todas as cenas de epifania são preparadas por confissão de fé e tomada de posição humana: a pregação messiânica de Batista, a profissão de fé messiânica de Pedro e a confissão do centurião, de forma que estas três "confissões" devem ser vistas em conjunto.

mundo e comunica uma mensagem que deve ser transmitida aos outros. A irrupção do céu na realidade terrestre torna-se, assim, sempre crescente — e mais evidente a exigência de expansão da mensagem. O mistério vai-se desvelando sempre mais. Em relação a isso, o leitor é privilegiado e fica sabendo, desde o começo, sobre o mistério de Jesus, presencia sua adoção como Filho de Deus (1,11), sua representação perante os discípulos (9,2-4) e ouve a boa notícia de sua assunção ao mundo celestial (16,2-4). Acima de tudo, porém, torna-se claro, que Jesus deve seu *status* unicamente ao mundo celeste. Jesus não se atribuiu a dignidade divina; ela lhe foi conferida por uma voz vinda do céu.

Destarte, o evangelho de Marcos mostra claramente, a partir do texto mesmo, que essa dignidade conferida por Deus a Jesus supera todas as expectativas e concepções humanas. Todas as três cenas de epifania são, na verdade, preparadas por confissões de fé humanas. Indivíduos humanos intuem e reconhecem a dignidade de Jesus. Contudo, aquilo que eles intuem e confessam é, segundo aquilo que a mensagem celeste revela, insuficiente. Batista anuncia Alguém mais forte (1,7-8); a voz celeste, durante o Batismo, excede sua profecia: Jesus não é apenas o Mais Forte, mas, sim, o Filho de Deus. Da mesma forma, antes da transfiguração, Pedro confessa a dignidade de Jesus como Messias (8,29). No entanto, sua confissão é também sobrepujada pelo título de Filho de Deus da voz celeste sobre a montanha (9,7). O centurião, sob a cruz, é a primeira criatura humana a confessar Jesus como Filho de Deus. Todavia, até mesmo essa confissão é provisória. Com efeito, ele diz apenas que Jesus *era* o Filho de Deus (15,39). O anúncio do anjo junto ao túmulo corrige também essa confissão. O Ressuscitado vive. Ele é o Filho de Deus. Não se acha entre os mortos (16,6).

Não somente a magnificência de Jesus supera toda compreensão humana, mas também sua humildade. No momento em que os discípulos (por meio de Pedro) confessam a grandeza de Jesus, Jesus começa a instruí-los a respeito de seu sofrimento inevitável (9,31). E também, quando eles viram sua dignidade sobre a montanha da transfiguração, ele lhes ordenou que nada contassem sobre aquilo até que tivesse ressuscitado dos mortos (9,9). Por que essa ligação da grandeza de Jesus com a cruz e a ressurreição? Talvez o evangelho de Marcos ainda contenha a sensação de que a nobreza de Jesus só pode ser, então, compatível com o monoteísmo judaico se ela estiver ancorada na ação de Deus no Crucificado — portanto, não nos milagres e nas palavras de Jesus. Quando Jesus, em razão de suas ações, é "adorado" como "Santo de Deus" (Mc 1,24) ou "Filho de Deus" (Mc 3,11), estas são, pois, vozes demoníacas, repreendidas por Jesus.[12] Jesus deve seu *status* exclusivamente à ação divina. Somente Deus pode proclamar sua verdadeira dignidade como Filho de Deus (Mc 1,11; 9,7). E somente por meio da revelação de Deus a intelecção da dignidade de Jesus liga-se com o seguimento em conflitos com o mundo ambiente. Só o leitor, que se põe junto ao centurião sob a cruz (ultrapassando a confissão deste) e confessa Jesus como o Filho de Deus vivente, penetra toda a verdade.

Segundo meu parecer, não resta dúvida: Marcos transfere a dignidade divina de Jesus, objetivamente fundada nas aparições pascais, para a vida de Jesus. Este é o núcleo legítimo da interpretação do segredo messiânico de Marcos feita por W. Wrede[13] — apenas que o evangelista Marcos não retrocede a grandeza pós-pascal de Jesus como Filho de Deus para uma vida de Jesus não-messiânica, mas, sim, para a vida de um judeu carismático, que já estava envolto em uma aura numinosa e no qual já se depositavam expectativas messiânicas (tanto no evangelho de Marcos quanto na realidade histórica).

Mais uma vez: para a separação do cristianismo primitivo do judaísmo esse foi um passo decisivo. Paulo ainda venera em Jesus um ser divino que

---

[12] À oposição de Jesus contra sua adoração como "Filho de Deus" mediante a ordem de silêncio aos demônios, compare-se, à guisa de contraste, At 12,20-23: Herodes Agripa, que não se opõe à sua apoteose por meio de outras pessoas, é imediatamente castigado por Deus. Paulo e Barnabé contrapõem-se a ela exemplarmente, mas com isso põem em perigo a própria vida (At 14,8-20). O Jesus do evangelho de Marcos não consente em sua deificação como "Filho de Deus" por meio de outras pessoas, posto que objetivamente seja Filho de Deus. Ele é Filho de Deus em razão exclusivamente da voz divina. Ele próprio, enfaticamente, nomeia-se apenas "Filho do Homem", seja lá qual for o significado que "homem" possa ter no evangelho de Marcos (cf. Mc 2,27-28: o "Filho do Homem" está em paralelo aos "homens" ali mencionados; Mc 3,28: os "filhos dos homens" são pessoas). Marcos enfatiza: a posição de nobreza à direita de Deus é concedida a Jesus unicamente em razão da ação divina (assim, com o Sl 110,1, em Mc 12,36).

[13] William Wrede, *Das Messiasgeheimnis in den Evangelien. Zugleich ein Beitrag zum Verständnis des Markusevangeliums,* Göttingen: Vandenhoeck 1901 = ⁴1969: para ele, as ordens de silêncio, a incompreensão dos discípulos e as teorias das parábolas são uma concepção da comunidade, preexistente ao evangelho de Marcos, a propósito do segredo messiânico. A pesquisa subsequente considerou essa "teoria de segredo messiânico" uma criação de Marcos. Cf. a visão panorâmica da pesquisa em Heikki Räisänen, *The "Messianic Secret" in Mark's Gospel,* Edinburgh: T. & T. Clark 1990, que interpreta o motivo do segredo (sem a teoria das parábolas) como resistência marcana contra uma imagem de Cristo sem cruz e sem ressurreição, conforme está contido em Q. A meu ver, ao lado de aspectos cristológicos, devem-se considerar aspectos pragmáticos: o segredo é um segredo de proteção, do qual Jesus, como os primeiros cristãos, devem conservar conscientemente durante algum tempo, mas que, a qualquer momento, devem abandonar completamente, a fim de defender publicamente — com o risco do martírio — a própria identidade. Cf. Gerd Theissen, Die pragmatische Bedeutung der Geheimnismotive im Markusevangelium. Ein Wissenssoziologischer Versuch, in: Hans G. Kippenberg/Guy Stroumsa, *Secrecy and Concealment. Studies in the History of Mediterranean and Near Eastern Religions,* Leiden, New York, Köln: Brill 1995, 225-245.

alcançou sua grandeza exclusivamente por meio da ressurreição dentre os mortos. Não os atos de Jesus, mas unicamente a ação de Deus o envolvera com dignidade divina. À medida que o evangelho de Marcos faz retroceder essa magnificência pascal para a vida de Jesus, o Jesus terrestre já se reveste do resplendor divino durante o tempo de sua vida. E, no entanto, o evangelho de Marcos deseja salvaguardar: esse resplendor divino provém unicamente de Deus; assim, ele o liga, porém, estreitamente às ações de Jesus. Quem multiplica pães e caminha sobre a água, só pode (segundo critérios antigos) ser Deus. Somente assim pode Marcos criticar como uma falha incompreensível quando os discípulos, em razão do milagre dos pães, não percebem a magnificência de Jesus, mas ficam obstinados (8,21-23). Com a criação da forma literária 'evangelho', através do evangelho de Marcos, começa a progressiva divinização do Jesus terrestre — e somente essa divinização de um ser humano terrestre pode criar tensão com o primeiro axioma fundamental da fé judaica — o monoteísmo.

A desvinculação do judaísmo deixou também, de outra forma, traços no evangelho de Marcos. Ela surge de maneira especialmente clara na emancipação da linguagem simbólica ritual em relação ao sistema simbólico judaico.[14]

O ensejo histórico para essa delimitação foi a destruição do Templo.[15] Com ela a linguagem simbólica ritual do judaísmo perdeu seu centro. A destruição do Templo certamente estimulou o surgimento do mais antigo dos evangelhos. Pois até então, em Paulo, por exemplo, Jesus era apresentado, acima de tudo, como a realização das profecias veterotestamentárias. Com a destruição do Templo, porém, num olhar retrospectivo, ele mesmo apareceu como um profeta que havia predito tal catástrofe. A constatação não devia, enfim, levar a uma compreensão de sua mensagem e necessariamente chamar a atenção para a história passada de Jesus — e não apenas para o futuro, para a parusia vindoura? Certamente os cristãos testemunha-

---

[14] Quanto à desligação ritual do judaísmo no evangelho de Marcos, cf. Gerd Theissen, Evangelienschreibung und Gemeindeleitung. Pragmatische Motive bei der Auffassung des Markusevangelium, in: Bernd Kollmann/Wolfgang Reibold/Annette Steudel (eds.), *Antikes Judentum und Frühes Christentum*, FS Hartmut Stegemann, Berlin, New York: de Gruyter 1999, 389-414.

[15] A seguinte apreciação do evangelho de Marcos modificar-se-ia minimamente se se considerar que ele foi escrito imediatamente antes do ano 70, na expectativa da destruição do Templo, o que é defendido por Martin Hengel em Entstehungszeit und Situation des Markusevangeliums, in: Hubert Cancik (ed.), *Markus-Philologie. Historische, literargeschichtliche und stilistische Untersuchungen zum zweiten Evangelium*, WUNT 33, Tübingen 1984, 1-45.

ram com tristeza a destruição do Templo, mas também como confirmação da mensagem de Jesus. Agora, não somente a profecia acerca do Templo e a purificação do Templo deviam despertar interesse especial, mas também todos os conflitos em torno das questões rituais — e todos os conflitos com as autoridades judaicas. Assim, de fato, encontramos em Marcos diversas sequências de controvérsias: ouvimos falar de conflitos a propósito do sábado (2,23-25; 3,1-5), conflitos acerca de questões de pureza (7,1-4), depreciação da práxis sacrifical em favor do duplo mandamento do amor (12,28-30). No final da vida terrena de Jesus, encontra-se a dilaceração da cortina do Templo (15,38). Doravante, o santo dos santos é acessível — também aos pagãos, representados pelo centurião junto à cruz. Que este deva ter visto o rasgar-se do véu no interior do Templo é contra toda lógica narrativa. Tanto maior é o conteúdo simbólico dessa cena.

O evangelho de Marcos não apresenta apenas o fim do culto sacrifical judaico, mas também fundamenta, ao mesmo tempo, os novos ritos dos primeiros cristãos: Batismo e Eucaristia. Após a perda do Templo, era ainda mais necessário do que antes fundar um sistema simbólico ritual próprio que fosse independente do Templo. No evangelho de Marcos, a atividade pública de Jesus começa com o Batismo. Sua última ação é a instituição da Eucaristia. O evangelho de Marcos é, como uma elipse, composto em torno dessas duas narrativas que fundamentam os sacramentos. O caráter etiológico da narrativa é evidente no relato da Eucaristia. Ainda que, diferentemente do relato eucarístico em Paulo, não esteja presente a ordem da anamnese, em minha opinião, não resta dúvida quanto à função litúrgica do texto. O mesmo vale para o Batismo de Jesus. Anuncia-se previamente um Batismo mediante Alguém mais forte. Dele se diz que "vos" batizará com o Espírito Santo. Os endereçados aqui são todos os cristãos. Então, surge esse Alguém mais forte, mas ele próprio não batiza, como se poderia esperar conforme tal anúncio, senão que se deixa batizar — a meu ver, a fim de mostrar, de forma exemplar, como mais tarde todos os cristãos, por meio dele, serão batizados com o Espírito Santo, como todos, pelo Batismo, tornam-se filhos e filhas amados de Deus e, doravante, protegidos contra o poder de Satã. O Batismo de Jesus torna-se protótipo do Batismo cristão.

Ainda, sob outro aspecto, o evangelho de Marcos é reconhecível como uma narração religiosa de base para uma nova associação religiosa. Ele mostra já na vida terrena de Jesus como, ao redor dele (mais tarde), reúne-se uma comunidade formada de judeus *e* de pagãos. A pregação de Jesus produz efeito a partir da Galileia até as regiões pagãs vizinhas, de modo que dali afluem pessoas a Jesus (3,7-9). Jesus mesmo, mais tarde, parte a fim de alcançar essas regiões pagãs contíguas. O evangelista Marcos mostra as dificuldades a serem aí superadas. Jesus, de fato, atravessa duas vezes o lago. Não apenas a travessia do mar é, em dado momento, ameaçada por ventos impetuosos. Na primeira vez, ele até que alcança a Decápolis, mas é enxotado dali, depois de um exorcismo bem-sucedido (5,1-3). Na segunda vez, o vento contrário o desvia para outro lugar, do outro lado da margem, de modo que, somente depois de uma longa caminhada sobre a água, ele alcança a região pagã e apenas ali encontra uma pagã, uma mulher siro-fenícia. Antecipadamente, não existem somente resistências externas a serem superadas, mas também internas. De fato, antes do encontro com a mulher pagã, acha-se a disputa em torno do que é puro e do que é impuro, na qual Jesus questiona radicalmente essa distinção. Com isso, ele anula aquilo que, no dia-a-dia, separa judeus e pagãos —, entre outras coisas, os preceitos alimentares, como o acentua expressamente o evangelho de Marcos (Mc 7,15-17). Não é também nenhum acaso que o Jesus marcano declara o Templo como lugar de oração para os pagãos (11,17) e, no fim, é reconhecido e confessado como Filho de Deus por um centurião pagão. Todas essas referências aos pagãos não podem ser fortuitas.

Destarte, com o evangelho de Marcos surge (logo depois do ano 70 d.C.) uma nova narração de base religiosa dos cristãos, que pode aparecer ao lado da Bíblia que eles tinham em comum com os judeus. Nela, narra-se a respeito de uma pessoa na qual, de maneira oculta, um ser divino aparece. A luz da fé pascal perpassa as ações do Jesus terreno. O próprio evangelho de Marcos apresenta a dignidade divina de Jesus de tal maneira que ela está protegida contra o mal-entendido de uma autoapoteose. Jesus deve sua dignidade totalmente à voz celestial e ao poder de Deus que vence a morte. Contudo, de agora em diante, paira sobre a vida de Jesus um esplendor divino. Ele alcança uma grandeza que poderia ameaçar o rígido monoteísmo. Em todo caso, porém, no evangelho de Marcos, em razão de sua magnificência, Jesus tem a plenipotência de relativizar e de criticar o sistema ritual do judaísmo. Ele se torna o fundador de um novo sistema ritual, pelo qual os cristãos se distinguem dos judeus.

O evangelho de Mateus: a delimitação ética em relação ao judaísmo (e ao paganismo)[16]

O evangelista Mateus dá continuidade ao processo de "divinização" do Jesus terreno, o qual ainda estava envolto em grande mistério no evangelho de Marcos. Ele aumenta as cenas de epifania no início e no fim de seu evangelho. No início, ele permite que Deus intervenha nos acontecimentos mediante sonhos e mensagens angélicas. No final, ele narra as aparições pascais ultrapassando o (fragmentário?) evangelho de Marcos. Acima de tudo, porém, no evangelho de Mateus, Jesus é um ser divino desde o início, em razão do testemunho do Espírito e do nascimento virginal. A voz celestial, durante o Batismo, proclama publicamente sua dignidade: *"Este é meu Filho amado..."* (3,17) — em vez de *"Tu és meu Filho amado..."* em Mc (1,11). Por conseguinte, os discípulos podem reconhecer, na caminhada sobre o lago, aquilo que eles, em Marcos, não querem compreender: a dignidade divina de Jesus. Eles se prostram diante dele no barco e confessam: "Verdadeiramente, tu és o Filho de Deus" (14,33). Jesus agora, de fato, mostra-se, por seus atos, como Filho de Deus e, em razão de suas ações, é reconhecido como tal.

Com o auxílio do mitologema pagão do nascimento virginal, Mateus expressa a filiação divina de Jesus. Para o judaísmo, a ideia de uma união sexual entre deuses e seres humanos é uma abominação. Gênesis 6,1-3 mostra que só pode advir desgraça quando filhos de deuses geram filhos com pessoas humanas. Os escritos apocalípticos haviam pintado esse mito negativo. Com a união sexual entre seres divinos e humanos, neles irrompe o mal nesse mundo (assim no Apocalipse das Semanas do Enoque Etiópico 93,1-10; 91,11-17). No evangelho de Mateus, porém, um grupo vizinho ao judaísmo, utiliza precisamente essa concepção não-judaica a fim de trazer à baila o ser divino do Jesus terreno — uma noção também, de todo modo, problemática para o judaísmo.

Contudo, aqui se exprime uma preocupação que se justifica exatamente pelas premissas bíblicas do evangelho de Mateus. Nascimento virginal e concepção espiritual devem conservar a ideia de que também o Jesus

---

[16] A propósito do evangelho de Mateus, cf. Ulrich Luz, *Die Jesusgeschichte des Mathäus*, Neukirchen-Vluyn: Neukirchener 1993, obra na qual ele resumiu os traços fundamentais de seu grande comentário ao evangelho de Mateus: *Das Evangeliums nach Matthäus*, EKK I,1-3, Neukirchen-Vluyn 1985. 1990. 1997.

terreno não deve sua dignidade a si mesmo, mas somente à ação de Deus que, no início de sua vida, eleva-o acima de todas as outras criaturas humanas — não somente em razão de sua ressurreição e glorificação depois da morte. Mateus encontra um apoio suplementar no fato de ele encontrar o nascimento virginal profetizado em Is 7,14 (LXX). Isso corresponde, portanto, à vontade de Deus. Com isso, essa concepção, tipicamente pagã, integra-se em sua mundivisão profundamente judia. Com ela, ele não diz outra coisa senão o que diz no fim de seu evangelho, quando cede a palavra ao Ressuscitado: "Todo poder foi-me dado no céu e sobre a terra" (28,18). O poder lhe foi dado; ele não o tem por si próprio, mas, sim, de Deus.[17]

Acima de tudo, Mateus contorna o problema de maneira ética que lhe é característica. É certo que ele apresenta o Jesus terreno como um nobre rei, mas que é humilde — e renuncia à demonstração e imposição de seu *status*. Essa renúncia de Jesus ao *status* torna-se clara já desde sua primeira aparição pública. Na verdade, ele não precisava deixar-se batizar. Batista se recusa, pois Jesus deveria, por sua vez, batizá-lo. No entanto, é preciso que aconteça, para que se cumpra toda a justiça (Mt 3,13-15). Por conseguinte, Jesus é patentemente "humilde" tanto em seu ensinamento quanto em seu comportamento. Ele é o mestre da Sabedoria, cujo ensinamento é leve, e aquele que é "manso e humilde de coração" (11,29). Ele comporta-se como o rei humilde quando entra em Jerusalém montando um jumentinho (21,4-5 = Zc 9,9). Durante a paixão, ele renuncia às legiões de anjos que o poderiam salvar (26,53).

Nesses e em outros traços, nota-se, sempre mais, que o evangelho de Mateus, mais do que o evangelho de Marcos, quer ser cumprimento e continuação do universo simbólico judaico. O Jesus mateano quer "dar cumprimento" programaticamente à lei e aos profetas (5,17). Se o cristianismo

---

[17] É discutível se Mt 11,27: "Tudo me foi entregue por meu Pai, e ninguém, conhece o Filho senão o Pai..." (como em Mt 28,18) deve ser entendido como transmissão de poder ou como conhecimento. Que em 11,27 apareça "transmitido" (παρεδόθη) e em 28,18 "dado" (ἐδόθη), não faz nenhuma diferença (cf. Lc 4,6; 1Cor 15,24). Transmissão de revelação é assinalada em 11,25 e 27 com "revelar" (ἀπακαλύψαι). Essa revelação liga-se em 11,25 a algo limitado (ταῦτα, ou seja, αὐτα,) e, com isso, sobressai-se claramente do abrangente "tudo" (πάντα) no v. 27, ao qual se refere o "transmitido". Se no v. 27, apenas conhecimento de revelação tivesse sido transmitido ao Filho, teríamos de esperar: "Tudo me foi *revelado*, e ninguém conhece (por isso) o *Pai* senão o Filho e aquele a quem o Filho quiser revelar...". A continuação: "e ninguém conhece o Filho senão o Pai" parece, ao contrário, pressupor a ideia de que: "Tudo (poder) me foi entregue por meu Pai, e ninguém conhece do Filho (munido de todo poder) senão o Pai, e ninguém conhece o Pai senão o Filho e aquele a quem o Filho quiser revelar (não: "transmitir"). Por conseguinte, Mt 11,27 deve ser provavelmente relacionado não apenas à transmissão de conhecimento, mas também a transmissão de poder.

mateano se delimita em relação ao judaísmo, o faz mediante a interpretação melhor do universo simbólico comum: acima de tudo, das Escrituras bíblicas comuns, com suas promessas e exigências. O motivo decisivo está formulado programaticamente no Sermão da Montanha: "Se a vossa justiça não ultrapassar a dos escribas e a dos fariseus, não entrareis no Reino dos Céus" (5,20). No confronto com os judeus, os cristãos devem representar a melhor interpretação dos mandamentos da Torá. Mas também, ali onde eles são concordes na interpretação, devem agir melhor do que os fariseus e os doutores da lei. De acordo com 23,1-3, eles devem praticar o ensinamento dos escribas, "mas não imiteis suas ações, pois dizem mas não fazem" (23,3). Essa ética da justiça melhor sobressai-se não somente do mundo judaico circundante, mas também do pagão. Isso é enfatizado no mandamento do amor ao inimigo. O que alguém faria de extraordinário se fosse gentil apenas com seus irmãos: "Não fazem os gentios também a mesma coisa?" (5,47). É preciso distinguir-se deles, igualmente, na oração (6,7) e no trato com as preocupações cotidianas (6,31). Em ambas as direções, quer em relação aos judeus, quer em relação aos pagãos, deve-se praticar a justiça melhor. Com isso o evangelho de Mateus defende uma moral francamente "aristocrática". A meta de sua ética não é o bom, mas o melhor.

Em que consiste, pois, essa justiça melhor? A resposta é dada pelo Sermão da Montanha.[18] Nele se encontra cinco vezes a noção de "justiça", presumivelmente em todos os lugares na redação mateana (5,6.10.20; 6,1.33). Para além disso, fora do Sermão da Montanha, acha-se apenas mais duas vezes, ligadas a Batista (3,15; 21,32) — um sinal de quão pouco a comunidade mateana reivindica essa justiça exclusivamente para si. Ela se esforça pela mesma justiça como todos os demais, mas deseja superar os outros mediante uma justiça melhor.

O Sermão da Montanha desenvolve, em suas três partes principais, em que consiste essa justiça melhor. As *antíteses* (5,21-48) demonstram uma grande liberdade perante a tradição — independentemente daqueles contra quem o poderoso "Eu, porém, vos digo" se volta, se contra Moisés (e contra a Torá) mesmo ou contra seus intérpretes (nos quais, no nível

---

[18] As melhores interpretações do Sermão da Montanha são as de Ulrich Luz, *Das Evangelium nach Matthäus*, EKK I,1. Neukirchen-Vluyn: Neukirchener 1985, 183-420; William D. Davies/Dale C. Allison, *The Gospel According to Saint Matthew*, ICC, Edinburgh: T.&T. Clark 1988, 410-731.

redacional, Mateus deve ter pensado). As antíteses ensinam, ao mesmo tempo, uma enorme liberdade diante dos afetos interiores — em relação à agressividade e à sexualidade — bem como no procedimento diante da agressão sofrida passivamente.

As *regras de piedade* (6,1-18) admoestam, de maneira especial, a dar esmolas, a rezar e a jejuar — e, na verdade, em completa independência de controle social. Quando se jejua e se reza em segredo, se dão esmolas ocultamente, então o ambiente circundante não tem nenhuma ocasião de influenciar por meio de sanções quer positivas, quer negativas.

A *parênese social* (6,19-7,11) exige uma soberana liberdade em relação às necessidades materiais. A busca do Reinado de Deus e de sua justiça consiste em não se preocupar com o que comer, o que beber, o que vestir. Entre Deus e Mamon existe apenas um ou-ou.

Essa práxis da justiça liga-se melhor com o esforço pela "perfeição". Por duas vezes Mateus conecta esse predicado a um comportamento concreto. Uma vez com o amor ao inimigo. Àquele que ama seus inimigos promete-se: "Sereis *perfeitos* como vosso Pai celeste é perfeito" (5,48). O mesmo vale para a renúncia radical aos bens no seguimento. Ao jovem rico que deseja seguir Jesus, diz-se: "Se queres ser *perfeito*, vai, vende o que possuis e dá aos pobres, e terás um tesouro nos céus" (19,21).

Destarte, Mateus defende um etos aristocrático. A busca pelo bom não o satisfaz, mas, sim, o esforço pelo "melhor", sim, pelo "perfeito". Os discípulos que se esforçam por isso são "sal da terra" e "luz do mundo" (5,13.14-15). E, com efeito, o etos "melhor" deles diz respeito a toda a terra. O ensinamento de Jesus deve ser anunciado a todas as nações. Jesus passa da condição de Filho de Davi para a de Senhor do mundo, que governa o mundo mediante seus mandamentos, por meio "de tudo o que vos ordenei" (Mt 28,20). Esse ensinamento ético de Jesus é superior ao etos dos judeus e ao dos pagãos. Concomitantemente, ele é a plenitude das concepções éticas de todas as pessoas e não apenas uma interpretação melhor da Torá judaica. Por duas vezes, Mateus faz Jesus resumir o que dizem a lei e os profetas. Em uma das vezes, ele usa para isso a regra de ouro (7,12), portanto, uma máxima ética fundamental, espalhada entre todas as nações. Na segunda oportunidade, ele cita o duplo mandamento do amor (22,35-37). Ele corresponde ao antigo cânone das duas virtudes — a piedade perante Deus e a justiça no confronto com as pessoas. Essa tradição ética era conhecida e difundida entre pagãos e judeus.

Jesus realiza ainda mais as esperanças das pessoas. Ele pretende dar cumprimento não apenas à lei, mas também aos "profetas", ou seja, às promessas do A.T. Por conseguinte, citações de cumprimento pervagam todo o evangelho de Mateus — e comprovam que ele é o salvador esperado não apenas em razão de seu nascimento e descendência, mas também em força de sua aparição mansa e humilde. Aqui também, Mateus enfatiza que, ao lado das expectativas judaicas, as expectativas pagãs se realizaram.[19] Por essa razão, ele narra como os três reis magos vêm do Oriente. Eles são motivados por um oráculo astrológico, que lhes preanuncia um novo soberano na Judeia. Com isso, Mateus retoma presságios orientais de um novo soberano universal, os quais ainda subsistiam naquele tempo — e que também tiveram influência na guerra judaica. Precisamente o evangelho que em seu caráter é o mais explicitamente judaico, concede amplo espaço a expectativas pagãs (e ainda mais, da astrologia tão veementemente rejeitada no judaísmo).

Em minha opinião, o caráter ético da teologia mateana é também a chave para a questão se em Mateus existe uma "rejeição" de Israel ou apenas um "desprivilegiamento" mediante sua colocação em pé de igualdade com todas as nações. Pois, os judeus teriam as mesmas oportunidades salvíficas que todas as demais nações. Indubitavelmente, Mateus considera a execução de Jesus um "assassinato". A destruição de Jerusalém é um justo castigo por isso (cf. Mt 22,7). No entanto, justamente com o castigo estaria aberto o caminho para a conversão. A meu ver, o grande quadro do juízo em Mt 25,31-33 depõe positivamente em favor dessa concepção quando se interpreta esse texto numa perspectiva universal, ou seja, enxergando aí um juízo sobre todas as pessoas (e não apenas sobre os pagãos), no qual vale apenas um critério: se as pessoas sofredoras foram ou não ajudadas.

Poderíamos localizar, de forma imperfeita, contemporaneamente essa concepção de um etos universal, proveniente de raízes judaicas. A guerra

---

[19] Quanto ao cumprimento de uma combinação de expectativas pagãs e judaicas, cf. Gerd Theissen Vom Davidssohn zum Weltherrscher. Pagane und jüdische Endzeiterwartungen im Spiegel des Matthäusevangeliums, in: Michael Becker/Wolfgang Fenske (eds.), *Das Ende der Tage und die Gegenwart des Heils*, FS Heinz W. Kuhn, Leiden: Brill 1999, 145-164.

judaica acabou (cf. Mt 22,7). As expectativas vigentes no Oriente, entre judeus e pagãos, de um soberano universal judaico, ou seja, oriental, foram aniquiladas. Nessa situação, o evangelho de Mateus defende a tese de que, com Jesus, esse soberano universal já veio. Ele delineia que ele, o Filho do rei, da descendência de Davi, já foi elevado à soberania universal. Ele demonstra ainda que essa soberania universal é exercida não mediante o poder militar, mas, sim, por meio de seu ensinamento ético e da obediência de seus seguidores. Seu ensinamento é judaísmo universalizado, a seus olhos, um judaísmo melhor, que é superior a outros projetos. O evangelho de Mateus concorre, em seu tempo, com a reorganização do judaísmo que teve início depois da catástrofe do ano 70 d.C. na escola de Jâmnia. Também ali, considerava-se que a perda do Templo não era o fim da adoração a Deus. O grande mestre Johanan ben Zakkai consolava seus contemporâneos judeus com Os 6,6. Ali, dissera o próprio Deus, que ele prefere a misericórdia aos sacrifícios. Portanto, as obras do amor podem substituir o culto sacrifical do Templo. Não pode ser mero acaso que o evangelho de Mateus cita, por duas vezes, esse dito preferido de Johanan ben Zakkai — cada vez num acréscimo redacional ao modelo marcano, em Mt 9,13 e 12,7. O evangelho de Mateus disputa com o movimento rabínico contemporâneo a fim de tornar realidade a "justiça melhor", fundamentados na Torá comum.

O evangelho de Lucas: a delimitação narrativo-histórica em relação ao judaísmo

Para todos os três evangelhos sinóticos vale o seguinte: a concentração na figura de Jesus, contida na forma de evangelho, e a tendência de envolver o Jesus terreno com uma aura divina, ultrapassam as fronteiras de um estrito monoteísmo judaico. Nos evangelhos, isso se torna especialmente evidente em diversas formas de expressão religiosa: em Marcos, encontramos uma delimitação ritual do judaísmo; em Mateus, uma demarcação ética. Em Lucas, essa estipulação comportamental se dá em meio à narrativa histórico-salvífica: ele formula a narração histórico-mítica de base do cristianismo primitivo de modo tal que ela torna compreensível a separação entre judeus e cristãos. Para isso, ele escolhe um caminho bem simples: ao evangelho, ele acrescenta uma segunda obra sobre os seguidores de Jesus. Nela, ele mostra como os caminhos de judeus e cristãos separaram-se, a contragosto dos cristãos.

Dentre todos os três evangelistas sinóticos, Lucas é o que menos dificuldades encontra para narrar a propósito do ser divino de Jesus e de suas obras. Igual a Mateus, ele narra sobre a concepção espiritual e sobre o nascimento virginal. Entretanto, em Lucas, ela não é um problema nem para o esposo de Maria (diferentemente de Mateus, onde José fica escandalizado), nem para o narrador Lucas: ele não precisa de nenhuma citação veterotestamentária a fim de provar sua legitimidade religiosa. Lucas, com efeito, vive num mundo no qual a divinização de pessoas é algo natural. Que isso aconteça, não lhe causa problema; a questão é se acontece com direito. Quando Herodes Agripa I aceita incontestavelmente a aclamação de que por meio dele falaria a voz de um deus e não a de um ser humano, então ele, com justiça, foi castigado por esse orgulho (At 12,20-23). E, da mesma forma, os dois missionários, Paulo e Barnabé, são louvados pelo fato de terem recusado a oferta de honrarias divinas que lhes fora feita (At 14,8-10).[20] Quanto a Jesus, o caso parece evidente. Ele é um ser humano, "aprovado por Deus com milagres, prodígios e sinais" (At 2,22-24). Contudo, ele é confirmado definitivamente pelo fato de Deus tê-lo ressuscitado dos mortos e elevado, não obstante ter sido recusado pelas pessoas.

No entanto, também em Lucas a divindade de Jesus é mitigada. Em Marcos, isso se deu mediante o artifício do segredo, que cobria o Jesus terreno com a espessa aura de um ser divino. Em Mateus, a nobreza do rei escatológico foi eticamente relativizada pela sua humildade. Em Lucas, encontramos a humanização de Jesus em outra forma: o Jesus lucano torna-se humano por sua dedicação aos pobres, aos pecadores e aos marginalizados. Ele resume seu envio nas seguintes palavras: "O Filho do Homem veio procurar e salvar o que estava perdido" (Lc 19,10). Com justiça, já a partir da composição do evangelho de Lucas, o capítulo central, com suas três parábolas de algo (ou de alguém) que se perdeu, é considerado o núcleo do evangelho de Lucas (Lc 15). Deparam-nos aqui com uma relativização soteriológica da divindade de Jesus: em uma narrativa histórico-salvífica, ele é apresentado como representante do verdadeiro modo de ser humano.

---

[20] Cf. dois outros casos de apoteose nos Atos dos Apóstolos: Cornélio cai aos pés de Pedro e o adora. Pedro rejeita isso, visto que ele é apenas um homem (At 10,25). Paulo sobrevive à picada de uma serpente venenosa. Consequentemente, é tido como um "deus" (At 28,6). Aqui, compreensivelmente, não se segue nenhuma reação de recusa da parte do apóstolo, pois ele não foi interpelado ou adorado como um deus. Os pagãos apenas falam a respeito dele, como se fosse um deus.

O extraordinário dessa narrativa histórico-salvífica é sua continuação numa segunda obra. A história do Filho de Deus e a dos cristãos são, portanto, colocadas lado a lado e sobre um único plano. Com isso, surge um novo escrito neotestamentário, que já a partir de sua forma, tem a pretensão de pôr de lado as obras historiográficas veterotestamentárias. Pois ali — nas sagradas Escrituras judaicas — não havia nenhum escrito que se tenha ocupado com uma única vida. O A.T. é literatura e historiografia que tem como objeto todo um povo. Agora, com o evangelho de Lucas, começa uma verdadeira continuação dessa história: a história de um novo povo de Deus, formado por judeus e pagãos.

O distintivo dessa historiografia histórico-salvífica foi percebido em dois motivos no clássico esquema de H. Conzelmann:[21]

1. Em primeiro lugar, uma periodização histórico-salvífica, na qual o tempo de Israel, de Jesus e da igreja são diferenciados com exatidão, em que se situam as passagens de um período a outro, entre Batista e Jesus, ou seja, entre as obras de Jesus e sua paixão.

2. Esse esquema histórico-salvífico serve como resposta à experiência da não-comparência da parusia. A vinda de Jesus na História, até então, teria sido interpretada como o começo do fim dos tempos. Lucas, porém, interpreta sua história pela primeira vez como "centro do tempo".

Com essas duas ideias, H. Conzelmann enxergou algo correto, mas é preciso reformulá-las:

1. Em lugar de uma história salvífica tripartida, pode-se ver na dupla obra lucana também uma variante do quadro histórico geral cristão primitivo, que distingue um tempo da promessa e um tempo do cumprimento. O tempo da promessa abrange o A.T. e a história de Israel. O tempo do cumprimento, porém, é, em si, trimembre. Ele começa com um prelúdio nas histórias da infância, nas quais o tempo seguinte de Jesus é apresentado como o cumprimento das expectativas de judeus piedosos. No centro, acha-se o tempo de Jesus, a história de sua atividade e de seu sofrimento. A separação da história da paixão é injustificada. Após a páscoa, porém, começa (com o início dos Atos dos Apóstolos) o tempo da Igreja. Em lugar

---

[21] Hans Conzelmann, *Die Mitte der Zeit. Studien zur Theologie des Lukas*, BHTh 17, Tübingen: Mohr [5]1964.

de uma história de salvação trimembre, dever-se-ia falar, portanto, de uma tripartite história de cumprimento. Mais do que qualquer outra coisa, Lucas salienta que as promessas não são cumpridas de uma vez, mas sucessivamente.

2. Essa nova visão de um tempo de cumprimento, em si articulado, remonta a uma percepção consciente do tempo que se dilata. Contudo, a isso não deve estar ligado nenhuma tarefa da (potencial) expectativa de proximidade. Precisamente porque tantas fases do tempo de cumprimento já se passaram é que o fim pode irromper a qualquer momento. Agora, uma vez que a missão fundou comunidades cristãs pelo mundo afora, o fim pode vir.[22] O certo é que a ideia de um cumprimento que se verifica continuamente possibilita continuar a viver com o tempo que se dilata e considerá-lo positivamente como tarefa.

Nessa "historiografia" religiosa de Lucas, mostra-se também a separação entre judeus e cristãos como resultado de um desenvolvimento sucessivo. Ela abrange três fases, quando, no interior do tempo da Igreja, faz-se a distinção entre um tempo antes e um tempo depois da passagem para a missão entre os gentios.[23]

O primeiro passo é anunciado na *história da infância* pela profecia de Simeão: Israel deve ser não apenas restaurado, mas, sim, expandido. Com o Messias, a salvação deve alcançar os pagãos, não à custa de Israel, mas a fim de aumentar a glória de Israel (Lc 2,31-32). Na verdade, Simeão completa esse vaticínio com o anúncio de uma ruptura em Israel: o Messias será um sinal de contradição. Alguns, em Israel, cairão por causa dele; outros, porém, serão soerguidos (Lc 2,34).

O segundo passo começa com o *anúncio de Jesus*: Jesus reúne Israel. Como em Mateus, sua atividade restringe-se a Israel. Seu contato com pagãos é rechaçado. Somente pela mediação de uma delegação é que ele entra em contato com o capitão de Cafarnaum (Lc 7,1-3). O encontro com a mulher siro-fenícia é supresso no contexto do grande vácuo lucano. No próprio Israel chega-se a uma separação, como Simeão havia predito: se-

---

[22] Christoph Burchard, *Der dreizehnte Zeuge. Traditions-und kompositionsgeschichtliche Untersuchungen zu Luka's Darstellung der Frühzeit des Paulus*, FRLANT 103, Göttingen 1970, 173-183.

[23] Quanto a essas fases diversas, cf. especialmente Jürgen Roloff, *Die Kirche im Neuen Testament*, GNT 10, Göttingen: Vandenhoeck 1993, 192-206.

paração entre o povo e seus dirigentes (cf. Lc 7,29-30; 13,17). Assim, por exemplo, em Lucas, a parábola dos vinhateiros é pronunciada unicamente para o povo, mas ela visa aos dirigentes de Israel. Jesus aqui se entende com o povo a respeito de sua crítica contra seus dirigentes (20,9-19). Esses chefes levam Jesus à cruz. O povo, porém, perante o crucificado, voltou para casa com sinais de arrependimento (23,48).

O terceiro passo acontece na *missão dos judeus* do tempo pós-pascal. Neles renovar-se-á a reunião de Israel mediante a ação do Espírito Santo. A execução de Jesus pelos dirigentes de Israel e dos romanos em nada mudou a oferta salvífica para Israel. Os cabeças do povo agiram por ignorância (At 3,17). Essa renovada reunião de Israel tem êxito. Demonstra-o a conversão em massa dos 3.000 e dos 5.000 (cf. At 2,41; 4,4). A arruinada tenda de Davi — o povo de Israel — será reerguida e, com isso, outras pessoas também serão acolhidas no povo de Deus (At 15,16-18 = Am 9,11-12). É o tempo da missão de Pedro.

Apenas com a *missão dos pagãos* é que se dá o último e quarto passo. Somente agora acontece uma autoexclusão da salvação de grande parte de Israel. Lucas gostaria de atribuir a culpa disso aos judeus, não aos cristãos. É o tempo da missão de Paulo. Sempre de novo ele faz Paulo começar estereotipadamente sua missão nas sinagogas. Tão-somente depois da rejeição ali é que ele se volta aos pagãos (como Paulo e Barnabé formulam-no como programa em At 13,46). Para Lucas, a missão entre os pagãos é uma consequência da não aceitação da Boa-Nova por parte dos judeus. Historicamente foi bem o contrário: a missão dos pagãos, mediante a renúncia à circuncisão e às prescrições alimentares, pôs em questão a identidade do judaísmo e, por isso, colidiu com a resistência de judeus, de modo que as comunidades gentio-cristãs distanciaram-se mais ainda do judaísmo.

O decisivo é que, em Lucas, a separação de judeus e cristãos não está fixada *a priori*, mas se desenvolve num estágio relativamente tardio. Ele também não precisa, por isso, retroprojetar as origens dessa separação para a história de Jesus na medida em que o fazem os outros evangelistas. Da mesma forma, para ele, a crucifixão não é o momento de crise decisivo. Lucas sabe que a separação de judeus e cristãos é o resultado de um desenvolvimento pós-pascal. Ele quer demonstrar que ela aconteceu contra a vontade dos cristãos. Para ele, no presente, ela parece ter um caráter quase definitivo. Nisso ele se distingue de Paulo. Em Paulo, a última palavra sobre Israel, em Rm 11,25-26, é sua salvação no fim dos tempos. A última palavra de Lucas a Israel é, porém, uma declaração de obstinação no final dos Atos dos Apóstolos. Ou não é, porém, a última palavra? Paulo, segundo esse autor atuante no campo de irradiação paulino, continuou a produzir efeitos bem mais do que parece à primeira vista?

Pelo menos Lucas ainda tem conhecimento de uma esperança (viva apenas no passado?) dos cristãos para Israel e com Israel. Ela é acentuada no início e no fim de suas duas obras, respectivamente. No início do Evangelho, o *Benedictus* de Zacarias anuncia a libertação de Israel (Lc 1,68-70). No final, os discípulos de Emaús indagam desesperadamente por ela. Eles haviam esperado que Jesus "fosse aquele que redimiria Israel" (Lc 24,21). O mesmo se repete nos Atos dos Apóstolos: no início, os discípulos lançam a pergunta se Jesus "agora iria restaurar a realeza de Israel" (At 1,6). Em sua conclusão, Paulo jura que somente por causa da esperança de Israel é que ele se acha prisioneiro (At 28,20; cf. 23,6; 26,6-7). Lucas sabe, portanto: ambos, judeus e cristãos, compartilham as mesmas expectativas messiânicas. Certamente essas mudam implicitamente seu caráter, quando se prossegue dos tons messiânico-nacionais do *Benedictus* para as declarações posteriores. Contudo, as promessas permanecem de pé, ainda que sob outra forma. Mas, At 3,20-21 ainda enfatiza que o céu teria subtraído o Messias destinado a Israel até o tempo da ἀποκατάστασις πάντων, da restauração de tudo o que Deus antecipadamente anunciara pela boca de seus santos profetas. E, conforme At 15,15-17, a promessa da restauração da tenda de Davi, em Am 9,11-12, deve se cumprir.[24]

Lucas, portanto, pelo menos recorda-se da esperança comum. Mas ele a compartilha também? Não condivide, ele mesmo, a convicção de obstinação irreversível? Não conclui ele com ela sua dupla obra? Contudo, deve-se considerar que Lucas não liga nenhuma declaração de juízo à conhecida citação de obstinação de Is 6,9-10 (LXX). Deus mesmo endureceu Israel, mas falta a ameaça de que ele, por essa razão, será

---

[24] Lucas dá continuidade à história salvífica de Deus com Israel na história da Igreja, mas em diversas instâncias ele modifica implicitamente o conteúdo dessa história de salvação. Ele não visa à restauração política de Israel, mas, sim, ao perdão dos pecados, sem o que a expectativa política, terrena, já está, de alguma maneira, expressamente malograda. Com razão, observa Heikki Räisänen, *Marcion, Munamad and the Mahatma*, London: SCM 1997, 63: "Lucas tem deveras um problema histórico-salvífico que não é solúvel em termos 'objetivantes'. Se as antigas promessas de Deus são cumpridas em Jesus, o conteúdo delas foi mudado em tal medida, a ponto de serem, com efeito, anuladas".

condenado. Ao contrário, poder-se-iam arrolar pequenos indícios de um resto de esperança:

- At 28,24, na apresentação da reação dos judeus à Boa-Nova, enfatiza: "Uns se deixaram persuadir pelo que ele (Paulo) dizia: outros, porém, recusavam-se a crer". Os judeus de Roma estão, portanto, divididos.

- A citação de obstinação de Is 6,9-10 é introduzida com a fórmula: "Bem falou o Espírito Santo a vossos *pais*..." (28,25). Não quer dizer que ele tenha falado a *vós*. A obstinação diz respeito em primeiro lugar apenas aos pais. Para os filhos e seus descendentes tudo ainda pode estar aberto.

- A própria citação de obstinação irrompe na LXX e nos Atos dos Apóstolos talvez com uma declaração positiva no futuro "E eu os curarei" (καὶ ἰάσομαι αὐτούς)*, com o que uma corrente prévia de declarações de obstinação se desencadeia no conjuntivo.[25] Deve ser dito, então, que Deus salvará Israel, de forma que a última parte da citação deve ser compreendida como uma frase principal conclusiva com "e"? (At 28,27).

- O narrador salienta que Paulo acolhia em sua casa *todos* os que vinham a ele — não apenas os pagãos, por exemplo (At 28,30). Entre os que iam a ele, segundo todo o contexto, deve-se também imaginar (alguns) judeus.

Certa probabilidade depõe em favor de que Lucas considera aberta a questão de se o endurecimento de Israel seja temporário ou definitivo. Pois, se a rejeição da Boa-Nova deu-se apenas no interior dos últimos períodos da história da salvação (e não, de forma alguma, em seu ponto crítico), então, com certa lógica narrativa também no interior da história, ela deve ser suprimível. E se ela foi imposta por Deus, então está também em seu poder o superá-la.

---

* N.T.: Note-se que a tradução da Bíblia de Jerusalém traz "e eu *não* os cure!"

[25] O *Codex Venetus*, em contrapartida, ajusta o futuro aos conjuntivos precedentes e escreve iaswmai em vez de iasomai. As "declarações de salvação" seriam claramente continuação das declarações de obstinações prévias: os israelitas seriam endurecidos a fim de que Deus não os salvasse! Por outro lado, a interpretação rabínica compreendeu Is 6,9-10 não como ameaça de endurecimento definitivo, mas como promessa de uma possibilidade de conversão — talvez em acordo com o Targum a respeito de Is 6,9-10. Cf. Hermann L. Strack/Paul Billerbeck, *Kommentar zum Neuen Testament aus Talmud und Midrasch*, vol. 1, München: Beck 1926, 662-663.

Resumamos: a escritura dos Evangelhos é um passo importante para a emancipação do sistema simbólico cristão diante da religião-mãe judaica. Com ela, os seguidores de Jesus criaram uma narração mítico-histórica de base própria, que atribuía a uma única pessoa um *status* divino, de forma que essa narração, já por causa disso, não podia penetrar no tesouro narrativo religioso do judaísmo. Por conseguinte, encontramos em todos os três evangelhos sinóticos uma clara delimitação do judaísmo. A esse respeito, enfatize-se finalmente: essa demarcação acontece em todos os três evangelhos sobre o pano de fundo e na consciência de uma comunhão permanente. O evangelho de Marcos acentua a delimitação na linguagem simbólica ritual. Mas, no começo, ele narra também a história do leproso que é expressamente enviado para Jerusalém por Jesus ao sacerdote (Mc 1,40-42), e em uma das últimas disputas e discussões doutrinais, ele apresenta um legista razoável, que concorda com Jesus na prevalência do etos sobre o rito (Mc 12,28-30). O evangelho de Mateus sublinha um distanciamento na linguagem simbólica ética. Ele exige a prática de um "justiça melhor", que supere a justiça das autoridades judaicas. Mas isso acontece também aqui na consciência de uma grande comunhão. Comum é a Torá em seus mandamentos éticos; diferente é apenas sua interpretação. Em Lucas, a delimitação diante do judaísmo é tornada plausível com o auxílio de uma narrativa histórico-salvífica. Ela aparece como um desenvolvimento que nem Deus nem os cristão assim quiseram — mas que agora deve ser aceita como incompreensível endurecimento da maioria dos judeus. Contudo, ele conhece muito da história e da esperança comum, que apontam para uma direção completamente diferente. Somente o evangelho de João ultrapassa a delimitação perante o judaísmo verificável aqui.

Capítulo 10
O EVANGELHO DE JOÃO:
A TOMADA DE CONSCIÊNCIA
DA AUTONOMIA INTERNA
DO UNIVERSO SIMBÓLICO
PRIMITIVO CRISTÃO

No evangelho de João[1], a divinização do Jesus terreno atinge seu ponto culminante. Ele forma uma síntese de dois desenvolvimentos que confluem um para o outro. De um lado, encontramos, em Paulo, a fé no Preexistente e Exaltado com *status* divino — e observamos como recordações individuais do Jesus terreno são ligadas de forma fragmentária a essa imagem de Cristo, sem constituir uma narrativa coerente. Por outro lado, a transmissão do Jesus terreno é formada na tradição sinótica, e, nos primeiros evangelhos, é progressivamente perpassada pela grandeza do Exaltado, sem que nos evangelhos sinóticos se chegue a uma fé na preexistência de Jesus. No evangelho de João, fundem-se os dois filões de desenvolvimento. A glória do Exaltado cintila em toda parte, pela atividade do Jesus terreno. Jesus aparece como um deus peregrino sobre a terra.[2] Conscientizemo-nos

---

[1] No que se segue, o evangelho de João será interpretado em sua forma final. Aquilo que alguns exegetas atribuem a uma camada de adaptação redacional é de extensão tão vasta (por exemplo, todo o segundo discurso de despedida, com a oração sacerdotal em Jo 15-17) que a proposta de Hartwig Thyes, de ver nesse suposto redator o próprio evangelista, é convincente. Cf. Hartwig Thyen, Johannesevangelium, *TRE* 17 (1988), 200-225, ali, 221. Essa forma final mostra indícios de um surgimento progressivo do evangelho de João, como duas conclusões do livro, dois discursos de despedida etc.: temas e textos são constantemente retomados e reinterpretados. No caso, trata-se de uma continuação consciente da escritura da tradição ou de uma releitura de textos joaninos já existentes, na qual se pressupõe que esses continuem mantidos como textos de referência e sejam lidos com os textos a serem interpretados. Portanto, é uma questão secundária se esses textos a serem interpretados remontam ao mesmo autor ou a diversos autores que pertencem à mesma "escola" e que falam a mesma língua. Cf. Andreas Dettwiller, *Die Gegenwart des Erhöhten. Eine exegetische Studie zu den johanneischen Abschiedsreden (Joh 13,-31-16,33) unter besonderer Berücksichtigung ihres Relecture-Charackters*, FRLANT 169, Göttingen: Vandenhoeck 1995.

[2] Com a fórmula "deus peregrino sobre a terra", a exegese do séc. XIX caracterizou a cristologia do evangelho de João. Essa fórmula foi retomada por Ernst Käsemann, *Jesu letzter Wille nach Johannes 17*, Tübingen: Mohr 1966, 22.

disso com algumas declarações sobre o Revelador no evangelho de João. Somente no evangelho de João, Jesus é denominado "deus", antes e depois de sua atuação terrestre, no início, no Prólogo (1,1.18) e no fim, quando o incrédulo Tomé dirige-se a ele como "meu Senhor e meu Deus" (20,28). Tínhamos visto que, em princípio, isso não constituía nenhum problema para o monoteísmo judeu. Fílon conhece, ao lado de Deus, o "Logos" como um "segundo deus" — o lado de deus voltado para o mundo, o qual, vindo de Deus, brilha como luz em sua criação. Também lhe era familiar a ideia de que esse Logos reiteradamente se incorporava em formas humanas e em anjos, e agia na terra. Mas que ele se encarnasse exclusivamente numa única pessoa, sobre cuja humanidade e proveniência terrestre não pairasse dúvida alguma, para Fílon isso não teria sido concebível. Precisamente isso o Cristo joanino afirma de si mesmo. Também como terreno, ele diz ser um com Deus (10,30; 17,11.21).

Esse Cristo joanino, porém, existe não somente em unidade com Deus. Ele faz de sua unidade com Deus o objeto de seu anúncio. Com isso, acontece um passo decisivo para além dos evangelhos sinóticos — independentemente de quando esse passo tenha sido dado.

Com os evangelhos sinóticos, o cristianismo primitivo havia construído para si um universo simbólico próprio, com um centro próprio. No evangelho de João ele tomou consciência disso. Agora, ele se fundamenta completamente a partir da revelação de Cristo. Somente ele é a luz, a verdade e a vida. Tudo aquilo que, de outra forma, ainda é chamado luz, verdade e vida, provém dele. Tudo, na nova religião do cristianismo, deve fundamentar-se e legitimar-se a partir desse centro. Cristo não é apenas efetivamente o centro dessa nova linguagem simbólica, mas ele se refere a si mesmo como esse centro. Com acerto, disse R. Bultmann a respeito de Jesus no evangelho de João que o "Revelador de Deus *nada revela senão que ele é o Revelador"*.[3] Declarações auto-referenciais do Revelador cunham o Evangelho e figuram ao lado de declarações referenciais estranhas acerca de seu mundo ambiente, do qual o evangelho de João se distancia em afirmações dualísticas. A fundação da nova religião cristã por intermédio de uma narração de base particular e seu distanciamento em relação à religião-mãe, tal como efetivamente aconteceram nos evangelhos sinóticos, são refletidos no evangelho de João como que em um metaevangelho.

---

[3] Rudolf Bultmann, *Theologie des Neuen Testaments*, Tübingen: Mohr ⁴1961, 418.

Se quisermos expressar esse processo num conceito, podemos dizer: no evangelho de João a nova linguagem simbólica religiosa aparece como um sistema simbólico que se auto-organiza a partir de um centro próprio, a partir da cristologia.[4]

O programa da hermenêutica gradual joanina no prólogo de João

O evangelho de João deseja conscientemente conduzir a um degrau mais alto da compreensão — para além daquela fé que encontramos tanto nos sinóticos quanto na literatura paulina. O Prólogo do evangelho de João contém em si o programa de uma "hermenêutica gradual"[5] e é, mediante isso, um guia de leitura para todo o evangelho. Como em todos os evangelhos, algo decisivo é dito logo no início:

- No evangelho de Marcos, o "começo do evangelho" é o anúncio de Batista, no qual a *profecia veterotestamentária* se cumpre: "Eis que eu envio o meu mensageiro diante de ti a fim de preparar o teu caminho, a voz do que clama no deserto: preparai o caminho do Senhor, tornai retas suas veredas". Trata-se de uma citação mista. Ao lado das passagens proféticas de Ml 3,1 e de Is 40,3, usa-se também Ex 32,30: todo o escrito é lido como profecia!

- No evangelho de Mateus, a genealogia de Jesus figura no início. Ele periodiza a *história veterotestamentária* em 14 gerações correspondentes — de Abraão até Davi, de Davi até o exílio, do exílio até Jesus. Jesus é o novo "filho de Davi". Seu lugar na história da salvação periodizada mostra: com ele, deve acontecer novamente uma mudança tão decisiva como se deu com Davi e com o exílio. Ele traz a plenitude da história até agora. Citações de cumprimento pervagam todo o evangelho de Mateus.

- No evangelho de Lucas, no começo, nas narrativas da infância, vêm-nos ao encontro figuras proféticas do judaísmo e anjos. É

---

[4] Cf. a bastante independente análise do mundo simbólico do evangelho de João com categorias teórico-sistêmicas de Astrid Schlüter, *Die Selbstauslegung des Wortes. Selbstreferenz und Fremdreferenzen in der Textwelt des Johannesevangeliums*, Tese. Heidelberg 1996 (erscheint in: BWANT, cerca de 2000).

[5] Nas preleções sobre o evangelho de João, que na primavera de 1987 proferi na Faculdade Teológica Autônoma de Montpellier, interpretei-o como expressão de uma "hermenêutica gradual". Jean Zumstein retomou essa expressão e desenvolveu-lhe as ideias fundamentais in: Jean Zumstein, L'évangile johannique: une stratégie de croire, *RSC* 77 (1989), 217-232 = Miettes exégétique, *MoBi* 25, Genève: Labor et fides 1991, 237-252.

menos o escrito, e muito mais uma *revelação viva* que mostra: agora, acontece a realização daquilo que todos os judeus piedosos desde sempre esperaram. Precisamente este é o conteúdo da mensagem angélica a Zacarias (1,13-15), aos pastores (2,14). Justamente isso é o que testemunham as profecias de Zacarias proferidas no Espírito (seu *Benedictus*, 1,67-69), de Simeão (o *Nunc dimittis*, 2,29-31) e de Ana (2,38).

Comparemos com isso o evangelho de João! Conforme todos os sinóticos, a história de Jesus é cumprimento de profecias — cumprimento quer de escritos proféticos, quer de profecias atuais suscitadas pelo Espírito. O Prólogo do evangelho de João começa imediatamente por Deus. No Revelador está a origem de todas as coisas atuais. Ele provém diretamente do coração (do κόλπος) Pai. Só ele traz o autêntico conhecimento de Deus — definitivo e exclusivo. Pois ninguém mais viu a Deus (1,18). Sem dúvida, o evangelho de João também relaciona a revelação de Cristo com o sistema simbólico judaico existente. Aqui também Jesus é anunciado por Batista, igualmente aqui sua revelação é ligada a Moisés. Mas isso se dá de maneira nova. Tudo o que aconteceu antes e fora de Cristo não aponta apenas para ele, mas também foi por ele estabelecido e realizado. Toda a realidade é uma "palavra" oculta que lhe diz respeito e "pronunciada" nele. Pois essa palavra tudo criou. Ela existia antes de tudo o mais. Dele Moisés e Batista obtinham sua luz e sua verdade.

Uma segunda característica do Prólogo, ao lado desse começo no Absoluto, é que o conhecimento dessa realidade absoluta se dá por degraus que correspondem às duas estrofes do Prólogo. Ambas as estrofes começam com uma declaração a respeito do Logos; a primeira com: "No princípio era o Verbo e o Verbo estava com Deus e o Verbo era Deus" (1,1); a segunda com: "E o Verbo se fez carne, e habitou entre nós; e nós vimos a sua glória" (1,14). A primeira estrofe é preponderantemente formulada na terceira pessoa do singular, ao passo que a segunda é predominantemente construída na primeira pessoa do plural. Em ambas as estrofes encontra-se João Batista. As frases que lhe dizem respeito foram, provavelmente, em ambos os casos, inseridas pelo evangelista. Pois as seções sobre ele, que soam prosaicas, sobressaem-se da prosa hínica circundante. Por que Batista deve aparecer duas vezes? Por que não basta que ele simplesmente divulgue sua mensagem? Em minha opinião, essa duplicação é uma disposição consciente. Batista precisa aparecer duas vezes porque a fé que ele deve forjar pelo seu testemunho desenvolve-se em dois estágios. Em que consistem essas duas etapas? A seguinte visão geral esquemática sobre o prólogo põe-nas em evidência:

1-5	A criação do mundo por meio do Logos, que estava, como ser divino (θεός), junto de Deus (ὁ θεός). V. 5: a completa incompreensão das trevas perante a luz do Logos.
6-8	O testemunho da Luz, dado por Batista: Mediante esse testemunho, todos devem chegar à fé.
9-11 12-13	A rejeição da Luz e a acolhida da Luz por aqueles que "creem" em seu nome.
14-18	A revelação de Deus mediante o Logos na carne e a visão de sua glória.
15	O testemunho da preexistência, dado por Batista: Jesus existia antes de Batista. Este também recebeu dele "graça sobre graça".
16-17 18	Moisés e a Lei são superados pela revelação da "graça e verdade". A autêntica revelação de Deus mediante aquele que é "unigênito de Deus".

Podem-se reconhecer facilmente os seguintes "degraus":

- A primeira estrofe fala da "fé", a segunda da "visão". Ainda que ambas as noções, alhures em João, ocasionalmente apareçam como sinônimas,[6] aqui elas indicam um progresso no conhecimento.

---

[6] Fé e visão é a sequência ordinária (cf. 2Cor 5,7). João 6,40 traz a sequência inversa: "Quem vê o Filho e nele crê...". Isso corresponde à sequência natural: vê-se uma pessoa antes de se pronunciar sobre ela. Quando, porém, o "ver" refere-se a uma realidade sobrenatural, encontramos também de quando em vez no evangelho de João uma graduação entre fé e visão. Em Jo 1,50, a fé relaciona-se à messianidade de Jesus, enquanto a visão diz respeito à sua unidade com o mundo celestial: "Tu crês...verás coisas maiores". Em Jo 12,44-45, deveria estar contido um crescendo: "Quem crê em mim, não é em mim que crê, mas em quem me enviou. E quem me vê, vê aquele que me enviou". Que se veja Deus em Jesus (cf. 14,9) é muito mais do que crer em Deus por meio dele. João 3,36: "Quem crê no Filho tem a vida eterna. Quem recusa obedecer ao Filho não verá a vida. Pelo contrário, a ira de Deus permanece sobre ele". No primeiro discurso de despedida, a imanência recíproca de Deus e do Filho é inicialmente um objeto da "fé", a seguir, da "visão": "Não crês que estou no Pai e Pai está em mim?..." (14,10, cf. 11) — "Mas vós me vereis porque eu vivo e vós vivereis. Nesse dia compreendereis que estou em meu Pai e vos em mim e eu em vós" (14,19-20). Na oração sacerdotal, a revelação inicialmente visa a que o mundo 1. "creia" (17,21), que ele 2. "reconheça" (17,23), e a que os seus 3. "vejam a glória" que Jesus tem com Deus (17,24).

- O primeiro testemunho de Batista é um testemunho da Luz, o segundo, um testemunho da preexistência dela. Isso ultrapassa aquilo que a fé cristã média (como, por exemplo, a fé sinótica) via em Jesus.

- Na primeira estrofe, a Luz ilumina toda pessoa humana e é acolhida por um círculo de filhos de Deus. Na segunda estrofe, a glória de Deus só é acessível a um "círculo em torno de nós".

É ainda mais evidente que todo o Prólogo apresenta um caminho de um completo não-compreender até a compreensão. Em 1,5, está expresso no tempo presente — como declaração que vale até o momento presente: "As trevas não a (a Luz) apreenderam". No início predomina, portanto, a incompreensão. No final, porém, abre-se a possibilidade de uma compreensão plena: "O único que é de condição divina anunciou-o (Deus)". Visto que ninguém mais viu a Deus, somente por ele é que a luz inacessível se torna acessível.

Em resumo: o Prólogo de João descreve um processo da incompreensão em relação a Deus neste mundo até uma completa compreensão, que acontece em duas fases. O primeiro degrau corresponde ao testemunho de Batista, dado antes do surgimento de Jesus em cena. Jesus é reconhecido como a luz do mundo. O segundo degrau corresponde ao testemunho de Batista depois de seu encontro com o Encarnado: agora Batista vê brilhar no Logos que se fez carne toda a glória de Deus, e ele reconhece em Jesus a essência da graça e da verdade. Somente agora Batista testemunha que Jesus já existia antes dele. A partir do primeiro encontro com Jesus como a "Luz", mediado por Batista, chega-se simplesmente a um excedente encontro imediato com Jesus. O crente aproxima-se agora de Batista, que se inclui na confissão de fé mediante a primeira pessoa do plural: "Pois de sua plenitude todos nós recebemos graça por graça" (1,16). Ele se torna independente de Batista. Somente do próprio Jesus, não de Batista ou de Moisés é que ele recebe tudo aquilo que deve valer em sua fé.

À que visa essa hermenêutica gradual? À primeira vista, poder-se-ia dizer: à alta cristologia do evangelho de João; concretamente, à fé no Preexistente. Com essa fé, o evangelho de João ultrapassa claramente a fé em Cristo dos evangelhos sinóticos. Contudo, esse conteúdo concreto da fé não é o mais importante. Decisivo mesmo é a autofundamentação e autolegitimação do novo sistema simbólico cristão a partir de seu centro cristológico. A autonomia interna da fé cristã, sua segurança a partir de seu próprio objeto, esta é a meta da hermenêutica gradual joanina.

A execução da hermenêutica gradual joanina

Essa hermenêutica gradual marca também a construção externa do evangelho de João. A revelação se dá em dois degraus que correspondem a ambas as partes do evangelho de João. A atividade pública do Revelador (Jo 1-12) é sobrepujada mediante uma revelação no círculo dos discípulos (Jo 13-17.20-21). Todavia, também no interior dessa duas partes, encontramos sempre de novo um progresso do conhecimento e da compreensão. No interior da parte pública, o leitor do evangelho de João executa sempre de novo, continuamente, a passagem de uma fé incipiente, orientada ao visível e ao manifesto, para a fé na revelação do invisível. Destarte, os milagres de Jesus são reiteradamente reinterpretados em chave simbólica; as palavras de Jesus contêm um significado mais profundo — muitas vezes passando por um mal-entendido inicial. O mesmo vale para a revelação não-pública no círculo dos discípulos na segunda parte do evangelho de João: depois de um primeiro discurso de despedida, segue-se um segundo, que trata de novo dos temas do primeiro discurso num degrau mais elevado.[7] Essa releitura de textos precedentes atinge seu vértice na oração sacerdotal (Jo 17), na qual todo o envio de Jesus é interpretado retrospectivamente.

Nossa questão é: até que ponto essa hermenêutica gradual, que reinterpreta profundamente tradições judaicas e cristãs existentes, traça um novo sistema simbólico religioso: uma nova constelação de mito, etos e rito? Todas as três formas de expressão da religião são, de fato, cunhadas novamente no evangelho de João. Mas o típico do evangelho de João é que na parte pública apresenta-se apenas a transformação, por meio de Jesus, do sistema simbólico mítico e ritual. O Cristo joanino, em sua atividade pública — completamente diferente do Jesus sinótico — não defende nenhuma mensagem ética. Esta se encontra apenas na parte de despedida e, aqui também, é reduzida ao mandamento do amor. A partir dele, mais uma vez, todo o sistema simbólico ritual e mítico é reorganizado. O mandamento do amor é, por conseguinte, a chave para o evangelho de João.

---

[7] A ideia de que a construção e a estrutura do evangelho de João estão marcadas, nas coisas grandes como nas pequenas, por uma "hermenêutica gradual", inspira-se em Charles H. Dodd, *The Interpretation of the Fourth Gospel*, Cambridge: University Press 1953.

A transformação do sistema mítico de sinais no evangelho de João

Na primeira parte do evangelho de João, Jesus associa-se continuamente com expectativas de salvação humana, às quais ele atende e, ao mesmo tempo, transcende. Elas tornar-se-ão compreensíveis a nós numa dupla forma. De um lado, como expectativas de figuras libertadoras, ligadas a determinados títulos de grandeza. Por outro lado, como declarações da Escritura, cujo cumprimento era esperado para o tempo da salvação.

A controvérsia com os tradicionais *nomes de grandeza* começa já no primeiro capítulo do evangelho de João. Os primeiros discípulos são remetidos a Jesus por Batista. Eles vão até ele e conquistam novos discípulos porque eles veem cumpridas nele as expectativas tradicionais de salvação. Eles "encontraram o Messias" (1,41), ou eles parafraseiam essa figura messiânica como aquele "de quem escreveram Moisés, na Lei, e os profetas" (1,45). Natanael confessa Jesus com as palavras: "Rabi, tu és o Filho de Deus, tu és o Rei de Israel" (1,49). Enquanto nos evangelhos sinóticos, só lentamente e entre grandes dificuldades é que os discípulos penetram no conhecimento da dignidade de Jesus, no evangelho de João eles dispõem desse conhecimento desde o começo. Já desde o chamado deles, sabem que Jesus é "Messias", "Filho de Deus" e "Rei de Israel". Com isso, porém, eles representam apenas um primeiro degrau de conhecimento. Aquilo que nos evangelhos sinóticos é buscado como meta do conhecimento, no evangelho de João é pressuposto como seu ponto de partida. Jesus promete (em sua resposta à confissão de Natanael) ainda mais: "'Verás coisas maiores do que essas'. E lhe disse: 'Em verdade, em verdade, vos digo: Vereis o céu aberto e os anjos de Deus subindo e descendo sobre o Filho do Homem'" (1,50-51). Todas as expectativas serão aqui superadas mediante uma "visão", bem como no Prólogo a "fé" dos filhos de Deus por meio de uma visão da glória do Encarnado é excedida. As "coisas maiores" que os discípulos verão — portanto, o conteúdo do segundo degrau da hermenêutica gradual joanina —, é a imediata unidade de Jesus com o mundo celestial, representada pelo descer e subir de anjos, unido ao misterioso "título" de Filho do Homem (que no evangelho de João é um título desconhecido e incompreensível, como o mostra Jo 12,34-35).

Jesus, portanto, ainda não é perfeitamente conhecido, quando sua dignidade é expressa com os títulos de grandeza cristológicos tradicionais como "Cristo" e "Filho de Deus", e se veem realizadas as expectativas de um salvador relacionadas a eles. O importante, no evangelho de João, é como o Salvador define a si mesmo. Ele o faz nas expressões *"Eu-sou"*[8], nas quais a cristologia titular ligada é superada por uma cristologia metafórica, ou seja, por uma cristologia em imagens: eu sou o pão da vida, a luz do mundo, a porta, o bom pastor, a ressurreição e a vida etc. A lista dessas imagens corresponde a uma composição consciente. A primeira expressão "Eu-sou o pão da vida" convida a *"vir"* a Jesus (6,35); a segunda, fala da "luz do mundo" e ultrapassa a primeira expressão "Eu-sou" à medida que convoca a *"seguir"* Jesus (8,12), depois que se foi a ele. Quem segue a Jesus, abandona sua vida familiar. Ele ultrapassa uma fronteira que conduz a um mundo novo. A terceira acentua esse caráter limiar da existência no seguimento: quem "segue" (10,5) a Jesus e *"entra"* pela porta, acha-se em novo ambiente vital (10,9). Nesse espaço, ele é protegido pelo bom pastor, do qual a quarta expressão-Eu-sou fala (10,11). O que ele encontra nesse novo espaço vital está demonstrado na última expressão-Eu-sou da parte pública: Jesus é a ressurreição e a vida. Quem nele *"crê"* tem a vida não apenas como esperança numa vida futura, eterna, mas como realidade presente. Nessas imagens, o Revelador define a si mesmo de maneira tal que transcende a todos os papéis tradicionais do Salvador e Libertador.

A definição dessas funções do Salvador dava-se, na tradição, pela *"Escritura"*[9]. Enquanto o Antigo Testamento é, para o Novo Testamento, geralmente, fundamento para parênese e promessa, no evangelho de João ele se torna exclusivamente reservatório de promessa cristológica. No entanto, ele é fortemente relativizado, em favor do que depõem três indícios:

- Primeiro indício: em Jo 5,31-33, Jesus fala de um testemunho que é maior do que o de Batista. A propósito, ele menciona três grandezas que o legitimam: o testemunho de suas obras, o testemunho de seu Pai e — em último lugar — o testemunho das Escrituras. O testemunho da Escritura, apenas, é insuficiente se o Pai mesmo não der testemunho de Jesus. Por conseguinte, o Jesus joanino pode dizer aos judeus: "Vós perscrutais as Escrituras porque julgais

---

[8] Quanto às expressões-Eu-sou, cf. Hartwig Thyen, Ich-bin-Worte, *RAC* 17 (1994/96) 147-213: nessas expressões-Eu-sou retoma-se a autorrevelação veterotestamentária de Deus como "Eu sou". As expressões-Eu-sou absolutas no evangelho de João (Jo 8,24.28.58; 13,19) são a chave para as expressões-Eu-sou predicadas: ambas são formas de revelação nas quais uma divindade define a si mesma.
[9] Cf. Martin Hengel, *Die Schriftauslegung des 4. Evangeliums auf dem Hintergrund der urchristlichen Exegese,* JBTh 4, Neukirchen-Vluyn: Neukirchener Verlag 1989, 249-288.

ter nelas a vida eterna; ora, são elas que dão testemunho de mim" (5,39). Só se entendem as Escrituras quando se tem "em si", já previamente, a palavra de Deus (5,38).

- Segundo indício: o evangelho de João pode, como o único evangelho, constatar abertamente a oposição entre as promessas escriturísticas e a história de Jesus. Para o evangelho de João, Jesus provém de Nazaré. É o filho de José (1,45). Isto está em oposição às profecias messiânicas das Escrituras, como o é expressamente constatado: "A Escritura não diz que o Cristo será da descendência de Davi e virá de Belém, a cidade de onde era Davi?" (7,42).

- Terceiro indício: ao lado convicções cristãs primitivas gerais de que em Cristo se cumprem as Escrituras, encontra-se no evangelho de João a concepção de que também a palavra de Jesus se cumpre. A palavra "cumprir-se" (πληροῦσθαι) é relacionada não apenas às Escrituras, mas também aos próprios vaticínios de Jesus. Assim, Jesus é crucificado pelos romanos, "a fim de se cumprir a palavra de Jesus, com a qual indicara de que morte deveria morrer" (18,32; cf. 18,9).

É inconfundível que Jesus, no evangelho de João, acha-se acima das Escrituras. Elas não podem oferecer-lhe nenhuma legitimação definitiva; ao contrário, ele é que legitima as Escrituras. Jesus transcende aquilo que as Escrituras dizem a seu respeito e aquilo que ainda subsiste como expectativas tradicionais de salvação: ele legitima a si mesmo por meio de sua autorrevelação. Nessa hermenêutica gradual joanina são superados todos os degraus de expectativas e de conhecimento cristológicos. Isso é válido tanto para as expectativas salvíficas pré-cristãs como para os primeiros conhecimentos cristológicos dos cristãos. As Escrituras e sua interpretação cristã atual são superadas. Superados estão os títulos de grandeza justificáveis no judaísmo para uma figura messiânica e a confissão dos primeiros discípulos, que se orientam por esses títulos de nobreza.

A transformação da linguagem simbólica ritual no evangelho de João

No evangelho de João, depois do chamado dos discípulos, seguem-se duas ações simbólicas de Jesus que estão intimamente conectadas: ele muda água em vinho e purifica o Templo de Jerusalém. Ambos os gestos possuem um significado simbólico misterioso. Os dois apontam para uma transformação na linguagem simbólica ritual do judaísmo

O milagre do vinho acontece em seis bilhas de pedra que eram destinadas "à purificação segundo o costume judeu" (2,6). Esses *ritos de purificação* ficam superados com o surgimento de Jesus. Outrora eles serviram para proporcionar a aptidão cúltica humana. Somente quem a elas se havia submetido podia participar do culto do Templo. A transformação da água em vinho indica uma mudança nos ritos tradicionais.

O comportamento simbólico seguinte dá-se em Jerusalém. Jesus, tomado de "zelo" pela casa de Deus, expulsa os comerciantes de animais e cambistas do *Templo*. Nos evangelhos sinóticos, esse conflito figura no final da atividade de Jesus, ao passo que no evangelho de João, o Jesus joanino começa com ele sua atividade pública. Ele faz vir à tona um significado simbólico. A profecia a respeito do Templo — "Destruí este templo, e em três dias eu o levantarei" —, Jesus interpreta-a com respeito ao templo de seu corpo, sua morte e sua ressurreição depois de três dias. Com isso, Jesus se coloca no lugar do Templo. No diálogo com a samaritana, junto ao poço, esse conhecimento é generalizado: Deus não será adorado nem em Jerusalém nem em Garizim, mas em Espírito e Verdade. O Espírito da verdade, porém, está ligado a Jesus, como o asseguram os discursos de despedida.

No evangelho de João, em lugar do sistema simbólico ritual do judaísmo, entram os novos ritos cristãos. O novo sistema simbólico ritual do cristianismo primitivo é logo introduzido. No diálogo com Nicodemos, o tema é o *Batismo*. De um lado, ele é descrito como necessário à salvação: "Quem não nascer da água e do Espírito não pode entrar no Reino de Deus" (3,5). Por outro lado, ele é fortemente espiritualizado. Sem renascimento do alto ele não tem significado (3,3).

Igualmente a *Eucaristia* já se encontra na atividade pública de Jesus. A maravilhosa multiplicação dos pães torna-se transparente para o sacramento cristão primitivo. E, mais uma vez, aparece uma interpretação concreta ao lado de uma espiritual. De um lado, o milagre dos pães indica que somente mediante o comer da carne e o beber do sangue de Jesus obter-se-á a salvação — os ecos na Eucaristia são inconfundíveis, ela vigora como necessária à salvação; por outro lado, o milagre dos pães é apenas um símbolo para a refeição espiritual da revelação. Diz-se expressamente: a carne para nada serve (tampouco a carne do Revelador vindo do céu); somente o Espírito é que dá a vida. Espírito e Vida são somente as palavras de Jesus. Elas são a verdadeira refeição celestial (6,63).[10]

Batismo e Eucaristia, portanto, substituem os ritos judaicos. Mas eles também podem ser mal compreendidos. Se os dois sacramentos já foram introduzidos na parte pública da atividade de Jesus, então isso indica que eles deverão ser suplantados por uma contínua revelação (na parte de despedida do evangelho).

Antes de considerarmos o conteúdo dessa contínua revelação, procuremos colocar as observações referentes à primeira parte do evangelho de João sob um denominador comum: Jesus aqui é continuamente confrontado com as expectativas salvíficas humanas, tal como estão formuladas no interior da religião judaica, nas Escrituras e no sistema simbólico ritual. Em ambas as formas, ele se confronta com uma ânsia de proveito da vida. De um lado, ele satisfaz tais anseios; por outro lado, ele os transcende e entra em contradição com o Templo e com as Escrituras, com o sistema simbólico ritual e narrativo do judaísmo. E, no entanto, ele é o único que oferece aquilo que eles prometem: a verdadeira vida. A ânsia por essa verdadeira vida está viva na religião judaica — como em todas as demais religiões. No quadro de uma vida de Jesus, o evangelho de João não pode, por certo, falar diretamente de outras religiões, mas estas estão presentes. A propósito, acene-se a três traços:

- O milagre do vinho é inconfundivelmente descrito à maneira do correspondente milagre no culto a Dionísio (Jo 2,1-3).

- A cura do paralítico de Betesda apresenta a atividade taumaturga de Jesus como cumprimento dos vívidos anseios de saúde e de vida presentes nos antigos cultos terapêuticos.

- O encontro com os samaritanos torna-se transparência do encontro com todas as outras religiões, quando os samaritanos saúdam a Jesus como "Salvador do mundo" (4,42).

---

[10] A confissão de Pedro mostra como o discurso do pão deve ser entendido. Pedro não diz: "Senhor, a quem iremos? Tu tens o alimento da vida eterna", mas sim: "Tens palavras de vida eterna". A isso corresponde que a promessa de imanência recíproca, ligada à Eucaristia — "Quem come minha carne e bebe meu sangue permanece em mim, e eu nele" (Jo 6,56) —, no discurso de adeus é transferida do alimento para as palavras de Jesus: o permanecer em Jesus agora está ligado ao permanecer das palavras de Jesus nos discípulos (15,7; cf. 15,3-4).

Em todas as religiões é vivo o anseio pela verdadeira vida. Mas somente em Jesus tal anseio é apaziguado. O leitor do evangelho de João sabe, desde o começo, que Jesus é a essência da vida. Ele lê, já no Prólogo: "O que foi feito nele era a vida, e a vida era a luz dos homens" (1,4). E cada expressão-Eu-sou fala de um proveito da vida:

> Eu sou o pão da *vida*.
> Quem vem a mim, nunca mais terá fome,
> e o que crê em mim nunca mais terá sede. (6,35)
>
> Eu sou o pão *vivo*,
> descido do céu.
> Quem comer deste pão, *viverá* para sempre.
> O pão que eu darei é minha carne para a *vida* do mundo. (6,51)
>
> Eu sou a luz do mundo.
> Quem me segue não andará nas trevas,
> mas terá a luz da *vida*. (8,12).
>
> Eu sou a porta das ovelhas...
> Eu vim para que tenham a *vida* e a tenham em abundância. (10,7-10)
>
> Eu sou o bom pastor.
> O bom pastor dá a sua *vida* pelas suas ovelhas. (10,11; cf. 10,14)
>
> Eu sou a ressurreição e a *vida*.
> Quem crê em mim, ainda que morra, *viverá*.
> E quem *vive* e crê em mim jamais morrerá. (11,25)

Ali, onde o Revelador revela que ele é o Revelador (nas expressões-Eu-sou), ele diz ao mesmo tempo: eu medeio o proveito definitivo da vida — agora, no presente, e por toda a eternidade. E precisamente esta é sua tarefa no mundo. No final da atividade pública, transparece um olhar retrospectivo de Jesus no qual ele presta contas de sua missão: ele exclama (abertamente) ao mundo:

> Porque não falei por mim mesmo,
> mas o Pai, que me enviou,
> me prescreveu
> o que dizer e o que falar
> e sei que seu mandamento é *vida* eterna. (12,49-50)

Em sua prestação de contas, na oração sacerdotal, Jesus recapitula este sentido de seu envio, numa vista de olhos sobre sua atividade anterior. Jesus diz ali ao Pai que este lhe teria dado plenos poderes, "a fim de que ele dê a *vida eterna* a todos os que lhe deste" (17,2). Essa vida eterna consiste na confissão religiosa: "A *vida eterna* é esta: que eles te conheçam a ti, o único Deus verdadeiro, e aquele que enviaste, Jesus Cristo" (17,3). Recordemos nossa definição de religião: *Religião é um sistema cultural de sinais que promete o proveito da vida mediante a correspondência a uma realidade última.* João 17,3 serve de modelo para essa definição. Aqui é dito claramente: a meta do envio de Jesus é estabelecer uma relação entre as pessoas e o verdadeiro Deus uno e único. Esse relacionamento tem apenas um objetivo: o proveito da vida. Onde esse contato se torna "confissão", ali a vida já acontece. Com efeito, o evangelho de João pretende proporcionar aquilo que todas as religiões prometem. No evangelho de João isso é apresentado predominantemente em controvérsia com a religião judaica. Jesus surge como Revelador, em substituição ao sistema simbólico judaico, no lugar do Templo e das Escrituras. Ele excede toda revelação até então. Implicitamente, ele também supera as experiências salvíficas das demais religiões. Essa revelação pública de Jesus é, porém, superada mais uma vez por uma revelação não-pública nos discursos de despedida. Mediante o que, porém, a revelação habitual da vida pode ser ainda superada? Segundo o evangelho de João, a resposta é: por meio do mandamento do amor. Com isso, entra em jogo a terceira forma de expressão da religião: o etos. Consoante o evangelho de João, anúncio ético está ausente da atividade pública de Jesus.

A transformação da linguagem simbólica ética no evangelho de João

Na parte pública de sua atividade, Jesus é confrontado com as expectativas de vida e de salvação do mundo. Na parte da despedida, ao contrário, ele se defronta com a tristeza e a angústia de seus discípulos. Ele os prepara para uma vida no mundo sem ele. Assim como ele, para a atividade pública, tem uma tarefa que tudo determina, ou seja, a revelação da vida, assim também aqui ele tem uma tarefa: a revelação do mandamento do amor — ou, ainda mais precisamente: a revelação do amor.[11] Pois aquilo que está ligado ao mote "amor", ultrapassa um mandamento ético. Na parte pública, fala-se bem pouco do amor — e em parte alguma de uma obrigação humana ao amor; somente agora o amor se torna tema. O Jesus joanino

---

[11] Ralfs Kokins, *Das Verhältnis von* zwh, *und* avga,ph *im Johannesevangelium. Stufenhermeneutik in der Ersten Abschiedsrede,* Diss. Heidelberg 1999, investiga essa relação da revelação da vida e do amor no evangelho de João.

fala explicitamente de um "novo mandamento" que ele teria a transmitir. E podia ser que ele, com isso, se referisse ao "primeiro" mandamento, com o qual ele, no final de sua atividade pública, resume sua Boa-Nova: ao mandamento de revelar a vida e torná-la acessível (12,49-50). O novo mandamento conduz para mais além.

Entretanto, também esse "novo mandamento" é revelado em duas etapas. Encontra-se pela primeira vez no discurso de despedida dialógico (em 13,34-35); a segunda vez no discurso de despedida monologal (em 15,12-17). No texto, existe até mesmo um aceno a que, com isso, diz-se o mais importante no evangelho de João. Jesus já havia anunciado previamente que ele tem a Boa-Nova de Deus para anunciar: *que* ele diz do que ele ouviu do Pai. Mas nós jamais ouvimos, pois, *o que* ele ouviu lá, no mundo celestial. Somente uma vez no evangelho vem expressamente acentuado que agora Jesus teria dito *tudo* o que ele ouviu do Pai, isto é, na segunda formulação do mandamento do amor:

> Este é o meu mandamento: amai-vos uns aos outros como eu vos amei.
> Ninguém tem maior amor do que aquele que dá a vida por seus amigos.
> Vós sois meus amigos, se praticais o que vos mando.
> Já não vos chamo servos,
> porque o servo não sabe o que seu senhor faz;
> mas vos chamo amigos,
> porque tudo o que ouvi de meu Pai vos dei a conhecer. (15,12-17)

Aqui não é apenas dito explicitamente que com o mandamento do amor está dito tudo — verdadeiramente tudo — o que Jesus, em razão de sua familiaridade com o Pai, tem a partilhar. Para além disso, torna-se claro: toda a revelação até agora está superada. Efetivamente, até o momento, os discípulos eram servos no relacionamento com Deus e com Jesus; agora, eles se tornaram amigos. Um traço decisivo é um conhecimento religioso.

Esse novo conhecimento a respeito de Deus mostra-se também nas duas expressões-Eu-sou nos discursos de despedida. Essas ultrapassam ainda uma vez mais o autodesvelamento do Revelador nas expressões-Eu-sou da parte pública. Somente nelas é que Deus vem à baila como Pai. Jesus é "o caminho, a verdade e a vida" porque ele abre o caminho para o *Pai* (14,6-7). Ele é verdadeira videira porque tem ao *Pai* como vinhateiro (15,1).

Se na primeira dessas expressões-Eu-sou o acesso ao Pai é acentuado, na expressão seguinte enfatiza-se a consequência disso: ali, trata-se de *chegar* ao Pai por meio de Jesus; aqui, a questão é *permanecer* em Jesus por meio do Pai. O novo relacionamento com Deus deve produzir fruto, no que o Pai, como vinhateiro, cuida da prosperidade desse fruto (15,1-2). Destarte, nos discursos de despedida o relacionamento com Deus ganha formalmente uma nova qualidade. Mas, também quanto ao conteúdo, a revelação conhecida até agora está também superada. Jesus aparece não apenas como Revelador da vida, mas também do amor. Essa ideia do amor reestrutura mais uma vez todo o sistema simbólico do evangelho de João. A partir dela, todas as três formas de expressão da religião são transformadas: etos, rito e mito.

O *etos*: ainda que se tenha continuamente afirmado que o mandamento do amor no evangelho de João não seria um mandamento ético, mas, antes, uma afirmação metafísica a respeito da realidade de Deus, o conteúdo ético desse amor não se deixa iludir. É preciso levar a sério que se trata expressamente de um mandamento e que atitudes concretas são apresentadas como amor. Assim, o lava-pés, na opinião do evangelho de João, é um ato de amor; e pode-se generalizar: um ato do amor é tudo aquilo que o lava-pés simboliza: de um lado, hospitalidade, que possibilita a unidade dos cristãos que moram dispersos; por outro lado, uma renúncia ao *status*, que fomenta a igualdade entre os cristãos. Ademais, no evangelho de João, o amor consiste na prontidão em sofrer o martírio pelos outros. O próprio Jesus pratica paradigmaticamente esse amor (Jo 15,13). A primeira carta de João, finalmente, concretiza o amor no apoio material aos outros cristãos (1Jo 3,17).

O amor a Deus desapareceu do duplo amor a Deus e ao próximo. Essa concentração no mandamento do amor humano recíproco encontra-se, por certo, também em Paulo (cf. Rm 13,8-10). Em lugar do amor a Deus, acentua-se, como em Paulo (cf. Rm 5,5.8) o amor de Deus pelos seres humanos (Jo 3,16).

A tradição sinótica mostra: no que toca o mandamento do amor, trata-se de um "antigo" mandamento, que já se encontra nas Sagradas Escrituras. Ela cita Dt 6,4 e Lv 19,18. O evangelho de João, ao contrário, sublinha que se trata de um novo mandamento. Em lugar do A.T., ele introduz o modelo do amor de Jesus pelos seus, a fim de fundamentar esse amor.

A tradição sinótica cita o próximo como destinatário do amor. O evangelho de João fala, em contrapartida, de um amor mútuo. Ele se circunscreve aos concristãos. Na primeira carta de João ele é chamado de fraternidade. Todavia, mediante sua ligação com a exigência da renúncia ao *status* (no lava-pés), ela conserva mais fortemente o elemento da igualdade, que é dada na reciprocidade.

O *rito*: na parte da despedida, a partir desse etos concentrado no mandamento do amor, também os ritos cristãos são interpretados de maneira nova e justamente na cena do lava-pés. Ali, onde nos Evangelhos sinóticos se acha a narrativa da instituição da Eucaristia, com efeito, lemos no evangelho de João a propósito de uma última refeição de Jesus; mas o que se recomenda não é a repetição sacramental da refeição, mas, sim, o lava-pés. O relato de uma refeição pode também estar ausente porque já se falou de uma refeição antes, em Jo 6,51-53. Agora, é dada uma interpretação ainda mais profunda da refeição. A esse propósito, existem duas possibilidades: ou os cristãos joaninos celebravam como *ecclesiola in ecclesia* um rito próprio de lava-pés em suas reuniões — então aqui estaria introduzido um novo rito, junto ao da Eucaristia —; ou, porém, a refeição comunitária deve ser reinterpretada em seu conteúdo vital, e este consiste em seu caráter comunitário, tal como é simbolicamente apresentado no lava-pés — pelo lava-pés, o "Senhor" assume um papel de serviço, a função do escravo, da mulher, do discípulo. Naquele tempo, das pessoas detentoras desses três papéis é que se esperava o lava-pés. A Eucaristia deve, portanto, ter como consequência que todos os cristãos prestem serviço uns aos outros, e que ninguém se coloque acima do outro. Quando se considera que também Paulo se ocupou com esse conteúdo social da Eucaristia, cuja própria existência ele vê ameaçada, como mostra 1Cor 11,17-19, tal interpretação da Eucaristia no cristianismo primitivo não será considerada totalmente impossível. Ao mesmo tempo, o segundo sacramento do cristianismo primitivo é reinterpretado. Com efeito, o lava-pés é um rito de purificação. Com ele, Jesus assegura mais uma vez os seus: "Quem se banhou não tem necessidade de se lavar, porque está inteiramente puro. Vós também estais puros..." (13,10). Como Jesus mais tarde, no discurso de despedida diz, eles estão "puros por causa da palavra que vos fiz ouvir" (15,3). Eles permanecem puros quando permanecem em comunhão com Jesus — como os ramos na videira. Portanto, a união de todos os cristãos mediante Jesus é o sentido profundo de ambos os sacramentos. A linguagem simbólica ritual dos cristãos visa, em última instância, ao amor recíproco.

O *mito*: o mesmo vale para a narração histórico-mitológica de base do cristianismo primitivo. Já no primeiro sumário do "querigma" joanino, no diálogo com Nicodemos, todo o evento Cristo é interpretado como expressão do amor de Deus:

> Pois Deus amou tanto o mundo, que entregou seu Filho único, para que todo o que nele crê não pereça, mas tenha a vida eterna. (3,16).

Essa ideia figura completamente isolada na primeira parte do evangelho de João. Somente nos discursos de despedida é que ela é desenvolvida. A princípio, no início da seção de despedida, o assunto é somente o amor de Jesus pelos seus: "Tendo (Jesus) amado os seus que estavam no mundo, amou-os até o fim" (13,1).

Esse amor é expandido no primeiro discurso de despedida: de um lado, de acordo com esse amor, os discípulos devem amar-se mutuamente (13,34). Por outro lado, eles serão amados pelo Pai, se eles amarem Jesus e guardarem sua palavra (14,23). Quem está ligado assim a Deus e a Jesus pelo amor, nesses dois virão fazer sua morada. Chega-se à unidade de Deus com os cristãos — mediante o amor de Jesus. O amor de Jesus é, portanto, estendido a Deus e ao amor recíproco dos cristãos.

No segundo discurso de despedida, tematiza-se, ademais, como os cristãos podem permanecer nessa unidade com Deus e com Jesus, depois que eles nela tiverem entrado definitivamente. E aqui também se faz aceno ao amor de Deus:

> Assim como o Pai me ama, também eu vos amo.
> *Permanecei* em meu amor!
> Se observais meus mandamentos, *permaneceis* em meu amor,
> como eu guardo os mandamentos de meu Pai e *permaneço* em seu amor. (15,9-10)

Por isso, essa permanência no amor de Deus não é algo que se pode dar por descontado, pois o mundo está cheio de ódio contra os cristãos (Jo 15,18-20).

Finalmente, na oração sacerdotal, a unidade dos cristãos entre si é expandida às gerações posteriores aos primeiros discípulos e fundamentada explicitamente na unidade de Jesus com Deus:

> Eu lhes dei a glória que me deste
> para que sejam *um*, como nós somos *um: eu neles e tu em mim,*
> *para que sejam perfeitos na* unidade e para que o mundo reconheça que me enviaste
> e os amaste como amaste a mim. (17,22-23)

A oração sacerdotal termina, não por acaso, com o pedido de que "o amor com que me amaste esteja neles e eu neles" (17,26).

A narração de base cristã sobre o Filho de Deus que veio ao mundo e voltou novamente para o Pai é, nos discursos de despedida, reordenada pelo mote do amor. A partir do envio do Filho ao mundo, motivada pelo amor de Deus, surge uma unidade entre Deus, Jesus e os cristãos. Uma mística crística especificamente joanina aprofunda, assim, nos discursos de despedida, a cristologia do envio,[12] que já dominava a seção pública do evangelho de João.

A auto-organização do sistema cristão primitivo de sinais no evangelho de João

O Revelodor joanino revela que ele é o Revelador. Essa revelação, porém, não é tautológica. Ela desvela ao mundo inteiro a vida e, para a comunidade cristã, ademais, o amor. A partir dessas ideias fundamentais, todos os elementos do sistema simbólico tradicional são reorganizados, de modo que desponta um novo sistema simbólico. Os sistemas demonstram sua autonomia nisso que eles, como estruturas independentes, se distanciam de seu mundo ambiente e podem manter-se por si sós. A auto-organização do novo sistema simbólico se dá em duas direções: em direção ao passado, ele se desvencilha de sua religião-mãe, o judaísmo, e reorganiza os elementos simbólicos dela de maneira inusitada, a partir de seu centro cristológico. Ao mesmo tempo, porém, ele se organiza com vistas a seu futuro. Ele integra em seu universo simbólico elementos que lhe garantam a subsistência. Encontramos, uma ao lado da outra, uma reorganização da tradição e uma pré-organização do futuro.

A reorganização dos elementos simbólicos e das formas tradicionais de expressão

Já investigamos a reorganização dos sistemas simbólicos tradicionais míticos, rituais e éticos. Resta ainda demonstrar como, no evangelho de

---

[12] Jan-A. Bühner, *Der Gesandte und sei Weg im 5. Evangelium. Die kultur- und religionsgeschichtlichen Grundlagen der johanneischen Sendungschristologie sowie ihre tradionsgeschichtliche Entwicklung*, WUNT II/2, Tübingen: Mohr 1977 demonstrou que não se deve interpretar a concepção do Enviado do mundo celestial sobre o pano de fundo de um mito gnóstico. Basta ter diante dos olhos concepção geral de enviado enraizada no mundo ambiente antigo: o enviado é mandado por um comitente, legitima-se por uma testemunha, apresenta a si mesmo, regressa e presta contas de sua tarefa. A metáfora-do-enviado expressa: no evangelho de João trata-se do estabelecimento da comunicação. A noção de unidade, porém, transcende essa metáfora do enviado.

João, a linguagem simbólica cristã primitiva, mediante essa reorganização, conquista sua autonomia perante a religião-mãe, uma independência que assume, nos textos, a forma de uma áspera delimitação em relação ao judaísmo. Demonstremos também isso nas três formas de expressão da religião — no mito, no rito e no etos.

O *mito* cristão alcança seu ponto culminante no evangelho de João nas declarações de unidade: Jesus é o Enviado de Deus e forma com ele uma unidade. Essas afirmações de unidade têm, na parte pública do evangelho de João, uma função diferente daquela da parte de despedida não-pública.

Na seção pública, elas provocam a rejeição dos judeus joaninos. Quando Jesus, após uma cura em dia de sábado, afirma que ele dá continuidade ao trabalho de seu Pai, eles querem matá-lo, porque ele, com isso, se fez igual a Deus (5,18). O escandaloso é que um ser humano, por sua própria iniciativa, *faz-se* Deus. Isso se repete depois do discurso do pastor. À afirmação de Jesus de que "Eu e o Pai somos um" (10,30), dá-se uma tentativa de lapidação de Jesus. É inequívoco que no evangelho de João (e na realidade vital da comunidade joanina), a alta cristologia tornou-se ponto litigioso entre judeus e cristãos — em Paulo, ainda não existe nenhum traço disso, não obstante ele defenda a preexistência e a elevação, mas não precisamente a glória manifesta do Jesus terreno.

Na seção de despedida, tais declarações de unidade se repetem. Assim como elas, voltadas para fora, despertaram inimizade, voltadas para dentro agem unificadoramente. Essa tendência integrativa se mostra nisso que agora os discípulos são introduzidos na unidade de Jesus com Deus. Jesus promete-lhes o conhecimento, possível somente na páscoa, de que "eu estou em meu Pai e vós em mim e eu em vós" (14,20). Jesus ora pela manutenção dessa unidade: "Como tu, Pai, estás em mim e eu em ti, que eles estejam em nós" (17,21). Dessa unidade, deve resplandecer no mundo uma força persuasiva. Ela deve servir "para que o mundo creia que tu me enviaste" (17,21).

As declarações de unidade criam, com isso, tanto uma particularidade que diferencia o Cristo joanino do mundo ambiente, quanto uma base sobre a qual eles encontram um ao outro.

Algo semelhante se pode dizer do *rito* cristão: também aqui encontramos a proximidade mútua de uma função delimitativa para fora e uma função integrativa para dentro. Igualmente aqui essas duas funções se distribuem tanto na seção pública quanto na seção de despedida do evangelho de João.

Na parte pública, no diálogo com Nicodemos, o tema é o Batismo. Contudo, a promessa a ele ligada e a exigência do renascimento esbarram em completa incompreensão, apesar de Nicodemos ser mostrado como simpatizante secreto de Jesus. Essa função delimitadora do sacramento se mostra ainda mais evidente na seção eucarística em Jo 6. A exigência de Jesus de comer a carne e beber o sangue do Filho do Homem é vista como um discurso escandaloso: "Essa palavra é dura! Quem pode escutá-la?" (6,60). Com essas palavras é que muitos discípulos reagem à instância de Jesus. E mesmo depois de Jesus ter acrescentado ao seu duro discurso uma interpretação "espiritual", o escândalo perdura. Pois o evangelista narra: "A partir daí, muitos dos seus discípulos voltaram atrás e não andavam mais com ele" (6,66). O relacionamento ao sacramento torna-se um teste para a pertença a Jesus — e, com isso, à comunidade.

No discurso de despedida, onde Jesus está sozinho com seus discípulos, sobressaem-se os aspectos integrativos do sacramento. A última refeição de Jesus é apresentada como uma refeição de amor. E nesse amor recíproco é visto o sentido próprio do sacramento. Na verdade, não podemos ter certeza se o discurso sobre a vinha deve aludir conscientemente à Eucaristia. De fato, ele certamente despertou tal associação. Se os discípulos ficam tão estreitamente unidos a Jesus como os galhos à videira, então eles permanecerão em seu amor. E quanto à purificação, obtida mediante a ablução ritual do Batismo, todos os discípulos estão, pois, puros de maneira igual. Não existe nenhuma graduação entre eles. Pedro, que exige para si uma purificação maior do que a dos demais discípulos, não é atendido. Os discípulos precisam apenas do lava-pés, não mais.

Outrossim, para o *etos* cristão primitivo, podem-se fazer observações semelhantes. Aqui também funções delimitadoras e integradoras deixam-se interpretar como reverso do mesmo conteúdo.

O mandamento do amor é introduzido enfaticamente como "novo mandamento". Consoante a autocompreensão do evangelho de João, ele não conduz apenas para além de todo o "antigo" (e a esse pertence também, para o evangelho de João, sua religião-mãe, o judaísmo), ele se contrapõe, ademais, ao "ódio" do mundo. A esse ódio do mundo pertencem perseguições por parte da sinagoga (16,2), mas certamente não apenas por meio dela. Pois não pode ser mero acaso que o único martírio conhecido demonstrável no evangelho de João seja o martírio de Pedro. É situado numa terra distante — ali, aonde Pedro é levado contra sua vontade. Provavelmente, oculta-se aí o fato histórico de que Pedro foi executado em Roma.

A função integradora do mandamento do amor não precisa ser expressamente documentada. Pois em vista dessa integração é que ele, no evangelho de João, é concebido explicitamente como amor recíproco.

No todo, poder-se-á dizer que, no evangelho de João, a rude delimitação em relação ao exterior e a alta integração no âmbito interno estão interligadas funcionalmente. Não se pode ler o evangelho de João unilateralmente como o evangelho do amor — e separar daí, nitidamente, seu lado obscuro, o antijudaísmo. Uma compreensão imparcial do evangelho de João verá, antes, a conexão entre os dois lados. Quanto ao antijudaísmo[13] joanino, esbocemos, pois, algumas ideias que, por uma parte, situam-no historicamente em seu ambiente histórico e, por outra parte, dispõem-no, quanto ao conteúdo textual, em seu universo simbólico.

Se os judeus joaninos atentam contra a vida de Jesus, nisto não estão realizando a própria vontade, conforme o evangelho de João. Como filhos livres de Abraão ele não fariam isso (8,33-34). Eles são, antes, sob o poder de uma vontade estranha. Eles seguem a vontade de Satã. Mas quem se esconde por trás de Satã? No evangelho de João ele é também chamado de "príncipe do mundo" (12,31; 14,30; 16,11) — e de fato, em algumas

---

[13] Existem duas maneiras diametralmente opostas de se confrontar o antijudaísmo joanino: (1.) Pode-se dissolvê-lo como expressão de declarações sobre o mundo e o ser humano em geral e de forma simbólica. Os judeus são interpretados simplesmente como representantes do mundo. Aquilo que o evangelho de João diz sobre eles e sua religião, di-lo sobre o *homo religiosus* em geral. Assim o mostra a interpretação existencial do evangelho de João de Rudolf Bultmann, *Theologie des Neuen Testaments*, 380-382. (2.) Pode-se, porém, tornar compreensível o antijudaísmo joanino a partir de sua situação concreta. A seguir, enfatiza-se, de um lado, que os próprios cristãos joaninos são judeus e mantêm-se fiéis a sua origem: "A salvação vem dos judeus" (Jo 4,22). Por outro lado, sublinha-se que eles experimentaram como um trauma sua expulsão das sinagogas (Jo 16,2) e que, no presente, são afligidos por judeus não-cristãos. Este é o caminho que seguem as interpretações históricas do evangelho de João depois de R. Bultmann: James L. Martyn, *History and Theology in the Fourth Gospel*, Nashville: Abingdon Press ²1979; Klaus Wengst, *Bedrängte Gemeinde und verherrlichter Christus*, BThSt 5, Neukirchen-Vluyn: Neukirchener 1981 = München: Kaiser ²1990. Minha interpretação, esboçada acima, procura ligar as das formas precedentes: os "judeus" do evangelho de João representam um limite humano geral. Este, porém, não reside na religião judaica, mas, sim, na dependência política do judaísmo, codificada no símbolo mítico de Satã. Com isso quer-se indicar concretamente o Império Romano no qual os judeus perderam sua liberdade. Experiências concretas com o judaísmo estão por trás do antijudaísmo joanino. Ao mesmo tempo, porém, nisso transparece algo geral: o poder político e a dependência necessária decorrente alienam o ser humano de si mesmo.

passagens, inconfundivelmente escondem-se por trás de Satã os príncipes do mundo: os romanos. Mencionem-se, a propósito, dois argumentos.

Depois que Satã penetrou em Judas, a fim de levar Jesus à cruz (13,27), em Jo 14,30, esse Judas é chamado de "príncipe do mundo" e em Jo 18,3, pode "levar uma coorte" a fim de prender Jesus. No Império Romano, todos os leitores de então sabiam: uma coorte só podia ser comandado por um mandatário romano. Esse Judas, no qual se oculta o príncipe do mundo, comanda soldados romanos. Judas e os príncipes romanos estão relacionados.[14]

A segunda observação resulta da condenação de Jesus. É inequívoco que a aristocracia judaica leva a efeito a morte de Jesus para agradar os reais príncipes do mundo. Eles pressionam Pilatos a executar Jesus com o argumento: este se autoproclamou rei. "Se o deixas livre, não é mais amigo do imperador" (19,12). Visto que os acusadores judeus de Jesus afirmam que eles só possuem um rei, o imperador, eles rejeitam Jesus (19,15). O argumento decisivo contra Jesus, que é determinante para seu assassínio, é a lealdade em relação ao imperador.[15]

Com essa construção, o evangelho de João procura tornar compreensível como se chegou à morte de Jesus. A causa da morte de Jesus não são "os judeus", de quem o Evangelho continuamente fala de modo demasiado geral, mas sim os judeus à medida que são arrastados pela dependência em relação ao príncipe deste mundo. Satã é a condensação simbólica desse poder que constantemente causa dependência dos romanos. Portanto, no evangelho de João, não se emite simplesmente uma "condenação" cega. Pelo contrário, por meio da linguagem mítica, a oposição entre judeus e

---

[14] Antes de o "príncipe do mundo" ser anunciado, Jesus deixa sua paz (Jo 14,27). Se ele contrasta "sua paz" com a paz tal qual a dá o mundo, então ele a contrasta, em minha opinião, com a *pax romana*. Como pano de fundo encontra-se a expressão latina *pacem dare* (Liv 3,2,2; 3,24,10; 5,27,15; Ovid Met 15,832). Erich Dinkler, Friede, *RAC* 8, 1972, p. 434-505, vê nisso uma "expressão político-jurídica fixa" (p. 442).

[15] Contra o potencial relacionamento, afirmado por mim, entre o "príncipe" mítico e os "príncipes reais do mundo" no evangelho de João, poder-se-ia objetar que em Jo 19,11, o poder de Pilatos é remontado a Deus: "Não terias poder algum sobre, se não te fosse dado do alto". Com essa afirmação, o ofício de Pilatos (e, com isso, uma parte do Estado romano) não é referido a Deus (como o dá a entender Rudolf Bultmann, *Das Evangelium des Johannes*, KEK, Göttingen: Vandenhoeck [10]1964, 512). Pois se trata apenas do poder concreto de Pilatos sobre Jesus (não simplesmente de sua ἐξουσία, mas sim, de sua ἐξουσία κατ' ἐμοῦ). Ademais, o predicado da oração condicional não se relaciona com ἐξουσία, pois então deveria figurar o feminino δεδομένην (cf. 2Cor 8,1). Ao contrário, o neutro dedomdem,non mostra que toda a situação é conforme Deus manda. Ser "dado" do alto significa, como em Jo 3,27; 6,65, que Deus tudo determina: Pilatos é uma marionete num jogo maior, que ele não domina. Esta concepção é compatível com a noção de que o "príncipe do mundo" tem apenas uma autonomia fictícia. Também ele é um fantoche em um drama maior, que é determinado, em última instância, por Deus.

cristãos será compreendida por si mesma como expressão de um distanciamento político necessário em relação ao judaísmo.

A pré-organização primitiva da futura linguagem de sinais no evangelho de João

Resta ainda a tarefa de mostrar como, no evangelho de João, se providenciou para a autorreprodução dessa nova linguagem simbólica. Isso aconteceu pelo fato de Jesus, no evangelho de João, manter três representantes: o discípulo amado, o Paráclito e Pedro.[16] Esses três sucessores de Jesus são todos introduzidos na primeira parte do evangelho de João, mas aparecem em diversas seções dessa segunda parte.

Nos discursos de despedida, Jesus promete o *Paráclito* como seu sucessor. Quando ele tivesse voltado para o Pai, ele enviaria "outro Paráclito" para os seus (14,16), um substituto para ele, o "primeiro Paráclito". Esse outro Paráclito dará continuidade ao papel de Jesus no mundo. Ele levará adiante o processo com o mundo e conduzirá os discípulos em toda a verdade. Ele tem uma tarefa tanto *ad intra* quanto *ad extra*.

No segmento da Paixão, o *discípulo amado* é constituído representante de Jesus. Ele é o único discípulo que persevera até o fim com Jesus. Ainda do alto da cruz, Jesus o institui como seu representante, quando diz a Maria: "Mulher, eis teu filho!" e ao discípulo amado: "Eis tua mãe!" (19,26-27). A partir de agora, esse discípulo substitui Jesus.

Na seção pascal, finalmente, Pedro é introduzido no papel de Jesus como o bom pastor. Apesar da negação e da traição, é-lhe confiada a tarefa de apascentar as ovelhas (21,15-17). Ele assume o papel do bom pastor que dá sua vida pelo rebanho. Seu martírio é vaticinado.

---

[16] Interpretei a proximidade recíproca dos três representantes de Jesus como indício de uma tensão na comunidade joanina entre uma piedade comunitária simples (representada pelo líder da comunidade e pastor Pedro, cuja compreensão da revelação às vezes deixa algo a desejar), uma sublime piedade espiritual de camadas mais cultas (representada pelo Paráclito) e uma tentativa de unificá-las. Essa tentativa está contida no evangelho de João, o qual deseja avançar de uma fé comunitária simples para uma compreensão aprofundada de Jesus (e ela é representada pelo discípulo amado, autor do evangelho de João). Cf. Gerd Theissen, Autoritätskonflikte in den johanneischen Gemeinden. Zum "Stiz im Leben" des Johannesevangeliums, in *Diakonia*, Gedenkschrift für B. Stogianos, Thessaloniki: Theologische Hochschule 1988, 243-258 = (ed. revista): Conflits d'autorité dans les communautés johanniques. La question du Sitz im Leben de l'évangile de Jean, in: *Histoire sociale du christianisme primitif. Jésus, Paul, Jean*, MoBi 33, Genève: Labor et Fides 1996, 209-226. O relacionamento dos três representantes de Jesus foi interpretado no sentido de diversos aspectos da auto-organização do mundo do texto joanino por Astrid Schlüter, *Die Slebstauslegung des Wortes. Selbstreferenz und Fremdreferenzen in der Textwelt des Johannesevangeliums*, Diss. Heidelberg 1996.

É decisivo, pois, determinar as funções desses representantes de Jesus para a conservação do universo simbólico joanino:

No evangelho de João, o *discípulo amado,* tem a tarefa de servir como testemunha de Jesus, como aquele que compreendeu melhor do que os demais discípulos o Senhor. Ele está dentro de seu coração (13,23) — como Jesus no coração do Pai (1,18). E assim como Jesus é o verdadeiro intérprete do Pai (1,18), assim também o discípulo amado é seu intérprete. Sua função mais importante para o futuro é a redação do evangelho de João. Mediante a atribuição do evangelho ao discípulo que superou aos demais em compreensão, o evangelho de João assegura para si o mais alto grau entre todas as tentativas semelhantes de redigir, num livro, as palavras e as ações de Jesus. É evidente que o evangelho de João conhece tais tentativas. Ele as relativiza à medida que ele diz que nenhum livro poderia conter toda a tradição de Jesus. Por conseguinte, ao lado dos evangelhos já existentes, ainda há lugar para o evangelho de João, e existe a necessidade de uma interpretação autêntica da figura de Jesus. Ora, poder-se-ia dizer que o Paráclito também assume essa incumbência. Contudo, em relação a ele, o discípulo amado tem algo particular: ele escreve. Ele redige um livro, ao passo que o Paráclito fala. Com seu livro, porém, ele oferece ao universo simbólico joanino uma *estabilidade*, a fim de fazer-se ainda presente no futuro.

Da mesma forma, o *Paráclito*, como o discípulo amado, dá continuidade à ação de Jesus. Mas ele não repete literalmente o que Jesus disse. Ele não o fixa em papiro. O Paráclito traz uma revelação nova, viva — mesmo para além do que Jesus disse no passado. Esse novo, porém, permanece em continuidade com a tradição. Pois, sua tarefa consiste, em primeiro lugar, em recordar todas as palavras de Jesus e ensiná-las. Sua tarefa, no entanto, vai além disso. O próprio Jesus acenou a isso nos discursos de despedida:

> Tenho ainda muito o que vos dizer, mas não podeis agora suportar. Quando vier o Espírito da Verdade, ele vos conduzirá à verdade plena, pois não falará de si mesmo, mas dirá tudo o que tiver ouvido e vos anunciará as coisas futuras. (16,12-13)

Aqui se pensa no discurso inspirado. O Paráclito transmite o que ele mesmo ouviu. Ele revelará algo futuro. Pressupõe-se aqui a profecia cristã primitiva. Como discurso vivo, ela completa a revelação fixada por escrito. Ela cuida, para além da estabilidade da tradição, de sua flexibilidade, ou seja, por sua sempre renovada interpretação e adaptação a situações futuras.

Pedro é o último dos três sucessores. Em relação aos dois outros, ele é nitidamente rebaixado. O discípulo amado personifica a autêntica compreensão de Jesus. Pedro acompanha seu Senhor com diversos mal-entendidos. Mas também ele tem uma função insubstituível, indicada na pesca maravilhosa de Pedro em Jo 21 e em sua instituição como bom pastor, expressa diretamente. Ele deve conservar e manter unida a comunidade narrativa do universo simbólico joanino. Ele é o pastor que mantém unida a Igreja Cristã. Sem essa *base social* também o sublime universo simbólico joanino — uma nova interpretação do universo simbólico cristão geral — não pode existir.

Com isso, concluímos nossas reflexões acerca do evangelho de João. Esse evangelho é, de acordo com a visão aqui exposta, um ponto culminante na história da origem da religião cristã primitiva.[17] Aqui, essa nova religião se organiza não apenas factualmente em torno de seu centro cristológico, mas se torna também consciente deste. Essa reflexividade mostra-se nas autorreferências das declarações centrais do Revelador, nas enfáticas delimitações em relação ao mundo ambiente como a um mundo exterior estranho e na consciência da necessidade de que o novo universo simbólico deve cuidar de sua manutenção a partir de seu próprio centro — apresentado simbolicamente na instituição de três representantes de Jesus, os quais, após sua morte, dão continuidade à sua atividade. Eles velam pela estabilidade, pela flexibilidade e pela manutenção do "*Sitz im Leben*" do mundo simbólico joanino.

---

[17] O evangelho de João é interpretado como acabamento da religião cristã primitiva por Ferdinand Chr. Baur: a ideia da unidade do Espírito divino com o espírito humano, que se ia introduzindo no cristianismo primitivo, encontra aqui sua mais clara expressão. Wilhelm Bousset, *Kyrios Christos*, 154-183, encontrou no evangelho de João um ponto culminante no desenvolvimento de uma mística cristã, que reelaborou de forma positiva a mística helenística do mundo ambiente. Rudolf Bultmann, *Theologie des Neuen Testaments*, 354-445, vê nele representado o puro querigma cristão primitivo. Nesses três grandes projetos, o evangelho de João é sempre um vértice. Com encantadora vivacidade, Ernst Käsemann contradiz aqui a última vontade de Jesus segundo João 17: para ele, o evangelho de João é expressão de um desenvolvimento especial sectário no cristianismo primitivo, com uma teologia suspeita de heresia. Em todo caso, porém, o evangelho de João distingue-se do restante — seja como ápice da teologia e da religião cristã primitiva — como pura ideia, mística e querigma —, seja como heresia que se esgueirou para dentro do cânone.

Parte V

CRISES E CONSOLIDAÇÃO DO CRISTIANISMO PRIMITIVO

Parte V

Crises e cocauipação do cristianismo primitivo

Capítulo 11
CRISES DO CRISTIANISMO PRIMITIVO

A história da religião cristã primitiva é a história da origem de um sistema simbólico religioso autônomo. Ela começou com a separação da linguagem simbólica ritual do Judaísmo (mediante o abandono da circuncisão e das prescrições alimentares). Foi completada pela criação de uma linguagem simbólica narrativa própria (como unidade entre mito e história na narração de base dos evangelhos). Com o desenvolvimento de um etos que perpassava todo o cotidiano, ela firmou seu fundamento social: o compromisso de grupo com uma nova forma de vida que não foi herdada dos "pais", mas para a qual era preciso decidir-se conscientemente.

Um sistema simbólico assim independente era algo novo. Os cultos pagãos não tinham a pretensão de singularidade entre os demais cultos; ao contrário, eles se sabiam incrustados numa rede de variados cultos. A religião judaica reivindicava atipicidade, mas permanecia ligada a um povo. Nem os cultos pagãos, nem a religião judaica comprometiam seus membros com uma nova forma de vida, para a qual alguém deveria converter-se por uma decisão consciente. Antes, eles se comportavam conscientes de oferecer uma forma de vida legitimada por tradições ancestrais. Em contrapartida, o cristianismo primitivo desenvolveu um sistema simbólico autônomo, que era internacional, exclusivo e novo.

Era internacional: desvencilhou-se (à diferença do judaísmo, mas em assonância com diversos cultos pagãos) do liame com um determinado povo e desnacionalizou suas tradições. A separação da religião-mãe expressou-se da maneira o mais evidente possível nas questões *rituais*: na renúncia aos sinais rituais de identificação do judaísmo.[1]

---

[1] Pode-se esclarecer a importância dos rituais na desnacionalização de tradições religiosas no fato de Paulo não falar de judeus ou de pagãos, mas metonimicamente de "circuncisos" e "incircuncisos" (Gl 2,7; 6,15; 1Cor 7,19; Rm 3,30). A supressão dessa fronteira ritual significa: judeus e pagãos podem viver em comunidade.

Era exclusivo: ele reivindicava imparidade (em consonância com a religião judaica, mas em dissonância com cultos pagãos). Essa singularidade exclusiva manifestou-se de forma claríssima em sua *narração* histórico-mítica de base: Jesus era o nome acima de todo nome. Todos os demais *numina* estão-lhe subordinados.[2]

Era novo: pela obrigação religiosa, ele criou uma forma de vida social para a qual as pessoas se convertiam por meio do abandono das tradições paternas (diferentemente de todas as religiões até então). Esse voltar-se para uma nova forma de vida por uma decisão pessoal (também contra pai, família e tradição) exprimiu-se da forma mais patente em seu *etos* radical.[3]

As crises[4] do cristianismo primitivo são crises dessa autonomia — em três dimensões: de um lado, a separação de um determinado povo podia ser posta em questão. Tentativas de manter a ligação com o judaísmo pela assunção de características rituais identificadoras do judaísmo levaram à *crise judaística* do séc. I. Nela, tratava-se da autonomia diante da religião-mãe. Paulo tornou-se, aqui, o fundador e o defensor da liberdade da nova religião. Essa crise teve seu ponto de partida no aperfeiçoamento do *rito* e, a partir daí, espalhou-se por todo o sistema simbólico.

Por outro lado, a imparidade e a exclusividade perante todos os demais sistemas simbólicos religiosos e filosóficos podiam ser postos em questão — e com isso, também a delimitação em relação ao mundo pagão. A gnose foi uma tentativa de interpretar também o sistema simbólico cristão primitivo como variante de um sistema simbólico universal. Na *crise gnóstica*

---

[2] A soberania da nova religião cristã surge do fato de a reivindicação de superioridade do Deus uno e único, enraizada no judaísmo, ligar-se a uma pessoa concreta. A "narração" na qual isso transparece de maneira mais explícita é a "narração" de sua elevação acima de todos os poderes — portanto, um processo do qual se fala em forma hínica e confessional: no hino aos Filipenses e aos Colossenses, em formulações confessionais como em 1Cor 8,6 etc. As forças e potências, sobre as quais o Exaltado é colocado, são as divindades destronadas da Antiguidade. Uma figura humana penetra no cosmo deles e subtrai-lhes o poder divino.

[3] A ruptura com as formas de vida tradicionais não é apenas uma característica do antigo radicalismo itinerante; ele se encontra também na literatura epistolar. Embora, à primeira vista, 1Pd pareça defender um etos de acomodação às relações existentes, ela acentua rudemente o rompimento com o modo de vida praticado até então: "Pois sabeis que não foi com coisas perecíveis, isto é, com prata ou com ouro, que fostes resgatados da vida fútil que herdastes dos vossos pais, mas por sangue precioso de Cristo..." (1,18-19). Um dos bens mais sagrados da Antiguidade, a tradição dos pais, é tornado aqui desprezível: ela é inútil e vazia. É preciso desvencilhar-se dela.

[4] O que é uma crise? Na esfera social, é a situação de uma sociedade ou de uma comunidade que se vê pressionada a, em pouco tempo, resolver difíceis problemas concernentes à adaptação a uma nova situação, à coordenação entre seus diversos grupos e, eventualmente, à mudança de estrutura e à manutenção do sistema. Essa definição é pragmaticamente tirada de Bernhard Schäfers, Krise, in *Grundbegriffe der Soziologie,* UTB 1416, Opladen: Leske & Budrich 1986, 167-169.

do séc. II, estava em jogo a autonomia da religião cristã primitiva, que permanece irreversivelmente ligada ao Deus uno e único do judaísmo e a sua encarnação em Jesus. Trata-se, aqui, da unidade entre *mito* e história no cristianismo primitivo.

Finalmente, no decorrer do tempo, a consciência contracultural teve de ser mitigada. O cristianismo mesmo tornou-se tradição e assumiu os valores culturais e os modelos comportamentais gerais do mundo. Contudo, o etos contracultural das origens sempre se reacendeu nas *crises proféticas*: nos movimentos de reforma, que se esforçavam por uma Igreja pura, santa. Visto que o cristianismo primitivo possuía em si, desde o princípio, ambas as tendências — um protesto contracultural e um senso comum cultural de responsabilidade — deu-se, no campo do *etos*, uma duradoura crise condicionada estruturalmente. No cristianismo primitivo, ela se encontra na profecia do Apocalipse de João e na "nova profecia" do movimento montanista.

Houve tentativas de identificar diversas crises. Destarte, discípulos de Bultmann, acima de tudo, viam na altercação de Paulo com os judaizantes uma discussão com os gnósticos (W. Schmithals).[5] Mas, cronológica e objetivamente, trata-se de diversas crises. Da mesma maneira, tentou-se interpretar movimentos proféticos como contramovimentos que se opunham a tendências gnósticas de adaptação ao mundo cincundante.[6] Mas o protesto radical pode inflamar-se em toda parte onde a vida é projetada de forma vivível.

O certo é que — e esta é nossa primeira tese: em todas as crises, trata-se da autonomia do sistema simbólico religioso, seja para fora, como delimitação em relação à religião-mãe judaica ou a sistemas de convencimento pagãos, seja para dentro, como círculos em torno da harmonia com os próprios começos radicais. Nisso, a crise tem seu ponto de partida correspondentemente em uma forma de expressão religiosa: no rito, na crise judaística; no mito, na crise gnóstica; no etos, nas crises proféticas.

---

[5] Após todos os opositores de Paulo terem sido interpretados como judaizantes, na assim chamada escola de Tübingen, do séc. XIX; no séc. XX eles foram interpretados como gnósticos pela escola de Bultmann. Assim, Walter Schmithals, *Neues Testament und Gnosis*, EdF 208, Darmstadt: Wissenschaftl. Buchgesellschaft 1984.

[6] Especialmente no Apocalipse de João, é concebível que sua ênfase profética fosse uma reação contra propensões quase gnósticas nas comunidades. Cf. Elisabeth Schüssler-Fiorenza, Apocalyptic and Gnosis in Revelation and in Paul, *JBL* 92 (1973), 565-581 = *Book of Revelation. Justice and Judgment,* London: SCM 1985, 114-132.

Todas as três formas de expressão adquirem sua configuração definitiva e autonomia somente nessas crises.

Ademais, acrescenta-se uma segunda tese: a ameaça contra a autonomia interna não é provocada apenas por fatores religiosos, mas também pelas circunstâncias dos quadros políticos. As intervenções políticas do Estado romano nas comunidades judaicas, divididas pela missão entre os gentios, levaram à crise judaística no séc. I; a tentativa de uma reintegração do cristianismo ao judaísmo serviu para evitar o conflito com o Estado e com o meio ambiente. A situação jurídica geral dos cristãos, que prometia tolerá-los pela discrição social, favoreceu, no séc. II, o surgimento da gnose — como uma privatização radical da religião, pela qual os cristãos podiam continuar sem chamar a atenção pública. Os adversários judaizantes de Paulo, no séc. I, e os cristãos gnósticos, do séc. II, tinham, portanto, algo em comum: eles queriam reduzir o conflito com o Estado e com a sociedade. Nisso eles se diferenciam dos movimentos proféticos. Para estes, o conflito com o mundo ambiente é incontornável. Eles provocam, conscientemente, a incompatibilidade entre mundo e comunidade.

A crise judaística no primeiro século

A teologia paulina faz parte da crise judaística. Ela forneceu à separação do judaísmo uma fundamentação teológica — e, mais precisamente, na doutrina da justificação e na crítica à lei mosaica. Em Paulo, a revelação de Deus em Cristo entra numa contradição com a revelação de Deus na Torá. Com frequência, funciona como se, em Paulo, uma religião da graça tomasse o lugar de uma religião da lei. Ora, o próprio judaísmo, porém, é uma religião da graça. No nomismo da aliança judaico, o voltar-se de Deus para os seres humanos precede suas exigências. A oposição parece deliberada. Por conseguinte, na pesquisa paulina hodierna, existe uma tendência de se interpretar a tensão entre revelação da Torá e revelação de Cristo, em Paulo, como algo planejado, que deve ser compreendida apenas a partir de problemas imanentes ao cristianismo. Isso acontece em duas variantes: a nova religião, a partir de uma lógica interna, teria de (em primeiro lugar) depreciar a religião-mãe (e isso quer dizer a Torá) e postular na religião judaica uma indigência que não existiria de forma alguma, a fim de se gabar posteriormente de ser-lhe a solução.[7] Nem o judaísmo teria tido um pro-

---

[7] Acima de tudo, Edward P. Sanders, *Paulus und das palästinische Judentum*, 415-417, interpreta a teologia paulina não como resposta a um problema, mas como uma solução para a qual foi reconstruído secundariamente

blema com a Torá, nem tampouco Paulo, à medida que era um judeu convicto. Se Paulo estava ligado em primeiro lugar à Torá, a seguir, porém, a Cristo, então ele se teria comportado como um jovem imaturo, que tivesse uma namorada atrás da outra. A primeira namorada não era problema, até que surgiu a segunda. Somente quando as duas começaram a concorrer é que a primeira se tornou um problema. Somente agora ela foi caluniada. A essa lógica interna (no fundo, bastante penosa), apresenta-se (em segundo lugar) outro choque: a depreciação da religião-mãe estaria condicionada a um conflito intracristão.[8] Somente quando judaizantes quiseram tornar prescrições rituais da Torá obrigatórias para comunidades gentio-pagãs na Galácia é que Paulo teria desestimado toda a Torá. A desvalorização da Torá fundamentar-se-ia nos conflitos de trincheiras posteriores entre partidos e grupos cristãos primitivos, não, porém, na experiência de Damasco. Ambas as explicações confluem para um ponto comum: elas esclarecem um ensinamento teológico central do cristianismo primitivo não a partir da história da religião judaica, mas como expressão de uma separação já definitiva dessa história religiosa. E isso, em minha opinião, é historicamente insatisfatório. Não deveríamos compreender Paulo e sua doutrina da justificação a partir de problemas religiosos e sociais do judaísmo de então? E isso não deveria ser possível também sob a premissa de que o judaísmo é uma religião da graça? Por conseguinte, no que se segue, procuramos compreender a crise judaística e a doutrina da justificação como uma resposta sensível a problemas religiosos e sociais do judaísmo — e, com isso, classificar também o cristianismo paulino na história do judaísmo.

Os axiomas fundamentais do judaísmo: monoteísmo e nomismo da aliança e as aporias do judaísmo

A tese de que o judaísmo é uma religião da graça é plenamente aceita. Acrescentar-se-á, porém, que também uma religião da graça tem suas contradições. O cristianismo é outrossim uma religião da graça cheia de

---

um problema: "Primeiro a solução — depois o problema" (415). Esse caminho parece ser consequente: se o judaísmo era uma religião da graça (e isso Edward P. Sanders demonstrou convincentemente), então a graça de Deus, anunciada em Cristo, não pode ser solução para problemas que o judaísmo tinha por não conhecer a graça de Deus.

[8] A interpretação da doutrina da justificação como reação contra os opositores judaizantes de Paulo encontra-se em William Wrede, Paulus, RV I, 5-6 = Halle: Gabauer Schwenschke 1904 = Karl H. Rengstorf, *Das Paulusbild in der neueren deutschen Forschung*, WdF 24, Darmstadt: Wissenschaftliche Buchgesellschaft 1969, 1-97.

contradições e aporias. O judaísmo é caracterizado por dois axiomas fundamentais.

Primeiro, pela fé monoteísta num Deus uno e único, que é o Deus de todas as pessoas, quer elas o reconheçam, quer não. Um forte teocentrismo distingue a religião judaica.

E, segundo, pelo nomismo da aliança: Deus não possui nenhum parceiro no céu, mas apenas seu povo sobre a terra, a quem ele deu (vicariamente, para todas as pessoas) seus mandamentos. Mediante isso, a religião judaica possui, ao mesmo tempo, um forte antropocentrismo.

A esses dois axiomas fundamentais estão ligadas duas tensões básicas do judaísmo: 1. A tensão entre teocentrismo e antropocentrismo: *Deus* é o Todo-Poderoso, que dispõe tudo; isso não obstante, apenas *pessoas humanas* são seus responsavelmente livres parceiros de aliança. 2. A tensão entre universalismo e particularismo: Deus é o Deus *de todas* as pessoas, mas escolheu apenas *um* povo como parceiro de aliança — vicariamente em lugar de todas as pessoas.

Essas duas aporias do judaísmo conduzem a um fracionamento do judaísmo em diversas correntes religiosas. Às suas margens, fundem-se até mesmo vozes paralelas que mostram: a lei podia ser vista no judaísmo também como um problema. A crítica paulina à lei é uma possibilidade intrajudaica, podendo até mesmo ter provocado também a separação do judaísmo de um grupo originalmente judeu.

A primeira tensão de base se mostra nas diferenças entre os diversos partidos religiosos.[9] De acordo com F. Josefo, os essênios defendem uma doutrina de eleição teocêntrica: Deus somente opera a salvação. Os saduceus, ao contrário, possuem uma soteriologia antropocêntrica unilateral: atingir a santidade (nessa vida) ou não, dependeria do comportamento humano. Em contrapartida, os fariseus representam o áureo caminho do meio: um sinergismo entre agir divino e humano — desintegrado, porém, (no mais tardar, desde Judas Galileu) em duas correntes: uma ativista, que

---

[9] A pesquisa em torno dos "partidos religiosos" judaicos ganhou enorme impulso com os achados de Qumrã, uma vez que, como de costume, a suposição da maioria é que os habitantes de Qumrã eram essênios. Os escritos de Qumrã, à medida que provêm da própria comunidade de Qumrã, seriam documentos originais dos essênios. Uma ampla apresentação das diversas correntes religiosas encontra-se em Edward P. Sanders, *Judaism. Practice and Belief 63 BCE — 66 CE*, London/Philadelphia: SCM; Trinity Press 1992; Günter Stemberger, *Pharisäer, Sadduzäer, Essener*, SBS 144, Stuttgart: Kath. Bibelwerk 1990.

é movida pelo ideal do zeloso (do ζῆλος), e que diz: somente quando o indivíduo se empenha ativamente pela lei e sua observação se impõe a todos os judeus é que Deus socorre as pessoas. Paralelamente, acha-se uma corrente majoritária moderada, segundo a qual o agir de Deus tem a precedência em relação a toda colaboração humana. Paulo pertence ao farisaísmo. Dentro do farisaísmo, ele é defensor de um ideal de ζῆλος. Suas declarações a respeito do judaísmo são declarações sobre *seu* judaísmo. Ele traduz isso realisticamente e de forma alguma distorcido. No entanto, ele generaliza de forma injustificada sua variante do judaísmo. Esta é, para ele, simplesmente o judaísmo.

A primeira aporia da religião judaica resulta da tensão fundamental entre teocentrismo e antropocentrismo. Se Deus predestina todas as pessoas à salvação, todo "sinergismo" pode aparecer (potencialmente) como orgulho: quando as pessoas querem fazer aquilo que somente Deus pode realizar — assim elas se põem no caminho errado.[10] Eles se acham em uma ilusão. Uma consequente ideia de eleição pode desvalorizar a ética da Torá. Em sentido inverso, uma ética da Torá (tal como aparece no ideal de ζῆλος) conduz a uma soteriologia antropocêntrica e ameaça a importância salvífica da radical escolha teocêntrica de Deus.[11]

Onde está a diferença em relação à imagem tradicional do judaísmo? O quadro esboçado há pouco não contrasta a doutrina judaica da justificação pelas obras com a religião cristã da graça, mas diz: no próprio judaísmo está plantada a tensão entre religião da graça e doutrina da justificação pelas obras. Essa aporia permitiu que o cristianismo surgisse a partir do judaísmo. E eu acrescento: essa aporia não é "desfeita" também no cristianismo, mas subsiste nele.

---

[10] A aporia irrompe aqui na antropologia: ou o ser humano é fundamentalmente apto à colaboração, a fim de cumprir a vontade de Deus, ou é incapaz disso, a não ser que Deus o escolha para o cumprimento de sua vontade. Para os defensores de uma antropologia pessimista (e a esses pertenciam, segundo a tendência, os essênios e Paulo), o alto apreço das próprias ações entre os representantes de uma antropologia otimista deve parecer ilusória pretensão humana perante Deus. Timo Laato, *Paulus und das Judentum. Anthropologische Erwägungen,* Aabo: Aabo Akademis Förlag 1991, apoiando-se em H. Odeberg, faz dessa tensão a chave de sua interpretação de Paulo.

[11] O ideal do "fervor" (do "zelo") extrapolou largamente os "zelotes" (os zelosos). Demonstrou-o Martin Hengel, *Die Zeloten. Untersuchungen zur jüdischen Freiheitsbewegung in der Zeit von Herodes I. bis 70 n. Ch.*, AGJU 1, Leiden, Köln: Brill ²1976, 151-234. Paulo também foi tomado por ele. Ele perseguiu, "com zelo", a comunidade (Fl 3,6), era um "zeloso" das tradições paternas (Gl 1,14). Aos seus adversários gálatas ele imputa tal "zelo" (Gl 4,18). E vê nele o motivo para a rejeição do evangelho por parte dos judeus, no que ele considera esse "zelo por Deus" fundamentalmente positivo (Rm 10,2). Nisso Paulo generaliza seu próprio judaísmo — e os motivos que outrora haviam-no levado à rejeição do evangelho.

O contraste entre eleição teocêntrica e sinergismo ético não pode ligar-se com a segunda tensão fundamental — o conflito entre particularismo e universalismo: quem se empenha ativamente pela Torá e deseja impô-la também a grupos dissidentes no judaísmo, enfatiza com isso as fronteiras entre judeus e pagãos. A ética sinérgica pode incrementar o particularismo, especialmente quando está imbuída do ideal do zelo. Com isso, ela incorre na tensão em relação ao universalismo da religião judaica. Israel adora, vicariamente, por todas as nações, o Deus uno e único. E espera pelo reconhecimento universal de Deus por parte de todos os povos.

Onde reside aqui a diferença em relação à imagem tradicional do judaísmo? O quadro agora mesmo delineado contrasta não a particularista religião judaica com um universalismo cristão, mas diz: a tensão entre particularismo e universalismo é um elemento vital da própria religião judaica. Ela é uma aporia do judaísmo que fez surgir, a partir de dentro do judaísmo, um grupo universalista. Novamente deve-se acrescentar: também essa aporia não se "dissolveu" no cristianismo, mas, modificada, continua a agir nele.

Em si e para si, essas aporias permaneceram latentes no judaísmo. Apenas em vozes marginais é que elas vêm à tona. Mas, de vez em quando, à margem do judaísmo, essas vozes problematizavam a lei a partir de perspectivas mui diversas. Mencionem-se quatro textos com tal problematização:

A revolta de Zinri no reconto de Josefo (Jos. *Ant.* 4,6,10-12 = 4,141-155): quando os jovens israelitas se apaixonaram pelas filhas de nações estrangeiras e, por conta disso, estavam dispostos a renunciar ao seu modo de vida tradicional, Zinri (Zambias, em Josefo), ele próprio casado com uma midianita, sobressaiu-se como porta-voz deles. Ele ataca Moisés diretamente: "Vive tu mesmo, Moisés, segundo tuas leis, pelas quais estás tão cheio de zelo (ἐσπούδακας) e que, pela força do uso, consolidaste. Não tivesse sido assim, e tu mesmo já te terias muitas vezes penitenciado e aprendido que não podes impunemente enganar os hebreus. Eu, pelo menos, não me conformarei com tuas tirânicas prescrições (προστάσσεις τυραννικῶς). Até agora, outra coisa não tens buscado senão escravizar-nos (δουλείαν μὲν ἡμᾶς) sob o véu de uma legislação divina (melhor: das leis e de Deus) e, por meio de todo tipo de intrigas, assegurar-te o poder. Tu nos privaste da única coisa que é própria de um povo livre e amante da liberdade, o qual não conhece nenhum dominador sobre si. Na verdade, mais do que os egípcios, oprime-nos o homem que deseja subjugar a leis e, consequentemente, a punições, aquilo que faríamos espontaneamente. Antes, tu mesmo é que mereces castigo pelo fato de rejeitares aquilo que os outros aprovam e, contrariamente à opinião dos demais, aferras-te obstinadamente à tua. Não considero errado aquilo que fiz e também não me envergonho de reconhecê-lo publicamente. Como dizes, desposei uma mulher estrangeira; aceita essa minha confissão como a de um homem livre, que não precisa ocultar nada. Sacrifico também aos deuses, o que consideras uma impiedade; é que, em minha opinião, uma vez que tantos caminhos conduzem à verdade, não teria por que depositar tiranicamente (τυραννίδι ζῆν) toda a minha esperança em um deles apenas. Não há ninguém que se possa gabar de possuir mais discernimento em relação àquilo que diz respeito somente a mim do que eu mesmo" (Jos, *Ant.* 4,145-149). Aqui se encontra a ideia paulina de tirania da lei — ainda que na boca de um ímpio. A escravidão sob a lei não é desfeita pela graça de Deus, mas, sim, por uma pretensão orgulhosa de autonomia do ser humano.

A deturpação da adoração pura de Moisés a Deus por seus descendentes segundo Strabo de Amaseia (Geogr. 16,2,35-38). Strabo é, certamente, um autor pagão, mas as ideias por ele expressadas poderiam ser um eco das opiniões judaicas: talvez o eco do movimento de reforma helenístico moderado.[12] Ele escreve: o próprio Moisés introduziu um culto puro a Deus— distanciado da adoração egípcia a deuses zoomórficos e da adoração helênica a deus antropomórficos. Ele ensinou uma adoração a Deus sem imagens do Deus universal, o qual abarca toda a criação. Ele viveu pacificamente com as nações circundantes. Prometeu a seu povo uma adoração a Deus que não o "oneraria" (ὀχλήσει) com tributos, obsessão divina ou outras coisas insensatas. Inicialmente, seus descendentes ter-se-iam mantido fiéis a essa adoração a Deus; depois, porém, novos sacerdotes teriam chegado ao poder, os quais teriam sido supersticiosos (δεισιδαιμονίωη) e tirânicos (τυραννικῶν ἀνθρώπων). A superstição deles ter-se-ia mostrado nos tabus alimentares e na circuncisão, enquanto sua natureza tirânica, nas guerras contra os vizinhos.

A dúvida quanto ao pleno cumprimento da lei no discurso de Esdras (IV Esd 8,20-36): depois da catástrofe da destruição de Jerusalém, Esdras suplica a Deus que não olhe os pecados do povo, mas para aqueles que servem a Deus na verdade (8,26). Isso tem o efeito de uma bipolarização no povo: distinguem-se os justos dos pecadores.

---

[12] No geral, a avaliação que Strabo faz dos judeus em *Geogr.* 16,2,35-37 tem seu fundamento em Posidônio; cf. a discussão em Menahem Stern, *Greek and Latin Authors on Jews and Judaism*, I, Jerusalem: Israel Academy 1976, 264-266. Isso não exclui que contenha ideias que podemos pressupor nos reformadores radicais em Jerusalém, depois de 175. Assim, Elias Bickermann, *Der Gott der Makkabäer. Untersuchungen über Sinn und Ursprung der makkabäischen Erhebung*, Berlin: Schocken 1937, 130 = *The God of the Maccabees: Studies on the Meaning and Origin of the Maccabean Revolt*, SJLA 32, Leiden: Brill 1979, 86-87. O relato de Strabo está marcado pela ideia da decadência. Esse pensamento ressoa também em Paulo. Para ele, em Gl 3,5-7, no início está a promessa feita a Abraão. A lei foi acrescentada somente 430 anos mais tarde — e tem validade somente até que a promessa original seja cumprida. Para Paulo, a contradição não se dá entre Moisés e seus descendentes, mas, sim, entre Abraão e Moisés. Mas a estrutura de pensamento é semelhante. Se Strabo e Paulo contemplam a história da religião judaica segundo tais modelos de pensamento, significa, então, que elas devem ter-se espalhado pela diáspora e redondezas.

A seguir, no entanto, essa distinção é abandonada, pois Esdras em 8,31-36 reza: "Pois nós e nossos pais vegetamos em ações mortais. Tu, porém, por causa de nós, pecadores, serás chamado o Misericordioso. Com efeito, se tu te compadeces de nós, que não possuímos nenhuma obra de justificação, serás chamado de o Compassivo. De fato, os justos que depuseram diante de ti diversas obras, receberão a recompensa por suas próprias obras. O que será, então, do ser humano contra quem te encolerizas, ou da geração efêmera contra a qual estás tão amargurado? A verdade é que não existe ninguém entre os nascidos que não tenha agido mal, e nenhum dentre os que vieram a ser que não tenha pecado. Destarte, pois, tua justiça e tua bondade serão manifestas, Senhor, uma vez que tu tiveste misericórdia daqueles que não possuíam soma nenhuma de boas obras". Mais tarde o anjo repele essa opinião: "Tu, porém, muitas vezes te igualaste aos pecadores. Nunca jamais! Mas, precisamente por isso estás admiravelmente diante do Altíssimo: pelo fato de te teres humilhado, como te convém, e não te teres contado entre os justos. Assim, serás ainda mais honrado" (8,47-49). Aqui também a obediência à Torá é problematizada. Essa problematização é, certamente, recusada pelo anjo, mas o fato de precisar ser refutada mostra que ela é potencialmente existente.[13]

Os alegoristas radicais em Fílon (*de migratione Abrahami* 89-90): "Existe mesmo gente que, na suposição de que leis anunciadas sejam apenas símbolos do pensado, seguem este último (o pensado) com grande zelo, mas negligenciam frivolamente as primeiras; a essas devo censurar por causa de sua frivolidade. Pois elas deveriam pensar em duas coisas: tanto perscrutar com muita exatidão o invisível (o sentido), quanto, a seguir, considerar irrepreensivelmente o evidente (o conteúdo). Agora, porém, elas vivem, na verdade, como se estivessem na solidão, para si, ou como se se tivessem transformado em almas incorpóreas, como se não soubessem nada acerca de cidade, povoado, casa, enfim, da sociedade humana, não fazem caso daquilo que a maioria aprova, e procuram investigar a verdade pura por si mesmas, sozinhas. A Sagrada Escritura as instrui a levar em consideração uma boa opinião e a nada subtrair às prescrições que homens sublimes, superiores a nós, nos deram".

---

[13] Wolfgang Harnisch, *Verhängnis und Verheißung der Geschichte. Untersuchungen zum Zeit- und Geschichtsverständnis im 4. Buch Esra und in der syr. Baruchapokalypse*, FRLANT 97, Göttingen: Vandenhoeck 1969, 60-67, mostrou que a voz do anjo oculta a verdadeira posição do autor, o qual recusa a voz do ceticismo humano. Discutível é somente: Quão "otimista" é esse anjo em seu julgamento? Confirma ele a promessa salvífica feita a Israel? Ou ele a confirma apenas para aqueles que verdadeiramente cumprem os mandamentos — não obstante um ceticismo reconhecido como legítimo em relação a seu cumprimento? Se Israel não será salvo, mas apenas alguns observantes da lei, os quais, não obstante a deficiência humana, cumprem os mandamentos, então 4Esd não seria mais um defensor do "nomismo da lei". Essa é a conclusão a que chega P. Sanders, *Paulus und das palästinische Judentum*, 384-395.

Em todos esses textos, a lei é problematizada. No primeiro, dá-se a "revolta" contra a lei — naturalmente, apenas na figura de um condenado pela opinião geral. Mas essa figura, Zinri, é reanimada por Josefo, para além do modelo veterotestamentário: ele se torna transparência da esteira de assimilação na cultura helenística e se serve dos chavões da crítica sofista à lei. Em comparação com ele, Fineias vigora como o zeloso, que anula sua "revolta". Moisés, porém, aparece como uma terceira possibilidade, como defensor de um judaísmo que, debalde, mediante cerrados apelos, clama a fidelidade à Torá. O próprio Paulo era um zeloso da lei o qual, pela opressão dos cristãos, também sufocou uma rebelião "interna" contra a lei? Foi ele, ao mesmo tempo, Fineias, o zeloso, e Zinri, o rebelde?

Contudo, a agressão contra a lei, tal como a personifica Zinri, é apenas uma possibilidade de lidar com uma lei que se tornou problemática. Por outro lado, deparamo-nos com uma alta identificação com a lei, que conduz à agressão introjetada contra o eu contrário à lei: a uma grande consciência do pecado. Ninguém pode verdadeiramente cumprir a lei. Encontramos essa possibilidade subentendida no discurso de Esdras. Seu pessimismo em relação ao pecado funciona como um eco das ideias paulinas.

Deparamo-nos, ademais, com duas tentativas hermenêuticas de solução: uma vez, na distinção entre o propósito original de Moisés e os acréscimos secundários de seus descendentes supersticiosos (assim, em Strabo); mais adiante, na diferença entre sentido literal e significado simbólico próprio — pelo que se deduz a liberdade de se negligenciarem os ritos exteriores (assim, os alegoristas radicais).[14] Tais pensamentos também têm ressonâncias paulinas: para Paulo, a lei é um apêndice secundário à promessa (Gl 3,15-17). Ele distingue entre letra que mata e espírito que vivifica (2Cor 3,6-8).

A doutrina da justificação na vida de Paulo

Minha tese, é, pois: a doutrina da justificação em Paulo é uma resposta às aporias do judaísmo. Sua resposta consiste numa radicalização da graça e da universalidade de Deus.

---

[14] Essas vozes críticas em relação à lei avolumam-se no séc. I d.C.. Strabo de Amaseia (64 a.C. – nos anos 20 do séc. I d.C.) escreveu sua *Geografia* no começo do primeiro século. Suas fontes, das quais ele obtém sua imagem do judaísmo, são bem mais antigas. Na primeira metade do séc. I d.C., escreve também Fílon (por volta de 15/10 a.C. — nos anos 40 do I séc. d.C.). Josefo (37/38 d.C. — nos anos 90) publica suas *Antiquitates* nos anos 90. IV Esd surgiu, em todo caso, também por volta do ano 30 depois da destruição de Jerusalém — em fins do séc. I d.C.

À tensão entre teocentrismo e antropocentrismo ele responde com uma radicalização da doutrina da graça: Paulo defende uma doutrina teocêntrica da eleição — mas, no caso, trata-se de uma eleição de Deus para "ser conforme à imagem de seu Filho" (Rm 8,29). Os cristãos não são escolhidos como antigas criaturas, mas, sim, como novas criaturas — como seres transformados, participantes da natureza de Cristo e que foram transformados à semelhança de sua imagem. Mudados por meio do Espírito, elas fazem espontaneamente o que a Torá exige, em cujo centro está o mandamento do amor. A fé cristã é, dessa forma, para Paulo, o cumprimento da lei e libertação *para a* lei.

À tensão entre particularismo e universalismo ele responde com uma radicalização do universalismo: Paulo defende um universalismo judaico que pretende superar a função separatista da Torá, à medida que ele renuncia às características rituais da identidade judaica: circuncisão, regras alimentares e de pureza. A fim de relativizar esses mandamentos da Torá, ele chega a uma crítica fundamental da Torá que toca também sua função ética. A fé cristã é, portanto, para ele, superação também da lei e libertação *da* lei.

Com essa crítica à lei (na ligação permanente à lei), Paulo, então, exclui-se da moldura do judaísmo? Considero que os quatro textos apresentados, tirados do judaísmo, mostram que existia uma latente problematização da lei no judaísmo. Ela foi reprimida e sufocada — assim como Fineias reprime a crítica de Zinri à lei, ou como o *angelus interpres* rejeita a dúvida de Esdras em relação à lei, ou como o filósofo da religião recusa os desligamento da lei por parte dos alegoristas radicais. O que deve ser rejeitado, existe, porém, latentemente. Em Paulo, essa crítica dissimulada à lei torna-se patente. Ela irrompe na consciência — visto que ele, mediante a lei, fora conduzido ao erro e descobrira uma alternativa: Cristo. Acompanhemos seu desenvolvimento em traços aproximativos.

O Paulo pré-cristão era um judeu fundamentalista. Orgulho ostensivo da lei e zelo pela lei caracterizavam sua vida. Ele estava consciente de que seu judaísmo não era, aliás, típico do judaísmo. Ele enfatiza que teria superado todos os coetâneos no zelo pelo judaísmo ('Ιουδαισμός) (Gl 1,14). Seu fundamentalismo consistia em que sua superidentificação com as normas judaicas transformou-se em agressão contra uma minoria que se desviava das normas — os seguidores de Jesus. No caso, Paulo devia ter diante dos olhos um cristianismo no qual a abertura para os pagãos já se delineava — embora não ainda na forma em que se fizessem conscientemente missões entre os pagãos, mas antes, de forma que se esperava para um futuro próximo uma abertura do Templo para todos os pagãos e que se tinha esperança de que Deus, numa ação maravilhosa, conduziria pagãos de todas as partes do mundo para Jerusalém. Somente quando se pressupõe tal abertura aos pagãos que ia abrindo caminho, torna-se compreensível por que Paulo, em sua conversão, sabe-se imediatamente chamado a ser missionário entre os pagãos.

Quanto ao Paulo pré-cristão, pode-se, além do mais, contar com um conflito inconsciente com a lei.[15] Certamente, segundo sua consciência, ele era um judeu orgulhoso — "quanto à Lei, fariseu; quanto ao zelo, perseguidor da Igreja; quanto à justiça que há na Lei, irrepreensível" (Fl 3,5-6). Mas isso não exclui que ele, inconscientemente, tivesse dúvidas a respeito dessa lei. Em Rm 7,7-9, ele retrata, em estilo-eu, um denso conflito com a lei. Com esse "eu" ele não indica sua própria pessoa. Trata-se de um "eu" paradigmático, que inclui toda pessoa humana. Todos arrastados a um conflito pela exigência de Deus. Se Paulo descreve isso no estilo-eu não é, certamente, para eximir-se do fato. Aquilo que vale para todo ser humano, vale obviamente para ele também. Para além disso, é válido: aquilo que alguém simplesmente diz acerca do humano, na maioria das vezes está psicologicamente marcado por suas próprias experiências.[16] Em minha opinião, em Rm 7,7-9 Paulo indica que originalmente ele não tinha consciência desse conflito. Somente por essa razão é que ele pôde falar de

---

[15] Cf. Gerd Theissen, *Psychologische Aspekte paulinischer Theologie*, FRLANT 131, Göttingen: Vandenhoeck 1983, esp. 230-232. Gerd Lüdemann, Die Bekehrung des Paulus und die Wende des Petrus in tiefenpsychologischer Perspektive, in: Friedrich W. Horn (ed.), *Bilanz und Perspecktiven gegenwärtiger Auslegung des Neuen Testaments*, FS Georg Strecker, BZNW, Berlin, New York: de Gruyter 1995, 91-111, dá mais um passo adiante: ele julga poder constatar não apenas um conflito inconsciente com a lei, mas também uma atração inconsciente por Cristo. Em todo caso, deve-se pressupor um confronto intenso com a figura de Cristo no Paulo pré-cristão. Conscientemente ele terá visto nele um amaldiçoado (cf. Dt 21,23: "Maldito é todo aquele que é suspenso ao madeiro" = Gl 3,13).

[16] Desde Werner G. Kümmel, Rômer 7 und das Bild des Menschen im Neuen Testament, ThB 53, München: Kaiser 1974, 1-160, o "eu" em Rm 7 é visto amiúde como um "eu" retórico-fictício. Mas também aqui vigora: um "eu" retoricamente estilizado pode ser pronunciado como um eu-participativo — e, nesse caso, pode ser psicologicamente explorável. Quando Paulo defende seu apostolado, ele está bem atento e exprime muito de si mesmo, no que ele emprega todo o seu repertório de possibilidades retóricas. Não por acaso Hans D. Betz colaborou para a manifestação da assim chamada *rhetorical criticism* ["crítica retórica"] precisamente mediante a análise de textos paulinos nos quais, para Paulo, está em jogo toda a sua existência: os quatro últimos capítulos de 2Cor e a Carta aos Gálatas. Hans D. Betz, Der Apostel Paulus und die sokratische Tradition, *BHTh* 45, Tübingen: Mohr 1972; *Der Galaterbrief. Ein Kommentar zum Brief des Apostels Paulus an die Gemeinden in Galatien*, München: Kaiser 1988.

um engano por meio do mandamento; somente por isso podia dizer que ele não compreendia o que fazia — a fim de analisar essa situação, a seguir, com palavras sempre cada vez mais claras. Quando Paulo afirma que o ser humano, por natureza (segundo a carne) é inimigo de Deus, então ele alude também a seu próprio passado, no qual ele agiu como inimigo de Deus.

Tomando-se juntas estas duas características do Paulo pré-cristão, daí resulta: a perseguição de uma minoria que se desviava da lei por parte do Paulo que se orgulhava da lei está ligada ao fato de Paulo projetar nos cristãos um conflito inconsciente consigo mesmo: ele vê nos cristãos uma liberdade perante a lei e uma abertura em relação aos pagãos as quais ele reprime em si mesmo. Neles ele luta contra uma parte de si mesmo, e o combate contra os cristãos ajuda-o, ao mesmo tempo, a reprimir em si mesmo essas "sombras".

A conversão e a vocação de Paulo são, por conseguinte, a tomada de uma posição social completamente nova; ele passa de perseguidor dos cristãos a missionário do grupo perseguido por ele. Ele aceita, no âmbito intra-humano, pessoas que até então ele não havia aceitado — presumivelmente, justo pelo fato de eles terem-se aberto muito mais aos estranhos do que ele considerara como legítimo até então.

A conversão de Paulo é, porém, ao mesmo tempo, uma mudança no interior de Paulo: aquilo que ele até agora havia reprimido e não quisera perceber em si mesmo — seu desgosto em relação à lei, seu conflito oculto com ela —, tudo isso ele pode agora aceitar. Ele pode compreender a si mesmo como pecador. No passado, ele se opusera à vontade de Deus. No entanto, apesar disso, ele se tornara instrumento precisamente dessa vontade. Pessoalmente, ele é também um pecador justificado.[17]

---

[17] Krister Stendahl, The Apostle Paul and the Introspective Conscience of the West, *HThR* 56 (1963), 199-215 = Der Apostel Paulus und das "introspecktive" Gewissen des Westens, *KuI 11* (1996), 19-33; *Paul among Jews and Gentiles and Other Essays*, Philadelphia: Fortress 1976 = *Der Jude Paulus und wir Heiden. Anfragen an das abendländische Christentum,* München: Kaiser 1978, em seus trabalhos fundamentais contestou que Paulo tenha tido remorso por sua atividade de perseguidor. Distinguir-se-ia nele uma "consciência pesada". O certo é que ele fala a partir da perspectiva do redimido. Como deveria o redimido e encarregado como apóstolo mostrar ainda uma consciência compungida! Mas Paulo tem consciência da monstruosidade de sua perseguição aos cristãos: por essa razão, em 1Cor 15,9, ele se autodenomina de "aborto", indigno de revestir-se da função de apóstolo. Em 1Ts 2,16, ele chama o obstáculo ao evangelho por parte dos judeus de um pecado que completa "a medida do pecado". A esse respeito, ele não se exclui como réu (com vistas a seu passado), mas, por causa da proximidade com os tessalonicenses, apresenta-se (com vistas ao presente) como vítima, visto que eles, em todo caso, estão sendo vítimas de perseguição. Todavia, para ele não existe fundamentalmente dúvida quanto a isso: a perseguição dos cristãos foi e é pecado. Quando ele, em Rm 11,25-27, apresenta a remissão escatológica de todo o Israel, seu próprio destino figura como pano de fundo:

Por conseguinte, é parcialismo, quando, na conversão de Paulo e na certeza da justificação nela fundida, unilateralmente se enfatiza o lado social ou o lado individual. A justificação significa ambos: aceitação dos outros (dos cristãos e dos gentios rejeitados até então) e aceitação de si mesmo.

Por essa razão, é também improvável que a doutrina da justificação de Paulo seja apenas expressão de discussões tardias,[18] como se a lei só se tivesse tornado problemática para Paulo quando seus opositores apelaram para a lei a fim de impor a circuncisão em suas comunidades. Aquele que, motivado pela lei, persegue os demais, mas, posteriormente, converte-se aos perseguidos, para este, com sua conversão, a lei deve ter-se problematizado desde o princípio. Desde o começo, ele deve ter compreendido sua nova tarefa no cristianismo como graça. Contudo, existe algo correto na tese de um desenvolvimento tardio de sua *doutrina da justificação*. Com efeito, Paulo teve de elaborar conceitualmente sua compreensão.[19] Para esse fim, devemos considerar o desenvolvimento subsequente de Paulo.

---

assim como ele era inimigo do evangelho, assim os israelitas incréus são inimigos do evangelho. Da mesma maneira que ele, mediante uma aparição vinda diretamente do céu, fora convertido, igualmente eles, na parusia, serão salvos por uma aparição proveniente do céu. Esse Cristo, porém, trará o perdão dos pecados (Rm 11,27 = Jr 31,33-34 e Is 27,9). Krister Stendahl enxergou algo correto: a doutrina da justificação diz respeito a um problema social: à integração dos gentio-cristãos no povo de Deus. Isso não exclui que ela tenha um contexto pessoal de origem e um sentido individual. Pois, de acordo com Paulo, todos carecem de justificação — judeus e pagãos e, sem dúvida, em razão de seus crimes (Rm 1,18-3,20). Se se tratasse apenas da recepção dos pagãos, então Paulo teria podido contentar-se em desenvolver especialmente uma doutrina da justificação para os pagãos (o que ele, talvez, tenha feito também no início). No entanto, nas cartas de que dispomos, a doutrina da justificação é válida para todos. Cf. Gerd Theissen, Judentum und Christentum bei Paulus. Sozialgeschichtliche Überlegungen zu einem beginnenden Schisma, in: Martin Hengel/Ulrich Heckel (eds.), *Paulus. Missionar und Theologe und das antike Judentum*, WUNT 58, Tübingen 1991, 331-356.

[18] A fim de fundamentar uma origem tardia da doutrina da justificação, apela-se acima de tudo para a carta de Paulo mais antiga — 1Ts —, da qual a doutrina da justificação ainda está ausente. Mas, nessa carta, Paulo também não menciona sequer o Batismo (sem falar da Eucaristia) numa comunidade fundada há pouco tempo! Deveríamos, por isso, inferir que ele não tenha batizado nem permitido batizar em Tessalônia? Dificilmente! 1Ts distingue-se pelo fato de o prefácio ocupar a metade da carta (1Ts 1,1-3,13), o que Paulo consegue mediante a duplicação do motivo do proêmio (cf. 1,2 e 2,13). O proêmio, porém, serve para assegurar a boa relação entre escritor e destinatários. Nisto, e somente em segundo lugar no ensinamento, deve-se ver o propósito principal da carta.

[19] A propósito de que Paulo teve de aperfeiçoar conceitualmente, num longo processo, o conteúdo teológico de sua experiência de Damasco, podem-se arrojar os seguintes indícios: em suas cartas, Paulo retoma por três vezes sua experiência de Damasco. Somente em Fl 3,4-6 ele interpreta-a como conversão individual e conecta-a (Fl 3,10) com a doutrina da justificação. Em Gl 1,15-17, como em 1Cor 15,9-10, ela interpreta-a como vocação a ser apóstolo — em Gl 1, ligada à revelação do Filho; em 1Cor 15, com o testemunho pascal. Em ambas as passagens está ausente, no contexto, a doutrina da justificação. Mas as duas passagens enfatizam unanimemente que o chamado para Apóstolo foi uma demonstração da graça (χάρις) de Deus: "Mas, pela *graça* de Deus sou o que sou. E sua *graça* em mim não foi estéril..." (1Cor 15,10). "Quando,

Paulo como missionário cristão: em seus primeiros tempos, podemos distinguir duas fases: a missão entre os nabateus, que ele realiza a partir de Damasco e, mais tarde, a missão na Cilícia e na Síria, que ele (em grande parte) leva adiante com Barnabé desde Antioquia.

Na *missão entre os nabateus*, as questões em torno da validade da lei não devem ter desempenhado nenhum papel decisivo. Com efeito, os nabateus eram circuncisos, tidos como aparentados aos judeus, como árabes e filhos de Ismael — ou seja, eles tinham o mesmo antepassado: Abraão. Elas adoravam a um Deus sem imagens. Não existia aqui nenhuma necessidade objetiva de discutir em público o tema da lei.[20]

Na *missão da Síria*, a partir de Antioquia, provavelmente valia o princípio de Paulo, transmitido de diversas maneiras (como fórmula pronta?), de que nem a circuncisão nem a incircuncisão importavam (Gl 5,6; 6,15; 1Cor 7,19). Ambas são indiferentes. Se, porém, é indiferente ser ou não ser circunciso, pode-se estar completamente de acordo em que poderiam existir situações nas quais alguém poderia deixar-se circuncidar. O que é indiferente não é proibido.[21]

A questão da lei deve ter sido significativa para Paulo, também para sua atividade missionária, só no momento em que judeu-cristãos na Galácia tentavam forçar gentio-cristãos à circuncisão — entre outras coisas, com o argumento de que ela era necessária à salvação. Nesse instante, Paulo deve ter tido diante dos olhos seu próprio passado. Com efeito, este foi marcado pela opressão daquela minoria divergente, que eram os seguidores de Jesus. Somente agora Paulo engaja sua própria conversão — a introduz como argumento na discussão pública —, a fim de prevenir contra a aceitação da circuncisão, e precisamente em ambas as cartas escritas

---

porém, aprouve a Deus, que me separou desde o seio materno e me chamou por sua *graça...*" (Gl 1,15). Desde o começo, Paulo estava convicto de que a vocação, isto é, a conversão, era expressão de pura graça. Que ele tenha reelaborado sua compreensão da graça de Deus como justificação dos infiéis é resultado de um desenvolvimento teológico.

[20] Cf. a extensa pesquisa sobre a missão entre os nabateus nos primeiros tempos de Paulo, em geral, em: Martin Hengel/Anna M. Schwemer, *Paulus zwischen Damaskus und Antiochien. Die unbekannten Jahre des Apostels*, WUNT 108, Tübingen: Mohr 1998, 174 = *Paulo Between Damascus and Antioch. The Unknown Years*, London: SCM 1991, 106-126.

[21] Heikki Räisänen, Paul's Theological Difficulties with the Law, in: *The Torah and Christ. Essays in German and English on the Problem of the Law in Early Christianity*, SESJ 45, Helsinki: Kirjappaiano Raamattuatalo 1986, 3-24; *The "Hellenists" — a Bridge Between Jesus and Paulo?*, ibidem, 242-306, contou com uma compreensão espiritualizante da lei na primeira fase da missão paulina — e com uma radicalização dessa compreensão rumo a uma rejeição fundamental da Torá em razão da contramissão judaica.

contra os contramissionários judaizantes, em Gálatas e Filipenses. Uma crise (atual) nas comunidades e uma crise pessoal de Paulo (acontecida havia muito tempo) juntam-se agora. Uma interpreta a outra. O que pouco se percebe é que essa crise judaística estava condicionada também por fatores políticos: por condicionamentos políticos circundantes para a missão paulina, os quais haviam surgido depois do Concílio dos Apóstolos. Apresentemo-las brevemente.

Causas históricas e políticas da crise no primeiro século

O reconhecimento da missão entre os pagãos durante o Concílio dos Apóstolos conferiu à missão entre os gentios um forte impulso. Quando, pouco tempo depois do Concílio dos Apóstolos (46/48), a comunidade romana se vê envolta em inquietações porque ali a boa-nova de Cristo era defendida agressivamente, isso podia ser um efeito a grande distância do Concílio dos Apóstolos. O cristianismo já devia ter estado presente em Roma anteriormente. Mas, numa comunidade judia, só poderia haver perturbações quando pagãos incircuncisos fossem aceitos como membros com direitos iguais. Esse desassossego levou ao edito de Cláudio, no ano 49 d.C. e ao desterro daqueles que se sobressaíram no conflito. A expulsão dizia respeito aos judeus. Os cristãos ainda não se distinguem deles. Os exilados espalham rapidamente pelas comunidades judaicas da região mediterrânea a notícia da intervenção do Estado — entre outros, Áquila e Priscila, em Corinto, encontram-se com Paulo e mantêm um relacionamento de amizade: certamente, quanto à questão da missão entre os pagãos, eles pensaram o mesmo que Paulo.

Podemos, pois, deduzir duas reações diferentes a essas dificuldades políticas nas comunidades judaicas e no cristianismo primitivo:[22]

Desde o edito de Cláudio, as comunidades judaicas procuram fortemente evitar, primeiramente nos lugares onde vivem, que o novo movimento cristão fixe raízes; se não podiam evitá-lo, então faziam questão de não se identificar com os cristãos, a fim de que as repressões contra os cristãos não os atingissem também. Eles queriam deixar bem claro: esses agitadores não eram dos seus.

---

[22] Cf. David Alvarez, *Die Religionspolitik des Kaisers Claudius und die paulinische Mission*, HBS 19, Freiburg, Wien: Herder 1999.

Tessalônia pode ter sido o primeiro caso. Conforme 1Ts, os pagãos são os perseguidores da comunidade. No entanto, visto que Paulo, em conexão com tais perseguições, deixa-se levar também por uma polêmica contra os judeus (1Ts 2,14-16), e os Atos dos Apóstolos narram tensões com a sinagoga (At 17,1-9), judeus podem ter procurado impedir a difusão do cristianismo com a ajuda de autoridades pagãs. Em Tessalônia, os cristãos eram predominantemente pagãos; por conseguinte, os judeus dali não podiam influenciá-los com métodos intrassinagogais. Daí o motivo de voltarem para instâncias pagãs. Provavelmente, a atitude deles tenha sido uma primeira reação à notícia da expulsão dos judeus de Roma. Com efeito, o teor da acusação central contra Paulo e seu colaborador, em Tessalônia, era que eles agiam contrariamente às determinações do imperador — contradiziam, portanto, a política religiosa de Cláudio, que estava direcionada para a manutenção do *status quo*. Além do mais, que eles proclamavam Jesus como "rei", o que denota que, em Tessalônia, existia a mesma confusão do Ressuscitado com uma pessoa ainda vivente sobre a terra, equívoco que é pressuposto também em Roma (cf. Suetônio, *Cláudio* 24,4). Em todo caso, os judeus de Tessalônia não queriam correr o risco de serem expulsos, como alguns do judeus romanos.

Em Corinto, ao contrário, a comunidade judaica apresenta-se como acusadora diante do governador Gálio, a fim de se distanciar dos cristãos. Isso poderia ser justificado pelo fato de nesse caso o cristianismo contar com judeus importantes, ao lado de Áquila e Priscila, principalmente o chefe da sinagoga, Crispo. Gálio, porém, considera as queixas que lhe foram apresentadas como um assunto intrajudaico. Com isso, ele identifica o cristianismo simplesmente como um grupo judeu.

Os judeo-cristãos reagiram de forma completamente diferente à nova situação: quando as sinagogas entraram em dificuldades, os cristãos se separaram imediatamente delas e aceitaram pagãos incircuncisos em suas comunidades; as tensões com o judaísmo deviam reduzir-se. Somente assim se podia evitar medidas repressivas do Estado, como o edito de Cláudio. Evitar conflitos com os judeus significava evitar conflitos com as autoridades. Daí resultou a estratégia seguinte: cristãos (também gentio-cristãos) que eram reconhecíveis como judeus e se entendiam algo assim como judeus tementes a Deus, podiam ser aceitos pela sinagoga. Apenas uma coisa era exigida: era preciso convencer os gentio-cristãos a cumprir critérios mínimos do judaísmo — portanto, a circuncisão e os preceitos alimentares. Isso não configurava nenhum choque contra o Concílio dos Apóstolos. De fato, ali se havia apenas concordado em que a circuncisão não deveria ser *obrigatória* para os gentio-cristãos. Isso, porém, não implica nenhuma obrigação de não se deixar circuncidar. O que deporia contra isso, se eles o fizessem consciente e espontaneamente? Essa propaganda em prol de uma aceitação voluntária das marcas identificadoras do judaísmo encontra-se primeiramente nas comunidades gálatas e mais tarde em Filipos. Portanto, a contramissão gálata tem as características a seguir.

Ligação positiva com Paulo. Os adversários dizem que Paulo teria lançado o fundamento para a verdade. Eles queriam construir sobre tal base. Sem essa ligação positiva é impensável uma penetração nas comunidades paulinas. Os adversários, portanto, não atacam Paulo, mas solicitam-no. Diferentemente das cartas aos Corintios, em minha opinião, não se acham indícios de agressões pessoais contra as quais Paulo deve defender-se. O próprio Paulo enfatiza o abismo radical entre as opiniões, não seus adversários. Paulo é que aguça o conflito, não seus oponentes.

A pretensão de consumar o cristianismo. Paulo pergunta aos gálatas em 3,3: "Sois tão insensatos que, tendo começado com o espírito, agora acabais na carne?". Como modelo poder-se-ia imaginar a escala de tementes a Deus a prosélitos. Paulo, de certa maneira, recrutou tementes a Deus que não se deixaram circuncidar. Agora viria a circuncisão como consumação dessa conversão ao Deus uno e único.

A concentração nos traços judaicos decisivos de identificação: circuncisão, regras alimentares, calendário. Os contramissionários asseguram que não seria necessário observar toda a lei judaica. Por essa razão, Paulo suplica aos gálatas em 5,3: "Declaro de novo a todo homem que se faz circuncidar: ele é obrigado a observar toda a lei". Para a meta pragmática — assegurar a pertença ao judaísmo — bastam, com efeito, os traços judaicos decisivos de identificação. O desejo de assegurar a pertença a Israel sobressai-se da censura de Paulo: "Não é para o bem que eles vos cortejam. O que querem é excluir-vos (ἐκκλεῖσαι), para que vós os cortejeis a eles" (4,17). Os antagonistas sugerem, portanto, que os gálatas ainda não pertencem realmente "a" (ou seja, a Israel e aos filhos de Abraão), mas que deveriam ainda esforçar-se por uma pertença completa.

Evitação de conflito como motivo. Paulo supõe, por duas vezes, uma relação entre a exigência da circuncisão e a evitação de conflito. "Os que querem fazer boa figura na carne são os que vos forçam a vos circuncidardes, só para não sofrerem perseguição por causa da cruz de Cristo" (6,12). E, nesse contexto, ele se coloca pessoalmente como exemplo: "Quanto a mim, irmãos, se ainda prego a circuncisão, por que sou perseguido? Pois estaria eliminado o escândalo da cruz!" (5,11).

Transmissão de opressão política. Em 4,21-23, Paulo deixa claro que a Jerusalém atual (= o judaísmo) não é livre: "É escrava com seus filhos". Como Ismael, o nascido na escravidão, perseguiu Isaac, o nascido liberto, agora aconteceria também assim: os judeus politicamente escravizados perseguem os cristãos, que são livres. Podemos inferir essa afirmação: judeus, que não mais dispõem de liberdade política, em razão de sua escravidão, tornam-se perseguidores. Pressupusemos a mesma relação para o evangelho de João.

Em Filipos devem ter comparecido missionários judeo-cristãos semelhantes. Também eles difundiam a circuncisão, ainda que não ouçamos falar diretamente de uma exigência da circuncisão, senão que apenas um orgulho ostensivo por causa da circuncisão. Eles haviam igualmente atribuído grande apreço às prescrições alimentares, razão pela qual Paulo os censura de que o deus deles é o estômago (Fl 3,19). Eles, provavelmente, ostentavam a pretensão de serem os únicos a realizar o cristianismo, razão por que Paulo expõe o que significa a perfeição para ele (3,12-14). E com tudo isso, eles prometeram que os cristãos, mediante o cumprimento do cristianismo deles, pertenceriam à *politeuma* [cidade] de Israel — reconhecida em seu ambiente circundante como as *politeumata* judaicas (as comunidades judaicas nas cidades helenistas). Em contrapartida, Paulo diz, porém, que a *politeuma* dos cristãos, a cidadania deles está no céu (3,20).[23]

Em ambas as cartas que contêm temática antijudaica — Gálatas e Filipenses—, Paulo combate uma contramissão judaística que, a fim de evitar o conflito com a sociedade, pretende reintegrar no judaísmo os grupos cristãos recém-criados.

Eles pretendem reduzir imediatamente o conflito com as comunidades judaicas; num segundo momento, porém, (também no interesse das comunidades judaicas), reduzir o conflito com o ambiente pagão e com as auto-

---

[23] Quanto à noção de poli,teuma, cf. Peter Pilhofer, *Philippi Bd I. Die erste christliche Gemeinde Europas*, WUNT 87, Tübingen: Mohr 1995, 122-134.

ridades civis que, à perturbação da "paz", ameaçavam intervir. Devem-se atribuir a esses "adversários" de Paulo motivos íntegros. A paz entre grupos religiosos é um bem precioso.

Paulo, porém, contesta-os. Em ambas as cartas, ele esgrime a Boa-Nova do Crucificado (Gl 2,19; 3,1; 5,11; 6,14; Fl 3,18). A "cruz" é o símbolo de uma incontornável tensão em relação ao mundo. O "Crucificado" é o Redentor rejeitado pelo mundo. Em conexão com ele, os cristãos devem expor-se ao risco de tensões e conflitos com seu mundo ambiente, e suportá-los.

Esclarecedor é que Paulo, nas duas cartas, nas quais ele discute abertamente com os judaizantes, enfaticamente apela para sua biografia: sua conversão e vocação são modelos para a separação em relação ao judaísmo em sua configuração tradicional. A questão é: ele instrumentaliza aqui seu passado como um expediente retórico, a fim de, no presente, obter argumentos contra seus opositores, ou ele vive a situação desde o início à luz de sua conversão?

A crise judaística e a resposta da teologia paulina

Com frequência, a relação da crise pessoal de Paulo com a crise judaística do cristianismo primitivo dos primeiros tempos é fixada de tal maneira que Paulo teria projetado essa crise geral nas recordações de sua crise pessoal. Ao descrever sua conversão como ruptura em relação à certeza da justificação em Fl 3, ele estaria retroprojetando em sua origem a doutrina da retribuição que só apareceria bem mais tarde. Dado que ele pretende que os filipenses, no presente, desviem-se do modo de vida judaico, ele descreve sua conversão como abandono radical de todas as tradições judaicas. A tese contrária é mais provável: Paulo ficou marcado por toda a vida por sua experiência de Damasco. E ele a projeta para dentro de situações nas quais ele, mediante oponentes judaizantes, confrontrar-se-ia indiretamente com seu próprio passado judaizante. Ele não pode, de forma alguma, defender realisticamente tais opositores. Eles são para ele uma porção de seu próprio passado, a qual ele rejeita veementemente. Na Galácia, também, não foram seus adversários que procuraram o atrito. Paulo o introduz na situação.

Esses antagonistas forçam-no a, depois de tanto tempo, confrontar-se mais uma vez com seus próprio passado judaizante. E no ímpeto desse confronto, ele logra uma compreensão conceitual sempre mais clara da ambivalência em que ele se acha em relação à lei. Nesse processo, em minha opinião, a concepção com a qual ele critica a lei, ele a toma emprestado à crítica geral à lei, tal qual era conhecida na Antiguidade. Fragmentos e citações isoladas desse material espalharam-se até o judaísmo helenista, posto que colocados somente na boca de críticos ímpios da Torá de Moisés, sobre cuja rejeição se era unânime. Assim, em Josefo, quando ele permite que Zinri ensaie uma revolta contra Moisés (Jos *Ant.* 4,141-155). Ou eram aplicadas somente às leis pagãs, diferentemente da Torá mosaica. Assim, em Fílon, quando ele descreve José como o legislador do Egito (Jos 28-30). Em resumo: na carta aos Gálatas, Paulo aplica à lei mosaica categorias e noções que, de outra forma, foram empregadas, entre os judeus, somente em referência a leis pagãs.

O primeiro argumento contra a lei tem o seguinte teor: trata-se apenas de um apêndice à promessa, o qual, cronologicamente, foi acrescentado muito tempo depois da promessa feita a Abraão. Paulo diz: a lei foi adicionada (προσετέθη) por causa do pecado (Gl 3,19). Isso lembra a descrição da doação da lei por meio de José, em Fílon. José significa "acréscimo" (do hebraico *jasaph*). Ou do grego: πρόσθεσις. Esse nome é de tal maneira interpretado que José ainda faz acréscimos à lei geral da natureza, que é idêntica à Torá mosaica: leis especiais para os egípcios pagãos (Fílon, *Jos.*, 28-30). Em contrapartida, Paulo considera a própria Torá mosaica como apêndice.

O segundo argumento contra a lei é: ela remonta a uma série de legisladores; uma vez que ela foi intermediada, o único mediador é, porém, sempre intermediário entre muitos. Mencionam-se explicitamente os anjos (Gl 3,19-20). Ora, a concepção de que anjos tivessem transmitido a Torá no Sinai não é estranha aos judeus (cf. o discurso de Estêvão em At 7,53). Mas, os "diversos anjos" podem ser, na compreensão dos judeus, os anjos estabelecidos sobre as diversas nações.

O terceiro argumento: a lei possui uma função repressiva. Ela foi acrescentada por causa dos pecados (Gl 3,19) — ou seja, em primeiro lugar, a fim de reprimi-los. Ela é um "pedagogo" (παιδαγωγός), sob o qual as pessoas protegidas por ele são ainda menores e em nada se distinguem de um "escravo" (δοῦλος) (4,1). Essa ideia de que a lei é um instrumento tirânico é expressa, em Josefo, pelo rebelde Zinri. Com a ajuda da lei, Moisés dominaria os israelitas a fim de oprimi-los.

Se a lei é assim considerada, tal como, aliás, apenas as leis pagãs o eram, então torna-se compreensível que o lugar da legislação, o Sinai, seja buscado na Arábia e identificado com Agar[24] — portanto, não com Sara, a progenitora dos israelitas, mas, sim, junto a uma concubina de Abraão, da qual também não-judeus descendem. Aos judeus cabe efetivamente o papel dos pagãos.

Somente agora torna-se mais compreensível, por que Paulo pode criticar como uma recaída no paganismo a assunção da lei por parte dos Gálatas. Pois esse argumento, na verdade, é contrafactual. Os gálatas pagãos não eram, em seu período pré-cristão, partidários de leis. Se, porém, a lei judaica pode ser apresentada como uma lei pagã, então o deus pagão e a lei judaica podem resumir-se numa noção de "elementos do mundo" (στοιχεῖα τοῦ κόσμου) (Gl 4,3.9). O argumento da recaída é também atrativo pelo fato de os contramissionários terem louvado a recepção da lei como progresso e plenitude. Paulo, inversamente, sustenta: os gálatas atingem o contrário daquilo que lhes fora prometido: a suposta plenitude dos começos realizados por Paulo. O que aos olhos deles parece "progresso", na realidade é um passo atrás.

De certa maneira, Paulo concorda também com a promessa de uma "perfeição". Mas a lei não é observada mediante a circuncisão e outros gestos rituais simbólicos, mas unicamente por meio do amor. Essa é sua tese em Gl 5,14. A lei, anteriormente tão fortemente desvalorizada, encontra em seu mandamento ético central uma enorme valorização. Ambas se acham na carta aos Gálatas imediatamente uma ao lado da outra: em primeiro lugar, a imensa depreciação da lei, o que é um escândalo para um judeu e, no fim, sua revalorização. Paulo não proporciona juízos de valor entre ambas. Ele não diz: a desvalorização diz respeito à lei como

---

[24] Essa interpretação alegórica do nome de Agar, aparentemente arbitrária, é ocasionada ou por um lugar chamado Hegra, situado a leste do Mar Morto, na Arábia (assim, Hartmut Gese, τὸ δὲ Ἁγὰρ Σινὰ ὄρος ἐστὶν ἐν τῇ Ἀραβίᾳ (Gl 4,25), in *Vom Sinai zum Zion*, BEvTh 64, München: Kaiser 1974, 49-62 e Martin Hengel/Anna M. Schwemer, *Paulus*, 186-187), ou faz um jogo de palavras com a palavra árabe hḭadja (= rochedo), com a qual a montanha do Sinai fora descrita (assim, Hans D. Betz, *Galaterbrief*, 421). A primeira interpretação se encaixa melhor na contínua tendência de se aproximarem, na carta aos Gálatas, direta ou indiretamente (mediante conotações), tradições judaicas e tradições pagãs.

concepção de exigências rituais, ao passo que sua revalorização refere-se à lei como concepção de mandamentos éticos. Ele não dispõe dessa terminologia — e, como judeu, não pensa de forma alguma numa divisão da lei nesse sentido.

Somente depois da redação da carta aos Gálatas[25] é que ele em 2Cor encontrou uma conceitualidade que traduz nocionalmente essa incomensurável ambivalência no confronto com a lei. A lei tem dois lados: de um lado, ela é *letra* letal, de outro lado é *espírito* vivificador (2Cor 3,6). A esse respeito, não se pensa em determinadas exigências conteudísticas. As exigências rituais não são identificadas com a letra mortífera, nem as éticas com o espírito vivificante. Antes, Paulo alude inequivocamente aos mandamentos éticos do Decálogo, quando ele vê a letra naqueles escritos em tábuas de pedra, mas o espírito ali, onde o conteúdo deles é inscrito no coração.

Em Romanos, Paulo emprega de novo essa terminologia. Visto que ele agora dispõe de uma conceitualidade que permite agudas declarações opostas quanto à lei, encontramos então, paralelamente, por um lado, as afirmações negativistas de Paulo sobre a lei que teria sido introduzida, no entretempo, para avultar o pecado (Rm 5,20); por outro lado, as asserções positivistas: o preceito é santo, justo e bom (7,12). Somente nas mãos do pecador é que ela se torna uma lei mortal.

Qual é, pois, o benefício histórico permanente da crítica paulina à lei e da doutrina da justificação? Com elas, Paulo fundamentou teologicamente a autonomia do cristianismo em relação ao judaísmo. Ou poder-se-ia também dizer: com elas, ele tornou possível a acolhida de pagãos na comunidade cristã, sem circuncisão prévia, o que serviu de motivo para a

---

[25] É discutida a sequência cronológica entre a carta aos Gálatas e a II carta aos Coríntios. Muitas vezes, Gálatas vem situada cronologicamente logo antes da carta aos Romanos. Assim, entre outros, Udo Schnelle, *Einleitung in das Neue Testament*, UTB 1830, Göttingen: Vandenhoeck ²1996, que interpreta 1Cor 16,1 de maneira tal como se a autoridade de Paulo na Galácia ainda fosse incontestre — como nós encontraríamos ainda antes do conflito gálata. Esse argumento, porém, não é seguro: mesmo que na Galácia sua autoridade já fosse questionada, dificilmente Paulo partilharia isso com as comunidades coríntias, nas quais ele lutava por sua autoridade. É possível também que o conflito gálata já se tivesse há muito tempo dissolvido. Compare-se a carta aos Romanos: ali Paulo transmite saudações de toda a comunidade coríntia (16,23). Desapareceu qualquer traço dos profundos conflitos entre a comunidade e ele, acontecidos havia bem pouco tempo. Tanto menos se pode deduzir, a partir de uma estrutura de elaboração semelhante entre Gálatas e Romanos, uma proximidade cronológica de origem entre ambas. A carta aos Romanos não apenas retoma a carta aos Gálatas, mas também a primeira carta aos Coríntios (cf. os temas Adão e Cristo, corpo de Cristo, fortes e fracos). A carta aos Gálatas poderia ter surgido tão próximo ou tão distante da carta aos Romanos quanto a primeira carta aos Coríntios. Parece-me que Paulo, na carta aos Gálatas, assume uma posição entusiasta, o que ele corrige na carta aos Romanos. Uma explicação para essa correção poderia ser que ele, entrementes, aprendera do conflito com os entusiastas coríntios.

separação do judaísmo. Essa independência foi expressa com antíteses toscas, que extrapolam largamente esse motivo:

A primeira antítese soa assim: "Obras da lei contra a fé". As obras da lei não justificam, mas somente a fé. Primeiramente, quer-se dizer: para a recepção na comunidade, as marcas *rituais* judaicas de identificação não têm nenhuma importância. A condição de ingresso para a aceitação na comunidade cristã é tão-somente a fé em Cristo. Que Paulo tenha generalizado essa ideia para além disso, é indiscutível. Para ele, também não existem pressuposições éticas para a admissão ao cristianismo. As obras da lei abrangem tanto comportamentos éticos quanto rituais. Contudo, a antítese "obras da lei *versus* fé" relativiza primeiramente e acima de tudo o sistema ritual do judaísmo. Questões rituais foram o ponto de partida da crise judaística.

A segunda antítese: "Lei contra Cristo". A lei desempenhava uma função histórico-salvífica, mas era limitada. No lugar da revelação da Torá, entra agora a revelação de Cristo. Com essa nova revelação, o sistema simbólico mítico-narrativo do judaísmo é reescrito. Ele encontra um novo centro em Cristo. Aqui, torna-se visível uma emancipação no universo *mítico* simbólico.

A terceira antítese: "letra contra espírito". Essa antítese abrange igualmente diversos aspectos, mas também oposições éticas. As letras escritas sobre pedra indicam o Decálogo. Os mandamentos éticos são também, como exigências vindas de fora, "letra" mortífera. O espírito, porém, é a força da vida nova, determinada eticamente, cujo primeiro fruto é o "amor". Com isso, evidencia-se também nessa antítese uma delimitação *ética* em relação ao judaísmo.

Mediante essa delimitação do judaísmo, Paulo fundamenta e defende a autonomia da nova religião em todas as formas de expressão de sua linguagem simbólica. Isso é tanto mais notável quanto as condições políticas circundantes modificadas deviam deixar transparecer a renúncia a essa autonomia como o caminho mais fácil. Se o cristianismo tivesse permanecido uma parte do judaísmo, teria então podido evitar diversos conflitos com os judeus e com os pagãos.

A importância de Paulo é, porém, insuficientemente compreendida quando vista apenas na delimitação da nova religião perante o judaísmo. Sua grandeza consiste em que ele se mantém, ao mesmo tempo, em continuidade com o judaísmo. Para ele, a fé cristã é cumprimento do judaísmo — não apenas como cumprimento das promessas veterotestamentárias. Acima de tudo, com sua teologia, Paulo responde às aporias fundamentais do judaísmo. A carta aos Romanos esfalfa-se com tais questões. Ela não dissolve as aporias, mas as reformula de maneira tão nova que surge uma fé universal acessível. Mostremos esse ponto brevemente na carta aos Romanos.

A contradição entre universalismo e particularismo encontra-se no resumo da doutrina da justificação em Rm 3,28-30: "Porquanto nós sustentamos que o homem é justificado pela fé, sem a prática da Lei. Ou acaso ele é Deus só dos judeus? Não é também das nações? É certo que também das nações, pois há um só Deus, que justificará os circuncisos pela fé e também os incircuncisos por meio da fé". Visto que a universalidade de Deus conduz à indiferença entre circuncisão e incircuncisão, poder-se-ia compreender a justificação como dissolução das exigências rituais de separação. Mas isso seria muito pouco na carta aos Romanos. Os primeiros capítulos contêm uma ofensiva "moral" contra todo pecado humano — independentemente do fato de se tratar de judeus ou de pagãos. Uma vez que todos são pecadores, desaparece a distinção entre judeus e pagãos. Os pagãos assumem o papel dos judeus: também eles percebem em seus corações a exigência da lei e são convencidos mediante a própria consciência (Rm 2,14-16). Eles também podem ser considerados como "circuncisos" em sentido figurado, se eles cumprem as exigências de Deus (2,26). Aquilo em que os judeus levam vantagem em relação a eles — as promessas — ilumina, acima de tudo, a infidelidade humana, em contraste com a fidelidade de Deus (3,1-3). Em resumo: nos primeiros capítulos da carta aos Romanos, produz-se a uniformidade do ser humano pela sua infinita distância em relação ao Deus eticamente exigente. Não há justos. Por conseguinte, todas as pessoas são iguais (Rm 1,18-3,20).

Nos próximos capítulos (Rm 3,21-5,21), esse nivelamento é positivamente contraposto pela universalidade da graça de Deus para todos os que creem. Isso é demonstrado nas duas figuras veterotestamentárias de Abraão e de Adão. Abraão, o progenitor dos judeus, torna-se pai de todos os crentes — independentemente de sua nacionalidade de origem (Rm 4,1-3). Ao pai de todas as pessoas, Adão, é contraposto Cristo, o novo Adão. Isso visa a que todos sejam marcados por esse novo Adão — tal como todos foram marcados pelo velho Adão: "Por conseguinte, assim como pela falta de um só resultou a condenação de todos os homens, do mesmo modo, da obra de justiça de um só, resultou para todos os homens justificação que traz a vida" (Rm 5,18). No entanto, essa universalidade é, *de facto*, limitada: a saber, aos que creem (Rm 3,21-23) ou àqueles que receberam a graça por Jesus Cristo (Rm 5,15.17.21).

A aporia entre a vontade salvífica universal de Deus e a particularidade do "povo" de Deus não é, portanto, desfeita. Ela se repete também para os cristãos. Essa particularidade não é mais formada por pertença étnica, mas pela fé em Cristo. Nos capítulos 9-10, Paulo peleja com o aguilhão dessa nova restrição da universalidade de Deus: nem todos os israelitas creem, não obstante as promessas valerem para eles. Deve a oferta salvífica de Cristo, portanto, levar à perdição precisamente daqueles aos quais se destinava em primeira mão? Em diversas arrancadas, Paulo procura por uma resposta. Ele só a encontra quando chega à seguinte convicção: todo o Israel será salvo (Rm 11,25) — e isso, apesar de a maior parte de Israel, no presente, rejeitar a fé. O fundamento dessa salvação é a misericórdia de Deus. Ela se impõe mesmo acima da rejeição do evangelho. O pensamento da graça é, com isso, radicalizado. Isso, porém, conduz à segunda aporia.

Nós havíamos reconhecido como segunda aporia do judaísmo a tensão entre a graça teocêntrica de Deus e o agir humano. Essa tensão também assinala a carta aos Romanos. Por meio de Cristo, Deus proporciona a salvação para todos sem a cooperação humana. As "obras" da lei estão daí excluídas. O protótipo do receptor da salvação é Abraão, não mediante o sacrifício de Isaac, o qual no judaísmo e no cristianismo, aliás, é a prova de sua obediência paradigmática (cf. Tg 2,20-24; Hb 11,17-19), mas por meio de sua fé no poder de Deus que vence a morte. Sua fé é confiança num poder perante o qual o ser humano é totalmente passivo. Sua fé é fé naquele que chama à existência as coisas que não existem (Rm 4,17). E também na parte respeitante a Israel (Rm 9-11), esse Deus aparece como um Deus que age soberanamente, como um oleiro que pode livremente dispor de sua criação. Antes que se possa falar de uma ação humana, ele decide sobre o bem e o mal (Rm 9,11).

Ainda que o ser humano pareça mergulhar no nada perante a soberania desse Deus, na carta aos Romanos ele é, porém, elevado a uma dignidade que ultrapassa as fronteiras humanas. Ele está destinado a ser conforme a imagem do Filho de Deus (Rm 8,29). Ele deve "reinar" na vida com Cristo (Rm 5,17). Ele deve, como herdeiro autônomo, "ser glorificado" com ele (Rm 8,17). Ele será transformado num ser que recupera novamente sua liberdade e dignidade: a liberdade da glória dos Filhos de Deus (Rm 8,21). Como isso é possível?

A carta aos Romanos expande não apenas quantitativamente as fronteiras da salvação até o universal. Ela não é apenas oferecida a todas as pessoas. Ela muda também qualitativamente as pessoas. Paulo descreve isso na parte central de sua carta, nos capítulos 6-8. Enquanto ele, normalmente, na carta aos Romanos, descreveu Deus e sua ações com metáforas da vida política — como rei, juiz e senhor do culto —, aqui ele muda para metáforas da vida privada: o homem redimido é comparado sucessivamente com um escravo, que muda de senhor (Rm 6,12-14), com uma mulher, que contrai segundas núpcias (Rm 7,1-3), e com uma pessoa que é adotada como filho (Rm 8,12-15). Todos os três papéis da casa são evocados: o do escravo, o da esposa e o do filho, a fim de apresentar a mudança do ser humano.[26]

Paulo começa com a maior das sujeições — a escravidão —, e nisso, alude a um dos seus aspectos mais odiosos: a disponibilidade sexual dos escravos e escravas, quando ele escreve: "Como outrora entregastes vossos membros à escravidão da impureza e da desordem para viver desregradamente, assim entregai agora vossos membros a serviço da justiça para a santificação" (Rm 6,19). Antigamente eles estavam entregues ao pecado, como escravos e escravas eram entregues ao apetite sexual de seu senhor. Agora, porém, "livres do pecado, vos tornastes servos da justiça" (Rm 6,18). Com a imagem do escravo que muda de senhor, ele deseja mostrar a libertação do pecado.

A próxima imagem evoca o destino de uma mulher cujo marido morreu e que agora se acha livre para novas núpcias. Ela está "livre da lei do marido" (Rm 7,3). A imagem contém um sobressalto: a premissa geral diz que a morte torna uma pessoa livre em relação à lei. O exemplo fala, a seguir, da morte do marido, pela qual a mulher sobrevivente se torna livre. A adaptação do exemplo fala, então, da morte dos cristãos — em-

---

[26] Cf. Petra von Gemünden/Gerd Theissen, Metaphorische Logik im Römerbrief. Beobachtungen zu dessen Bildsemantik und Aufbau, in: Reinhold Bernhardt/Ulrike Link-Wieczorek (eds.), *Metapher und Wirklichkeit. Die Logik der Bildhaftigkeit im Reden von Gott, Mensch und Natur*, FS Dietrich Ritschl, Göttingen: Vandenhoeck 1999, 108-131.

bora estes sejam apresentados da figura da mulher sobrevivente. Esse sobressalto torna-se compreensível quando se pensa a morte com a ressurreição: os cristãos já vivem, agora, como se já tivessem ressuscitado dos mortos (cf. Rm 6,11.13; 7,4). Eles pertencem àquele que possui o poder de libertar, por meio da morte, aqueles que morreram com ele. A imagem das novas núpcias da mulher pretende apresentar a liberdade em relação à lei.

Esta série de metáforas encontra seu ápice na imagem da adoção, que supera todas as imagens usadas até agora. Com a adoção como filhos (e filhas) de Deus, os cristãos não receberam, efetivamente, nenhum "espírito de escravidão", de modo que recaíssem no temor, mas o "espírito de adoção". Os filhos têm a mesma imagem do Filho de Deus (Rm 8,29). Em retrospectiva, compreende-se por que Paulo teria relacionado a imagem da escravidão com as palavras: ele estaria falando linguagem humana (Rm 6,19). De fato, a escravidão está ligada à não-liberdade e ao medo. Somente como filhos é que os cristãos têm a "liberdade da glória dos filhos de Deus" (Rm 8,21). Essa liberdade é liberdade da escravidão da transitoriedade (Rm 8,21).

Portanto, em três imagens Paulo expressa o que ele entende por "liberdade" cristã. Em Rm 7,7-9 ela a contrapõe à não-liberdade dos não-redimidos. Na Antiguidade, liberdade é a aptidão para fazer aquilo que se quer.[27] Em Rm 7,15.19, Paulo nega essa liberdade às pessoas não remidas: "Não pratico o que quero, mas faço o que detesto". Mas ele está convicto de que o ser humano, mediante uma mudança com Cristo e por meio do Espírito, pode novamente alcançar essa liberdade.

De fato, nas duas partes seguintes da carta aos Romanos o ser humano aparece de novo como colaborador de Deus. Na parte que diz respeito a Israel (Rm 9-11), encontramos uma cooperação do ser humano no anúncio da salvação. Os pés do ser humano que segundo Rm 3,15 (= Is 59,7-8) apressam-se para derramar sangue, agora são postos em movimento a fim de anunciar o Evangelho: "Quão maravilhosos os pés dos que anunciam boas notícias" (Rm 10,15 = Is 52,7). Na seção parenética da carta aos Romanos, essa contribuição do ser humano se expande

---

[27] Cf., por exemplo, a definição de liberdade em Epicteto, *Diss* IV, 1,1: "Livre é o homem que vive como quer, que não é nem forçado a nem impedido de nada, a quem ninguém pode fazer nenhuma violência, cujo querer não é obstruído, cujo desejo alcança sua meta, cuja recusa não se transforma em seu contrário".

para todo comportamento ético. O ser humano reveste-se da armadura de Deus a fim de, na alvorada do novo mundo, travar um combate com as trevas (Rm 13,11-14). Encontramos, portanto, na carta aos Romanos, um sinergismo ético e querigmático: o ser humano é chamado a ser, no mundo, colaborador de Deus em seu anúncio e no prevalecimento de sua vontade. Em sua vocação, ele é completamente passivo. A meta de sua vocação, porém, é sua atividade.

Se perguntarmos como Paulo controla as duas aporias do judaísmo, poderíamos, então, dizer: por meio de sua fé em Cristo. Pela fé em Cristo, a salvação torna-se universalmente acessível a todas as pessoas. Essa fé é, fundamentalmente, sem "obras da lei" — sem a recepção de ritos judaicos específicos —, mas também sem pressuposições morais. Da mesma forma, a transformação do ser humano é operada por Cristo — menos por meio da fé (em Rm 6-8, o conceito "fé" encontra-se apenas em 6,8) do que pela *conformitas* com Cristo. As aporias do judaísmo voltam sob outra forma: se Deus é radicalmente misericordioso, por que deve o ser humano ainda esforçar-se pelo bem (cf. as questões em Rm 3,5-8 e 6,1)? Se Deus deseja salvar universalmente todas as pessoas, o que acontece com os incréus? Paulo busca levar essas aporias a um novo equilíbrio. Como ele procede?

Quanto à aporia entre a graça teocêntrica e a atividade antropocêntrica, ele acentua as duas formas de relacionamento com Cristo: a fé em sua ação salvífica e o ser transformado por meio de seu destino. O gesto salvífico de Cristo é, no primeiro caso, compreendido exclusivamente: Cristo fez e sofreu, vicariamente pelas pessoas, aquilo que elas não fazem e o que devem sofrer. No segundo caso, é entendido inclusivamente: o destino de Cristo repete-se em cada cristão. Cada um morrerá nele e entrará numa nova vida. A compreensão exclusivista do evento salvífico possibilita uma compreensão radical e universal da graça. Ela é válida para todas as pessoas, que apenas na fé devem aceitá-la. A compreensão inclusivista do acontecimento salvífico impede um libertinismo que confia na graça, sem se motivar para o agir bem. É impossível ao ser humano transformado com Cristo querer pecar. Ele está livre do pecado.

No que diz respeito à segunda aporia entre universalismo e particularismo, ela é apenas tratada por Paulo, mas certamente não resolvida.

Aqui também ele argumenta com sua fé em Cristo. Cristo é o novo Adão. Assim como todas as pessoas estão marcadas por Adão, de igual modo todos deveriam ser assinalados pelo novo Adão, com consequências interiores. A tipologia Adão-Cristo é potencialmente universal. Mas a comparação de ambas as aparições do "ser humano" não é suficiente para permitir que todos realmente participem da salvação. O "novo Adão" em Rm 5,12-14 é o Jesus terrestre que, mediante seu ato de obediência, restaurou a desobediência do primeiro Adão. Segundo 1Cor 15,47-49, porém, o novo Adão é aquele que virá de novo na parusia. Em Rm 11, Paulo introduz essa espera para, pelo menos tendo em vista a Israel, defender uma doutrina salvífica universal: todo o Israel será salvo e, aliás, independentemente de que os judeus creiam ou não. Todos irão ao encontro do Cristo que estará retornando em sua parusia — e ele perdoar-lhes-á a incredulidade.

Finalmente, enfatize-se: não obstante Paulo fundamente a autonomia do cristianismo perante o judaísmo, ele mantém uma continuidade em todas as formas de expressão da religião. Ele não rompe completamente com o sistema *ritual* simbólico do judaísmo. Em comum com este, permanece-lhe a aversão por todos os rituais pagãos. Ele pode, por certo, em princípio, aceitar o consumo de carne sacrificada aos ídolos, não porém, quando se torna expressão de participação em cultos pagãos. Ele também não se afasta história de Israel *narrativamente* atualizada. Ela apenas a vê à luz de um novo centro. E mui certamente não se desvencilha do *etos* judaico. Antes, ele pretende realizá-lo de forma exemplar — arrebatado pelo quase entusiasta desejo de que os mandamentos de Deus fossem colocados, pelo Espírito, no coração das pessoas. De acordo com sua mentalidade, Paulo permanece judeu. Ele partilha o universo simbólico ritual, narrativo e ético do judaísmo. E corresponde às suas mais profundas convicções o fato de ele continuar a esperar que, não obstante a separação entre cristãos e judeus, no final — na parusia de Cristo — eles serão reunidos de forma maravilhosa.

A crise gnóstica no segundo século

Mediante a crise judaística no séc. I, ficou resolvido que o cristianismo não é nenhuma parte do judaísmo. Tanto mais, pôs-se a seguir a questão de se ele não poderia tornar-se parte da religiosidade helenista geral — parte de um novo movimento que penetrava diversas religiões e cultos. Pode-se interpretar a gnose como esse movimento inter-religioso que abarcava, entre outros, o cristianismo.

Que é gnose? Tentativa de definição[28]

Gnose significa "conhecimento". O que era especial no movimento gnóstico é que ele prometia salvação por meio do conhecimento. Esse conhecimento possuía um conteúdo específico: a identidade essencial do homem interior com a divindade transcendente. O decisivo nisso: de um lado, está o eu mais íntimo, um eu desconhecido ao gnóstico antes de sua iluminação, que é descoberto por primeiro no processo da gnose. E, por outro lado, está o Deus radicalmente transcendente, que não se identifica com os deuses anteriormente conhecidos — nem tampouco com o deus monoteísta dos filósofos ou dos judeus. Deus e o eu estão, os dois, situados dualisticamente em relação ao mundo e ao corpo. Todas as tradições religiosas são reinterpretadas à luz desse conhecimento fundamental — como símbolo da autodescoberta do ser humano. Destarte, uma curta definição de "gnose" poderia soar assim: *Gnose significa a obtenção da salvação mediante o conhecimento.* O objeto do conhecimento

---

[28] A proposta de uma definição que foi elaborada no Congresso sobre as "origens do gnosticismo", em Messina, no ano de 1996, continua a ser o ponto de partida para esclarecimentos definitórios (Ugo Bianchi (ed.), *Le Origini dello Gnosticismo. Colloquio di Messina 13-18 Aprile 1966. Testi e Discussioni,* SHR 12, Leiden: Brill, 1967m 21970, XX-XXII. Segundo o texto, "gnose" é um difuso fenômeno geral, "o conhecimento de segredos divinos, reservado a uma elite"; em contrapartida, "gnosticismo" é o fenômeno histórico de sistema gnósticos nos séc. I e II, que tratam da presença de um centelha divina no ser humano, de sua origem e salvação, mediante a "gnose". A diferenciação entre um modelo de saber salvífico, passível de descrição religioso-fenomenológica, e a forma concreta dos antigos sistemas gnósticos até que se impôs, não porém, a coordenação teminológica: a noção de "gnose" está ligada às manifestações concretas na Antiguidade tardia e não se deixam desvencilhar daquelas. Levando-se também em consideração a Antiguidade, pode-se, porém, diferenciar a gnose, em sentido amplo, como uma autocompreensão fundamental num conhecimento salvífico, do gnosticismo como os sistemas construídos sobre tal conhecimento, e que haviam florescido no séc. II. A distinção teria até mesmo um ponto de apoio num importante texto fontal. Irineu escreve acerca do surgimento do sistema valentiniano, em Iren. *ad. haer.* I,11,1: "Pois o primeiro que transferiu para uma forma própria de escola os princípios das assim chamadas heresias gnósticas, Valentino, assim fixou-a". Isso pode ser compreendido como se Valentino tivesse sido o primeiro a transformar a "gnose" num sistema escolar gnóstico, o "gnosticismo". Tendo em vista tanto a "gnose" quanto o "gnosticismo" do séc. II, são passíveis de consenso as cinco características denominadas por Robert McLachlan Wilson, "Gnosis/Gnostizismus II, *TRE* 13, 1984, 535-550: (1.) um dualismo cósmico radical, (2.) a diferenciação entre um Deus transcendental e um demiurgo, (3.) a fé numa centelha da luz divina no ser humano, (4.) um mito que explica a situação atual do ser humano mediante uma queda antediluviana, (5.) a convicção de uma "gnose" salvífica que, por meio do conhecimento da unidade dessa centelha de luz no ser humano com o universo divino, traz a salvação. Uma instrutiva visão panorâmica da "gnose" encontra-se em Hans-Josef Klauck, *Die religiöse Umwelt des Urchristentums II. Herrscher- und Kaiserkult, Philosophie, Gnosis,* Stuttgart, Berlin, Köln 1996, 145-198.

é a identidade essencial do eu transcendente na pessoa humana com a divindade transcendente fora do mundo. O típico é a ligação entre radical valorização do eu com radical desvalorização do mundo (na qual o corpo é uma parte do mundo).

O mito gnóstico explica, então, em forma narrativa, como se chegou a esse dualismo entre mundo e Deus, eu e corpo, gnósticos e demais pessoas.

O dualismo *cósmico* entre mundo e Deus é esclarecido por um mito de criação do mundo, que explica a origem do mundo como um acidente, um descuido ou uma violação. Ele é remetido a um demiurgo subordinado, ao qual pessoas ignorantes certamente adoram como criador do mundo.

O dualismo *antropológico* entre o eu e o corpo é explicado pela narrativa da criação do ser humano na qual, contra a vontade de poderes divinos subordinados, uma faísca divina penetrou no ser humano, que certamente se esqueceu de sua origem. Somente por meio da "gnose" ele se tornará de novo consciente.

O dualismo *social* entre os gnósticos e as demais pessoas resulta do drama da salvação. A gnose é transmitida por uma vocação celeste ou um salvador. Os salvos, porém, por meio de sua "gnose", sabem-se diferentes de todas as outras pessoas — também daquelas cujo sistema de convicção religiosa eles antigamente partilhavam. Em todo caso, estes permanecem num grau elementar — como *pistiker* (crentes).

O contexto histórico da gnose como movimento geral

A condição para o surgimento da gnose era a insuficiência das religiões tradicionais. No período helenista, as pessoas haviam-se contentado com uma síntese das diversas religiões pela identificação de diversos deuses — até o ponto de um monoteísmo sintético, que vê, por trás de todos os deuses, no fim das contas, o mesmo Deus. Com o passar do tempo, essa forma de tratar o pluralismo religioso não foi suficiente. Na gnose, a situação religiosa do pluralismo não foi superada por meio da equivalência de todas as religiões, mas, sim, por sua radical desvalorização como estágio preparatório para uma religião mais elevada. Por conseguinte, a gnose podia aninhar-se em diversos sistemas simbólicos religiosos, prometendo superar a todos.

Essa promessa era particularmente atrativa para as pessoas que haviam justamente experimentado uma depreciação de sua fé tradicional. Essa desvalorização, porém, não é a razão do surgimento da gnose, mas, sim, da suscetibilidade a ela.[29]

Após o ano 70, d.C., os judeus tinham vivido sua relação com IHWH como limitação. Por causa dela, eles tinham sido submetidos a um comando especial. O rebaixamento do deus criador a um demiurgo ciumento e ignorante podia parecer razoável a alguns judeus sob tais circunstâncias.

Os pagãos, que haviam sido tomados pela tendência de uma fé monoteísta, como era sentida por toda parte, naquele tempo, na filosofia e na religião, podiam apaziguar sua insatisfação em relação a todas as religiões existentes pela busca de uma nova "metarreligião".

Os cristãos deviam sentir forte tentação de fazer da nova revelação, que eles defendiam, a mediação dessa metarreligião: entre eles, Jesus foi transformado no revelador da verdadeira gnose.

Assim, não temos nenhum conhecimento exato a respeito das origens da gnose. Os Padres da Igreja consideravam Simão, o Mago, como o primeiro gnóstico. A breve apresentação nos Atos dos Apóstolos, proveniente do fim do primeiro século não tem nada a esse respeito. Portanto, provavelmente os Padres da Igreja estão enganados ao fazer de Simão, o Mago, o primeiro gnóstico.[30] Contudo, em um ponto deve-se dar-lhes maior confiança do que sói acontecer nesses últimos tempos. Nisso eles têm razão

---

[29] Quanto à questão da origem histórica da gnose, deve-se observar sempre que: (1.) As condições para o surgimento da gnose não devem ser identificadas com as condições que lhe garantiram a difusão. Também o cristianismo primitivo surgiu como um movimento de renovação intrajudaico na Palestina judaica, mas se espalhou sob condições diversas — e em uma forma modificada. (2.) Não deve ter existido apenas *uma* origem histórica da gnose. Assim como ela podia "hospedar-se" em diversas das religiões existentes, do mesmo modo também podia ter surgido no contexto de variadas religiões. Cf. a visão panorâmica, um pouco mais antiga, sobre as teorias da origem da gnose em Hendrik J.W. Drijvers, *The Origins of Gnosticism as a religious and historical Problem*, NedThT 22 (1967/8) 321-351 = Kurt Rudolph (ed.), *Gnosis und Gnostizismus*, WdF 262, Darmstadt: Wissenschaftl. Buchgesellschaft 1975, 798-841. A propósito, quanto à nova pesquisa: Martin Hengel, Die Ursprünge der Gnosis und das Urchristentum, in: J. Adna, *Evangelium — Schriftauslegung — Kirche*, FS Peter Stuhlmacher, Göttingen: Vandenhoeck 1997, 190-223.

[30] Simão o Mago é considerado como origem da gnose pela primeira vez por Ireneu, *ad. haer. I*, 23,1-2. Curiosamente, estudiosos conservadores do Novo Testamento amiúde consideram Ireneu digno de fé quanto às declarações dele a respeito da origem dos evangelhos, mas desconfiam totalmente dele quando se trata da origem do gnosticismo. E, inversamente, estudiosos críticos neotestamentários tendem a suspeitar basicamente das declarações dele a respeito dos evangelhos, ao passo que são inclinados a confiar demasiadamente nas afirmações sobre Simão (e com isso, acerca de uma origem mais antiga da gnose, antes do ano 70 d. C.).

em que o mito gnóstico, que se ligou secundariamente a Simão, o Mago, é um dos mais antigos sistemas gnósticos. O Simão histórico terá sido um samaritano carismático que considerava a si mesmo como uma manifestação da divindade — como também o mostra Lucas.[31] As pessoas dizem na Samaria: ele é a "grande força", o que é, para os samaritanos, um atributo de Deus. Irineu, por volta do ano 180 a.C., traz sobre ele o seguinte relato que, em seus traços essenciais, é confirmado por um comentário bem mais lacônico de Justino, proveniente de meados do séc. II (cf. Justino, *Ap* I,26,2-3; Irin. *adv haer* I,23,2-4):

> Levava consigo uma tal de Helena, que ele resgatara como prostituta em Tiro, cidade fenícia, e dizia que esta seria sua primeira ideia (= *Ennoia*), a mãe de tudo, por meio da qual ele, no começo, imaginou fazer anjos e arcanjos... Sua *Ennoia*, porém, fora impedida pelos poderes e anjos que dela teriam saído, e teria sofrido toda sorte de vergonha da parte deles... de modo que ela... através dos séculos, como que de vaso em vaso, passara sempre de um corpo feminino a outro. Mas ela teria estado também naquela Helena por causa de quem a guerra troiana teria começado;... Em seu perambular de corpo em corpo, mediante o que sempre (de novo) padecia vergonha, finalmente ela se entregou a um bordel — e essa seria a ovelha perdida (Iren *adv. hae* I,23,2).

Também esse mito tem um núcleo histórico.[32] O Simão histórico provavelmente perambulou pelo país com uma acompanhante — como o faziam os cristãos primitivos carismáticos. Que Lucas nada escreva a respeito dessa acompanhante não é de grande monta. Ele também silencia sobre as acompanhantes e mulheres dos missionários cristãos primitivos. Em nenhuma parte se associa uma mulher a Pedro, a qual acompanhava-o, conforme o fidedigno testemunho mais antigo de Paulo em 1Cor 9,5. Contra a tendência lucana, podemos associar uma acompanhante a Pedro. Da mesma forma, podemos admitir uma Helena para o Simão histórico.

---

[31] A pesquisa a respeito de Simão o Mago está marcada pela grande alternativa que Kurt Rudolph apresentou da seguinte forma no título do relatório de sua pesquisa: Kurt Rudolph, *Simon — Magus oder Gnosticus? Zum Stand der Debatte,* ThR 42 (1978), 279-359. Karlmann Beyschlag, *Simon Magus und die christliche Gnosis,* WUNT 16, Tübingen: Mohr 1975, contesta energicamente o caráter gnóstico do Simão histórico. Em contrapartida, reagem com bons argumentos que, em minha opinião, não podem provar o contrário: Kurt Rudolph, *Die Gnosis. Wesen und Geschichte einer spätantiken Religion,* Göttingen: Vandenhoeck 21980, 315-319 = *Gnosis: The Nature and History of Gnosticism,* Edinburgh: T.&T. Clark 1983, 294-298. Gerd Lüdemann, *Untersuchungen zur simonianischen Gnosis,* GTA 1, Göttingen: Vandenhoeck 1975; The Acts of the Apostles and the Beginning of Simonian Gnosis, *NTS* 33 (1987), 279-359. Instrutiva visão panorâmica encontra-se em Robert F. Stoops, Simon, 13, *ABD* VI (1992), 29-31.

[32] A seguinte reconstrução meramente esquemática do "Simão histórico" baseia-se amplamente em tais elementos nas fontes, os quais (1.) são imagináveis, em razão de analogias históricas no ambiente palestino-samaritano nos anos 30/40 do séc. I , (2.) possibilitam uma completa interpretação de conjunto e (3.) tornam compreensível uma mitologização e uma divinização do Simão histórico após sua morte — em analogia com a origem da cristologia cristã primitiva.

É provável, também, que ele, com ela, tenha realizado um *hieros gamos* ["núpcias sagradas"], como um gesto simbólico — em correspondência com Oseias, o qual, de fato, desposou também uma adúltera e prostituída, a fim de anunciar a mensagem do amor de Deus a seu povo infiel.[33] Que também em Jo 4, no diálogo com uma samaritana, sua ligação com o revelador e com seus diversos maridos seja traduzida numa relação simbólica encaixa-se nessa imagem. A origem da Helena de Simão — proveniente de Tiro — é plenamente fidedigna. Com efeito, sempre existiu na Samaria um imenso grupo populacional proveniente da Fenícia.[34] À diferença dos judeus e dos judeienses, os samaritanos compreendiam-se como uma variante da fé bíblica, aberta ao mundo. Eles foram muito eloquentes a respeito de si mesmos quando, durante a tentativa de reforma helenista no ano 168/7 a.C., chamaram ao deus deles de "Zeus Xenios", o Júpiter hospitaleiro.[35] Em sua ligação com Helena, Simão simboliza essa relação hospitaleira em relação a um povo estranho. Que ele tenha comprado sua Helena em um bordel, é perfeitamente razoável. Pois também em At 8, atribui-se-lhe a tendência de, com dinheiro, alcançar poderes religiosos de cura. Ali, ele deseja comprar dos Apóstolos, a capacidade de transmitir o Espírito.

No decurso de cerca de 50 a 100 anos, enredou-se em torno desse Simão histórico um dos mais antigos mitos gnósticos. O Simão gnóstico não mais retrata a salvação divina mediante um *hieros gamos*; antes, ele funciona como incarnação do Deus altíssimo. Helena não é nenhum

---

[33] Os andarilhos carismáticos cristãos primitivos também praticaram um tipo de *"Hieros Gamos"*. Na *Did* 11,11, as comunidades são admoestadas a tolerar os carismáticos andarilhos, quando eles praticam o "mistério terrestre da Igreja", conquanto eles não o ensinem a outros. O "mistério" é, decerto, o mesmo que em Ef 5,32: a ligação de Cristo com a Igreja — exemplificado na relação sexual entre homem e mulher. Os carismáticos andarilhos viveram com uma parceira feminina — como analogia à sizígia de Cristo com a Igreja.

[34] Os samaritanos, segundo sua própria tradição, podiam compreender-se também como "sidônios"; cf. Jos. *Ant* 11,344; 12,257-264. Provavelmente havia uma colônia de fenícios na Samaria. Com a ligação entre samaritanos e fenícios, no mito simoniano (mas também já apoiada no Simão histórico), tematizou-se também um problema social básico dos samaritanos: a relação entre nativos e fenícios.

[35] Cf. 1Mc 6,2. Em Jos *Ant.* 12,261.263, ao contrário, o templo samaritano é dedicado a "Zeus Hellenios". Ambos não devem excluir-se. Para o fato de que "Xenios" possa ser um epíteto para o deus adorado em Garizim, depõem dois argumentos: (1.) Em "Garizim", poder-se-ia ouvir um eco de "*ger*" (em hebraico, "estrangeiro"). (2.) Em Ps.-Eupolemos (= Euseb *Praep Ev* IX, 17,2-9), conservou-se uma tradição que bem podia servir de lenda fundadora do santuário samaritano: segundo a lenda, Abraão teria vivido na Fenícia (no texto, quiçá originalmente um nome para toda a Palestina), teria libertado prisioneiros e posto em liberdade inimigos que haviam caído em suas mãos. A seguir, ele teria sido recebido como hóspede no santuário de Garizim, pelo sacerdote dali, Melquisedec. O verbo ξενισθῆναι, que aparece nesse relato, recorda imediatamente o Ζεὺς ξένιος.

símbolo para seu agir salvífico, mas, sim, a personificação do primeiro pensamento dessa divindade que se perdeu no mundo. Ações simbólicas antigas — portanto, imagens da salvação — são remitologizadas nesse sistema gnóstico.

Esse mito gnóstico expressa uma profunda insatisfação tanto em relação à religião nativa (o monoteísmo do samaritanismo) quanto em relação ao mito pagão.

A insatisfação para com a religião nacional mostra-se na nova interpretação da criação como um obra mal-acabada de poderes subordinados. Com isso, o Deus criador do A.T. é degradado. Ele é visto como um poder repressivo, que maltrata o pensamento de Deus nesse mundo. Com isso se afina o fato de também a lei desse Deus criador ser desvalorizada pelos simonianos.

Contudo, o mesmo desagrado expressa-se, também em relação ao paganismo. A Ilíada é seu mito fundamental. A história ali narrada foi desencadeada pelo rapto de Helena; segundo o mito gnóstico-simoniano, seguiu-se daí uma história de constantes violações com um final desencorajador: ela conduz ao bordel, em Tiro. Somente um representante do verdadeiro Deus, oriundo da Samaria, traz a mudança libertadora.

Ambas as tradições míticas são fundidas numa unidade. Dá-se um tipo de sincretismo, mas não um sincretismo do modo clássico, no qual cultos e divindades preexistentes se incorporam. Antes, as tradições míticas preexistentes são reinterpretadas em torno de um deus transcendente desconhecido até então — manifestamente contra o sentido delas.[36] Aquilo que nós observamos, levando em consideração o mito simoniano, em minha opinião, pode ser generalizado: gnose é a tentativa de reestruturar diversos sistemas religiosos particulares, a partir de um pensamento unitário, e reencontrar em todos eles a mesma figura fundamental de criação do mundo e de salvação. Por que, porém, essa gnose, que nasceu independentemente do Cristianismo, tornou-se a grande tentação dentro do cristianismo no

---

[36] O modelo helenista da síntese da religião faz-se sentir no simonianismo. Faz parte de sua doutrina que o deus altíssimo, que apareceu em Simão, "pode ser chamado por qualquer nome pelas pessoas" (Iren. *adv. haer.* I,23,4). Simão é adorado sob a imagem de Júpiter, e Helena sob a imagem de Atenas (Iren. *adv. haer.* I, 23,4). Mas, no fundo, trata-se de um deus totalmente novo, que se revela em Simão. Até mesmo para os anjos que criaram o mundo, ele era "completamente desconhecido" (*in totum ignoratum ab ipsis*) (Iren. *adv. haer.* I, 23,2). Por trás dele acha-se, por certo, no final das contas, o Deus bíblico, mas também ele é transcendido. Com efeito, a criação do mundo não é obra sua, mas do anjo.

séc. II? Por que se chega à crise gnóstica? Por que a gnose se desdobra no cristianismo mais fortemente do que nas outras religiões? As respostas a essas perguntas estão ligadas à situação social e política do cristianismo primitivo no séc. II.

O gnosticismo cristão

No início do séc. II, a situação jurídica do cristianismo esclareceu-se mediante a carta de Plínio e o rescrito de Trajano. Plínio, o Moço, como governador da Bitínia, ocupara-se muito com acusações contra os cristãos. Mandara executá-los — não por causa das censuras contra eles, mas porque eles, na ação judicial, recusavam-se a sacrificar aos deuses e a uma imagem do imperador. No entanto, ele não está totalmente seguro de como deve agir no futuro, tanto mais que ele tinha diante de si listas anônimas de cristãos. Provavelmente, ele receava execuções em massa. Daí, seu apelo ao imperador — com informações sobre os cristãos, segundo as quais eles seriam inofensivos do ponto de vista moral. Eles se comprometeriam com mandamentos éticos gerais. O que os caracterizaria seria uma desmedida superstição — a adoração de um Cristo supliciado, como se fosse um Deus (Plin *ep* X, 96).

Da resposta do imperador (*ep* X, 97), salienta-se: (1.) O estado não procedia por si mesmo contra os cristãos. (2.) Os cristãos não deveriam ser acusados em razão de denúncias anônimas. (3.) Se eles, perante o julgamento, renegarem seu cristianismo e invocarem os deuses, serão postos em liberdade.

A tendência é inequívoca: de um lado, o ser cristão como tal é passível de castigo — independentemente do fato de existir delito concreto. Constata-se oficialmente: a única transgressão dos cristãos consiste em ser diferentes dos demais. Por outro lado, devem-se evitar possivelmente processos contra os cristãos. Com discrição social, os cristãos podiam viver sem serem molestados. Somente quando eles caíam no desagrado da opinião pública ou despertavam a ira de seus vizinhos contra eles, poderiam acontecer denúncias. A partir da circunstância objetiva, as formas de cristianismo deviam, nessa situação, receber um impulso de possibilitar, garantir e legitimar a discrição social. Dito de outra maneira: buscavam-se agora formas que privatizavam o cristianismo. Elas possibilitavam uma existência livre de conflitos em seu ambiente social. Elas reduziram o risco do martírio. A gnose era uma tal privatização da religião.[37] Durante o séc. II, ela teve um impetuoso crescimento no cristianismo. A esse propósito, deve-se, naturalmente, fazer uma restrição: tiveram impulso as formas de gnosticismo que favoreceram tal privatização.

A essa privatização da religião em importantes correntes do gnosticismo cristão, acrescentem-se as seguintes observações quanto à confissão de fé, ao martírio e às regras alimentares.

Quanto à necessidade da *confissão de fé* pública,[38] alguns gnósticos ensinavam que não seria necessário fazer uma profissão de fé perante os *Archonten* (os soberanos e autoridades terrestres), mas somente diante dos *Archonten* celestes. Com outras palavras: em situação decisiva, alguém podia negar sua identidade cristã. Assim ensinavam os valentinianos, de acordo com Tertuliano (*Scorpiace* X,1).

Quanto ao *martírio*,[39] muitos gnósticos negavam a crucifixão de Jesus com o auxílio de uma teoria da permuta. Os romanos não teriam crucificado Jesus, mas, sim, Simão de Cirene em seu lugar. Jesus mesmo, porém, teria permanecido junto à cruz e se sentia superior aos homens insensatos que não lhe podiam fazer mal algum. Aqui encontramos certamente um retrato do gnóstico: ficava imperturbável e anônimo ao lado dos mártires.

Quanto às *regras alimentares*, diversos gnósticos ensinavam que se podia comer despreocupadamente a carne sacrificada aos ídolos. Por essa razão, eles podiam participar de todos os festins pagãos. Pelo menos nesse ponto, portanto, eles não davam na vista por causa de um comportamento diferente.

A situação político-jurídica esboçada levou também, no cristianismo de então, a outro esforço de defesa da fé cristã como inofensiva. A apologética floresceu no séc. II quase ao mesmo tempo que a gnose. Ela é uma

---

[37] Para o que se segue, confira, acima de tudo, a análise do gnosticismo feita por Hans G. Kippenberg, *Die vorderasiatischen Erlösungrreligionen in ihrem Zusammenhang mit der antiken Stadtherraschaft*, STW 917, Frankfurt: Suhrkamp 1991, 369-371.
[38] Cf. HANS G. Kippenberg, *Erlösungsreligionen*, 384-388.
[39] No que diz respeito à postura dos gnósticos quanto ao martírio, é preciso diferenciar. Cf. Klaus Koschorke, *Die Polemik der Gnostiker gegen das kirchliche Christentum*, NHS 12, Leiden: Brill 1978, 134-137. Cf., ainda, Elaine Pagels, *Versuchung durch Erkenntnis. Die gnostischen Evangelien*, Frankfurt: Insel 1981, cap. IV: Die Passion Christi und die Verfolgung der Christen, 120-156 = *The Gnostic Gospels*, New York: Random House 1979, The Passion of Christ and the Persecution of Christians, 70-101.

tentativa de conciliar o cristianismo com a consciência comum. A verdade, que existe embrionariamente nas melhores pessoas por toda parte, só apareceu plenamente no cristianismo. A gnose é uma alternativa à apologética. Ela também reivindica descobrir no cristianismo uma verdade comum. Também ela compreende essa verdade comum como uma verdade preexistente. Ela seria transmitida mediante um conhecimento de revelação intuitivo, que se pode reencontrar codificada em todos os sistemas religiosos. O problema fundamental é, aqui como lá, o mesmo: cristianismo e verdade comum devem combinar-se. E isso, naquele tempo, não era apenas um problema teórico, como se se tratasse de o cristianismo alcançar aceitação por meio da sociedade.

Na discussão com a gnose, tratava-se, portanto, mais uma vez, da autonomia interna do cristianismo como um novo sistema simbólico religioso. Na crise judaística do século I, a questão tinha sido se não se podia construir, no interior do grande sistema simbólico judaico, uma pequena subestrutura, sem precisar separar-se do judaísmo. Ele teria partilhado seu universo simbólico ritual, mítico e ético — mas teria introduzido ainda algumas particularidades: a fé no já chegado Messias (em seu mito), dois sacramentos (como ritos suplementares) e uma concentração no mandamento do amor (como etos). Naquele momento, fora decisivo: esses novos elementos simbólicos deviam ser o núcleo de um universo simbólico autônomo — independente do judaísmo e, no entanto, relacionado ao judaísmo. Na crise gnóstica, tratou-se sobre esse novo universo simbólico, construído nesse entretempo, se não devia ser apenas um pequeno subsistema de uma linguagem simbólica universal — de uma linguagem simbólica que preexistia em todas as religiões tradicionais como imagens e símbolos de um processo de autodescoberta, e que ligava uma radical valorização do eu a uma igualmente radical desvalorização do mundo. Por que essa fascinante tentativa não se impôs?

Deve-se até mesmo perguntar: por que se pode, afinal de contas, chegar a uma "crise gnóstica"? Uma corrente que, no confronto com o ambiente não-cristão, não era propensa ao conflito, deveria também ter sido, em relação a sua moldura ambiental cristã, esquiva a atritos. De fato: os gnósticos compreendiam-se acima de tudo como bons membros da comunidade, e não, de forma alguma, hereges. Eles viviam discretamente, como um "círculo interno" na comunidade, e consideravam as comunidades cristãs simples como potenciais gnósticos que ainda não se haviam adiantado no conhecimento pleno.⁴⁰ Importantes mestres gnósticos viviam indiscutivelmente como mestres cristãos: Valentino, em Roma,⁴¹ Basílio, em Alexandria.⁴² Ninguém gostaria de excomungá-los como hereges. Como é que se chegou ao conflito — evidente numa literatura anti-herética em Justino, Irineu, Tertuliano e Hipólito, cuja tarefa central é combater os diversos grupos "gnósticos"? Deve-se levar em conta a atividade de Marcião como catalizador?⁴³ Ele não era nenhum gnóstico em sentido próprio, mas seu ensinamento lembrava a gnose: seu anúncio de um estranho deus do amor, ao lado do Deus da justiça, criador, veterotestamentário, recordava o paralelismo entre o verdadeiro Deus e os demiurgos subordinados, responsáveis pela criação. Sua cristologia docetista tinha também analogias no docetismo de diversos sistemas gnósticos: o salvador não podia deveras tocar esse mundo mau. Mas existiam, também, grandes diferenças: Marcião não defendia nenhuma privatização da religião, mas, sim, exigia a inserção do crente na vida pública até o martírio. E, da mesma forma, ele não conhecia nenhuma privatização da fé para dentro — nenhuma retração em pequenos círculos internos. Pelo contrário, depois de sua separação da comunidade romana, ele organizou seus seguidores em comunidades próprias. Teria, talvez, o choque marcionista tornado suspeito tudo o que parecia "gnóstico"? Em consequência disso, no tempo subsequente, havia mais defensores do cristianismo comunitário que insuflavam ataques contra os gnósticos do que, em contrapartida, gnósticos? Em todo caso, a discussão trouxe à luz incompatibilidades entre um consenso cristão comum e sistemas gnósticos. Estes contradiziam alguns axiomas básicos do novo universo simbólico — axiomas fundamentais como foram expressos, acima de tudo, na singularidade do "mito" basilar no cristianismo primitivo. A gnose contestava a unidade entre mito e história.

Essa unidade corresponde ao primeiro axioma de base do cristianismo (e do judaísmo), o monoteísmo. A fé monoteísta diz: Deus não tem nenhum interlocutor social no céu, mas unicamente pessoas como seus parceiros. Precisamente isso foi posto em questão quando se admitiu, ao lado

---

[40] Acima de tudo Klaus Koschorke, *Polemik*, 220-222, mostrou que os gnósticos, segundo a própria compreensão, queriam inserir-se nas comunidades: como um círculo interno na comunidade, ou como cristãos de uma ordem mais elevada.
[41] Cf. Christoph Markschies, *Valentinus Gnosticus? Untersuchungen zur valentianischen Gnosis mit einem neuen Kommentar zu den Fragmenten Valentins*, WUNT 65, Tübingen: Mohr 1992.
[42] Winrich A. Löhr, *Basilides und seine Schule*, WUNT 83, Tübingen: Mohr 1996.
[43] Cf. Arl Andresen/Adolf M. Ritter, Die Anfänge der christlichen Lehrentwicklung, in: *HDThG* 1, Göttingnen: Vandenhoeck ² 1999, 1-98, ali, 77.

do Deus altíssimo, ainda um demiurgo subordinado e, para além disso, cadeias de emanações e de éons. No mínimo, o monoteísmo gnóstico não era mais fé no criador do céu e da terra — mas, em todo caso, no criador do céu.

O segundo axioma de base, a fé no salvador, foi igualmente questionada. Efetivamente, todos os sistemas gnósticos questionavam a inserção real do salvador nesse mundo. Esse mundo é, em si, um infortúnio e um engano. Por isso, o salvador não pode de fato ligar-se a ele. Ele tem apenas um corpo aparente, ou liga-se apenas temporariamente a um corpo terrestre. Pode-se, por conseguinte, dizer: tanto a unidade do Deus criador quanto a unidade do salvador estavam ameaçadas pela gnose — em razão de uma desvalorização do mundo e do corpo que contradizia o sistema simbólico bíblico do cristianismo primitivo.

Ambos os problemas podem ser assim resumidos: na gnose, o cristianismo primitivo desembocou uma religião radical de salvação que negava a fé veterotestamentária na criação e a fé neotestamentária na encarnação: a incondicional unidade do salvador com a criação e com a corporalidade. A dissolução da crise gnóstica foi alcançada por uma teologia que equilibrou a fé na criação e a fé na salvação e se manteve ancorada no Antigo e no Novo Testamento. Essa teologia encontra-se, pela primeira vez, como reação à crise gnóstica em Irineu. Ele foi o primeiro a fundamentar o cânone dividido em Antigo e Novo Testamento, e desenvolveu uma teologia histórico-salvífica, segundo a qual a salvação é a restauração da criação: Cristo restaura a imagem do ser humano que, como *similitudo* se perdeu, mas como *imago*, foi conservado.

Obviamente, para além dos pontos discutidos, havia outras infrações do pensamento gnóstico contra as convicções fundamentais cristãs. Elas concerniam não apenas o mito histórico cristão primitivo, mas também o etos e os ritos do cristianismo primitivo. Mas elas não teriam tal peso por muito tempo.

No âmbito do etos, a separação das comunidades entre crentes e gnósticos, com duas verdades diferentes, contradizia o mandamento do amor cristão. Se um reza ao Deus criador, e o outro considera isso um erro, porque o pretenso deus criador não passa de um demiurgo inferior, invejoso e ignorante, então a unidade da comunidade é questionada.

No tocante ao rito, encontramos entre os gnósticos interessantes desdobramentos especiais. O Evangelho valentiniano de Filipe conhece, por exemplo, cinco sacramentos: Batismo, unção, Eucaristia, libertação e o mistério do aposento nupcial (cf. EvPhil 68). Os três sacramentos adicionais, independentemente de como são interpretados separadamente, são ritos que representam simbolicamente a salvação do indivíduo: sua unção, sua libertação e a união da alma com o noivo celeste. A linguagem simbólica ritual perde aqui sua importância social para toda a comunidade.

O espantoso é que o movimento gnóstico não se impôs, posto que tenha sido favorecido pela situação político-jurídica do cristianismo primitivo no séc. II. A gnose era uma "forma de ajustamento" na precária situação dos cristãos. No séc. II, as formas gnósticas do cristianismo primitivo eram tão ariscas a conflitos quanto o era esquivo a atritos o desenvolver-se de formas judaicas do cristianismo. O cristianismo poderia ter-se acomodado mais facilmente ao seu ambiente tanto como parte e expansão do judaísmo quanto como variante de uma linguagem simbólica comum. A situação política favoreceu respectivamente as formas da fé cristã e de vida comunitária que, no final, não se impuseram intraeclesialmente. Dito de outra forma: a autonomia interna do novo sistema simbólico religioso impôs-se contra relações políticas estruturais que, na verdade, apontavam em outra direção. Devemos, portanto, finalmente, perguntar: de onde o cristianismo primitivo hauriu a força para tal resistência? O que o impulsionou a diferenciar-se sempre de novo do mundo ambiente? A fim de responder a essas questões, devemos analisar o radicalismo ético do cristianismo primitivo e as crises proféticas causadas por ele.

As crises proféticas no primeiro e no segundo século

Radicalismo ético como cumprimento radical da lei não era estranho ao judaísmo. Desde a perseguição religiosa do tempo dos Macabeus, sempre se formaram movimentos que, em resistência à voragem assimilativa do helenismo, defendian um intenso cumprimento da Torá. A esses pertenciam, no tempo da dominação helenista, os essênios e os fariseus; no tempo da dominação romana, Judas Galileu e João Batista. Judas Galileu defendia um radicalismo ético quando ele inferiu, a partir do primeiro mandamento, que o reconhecimento de um único Deus excluía o reconhecimento do imperador mediante o pagamento de impostos. Ela proclamava a alternativa teocrática radical: ou Deus ou o imperador. Ele radicalizou o etos judaico pela oposição ao domínio estrangeiro. Conferiu-lhe um agressivo voltar-se para fora. Em João Batista, encontramos uma radicalização semelhante das exigências de pureza judaicas. Todos os ritos de purificação preexistentes são insuficientes para preparar um povo santo para Deus. Batista confere a seu radicalismo um voltar-se para "dentro": ele se expressa como chamada à conversão dirigida ao próprio povo. Ambas as possibilidades surgem repetidamente na história do cristianismo primitivo, mediante o que a volta para fora (para a preservação da comunidade em situação de opressão política) e a volta para dentro (para a restauração de uma comunidade pura) podem ligar-se de diversas maneiras.

O movimento de Jesus e a Fonte dos Ditos

Jesus e seus seguidores defendiam um radicalismo ético. Certamente Jesus rejeitou a alternativa de Judas Galileu, mas nele também operava seu espírito radicalmente teocrático. Sua boa notícia da iminente irrupção do reinado de Deus é expressão de teocracia radical: finalmente, Deus deve reinar sozinho. Na verdade, não encontramos em Jesus nenhuma alternativa explícita "ou Deus ou o imperador". Em todo caso, declarações políticas diretas são raras nos lábios de Jesus. No âmbito político, Jesus optou antes por uma forma indireta de comunicação: a comunicação pelas ações político-simbólicas — por exemplo, quando ele instituiu doze agricultores e pescadores para o futuro governo de Israel; ou quando ele, numa demonstração contra o ingresso do prefeito romano e de sua coorte, entrou em Jerusalém acompanhado de peregrinos pacíficos do país; ou quando ele, com o auxílio do meio simbólico de uma moeda, respondeu à pergunta acerca da legitimidade do imposto. Quando se decodifica a "linguagem pictórica" desses gestos simbólicos, logo se torna evidente: *implicitamente*, por trás da Boa-Nova de Jesus da iminente irrupção do reinado de Deus, acha-se também a alternativa teocrática radical "ou Deus ou o imperador". Quando Deus realmente assume o poder, nenhum outro poder tem vez ao seu lado. Só pode haver uma coexistência temporária entre o reino do imperador e o reinado de Deus.

Ao mesmo tempo, o espírito radical teocrático encontra-se *explicitamente* como alternativa entre Deus e a Mamona, portanto no âmbito da economia: "Ninguém pode servir a dois senhores. Com efeito, ou odiará um e amará o outro, ou se apegará ao primeiro e desprezará o segundo" (Mt 6,24). A polêmica contra os ricos é de uma agudeza quase insuportável. Se é mais fácil um camelo passar pelo fundo de um agulha do que um rico entrar no Reino dos Céus, então nenhum rico tem chance (Mc 10,25). Os ais contra os ricos falam uma linguagem clara (Lc 6,24-26). E o apelo ao jovem rico, a que vendesse todos os seus bens e seguisse Jesus, respira, sem dúvida, o espírito de Jesus (Mc 10,21 e par.).

Esse radicalismo ético do movimento inicial de Jesus tinha um "*Sitz im Leben*" no movimento cristão primitivo dos andarilhos carismáticos.[44] Ele podia ser fidedignamente defendido porque fora vivido por andarilhos carismáticos sem-teto: eles exigiam, para o seguimento de Jesus, deixar casa e povoado, romper com a família e com os pais, e viver sem trabalho e sem posses. Perante hostilidades, eles aconselhavam indefensabilidade explícita. Estes primeiros seguidores de Jesus eram livres dos laços e obrigações referentes à família e à profissão. Levavam uma vida ascética — dependentes de auxílios não planejados e da hospitalidade de diversas pessoas nos povoados da Galileia. Em resumo: no começo, tratava-se de um movimento contracultural de excluídos — no qual, porém, desde o início, estavam vivos também impulsos contraditórios: isto é, a vontade de personificar um etos paradigmático comum, que fosse acessível a todas as pessoas. Por essa razão, pode-se dizer: no interior do cristianismo primitivo, viviam duas almas. Uma arrastava a um êxodo da sociedade — a outra, porém, desejava praticar o etos que as melhores pessoas neste mundo defendem. Uma arrastava à revolução dos valores, a outra, à conformidade com os valores.[45]

---

[44] Cf. Gerd Theissen, Wanderradikalismus. Literatursoziologische Aspekte der Überlieferung von Worten Jesu im Urchristentum, *ZThK* 70 (1973), 245-271 = *Studium zur Soziologie des Urchristentums*, ³1989, 79-105. Quanto à discussão crítica dessa tese, cf. resumidamente: Thomas Schmeller, *Brechungen. Urchristliche Wandercharismatiker im Prisma soziologisch orientierter Exegese*, SBS 136, Stuttgart: Kath. Bibelwerk 1989.

[45] Wayne A. Meeks, *The Origins of Christian Morality. The First Two Centuries*, New Haven, London: University Press 1993, 36, distingue dois modos de se compreender a conversão: "como reforma moral individual ou como uma formação contracultural" *of the new human* ["do novo ser humano"]. Às vezes eles conduzem a movimentos que lutam entre si, mas às vezes ligam-se entre si dialeticamente em instituições sociais e ideias teológicas. Sua contradição, porém, permanece: "... *the mind of the sect and the mind of the church struggle on in the history of Christian moral thought and practice*" ["a mentalidade de seita e a mentalidade de igreja lutam na história do pensamento e da prática moral cristãs"].

A radicalização ética no movimento de Jesus era determinada tanto por uma resistência (latente) contra o poder político (como em Judas Galileu) quanto mediante uma agressão moral (manifesta) contra o próprio povo — com o apelo à conversão (como em João Batista). Observaremos que no decorrer da história do cristianismo primitivo, o radicalismo ético sempre se inflama onde uma crise política desafia a força de resistência contracultural do cristianismo primitivo ou as manifestações intraeclesiais de enfraquecimento fazem elevar o clamor à conversão.

Provavelmente, esse radicalismo ético foi novamente despertado e adquiriu forma já na primeira geração depois da morte de Jesus, por meio de um desafio político — caso seja permitido ligar a origem da Fonte dos Ditos a uma crise política. A Fonte dos Ditos é uma coleção de palavras de Jesus que está marcada pelo radicalismo de peregrinos cristãos primitivos.[46] Essa Fonte dos Ditos contém, em geral, palavras de Jesus, mas em três passagens, ela rompe essa moldura histórico-formal e assume também narrativas: a narrativa das tentações de Jesus, do centurião de Cafarnaum e de um exorcismo que introduz o diálogo acerca de Belzebu. Esses três elementos narrativos poderiam estar ligados entre si. Alguns supõem que eles só foram inseridos numa camada redacional.

A história das tentações culmina com a tentação sobre a montanha, na qual, em minha opinião, a crise-Calígula é modelada literário-miticamente (o que não é consenso na exegese): no ano 39/40 d.C., o imperador Gaio Calígua havia tentado colocar uma imagem de si mesmo no Templo de Jerusalém.[47] Essa experiência foi reelaborada de forma mítica na Fonte dos Ditos na figura do demônio, o qual domina o mundo e exige sua própria adoração. A crise-Calígula poderia ter sido o desafio ao movimento de Jesus a recordar-se de seu etos radical e a reunir suas tradições num escrito. O grande relato introdutório das tentações indica, depois, o lugar histórico dessa coleção profética de ditos. A narrativa do centurião de Cafarnaum poderia mostrar, como equilíbrio aos impulsos contraculturais, como um representante do poder mundial reconhece Jesus e suas palavras. Em contraposição a isso, o diálogo acerca de Belzebu acentua novamente a oposição entre o reino de Satã e o reinado de Deus. O exorcismo é narrado a

---

[46] Cf. Christopher Tuckett, *Q and the History of Early Christianity*, Edinburgh: T.&.T. Clark 1996, esp. 355-391; Risto Uro (ed.), *Symbols and Strata. Essays on the Saying Gospel Q*, SESJ 65, Göttingen: Vandenhoeck 1996.
[47] Cf. Gerd Theissen, *Lokalkolorit und Zeitgeschichte*, 215-217.

fim de colocar claramente, diante dos olhos, a vitória de Jesus sobre esse mundo e seus poderes.

Enquanto em Jesus encontram-se formas simbólico-políticas da discussão com o poder político, a discussão agora se muda em linguagem do mito. O relato das tentações do Satã torna-se transparência do Império Romano. Se em relação à Fonte dos Ditos isso é ainda discutido, quanto ao Apocalipse de João existe consenso.

O Apocalipse de João

Na profecia do Apocalipse de João novamente desperta o radicalismo cristão primitivo diante de um novo desafio político.[48] Nele, o imperador e o culto ao imperador são atacados como poder satânico — não diretamente, mas codificado em linguagem mítica. Essa linguagem, porém, deixa-se decifrar inequivocamente. Antigamente, interpretava-se o Apocalipse de João como resposta a uma perseguição dos cristãos sob o imperador Domiciano, o primeiro imperador que se fez apelar sob o título de *dominus et deus* (senhor e deus). A ele se opõe o Cordeiro, a quem a corte celeste aclama como "Senhor e Deus" (Ap 4,11). Hoje em dia, já não se conta com uma perseguição contra os cristãos iniciada pelo próprio imperador, mas com pressões locais limitadas contra os cristãos, as quais se relacionavam de maneira fortemente penetrante com o culto imperial, pelo qual cuidava uma pequena aristocracia da Ásia Menor.[49]

Por essa razão, é bastante difícil precisar bem as dificuldades, visto que existe uma clara tensão entre as cartas circulares do profeta às sete comunidades ásio-menores e as subsequentes visões apocalípticas acerca do destino do mundo inteiro. A partir das missivas, podem-se inferir

---

[48] Elisabeth Schüssler-Fiorenza, *The Book of Revelation. Justice and Judgement,* London: SCM 1985; *Revelation. Vision of a Just World,* Proclamation Commentary, Minneapolis: Augsburg Fortress 1991; Christopher Rowland, *Revelation,* Epworth Commentaries, London: Epworth 1993.

[49] Hans-Josef Klauck, Das Sendschreiben nach Pergamon und der Kaiserkult in der Johannesoffenbarung, *Bib* 73 (1992), 153-182 = in: *Alte Welt und neuer Glaube. Beiträge zur Religionsgeschichte, Forschungsgeschichte und Theologie d es Neuen Testaments,* NTOA 29, Freiburg Schweiz/Göttingen: Vandenhoeck 1994, 115-143, diferencia o culto ao imperador em rígido e brando (p. 141-142): o culto rígido ao imperador exigia sacrifícios perante a imagem do imperador e a maldição de Jesus Cristo, mas acontecia raramente — no fundo, somente em razão de denúncias da população, que as apresentavam durante o processo judicial, à guisa de "teste" dos cristãos mediante o culto rígido ao imperador. Em contrapartida, o culto brando ao imperador surgiu em razão de compromissos sociais: participação em refeições comunitárias, em debates judiciais, juramentos, conclusão de contratos.

apenas limitados conflitos com o culto imperial. Eles são mencionados diretamente apenas uma vez numa das epístolas: na carta à comunidade de Pérgamo. Um cristão chamado Antipas sofrera ali o martírio. Mas isso também acontecera já havia algum tempo, pois se fala, retrospectivamente, "dos dias" nos quais a comunidade teve de demonstrar sua perseverança. Some-se a isso o fato de que um tão áspero opositor do culto imperial como o próprio vidente fora punido "apenas" com um exílio na Ilha de Patmos — portanto, não com a morte; desse modo, uma aguda perseguição sangrenta torna-se improvável. O que mais amplamente aparece nas cartas é uma crise intracomunitária: são atacados a profetisa Jezabel e uma doutrina de Balão, defendida pelos assim chamados nicolaítas. Esse ensinamento reduz a distância em relação ao mundo pagão. Segundo tal doutrina, dever-se-iam comer carnes sacrificadas aos ídolos (Ap 2,14.20). Ela é acusada de levar à prostituição — o que antes significa o deixar-se levar ao culto pagão idolátrico.

A parte visionária do evangelho de João, ao contrário, desperta impressão totalmente diferente. Ela propaga uma oposição intransponível entre o *imperium romanum* e o reino de Cristo, entre a fera do abismo, que foi mortalmente ferida e curada de novo —, e o Cordeiro, que foi imolado e ressuscitado; entre a cidade terrestre, situada sobre as sete colinas, e a cidade celeste, Jerusalém; entre a prostituta Babilônia e a esposa imaculada. Como se pode explicar tal discrepância? Três possibilidades entram em questão:

1. Na linguagem codificada, mítica e simbólica das visões, o vidente fala mais abertamente das brutais perseguições do que no discurso direto das cartas circulares. A maioria dos escritos cristãos primitivos surgiu após a perseguição de Nero. Contudo, em tais escritos, impera o quase total silêncio a respeito da perseguição neroniana — e, muitas vezes, apenas mencionada tangencialmente. Pense-se apenas nas poucas e muito cautelosas alusões na primeira carta de Clemente, proveniente de Roma. Deles, não poderíamos jamais deduzir o horror dessa perseguição dos cristãos em Roma. Uma minoria criminalizada não tem necessariamente interesse em acentuar sua criminalização.

2. Nas cartas circulares, o vidente descreve a realidade atual; nas visões, porém, ele expressa seus temores e pressentimentos para o

futuro. As pressões do momento eram limitadas. Não se pode falar absolutamente de uma perseguição cruenta. Portanto, nas visões não se trata de reflexos de *experiências* de perseguições, mas de *receios* de perseguições. Tanto menos se conta com experiências reais, tanto mais se deve admirar a força visionária do vidente: com grande perspicácia ele teria intuído a incompatibilidade entre o Império Romano e o cristianismo — e, no final do século I, já teria previsto um conflito que somente mais de 150 anos depois tornar-se-ia realidade na grande perseguição contra os cristãos. Ele teria sido deveras um profeta — com um dom precognitivo digno de admiração.

3. Para além disso, uma terceira ideia é pertinente: o vidente utiliza dificuldades relativamente sem importância com um culto imperial forçado pela aristocracia local nas províncias da Ásia Menor, a fim de, conscientemente, colocar uma cunha entre a comunidade e o mundo. O grande problema não era o culto ao imperador, mas o distanciamento deficiente de muitas comunidades cristãs em relação ao mundo pagão, a seus negócios e a sua sociabilidade. A maioria dos cristãos não via fundamentalmente problema algum no culto ao imperador. Somente o vidente profético o toma como ocasião para um anúncio de combate a esse mundo, a fim de opor-se efetivamente às tendências de acomodação das comunidades a esse mundo — com retumbante êxito: pouco tempo depois, diz Plínio, todos os cristãos, em geral, sabiam que não deveriam sacrificar ao imperador sob nenhuma hipótese.

Provavelmente, uma combinação dos três pontos de vista se aproxime o máximo da verdade: não conhecemos todas as dificuldades que tiveram os cristãos daquele tempo. O vidente silencia alguma coisa. Ele transformou visionariamente as pressões atuais em um sombrio quadro do futuro. Acima de tudo, porém, ele tomou o culto imperial exigido naquela época na Ásia Menor como ensejo para uma declaração de guerra fundamental a esse mundo. Não foi o Império Romano que intimou os cristãos ao combate, mas um profeta cristão é que lançou o desafio ao Império Romano.[50]

---

[50] A tendência, na pesquisa atual sobre o Apocalipse, de interpretar as visões do Apocalipse como pressentimentos de uma perseguição com um pano de fundo experiencial mínimo, deve ser restringida em um aspecto: sem dúvida, o apocalíptico reelabora também experiências da guerra judaica. À luz desse grande embate entre o Império Romano e o judaísmo, ele enxerga, em pequenos conflitos, a antecipação

Com isso, ele atende a uma necessidade interna. Enquanto os cristãos eram em parte do Judaísmo, eles estavam fundamentalmente livres de qualquer contato com o culto ao imperador. Somente depois que eles foram reconhecidos pelo ambiente circundante como grupo autônomo, ao lado dos judeus, é que eles foram levados, mediante confrontos, ao embaraço com o culto imperial. Nessa situação, deviam manifestar-se atitudes que ensinavam uma indiferença perante os cultos pagãos — comparáveis aos assim chamados "fortes" de Corinto. Eles teriam possibilitado que se realizasse exteriormente o culto imperial, mas distanciando-se interiormente dele. O apocalíptico combate esse comportamento — com evidente êxito. Cerca de dois séculos mais tarde, Plínio choca-se na Bitínia com ex-cristãos que presumivelmente se desviaram do cristianismo durante o pressuposto período de origem do Apocalipse. Eles dizem que agiram assim em obediência à proibição do imperador. Poderíamos completar: eles, na verdade, o fizeram também porque, ao mesmo tempo, um radicalismo ético os expulsou da comunidade.

Esse radicalismo ético encontra-se, sob certo aspecto, em continuidade com o primitivo radicalismo de andarilhos. O profeta do apocalipse de João era, ele próprio, certamente um profeta ambulante, que vivera antigamente na Palestina, mas que, posteriormente, emigrou para a Ásia Menor.[51] Ali, ele reivindica uma autoridade suprarregional. Nenhuma das sete comunidades destinatárias é reconhecível como sua comunidade natal. Ele é influente em todas elas. Provavelmente, ele perambulava de comunidade em comunidade. Em seu Apocalipse, porém, ele fala sempre a partir do exílio a toda a comunidade — e nisso ignora completamente os ofícios intraeclesiais já existentes então: os presbíteros, os bispos e os diáconos. Sua comunidade ideal é, interiormente, igualitária e carismática; exteriormente, porém, ele insiste numa clara separação em relação a esse mundo. Sua mensagem soa como ele a formula em 18,4: "Saí dela (da cidade pe-

---

de um grande conflito. Esse pano de fundo experiencial formado pelos acontecimentos dos anos 66-70 (74) d.C., harmoniza-se plenamente com datação tardia do Apocalipse, defendida pela maioria, situada no final do império de Domiciano (portanto, nos anos 90). Também IVEsd foi escrito nesse tempo, marcado ainda mais pelo trauma da guerra judaica.

[51] Ulrich B. Müller, *Zur frühchristlichen Theologiegeschichte. Judenchristetum und Paulinismus in Kleinasien an der Wende vom ersten zum zweiten Jahrhundert n.Chr.,* Gütersloh: Mohn 1976, 35.37-38.46-50 e Jürgen Roloff, *Die Kirche im Neuen Testament*, GNT 10, Göttingen: Vandenhoeck 1993, 168-169.189, enxergam no autor do Apocalipse um profeta ambulante cristão primitivo, proveniente do judeo-cristianismo siro-palestino e que, na Ásia Menor, independentemente das estruturas de comunidades já ali existentes, atua com o poder carismático de um profeta em diversas comunidades. A ideia de seguimento está igualmente viva nesse círculo de profetas (Ap 14,4), como o rigorismo ético original.

cadora), ó meu povo, para que não sejais cúmplices dos seus pecados".⁵²
Repetidamente escutamos o apelo profético ao êxodo desse mundo.

O Pastor de Hermas

Enquanto a Fonte dos Ditos e o Apocalipse reagem a uma provocação política, a profecia do Pastor de Hermas está condicionada pela situação intraeclesial. Na primeira metade do séc. II, um profeta formula a mensagem da única oportunidade para uma segunda conversão — também para os cristãos que já se perderam no mundo mediante seus pecados. Trata-se aí da construção de uma Igreja pura e santa — acima de tudo, porém, da edificação de uma Igreja solidária. Seu segundo interesse é, com efeito, a disponibilidade dos ricos em socorrer os pobres na comunidade. Na parábola do olmeiro e da videira (Herm. *par.* II,1-10), ele mostra que ambos, o pobre e o rico, são interdependentes. O pobre recebe apoio material do rico. Por essa razão, o pobre roga a Deus pelo rico, a fim de que Deus abençoe o rico com bens materiais. Pois o pobre é rico diante de Deus, mas o rico, ao contrário, é um deficitário perante Deus. Se a oração do pobre é bem-sucedida, então ele cuida indiretamente também de seu próprio bem-estar — no interior da comunidade. Ambos os interesses poderiam ligar-se de certo modo (não se tornando imediatamente visível): os ricos são os membros da comunidade que correm o risco de perder-se no mundo. Eles estão em perigo perante Deus. Eles precisam da intercessão espiritual dos pobres. O apelo à segunda conversão vale sobretudo para eles. À medida que Hermas lhes abre um caminho de reintegração na comunidade, com a possibilidade de uma segunda conversão, ele providencia para que sejam conservados benfeitores importantes da comunidade (P. Lampe).⁵³

Não obstante a mensagem de Hermas parecer mais moderada do que a do Apocalipse de João, viceja nela o mesmo *pathos* profético que impulsiona para uma Igreja santa e pura, que se distingue do mundo. Na sua primeira parábola, ele o expressa na imagem da cidade estrangeira. Os cristãos moram numa cidade estrangeira. Eles não devem orientar-se pelas leis dessa cidade, mas segundo as de sua cidade natal. Por conseguinte,

---

⁵² Hans-Josef Klauck, *Sendschreiben,* 137, considera o apelo ao êxodo em Ap 18,4 a "preocupação principal" do autor.
⁵³ Peter Lampe, *Die stadtrömischen Christen in den ersten beiden Jahrhunderten,* WUNT II,18, Tübingen: Mohn 1987, 71-78.

diz-lhes respeito: "Visto que habitas no estrangeiro, não procures senão o necessário, e está preparado, se o senhor dessa cidade quiser expulsar-te, para deixares sua cidade e ires para tua cidade, e seguires suas leis, sem aflição e com alegria!" (*par* I,6). Também aqui, a tônica fundamental é o êxodo dessa sociedade.

A nova profecia do montanismo[54]

O espírito do radicalismo ético revive mais uma vez na fase final do cristianismo primitivo. A "nova profecia" que se forma em torno das três figuras principais — Montano, Maximila e Priscila — abrange grande parte da Igreja. Em nome do "Paráclito", esses profetas e profetisas falam palavras inspiradas. E mais uma vez se trata do tema de todo movimento profético de santidade: da pureza da Igreja. Uma das sentenças do Paráclito tem o seguinte teor: "A Igreja pode perdoar os pecados, mas eu não quero fazê-lo, a fim de que outros mais não pequem também" (Tert *De pud* XXI, 7).

Mais uma vez essa mensagem profética mostra um caráter duplamente oposto, tanto para dentro quanto para fora. A nova profecia desafia o martírio no relacionamento com o mundo. A sentença conservada dirige-se às mulheres, as quais, nesse movimento, tinham os mesmos direitos, quando não dominavam nele: "Não desejeis morrer na cama, ainda na aposentadoria e de febre emoliente, mas, sim, no martírio, a fim de que seja glorificado aquele que por vós padeceu" (Tert *De fuga* IX,4). Ao mesmo tempo, porém, a nova profecia entra em tensão com a Igreja. Suas defensoras sentem-se perseguidas por ela. A crítica oposicionista se volta para dentro. Maximila queixa-se: "Sou perseguida como um lobo que escapou (do rebanho) das ovelhas; não sou um lobo; palavra eu sou, e espírito e força" (Eus KG V 16,17).

O típico é que esse movimento logo foi suspeito de heresia. Mas não resta dúvida de que ele era ortodoxo no sentido de um cristianismo orientado segundo o "cânone" do Novo Testamento. O que causava irritação não era o conteúdo de sua mensagem, mas a forma profética que apelava para inspiração imediata — apesar de pertencer às genuínas formas de expres-

---

[54] Cf. Christine Trevett, *Montanism. Gender, Authority and the New Prophecy*, Cambridge: University Press 1996; Anne Jensen, *Gottes selbstbewusste Töchter*, Freiburg, Basel, Wien: Herder 1992, 268-352.

são do cristianismo primitivo. Esse movimento pôde até mesmo angariar para si o grande escritor cristão Tertuliano; ele correspondia ao rigorismo ético desse teólogo, sem dúvida, ortodoxo.

Como o demonstra a enumeração das quatro "crises" proféticas no cristianismo primitivo, não houve apenas uma única crise provocada pelo radicalismo. Antes, ela pertence estruturalmente à nova religião. Aconteceu com suas origens radicais. Reiteradamente se inflamou o espírito radical do primeiro movimento de carismáticos ambulantes (carismaticismo ambulante). Este não é apenas um anacronismo. Ao contrário, por muito tempo desempenha uma função importante na formação e conservação da nova religião. A tentação de adaptar-se ao mundo circundante e de negar a própria identidade era crônica e assumiu diversas formas. No primeiro século, tornou-se aguda sob forma da crise judaística; no segundo século, sob o aspecto da crise gnóstica. No entanto, ela estava sempre presente na vida cotidiana de todos os cristãos — também posteriormente, quando se desenvolveram modestas formas de um cristianismo "burguês", mantendo-se dentro dos parâmetros da "ortodoxia". Essa força de resistência contra as diversas formas de sedução para a acomodação, o cristianismo primitivo hauriu-a de seu *pathos* contracultural — a consciência de ser diferente do mundo, e a pretensão de apresentar ao mundo essa diferença também na conduta de vida visível. Com efeito, radicalismo abstrato sozinho empresta apenas uma identidade social problemática. Entretanto, um radicalismo ético, que leva a um modelo de comportamento visível, comprometido socialmente, e que também confere a força para o distanciamento do "comportamento normal", podia assegurar sempre de novo a identidade do cristianismo primitivo. Essa força de oposição se impôs aí, muitas vezes, contra tendências estruturais que haviam sido impostas pela conjuntura sociopolítica do Império Romano.

Nessa visão panorâmica das três crises do cristianismo primitivo, ainda não mencionamos um grande crise que, na verdade, ocupa um lugar especial: a crise provocada por Marcião.[55] Marcião junta elementos tirados das três crises.

De forma grosseira, ele radicaliza o resultado da crise *judaística*: o distanciamento em relação à religião judaica. Ele suprime a unidade entre

---

[55] Barbara Aland, Marcion, *TRE* 22 (1992), 89-101.

Deus criador e Deus salvador. Para ele, o A.T. é a revelação de outro Deus. Um Deus do amor e da misericórdia, até então desconhecido, revelou-se em Jesus. A novidade e a singularidade do cristianismo são aqui asperamente acentuadas. A ideia do amor, em sintonia com as convicções fundamentais do cristianismo primitivo, volta a centro.

Os traços *gnósticos* de seu pensamento são inconfundíveis: ele não apenas desmancha a unidade do Criador-Salvador, mas também a unidade do ser divino e humano no Salvador. Marcião defendia uma cristologia docetista. Seu Jesus não nasceu, mas desceu diretamente do céu. Contudo, diferentemente dos outros sistemas gnósticos, ele renunciou à especulação sobre emanações e processos intradivinos. Nada lhe é mais estranho do que desfazer o cristianismo num sistema simbólico intemporal; ao contrário, ele defendia motivos gnósticos com um *pathos* profético: como expressão da singularidade da nova revelação, que se diferenciava de tudo o que existia até então.

Esse traço *profético* de seu comportamento, a rígida fé na revelação, que ele ligava com um radicalismo ético — ele pregava a ascese e a prontidão para o martírio —, conferiam a sua atuação grande força de percussão. Aqui, defendia-se uma forma divergente de identidade cristã, a qual nem chegou a uma integração do cristianismo no judaísmo, nem à sua desagregação numa linguagem simbólica intercambiável qualquer.

Precisamente por essa combinação de traços inusitados é que Marcião se tornou, na verdade, o grande desafio para a Igreja nascente. Desafiada por ele, ela desenvolveu o cânone — e, daí, surgiu um cristianismo canônico que, de um lado, conservou a pluralidade do cristianismo primitivo, mas, de outro lado, limitou-o. Isso nos leva ao nosso próximo tema: pluralidade e unidade no cristianismo primitivo e à questão de a partir de quando se justifica uma diferenciação que eu, até agora, sem justificação mais exata, tenho utilizado: a diferença entre ortodoxia e heresia. Pode causar estranheza o fato de que essa questão seja um tema importante para uma análise decididamente não dogmática do cristianismo primitivo. Todavia, religiões são sistemas normativos. Não as compreenderemos se não reconhecermos quais as normas internas que agem em seus conflitos interiores.

Capítulo 12
PLURALIDADE E UNIDADE NO CRISTIANISMO PRIMITIVO E O SURGIMENTO DO CÂNONE

As grandes crises do cristianismo primitivo não foram resolvidas uniformemente. No confronto com a questão fundamental — o que é o cristianismo? — deparamo-nos com diversas tentativas de resposta, a fim de demarcar os limites entre o cristianismo e sua religião-mãe judaica e em relação à linguagem simbólica geral da gnose, ou renová-lo, no espírito do radicalismo ético. Essa variedade aparece, amiúde, tão imensa que alguns têm receio de falar *do* cristianismo primitivo; discernir-se-ia apenas uma série de grupos cristãos.[1]

Já no último século, houve uma tentativa de reconhecer uma unidade dialética oculta nessa variedade: o quadro histórico do cristianismo primitivo de Tubinga.[2] Ele distinguiu dois partidos que se comportavam como tese e antítese: petrinismo e paulinismo. Esses partidos seriam representados literariamente, de um lado, pelo protoevangelho de Mateus e, por outro lado, pelas cartas autênticas de Paulo. Todos os demais escritos poderiam ser-lhes atribuídos, respectivamente de acordo com a "tendência" que eles apresentam. Assim, a primeira carta de Pedro e a carta de Tiago represen-

---

[1] Dois eminentes projetos de uma história da teologia do cristianismo primitivo trabalharam essa pluralidade: Helmut Köster, *Einführung in das Neue Testament im Rahmen der Religionsgeschichte und Kulturgeschichte der hellenistischen und römischen Zeit,* Berlin, New York: de Gruyter 1990, apresenta o cristianismo primitivo segundo diferenças regionais e linhas de desenvolvimento histórico. Klaus Berger, *Theologiegeschichte des Urchristentums,* Tübingen, Basel: Francke ²1995, compara-o a um tronco com ramos que se bifurcam, em que uma série de cortes mostra representações e tradições comuns como provenientes de uma única origem. O esboço que se segue não pode entrar numa discussão detalhada com esses dois projetos.

[2] Ferdinand Chr. Baur (1792-1860) desenvolveu, em diversas publicações, esse assim chamado "quadro histórico de Tubinga" do cristianismo primitivo. Mencione-se aqui apenas sua breve apresentação: *Das Christentum und die christliche Kirche der drei ersten Jahrhunderte,* Tübingen: Fues 1853. Com frequência se percebeu sua contribuição na descoberta da multiplicidade de partidos. Na verdade, ele encontrou uma lógica para essa variedade. Ele conseguiu compreendê-la como unidade que se desdobra dialeticamente. Assim, Stefan Alkier, *Urchristentum. Zur Geschichte und Theologie einer exegetischen Disziplin,* BHTh 83, Tübingen 1993.

tariam uma tentativa de mediação do partido petrino, e a dupla obra lucana e as cartas deuteropaulinas, uma tentativa de mediação do lado paulino, procurando reunir os dois partidos. O catolicismo teria, finalmente, formado uma síntese — representada pelo evangelho de João. Com ele, o cristianismo primitivo encontra seu ápice e conclusão.

O quadro histórico de Tubinga conhece também as duas grandes crises do cristianismo primitivo. Os conflitos internos entre os partidos religiosos cristãos primitivos no séc. I se inflamaram perante a questão sobre até que ponto o cristianismo deve e pode distanciar-se do judaísmo, a fim de tornar-se uma religião universal para todas as nações. F. Chr. Baur enxergou aqui um conflito entre particularismo e universalismo. Esse conflito é idêntico ao que identificamos como crise judaística.

No séc. II, esse conflito foi resolvido mediante outro conflito: por meio do confronto com a gnose. Segundo F. Chr. Baur, no evangelho de João esse confronto foi levado a termo mediante a assunção de ideias gnósticas no sistema de convicções cristão. No embate com a gnose, não se trata mais da emancipação em relação ao judaísmo, mas, sim, da discussão com a filosofia da religião helenista.

O quadro histórico de Tubinga, nessa forma, está superado, não porém a ideia fundamental de um desenvolvimento que se dá entre conflitos, e que encontra sua meta numa síntese. As correções seguintes fazem-se necessárias ao quadro histórico de Tubinga:

1) No cristianismo primitivo, não havia apenas dois partidos, mas, sim, uma porção de correntes, entre as quais havia tensões e conflitos: judeo-cristianismo, cristianismo sinótico, paulino e joanino e, ademais, posteriormente, a ampla corrente de um cristianismo gnóstico. Numa primeira parte, apresento uma visão geral dessas correntes e suas subcorrentes, bem como as ligações transversais entre elas. Aqui se deve ressaltar a pluralidade do cristianismo primitivo, e indícios para sua unidade e por trás de toda variedade devem ser coletados. Somente essa unidade torna compreensível a formação do cânone, o qual, sem uma instância organizacional central no cristianismo primitivo, pôde impor-se no decorrer do séc. II. Seu aparecimento é o fruto decisivo da história do cristianismo primitivo no séc. II.

2) A síntese, no final desse desenvolvimento, não é representada pelo evangelho de João, mas por meio do cânone. Emblemático para

a formação do cânone é a aceitação consciente da variedade do cristianismo primitivo. O cânone aceita escritos de quase todas as correntes representativas. O *corpus* joanino não é essa síntese. Ele representa apenas uma corrente dentro do cânone, mas poderia ter desempenhado um papel especial na formação do cânone. Numa segunda parte, por conseguinte, tratamos a formação do cânone como uma coleção de escritos heterogêneos — em certa medida, o "cânone externo", com o qual o cristianismo primitivo chega a seu fim, e tem início a Igreja antiga.

3) Com a formação do cânone chegou-se à expulsão das correntes "heréticas".[3] Nem todas as correntes e tendências no cristianismo primitivo foram representadas no cânone por meio de escritos. Faltam escritos gnósticos. Escritos judeo-cristãos estão sub-representados. Na, com e mediante a formação do cânone foi preciso haver consenso a respeito do que seguramente era "cristão" em sentido normativo. Somente se impuseram os escritos que correspondiam a esse consenso. Numa terceira parte, tentaremos realçar esse consenso. Aqui, buscamos uma série de axiomas e motivos de base, implícitos ou explícitos, que foram partilhados pela maioria dos cristãos. Pode-se chamar a esse consenso de "cânone interno" no cânone externo.

Por conseguinte, a formação do cânone adquire importância decisiva para uma teoria e uma história do cristianismo primitivo. No entanto, perguntemos, antes de mais nada: o que é um cânone?

Uma definição teórico-religiosa do cânone[4] soa assim: *um cânone é constituído de textos normativos, aptos a reconstruir, sempre de novo,*

---

[3] Para a relação entre a "ortodoxia" e a assim chamada "heresia" é fundamental: Walter Bauer, *Rechtgläubigkeit und Ketzerei im ältesten Christentum*, BHTh 10, Tübingen: Mohr 1964: segundo esse autor, ainda havia no séc. II um cristianismo gnóstico em diversos lugares — acima de tudo na Síria e no Egito — mais originário do que a "ortodoxia". Inicialmente, esta teria sido também apenas uma corrente entre outras e ter-se-ia imposto a partir de Roma. Dito de forma exagerada: a "ortodoxia" foi uma "heresia que, no final, conseguiu se impor".

[4] Bernhard Lang, "Kanon", *HRWG* III, 1993, 332-335, distingue segundo o princípio de autoridade dos escritos sagrados: de acordo com a tipologia do princípio da dominação e do princípio da autoridade de Max Weber, a autoridade pode ser tradicional, carismática ou legal. Autoridade tradicional possuem escritos sagrados como os "textos clássicos" de uma religião que nela são inquestionavelmente pressupostos. Eles possuem autoridade carismática mediante o reconhecimento espontâneo de pessoas que neles ouvem uma mensagem de origem extraordinária: para elas, os Escritos Sagrados são "Palavra de Deus". Sua autoridade é legal quando uma instituição os transforma em "escritos canônicos", com obrigação jurídica. A noção de "cânone" usada não se restringe a esse aspecto jurídico. Assim ela não seria de forma alguma adequada

o sistema simbólico de uma religião e torná-lo familiar a uma comunidade por meio da interpretação. A importância comunitária do cânone consiste em que um cânone possibilita o consenso no interior de grupos diversos, realiza uma delimitação exterior e torna possível uma continuidade que se expande por gerações: escritos canônicos são uma memória cultural, protegida pela aura sagrada, que resiste tenazmente contra a tentação do esquecimento e do recalque. Por meio da formação do cânone, a religião cristã primitiva define-se a si mesma como uma sistema simbólico normativo.

O que significa, pois, essa formação do cânone para a história do cristianismo primitivo, quando compreendida teórico-religiosamente como a história da origem de um novo sistema simbólico religioso?

1) Essa formação do cânone é o *fim do cristianismo primitivo.* A história do cristianismo primitivo é a história da origem de um sistema simbólico religioso. Sua criação está concluída no momento em que esse sistema simbólico não é mais ampliado pelo surgimento de novos escritos, mas é considerado acabado. O desenvolvimento subsequente da religião se dá, de agora em diante, por meio da interpretação de um sistema simbólico válido concluído — por meio da exegese. Dito de forma exagerada: com os exegetas, morre o cristianismo primitivo. A fase produtiva do desenvolvimento de uma nova linguagem simbólica chega ao fim. A formação do cânone separa o cristianismo primitivo da Igreja Antiga.

2) Além do mais, ela define o cristianismo primitivo em relação ao judaísmo e, ao mesmo tempo, atesta sua definitiva *separação de sua religião-mãe,* bem como sua permanente ligação a ela. Novos escritos sagrados são colocados ao lado das Escrituras Sagradas do judaísmo. As Escrituras Sagradas do judaísmo são subordinadas como "Antigo Testamento" em relação ao "Novo Testamento". Destarte, acentua-se a *novitas christiana.* Contudo, somente como

---

para o cristianismo primitivo: o cânone não foi criado por meio de um ato jurídico. Também sínodos posteriores sempre pressupuseram sua existência e apenas se debateram com sua limitação e concederam reconhecimento jurídico ao cânone já existente. A noção de "cânone" abrange, a seguir, todas as três formas de autoridade. Os escritos neotestamentários tinham qualidade "canônica" mediante participação no carisma de seus autores (reais ou fictícios) desde o princípio, ou seja, por meio de seu uso vivo nas comunidades. A autoridade tradicional cresceu neles num contínuo processo ao longo de um século. Apenas secundariamente é que eles adquiriram autoridade legal mediante decisões conciliares sobre a abrangência do cânone.

continuação de uma coleção de escritos canônicos já existentes do judaísmo é que os novos escritos adquirem sua normatividade, aliás, mais ainda: o cristianismo primitivo deve a sua religião-mãe a noção de cânone.[5] Ele depende da "criação" do cânone, ou seja, da ideia que começou a prevalecer, no período pós-exílico, de se fazer de uma coletânea de escritos a base normativa de um sistema simbólico religioso — inicialmente ao lado e em conexão com o culto do Templo (portanto, inserido em sua linguagem simbólica ritual), mas, após a destruição do Templo, no ano 70 d.C., também independentemente do Templo. Mas a ligação com a religião-mãe não se mostra apenas no aspecto formal. Também quanto ao conteúdo, com a formação do cânone tomou-se uma importante decisão: o cristianismo primitivo, contrariando Marcião, atém-se à unidade do Deus criador veterotestamentário com o Deus do Novo Testamento.

3) A formação do cânone completa, finalmente, a *autodefinição do cristianismo primitivo em relação ao paganismo*. Ele assume, com o A.T., a autodelimitação do "povo de Deus" no confronto com todas as demais nações. Já a forma do cânone implica essa autosseparação. O cânone é o documento da pertença a uma história totalmente excepcional: a história da eleição de Israel e da revelação do Deus uno e único. A partir daí, permanece a pretensão de, em concorrência com todas as outras religiões, testemunhar singularmente esse único Deus. Havíamos visto que, por isso, o cristianismo primitivo desenvolve um sincretismo de superação, uma tendência a proclamar, com o incremento de declarações sobre a elevação e a humilhação de Jesus, a própria superioridade em relação aos sistemas simbólicos religiosos concorrentes (em relação a outras divindades e a outras promessas salvíficas). Esse sincretismo de superação se completa com a formação do cânone. Por meio da coletânea normativa de diversos escritos, situam-se, uma ao lado da outra, declarações absolutas a respeito de Jesus em ambas as direções — e com isso tornam-se preâmbulo *de todas*

---

[5] Cf. Roger T. Beckwith, *The Old Testament Canon of the New Testament Church and its Background in Early Judaism*, London: SPCK 1985; Formation of the Hebrew Bible, in: Jan M. Mulder (ed.), *Mikra. Text, Translation and Interpretation of the Hebrew Bible in Ancient Judaism and Early Christianity*, Assen: Van Gorcum/Philadelphia: Fortress 1988, 39-86.

as tradições. Escritos neotestamentários tardios chamam Jesus explicitamente de "Deus" (Jo 1,1.18; 20,28; Hb 1,8; Tt 2,13; 2Pd 1,1-2). Sua divindade resplandece agora, no contexto canônico, acima de todos os demais escritos. O mesmo vale para a humilhação de Jesus. A aparição terrestre de Jesus, nos sinóticos, até a cena do Getsêmani, torna-se, nas cartas, preenchimento explícito de declarações abstratas a respeito de sua encarnação.

Pode surpreender, à primeira vista, que uma apresentação teórico-religiosa do cristianismo primitivo trate da questão do cânone e de suas fronteiras, bem como da "ortodoxia" e da "heresia". Por essa razão, a essa apresentação não interessa determinar o que o cristianismo deve ser num sentido normativo. Ao contrário, ela pretende compreender quais os juízos valorativos que foram pronunciados nos processos e decisões históricos de então. A religião é sempre um poder normativo. Em cada religião, luta-se por aquilo que nela pode reivindicar valor normativo. Como se desenvolveram "normas" e medidas para aquilo que antigamente era considerado "ortodoxo" e "herético" — isso é objeto de uma análise que de forma alguma precisa estar influenciada pelas normas pesquisadas. Quem perde de vista a religião como poder normativo de definição, perde de vista, aliás, com isso, um elemento essencial da religião.

A pluralidade no cristianismo primitivo até a formação do cânone

A seguir, a presente tentativa de compreender e de ordenar historicamente a pluralidade do cristianismo primitivo procede metodologicamente de forma a combinar dois grupos de "datas" de que dispomos para a história do cristianismo primitivo:

- Para a época até o ano 70 d.C., dispomos da monografia historiográfica dos Atos dos Apóstolos[6] e das cartas paulinas autênticas. Do conjunto dos dois, resultam preciosas informações sobre alguns

---

[6] Que os Atos dos Apóstolos sejam historiografia religiosa não deve ser posto em questão. Cf. Martin Hengel, *Zur urchristlichen Geschichtsschreibung*, Stuttgart: Calwer 1979. Naturalmente, não é por essa razão que suas afirmações são "históricas". Contudo, eles contêm notícias históricas valiosas: por diversas contradições em relação às cartas de Paulo, não se pode fazê-los derivar das cartas paulinas, ainda que eles devam ter conhecido isoladamente cartas de Paulo. Eles tocam tradições independentes, que são historicamente apreciáveis.

conflitos nos quais se sobressaem claramente grupos diversos, sem que possuamos escritos de todos esses grupos.

* Para a época, entre o ano 70 até cerca do ano 110, falta-nos uma apresentação historiográfica coerente; em contrapartida, desse período de tempo possuímos uma porção de escritos cristãos primitivos que mal podemos inserir num contexto histórico narrável. Neles, sobressaem-se quatro grupos: judeo-cristão, sinótico, deuteropaulino e escritos joaninos.

* Para a época até cerca do ano 180, tanto direta — mediante (vagos) relatos — quanto indiretamente, por meio de escritos conservados, deixam-se identificar discussões com defensores de uma religiosidade salvífica radical, a gnose, e com movimentos proféticos de renovação, dentre os quais se desenvolveu um cristianismo comunitário protocatólico.

A título de experiência, pode-se classificar o agrupamento daquele complexo de escritos que começa a se tornar visível no primeiro período e que se torna reconhecível no segundo período. Nessa tentativa, chega-se a quatro correntes fundamentais no cristianismo primitivo. É evidente que o cristianismo comunitário protocatólico deve ser considerado como continuação dessas correntes que devem ser delimitadas em duas direções: em relação às correntes proféticas radicais e à gnose. Nesses confrontos distinguem-se "ortodoxia" e "heresia".

Conflitos e agrupamentos nas primeiras gerações

O primeiro conflito perceptível é entre *hebreus* e *helenistas*.[7] Aos hebreus pertence o círculo dos Doze; aos helenistas, o círculo dos Sete. O

---

[7] A rusga entre helenistas e hebreus foi transmitida apenas pelo livro dos Atos dos Apóstolos, mas ninguém lhe questiona a historicidade. Com efeito, essa disputa e a subsequente expulsão dos helenistas é um meio-termo (necessário para a compreensão histórica) entre a comunidade primitiva e Paulo. O litígio originou-se em razão da diferença de língua e do cunho cultural distinto. Cf. Martin Hengel, Zwischen Jesus und Paulus. Die "Hellenisten", die "Sieben" und Stephanus (Apg 6,1-15; 7,54-8,3), *ZTHK* 72 (1975), 151-206. A querela não deve necessariamente ter levado à fundação de uma segunda comunidade primitiva, separada geograficamente. Um círculo-dos-Sete, orientado para a comunidade local de Jerusalém, e um círculo-dos-Doze, orientado para todo o Israel poderiam ter existido, um ao lado do outro, na mesma comunidade — e justamente por causa da ligação a uma e mesma comunidade é que se poderia chegar a tensões. Cf. Gerd Theissen, Hellenisten und Hebräer (Apg 6,1-6). Gab es eine Spaltung der Urgemeinde?, in: *Geschichte-Tradition-Reflexion, Bd. III. Frühes Christentum*, FS Martin Hengel, editado por Hermann Lichtenberger, Tübingen 1996, 323-343.

número doze mostra: aqui não está representada somente a comunidade primitiva de Jerusalém, mas todo o Israel. Os Doze são missionários ambulantes, conscientes de terem sido enviados às doze tribos. O número sete corresponde, em contrapartida, aos representantes de um lugar. Encontramos aqui um primeiro indício de estruturas de autoridade de uma comunidade local. Ambos os círculos são culturalmente marcados de forma diferente (mediante línguas diversas). Inequívoco é que os helenistas foram arrastados para um grande conflito com a instituição central do judaísmo: com o Templo. O líder deles, Estêvão, por causa de sua crítica contra o Templo, foi lapidado.

Provavelmente ele proclamou a iminente abertura do Templo para os pagãos. Seus seguidores foram expulsos. Uma parte deles, sobretudo Filipe, missionou na Samaria e nas cidades litorâneas greco-palestinenses. Outra parte deles conseguiu chegar até Antioquia e fundou ali a primeira comunidade, que incluía também gentio-cristãos. Podemos assim, já num período relativamente cedo, distinguir três agrupamentos de correntes (cf. esquema ao lado):

Uma especificação desse quadro é possibilitada pelas discussões entre Antioquia e Jerusalém a respeito da circuncisão como condição para a acolhida dos gentio-cristãos. Durante o *Concílio dos Apóstolos*[8] em Jerusalém, confrontam-se: de um lado, as três colunas de Jerusalém: Tiago, Pedro e João (no que este último, em parte alguma sobressai-se autonomamente); por outro lado, Paulo e Barnabé (no que ambos são, com direitos iguais, delegados da comunidade antioquena). Um grupo de "falsos irmãos" não é integrado no consenso.

---

[8] O Concílio dos Apóstolos está documentado em dois textos: Gl 2,1ss e Atos 15,1ss. As pequenas divergências entre eles garantem sua independência, enquanto as convergências possibilitam sua aproveitabilidade histórica. Em Gl 2,7, Paulo ressalta a si e a Pedro como as duas figuras determinantes — mas em Gl 2,9, ele inclui Pedro no grupo-líder de Jerusalém, e a si mesmo, na delegação de Antioquia. Entre as duas "versões" existe certa tensão que não pode ser resolvida com o argumento de que o v. 7 apresentaria o conteúdo histórico, ao passo que o v. 9 representaria o deslocamento de poder introduzido até à redação da carta, como o quer Günter Klein, in: Galater 2,6-9 und die Geschichte der Jerusalemer Urgemeinde, *ZThK* 57 (1960) 275-95 = *Rekonstruktion und Interpretation; Gesammelte Aufsätze zum Neuen Testament*, BevTh 50, München: Kaiser 1969, 99-118 + 118-128. Provavelmente, o v. 7 reflete a visão inspirada nos interesses de Paulo, enquanto o v. 9 é reflexo dos relacionamentos históricos. Efetivamente, mediante o v. 7, Paulo é ressaltado — como a segunda autoridade dos começos cristãos primitivos. De um lado, em relação aos Gálatas, Paulo precisa dessa posição de autoridade; por outro lado, pela concentração em Pedro e em si mesmo, ele pode silenciar o influente Tiago — cuja autoridade, em conexão com o conflito antioqueno, aliás, ele precisa atacar.

Pluralidade e unidade no cristianismo primitivo

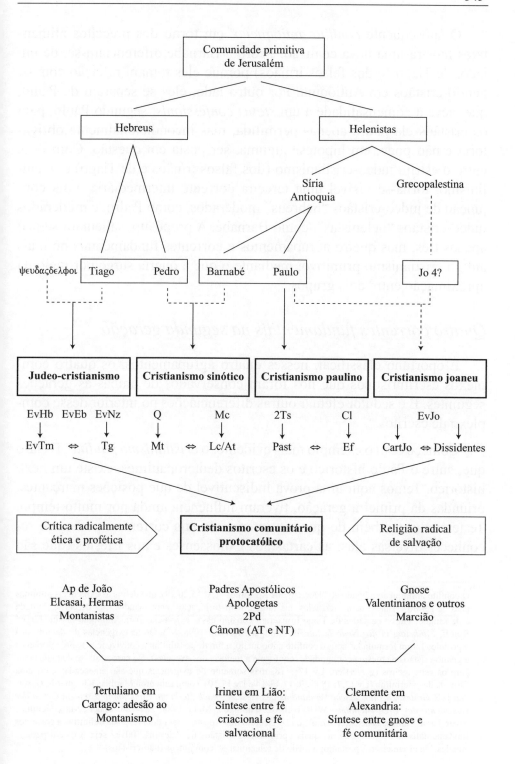

O subsequente *conflito antioqueno*[9] em torno dos preceitos alimentares mostra uma nova coalizão: Pedro e Barnabé diferenciam-se, de um lado, de Tiago (e dos falsos irmãos) porque eles tomam refeição com os gentio-cristãos em Antioquia. Por outro lado, eles se separam de Paulo, que eleva a comensalidade a um *status confessionis*: segundo Paulo, para os cristãos ela não é apenas permitida, mas incondicionalmente obrigatória e não pode, em hipótese alguma, ser posta em questão. Com isso, entre o estrito judeo-cristianismo (dos falsos irmãos e de Tiago) e o paulinismo, torna-se visível uma terceira corrente intermediária: uma conjunção de judeo-cristãos "hebreus" moderados, como Pedro, e moderados judeo-cristãos "helenistas", como Barnabé. A propósito, salientam-se não apenas três, mas quatro agrupamentos e correntes fundamentais no mais antigo cristianismo primitivo, mediante o que a quarta surge por meio da aproximação entre dois grupos.

Quatro correntes fundamentais na segunda geração

É oportuno classificar, nesses quatro agrupamentos, os quatro complexos escriturísticos que nos foram conservados de ambas as gerações seguintes. E é sedutor efetuar outras diferenciações no interior desse complexo de escritos.

Começo com o exemplo mais evidente: o *cristianismo paulino*. É claro que, entre o Paulo histórico e os escritos deuteropaulinos, existe um nexo histórico. Temos aqui uma prova indiscutível de que posições marcantes, oriundas da primeira geração, tiveram influência ainda por muito tempo. Testemunho também de que, no interior de tais correntes, podem-se reconhecer diversas alas: as cartas aos Colossenses e aos Efésios (que são

---

[9] O conflito antioqueno é ligado ao "Decreto dos Apóstolos" (At 15,20.29), que define as exigências mínimas para os gentio-cristãos: nem sacrifícios aos ídolos, nem fornicação, nem manducação de carne imolada e de sangue! Ou os enviados de Tiago trouxeram consigo essas exigências para Antioquia (assim Jürgen Roloff, *Eiführung in das Neue Testament,* Stuttgart: Reclam 1995, 87). Ou as exigências do decreto dos Apóstolos foram formuladas após o conflito antioqueno, a fim de possibilitar a convivência de judeo-cristãos e gentio-cristãos na mesma comunidade (conforme a maioria dos exegetas). No caso, trata-se de exigências para os estrangeiros (*gerim*) em Lv 17 e 18, mas somente de exigências que são ameaçadas com uma fórmula de extermínio (Lv 17,7; 18,6-29; 17,13-14 e Lv 17,10), como salientou Matthias Klinghardt, *Gesetz und Volk Gottes. Das lukanische Verständnis des Gesetzes nach Herkunft, Funktion und seinem Ort in der Geschichte des Urchristentums,* WUNT II, 32, Tübingen: Mohr 1988, 181-183. Poder-se-ia concluir, a partir dessas "ameaças de extermínio", que o Decreto dos Apóstolos era uma resposta definitiva a correntes fundamentalistas no judaísmo, as quais oprimiam os cristãos na Palestina. Talvez seja o receio perante aqueles "da circuncisão", portanto, o medo de relacionar-se com judeus (não-cristãos).

interdependentes não apenas literariamente, mas também teologicamente aparentadas) são testemunhas de um paulinismo "de esquerda",[10] que representa uma escatologia realizada e uma eclesiologia-do-corpo-de-Cristo característica, que distingue entre a cabeça e o corpo, mas que conserva firmemente o alto valor de cada membro. As cartas pastorais e a segunda carta aos Tessalonicenses são diferentes. Aqui, encontramos uma rejeição tanto da vinda próxima (2Ts) quanto da escatologia realizada (2Tim 2,18). Nelas está ausente a eclesiologia-do-corpo-de-Cristo. Em contrapartida, encontramos a imagem condutora da "casa". A comunidade é (no passado) a casa de Deus. Nela, somente o bispo possui um carisma. Pode-se falar aqui de um paulinismo "jurídico".

Relativamente plausível é também a atribuição do *judeo-cristianismo* e dos "falsos irmãos" a Tiago (nitidamente diferentes dele mediante seu comportamento irreconciliável). Depois da partida de Pedro, Tiago era a figura decisiva em Jerusalém. Sabemos isso não apenas a partir dos Atos dos Apóstolos, mas podemos concluí-lo também a partir de Josefo.[11] Desse judeo-cristianismo provêm os evangelhos judeo-cristãos, conservados apenas em fragmentos: o evangelho dos Hebreus, o evangelho dos Ebionitas, o evangelho dos Nazarenos. Aqui também se podem supor duas alas: o evangelho dos Hebreus conhece, tanto quanto os escritos pseudoclementinos (muito mais tardios), a concepção gnóstica da mudança de figura do Salvador. De fato, partes do judeo-cristianismo foram atingidas por correntes gnósticas. O melhor testemunho disso é o evangelho de Tomé, que representa uma teologia gnóstica e, ao mesmo tempo, atribui a Tiago uma posição ímpar (EvTom 12). A essa ala do judeo-cristianismo próxima da gnose contrapõe-se outra, mais vizinha aos evangelhos sinóticos. O evangelho dos Nazarenos é uma reelaboração do evangelho de Mateus. A

---

[10] Esse paulinismo "de esquerda" possui traços inteiramente conservadores. A carta aos Colossenses mostra precisamente isso. Ela está intimamente ligada à carta a Filemon (por meio da lista de nomes comuns). Quando ela, no código doméstico, desenvolve acima de tudo a parênese sobre os escravos, talvez ela queira conscientemente corrigir a carta a Filemon. Contudo, em diversos aspectos, ela se mostra ainda mais próximo do Paulo original. A carta aos Colossenses conhece ainda o princípio da igualdade (Cl 3,11) e uma organização comunitária carismática, na qual um admoesta o outro — sem que para isso sejam previstos ofícios especiais (Cl 3,16).

[11] Em *Ant* 20,200, Josefo narra a respeito da execução de Tiago, o irmão do Senhor. Ele o ressalta nominalmente dentre um grupo de pessoas anônimas que foram então executadas. Sua importância e seu prestígio também se salientam pelo fato de grupos judeus (fariseus, provavelmente) protestarem contra sua morte. A propósito de sua grande importância, cf. Martin Hengel, Jakobus der Herrenbruder — der erste "Papst"?, in: Ernst Grässer/Otto Merk (eds.), *Glaube und Eschatologie,* FS Werner Georg Kümmel, Tübingen: Mohr 1985,71-104.

carta de Tiago avizinha-se de diversas tradições do Sermão da Montanha. Ambos impressionam por seu etos social: a razão para o compromisso de solidariedade para com os pobres raramente é expresso com tanta clareza quanto nesses escritos cristãos primitivos.[12]

O *cristianismo sinótico* é mais difícil de classificar. Sem dúvida ele une gentio-cristianismo e judeo-cristianismo. Tanto a Fonte dos Ditos quanto o material especial de Mateus trazem inequivocamente as cores judeo-cristãs. O evangelho de Mateus e a dupla obra lucana estão, ao contrário, nitidamente influenciadas pelo gentio-cristianismo. Aqui também encontramos, portanto, duas alas. Contudo, em nenhum dos evangelhos sinóticos falta o elemento contraposto correspondente. Judeo-cristianismo e gentio-cristianismo são sempre ligados, sem que encontremos a teologia paulina radical, que se propôs como meta a unidade entre judeo-cristãos e gentio-cristãos. Pedro e Barnabé representariam bem essa ligação na primeira geração: Pedro como missionário de Israel, Barnabé como missionário dos pagãos. Essa atribuição apoia-se na tradição da Igreja Antiga. Com efeito, esta liga o evangelho de Marcos a Pedro — e atribui-o a João Marcos, um parente e confidente de Barnabé. Tais atribuições não devem corresponder à realidade. Mas elas demonstram: caso o evangelho de Marcos já tenha sido atribuído a um "Marcos", este deverá ser procurado em círculos nos quais João Marcos gozava de alto prestígio. E esses deverão ter sido círculos nos quais tanto Pedro quanto Barnabé eram apreciados.[13] Permanece ainda,

---

[12] No evangelho dos Nazarenos, Jesus cura o homem da mão ressequida, a fim de que ele possa voltar a trabalhar como pedreiro e não precise mendigar vergonhosamente (EvNaz Frg. 10). O jovem rico torna-se dois ricos. Jesus não crê que um observe a Lei e os Profetas enquanto existem pobres em Israel (EvNaz Frg. 16). A parábola dos talentos é narrada com maior sensibilidade para a justiça: é castigado somente o servo que malbaratou com prostitutas e com tocadoras de flautas o talento confiado — e não aquele que o escondeu (EvNaz Frg. 18). Cf. Philipp Vielhauer/Georg Strecker, Judenchristliche Evangelien, in: Wilhelm Schneemelcher, *Neutestamentliche Apokryphen I. Evangelien*, Tübingen: Mohr ⁵1987, 114147, a respeito do evangelho dos Nazarenos, ali, p. 128-138.

[13] O mais tardar, em meados do séc. II, Papias remonta o evangelho de Marcos a um acompanhante de Pedro chamado Marcos, que, como intérprete de Pedro, escreveu suas memórias (Euseb, *Hist. Ecl.*, III, 39,14-15). No séc. II, uma mente perspicaz poderia ter concluído isso a partir do N.T. Existem cenas nas quais somente os três discípulos mais íntimos de Jesus são testemunhas. A partir de Mc 10,38, pode-se deduzir que, dentre eles, os dois filhos de Zebedeu estão mortos. Somente Pedro, pois, interessa como transmissor desse acontecimento (bem como de suas negações). Ora, segundo 2Pd 1,13.15, Pedro deseja cuidar para que, também depois de sua partida, a verdade possa ser recordada. Isso pode ser entendido como um indício de uma fixação por escrito de seu testemunho de Jesus, a qual se deu seja ainda durante sua vida, seja após sua morte. Quem poderia ser o transmissor? Apenas Marcos. Pois, segundo 1Pd 5,13, ele se encontra com Pedro em Roma (= Babilônia) antes de sua morte. Ademais, o evangelho de Marcos contém algumas palavras aramaicas que são traduzidas (Mc 5,41; 7,11.34; 15,22; 15,34). Não poderia, portanto, ser o trabalho de um tradutor? É compreensível que também ainda hoje exegetas críticos contem com a possibilidade de que essa conclusão inteligente toque o fato histórico. Em todo caso, porém, é provável que a atribuição do evangelho

como o grande enigma do cristianismo primitivo, o *cristianismo joanino*. Muitos indícios levaram a relacioná-lo com aquele ramo dos helenistas que missionaram na Samaria.[14] A ligação com o evangelho de João se dá, por um lado, mediante o lugar Samaria, por outro lado, mediante Filipe. No evangelho de João, a Samaria tem um significado positivo. Enquanto o "mundo" todo parece rejeitar a Boa-Nova, aqui, excepcionalmente, ela é aceita. A história da mulher samaritana narra, indiretamente, a fundação do cristianismo samaritano. Que o próprio Cristo seja chamado de "samaritano" (8,48), ajusta-se bem no quadro. No evangelho de João, Filipe desempenha um papel especial. A ele se voltam os "gregos", a fim de obterem contato com Jesus. De acordo com At 8, ele é o grande missionário da Samaria.[15] As notícias posteriores sobre ele conduzem à Ásia Menor, onde (mais tarde) também o evangelho de João é situado. Em minha opinião, um fio na pré-história do evangelho de João conduz à Samaria, sem que com isso toda a pré-história do evangelho de João seja iluminada. No interior do cristianismo joanino, podemos igualmente distinguir diversas alas. A primeira carta de João mostra que se chegou a um cisma na comunidade joanina: os dissidentes podem ter defendido uma cristologia próxima à gnose — uma fé para progredidos (cf. 2Jo 9). Infelizmente, sob o aspecto literário, só nos foram conservados os escritos da outra parte.

Portanto, em todas as correntes fundamentais do cristianismo primitivo podemos descobrir pelo menos duas alas diversas. E até mesmo esse estado

---

de Marcos a Marcos tenha acontecido num ambiente em que Pedro e Marcos gozavam de alto prestígio — e isso seria aquela corrente intermediária no cristianismo primitivo, que no conflito antioqueno oscilava entre Paulo e Tiago.

[14] Oscar Cullmann também vê uma ligação do evangelho de João com a Samaria em sua obra *Der johanneische Kreis*, Tübingen: Mohr 1975. Helmut Köster, *Einführung*, 620, pressupõe que a tradição joanina "desenvolveu-se ao redor do judaísmo palestinense, mas fora da região controlada pelo sinédrio hierosolimitano, portanto, na Samaria, por exemplo". Pode-se chamar a atenção para os indícios aventados acima: a Samaria era o espaço propício para um desenvolvimento especial do cristianismo primitivo, visto que diversos círculos do cristianismo sinótico evitaram conscientemente esse lugar (cf. Mt 10,5). Com os samaritanos, o evangelho de João partilha uma oposição contra o Templo de Jerusalém: no evangelho de João, a purificação do Templo inaugura a atividade pública de Jesus. Ademais, havia na Samaria, no séc. I, um ambiente favorável para formas de religião próximas da gnose, como o surgimento dos simonianos e dos dositeanos. À medida que a palavra "judeus", às vezes, no evangelho de João, significa "judeienses" (Jo 11,54 etc.), aí poderia sedimentar-se uma porção da perspectiva local.

[15] O apóstolo Filipe (no evangelho de João) e o evangelista Filipe (em At 6,5; 8,5-40; 21,8) poderiam ser idênticos — e são, no séc. II, identificados por Papias e Policarpo (Euseb KG III, 39,8-10; III, 31,3).Para Lucas, um pertence ao círculo dos Doze, o outro, ao círculo dos Sete. Para ele, seria impensável uma identificação, visto que ele, em At 6,1ss, pressupõe uma divisão de trabalho entre o círculo dos Doze e o círculo dos Sete. Mas, por que Filipe não poderia pertencer a ambos os círculos — tanto mais que o círculo dos Sete foi fundado para a conciliação de um litígio? Seria sensato colocar, no ápice, um representante dos helenistas: Estêvão, e um representante dos hebreus: Filipe.

de coisas relativiza também a diferenciação entre quatro correntes fundamentais. Com efeito, é fácil perceber que as alas de diversas correntes fundamentais aproximam-se umas das outras: o judeo-cristianismo do evangelho dos Nazarenos e da carta de Tiago avizinham-se do judeo-cristianismo da Fonte dos Ditos e do evangelho de Mateus. A ala gentio-cristã, representada por Marcos e Lucas, aproxima-se indiscutivelmente do cristianismo paulino: para Lucas, Paulo é uma das maiores figuras do cristianismo. O paulinismo de "esquerda" da carta aos Colossenses e da carta aos Efésios, com sua escatologia realizada, possui certa afinidade com o cristianismo joanino, e assim por diante. Daí, resultam diversas linhas transversais entre as quatro correntes fundamentais. Certamente elas ainda não apresentam nenhuma "unidade" do cristianismo primitivo, mas apontam ao rumo de que, entre as diversas correntes, podia predominar a comunicação. A construção de tal unidade, porém, permanecia ainda uma tarefa especial. Ela foi dissolvida no cristianismo comunitário protocatólico do séc. II.

> Todo esquema simplifica a realidade. Assim também a visão panorâmica mencionada. Ela não pretendeu retratar, ponto por ponto, a realidade histórica, mas desejou ser um recurso para avaliar sua complexidade em relação a concordâncias e a desvios. Ela abrangeu, na primeira geração cristã primitiva (até o ano 70 d.C.), somente os conflitos que se sobressaem nas fontes. Certamente deve ter havido muito mais. Para o período seguinte, do ano 70, mais ou menos, até o ano 110, ela abarcou somente grupos de escritos e correntes que são reconhecíveis como unidade. Devem ter existido mais do que essas quatro correntes fundamentais do cristianismo primitivo. Ela procurou interpretar a complexa história do séc. II apenas em traços bem aproximativos. Na realidade, tudo é bem mais complicado. Esse *ceterum censeo* do bom senso histórico vale também aqui. Algumas observações à esquemática visão geral reproduzida podem esclarecer esse ponto:
>
> 1. A visão de conjunto sugere uma origem unitária da história cristã primitiva. Nisso ela está marcada pelo quadro histórico lucano, segundo o qual a protocomunidade de Jerusalém está no começo de todos os desenvolvimentos. Boas razões depõem em favor de um começo plural da história do cristianismo primitivo: os seguidores de Jesus, na Galileia, e seus sucessores terão também levado adiante as recordações de Jesus, independentemente da protocomunidade de Jerusalém. O movimento de carismáticos ambulantes [carismaticismo ambulante] primitivo cristão, que encontrou sua sedimentação em Q e tem seus efeitos na Didaqué, não se deixa considerar como um "esteio" de Jerusalém, ainda que os Doze — o núcleo dos seguidores de Jesus, portanto — estejam ligados a Jerusalém.
>
> 2. A crise judaística, ou seja, a contramissão a Paulo, após o Concílio dos Apóstolos e depois do conflito antioqueno, não está incluída na visão panorâmica. Não sabemos exatamente que tipo de círculo se achava por trás dessa contramissão. Na Galácia e em Filipos ele possui traços judaísticos. Aqui poderia ter sido um círculo do qual os ψευδάδελφοι do Concílio dos Apóstolos (Gl 2,4) eram próximos. Mas poderão também ter sido judaístas

mais moderados, que faziam propaganda para uma aceitação voluntária da circuncisão — mas que, precisamente por isso, teologicamente, produziram tanto mais um "pressão de grupo" psíquica.

3. Talvez se devam completar as quatro correntes fundamentais do cristianismo primitivo com o cristianismo de Tomé. Em nossa visão de conjunto, ele foi situado na ala judeo-cristã gnóstica. No evangelho de Tomé, encontramos um desenvolvimento ulterior da teologia sapiencial judaica: sem desvalorizar o Deus criador do universo, ele avalia o mundo como estranho; sem desvalorizar os *pistikoi*, ele defende um conhecimento mais elevado. Possivelmente, ele dá continuidade ao radicalismo primitivo cristão de peregrinos, só que de forma autônoma.

4. As correntes fundamentais do cristianismo primitivo que se sobressaem nos escritos, após o ano 70, são apresentadas uma ao lado da outra em nossa visão geral. De fato, os grupos deverão ter existido mais ou menos concomitantemente. Mas essa simultaneidade não vale para os escritos que elas produziram: segundo a maioria das opiniões, o evangelho de João é mais recente do que os sinóticos e pressupõe a existência de um ou dois evangelhos sinóticos, mesmo que não tenham servido como "fontes" diretas. Os evangelhos judeo-cristãos (pelo menos o evangelho dos Nazarenos) é uma edição refundida do evangelho de Mateus — portanto, claramente mais recente sob o ponto de vista cronológico. Em todo caso, a redação final do evangelho de Tomé é mais recente do que os evangelhos sinóticos.

5. As diversas alas nas quatro correntes fundamentais tocam-se mutuamente. O melhor exemplo é o evangelho de Lucas e os Atos dos Apóstolos. Essa dupla obra surgiu inconfundivelmente no campo de irradiação paulina. Alguns pontos de contato não são imediatamente evidentes em nosso esquema: os dissidentes nas cartas joaninas demonstram não somente afinidade com ideias gnósticas tardias, mas também proximidade em relação ao judeo-cristianismo: esses dissidentes, que se acham na margem direita da visão panorâmica, entram em contato, portanto, com o judeo-cristianismo próximo da gnose, que se encontra na margem extrema esquerda — como se estivessem especialmente distanciados dos dissidentes joaninos.

6. A história da atividade de Paulo é ainda mais complexa. Ao lado do paulinismo de esquerda e de direita de Colossenses/Efésios, de um lado, ao lado das cartas pastorais, do outro lado, poderíamos supor ainda uma corrente ascética radical, que nos foi conservada nos Atos de Tecla. Ali, Paulo aparece como pregador da abstinência. Ele leva jovens senhoras a privar-se do matrimônio — e, em pontos decisivos, ele se contrapõe ao Paulo das cartas pastorais.

7. A crítica profética cristã primitiva está incluída na visão panorâmica de maneira tal como se, cronologicamente, tivesse de ser situada depois das quatro correntes fundamentais. Mas ela é expressão de uma crise estrutural que acompanha o cristianismo primitivo desde o início. Ela apresenta, no mais das vezes, um forte cunho judeo-cristão. Isso vale especialmente para os profetas por trás da Fonte dos Ditos, para o profeta do Apocalipse de João, para os profetas Hermas em Roma e Elcasai na região Leste do Jordão, os quais anunciavam uma segunda conversão.

8. Por trás da etiqueta "religião de salvação radical" esconde-se uma multiplicidade interna de correntes que exigem uma apresentação própria. Os primeiros "sistemas" gnósticos de Cerinto, Simão e Carpócrates devem ser distintos dos sistemas gnósticos tardios. Valentino e Basílides constituem, por si, uma "classe". Somente quando se reconhece seu distanciamento dos sistemas gnósticos posteriores, pode-se também incluir Marcião na gnose em sentido amplo. Certamente ele se diferencia por seu anúncio de uma dupla divindade, diametralmente oposto ao monismo dos grandes "gnósticos" Valentino e Basílides, mas, justamente por isso, ele é tanto mais e tanto menos um gnóstico típico, como o são esses dois. O "distanciamento" da gnose em relação ao judeo-cristianismo, sugerido por nossa visão de conjunto, poderia dar também uma falsa impressão: diversos escritos gnósticos deixam entrever certa proximidade em relação ao judeo-cristianismo. Pense-se apenas na proeminência de Tiago, irmão do Senhor, nesses escritos.

A separação entre as quatro correntes fundamentais e os Padres Apostólicos demonstra uma falsa sugestão cronológica: os escritos neotestamentários tardios (Cartas pastorais; 2Pd) e os Padres Apostólicos pertencem à mesma fase. A Didaqué poderia ainda pertencer ao primeiro século; no mínimo, ela representa tradições bem antigas. No mais, o certo é que a carta aos Hebreus e a carta a Barnabé, o evangelho de João e as cartas de Inácio, as Cartas pastorais e Policarpo aparentam-se objetivamente. As fronteiras entre escritos canônicos e os assim chamados "Padres Apostólicos" é fluida.

O cristianismo comunitário protocatólico e seu confronto com as "heresias"

No séc. II, essas quatro correntes fundamentais confluem para o *cristianismo comunitário protocatólico*. Em minha opinião, seu melhor testemunho é o *cânone*.[16] No cânone neotestamentário estão reunidos escritos provenientes das quatro correntes fundamentais. Contudo, faltam escritos tanto da ala radical do judeo-cristianismo (evangelho dos Hebreus e evangelho de Tomé) quanto da ala radical do cristianismo joanino, para o qual, aliás, não podemos atribuir nenhum escrito conservado. Ademais, faltam todos os escritos gnósticos. O cânone é (mediante o recolhimento, mas também pela não-aceitação de diversos escritos) o grande e consensual resultado desse cristianismo comunitário. Esse cristianismo comunitário protocatólico não apenas recolheu os escritos neotestamentários, mas também produziu seus próprios escritos — para a demonstração perante o mundo exterior, a *apologética* —, na qual ele procurava interpretar a si mesmo para os outros (Aristides, Justino, Teófilo de Antioquia etc.); para

---

[16] Quanto à origem do cânone, cf. Bruce Metzger, *Der Kanon des Neuen Testaments. Entstehung, Entwicklung, Bedeutung,* Düsseldorf: Patmos 1993 = *The Canon of the New Testament*, Oxford: University Press 1987; Harry Y. Gamble, Canon, New Testament, *ABD* I (1992), 852-861.

as próprias comunidades, aquela literatura resumida sob o conceito de *Padres Apostólicos*, e para a discussão com os hereges, os primeiros escritos heresiológicos.

O cristianismo comunitário protocatólico foi questionado a partir de duas frontes: de um lado, por uma religião de salvação radical, a gnose, que teria dissolvido o sistema simbólico cristão em uma linguagem simbólica geral. Por outro lado, por movimentos proféticos de renovação de variada intensidade: já o Apocalipse, do final do séc. I, e o Pastor de Hermas, do séc. II, são escritos proféticos que querem servir à renovação da Igreja. Acima de tudo, porém, irrompe na "nova" profecia do montanismo o anelo por uma renovação interior do cristianismo a partir de seu espírito profético original. O mais perigoso desafio, no entanto, aconteceu com Marcião. Ele defendia uma teologia próxima da gnose, com a pretensão profética da mediação de uma nova revelação única e de um etos radical. À sua figura ligam-se os dois movimentos mais exasperadores do cristianismo comunitário protocatólico: as heresias gnósticas, de um lado, e os movimentos proféticos de renovação, de outro.

Contudo, também perante essas correntes exasperantes e desestabilizadoras de esquerda e de direita, a Igreja Antiga demonstrou capacidade de integração. Ela se demonstra em três grandes teólogos antigos: Tertuliano consentiu em integrar o montanismo em sua teologia. Não obstante ele fosse de insuspeitável ortodoxia, converteu-se ao montanismo na última fase de sua vida. Clemente de Alexandria, outra vez, procurou integrar a gnose em sua teologia protocatólica. Irineu, ao contrário, sobressaiu-se como teórico do cânone. Sua teologia histórico-salvífica, que equilibrou a fé na criação e a fé na salvação, pode-se compreender como resposta madura ao questionamento de Marcião. No todo, vale dizer: o cânone é a grande resposta do cristianismo primitivo, que se está findando, à crise de identidade da Igreja.

Formação do cânone como reconhecimento da pluralidade

O cânone preserva (e limita) a crescente pluralidade do cristianismo primitivo. A partir da formação do cânone, podemos depreender uma quádrupla decisão em relação à pluralidade: 1. O Antigo Testamento é conservado ao lado do Novo Testamento. 2. Evangelhos e cartas são colocados lado a lado. 3. Em vez de um evangelho, canonizam-se quatro evangelhos. 4. Ao lado das cartas de Paulo, aparecem as epístolas católicas. Ainda que possamos apenas deduzir os motivos por trás desse desenvolvimento em direção à conservação da pluralidade, visto que não se conservaram fontes diretas a respeito da formação do cânone, podemos ousar algumas afirmações.

A decisão pela bipartição de todo o cânone em Antigo e Novo Testamento

A decisão pela bipartição de todo o cânone em Antigo e Novo Testamento seria malcompreendida caso se suponha uma decisão consciente de assumir o Antigo Testamento. Nosso "Antigo Testamento" era, antes, desde sempre, a Sacra Escritura dos judeus — e, consequentemente, a Bíblia de Jesus, dos primeiros discípulos e das comunidades cristãs primitivas. Ao contrário, pode-se dizer que foi uma decisão consciente colocar ainda outros escritos ao lado desse já existente Antigo Testamento — não como expansão da única coletânea de escritos canônicos, mas, sim, como uma nova coleção ao lado da antiga, como "Novo Testamento" ao lado do "Antigo Testamento". Como seria sugestivo assumir os evangelhos como continuação dos livros históricos veterotestamentários — e classificar a literatura epistolar como testemunho de nova profecia![17] Em todo caso, o cristianismo primitivo tinha a oportunidade de verificar a ligação madura com o Antigo Testamento, enquanto Marcião desenvolvia um cânone que não incluía o Antigo Testamento.

Marcião[18] veio para Roma por volta do ano 140. Ele era um rico armador do Mar Negro, que apareceu primeiramente como benfeitor da comunidade romana, a qual, porém, separou-se dele já por volta do ano 144 d.C. A razão foi sua teologia, que também possuía um pano de fundo contemporâneo. No período de 132-135, os judeus foram vencidos em uma guerra conduzida com grande atrocidade, depois de já, precedente-

---

[17] Que cartas possam ser avaliadas como testemunho de espírito profético, demonstra-o as cartas comunitárias do Apocalipse (Ap 2,1-3,22) e a moldura epistolar do Apocalipse como um todo. Cf. Martin Hengel, *Die Johannesoffenbarung als Brief*, FRLANT 140, Göttingen: Vandenhoeck 1985.

[18] A obra clássica sobre Marcião é, como sempre: Adolf von Harnack, *Markion. Das Evangelium vom fremden Gott. Eine Monographie zur Geschichte der Grundlegung der katholischen Kirche*, Leipzig: Hinrichs 1924. Uma apresentação de Marcião no estado atual da pesquisa é oferecida por Adolf M. Ritter, in: Carl Andresen/ Adolf M. Ritter, *Handbuch der Dogmen- und Theologiegeschichte 1*, Göttingen: Vandenhoeck ¹1999, 65-69.

mente, duas revoltas terem sido sangrentamente sufocadas: 66-74 d.C., na Palestina, 115/117 em todo o Oriente Próximo. Desde 135, os judeus não podiam mais entrar em Jerusalém. Depois de 135, Marcião distingue-se em Roma com suas "Antíteses" entre Antigo e Novo Testamento. O mais evidente distanciamento da religião-mãe judaica no cristianismo primitivo aconteceu, portanto, num instante, como se todo o mundo se apartasse de um povo esmagado e vencido.[19] Marcião interpretava o Antigo e o Novo Testamentos como a revelação de duas divindades diversas. Em seu livro "Antíteses" ele reúne perspicazmente as contradições descobertas por ele entre A.T. e N.T.:[20]

O Deus do A.T. é um Deus da justiça e da vingança.	O Deus do N.T. é um Deus do amor e da misericórdia.
O Deus do A.T. é um deus inferior: o criador desse mundo imperfeito e Deus de Israel.	Jesus, ao contrário, é um enviado do altíssimo Deus, que até agora não se revelou nesse mundo.
O Deus do A.T. ensina: olho por olho, dente por dente.	Jesus estabelece, em contrapartida, a renúncia à vingança e o amor ao inimigo.
Eliseu, em nome do Deus veterotestamentário, permite que um urso devore criancinhas.	Jesus, ao contrário, clama em nome de seu Deus: deixai vir a mim as criancinhas!
No A.T., Josué detém o sol em seu curso.	Paulo, em vez disso, exorta no N.T.: não permitais que o sol se ponha sobre vossa ira.
O Deus do A.T. permite a poligamia e o divórcio.	O Deus do N.T. ordena a monogamia e proíbe o divórcio.
O Deus do A.T. torna o sábado e a lei obrigatórios.	Jesus, ao invés, traz a libertação do sábado e da lei.

---

[19] O distanciamento de Marcião da religião judaica não é nenhuma rejeição antissemítica do povo judeu, mas sim, uma crítica teológica ao Deus criador, que tem uma aliança com esse povo — frequentemente com o resultado de que o povo judeu é exonerado. Em contrapartida, os adversários de Marcião queriam defender o Deus veterotestamentário — e atribuir à incompreensão dos judeus tudo aquilo que Marcião atribuía ao Deus deles. Daí ser justificado o discurso que Heikki Räisänen faz em defesa de Marcião, procurando livrá-lo da censura de antissemitismo; cf. idem, in: *Marcion, Muhamad and the Mahatma,* London: SCM 1997, 64-80. Em categorias modernas, poder-se-ia dizer: Marcião não era nenhum antissemita, mas um antijudaísta teológico. Desde que o pano de fundo contemporâneo da terceira guerra judaica tenha desempenhado um papel, seria de pressupor nele, antes, compaixão para com os judeus. Marcião compartilhava as esperanças messiânicas de uma mudança da opressão do povo judeu, e a considerava válida e legítima!

[20] Cf. Adolf von Harnack, *Markion,* 256-313.

Até hoje se discute se e até que ponto a formação do cânone cristão primitivo foi uma resposta consciente a Marcião.²¹ Temos, porém, um discreto indício de que a aderência ao Antigo Testamento era uma diferenciação consciente em relação a Marcião. Em todos os manuscritos cristãos do Antigo e do Novo Testamento em grego, os *nomina sacra* e, especialmente, os *nomina divina* são abreviados.²² Para Deus, ΘΕΟΣ, normalmente aparece ΘΣ; para, ΚΥΡΙΟΣ a abreviação ΚΣ; para ΠΝΕΥΜΑ, a abreviação ΠΝ. Isso acontece continuamente no Antigo e no Novo Testamento — e isto é uma característica própria de copista cristão, não atestada em nenhuma outra parte. O uso de tais abreviaturas torna-se, em certa medida, a "marca registrada" da caligrafia cristã (ao lado do formato do livro códice). Os escritores cristãos podem ter sido estimulados a isso por causa do tetragrama יהוה, o qual eles encontraram transcrito em grego em seus documentos, os manuscritos da LXX. Contudo, trata-se essencialmente de uma criação autônoma. Por meio dela, eles acentuam: o Deus do Antigo Testamento é o mesmo Deus do Novo Testamento. Aqui, como ali, revela-se a mesma realidade santa.

A decisão pela bipartição do Novo Testamento em evangelhos e Atos dos Apóstolos

A parte neotestamentária do cânone estava, em si, dividida em duas. Também o cânone de Marcião compreendia evangelho e uma seção dos Apóstolos. Como evangelho, serviu-lhe o evangelho de Lucas; como seção dos Apóstolos, as dez cartas de Paulo, ou seja, nossas cartas paulinas canônicas, sem a carta aos Hebreus e sem as pastorais. Visto que ambas tinham sido falsificadas e retocadas pelos "falsos irmãos" judaísticos, elas foram crítico-literariamente reconstruídas na versão primitiva assumida por Marcião. O evangelho de Lucas foi fortemente abreviado (por exemplo, quanto a toda a história da infância). As cartas de Paulo foram libertadas das interpolações judaísticas.

---

²¹ Assim, acima de tudo, Hans von Campenhausen, *Die Entstehung der christlichen Bibel,* Tübingen: Mohr 1968, que ressalta dois motivos para a formação do cânone: a prevalência autônoma gradual, em razão de seu conteúdo, de escritos isolados, e o confronto repentino da Igreja com o cânone de Marcião. Cf. Adolf M. Ritter, *HThD* 1, 79-84. Ainda que Marcião não tenha sido o primeiro a ter a ideia de uma coletânea de escritos autorizados, ele funcionou, porém, como um catalisador, acelerando a formação do cânone.

²² Cf. David Trobisch, *Die Endredaktion des Neuen Testaments,* NTOA 31, Freiburg Schweiz: Universitätsverlag/Göttingen: Vandenhoeck 1996, que considera essas abreviações como traços da redação final.

Marcião não foi o primeiro a desenvolver a ideia de um cânone assim bipartido. Antes, ele já a encontra implicitamente no *corpus* joanino. Aqui, temos uma coletânea de escritos que se relacionam na teologia e no estilo idiomático (já os estudiosos modernos perceberam a sutil diferença entre o evangelho de João e as cartas joaninas). Aqui, pela primeira vez, os dois gêneros literários mais importantes do cânone neotestamentário — evangelho e carta — são ligados numa coleção unitária de escritos, que surge reivindicando autoridade: o evangelho de João pretende ser o autêntico e verdadeiro testemunho de Jesus. Entre as cartas de João, a primeira carta não lhe fica atrás em pretensão.

Uma vez que o *corpus* joanino tem acima de tudo seu *Sitz im Leben* na Ásia Menor — aqui ele é atestado da melhor forma possível na história de sua atuação[23] — e visto que Marcião provinha da Ásia Menor também deve ter estado nas cidades egeico-ásio-menores, não seria impensável que ele tenha chegado à ideia de um cânone bipartido por meio do *corpus* joanino. No entanto, quanto a isso, não temos prova.

Em todo caso, tanto o cânone de Marcião quanto o *corpus* joanino assemelhavam-se em um aspecto: eles incluíam apenas escritos nos quais existia só uma teologia — ou para os quais só se podia postular uma teologia. No *corpus* joanino, isso se dá mediante a unicidade de estilo e de cosmovisão. No cânone de Marcião, deve-se pressupor que Marcião já conhecia a atribuição do evangelho de Lucas ao acompanhante de Paulo, "Lucas", ele, por essa razão, entre outras, decidiu-se por esse evangelho. Certamente isso não é seguro. De fato, para ele, o evangelho de Lucas é simplesmente *o* evangelho.

De qualquer maneira, a formação do cânone distingue-se pelo fato de ela (seja nos evangelhos, seja nas cartas) reunir escritos de variados cunhos teológicos. Examinamos essa decisão pela pluralidade a cada vez, isoladamente.

A decisão pelo quádruplo evangelho

Quando Marcião coloca como fundamento de seu cânone apenas um evangelho, isso é menos uma inovação revolucionária quanto à du-

---

[23] Martin Hengel, *Die johanneische Frage. Ein Lösungsversuch,* WUNT 67, Tübingen: Mohr 1993, 9-95 = *The Johannine Question,* Philadelphia: Trinity 1989, apresenta provas de uma história de atuação do evangelho de João e das cartas joaninas especialmente intensa na Ásia Menor.

plicidade de membros do cânone neotestamentário. Pois, em diversas comunidades e regiões, pelo séc. II adentro, imperava a tendência do "princípio-de-um-único-evangelho": possuía-se apenas um evangelho e se acreditava, com isso, estar de posse de uma base suficiente para a própria fé. De fato, por muito tempo, o fundamento dessa fé era "o evangelho" como mensagem salvífica oral, e não como um escrito determinado. As provas para o princípio-de-um-único-evangelho são particularmente intensas no que diz respeito ao âmbito sírio:

- A Didaqué reporta-se mais de uma vez a "o evangelho" como a um texto escrito e dá a entender, presumivelmente, o evangelho de Mateus.[24] Com efeito, o Pai-Nosso é citado nela segundo uma forma próxima à do evangelho de Mateus. Dado que se fala no Evangelho sempre no singular, a Didaqué conhecia, talvez, apenas um evangelho — supostamente ainda sem atribuição desse evangelho a um autor determinado, ou seja, como escrito anônimo.

- O sírio Taciano certamente conheceu em Roma o cânone-do-quádruplo-evangelho. Contudo, quando ele dele fez um único evangelho, o Diatéssaron, que se tornou normativo na Síria, não produziu nenhuma novidade. Antes, sua harmonização dos evangelhos se impôs na Síria justamente porque ali havia o costume de se ouvir de *um* Evangelho escrito a Boa-Nova do único Evangelho.

- Uma terceira prova para o princípio-de-um-único-evangelho são os evangelhos judeo-cristãos. Por certo, constatam-se aqui três evangelhos: o evangelho dos Hebreus, dos Nazarenos e dos Ebionitas. Mas esses evangelhos não foram associados a autores determinados, mas a diversos grupos cristãos. Tal associação a grupos só faz sentido se, antes, um evangelho, nos respectivos grupos, gozava de autoridade canônica exclusiva. Aqui também os indícios conduzem à Síria. Sabemos que o evangelho dos Nazarenos foi lido por judeo-cristãos em Bereia.[25]

- Uma quarta prova é, provavelmente, o evangelho de Pedro, escrito no estilo-eu. Segundo Eusébio (*Hist. Ecl.* VI,12,36), por volta do

---

[24] Em *Did* 8,2; 11,3; 15,3.4, cita-se um evangelho determinado, provavelmente o evangelho de Mateus; assim, Klaus Wengst, *Didache (Apostellehre), Barnabasbrief, Zweiter Klemensbrief, Schrift an Diognet*, SCU II, Darmstadt: Wissenschaftliche Buchgesellschaft 1984, 25-27.

[25] A difusão do evangelho dos Nazarenos em Bereia é atestada por Jerônimo, *de vir. inl.* 3 e por Epifânio, *haer.* 29,7.7 (cf. W. Schneemelcher, NTAp I, 121.118).

final do séc. II, ele foi lido em uma comunidade de Rossos, na Síria — se ao lado de outros evangelhos, fica em aberto no relato de Eusébio, mas é improvável. Efetivamente, esse evangelho não se chama algo assim como "evangelho segundo Pedro", mediante o que se distinguiria de outros evangelhos, mas, sim, "Evangelho de Pedro".

- O princípio-de-um-único-evangelho, porém, deve ter-se difundido para além da região síria. Irineu considera uma característica dos hereges o fato de possuírem sempre um só evangelho. Segundo ele, o evangelho de Mateus é o evangelho dos Ebionitas; Lucas, o evangelho dos marcionitas; o evangelho de Marcos foi favorecido "por aqueles que separam Jesus de Cristo e que admitem um Cristo sem sofrimento, mas um Jesus sofredor". Por fim, o evangelho de João foi preferido pelos valentinianos (Irineu, *Adv. haer.* III,11,7-8). Com isso, esses hereges provavelmente apenas davam continuidade a uma difusa tradição. Somente depois do surgimento de um cânone-do-quádruplo-evangelho é que o ater-se, a cada vez, a um evangelho tornou-se sinal distintivo da heresia.

O cânone-do-quádruplo-evangelho deve ter existido por volta de meados do séc. II. Cerca do ano 180 d.C., de fato, Irineu defende o "evangelho quadriforme" (o εὐαγγέλιον τετράμορφον) como necessidade teológica, com diversas analogias cosmológicas e histórico-salvíficas: assim como na criação existem quatro regiões e quatro ventos, e assim como a história da salvação está desmembrada em quatro contratos de aliança (com Adão, Noé, Moisés e Jesus), assim também existem quatro evangelhos. Eles correspondem às figuras celestes apresentadas em Ap 4,7: João (não Marcos!) é o leão; Lucas, o touro; Mateus, o homem; Marcos, a águia (Irineu, *Adv. haer.* III,11,7-8).

Mas já antes de Irineu encontram-se indícios de um cânone-do-quádruplo-evangelho. Assim escreve Justino em meados do séc. II a respeito das "recordações cujo autor, segundo minha afirmação, eram os apóstolos de Jesus e seus sucessores" (*Dial* 103,8). Ele chama a essas "recordações" (ἀπομνημονεύματα) também de "evangelhos" (I Apol 66). Ele diferencia entre elas escritos dos apóstolos e de seus alunos (ambos no plural) — pressupõe, portanto, no mínimo dois evangelhos de apóstolos e dois evangelhos de discípulos.[26] Visto que ele explicitamente cita os evangelhos de

---

[26] Que Justino já supõe o cânone-do-quádruplo-evangelho, demonstra-o Graham N. Stanton, The Fourfold Gospel, *NTS* 43 (1997), 317-346. Para a passagem citada, cf. ali, p. 330-331.

Marcos e de Lucas, redigidos por alunos, e dos evangelhos dos apóstolos, o evangelho de Mateus — provavelmente, também, o evangelho de João (a saber, Jo 3,3-5 in I *Apol* 61,4), ele conhece, com bastante certeza, nossos quatro evangelhos canônicos. Com isso, estaria demonstrado o cânone-do-quádruplo-evangelho em Roma, em meados do séc. II. Para a Ásia Menor, Papias seria a prova mais antiga, se pudéssemos deduzir que ele, ao lado do evangelho de Mateus e de Marcos, também tinha conhecimento de outros evangelhos canônicos. Isso, porém, não é possível.[27]

> São estas as razões para esse apenas pressuposto conhecimento de Papias a respeito de outros evangelhos canônicos, de modo especial, o evangelho de João:
>
> 1. Papias menciona os discípulos na sequência André, Pedro, Filipe, Tomé, Tiago, João, Mateus etc. (Eus *Hist. Ecl.* III, 39,4 = Frg. 5) — esta sucessão, em relação aos três primeiros discípulos, é exatamente a mesma em que esses discípulos são mencionados no início do evangelho de João (Jo 1,40-42). Isso seria possível sem um conhecimento do evangelho de João? Mas isso não é muito convincente. Em Jo 1, além de André, encontramos um discípulo anônimo. E Natanael simplesmente não é citado por Papias.
>
> 2. Papias critica o evangelho de Marcos por causa da disposição de cada uma das perícopes (Eus, *Hist. Ecl.* III, 39,15 = Frg. 5). Se ele, por outro lado, reproduz a sequência dos discípulos segundo a "ordem" do evangelho de João — quer dizer então que ele utiliza o evangelho de João como critério oculto para seu julgamento dos outros Evangelhos? Ou basta considerar que a razão de seu julgamento crítico a respeito da organização do evangelho de Marcos é sua anteposição da tradição oral aos Evangelhos (escritos) — e a defesa de sua própria obra, na qual, sem organização cronológica, são reproduzidas diversas tradições a respeito de Jesus?
>
> 3. A atribuição dos evangelhos a Mateus e a Marcos certamente é atestada em Papias. Caso se esteja convencido de que essa atribuição a autores individuais se deu somente quando do surgimento do cânone-do-quádruplo-Evangelho, quando então se devia diferenciar um Evangelho "segundo quatro autores", isso deporia em favor do conhecimento de um cânone-do-quádruplo-Evangelho. Esse argumento, porém, depende de uma hipótese que, de forma alguma, encontra consenso.
>
> 4. Papias conhece, com certeza, a Primeira Carta de João (Eus, *Hist. Ecl.* III,39,17). Não deverá ter também conhecido o escrito principal do *corpus* joanino? Não é isto historicamente possível também por outras razões? O evangelho de João foi amplamente aceito sobretudo na Ásia Menor.
>
> 5. Um prólogo tardio do Evangelho (o *Argumetum secundum Iohannenm* = Frg. 20) reporta-se ao quinto livro de Papias para a asserção de que o evangelista João teria ditado seu Evangelho a Papias.

---

[27] Quanto a um conhecimento de Papias a respeito dos quatro evangelhos, mostra-se cético Ulrich H. Körtner, *Papias von Hierapolis. Ein Beitrag zur Geschichte des frühen Christentums*, FRLANT 133, Göttingen: Vandenhoeck 1983, 167-173ss.

6. Numa fonte armênia, Papias é considerado o autor da história da adúltera (Jo 7,53-8,11) — na verdade em razão de uma conclusão errônea tirada de Eusébio (*Hist. Ecl.* III, 39,17), que pretende ter lido esta ou uma história parecida tanto em Papias quanto no evangelho dos Hebreus.[28] Essa informação não é, portanto, mais valiosa do que a tradição de Eusébio — e essa silencia a respeito de um conhecimento do evangelho de João da parte de Papias.

Infelizmente, todos esses argumentos não são suficientemente fortes para possibilitar uma conclusão. Com efeito, eles não enfraquecem o contra-argumento de que Eusébio, não obstante seu grande interesse em comprovar os escritos canônicos o mais cedo possível, silencia a propósito de um conhecimento de Papias a respeito do evangelho de Lucas e do evangelho de João.

Então, uma vez que, até meados do séc. II, os evangelhos são citados sem nomes de autores, muita coisa depõe em favor da suposição de que, imediatamente antes dos meados do séc. II, surgiu o cânone-do-quádruplo-evangelho, e certamente em ruptura completa, consciente, com o princípio-de-um-único-evangelho. Indiretamente, talvez, Marcião aumentou a aceitação do cânone-do-quádruplo-evangelho, visto que seus opositores católicos primitivos conheciam a restrição a um único evangelho, desde Marcião, como característica de grupos estigmatizados como heréticos. Em resumo: o cânone-do-quádruplo-evangelho é a "inovação revolucionária" no séc. II, e não o cânone-de-um-único-evangelho, de Marcião.

Em favor disso depõe também o fato de dois dos quatro evangelhos canônicos no cânone-do-quádruplo-evangelho terem sido "arrancados" de seu contexto original. O evangelho de Lucas é uma obra dupla, concebida como Evangelho e como Atos dos Apóstolos. Mediante o cânone-do-quádruplo-evangelho, o evangelho de Lucas foi separado de sua continuação. Mesmo na história posterior do cânone, ele permanece separado dela. Os Atos dos Apóstolos são transmitidos, em geral, com as cartas católicas: nos Atos, encontram-se os "feitos dos Apóstolos", enquanto nas cartas católicas, as correspondentes "cartas dos Apóstolos". Da mesma maneira, o evangelho de João deve ter sido separado do *corpus* joanino. A formação do cânone-do-quádruplo-evangelho interrompeu, portanto, tendências a coleções de escritos (Lc + At e evangelho de Jo + cartas de João), que já eram claramente perceptíveis.

Por fim, a formação do cânone contradizia também a pretensão imanente de alguns evangelhos canônicos. O evangelho de Mateus

---

[28] Cf. Folker Sieger, Unbekannte Papiaszitate bei armenischen Schriftstellern, *NTS* 27 (1981), 605-614.

pretende resumir de forma definitiva o ensinamento de Jesus. Nele, deve-se encontrar "tudo" o que Jesus ordenou a seus discípulos (Mt 28,20) e, na verdade, em uma forma segundo a qual Jesus, até o fim do mundo, estará presente entre seus discípulos, portanto, em uma imagem definitiva. Talvez, em duas passagens, o evangelho de Mateus se sobressaia conscientemente das demais formas de tradição a respeito de Jesus. Por duas vezes, tendo em vista o anúncio universal, ele fala "*deste* evangelho do reino de Deus" (Mt 24,14; 26,13). Ele pretende ver anunciado no mundo somente *seu* "Evangelho"![29] Por conseguinte, o evangelho de Mateus não quer, de forma alguma, ser lido como complemento, ao lado do evangelho de Marcos. Ele deseja substituir esse evangelho mais antigo — e, por isso, assimila-o quase completamente em seu evangelho.

O mesmo vale para o evangelho de Lucas. No prólogo, ele tem a pretensão de, programaticamente, superar todos os predecessores. Antes dele, muitos haviam "tentado" apresentar um relato a respeito de Jesus, mas somente Lucas promete a necessária autenticidade da informação. O evangelho de Lucas assume, também, quase totalmente o evangelho de Marcos e a Fonte dos Ditos. Quem o lê, deve saber tudo o que é necessário a fim de informar-se a respeito da fé cristã e confirmar sua própria fé.

Os primeiros indícios de uma afirmação de diversos evangelhos, encontramos inicialmente no evangelho de João. Em seus dois epílogos, o evangelho de João acentua que oferece apenas uma seleção de uma tradição de Jesus muito maior — certamente, uma amostra que é suficiente para que se alcance a vida eterna (Jo 20,30-31), e que é o testemunho verdadeiro do discípulo amado (Jo 21,24-25). Contudo, ao lado desse testemunho, resta ainda espaço para outros evangelhos: "Há, porém, muitas outras coisas que Jesus fez. Se fossem escritas uma por uma, creio que o mundo não poderia conter os livros que se escreveriam" (Jo 21,25). Aqui, não se tem em mente nenhuma coleção exclusiva de escritos evangélicos. Acentua-se precisamente a ilimitada abundância de possíveis escritos evangélicos. Com efeito, sublinha-se, antes, exatamente a "verdade" do testemunho de Jesus, conservado especialmente no evangelho de João. Mas aqui se abre

---

[29] Se o evangelho de Mateus fala "deste evangelho", com isso ele quer indicar, obviamente, o conteúdo de seu escrito, não o escrito em si. "Evangelho" é ainda exclusivamente uma noção querigmática, não uma ideia literária.

o caminho para a aceitação de diversos evangelhos. Assim como o *corpus* joanino abriu caminhos para a conexão entre a forma literária "evangelhos" e a forma literária "cartas", ele apontou também rumos para a aceitação de diversos evangelhos.

A decisão pelas cartas de Paulo e pelas cartas católicas

As cartas de Paulo acham-se no começo da história da literatura cristã primitiva. Já antes dos evangelhos, elas devem ter exercido influência em diversas comunidades. Somente assim é compreensível que desde cedo tenham surgido cartas pseudoepígrafas, as quais, em nome de Paulo, reivindicavam também credibilidade nas comunidades. Nada comprova melhor a precoce autoridade "canônica" das cartas de Paulo do que o fato de que se produziu uma porção de cartas paulinas pseudônimas — a começar pela cartas aos Colossenses — primeiramente os escritos deuteropaulinos de Cl, Ef e 2Ts que, com as cartas autênticas, Fl, 1Ts e Fl, foram acrescentadas num primeiro apêndice a uma coletânea primitiva de cartas de Paulo formada por Rm, 1Cor, 2Cor e Gl.[30] A seguir, as cartas pastorais que, no interior do *corpus* paulino, constituem nitidamente um segundo apêndice, e faltam no cânone de Marcião. Mediante esse dinâmico e rápido desenvolvimento do *corpus* paulino, Paulo ganhou um peso na literatura cristã primitiva que não correspondia em toda parte à sua posição real no cristianismo de então. Pelo menos as cartas católicas, reunidas só posteriormente, agiram como um contrapeso em oposição à dominação da influência paulina.

Certamente não por acaso essas cartas católicas foram atribuídas acima de tudo às três "colunas" do cristianismo primitivo, as quais, segundo

---

[30] Davi Trobisch, *Die Entstehung der Paulusbriefsammlung,* NTOA 10, Freiburg Schweiz: Universitätsverlag; Göttingen: Vandenhoeck 1989; *Die Paulusbriefe und die Anfänge der christlichen Publizistik,* KT 135, Gütersloh: Kaiser 1994, 80-82, em minha opinião, viu corretamente que as cartas de Paulo estão organizadas nos moldes da sequência mais difusa— pelo extensão do texto —, e que esse princípio, porém, é interrompido por duas vezes: as quatro primeiras cartas, Rm, 1Cor, 2Cor, Gl seguem-se umas às outras, e abrangem respectivamente 18,4%, 15,%, 11,9% e 5,9% da extensão total das 13 cartas de Paulo. Efésios é visivelmente maior do que Gálatas. Com ela, insere-se uma segunda série: Ef (6,4%), Fl (4,3%), Cl (4,2%), 1Ts (4,0%), 2Ts (2,2%). Com as Cartas Pastorais, se estabelece uma terceira vez o princípio de organização: 1Tm (4,7%), 2Tm (3,5%), Tt (2,0%), Fm (0,8%). A Carta aos Hebreus, com 14,1%, permanece fora dessa ordem e é encaixada em diversos lugares na coletânea. Muito depõe em favor do fato de que existia uma coletânea primitiva de cartas de Paulo composta por Rm, 1 e 2Cor e Gl. Ela teria sido completada por dois anexos: primeiramente, uma coletânea de Ef, Cl 1 e 2Ts e Fm; em segundo lugar, uma coletânea com as Cartas Pastorais.

Gl 2,9 foram parceiros de negociações de Paulo e de Barnabé durante o Concílio dos Apóstolos: Tiago, Pedro e João. Apenas para Judas, o irmão do Senhor, não encontramos ali nenhuma equivalência, senão que se vê nele aquele Judas que, no Decreto dos Apóstolos, é mencionado com Silas, como portador do documento (At 15,27) e o primeiro que o molde narrativo identifica como Barsabás (At 15,22).

Como contrapeso ao *corpus* paulino, as cartas joaninas desempenham também importante papel. Com três cartas, elas constituem o centro da sete cartas católicas. Para os grupos que formaram o cânone, o autor delas era ao mesmo tempo autor do Apocalipse; as sete cartas circulares às comunidades da Ásia Menor eram consideradas cartas suas. O cânone Muratori dá até mesmo a entender que Paulo teria tomado como modelo essas missivas às sete comunidades, uma vez que ele também escreve às sete comunidades (cf. cânone Muratori Q. 47-48; 57-59). As cartas joaninas, no total de dez, constituíam assim o mais forte contrapeso à totalidade das 13 cartas paulinas canônicas. Com as demais quatro cartas católicas (1 e 2Pd, Tg, Jd), as cartas não-paulinas superam em número até mesmo as cartas paulinas.

Que a coleção das cartas católicas foi feita conscientemente como contrapeso ao *corpus* paulino torna-se evidente a partir da 2Pd, o qual pressupõe claramente todas as partes do cânone neotestamentário. Ela se refere diretamente a uma outra carta católica: a 1Pd (2Pd 3,1). Ela conhece o cânone-do-quádruplo-evangelho: com certeza tem familiaridade com o evangelho de Mateus, visto que ele em 2Pd 1,16-18 refere-se à história da Transfiguração em sua redação mateana, mas tem conhecimento também, por certo, da redação lucana, pois traz a deixa "glória" (δόξα) da versão lucana da Transfiguração. Ademais, ela alude ao evangelho de Marcos quando assegura que gostaria de providenciar para que a comunidade, depois da morte do autor, tudo isso "possa conservar na memória" (1,15, cf. 1,13), como se ele quisesse deixar um apontamento escrito de suas "memórias". Com isso, só poderia dar a entender o evangelho de Marcos. Do evangelho de João, 2Pd conhece a profecia de Jesus acerca do martírio de Pedro (Jo 21,18-19; cf. 2Pd 1,14). Para nós, porém, é decisivo: ela conhece o *corpus* paulino. De forma sumária, fala de "todas" as cartas do "amado irmão Paulo", mas se distancia claramente delas: elas seriam de difícil compreensão. Existiriam ignorantes e frívolos que as distorciam (2Pd 3,16). A expectativa deles da vinda próxima lhe é um aborrecimento. Por conseguinte, ela declara apoditicamente que Paulo teria propagado em todas as suas cartas a paciência escatológica, o que é objetivamente falso — mas expressa como o autor deseja que seja entendida a expectativa da escatologia nas cartas de Paulo.

Como 2Pd já pressupõe grande parte de todo o cânone neotestamentário, ela poderia ser situada nas proximidades da formação do cânone. Talvez ela tenha sido escrita como carta anônima, primeiramente em conexão com a formação do cânone, como uma espécie de "editorial" dos autores do cânone, os quais se ocultavam sob o nome do primeiro apóstolo. Eles retomaram a polêmica contra os hereges da carta de Judas e, com isso, denunciam algo da direção do ataque anti-herético da formação do cânone, pela qual eles devem ter dado a entender a gnose, entre outros. Simultaneamente, eles combatiam a expectativa da escatologia dos movimentos proféticos do cristianismo primitivo, que sempre de novo se inflamava no Apocalipse, no Pastor de Hermas e nas novas profecias, e que levavam constantemente a novas decepções e escárnios. Lida sob as premissas dadas, 2Pd revela ineludivelmente que as Cartas católicas devem ser um contrapeso às cartas de Paulo. Contudo, não obstante o distanciamento em relação às cartas de Paulo, ela não procura alijar do cânone as cartas do "amado irmão Paulo".

O cânone é o grande produto do cristianismo primitivo protocatólico que eu, por essa razão, preferiria denominar de "cristianismo primitivo canônico". Ele se impôs contra duas frentes: contra as inúmeras correntes gnósticas, que levaram a uma crise fundamental na compreensão do mito "narrativo" fundante, quando ela dispersou sua indissolúvel unidade com a história. Impôs-se também contra movimentos proféticos que, com seu etos radical, fizeram despertar novamente o espírito do cristianismo primitivo mais antigo. O cristianismo comunitário protocatólico buscou, com a formação do cânone, a solução tanto no "mito" quanto no "etos". O cânone pertence muito mais às formas de expressão rituais, à medida que abrange livros que são lidos no culto divino. De fato, possuímos indícios de que já os mais antigos manuscritos dos evangelhos foram preparados para o uso litúrgico. Aqui, os textos se encontram dissolvidos em pequenas perícopes. As contradições entre eles permaneceram ocultas. E elas foram até mesmo úteis, uma vez que a própria vida é contraditória e exige que outros aspectos de um sistema simbólico religioso sejam sempre atualizados, mesmo quando eles apontam em diversas direções.

O que é decisivo: o cânone não sufocou a pluralidade intrínseca do cristianismo primitivo, mas a conservou. Somente por essa razão é que ele foi tão rapidamente aceito, sem conflitos, num cristianismo primitivo pluralista. Já em Ireneu, por volta do ano 180 d.C., ele está presente em seus traços fundamentais. Ao seu cânone, pertencem os quatro evangelhos, as cartas de Paulo, os Atos dos Apóstolos e as cartas católicas, das quais ele cita apenas 1Pd e 1 e 2Jo (sem que se possa concluir, a partir disso, que ele não conhecesse as demais). Contudo, diferentemente de nosso cânone, ele conhece dois apocalipses: ao lado do Apocalipse, o Pastor de Hermas. Discutíveis continuaram também apenas os escritos marginais: a carta aos Hebreus, por causa da impossibilidade de uma segunda conversão, o Apocalipse, por causa de sua escatologia "materialista", e as Cartas católicas menores.

Menos discutível era também a exclusão da grande maré de escritos gnósticos. Deve ter existido aqui um admirável consenso que possibilitou a delimitação em relação a eles, e que deu ao cristianismo primitivo protocatólico um sentimento de solidariedade e de ortodoxia. Esse consenso se deixa ainda analisar? Ou, dito de outra forma: é possível ainda fazer vir à tona, a partir dos diversos escritos neotestamentários, em que consistiu esse consenso? Poderíamos ainda reconstruir por que um cristão marcado pela teologia sinótica ainda se sentiria em casa numa comunidade paulina? Ou por que um cristão joanino podia celebrar a ceia numa comunidade com outras pessoas que estavam marcadas pelo etos radical do evangelho de Mateus, e por que, com a formação do cânone, todas essas tradições, fundamentalmente diferentes, puderam ser apropriadas por todos?

O cânone interno no cânone: a gramática da fé cristã primitiva

Um cânone é constituído de textos, a partir dos quais se pode reconstruir, sempre de novo, o sistema simbólico de uma religião. Essa linguagem simbólica, como toda língua, pressupõe uma "gramática": regras segundo as quais os diversos elementos simbólicos da língua podem ser usados e conectados. A competência linguística pressupõe o domínio, não, porém, o conhecimento (cognitivo) de tais regras. Com efeito, ele é aprendido inconscientemente como a aquisição da língua e, na maioria das vezes, praticado sem reflexão consciente. Também a nova linguagem religiosa do cristianismo primitivo era dirigida por tais regras, que haviam sido internalizadas com as narrativas e imagens, os ritos e o etos do cristianismo primitivo. Essas normas deixam entrever certa hierarquia. Dois "axiomas de base" constituem as regras mais fundamentais: o axioma do monoteísmo e o da fé no Salvador. O primeiro, o cristianismo compartilha-o com o judaísmo; o segundo, separa-o dele. Sua combinação transforma os dois: o monoteísmo estrito é modificado pela adoração divina do Salvador; a fé no Salvador é limitada por meio da fé criacional monoteísta, o que, em minha opinião, explica a rejeição, da parte do cristianismo primitivo, acompanhada de grande consenso, da tentação da gnose.

Para além disso, existem "regras" limitadas a que eu, para diferenciar dos axiomas fundamentais, chamo de "motivos de base". Trata-se de convicções relativamente formais que reaparecem em diversos temas, variados gêneros literários e diferentes âmbitos de tradição. Um exemplo pode ilustrar, melhor do que definições abstratas, o que é um tal motivo de base, e como ele, como invariável, a partir de diversos temas, gêneros literários e âmbitos de tradição pode ser analisado.

Tomo como exemplo o motivo de base da mudança de posição: encontramo-lo em formulação explícita no dito a respeito dos primeiros e dos últimos. Quem quiser ser o primeiro, deve estar disposto a assumir a posição do último (Mc 10,43 etc.).

- Esse motivo encontra-se em diversos *temas*: na interpretação da história, cujos altibaixos são explicados como humilhação e elevação de Deus. Encontra-se em exortações éticas como exigência para a humildade, na cristologia, quando Cristo humilhou-se até a cruz, a fim de ser elevado por Deus (Fl 2,6-8). E na escatologia, onde os últimos serão os primeiros e os primeiros serão os últimos (Mc 10,31).

- O motivo encontra-se ainda em diversos *gêneros literários*: em hinos, como no Magnificat e no hino aos Filipenses (Lc 1,46ss; Fl 2,6ss), em ditos da tradição de Jesus e nas narrativas: a cena do lava-pés no evangelho de João mostra a troca de papéis entre o Senhor e os escravos (Jo 13,1ss).

- O motivo acha-se, finalmente, em diversos *âmbitos de tradição*: supondo-se que um cristão influenciado pelos sinóticos chegasse a uma comunidade paulina — então ele podia ali cantar junto o hino aos Filipenses. A concepção da preexistência poderia ser-lhe desconhecida, portanto, a ideia da figura de um Salvador vindo do céu, a fim de para lá voltar; mas ele conhecia a história do caminho do Filho de Deus até a cruz — ele conhecia as palavras de Jesus a respeito da humilhação e da elevação. E caso um cristão joanino estivesse presente, ele teria reinterpretado a humilhação na cruz, mais ousadamente do que todos os demais, como uma elevação oculta. Até mesmo um simpatizante da carta de Tiago podia sentir-se interpelado por textos que contivessem esse motivo fundamental. Ele conhecia a máxima: "Humilhai-vos diante do Senhor e ele vos exaltará" (Tg 4,10).

Pode-se salientar indutivamente dos textos tais axiomas e motivos fundamentais e deduzir seu efeito na vida: se eles são pressupostos como indiscutíveis, eles possibilitam o entendimento entre todas as pessoas cujo pensamento, sentimento e querer por eles estão marcados. Com vistas a todo o cristianismo primitivo, não é necessário demonstrar todos os motivos de base em todos os grupos de textos. Não pelo fato de cada grupo de texto apresentar sempre apenas seções do mundo interpretado de um grupo. Mais importante é: as convicções fundamentais unem diversas tradições e pessoas como parentesco de família. Não todos os membros de uma família possuem todas as características, mas um tecido de diversos traços típicos liga sempre de novo subgrupos alternativos, de modo que cada um se sabe ligado ao outro. Nisso é, naturalmente, pensável que, mediante tais parentescos de família (no sentido de L. Wittgenstein), se cristalize uma família nuclear.

A seguir, apresento uma lista aberta de tais axiomas e motivos de base. Eles jamais poderão ser formulados definitivamente.

O primeiro axioma fundamental da fé cristã primitiva é o *monoteísmo*, a fé em um Deus uno e único. Ele age no sistema simbólico religioso como norma de ligação positiva basilar: todos, na realidade, na vida e na fé, devem ligar-se a esse Deus uno e único e ser determinado por ele. Todas as pessoas estão orientadas para ele, quer o saibam, quer não. Por meio desse único axioma, a linguagem simbólica religiosa obtém um único centro, a partir do qual ela pode organizar-se e pode diferenciar-se do ambiente circundante com poder autônomo. Ao mesmo tempo, o axioma fundamental do monoteísmo age como regra negativa de exclusão: nada pode ser comparado a Deus. Tudo deve ser separado dele. Tudo o que o mundo é, não é Deus. Essa norma de exclusão vale de modo especial no relacionamento das religiões. Toda e qualquer ligação com outros deuses está excluída — e tudo o que produz uma ligação com tais deuses. Por mais que os primeiros cristãos renunciassem também a diversas tradições rituais do judaísmo, permaneceu o horror à ignomínia da idolatria — ou era, no mínimo, rispidamente discutida. Como toda religião monoteísta, a estrita exclusividade do único Deus tornou-se sempre mais restrita: a abundância de experiências negativas, que somente a duras penas se podia e se queria atribuir ao único Deus, motivou a fé em seres intermediários: Satã e seus demônios. E a fartura de experiências positivas motivou a fé nos anjos (e, posteriormente, nos santos). Tais seres intermediários preencheram, na imaginação religiosa, o vácuo entre Deus e o ser humano. Mas esses seres numinosos subordinados possuíam apenas importância secundária.

O segundo axioma de base do cristianismo primitivo é a *fé no Salvador*. Este axioma está subordinado ao primeiro — no entanto, aparece inconfundivelmente em tensão com ele. Ele é subordinado porque, mediante a figura do Salvador, o Deus uno e único torna-se universalmente acessível a todas as nações. Com o auxílio do Salvador, somente agora o monoteísmo pode impor-se corretamente: seu traço universal entra em vigor. A fé no Salvador, porém, está também subordinada ao monoteísmo, por ela subtrai o "abrandamento" do monoteísmo provocado pelos seres numinosos intermediários: Cristo é o Senhor acima de todos os poderes numinosos — tanto sobre demônios quanto sobre anjos. Ele vence todos os inimigos e reina sobre todos os anjos e, no final, entregará a realeza unicamente a Deus (1Cor 15,11-28). Mas essa fé no Salvador não impõe apenas a dinâmica monoteísta, ela se liga a uma figura humana: Deus é ligado firmemente a Cristo. A ideia da encarnação supera todas as formas, até então, de presença de Deus na história e no mundo.

A tensão entre monoteísmo e cristologia permanece. Por fim, ela é dissolvida pelo uso criativo do axioma de base monoteísta: nada pode aproximar-se de Deus — a não ser o próprio Deus. Num longo processo de reflexão na Igreja Antiga, o face a face entre Pai e Filho é remontado a uma inseparável unidade do ser — a fim de superar aquela fé em dois deuses. E, ao mesmo tempo, num longo processo de reflexão, o Salvador é ligado completamente à existência humana — não obstante a tentação de restringir essa ligação à parte mais elevada do ser humano, limitá-la cronologicamente ou escaloná-la em sua realidade. A fé na plena encarnação prevalece.

Ambos os axiomas de base servem como critérios de delimitação. A longo prazo, são rejeitadas todas as convicções teológicas que ameaçam a unidade de Deus — seja por uma aposição de um Deus criador e de um Deus salvador (como em Marcião), seja a subordinação de um demiurgo limitado ao verdadeiro Deus (como nos sistemas gnósticos). Da mesma maneira, são recusadas todas as cristologias que negam a plena encarnação — seja que ela supunha apenas uma entrada aparente da divindade na vida humana, seja que ela ensine a entrada de uma parte subordinada da divindade. Este axioma fundamental se concretiza em muitos motivos de base.

1. O motivo da criação: *Deus criou o mundo por sua vontade. Tudo poderia também não ser, e tudo poderia ser diferente.* Formulando-se isso como regra de ligação, dir-se-ia: o ser e o não-ser de todas as coisas são ligados exclusivamente ao Deus uno e único — e com nada mais, com nenhuma matéria com Deus, com nenhum outro demiurgo que tenha criado o mundo, com nenhuma emanação, mas unicamente com a vontade de Deus. Essa vontade de Deus mostra-se tanto na *criação*, no princípio (Jo 1,1ss; 1Cor 8,6), quanto no surgimento de cada dia (1Clem 24,2-3); seja na *conversão* única como surgimento de uma "nova criatura" (Gl 6,15 etc.), seja também na repetida renovação cotidiana do ser humano (2Cor 4,16); quer na superação prototípica da morte pela *ressurreição* de Jesus, quer também na ressurreição futura de todos os cristãos. Encontramos continuamente a proximidade de um ato criador fundamental e de uma *creatio continua* possibilitada por ele — e isso em diversos âmbitos e temas: no cosmo, na vida humana e na escatologia. O motivo da criação assinala a imagem de Deus: ele é simplesmente o criador. Tal motivo determina a cristologia: Cristo é o mediador da criação (1Cor 8,6; Jo 1,2; Cl 1,16) e primogênito dentre os ressuscitados (Cl 1,18). Ele marca a imagem do ser humano, à medida que ele é formado a partir da natureza — em Cristo, porém, torna-se "nova criatura" (Gl 6,15; 2Cor 5,17). Mesmo que a criação ainda não seja concebida como *creatio ex nihilo* em sentido estrito (como, mais tarde, no gnóstico Basílides e em outros escritores do séc. II), ainda assim, por meio dela, Deus pode ser formalmente caracterizado como o Deus "que faz viver os mortos

e chama à existência as coisas que não existem" (Rm 4,17). Não era necessário nenhuma longa discussão quanto ao fato de que o motivo da criação traçou uma nítida fronteira em relação à gnose. Nenhum demiurgo, nenhuma emanação, nenhuma matéria arquetípica cogeriu a criação.

2. O motivo sapiencial: o mundo foi feito mediante a sabedoria e a palavra de Deus (Jo 1,1ss). Essa, porém, é frustrada pela sabedoria humana; contudo, de forma paradoxal, é tornada acessível por Cristo, em quem "estão escondidos todos os tesouros da sabedoria e do conhecimento" (Cl 2,3). Também isso pode ser formulado como uma regra de ligação da interpretação do mundo: uma ordem e uma racionalidade que possibilitam a vida conectam todas as coisas e devem ser pressupostas também ali onde isso se choca com a aparência, e a sabedoria parece loucura. É característico da compreensão sapiencial neotestamentária que a sabedoria deve impor-se contra a resistência; os mensageiros da sabedoria serão rejeitados e mortos (Lc 1,49-51). Precisamente aqueles que, de outra maneira, são excluídos da sabedoria, os "não-sábios", os "pequeninos", os "cansados e sobrecarregados", experimentam, ao contrário, a sabedoria de Deus (Mt 11,25-30; 1Cor 1,26-27). A pacífica sabedoria de Deus, do alto, está em tensão com a agressiva sabedoria de baixo (Tg 3,13-18). E somente com a ajuda do espírito divino é que a razão só pode tornar-se, no ser humano, senhora de seus afetos, portanto, realizar a clássica tarefa que, na Antiguidade, se esperava de um sábio (Gl 5,16-18). Por toda a parte a sabedoria se impõe contra a resistência: cosmicamente no mundo, espiritualmente em Cristo, socialmente entre as pessoas, eticamente no ser humano. O motivo sapiencial molda e penetra diversos temas. Sempre se manteve a confiança em uma ordem que existe como pano de fundo do universo — mas a profunda perturbação dessa ordem se mostra quando Deus escolhe o caminho da loucura, a fim de impor-se ao mundo (1Cor 1,18-20). A gnose também conhece o motivo sapiencial: nela, porém, a sabedoria executa, amiúde, um passo em falso de loucura e de ignorância, o que leva ao surgimento do mundo e da desgraça. No cristianismo primitivo, ao contrário, a sabedoria é também, na forma da loucura da cruz, fundamento da salvação e expressão da suprema sabedoria de Deus.

3. O motivo do milagre: todo acontecimento no mundo está aberto a fatos surpreendentemente maravilhosos que superam todas as expectativas. Nada está completamente determinado. Formulado como regra de associação: nada está tão determinantemente ligado reciprocamente que não possa, espontaneamente, ser superado por meio de uma força maravilhosa. Esse poder maravilhoso é acionado a fim de superar o sofrimento. Mencionem-se duas de suas particularidades: (1.) Milagres são ações — e, certamente, aquelas que são realizadas por Deus e pelas pessoas. A fórmula "Tua fé te salvou" (Mc 5,34; 10,52; Lc 17,19 etc.) e a palavra sobre a fé que move montanhas (Mc 11,22-24 e 1Cor 13,2) atestam um poder maravilhosamente ativo do ser humano, o qual age pela fé e oração. Os primeiros cristãos dispunham de dons extraordinários: de diversos carismas, como, por exemplo, o "dom da cura" (1Cor 12,28). Mas eles também refletiam os limites de tal poder maravilhoso: Paulo deve suportar sua doença (2Cor 1,29); nenhum milagre salva Jesus da cruz (Mc 15,31-32). (2.) Milagres são sinais. Eles iluminam o sentido dos acontecimentos — a estrela de Belém, o nascimento (Mt 2,1-3); um terremoto, a morte do Salvador (Mt 27,52). Sinais cósmicos anunciaram o fim do mundo (Mt 24,4-6). Mas também os milagres realizados por Jesus e pelas pessoas são compreendidos como "sinais". Em Jesus, eles já são sinais de um novo mundo — e, de modo especial, no evangelho de João, símbolo para todas as dimensões da salvação. Visto que os milagres são entendidos simbolicamente, eles se associam com todos os temas possíveis da fé neotestamentária. O milagre pertence à sua compreensão de Deus e da história, à sua imagem de Cristo, à sua compreensão da Igreja (como carismas), à sua antropologia. Por meio do milagre, o mundo é incluído na salvação. Apesar de alguns milagres nos coloridos Atos dos Apóstolos gnósticos, os milagres e as histórias de milagre nem de longe possuem, na gnose, o mesmo peso que no cristianismo comunitário.

4. O motivo da alienação: toda a vida vive distanciada de Deus. O ser humano é separado de Deus pela culpa e pelo sofrimento, pela finitude e pela morte, mas também por obscuros poderes numinosos, e, assim, alienou-se de sua própria origem. Formulando isso como regra de ligação de uma interpretação da vida, diz-se: em sua existência atual, o ser humano deve estar ligado ao pecado, à morte e ao

poder antidivino; Deus, porém, com o contrário. Ele é santo, eterno e poderoso. Também no N.T. encontramos as três possibilidades fundamentais de se interpretar o mal. Ou ele é reportado a Deus, ou ao pecado do ser humano, ou à estrutura do mundo — como um terceiro, ao lado de Deus e do ser humano, em que essa hostilidade do mundo é interpretada antropomorficamente como Satã e seus demônios. Deparamo-nos com uma consciência de pecado radicalizada — desde Batista, que tudo vê ameaçado pela ira divina e que exige a conversão de todos (Mt 3,7-9), até Paulo, para quem o ser humano, como carne (σάρξ), significa fundamentalmente inimizade com Deus (Rm 8,7). Uma ênfase capital paira sobre o pecado humano em todo o cristianismo primitivo. Paralelamente, demônios e potências ameaçam o ser humano. Já em Jesus, proclama-se a superação deles por meio de exorcismos (Mt 12,28), mas com maior razão no restante do N.T.: ali, o Ressuscitado torna-se Senhor sobre todos os poderes e principados (Rm 8,31-33). Contudo, também Deus pode tornar-se incompreensível e deus *absconditus*: a parábola da vasilha concede-lhe a liberdade de rejeitar, sem razão, quem ele quiser (Rm 9,19-21). Nos grandes esboços do N.T. encontramos um equilíbrio entre esses três fatores: na carta aos Romanos, tanto o pecado (Rm 1,18-20; 5,12-17), quanto os poderes (Rm 8,31-33), mas também o Deus incompreensível (Rm 9,19-21) são responsabilizados pelo mal — mas sempre na consciência de que Cristo anulou o pecado, venceu os poderes e aplacou a ira divina. O motivo do distanciamento também delimita o cristianismo canônico em relação à gnose. A gnose desloca, mais uma vez, a origem do mal para longe do ser humano — para um drama remoto, cujo prisioneiro é o ser humano.

5. O motivo da renovação: a história é perpassada pela expectativa de um mundo novo, que já começou em meio a esse mundo. O cristão é cidadão de dois mundos: com sua "sarx", está prisioneiro do velho mundo, mas mediante o "pneuma", já pertence ao mundo novo. Formulado como regra de associação: tudo, nesse mundo, deve ser ligado e contrastado com seu oposto escatológico: este mundo, com o novo céu e a nova terra; este ser humano, com a nova criatura. A visão do mundo e do ser humano como travessia escatológica encontra-se em todo o N.T. — em Jesus, como expectativa da irrup-

ção iminente do reinado de Deus, que já começa no presente e que exige a conversão do ser humano (Mc 1,14-15); depois da Páscoa, como convicção de que, com a ressurreição de Jesus, o novo mundo já começou. Essa consciência de travessia poderia expressar-se como expectativa próxima (Mc 13; Ap) e como escatologia presente: os cristãos, agora, já passaram da morte para a vida (Jo 5,24; 1Jo 3,14), ou foram transportados para outro domínio do ser (no sentido espacial) (Cl 1,13; 3,1-5; Ef 2,1-4). Eles peregrinam em "uma vida nova" (Rm 6,4) e são "nova criatura" (Gl 6,15; 2Cor 5,17), ou uma pessoa recriada (Cl 3,10; Ef 4,24). Mas essa consciência de passagem pode também expressar-se como esboço de uma história (de realização), tendo a Jesus como meio desse tempo (como na dupla obra lucana). Característico é que esse motivo de renovação determina tanto a visão de mundo quanto de ser humano: assim como todo o mundo deve renovar-se, da mesma maneira o ser humano, se ele quiser corresponder à vontade de Deus. A exigência de conversão tem um forte acento ético: do ser humano, exigem-se frutos de conversão e obras (Mt 3,8; Ap 2,5.22-23). A renovação aqui se realiza no agir ativo do ser humano. Ao mesmo tempo, encontra-se o motivo da renovação como ação de Deus: ele possibilita a "vida nova" (Rm 6,4) e o renascimento do ser humano (Jo 3,5; Tt 3,5). O paralelismo entre renovação cósmica e humana pode ser resumido com o conceito de "escatologia de participação". Ela é estranha à gnose. Renovação e salvação do ser humano, aqui, não acontecem com o mundo, mas contra ele.

6. O motivo da substituição: entre tudo o que vive existe uma estreita ligação, de modo que uma vida pode substituir a outra. O que acontece a ela, atinge também a outros e lhes é proveitoso. Formulado como regra de associação: as pessoas e os seres vivos podem ser ligados como analogias atuantes. Se eles se correspondem, eles se influenciam. Substituição é, portanto, uma estrutura de toda a vida na interpretação cristã primitiva do mundo. Já Adão representa o ancestral de todos os seres humanos. Todos foram feitos à sua semelhança, mas também seu pecado repercutiu igualmente em todos. Em analogia e em contraste com isso, porém, Cristo é o "ancestral" de uma nova humanidade (Rm 5,12-14). Abraão é o antepassado de Israel. Ele torna-se ancestral dos pagãos. A justiça

que lhe é atribuída torna-se benéfica a todos (Rm 4,1-3); a bênção que repousa sobre ele, torna-se bênção para todas as nações (Gl 3,6-8) — pressupondo-se que alguém se "converta" pela fé de Abraão. Ao lado da ideia do ancestral, surge um segundo pensamento: Cristo, como enviado, é representante de Deus: "Quem me vê, vê aquele que me enviou" (Jo 12,45). Analogamente, vale para os discípulos: "Quem vos ouve, a mim ouve" (Lc 10,16). E para as crianças: quem as acolhe, acolhe Jesus, e quem acolhe Jesus, acolhe aquele que o enviou (Mc 9,37). Uma terceira ideia é o agir em prol dos outros: pode-se rezar pelos outros (Rm 1,8), deixar-se batizar pelos mortos (1Cor 15,29), carregar fardos em lugar dos outros (Gl 6,2). A noção de "morrer em favor de outros" está incrustada numa infinidade de relações substitutivas. "Se um só morreu por todos, então todos estão mortos" (2Cor 5,14). Em correspondência com Jesus, todos também ressuscitarão — e serão uma "nova criatura" (2Cor 5,17). Essa substituição "inclusiva", na qual uma analogia serve de fundamento, dá lugar a uma substituição "exclusiva": Cristo sofre exatamente aquilo que os outros não devem sofrer: o castigo da morte (Rm 8,3) e a maldição (Gl 3,13-14). De forma semelhante, pode o apóstolo Paulo dizer de si mesmo: nele age a morte, a fim de que a vida aja na comunidade (2Cor 4,12). Contudo, diz ele precedentemente: ele gostaria de que também a vida se revelasse nele (4,11). A analogia permanece, assim, preservada: ele chega à vida por meio da morte. Assim também os coríntios! Dá-se o mesmo com as declarações a respeito da representatividade de Cristo. Não são sua morte age salvificamente em Paulo, mas sua morte em conexão com a ressurreição (cf. Rm 4,25; 5,10; 6,1-3; 8,34). A gnose também conhece a noção de analogias eficazes. Mas ela não a aciona a fim de ligar a salvação à ação vicária do único Cristo. Antes, a salvação acontece mediante o "conhecimento" (γνῶσις) do ser humano.

7. O motivo da habitação: Deus faz moradia no mundo sensível concreto. Ele está presente no ser humano com seu Espírito; em Cristo, por meio da encarnação; nos ritos, pela presença sacramental; na Igreja, como "casa" e "corpo". Formulado como regra de vinculação: Deus pode estar tão intimamente ligado com partes concretas do mundo, que essa ligação pode ser interpretada como presença real. Já o A.T.

conhece a moradia de Deus — acima de tudo, em duas formas: como moradia de seu Espírito ou de sua sabedoria em pessoas escolhidas (Sb 7,27), e como moradia de seu nome no Templo. Ambas as formas são levadas adiante no N.T. — em primeiro lugar, relacionadas com Cristo: a habitação eleva-se aqui à exclusiva encarnação do Logos na Sarx (Jo 1,14; cf. Cl 2,9). Jesus substitui, ao mesmo tempo, o Templo (Jo 2,18-20). Para os cristãos, vale analogamente: o corpo deles é um templo de Deus, no qual seu Espírito está presente (1Cor 6,19) — e, simultaneamente, "membros do Corpo de Cristo" (1Cor 6,15). A comunidade deles é, a um só tempo, casa e templo de Deus (1Cor 3,16) e "Corpo de Cristo" (1Cor 12,12-14; Rm 12,3-5). A imagem do "corpo" é, certamente, uma antiga metáfora difusa para uma comunidade política, mas que, no cristianismo primitivo, é remitizada, porque é relacionada com a misteriosa presença do ressuscitado em sua comunidade. Ao motivo da habitação pertence a fé na presença sacramental de Cristo — indiferentemente se é concebida como presença na memória, como presença pessoal do anfitrião, como presença social na comunidade ou como presença real material no pão e no vinho (Jo 6,51ss). Na base de tais afirmações da habitação, chega-se, às vezes, a formulações recíprocas — e com isso, à linguagem mística do "estar-em-Cristo". Os cristãos estão em Cristo (Rm 8,1) e, ao mesmo tempo, Cristo está neles (Rm 8,10). Conforme o primeiro discurso de adeus, Cristo e Deus vêm a fim de morar nos crentes. Eles estão neles — e os crentes estão, simultaneamente, em Cristo (Jo 14,20-24). Em 1Jo 4,16, chega-se até mesmo a uma declaração recíproca, "mística", relacionada com Deus: "Deus é amor; quem permanece no amor, permanece em Deus e Deus nele". O motivo da habitação, relacionado com o mundo material e corporal, contradiz decididamente a convicção gnóstica fundamental da incompatibilidade entre Deus e a matéria, o espírito e o corpo.

8. O motivo da fé: Deus e a salvação abrem-se ao ser humano, mediante a fé, como um ato de confiança total, com o qual o ser humano fundamenta sua vida fora de si mesmo. Formulado como regra de ligação: a fé liga o ser humano à realidade divina de forma privilegiada. Onde a fé e o ser humano estão firmemente ligados, torna-se possível uma separação do ser humano de sua alienação em relação a Deus. O surpreendente é que as declarações a respeito

da fé e os acontecimentos externos se correlacionam. O N.T. fala da vinda da fé — e da vinda de Cristo (Gl 3,23; Mc 2,17); da vitória da fé e da vitória de Cristo (1Jo 5,4; Jo 16,33); da plenipotência da fé e da onipotência de Deus (Mc 9,23; 10,27). Nele, a fé se torna "julgamento" — como fenômeno interior e permanece, ao mesmo tempo, o juízo externo de Deus (Jo 3,18; 5,29). A fé justifica — exatamente com Deus justifica. Isso é mais do que linguagem abreviada: a fé torna firme o centro-eu na ação salvífica externa de Deus e na pessoa do Salvador. E as afirmações a respeito dela, mudam de acordo com a variedade desse agir. Raramente ela se encontra como fé na criação — no sentido da fé no Deus uno e único, e criador (Tg 2,19; Hb 11,3). Ela é mais frequente como fé-confiança no poder auxiliador divino — como fé no milagre, fé na oração (Mc 2,5; Mc 11,22-23; Tg 1,6; 5,15). Ela é, acima de tudo, fé confessional, que confessa a salvação em Jesus (Mc 1,14-15; Rm 10,9) e que possui poder justificador e salvífico. Ela é, finalmente, fé-provação — confiança e perseverança ao longo do extenso caminho pela história afora (Hb 11,4ss). Ela está, portanto, ligada à fé em Deus, à cristologia, à ética. O motivo da fé é quase uma inversão do motivo da habitação. Ali, Deus transcende no além e penetra a realidade terrestre; na fé, porém, o ser humano transcende sua realidade, a fim de adentrar-se na realidade divina e, fora de si mesmo, encontrar um fundamento sólido, como "garantia antecipada do que se espera, prova de realidades que não se veem" (Hb 11,1). Visto que a fé era um motivo fundamental da religião cristã primitiva, o distanciamento em relação à gnose resultava por si mesmo: com efeito, ali a salvação se dava mediante o conhecimento. A fé era apenas um primeiro degrau para ela.

9. O motivo do ágape: o amor fundamenta uma relação positiva com Deus e com as pessoas — especialmente em sua extensão aos inimigos, aos estrangeiros e aos pecadores. Formulado como regra de ligação: mediante o amor, Deus, Cristo e o ser humano podem ligar-se mutuamente — e até mesmo numa relação de reciprocidade (ao passo que a fé parte unilateralmente do ser humano para Deus e para Cristo e, nesse contexto, não é utilizada como relação intra-humana). Na tradição sinótica, existe apenas o duplo amor a Deus e ao próximo — numa expansão característica, para além das

fronteiras tradicionais, o que, em essência, deve-se remontar a Jesus (Mt 5,43-45; Lc 10,25-27; 7,36-38). Em Paulo, o amor de Deus e de Cristo alcança o ser humano, sem que o amor intra-humano, *per definitionem*, seja fundado nesse amor divino. Em compensação, o amor torna-se um poder personificado, que se desenvolve na comunidade (1Cor 13). O evangelho de João funde as duas tradições: assim como Deus e Jesus amaram os discípulos, assim devem os discípulos amar-se uns aos outros (Jo 13,34-35; 15,9-10). No caso, o amor limita-se ao palco da comunidade, mas não sem efeito e importância para o mundo ambiente. No *corpus* joanino encontramos, por fim, a definição do amor de Deus (1Jo 4,16). Compreensão de Deus, cristologia, ética e eclesiologia estão, portanto, marcadas pelo motivo fundamental do amor. Como o "maior dos mandamentos" ele detém explicitamente uma importância central como convicção basilar do cristianismo primitivo. A partir da autocompreensão dos gnósticos, a ideia do amor não resulta em limites à gnose, mas antes, a partir do cristianismo comunitário: aquilo que Paulo disse — "A gnose [ciência exata] incha; é a caridade que edifica" (1Cor 8,1) — a seus "gnósticos" (que não eram gnósticos em sentido próprio) os cristãos comunitários, tendo em vista seus gnósticos, podiam repetir exatamente o mesmo.

10. O motivo da paixão: Deus humilha e exalta, faz dos primeiros os últimos e exige prontidão à renúncia ao *status*. Formulado como regra de ligação: em toda parte, onde há uma relação, existem elevados e humilhados, os dois polos podem ser invertidos. Esse motivo de base encontra-se na interpretação do agir histórico de Deus: "Depôs poderosos de seus tronos, e a humildes exaltou" (Lc 1,52) — assim canta Maria no Magnificat. Ela própria é exemplo disso: pois, não obstante sua "humildade", ela se torna a mãe do Messias. O motivo encontra-se na cristologia — portanto, na imagem neotestamentária de Jesus: aquele que era semelhante a Deus, humilhou-se até a morte na cruz, a fim de ser elevado por Deus (Fl 2,6-7). Encontra-se igualmente nas exortações éticas: como exigência para a humildade e para a renúncia ao *status*, ou como advertência contra o orgulho (1Pd 5,5). Quem, na comunidade, quiser ser o primeiro, então deve estar disposto a servir a todos — e, por isso, diferenciar-se dos dominadores do mundo (Mc 10,42-43). O

próprio Jesus é modelo disso. Se ele, no evangelho de João, lava os pés dos discípulos, é porque ele, como Senhor, assume o papel do escravo; como Mestre, o papel de aprendiz e como homem, o papel da mulher (Jo 13,1-2). Podem-se ver até mesmo evangelhos inteiros determinados por esse motivo: aquele, a quem os anjos servem, serve a todos por meio da doação de sua vida (Mc 1,13; 10,45). E, finalmente, encontra-se na escatologia — como expectativa de que, no Juízo Final, os últimos serão os primeiros, e os primeiros serão os últimos (Mc 10,31). Também a ideia de martírio pode ser considerada uma variante da mudança de posição: aos zebedeus é profetizado o martírio — nele, eles passarão de primeiros a últimos! (Mc 10,35-36). O motivo da mudança de posição certamente não criou diferenças seletivas em relação à gnose — mas, com toda certeza, muitos cristãos comunitários experimentaram a consciência gnóstica de superioridade sobre os simples fiéis [Pistiker] como arrogância e escândalo contra a exortação a humildade.

11. O motivo do juízo: o ser humano deverá prestar contas de suas ações perante o tribunal de Deus, mas será justificado em razão de sua fé, independentemente de suas ações. Formulado como regra de ligação: as boas e as más ações do ser humano estão intimamente ligadas com sua sanção positiva ou negativa no juízo — mas a graça de Deus atravessa perpendicularmente essa ligação: o pecador será justificado. Essa ideia de julgamento pertence originalmente à escatologia. Mas ela migra também para a antropologia: Paulo descreve a "obra da lei" e a consciência gravadas no coração como um processo interior de julgamento, no qual o Juízo Final lança suas sombras (Rm 2,12ss). A ideia de juízo é ligada ainda com a salvação já realizada: em Cristo, Deus julga o pecado na carne — a fim de que os cristãos, no Espírito, possam realizar a exigência de Deus (Rm 8,3-4); para eles, não existe mais julgamento (Rm 8,1). A soteriologia conhece a já agora atuante absolvição. No mais das vezes, fala-se, porém, de "Juízo Final". A ideia de juízo está em tensão com a salvação. Por conseguinte, no N.T. chega-se a três importantes variações da ideia de juízo: (1.) na tradição sinótica, chega-se a uma inversão paradoxal: os primeiros serão os últimos (Mt 20,16). Precisamente os pecadores e os perdidos terão uma oportunidade. (2.) O juízo, nas cartas deuteropaulinas, é relativiza-

do pela tendência de pan-reconciliação. Ela remonta fortemente à carta aos Efésios. A meta é a reunião de todas as coisas em Cristo (Ef 1,10). A dureza do juízo não tem aí nenhum espaço. (3.) O juízo é interiorizado. Ele já acontece agora na decisão pela fé ou pela incredulidade (Jo 3,17; 12,47). Por conseguinte, Jesus mesmo não julga ninguém, mas as pessoas se julgam a si mesmas mediante a própria incredulidade (Jo 12,47). Ainda que, em parte alguma, isso seja consequentemente levado ao fim: a absolvição do pecador, no juízo, elimina a racionalidade ética do ato-consequência, mas só pode dar-se numa moldura forense. A gnose dá aqui um passo adiante: a noção de salvação elimina, então, completamente a ideia de juízo. Aquele que, na certeza intuitiva da gnose, está seguro de sua identidade com a divindade, deixa para trás de si todo juízo.

Retenhamos como resultado: o consenso do cristianismo primitivo é determinado por dois axiomas fundamentais: pelo monoteísmo e pela fé no Salvador. Acrescentam-se a esses onze motivos de base: o motivo da criação, da sabedoria e do milagre; o motivo da alienação, renovação, da substituição e da habitação; o motivo da fé, do ágape e da mudança de *status*; finalmente, o motivo do juízo. Poder-se-ia certamente formar outras listas também. Quando partimos da suposição de que o consenso sobre essa "gramática" da fé primitiva cristã se desenvolveu organicamente, então a eliminação de textos e de grupos gnósticos do cânone e da Igreja teria sido a consequência natural dessa axiomática religiosa. Essa axiomática teve de separar uma religião radical de salvação de uma religião cujos axiomas continham um equilíbrio entre fé criacional e fé no Salvador. Não foram meios de poder exteriores que levaram à exclusão da gnose, mas, sim, a normatividade interna da fé cristã primitiva. A gramática da fé cristã primitiva construiu, assim, o cânone interno no cânone. Os escritos só se impuseram porque eles correspondiam a esse cânone interno.

Se fizermos uma contraprova, certamente chegaremos a outro resultado. Com certeza, os escritos reunidos no cânone correspondem, no geral, à "gramática da fé cristã primitiva",[31] mas existem escritos que não o con-

---

[31] Obviamente, numa espécie de "crítica objetiva imanente", pode-se criticar o cânone externo existente a partir do "cânone interno" da axiomática cristã primitiva. Já na Igreja Antiga, escritos isolados eram discutidos por determinadas afirmações e tendências neles contidas. Isso é um indício de que, por tal "crítica imanente", de forma alguma se trata de, anacronicamente, criticar o cânone neotestamentário por causa de um "cânone interno" moderno. Menciono três exemplos:

tradizem e que, no entanto, ficaram fora do cânone. E pode-se perguntar se, no caso, também algumas correntes e aspectos importantes da fé cristã primitiva não foram sub-representados.

Isso vale para uma série de escritos judeo-cristãos. Não há nenhuma razão para excluir do cânone os evangelhos judeo-cristãos. Dispomos apenas de alguns fragmentos que nos foram transmitidos. Talvez eles tenham sido redigidos como variantes dos evangelhos sinóticos. Quiçá eles simplesmente não se impuseram porque o cânone surgiu num espaço que tinha pouco contato com o judeo-cristianismo no Oriente. Assim, falta o evangelho dos Nazarenos que, com seus motivos sociais, põe uma nuança importante. Nele, o homem da mão ressequida é curado a fim de que possa, ele próprio, ganhar seu sustento. Ele mesmo pede a cura a fim de não mais ter que mendigar (EvNaz Frg. 10). A perícope do jovem rico é caracteristicamente desenvolvida. Agora se trata de dois ricos. Com isso, tira-se aquela impressão de que Jesus teria dirigido seu apelo ao seguimento e à renúncia aos bens apenas a uma única pessoa — quando na verdade, ele quis dar a entender muitos ricos, senão todos. A renúncia à posse é motivada pela necessidade social dos companheiros judeus. Ela é cumprimento da Torá (isto é, do mandamento do amor ao próximo) e não uma ação suplementar para perfeitos. Também mediante isso, salienta-se a fundamentabilidade dessa exigência (EvNaz Frg. 16). A parábola dos talentos está impregnada de um etos humano de posse. O servo que enterrou seu talento não é castigado, mas apenas repreendido. Somente o servo que desbaratou seus bens numa vida dissoluta é jogado na prisão (EvNaz Frg. 18). Tudo isso é moralmente mais esclarecedor do que o castigo do servo medroso. Falta, igualmente, no cânone, o evangelho dos Ebionitas. Com ele, falta a voz de um vegetarianismo cristão primitivo que, numa forma mais antiga, já se encontra em Rm 14,2.21. Nele, Batista se alimenta de "mel silvestre, cujo sabor era o do maná, como bolo no óleo" (EvEb Frg. 2). Jesus recusa celebrar a Páscoa

---

(1.) A exclusão de mulheres dos mais altos cargos de direção na comunidade, tal como é praticada nas Cartas pastorais, contradiz completamente o "axioma da troca de posição". Segundo este, todo aquele que exerce autoridade deve também estar disposto a subordinar-se. Aqui, porém, homens hesitam em submeter-se no interior da comunidade. Já no séc. II, protestou-se contra tal estado de coisas nos *Acta Pauli et Theclae*. Tecla batiza a si mesma e ensina — provavelmente era oposição consciente às Cartas pastorais.

(2.) A impossibilidade de uma segunda confissão, tal como o ensina a carta aos Hebreus, contradiz o "motivo da renovação", acima de tudo, pois, quando neste se vê contida uma *renovatio continua* do ser humano. A carta aos Hebreus era, por isso (por razões que se podem imaginar), discutida.

(3.) As imagens agressivas do apocalipse de João contradizem, sem dúvida, o "motivo-ágape"; portanto, não admira que o Apocalipse, por esse e por outros motivos, tenha sido longamente discutido.

por causa do prazer do consumo da carne (EvEb Frg. 7). Todo o seu envio é resumido em que ele veio a fim de suprimir os sacrifícios (EvEb 6). Os sacrifícios eram preponderantemente sacrifícios de animais — e muitos estavam ligados à fruição da carne. Assim com o evangelho dos Nazarenos deixa entrever sensibilidade para com os coirmãos pobres, da mesma maneira também o evangelho dos Ebionitas demonstra sensibilidade para com todas as criaturas. A renúncia aos bens e o vegetarismo são um protesto legítimo contra a dureza da vida, na qual a vida vive à custa de outra vida, e pessoas à custa de outras pessoas. O evangelho dos Hebreus está impregnado de um espírito gnóstico. Nele, o motivo do descanso desempenha um papel que une Deus e o ser humano: mediante a voz, durante o Batismo de Jesus, Deus se identifica com Jesus: "Meu Filho, te esperei em todos os profetas, para que viesses e para que eu repousasse em ti. Pois tu és meu descanso; tu és meu Filho primogênito, que reinas para sempre" (EvHb Frg. 2). Deus, aqui, anseia por um lugar de repouso. E, em Jesus, ele promete a cada ser humano, descanso e soberania. O que ele encontra no Filho — encontra o ser humano por meio de Jesus: "Quem respeita, alcançará a soberania; e quem alcança a soberania, repousará" (EvHb 4a; cf. também a variante do mesmo dito em 4b). Essa satisfação do anseio divino e humano, porém, está estreitamente ligada com a dedicação aos coirmãos: "E jamais vos deveríeis alegrar, se não olhardes com amor para vosso irmão" (EvHb Frg. 5). Comete um dos piores crimes, "quem entristece o espírito de seu irmão" (EvHb Frg. 6). Pode-se apenas imaginar que nesses evangelhos judeo-cristãos, perderam-se-nos as vozes de um cristianismo mui impressionante, que não era menos valioso do que o cristianismo aparentado com o judaísmo da carta de Tiago ou do evangelho de Mateus.

Isso só se nos torna realmente claro quando lemos um dos poucos escritos, completamente conservado, provenientes desse ambiente: a Didaqué ou "o ensinamento dos Apóstolos". Aqui encontramos uma verdadeira forma primigênia do cristianismo primitivo, com uma ética judeo-cristã tal como aparece na doutrina-dos-dois-caminhos. Nesse escrito ainda existe um vivo movimento de carismáticos ambulantes [carismaticismo ambulante]. A Ceia do Senhor é celebrada como alimento espiritual e bebida espiritual — mas sem a presença real sacramental do Crucificado. A liturgia une traços carismáticos com traços democráticos: os bispos e os diáconos são escolhidos pela comunidade.

O judeo-cristianismo do evangelho de Tomé, aparentado da gnose, merece uma menção especial. Com efeito, com sua não-inclusão, perdeu-se uma preciosa variante da fé cristã primitiva: uma mística cristã primitiva individual. O livro não pode cair sob o veredicto da gnose. Ele não conhece nenhuma segunda criação do mundo que seria diferente do verdadeiro Deus. E, em parte alguma, ele defende perceptivelmente uma cristologia docetista. Ao contrário: ele personifica, de forma pura, a mensagem do infinito valor da alma humana individual. A soberania de Deus é o âmbito de onde provém o ser humano e para o qual os redimidos retornam — e, ao mesmo tempo, é o eu interior. Por conseguinte, conhecimento do reinado de Deus é conhecimento do eu: "...o reino está em vosso interior, e ele está fora de vós" (EvTm 3). O Salvador, que medeia o conhecimento, não é, de forma alguma, radicalmente transcendente em relação ao mundo: Jesus "revelou-se-lhes na carne" (EvTm 28). O revelador é onipresente: "Eu sou a luz que está acima de tudo. Eu sou o tudo; o tudo proveio de mim, e o tudo chegou até mim. Rachai a madeira, eu aí estou. Levantai uma pedra, achar-me-eis ali" (EvTm 77). Não obstante toda a desvalorização do mundo, ele permanece o *medium* da revelação. Encontramos traços de uma piedade cósmica. As pedras servirão aos discípulos (EvTm 19). O que distingue o evangelho de Tomé de todos os outros escritos primitivos cristãos é seu radical individualismo. Não se vislumbra nenhuma comunidade. Ele fala ao indivíduo e ao solitário. E lhes oferece uma mística da união com Deus: um retorno para o lugar de onde tudo provém. Contudo, segundo minha opinião, conforme a "gramática da fé cristã primitiva" acima reconstruída, não é nenhum livro herético.

A maior parte dos chamados escritos judeo-cristãos deverá ter nascido na Síria (ou em outra parte qualquer no Oriente). Ali também, provavelmente, eles se difundiram. Em sua fase final, porém, o cânone parece ter sido formado, acima de tudo, por meio de um consenso entre o cristianismo ásio-menor e o cristianismo romano. A maioria dos escritos pseudepígrafos apontam para esse espaço: as Cartas pastorais poderiam ter sido escritas em Roma, mas se destinam a comunidades ásio-menores. A carta aos Hebreus inclina a fantasia do leitor para a "Itália" (Hb 13,24). As (pseudepígrafas) cartas da prisão sugerem uma origem romana — e, ao mesmo tempo, apontam para destinatários no Oriente: Cl, Ef, 2Tm. O judeo-cristianismo do séc. II estava demasiado afastado para poder deixar também suas pegadas na forma final do cânone?

Em relação a outros livros, como o evangelho de Tomé, o colorido gnóstico pode ter dificultado a recepção. Desde Marcião, tudo o que conduzisse à proximidade com o pensamento gnóstico era sempre mais considerado herético — mesmo quando esse contato não dissesse respeito a pontos decisivos. Precisamente por essa razão o evangelho de Tomé teria tido pouca chance — independentemente do fato de que sua piedade individualista e mística não estivesse na direção do protocatolicismo que se firmava institucionalmente. Com isso, uma possibilidade fundamental da religiosidade humana, a mística, ficou mal representada — para prejuízo da riqueza interior do cristianismo. Uma teoria da religião cristã primitiva pode reconstruir aqui uma riqueza que se perdeu e, a partir do sistema normativo da fé cristã primitiva que se desenvolveu historicamente, reconhecê-la completamente como "legítima". Pois, ter-se-ia correspondido plenamente à tendência, perceptível na formação do cânone, de reconhecimento de uma pluralidade interna, assimilar também a voz de uma mística individual no concerto dos escritos canônicos — e com isso, por outro lado, completar a mística comunitária de Paulo e do evangelho de João.

Capítulo 13
CONSTRUÇÃO E PLAUSIBILIDADE DO UNIVERSO SIMBÓLICO CRISTÃO PRIMITIVO

Descrevemos a religião cristã primitiva como um sistema simbólico erguido pelos primeiros cristãos sobre o solo da religião judaica. Eles construíram uma catedral semiótica, feita com materiais narrativos, rituais e éticos, um universo simbólico *e* um mundo vital. Para seus habitantes, esse mundo era simplesmente "verdadeiro" e plausível. Antes de nos perguntarmos como se realizou essa plausibilidade, resumamos brevemente, uma vez mais, a "história da construção" e a descrição dessa impressionante catedral semiótica.

A construção da religião cristã primitiva: visão de conjunto

O material utilizado nessa catedral semiótica provinha continuamente da religião-mãe judaica. Isso vale, primeiramente, para o material narrativo que serve de fundamento para a *narrativa de base* cristã primitiva de Jesus: essa narrativa de base reformula as esperanças messiânicas do judaísmo sob a impressão do profeta judeu e carismático Jesus de Nazaré. Nesse processo, mito e história formam uma unidade cheia de tensão. Consoante a convicção cristã primitiva, em meio à história aconteceu algo tão decisivo quanto no *tempo primordial e no fim dos tempos*; por conseguinte, a história de Jesus foi narrada de forma mítica, como um acontecimento primeiro e definitivo e, ao mesmo tempo, como um evento histórico concreto. Essa mitologização da história e historicização do mito começa com o anúncio do Reinado de Deus por Jesus — uma dramatização da convicção fundamental monoteísta do judaísmo. A partir daí, uma unidade entre mito e história assinala o universo simbólico narrativo do cristianismo primitivo. A história de Jesus foi transformada sempre mais em afirmações míticas, enquanto expectativas míticas transformaram-se em sua história.

Igualmente os *ritos* provêm do judaísmo. A ablução de João tornou-se o Batismo em Cristo; a refeição judaica diária do movimento de Jesus, tornou-se a Eucaristia. Ambos os rituais judaicos estavam originalmente ligados ao fim dos tempos, eram condições para admissão e antecipação do mundo novo. No cristianismo primitivo, ambos são secundariamente relacionados à morte e à ressurreição de Jesus, nas quais, para os primeiros cristãos, o novo mundo já havia começado. Ambos os ritos, em sua realização exterior, reduzem a violência; ambos se realizam sem sacrifícios de animais. No entanto, ao mesmo tempo, ambos aumentam a violência na imaginação ritual que os acompanha, à medida que os dois ritos apontam para a morte de Jesus. A violência oculta em todas as relações vitais, torna-se patente na execução violenta de Jesus mediante a memória. Simultaneamente, porém, essa violência intensificada (apenas na fantasia, dentro do ritual) transforma-se em não violência real. Uma tensão entre aumento da violência e redução da violência marca o mundo simbólico e vital do cristianismo primitivo.

Também quanto ao *etos,* os conteúdos provêm do judaísmo. As normas judaicas são reorganizadas a partir de dois valores centrais, o amor ao próximo e a renúncia ao *status*. Nesse etos, encontramos uma tensão entre valores da classe superior e valores da classe inferior: uma autoconsciência aristocrática pretende superar todos os outros por meio de uma "justiça" melhor — e um etos do amor ao próximo, enraizado no povo, exige, ao mesmo tempo, a reconciliação entre as pessoas. Um etos aristocrático, com exigências radicalizadas é também "transferida" para baixo; um etos de solidariedade de pessoas simples com a radicalizada disposição para a reconciliação é "transmitida" para cima. Ambos se misturam. Uma tensão entre agudização da norma e aceitação social repassa o universo simbólico e vital do cristianismo primitivo.

Com o material desse universo simbólico e vital, narrativo, ritual e ético, os primeiros cristãos erigiram sua catedral semiótica. Com crescente consciência, eles exigiam para ela *autonomia*: ela não deveria ser apenas um templo adjunto dentro de um grande santuário, mas, sim, um santuário autônomo, que substitui todos os demais santuários. Isso foi tornado consciente, passo a passo, ao longo da redação dos evangelhos. No evangelho mais antigo, encontramos primariamente uma delimitação ritual em relação ao judaísmo: Batismo e Eucaristia substituem o Templo. No evangelho de Mateus, o distanciamento ético aparece mediante uma "justiça melhor"; no evangelho de Lucas, torna-se patente no relato narrativo da separação entre judeus e cristãos, o que Lucas interpreta como autoexclusão de uma parte do judaísmo da salvação. Com o evangelho de João, esse desenvolvimento atinge seu ápice. Somente nele o novo sistema simbólico cristão primitivo que acaba de surgir desenvolve uma consciência autorreflexiva plena de autonomia: todos os conteúdos da nova religião são agora conscientemente determinados por meio do relacionamento com o único Revelador que se faz tema, ele mesmo, em sua mensagem. Ele legitima a si mesmo em declarações autorreferenciais. Ele traz uma verdade incondicional. O mito e a realidade se unificam completamente. O Jesus histórico é a presença do criador primordial e do juiz escatológico. Ele é um com Deus. Com isso, os primeiros cristãos articulam a consciência de defenderem uma verdade definitiva, com a qual eles, formalmente, se ligam à pretensão de verdade da religião-mãe judaica, conteudisticamente, porém, dela se separam. Eles se ligam formalmente ao judaísmo, pois somente na religião judaica se colocou inevitavelmente a questão a respeito da verdadeira adoração a Deus, e o Deus uno e único foi confrontado com os deuses. Os primeiros cristãos consideravam seu novo Templo semiótico como o único verdadeiro Templo, como realização de todas as expectativas judaicas. Contudo, pelo conteúdo de sua fé, eles tornam definitiva a separação em relação ao judaísmo, à medida que eles, em seu templo interior, adoram, ao lado de Deus, uma segunda figura como seu Revelador.

A *dinâmica* interna desse desenvolvimento provém, em todo caso, do judaísmo. Também o Deus de Israel deve sua elevação à condição de Deus único e uno a uma grande crise histórica. Após a catástrofe da destruição de Jerusalém, sua "derrota" sobre a terra (como o era evidente aos olhos da mentalidade antigo-oriental, por causa da dominação de seu povo) foi reinterpretada como vitória no céu: ele se tornou no Deus único. Todos os demais deuses eram não-existentes. Essa dinâmica monoteísta se repetiu no cristianismo primitivo: aquele que, sobre a terra, foi executado na cruz pelos poderes desse mundo, após sua morte foi entronizado no céu como Senhor de todos os demais poderes e principados. Ele entrou em concorrência com todos os outros, de modo que sua imagem foi remodelada por um *sincretismo de superação*, ou seja, não pela assunção direta de conteúdos pagãos, mas sim, mediante o acionamento de tradições próprias em confronto e adequação às concepções de fé do mundo circundante — um pouco nas concepções do testemunho espiritual do Salvador, em sua encarnação ou no desenvolvimento dos sacramentos cristãos primitivos.

A ideia de que a catedral construída com esse material estava realmente edificada sobre fundamentos próprios consolidou-se em *crises*. Nessas ocasiões, sempre esteve em jogo a autonomia da nova religião. Nessas crises, descobrimos novamente a dinâmica monoteísta herdada do judaísmo. Somente ela dava à nova religião a força para afirmar sua independência.

A autonomia da linguagem simbólica *ritual* do cristianismo primitivo esteve em jogo na *crise judaística* do séc. II. Nela foi lançado o alicerce para a substituição da circuncisão pelo Batismo. Para os pagãos recém-convertidos, que não podiam participar do culto sacrifical quer judaico, quer pagão, "a morte sacrifical de Jesus" torna-se o centro. Sob o apelo dessa morte sacrifical única, os demais sacrifícios foram sempre mais rejeitados. O sacrifício humano único, na fantasia mítica, substituiu os diversos sacrifícios violentos de animais na realidade. Com o rito, todos as prescrições rituais foram relativizadas. Sua relativização tocava precisamente os sinais visíveis da identidade judaica — a circuncisão, as regras alimentares, o sábado, a ligação com o culto do Templo de Jerusalém. Com isso, no cristianismo primitivo, desapareceu muito daquilo que demarcava os judeus em relação ao seu mundo ambiente no dia a dia. O cristianismo primitivo era como um judaísmo sem fronteiras. E esse modo de ser sem fronteiras correspondia à dinâmica monoteísta do judaísmo. Com efeito, o Deus uno e único deveria, um dia, ser reconhecido por todas as nações. Se o cristianismo primitivo se abriu aos pagãos, é que ele seguiu tal dinâmica. Durante a crise judaística, com a defesa dessa dinâmica universal e da abertura para todos os povos, impôs-se a autonomia da religião cristã primitiva em relação ao judaísmo.

A autonomia de seu relato fundamental *narrativo* foi posta em discussão durante a *crise gnóstica*. Aqui se tratava do laço indissolúvel entre o mito e uma história concreta, datada do séc. I, localizada na Palestina. A unidade do Deus criador com o verdadeiro Deus esteve também em jogo, bem como a unidade do Salvador com o homem concreto, Jesus de Nazaré: os gnósticos não podiam aceitar sua encarnação, a assunção de um corpo humano. Nessa crise, defenderam-se a independência e a autonomia da religião cristã primitiva perante sua dissolução numa linguagem simbólica geral — e consolidou-se para sempre sua ligação com a religião-mãe e com o Antigo Testamento. Aqui também se impôs a dinâmica monoteísta da herança judaica: não apenas na rejeição de um deus criador inferior, ao lado do verdadeiro Deus eterno, mas também pela estrita relação entre Deus e o mundo. O Deus uno e único tem apenas o mundo como seu *vis-à-vis* e o ser humano como seu parceiro — não, porém, incontáveis emanações e éons que o separam do mundo, os quais surgiram contra sua vontade.

No que diz respeito ao etos, o cristianismo primitivo estava entregue a uma crise crônica, que sempre se inflamava em *crises proféticas* na radicalidade das exigências com as quais os primeiros cristãos se distanciavam da "vida normal" — crises que desafiavam uma radicalização da graça e da reconciliação, quando exigências demasiado fortes ameaçavam dividir as comunidades. Somente com grande disposição à reconciliação é que se logrou a convivência entre pessoas que queriam praticar uma santidade e uma radicalidade especiais, com os muitos outros membros das comunidades que defendiam normas moderadas. Sem a continuamente inflamável radicalidade, o cristianismo teria perdido sua identidade; sem as formas de adaptação moderadas, teria perdido sua capacidade de viver. E aqui também experimentamos o espírito radicalmente teocrático do começo: aquele monoteísmo consequente que aparece na pregação de Jesus a respeito da irrupção do reinado de Deus.

Essa múltiplas crises eram uma aferição para o material de construção narrativo, ritual e ético da nova catedral semiótica, e constituíam um teste para a unidade de seus habitantes. Cada crise provocava diversas tentativas de resposta e separações. Por conseguinte, o cristianismo primitivo aparece como um caos ebuliente de diversos grupos, como uma *pluralidade* de correntes, entre as quais o judeo-cristianismo, o cristianismo sinótico, paulino e joanino que cunhavam sucessivos desenvolvimentos — mas que nisso também eliminaram formas radicais de judeo-cristianismo, como tendências gnósticas no cristianismo joanino. Cada uma dessas correntes continuou a construir, de forma bem idiossincrásica, no edifício comum. Isso não obstante, em todos os âmbitos da catedral construída, constatam-se os mesmos princípios de construção. Esses princípios de construção são os axiomas de base e os motivos de base da religião cristã primitiva: eles constituem a *gramática* da nova linguagem simbólica religiosa, a qual se aparenta à gramática do judaísmo.

O cristianismo primitivo parte de ambos os *axiomas fundamentais* do judaísmo — o monoteísmo e o nomismo da aliança. Ele crê no Deus uno e único que, em sua aliança, ligou-se a um único povo. Contudo, ao monoteísmo, ele liga uma fé no Salvador, mediante a qual essa ligação a um único povo estende-se a todos os povos. A fé no Salvador incrementou de tal maneira a adoração a Cristo que ela foi rejeitada pela maioria dos judeus como ameaça ao monoteísmo estrito.

Todos os *motivos de base* com os quais essa fé no Salvador foi modelada e que foram associados ao universo simbólico da religião cristã primitiva são, em sua maioria, motivos de base da religião judaica. Eles ligam firmemente o cristianismo primitivo ao judaísmo e, ao mesmo tempo, diferenciam-no da gnose.

O *motivo da criação* é, igualmente, judaico, segundo o qual Deus fez surgir a criação pela sua sabedoria ou razão autônoma. O novo é apenas que Cristo apareça nesse lugar.

O *motivo sapiencial* é judaico. É judaica também a revelação da sabedoria numa história de sua rejeição. Mas o fato de a sabedoria revelar-se na loucura da cruz é um escândalo para os judeus.

O *motivo do milagre* molda tanto os textos do Antigo quanto os do Novo Testamento. Nova é apenas a convicção de que nos milagres de Jesus, já se ultrapassou a soleira para o novo tempo.

O *motivo da alienação* é sempre salientado claramente na história da transmissão veterotestamentária. O ser humano está distante de Deus não apenas como criatura efêmera, mas também como pecador. O Novo Testamento radicaliza essa noção de pecado: o ser humano, como "carne", é inimigo de Deus.

O *motivo da renovação*, tanto com vistas ao mundo, como ao indivíduo, é tradição judaica. Contudo, a transformação do ser humano num ser espiritual, em sintonia com a transformação do mundo, ultrapassa o judaísmo.

O *motivo da habitação* já se encontra na fé judaica, na presença de Deus no Templo e nos profetas. Sua agudização rumo à fé na encarnação, no N.T., ultrapassa o judaísmo.

O *motivo da substituição* faz parte inteiramente do antigo pensamento mítico. Mas que Jesus seja simplesmente o representante — das pessoas perante Deus, de Deus perante as pessoas —, isso ultrapassa factualmente a fé judaica.

O *motivo da fé* provém do A.T. e se torna sempre mais, no judaísmo, uma característica abrangente do relacionamento com Deus, até que no N.T. a "fé" se torna simplesmente *a* denominação para o relacionamento com Deus com seu enviado.

O *motivo do ágape* é, no N.T., remontado explicitamente ao A.T. Também aqui encontramos um incremento mediante a expansão do amor ao inimigo, ao estrangeiro e ao pecador — mas essa tendência de expansão já existia no A.T.

O *motivo da mudança de posição* surge sob a impressão do Deus que eleva e que humilha na história de Israel, e se torna, no judaísmo e no cristianismo primitivo, uma obrigação ética do ser humano: a humildade intra-humana.

O *motivo do juízo* dilata até a eternidade a concepção veterotestamentária de uma responsabilidade ética perante Deus, e incrementa a confiança veterotestamentária na misericórdia de Deus até a fé na justificação dos ímpios.

Decisivo é que, na estrutura profunda de suas convicções, o cristianismo primitivo partilha continuamente das convicções do judaísmo. Nesse campo, a diferença em relação ao judaísmo consiste, acima de tudo, na reorganização cristocêntrica das imagens, dos motivos, das narrativas e dos elementos simbólicos comuns. Quanto ao mais, a maioria das diferenças está antes na estrutura superficial: a noção de encarnação certamente ultrapassa a ideia de habitação e não é concebível sem empréstimos linguísticos pagãos. Mas também a encarnação pode ser compreendida como uma formulação fronteiriça no interior do motivo comum de habitação.

Com vistas à presente teoria da religião cristã primitiva, retenhamos como um todo: ela compreende essa religião como um sistema simbólico objetivo, que se organiza a partir de um centro, com a ajuda de poucos axiomas — em razão de dois axiomas de base fundamentais e de diversos motivos de base, que se podem ainda multiplicar e diferenciar. Com esses axiomas, tentamos rastrear os princípios de construção do mundo interpretado do cristianismo primitivo. Desde que o comentário de um simpático colega seja justo, minha teoria da religião cristã primitiva pretenderia encontrar "a fórmula do mundo cristão primitivo". Sua branda ironia se justifica, à medida que essa teoria, de fato, procura as fórmulas, as regras e os princípios de construção que estão na base do universo-símbolo do cristianismo primitivo. Obviamente não se busca uma "fórmula do mundo" (no singular), mas diversas "fórmulas" que, juntas, formam uma rede de axiomas e de motivos.

Para esse universo-símbolo, usei repetidamente a imagem de uma catedral semiótica. Essa metáfora arquitetônica, como imagem para a religião cristã primitiva, é, em certo aspecto, paradoxal. Os primeiros cristãos não dispunham de formas de expressão arquitetônicas próprias. As comunidades se reuniam em casas particulares. Todos os demais cultos realizavam-se em templos públicos. Os primeiros cristãos sentiram pouca falta deles. Para eles, o mundo era concebido numa contínua e profunda transformação. Nessa mudança, eles experimentavam sua própria comunidade como um "templo vivo". Nele, eles realizavam uma "liturgia razoável" com toda a sua vida (Rm 12,1-2). Nessa "catedral semiótica", pedra dura não deveria simbolizar o ser eterno, mas, sim, pessoas vivas a experimentar profunda transformação. Nela se celebrava a "transubstanciação" do mundo e do ser humano.

Esse mundo simbólico cristão primitivo é, para mim, uma admirável construção humana: uma catedral semiótica que foi erguida para se adorar a Deus e mudar a vida. Embora ela seja uma construção humana, para seus habitantes ela tinha uma evidência interna como resposta a uma revelação. Até hoje, ela fascina as pessoas. Por isso, numa última seção, indagamos a propósito da plausibilidade desse universo simbólico.

A plausibilidade da religião cristã primitiva

Se falo de um "mundo construído", isso não significa nenhuma desvalorização em relação a um suposto mundo objetivo. Com efeito, hoje sabemos que também os mundos que experimentamos como "objetivos", portanto, nosso mundo cotidiano e nosso mundo científico, são construtos que não se baseiam menos em determinados axiomas do que o universo simbólico cristão primitivo. Naturalmente existe, para nós, uma diferença. Na ciência, temos poucas dificuldades em considerar plausíveis seus resultados. E vivemos na consciência de possuir razões para isso. O que acontece, porém, com uma interpretação religiosa do mundo? Aqui, com frequência não entendemos como diversas afirmações fantasiosas puderam reiteradamente infundir nas pessoas uma alta sensação de certeza. Como se chegou a essa evidência? Uma resposta a isso exige algumas ponderações metodológicas que eu resumo em três teses:[1]

1. Axiomática religiosa como fundamento de plausibilidade

As afirmações conteudísticas da religião produzem menos plausibilidade do que a rede de axiomas de base e de motivos de base que formam sua gramática. Um exemplo pode, quiçá, ilustrar esta tese. Em minha opinião, é muito difícil indagar por fontes de certeza para cada uma das afirmações conteudísticas do hino aos Filipenses: existiu um ser divino, que desceu de sua preexistência a fim de ser elevado ao nome acima de todos os nomes? Os primeiros cristãos, tanto quanto nós, podiam verificar ou falsificar tais declarações. Elas são poesia do sagrado. Ao contrário, porém, é sensato indagar se o axioma de mudança de posição, contido nessa poesia, corresponde à realidade — e também a uma realidade definitiva. Ou, dito mais cuidadosamente: se as pessoas podem interpretar significativamente a realidade à luz desse axioma e se podem conduzir suas vidas orientadas por esse axioma. Para as pessoas, para as quais o axioma da mudança de posição pertencia às convicções fundamentais, o hino aos Filipenses era plausível porque este exprimia tais convicções. Dito de forma generalizada: quem estava convencido da verdade da fé cristã, havia lido intuitivamente nas narrativas, imagens e poesias da Bíblia as "regras gramaticais" fundamentais; havia interiorizado tais regras e se familiarizado com elas, de tal maneira que elas organizavam sua experiência do mundo, correspondiam ao seu próprio eu, possibilitavam a comunicação com outras pessoas — e, acima de tudo, eram uma oportunidade de conseguir um contato com Deus.

---

[1] Cf. Gerd Theissen, L'herméneutique biblique et la recherche de la vérité religieuse, *RThP* 122 (1990), 458-503.

2. Três fontes de certeza como confirmação da axiomática religiosa

A plausibilidade de uma axiomática religiosa fundamenta-se na harmonia de três fontes de certeza: no "consenso" do mundo, do eu e das demais pessoas. Talvez a teologia tradicional possa servir de analogia para esses três caminhos. Ela procura (1.) alcançar Deus a partir da ordem do mundo e perceber sua ação a partir da história, portanto, praticar teologia como aprofundada interpretação da realidade. Ela busca (2.) encontrar indícios de Deus nas profundezas do próprio ser — um pouco na nostalgia do coração por Deus ou nas condições (transcendentais) da possibilidade de experiências do eu. Por fim, ela luta (3.) pelo consenso das outras pessoas — ora mediante a criação de um novo consenso na missão (portanto, por meio da conversão aos próprios axiomas), ora pela descoberta de um consenso já desde sempre existente entre as religiões no diálogo ecumênico e inter-religioso. A plausibilidade de axiomas religiosos pode ser confirmada pelas mesmas três vias:

- A primeira pergunta é: O mundo está de acordo? Os axiomas religiosos podem possibilitar experiências que sempre de novo se confirmam, que são, portanto, repetíveis e que se expandem intersubjetivamente? Aqui se segue uma *teoria da correspondência* da plausibilidade (e da verdade). Plausíveis são convicções que correspondem à realidade e são confirmadas por experiências que afluem de fora.

- A segunda pergunta é: O eu, que faz estas experiências, está de acordo? Axiomas religiosos são axiomas aprendidos. Eles são adquiridos *a posteriori*. Eles são experimentados como plausíveis se eles corresponderem, além disso, a axiomas e categorias "inatos": portanto, condições ainda mais fundamentais da possibilidade de experiência, as quais pertencem aprioristicamente à bagagem do eu. A essas pertencem, entre outras, a exigência de unidade e de ausência de contradição. Aqui se segue uma *teoria da coerência* da plausibilidade (e da verdade): plausível é o que está de acordo com as condições fundamentais do pensamento.

- A terceira pergunta é: As demais pessoas estão de acordo? Aqui se segue uma *teoria do consenso* da plausibilidade (e da verdade): plausível é o que obtém o consenso das outras pessoas. Plausibilidade destina-se ao fortalecimento social. Se quiséssemos reformular isso como critério de verdade, deveríamos dizer: verdadeiro é o que as pessoas, sob condições ideais de comunicação, podem aceitar.

Acrescente-se uma importante particularização: a axiomática religiosa reflete também os limites e o desmoronamento de sua própria plausibilidade: o mundo recusa a correspondência, o eu vive em contradição consigo mesmo, as demais pessoas subtraem-se ao consenso. O fracasso da própria plausibilidade é assumido na axiomática religiosa, a qual, mediante isso, torna-se mais resistente contra as objeções. No curso do desenvolvimento, ligou-se sempre mais claramente ao axioma fundamental monoteísta a seguinte convicção: Deus é incompreensível e subtrai-se à experiência humana. Ao longo da história, diversos axiomas particulares foram tão longamente modificados que chegaram a assumir em si suas limitações. Esse malogro da plausibilidade frequentemente torna-se fundamento de uma teologia da revelação mais rigorosa, que diz: Deus só pode ser compreendido por si mesmo. Só sabemos algo a respeito dele pelo seu autodesvelamento. O semelhante só pode ser conhecido pelo semelhante.

3. Axiomática religiosa como resultado de tentativa e de erro

A axiomática de uma religião corresponde às três fontes de certeza — mundo, eu e os demais — porque ela surgiu num processo histórico de tentativa e de erro. Nesse processo, ela se adaptou às estruturas fundamentais do mundo, foi ativamente modelada pelo eu humano, e sobreviveu porque ela era fomentadora de comunidade. Sua plausibilidade baseia-se sobre as condensadas experiências de diversas gerações. Assim como nossos órgãos surgiram num longo processo de tentativa e de erro e, consequentemente, contêm informações prévias precisas acerca do ambiente vital circundante, assim também a religião, como um organismo feito de sinais, contém tais informações prévias acerca do mundo. E assim como o organismo corporal só desenvolveu aqueles órgãos que correspondem às suas possibilidades prévias, da mesma maneira, também na religião o espírito humano elabora apenas aquilo que corresponde aprioristicamente às suas possibilidades. Essas informações prévias axiomáticas só se impõem, pois, no final das contas, quando são capazes de conduzir nossa vida (individual e social). As religiões são, portanto, universos simbólicos longamente experimentados. E, no entanto, amiúde elas se chocam com a oposição da realidade. Dou um exemplo: o motivo criacional e o motivo sapiencial ensinam a confiança numa estrutura coerente da realidade, ainda que muitas vezes oculta. Essa confiança descobre no mundo, sempre de novo, estruturas objetivas correspondentes, até mesmo uma racionalidade tão grande que pessoas, com frequência, viveram a própria *Ratio* apenas como um fraco eco e como reflexo dessa "sabedoria objetiva". O motivo sapiencial sempre se fortaleceu exteriormente (por meio da experiência do mundo) e interiormente (por meio da correspondência à nossa racionalidade). Ele é indispensável para a condução de nossa vida individual e social. Com efeito, ele estimula a motivação de fortalecer a ordem no convívio. Qualquer comunidade se desfaria sem essa motivação. Todavia, esse motivo sapiencial sempre experimentou a pertinaz contradição da realidade contra essa confiança: Jó e o Eclesiastes são testemunhas disso. Essa derrocada também pertence às informações prévias objetivas das religiões: ela se faz sentir na transformação do motivo sapiencial na sabedoria que se oculta na loucura e que se revela na cruz — portanto, numa derrota. A axiomática cristã primitiva descobriu aqui algo exato na realidade. Enquanto tal, ela podia ser experimentada como "verdadeira". A seguir, esboçamos uma tentativa de aplicar essas reflexões gerais sobre plausibilidade e fontes de certeza à fé cristã primitiva.

Experiência do mundo como fonte de certeza: os axiomas do cristianismo primitivo como possibilidade de uma visão dinâmica do mundo

A primeira tese: *mediante sua axiomática, a religião cristã primitiva inaugurou uma visão dinâmica do mundo como processo. Nesse processo, irrompe um novo mundo dentro do antigo, no qual o fundamento até agora vigente de toda evolução, o princípio de seleção, é reformulado e parcialmente revogado.*[2] O fundamento dessa visão dinâmica era a experiência de

---

[2] Essa interpretação evolucionária da mundivisão cristã primitiva dá continuidade a ideias que eu há pouco tempo desenvolvi em *Biblischer Glaube in evolutionärer Sicht*, München: Kaiser 1984. A seguinte interpretação evolucionária do mundo do pensamento cristão primitivo quer ser apenas um esboço superficial. Conscientemente, ela omite a descrição das convicções cristãs primitivas em categorias evolucionárias, que servem de metateoria. Numa elaboração rigorosa dessa interpretação, dever-se-ia separar ambas cuidadosamente: os primeiros cristãos não tinham nenhuma consciência evolucionária, mas em seu "universo mítico", desenvolveram concepções que se deixam traduzir numa visão evolucionária da realidade. Uma possível

uma ascensão e queda de estados e reinos — e a esperança, estimulada por esse fato, de uma mudança fundamental por meio da irrupção do reinado de Deus. Essa experiência socialmente fundida foi desenvolvida em uma visão de mundo na qual se descobriram intuitivamente estruturas precisas da realidade. Demonstremos isso com o auxílio dos onze motivos de base da religião cristã primitiva:

- O *motivo sapiencial* descobre a sensível harmonia entre criação e ser humano. As estruturas da criação são biófilas. Quem se orienta por elas, viverá. O "ajuste" entre mundo e ser humano é, dentro da imagem bíblica do mundo, resultado da criação; para uma consciência evolucionária, o resultado de um longo processo de adaptação. O Novo Testamento reflete uma crise desse "processo de adaptação": a sabedoria torna-se loucura. O completamente "inadaptável" corresponde mais, talvez, à realidade definitiva do que aquilo que parece "forte" e bem-sucedido.

- A *consciência da alienação* ilumina a deficiência na "harmonia" entre ser humano e criação. Não obstante todas as "estruturas de adaptação" já encontradas, o ser humano se experimenta como profundamente "inadequado", tanto em relação ao mundo cotidiano quanto em relação à realidade definitiva. Elas malogram a promessa da vida, que reside numa plena "adaptação" da realidade e do ser humano. Sofrimento e pecado são uma "dor evolucionária", um "suspiro da criatura" por um mundo novo.

- O *motivo da renovação* permite experimentar o mundo como uma passagem na qual o ser humano mesmo está incrustado como uma passagem de um ser carnal para um ser pneumático. Na visão maravilhosa de Dn 7, a sucessão de diversos reinos foi interpretada como a passagem de um ser "animal" para o poder de "alguém semelhante a um ser humano". O cristianismo primitivo transferiu esse poder para um ser humano de fato, que foi elevado por Deus. O novo reino figurava no sinal do ser humano e em contraste com as feras. Não fulgura aqui, pela primeira vez, a consciência de que estamos inseridos num processo evolucionário: na passagem de uma

---

explicação para esse fato é que as convicções fundamentais cristãs primitivas estão relacionadas à mesma realidade que as categorias evolucionárias. Ambas, porém, são "construções da realidade", não a realidade em si. Isso não pode jamais ser esquecido.

evolução biológica para uma evolução cultural? Que nós, em meio à história, somos ainda uma passagem do animal para o humano? E que essa consciência toca algo verdadeiro?

- O *motivo do juízo* permite experimentar a realidade como um processo de separação: toda a vida está sob uma forte pressão seletiva que separa as formas adaptadas e inadaptadas do comportamento e da vida. Essa pressão seletiva objetiva se faz sentir nas fantasias do Juízo Final: só entrará no novo mundo aquilo que corresponder a seus critérios — e, nos textos do Novo Testamento, isso é precisamente o que, aliás, é eliminado pela seleção: o fraco e o inadaptado. No juízo, o sem-deus será justificado por Deus. O evangelho da absolvição do pecador é a supressão da pressão seletiva — e contém um protesto antisselecionista.

- Nos textos cristãos primitivos, o *motivo do milagre* assume uma forma especial. O milagre está a serviço da possibilidade da vida e do auxílio à vida. Ele investe ali onde a vida, do contrário, não tem nenhuma chance: entre os famintos, os periclitantes, os doentes e os moribundos. Podemos, às vezes, ficar ressabiados com os milagres extravagantes dos evangelhos, mas eles contêm, de maneira simples e penetrante, aquele protesto antisselecionista que impregna toda a Bíblia.

- Igualmente o *motivo criacional* é transformado por esse protesto. No N.T., ele aparece em meio à história da maneira mais clara possível na ressurreição de Jesus dos mortos. O crucificado era o rejeitado, que deveria ser eliminado da história. Ele era o fraco cuja impotência foi demonstrada ostensivamente. Mas precisamente a ele Deus concedeu nova vida.

- O *motivo do ágape* mostra o que é transformado pela passagem de uma evolução biológica para uma evolução cultural: na evolução biológica, vale a combinação de amor para com os geneticamente aparentados, e de agressão contra os demais. No cristianismo primitivo, essa combinação é invertida. Exige-se o amor para com os inimigos, os estrangeiros e os pecadores — mas agressão em relação aos geneticamente aparentados: asperamente, exige-se ruptura com o pai e com a família.

- Da mesma maneira se pode entender o *motivo da mudança de posição*: nas agregações animais, as hierarquias e as lideranças possuem um inequívoco sentido de sobrevivência. Os animais mais fortes são beneficiados porque eles são importantes para o grupo na defesa contra o perigo externo e na coordenação interna. Quando, porém, o primeiro é o que assume a posição do último, então esse traço fundamental da presente evolução biológica é revogado.

- O *motivo da substituição* contém, a partir de si mesmo, os dois: o princípio de seleção e o protesto contra este. De um lado, a vida vive sempre à custa de outra vida. Seres deficitários morrem substitutivamente em prol da vida dos seres sobreviventes. Até aqui, a substituição é expressão de seleção. Na *struggle for life* ["luta pela vida"], impõem-se aos menos competentes os custos para a manutenção da vida dos outros. Por outro lado, isso é invertido na simbologia cristológica do morrer vicariamente pelos outros: aqui, a vida não vive mais à custa de outra vida, mas assume livremente a morte sobre si mesma, a fim de possibilitar outra vida — acima de tudo, porém: essa vida sacrificada não permanece na morte. Ela supera a morte e, com isso, rompe a lei segundo a qual a vida vive à custa de outra vida.

- O *motivo da habitação* permite ao ser humano sensível aparecer como "espaço vazio", que pode ser preenchido por um novo ser. Ele pode ser transformado pelo espírito divino. Como ser transformado (renascido e renovado), ele pode conter "órgãos" para uma realidade mais profunda, que ultrapassa de longe seu mundo cotidiano, e a certeza: a selva do "devorar e ser devorado" é apenas a perspectiva de seu limitado mundo vital. Cristo é o protótipo de um ser humano transformado, que franqueia o acesso ao mundo da paz e da reconciliação. Nele, a encarnação de Deus é evolucionária, comparável a uma "mutação" criativa que, com um golpe, aumenta a "adequação" entre ser humano e a realidade última, e abre caminhos para dimensões que até então estavam ocultas.

- O *motivo da fé* conserva a experiência de que o ser humano, na corrente dos acontecimentos (tanto da história quanto da evolução), sem confiança na realidade total, encalha desamparado. Essa confiança é fundamentada sempre de novo pelo encontro com pessoas nas quais se dão aqueles "saltos qualitativos", que possibilitam uma harmonia maior com a realidade última. Todas as pessoas que são portadoras do "Espírito" e nas quais se mostra seu poder transformador, podem renovar a fé. Todavia, no centro dessa contínua fundamentação e renovação da fé, no Novo Testamento, encontra-se Jesus: o "condutor da fé".

Não é necessário relacionar cada uma das concepções do cristianismo primitivo a essa visão evolucionária do mundo. Basta que possamos interpretar evolucionariamente seu axioma. Também não é necessário atribuir às pessoas do cristianismo primitivo uma consciência evolucionária. Devemos apenas pressupor que todos os seres humanos se encontram objetivamente na passagem de uma evolução biológica para uma evolução cultural — quer o saibam, quer não. Em suas imagens e símbolos religiosos, as pessoas tateiam em busca das estruturas fundamentais da realidade e de sua situação, muito antes que possam cognitivamente formulá-las em conceitos. Ali, porém, onde elas encontram intuitivamente essa situação, seus universos simbólicos obtêm uma força reveladora da realidade que ultrapassa de longe a compreensão de seus habitantes.

Foi essa harmonia com a *conditio humana*, com a situação do ser humano num mundo evolucionariamente em transformação que concedeu ao universo simbólico religioso do cristianismo primitivo sua plausibilidade interna.

Contudo, essa experiência de consenso com um mundo processualmente em mudança está, desde o começo, ameaçada por experiências contrárias. No cristianismo primitivo, estava viva a expectativa de uma irrupção da mudança do mundo inteiro já no presente. E precisamente essa expectativa foi frustrada. Espantosamente, existem poucas vozes que registram isso diretamente (por exemplo, 2Pd 3,3-4; IClem 23ss; IIClem 11; Just Apol I,28,2). Jamais houve uma grande crise por causa da demorada parusia. No entanto, indiretamente, a acomodação ao mundo presente deixou seus traços em diversos projetos teológicos — tais como a dupla obra lucana, que valoriza positivamente o tempo entre Jesus e o fim como o tempo da Igreja e da missão, ou no evangelho de João, que no discurso de despedida, reinterpreta espiritualizadamente a expectativa tradicional da parusia (Jo 14,1ss) e defende uma escatologia atual (Jo 5,24ss), ou na carta aos Hebreus, na qual uma escatologia espacial sobrepõe-se a uma escatologia temporal: no céu já está tudo presente. O caminho para o santo dos santos já está aberto. Mas em todos esses projetos, encontra-se ao mesmo tempo a expectativa futurista tradicional de uma mudança decisiva de todo o mundo. O mistério para a espantosa "ausência de ruído" no domínio do "retardo da parusia" fundamenta-se em que os meios para seu controle já estavam presentes, desde o começo, no cristianismo primitivo. No princípio, acha-se a expectativa de Batista de proximidade da parusia: o machado já está posto à raiz das árvores. O fato de Jesus aparecer depois dele é a primeira "dilação da parusia". Ela já é a pressuposição para o aparecimento de Jesus. As palavras nas quais ela deixou seus vestígios, não são, de forma alguma, de saída, sempre falsas. Assim, nas palavras de Jesus, a existência atual do mundo é interpretada como graça de Deus: se Deus continua a fazer o sol levantar-se e pôr-se e nisso não faz distinção entre justos e injustos, então, implicitamente, isso é uma resposta à "malograda" expectativa de que ele viria em breve e, no julgamento, distinguir entre justos e injustos (Mt 5,45). Se uma palavra de Jesus apresenta Jonas como modelo de profecia atual é que ele escolhe precisamente aqueles profetas veterotestamentários cujo anúncio de julgamento não se cumpriu: não deverá Jesus ter visto na oportunidade de conversão o verdadeiro sentido da expectativa da parusia próxima — com a possibilidade de que o grande juízo possa não vir? (cf. Lc 11,29-30). A mesma experiência espelha-se na parábola da figueira estéril que, no entanto, ainda recebe um prazo (Lc 13,6-9). Em resumo, a não comparência do juízo iminente já foi contornada por Jesus na pregação da graça de Deus. Desde o início, no anúncio cristão primitivo, ao lado da expectativa de uma grande transformação, encontramos os meios cognitivos, emocionais e motivacionais para a superação criativa da ausência dessa mudança. O mundo foi vivido como passagem — e também as experiências que contradiziam isso foram interpretadas como confirmação das próprias convicções.

Mas isso não foi tudo. Os primeiros cristãos não queriam incluir apenas o "mundo" em seu universo simbólico religioso, mas também a Deus — portanto, algo que ultrapassava o mundo, que é absoluto e eterno. A fim de compreender a plausibilidade interna dessa relação do universo simbólico cristão primitivo com a "transcendência", precisamos considerar sua harmonia não apenas com a experiência do mundo "objetivo", mas também, com as condições transcendentais dessa experiência no sujeito humano.

A harmonia com o próprio ser como fonte de certeza: os axiomas do cristianismo primitivo e o a priori *religioso*

A segunda tese: *os axiomas fundamentais cristãos primitivos eram plausíveis porque correspondiam às condições interiores do ser humano: o ser humano possui, aprioristicamente, um senso para o eterno, para o absoluto e para a responsabilidade, mas, empiricamente, experimenta-se como efêmero, relativo e determinado, e vive dividido consigo mesmo.* No longo processo histórico de tentativa e de erro, a história da religião produziu símbolos e imagens que são adequadas às condições apriorísticas da experiência religiosa. Quais são essas condições apriorísticas? Em minha opinião, em cada reivindicação de valor estão pressupostos três momentos que não são necessariamente conscientes — mas, potencialmente, podem tornar-se conscientes e (se forem relacionados ao conteúdo) possibilitam experiência transcendental. Aqui, sigo intuições da filosofia filosófico-transcendental da religião.[3]

- *A primeira intuição*: a pretensão de que algo seja verdadeiro (ou falso) exige, com isso, que esse algo também seja verdadeiro (ou falso) nos anos x + n. Em cada reivindicação de valor está contida uma "pretensão de eternidade". Mesmo quando alguém relativiza uma reivindicação de valor e diz que ela está limitada a determinados espaços e tempos, então exige-se para essa afirmação relativizada uma reivindicação de valor dos anos x + n. Por conseguinte, atestamos em todas as reivindicações de valores, implicitamente, um senso para o "eterno",[4] mesmo quando o negamos explicita-

---

[3] Como exemplo de uma filosofia da religião transcendental, mencione-se Richard Schaeffler, *Zur transzendentalen Hermeneutik des Sprechens von Gott,* QD 94, Freiburg, Basel, Wien: Herder 1982. Esse projeto impressiona particularmente porque aqui não se deduzem conscientemente em Deus pressuposições transcendentais, mas precisamente a derrocada de tais pressuposições transcendentais em situações históricas contingentes: o desmoronamento do universo de experiências constituído por elas, em que é experienciável aquilo que toda experiência primeiramente possibilita.

[4] Anders Nygren, *Die Gültigkeit der religiösen Erfahrung,* Gütersloh: Bertelsmann 1922, ressalta o eterno como a categoria transcendental fundamental do religioso. Uma categoria transcendental expressa apenas que nós temos, necessariamente, a concepção de algo "eterno". Mas precisamente porque nós desenvolvemos involuntária e necessariamente essa concepção, ficamos sem saber se a ela corresponde uma realidade objetiva e de que tipo ela é. Sensibilidade para o "eterno" não é nenhuma prova da existência do "eterno" em determinado sentido, mas sem uma sensibilidade totalmente formal para o "eterno", os esquemas do eterno, plenos de conteúdo, não poderiam surgir na imaginação nem encontrar fé. Concretamente falando: o conhecimento das estruturas lógicas do "eterno" não é nenhum fundamento para a vivência religiosa. Mas, sem a sensibilidade para o eterno aí expressa, não haveria, para além disso, nenhuma experiência do eterno.

mente — e será sempre negado, diante da avassaladora experiência da efemeridade.

- *A segunda intuição*: todas as reivindicações de valor são acompanhadas por um momento de incondicionalidade. À medida que nós, no geral, medimos algo segundo uma norma, preferimos o que corresponde à norma ao que a contradiz.[5] Não podemos preferir senão o que subjetivamente reconhecemos como verdade ao que reconhecemos como erro. Quem, não obstante, prefere a ilusão à verdade, só pode fazê-lo porque prefere outros valores aos paradigmas cognitivos de verdadeiro e de falso: o que serve à vida e a outros valores é, para ele, mais valioso do que o que serve à verdade. Ele reconhecerá também uma incondicional primazia do superior normativo. Portanto, tão logo nós, no geral, avaliemos normativamente, ativamos um elemento incondicional em nosso pensamento — mesmo que o neguemos explicitamente.

- *A terceira intuição*: quando reivindicamos valor para uma afirmação, nós pretendemos ser responsáveis por ela. Quer dizer, se nossas afirmações fossem completamente determinadas por fatores que jazem no passado, então só poderíamos constatar o fato de tais afirmações, não, porém, reivindicar-lhes valor. E toda discussão em torno das reivindicações de valor consistiriam em que simplesmente esperássemos para ver se no futuro seríamos "determinados" diferentemente do presente. Também a tese de que tudo estaria determinado reclama para si mesma o não ser completamente determinada por fatores causais passados.

Essa sensibilidade para o eterno, para o incondicional e para a responsabilidade torna-se produtiva na religião. Com imagens do mundo vital, ela constrói imagens que ultrapassam o mundo vital. Mas, acima de tudo,

---

[5] Wilhelm Windelband, Das Heilige, in: *Präludien. Aufsätze und Reden zur Philosophie und ihrer Geschichte*, vol. 2, Tübingen: Mohr ⁵1915, 298-331 = (em resumos:) Carsten Colpe, *Die Diskussion um das Heilige*, WdF 305, Darmstadt: Wissenschaftliche Buchgesellschaft 1977, 29-56 (citar-se-á a partir daqui) determina o lugar da religião não como uma esfera do lógico, do ético ou do estético, mas como consciência de normas que, nesse âmbito, entram em contradição com o factual. A "coexistência antinomística da norma e da antinorma na mesma consciência" (32) conduz à experiência do sagrado. "O sacro, como consciência normal do verdadeiro, do bom e do belo, é *vivido como realidade transcendente*" (35) (o sublinhado é original). Eu avaliaria com muita reserva: a consciência normativa não é, ainda, em si, religiosa, mas é uma pressuposição necessária para se ter uma experiência religiosa. É preciso que compareçam ainda outras condições "suficientes", a fim de que a sensibilidade normativa torne-se religião.

encontramos os vestígios de tal atividade poético-transcendental que ultrapassa todo o empírico nos dois axiomas de base do cristianismo primitivo.

- O *axioma de base monoteísta* da fé judaica e cristã primitiva, desde o séc. VI a.C., tornou-se sempre mais plausível em diversas sociedades antigas. Não apenas o Deuteroisaías, mas também os pré-socráticos desenvolveram uma compreensão de Deus que deixou para trás o politeísmo difuso por toda parte. Não se pode explicar esse processo mediante plausibilidade social — como se o surgimento de grandes impérios, com um rei no vértice, tivesse também exigido a irrupção do monoteísmo. Nem as cidades-estados gregas nem o pequeno Israel viviam em tais estruturas. E aos grandes impérios, com seus domínios e províncias, era mais natural a ideia de um panteão de deuses com vértice monárquico. Quanto aos pré-socráticos, o processo vai na direção de uma explicação unitária do mundo, acompanhada de princípios monoteístas. Uma necessidade apriorística do espírito humano impõe-se historicamente em seus esquemas: o espírito humano antepõe *a priori* explicações do mundo que reconduzem uma grande variedade a uma unidade. A descoberta da lógica e a do Deus único caminham de mãos dadas. Deparamo-nos, aqui, com um monoteísmo motivado cognitivamente. Ele permaneceu, por muito tempo, uma ocupação de uns poucos intelectuais. Em contrapartida, no monoteísmo de Israel, eticamente motivado, sobressaem-se outras razões. A responsabilidade torna-se ainda mais responsável quando dela se deve prestar contas somente diante de uma Instância. E os mandamentos do Deus uno e único possibilitam aquela unidade de conduta de vida ética que admiramos no judaísmo. Pela intuição de uma responsabilidade incondicional do ser humano perante o Deus uno, Israel aciona, acima de tudo, o senso pelo absoluto e pela liberdade. No período pós-veterotestamentário, essa imagem de Deus foi ainda mais desenvolvida: ele tornou-se o juiz no Juízo Final, uma Instância que chama os seres humanos à responsabilidade até a eternidade e que mede segundo um paradigma absoluto. De um lado, nessa imagem, a experiência empírica da seleção, que distingue entre variantes adequadas e inadequadas da vida e do comportamento, intensifica-se para além de toda empiria. Por outro lado, nessa imagem, atua o *a priori* religioso do eterno: justamente por isso, para tantas pessoas, surge a imagem do juiz perante quem todos os seres humanos devem responsabilizar-se. É um pedaço de "poesia transcendental", de poesia religiosa que se baseia em ideias aprioristicas do eu humano: uma responsabilidade incondicional até a eternidade.

- Essa sensibilidade para o eterno, para o absoluto e para a responsabilidade também ajudou a formar o segundo axioma de base do cristianismo primitivo, a *fé no Salvador*: a elevação do Jesus histórico à divindade não se explica somente como controle de uma dissonância cognitiva. Uma manifestação passageira, que viveu sob condições limitativas, na qual são reconhecíveis fatores sociais e políticos determinantes, em razão de um *a priori* religioso, foi reconhecida como a transparência de algo eterno, absoluto e desafiador de nossa responsabilidade, e envolto, de modo poético, com aquela aura mítica que convém a um ser divino. Mas sua manifestação não foi sugada por essa aura mítica. Com efeito, conservou-se a memória que apresenta Jesus ao mesmo tempo como mortal, condicionado e dependente, ou seja, como uma figura concreta da história terrena. A grande plausibilidade de sua imagem para os primeiros cristãos não deveria também repousar no fato de essa cristologia corresponder à estrutura do eu humano: um ser humano que possui sensibilidade para o eterno, para o absoluto e para a liberdade — mas que está exposto à transitoriedade, à dependência e à constrição? Quando os grupos gnósticos interpretaram Cristo como símbolo do eu humano, eles enxergaram, consequentemente, algo correto — infelizmente, porém, eles negaram nesse símbolo precisamente a unidade entre eterno e efêmero, absoluto e condicional, liberdade e constrição, e defenderam uma concepção (um tanto narcisista) do eu, que se sabia fundamentalmente livre desse mundo do transitório, do condicional e do determinado.

Quem tem diante dos olhos a história da filosofia, certamente percebeu que meus três elementos aprioristicos são uma analogia ao três postulados da razão prática de Immanuel Kant: imortalidade, Deus e liberdade — Kant concretizou essas ideias com as concepções da religião cristã.[6] O eterno é pensado com a imortalidade — mas menos do que isso. O absolu-

---

[6] Cf. Rudolf Malter, Kant, *TRE* 17 (1988), 570-581, ali, 576-577.

to é pensado com Deus — mas Deus é mais do que o absoluto. A responsabilidade de reivindicações de valor pressupõe sempre a liberdade como causa, mediante o sujeito, mas, além disso, um compromisso do sujeito com as normas. Em minha opinião, somente a atividade desse *a priori* formal do eterno, absoluto e da liberdade no espírito humano explica por que as pessoas, em suas elaborações religiosas, transcendem, sempre de novo, o mundo empírico finito e percebem no efêmero o eterno, no condicional algo absoluto, e no inapelável destino o apelo à responsabilidade — e isso com grande convicção interior.

Mas acentue-se aqui também: a religião cristã primitiva ofereceu não apenas plausibilidade mediante a concordância com categorias transcendentais da consciência humana. Ela podia também transformar o abalo de tais categorias. Aquilo que é imediatamente pressuposto em nossa consciência, pode ser negado conscientemente por nós — porque poderosas experiências se colocam contra isso. A experiência da transitoriedade contradiz o senso do eterno; a experiência da constrição e da dependência contradiz o senso de responsabilidade; a experiência de que tudo é relativo contraria o senso do absoluto. As categorias transcendentais de nossa consciência não se impõem automaticamente no vivido; ao contrário, podem ser profundamente abaladas, de modo que, com elas, desmorona todo um "mundo". Em experiências limites, o que parece determinar "automaticamente" nossa consciência é "desautomatizado".[7] A suposta autocompreensão do eu é colocada em questão. Na religião cristã primitiva, esse estremecimento do "eu" é apresentado em imagens impressionantes — talvez, da forma mais impressionante nas metáforas e mitos gnósticos. O "eu" do ser humano é aqui uma centelha que foi lançada num mundo hostil, subordinado à transitoriedade e à corporalidade, apesar de possuir em si centelha do "eterno", do "absoluto" e da "liberdade", esta é, amiúde, soterrada. O cristianismo comunitário pôde assumir ideias achegadas à gnose. Nas afirmações do evangelho de João, Cristo é o único gnóstico que sabe de onde vem e para onde vai (Jo 8,14). Todos os cristãos podiam compreender o próprio "eu" segundo seu modelo: por meio dele, ressurgiu neles uma pequena luz da eternidade. Por intermédio dele, entrou no mundo um valor

---

[7] A experiência gnóstica intuitiva do eu como uma manifestação aparentada a um ser divino é uma variante de experiências míticas. Para ela, com razão, chamou-se a atenção em relação à grande importância da desautomatização da percepção e da transformação das impressões. Cf. Nils G. Holm, *Einführung in die Religionspsychologie*, München: Reinhardt 1990, 72-75.

absoluto. Por ele, a liberdade foi dada. E em sua figura — em seu fracasso, em seu sofrimento e em sua morte — podia-se suportar o abalo ao qual estão submetidos os elementos transcendentais de nosso próprio ser.

As duas fontes de certeza habituais — a concordância dos motivos de base cristãos primitivos com a experiência do mundo e dos axiomas de base cristãos primitivos com as condições transcendentais subjetivas dessa experiência — ainda não são, porém, suficientes para explicar a plausibilidade da religião cristã ou de qualquer outra religião. A religião não é apenas um mundo de abstração, mas um poder vital. Ela obtém seu poder de persuasão primeiramente em comunidades vivas. Sua plausibilidade está ligada à adesão de outras pessoas.

A harmonia com as demais pessoas como fonte de certeza: o dinamismo construtor de comunidades dos axiomas do cristianismo primitivo

A terceira tese: *o universo simbólico do cristianismo primitivo era plausível para seus habitantes pelo fato de seus axiomas serem fomentadores de comunhão. Essa nova religião reunia pessoas para além das fronteiras culturais e nacionais e precisava fortalecer a impressão: aqui se manifesta o que pode ser consenso para todas as pessoas.* Introduzimos os axiomas — isto é, as convicções fundamentais e os motivos de base — do cristianismo primitivo a fim de explicar o espantoso consenso no cristianismo primitivo que tornou possível a formação do cânone e a exclusão de algumas "heresias". Apesar de teologias bem variadas quanto ao conteúdo nas correntes fundamentais do cristianismo primitivo, estas estavam ligadas pelas convicções fundamentais formais. Mediante isso, pôde surgir uma consciência de solidariedade por meio de diversas correntes, consciência esta que fortalecia retrospectivamente as próprias convicções. A plausibilidade cresce com a aceitação de outras pessoas.

Acrescentou-se que os motivos de base do cristianismo primitivo eram, em si mesmos, fomentadores de comunhão. Certamente sobreviveram na história da religião *per definitionem* apenas as interpretações e as convicções que são compatíveis com a vida das comunidades transmissoras. Até aqui, é uma tautologia atribuir a uma axiomática religiosa um valor que favorece à comunidade. No entanto, existiam claras diferenças tanto entre os axiomas quanto entre os grupos que os transmitiam.

Existe uma diferença entre esses grupos serem formados primeiramente em razão da axiomática religiosa e já estarem juntos em razão de outros fatores. Havíamos visto: o cristianismo primitivo é uma das primeiras estruturas sociais nas quais, em primeiro lugar, convicções religiosas formam comunidade. O pressuposto era o judaísmo. Originalmente, sua religião podia apoiar-se em um povo. Mas, segundo sua autocompreensão, esse povo devia sua existência à sua religião: à eleição da parte de Deus e à observância de seus mandamentos. O judaísmo pós-exílico correspondia a essa autocompreensão à medida que nele certamente não a fundação da comunidade, mas, antes, sua renovação, depois do exílio, era motivada por impulsos religiosos. As comunidades cristãs primitivas deram continuidade a esse desenvolvimento: em razão de seu conhecimento comum, elas constituíram para si ΙΗΣΟΥΣ como ΚΥΡΙΟΣ. Elas não se apoiavam em associações já existentes, mas reuniam pessoas de diferentes coletividades. Elas eram uma refundação da comunidade, não apenas sua renovação.

Os axiomas do cristianismo primitivo possuíam, até então, antecipadamente, uma força geradora de comunidade. Contudo, é preciso diferençar: "em si", as mesmas convicções podiam criar e destruir comunidade. Depende da formulação concreta dos motivos de base do cristianismo primitivo. Aqui, de fato, ele demonstra grande talento para acionar convicções capazes de gerar comunidade. A seguir, repassamos os motivos de base apenas à guisa de ilustração, não como resumo comprobativo.

- O *motivo criacional* pode legitimar bem conservadoramente a ordem vigente, inclusive as asperezas de suas delimitações sociais e de suas hierarquias. No cristianismo primitivo, porém, ele se transforma na "nova criação", mediante a fé: ali, onde acontece a "nova criação", as fronteiras sociais são ultrapassadas: não existem mais judeus e não-judeus (Gl 6,15). Todos são um em Cristo (Gl 3,28).

- O *motivo sapiencial* tem, igualmente, um cunho conservador, mas o perde no N.T.: visto que a sabedoria tornou-se loucura, ela agora se volta para aqueles que tradicionalmente são excluídos da sabedoria (1Cor 1,26-27).

- O *motivo do milagre* é modelado de forma a estimular a comunhão à medida que são narrados apenas os milagres de auxílio e de cura (exceção: Mc 11,12-14.20-21; At 5,1-11). A acusação contra Jesus de que ele, como taumaturgo, tinha pacto com o demônio (Mc 3,22), mostra que as pessoas não tinham ilusões acerca do efeito potencialmente destruidor do poder de realizar milagres.

- O *motivo da alienação* criou a consciência de uma solidariedade humana geral: todos são pecadores perante Deus (Rm 1,18-3,20). O próprio Paulo mostra como a mesma consciência de pecado pode aprofundar o distanciamento social quando ele orgulhosamente diz: "Nós somos judeus de nascimento e não pecadores da gentilidade" (Gl 2,15).

- O *motivo da habitação* é um imenso reforço para o respeito mútuo: se em cada pessoa humana, potencial ou factualmente, mora o Espírito de Deus, então cada um está revestido de um "valor" absoluto. Mas, naturalmente, também os que estão plenos do "Espírito" podem desenvolver uma autoconsciência supervalorizada, socialmente nociva, como foi o caso no assim chamado entusiasmo corinto.

- O *motivo da fé* aponta para o fundamento da comunidade cristã primitiva: a fé comum criou-a inicialmente. A relação de confiança com uma figura humana envolta em aura divina, que era ao mesmo tempo uma divindade com familiaridade humana, era acessível a todos — contanto que ninguém exigisse ainda outros "sinais" geradores de comunhão (como algumas "obras da lei" rituais ou uma "gnose" que transcendia a fé). Contudo, a mesma fé podia também destruir comunidades, quando levava a disputas entre "ortodoxia" e "heresia" (cf. 2Jo).

- Também o *motivo da substituição* é, por si mesmo, promotor de comunhão à medida que pressupõe a solidariedade de todas as pessoas ou até mesmo de todos os seres viventes: um assume o lugar do outro. A ativação outrossim do motivo da substituição para fundamentar a autoridade (como "representante de Cristo") pode estimular à comunhão, mas também destruí-la, quando se chega a "pretensões vicárias" incompatíveis. Já o evangelho de Marcos adverte contra aqueles que, em nome de Jesus, dizem "eu o sou" e a muitos desviam (Mc 13,6).

- Que o *motivo do ágape* produz relações pró-sociais é evidente. Mas, precisamente em comunidades de amor enfáticas, às vezes tendências sociais destrutivas são o reverso do amor, quando conflitos realmente existentes são excluídos da discussão. Pode ser mero acaso o fato de os escritos do N.T., nos quais Deus é definido como "amor" (1Jo 4,16), serem ao mesmo tempo testemunho de uma profunda cisão da comunidade?

- O *motivo da mudança de posição* age contra a tendência de toda comunidade de regatear hierarquias mediante concorrência interna pelo poder e pelo prestígio. Ele possibilita conservar a consciência de igualdade de *status* — contra a diferença factual de *status*. Naturalmente, porém, ele pode agir de forma socialmente desestabilizadora, seja quando se dissolve toda forma de hierarquia, seja quando é petrificada (auxiliado pelo motivo da mudança de posição compreendido unilateralmente como "humildade").

- O *motivo do juízo* pode evocar a ira escatológica contra o adversário e despertar agressões, mas também pode aliviá-las. Ele reserva para Deus o último julgamento acerca dos seres humanos. Onde essa consciência é forte, ela pode libertar as comunidades de seus conflitos.

O breve passeio pelas mais importantes convicções de base do cristianismo primitivo deve ter mostrado: essas convicções fundamentais ligavam as pessoas não apenas em sentido formal. Seu conteúdo podia também ser ativado de forma a gerar comunidade — mas sempre contém em si também a possibilidade de efeitos socialmente destrutivos. Convicções sozinhas ainda não podem construir comunidades estáveis. Elas deviam ser interpretadas por líderes de comunidade dotados do dom da comunicação, e sempre reativadas de forma construtiva.

Como, porém, os cristãos lidaram com a forte rejeição que amiúde os atingia em seu ambiente? Aqui, eles deviam construir um consenso contra o dissenso manifesto: de um lado, eles se consolidaram mediante as experiências missionárias. Também adversários do cristianismo podiam converter-se a ele. Paulo era um exemplo luminoso desse fato. A axiomática do cristianismo primitivo mostrou-se tão forte em si, em sua força interpretativa, que ele sempre conquistou novas pessoas — inclusive os antigos adversários. Por outro lado, porém, o cristianismo primitivo confirmou-se também pelo diálogo do consenso com os outros: os apologetas viam em cada consciência humana semeado um grão da verdade: o λόγος σπερματικός.[8] Em nossa terminologia, poder-se-ia dizer: eles viam seus próprios axiomas latentemente ativos em todos os seres humanos. Os melhores entre os não-cristãos eram cristãos potenciais ou anônimos. Um dos exemplos plausíveis para os primeiros cristãos era o axioma de base de todos os judeus e cristãos: a fé no Deus uno e único. Também diversos filósofos gregos haviam chegado à suposição de um único Deus, sem que seu monoteísmo tivesse tido consequências cúlticas na religião praticada. Aqui, os judeus e os cristãos podiam ser compreendidos como aperfeiçoadores daquilo que os mais aguçados espíritos pagãos da Antiguidade haviam começado. Lá, porém, onde a rejeição era completamente enrijecida, apelava-se para teorias de obstinação, atribuindo a falta de discernimento a poderes sobrenaturais. Eles imputavam aos adversários uma extrema autoalienação, que os tornava ineptos para a verdade, mas também, de certa maneira, desculpavam-nos: obstinação não é pecado, é fatalidade.

Portanto, no âmbito de uma teoria da religião cristã primitiva, pode-se tornar compreensível como se chegou àquela crescente consciência de certeza: os primeiros cristãos estavam profundamente convencidos da superioridade de seu universo simbólico em relação a todos os outros universos de convicções concorrentes. Ainda que suas narrativas, ritos e exigências éticas pudessem ser conteudisticamente bizarros, esse universo simbólico dispunha ainda, por meio de seus axiomas fundamentais, uma alta força interpretativa: ela harmonizava-se com as experiências de um mundo que estava dinamicamente em transformação, com as condições transcendentais do eu e com uma crescente comunidade capaz de comunicação por toda parte. Essas eram suas fontes de certeza. Ademais, ela podia, em suas convicções de base, expressar também os limites de tal evidência — em afirmações acerca do *deus absconditus*, da loucura da cruz e do fracasso da comunicação.

Com isso, conclui-se nosso esboço de uma teoria da religião cristã primitiva, mas não está acabada. Essa teoria carece de complementação. Ela coloca a ênfase na objetividade do universo simbólico cristão primitivo. Contudo, precisamente na parte final, tornou-se claro: a religião cristã primitiva é, a um tempo, um universo simbólico *e* um mundo vital. Somente

---

[8] Cf. Adolf M. Ritter, *HDTh* 1, 49-50.

essa unidade entre mundo vital e universo simbólico empresta plausibilidade à axiomática religiosa do cristianismo primitivo. Ainda que se tenha reiteradamente aludido ao mundo vital dos primeiros cristãos nos diversos capítulos, ele merece um tratamento aprofundado. Por conseguinte, as teorias aqui apresentadas deveriam ser analisadas:

- Mediante uma *psicolcgia da religião cristã primitiva*. Uma psicologia descreve e interpreta os traços típicos da experiência, do comportamento e da consciência individual dos primeiros cristãos. Assim se faria justiça à experiência subjetiva, que para muitos se identifica com religião. Tal psicologia poderia também ressaltar ainda melhor a evidência subjetiva da fé cristã primitiva, sua contribuição para a orientação do comportamento e da vivência, tanto no contexto cotidiano quanto no extracotidiano.

- Outro aprofundamento é possível por meio de uma *sociologia da religião cristã primitiva*, que analise as estruturas supraindividuais dos grupos cristãos primitivos em conexão com a sociedade de então. Aqui também ganhariam relevo fatores não religiosos que marcaram essa religião. Essa sociologia ressaltaria a plausibilidade social da nova fé: sua rápida difusão e a vitalidade da pequena subcultura na qual ela se espalhou no mundo antigo.

- Por fim, poder-se-ia passar de uma teoria para uma *filosofia da religião cristã primitiva*, como foi o caso já deste último capítulo. A verdadeira passagem, porém, só acontece ali onde se discutem objetivamente as reivindicações de valor e de verdade do universo simbólico cristão primitivo, onde, portanto, não apenas se pergunta: Por que a fé cristã primitiva foi plausível para algumas pessoas no primeiro século, mas, sim, por que ela é válida ainda hoje? A esse propósito, a interpretação realizada nessa teoria da religião, como um universo simbólico objetivo, é um trabalho prévio importante. Ele vai de encontro a uma explicação reducionista da religião. Ele pode compreender conceitualmente a autonomia interna da religião cristã primitiva como autonomia de um sistema simbólico auto-organizativo. Como criação autônoma, ela é mais do que expressão de luta social por prestígio e poder, de medo infantil de punição ou de nostalgia por uma proteção regressiva. Numa estrutura de sentido, com autonomia interior, a pergunta pela verdade é sensata, sem que ela, de antemão, se decida contra a religião. Também com essa pergunta pela verdade ainda não fazemos teologia em sentido estrito. Ao contrário, no geral, a *pergunta* pela verdade pode ser colocada filosoficamente. No entanto, eu estou convencido de que toda resposta possui um elemento confessional — ou seja, está determinada ou por uma confissão de tipo teológica, ou antiteológica ou agnóstica.

Com frequência me pergunto: em que consiste a singularidade de uma resposta teológica? Suponho que nela estão atuantes todas as fontes de certeza apenas mencionadas, mas que elas serão mais uma vez transcendidas na experiência religiosa viva. Nela, não é o consenso com o mundo, com o profundo do eu e com uma comunhão de pessoas que garante a verdade da fé, mas o próprio Deus. Ela repousa, de fato, sobre a certeza de que aconteceu um contato com Deus. Ela só é pensável pelo autodesvelamento de Deus. Quando, numa experiência religiosa, Deus, de fato, é sentido como um poder que tudo determina, então, com imediata evidência, ele será experimentado como causa e fundamento dessa mesma experiência religiosa. A teologia está ligada à experiência religiosa viva e, por isso, ela será sempre, mais ou menos, "teologia da revelação".

Mais uma vez, seja-me permitido aludir à imagem condutora dessas exposições: a religião cristã primitiva é uma maravilhosa catedral de sinais,[9] construída em razão de uma experiência religiosa, a fim de adorar a Deus. Pode-se visitar essa catedral como turista, sem participar de sua liturgia. Pode-se também participar dela. Eu pertenço àqueles que também pregam e oram nessa catedral. Todavia, também analiso com prazer sua arquitetura e a linguagem de suas formas. Eu gostaria de mostrar essa catedral a todos os visitantes, e transmitir-lhes algo de seu sentido e de sua importância. No caso, para mim não importa se os visitantes também desejam ou não participar da liturgia, ou se eles se sentem em casa em outras catedrais ou se evitam tais lugares. Contudo, em minha ronda pela catedral, para mim, mas também para os visitantes distanciados, seria muito pouco se apenas

---

[9] A imagem da "catedral" tem um limite: ela sugere uma rigidez que não existe num sistema vivo. No N.T., de quando em vez encontramos essa imagem da construção, entretecida com uma imagem orgânica do corpo: a construção da Igreja cresce com todos os seus membros (Ef 2,21; cf. 4,12). Mas, a imagem do organismo talvez seja ainda demasiado harmônica: os profundos conflitos e crises só poderiam, pois, aparecer como "doenças", que devem ser compreendidas como distúrbios. Mas elas não eram isso: nelas, primeiramente, forma-se a religião cristã primitiva. O cristianismo canônico deve sua figura ao confronto com um mundo amiúde desaprovador e com correntes "heréticas" audazes.

lhes transmitisse fatos históricos exteriores a respeito da história da construção e descrições estéticas de estilo. Gostaria de transmitir a todos os visitantes algo de seu sentido religioso. Se ele for omitido, então eu omitiria precisamente aquilo que amo em minha catedral. Daí essa tentativa de uma teoria da religião cristã primitiva: ela é uma visita e uma explicação do universo simbólico cristão primitivo, que deixa a cada um a liberdade de conhecê-lo e deixá-lo sem uma prece. Certamente me alegraria se os visitantes compreendessem por que se pode rezar nessa catedral e por que este ato, segundo a intenção de seus construtores e edificadores, é o sentido principal desse lugar.

BIBLIOGRAFIA

ADAM, Traute. *Clementia Principis,* KiHiSt 11, Stuttgart: Klett 1970.

ALAND, Barbara. Marcion, *TRE* 22 (1992), 89-101.

ALKIER, Stefan. *Urchristentum. Zur Geschichte und Theologie einer exegetischen Disziplin,* BHTh 83, Tübingen: Mohr 1993.

ALVARES, David. *Die Religionspolitik des Kaisers Claudius und die paulinische Mission,* Herders Biblische Studien 19, Freiburg, Wien: Herder 1999.

AMIR, Yehoshua. Die Begegnung des biblischen und des philosophischen Monotheismus als Grundthema des jüdischen Hellenismus, *EvTh* 38 (1978), 2-19.

ANDRESEN, Carl; RITTER, Adolf M. *Handbuch der Dogmen- und Theologiegeschichte* 1, Göttingen: Vandenhoeck ²1999.

ASSMANN, Aleida e Jan. "Mythos", *HRWG* IV (1998), 179-200.

AUGENSTEIN, Jörg. *Das Liebesgeboten im Johannesevangelium und in den Johannesbriefen,* BWANT 134 = Folge 7, Heft 14, Stuttgart, Berlin, Köln: Kohlhammer 1993.

BARTH, Gerhard. *Der Tod Jesu Christi im Verständnis des Neuen Testaments,* Neukirchen-Vluyn: Neukirchener 1992.

BAUER, Walter. *Rechtgläubigkeit und Ketzerei im ältesten Christentum,* BHTh, 10, Tübingen: Mohr 1934, ²1964.

BAUR, Ferdinand Chr. *Das Christenthum und die christliche Kirche der drei ersten Jahrhunderte,* Tübingen: Fues 1853.

BECKWITH, Roger T. Formation of the Hebrew Bible, in: MULDER, Jan M. (ed.), *Mikra. Text, Translation and Interpretation of the Hebrew Bible in Ancient Judaism and Early Christianity,* Assen: Van Gorcum/ Philadelphia: Fortress 1988, 39-86.

_____. *The Old Testament Canon of the New Testament Church and its Background in Early Judaism,* London: SPCK 1985.

BERGER, Klaus. *Theologiegeschichte des Urchristentums,* Tübingen, Basel: Francke ²1995.

BETZ, Hans D. *Der Galaterbrief. Ein Kommentar zum Brief des Apostels Paulus an die Gemeinden in Galatien,* München: Kaiser 1988 = *Galatians. A Commentary on Paul's Letter to the Churches in Galatia,* Hermeneia, Philadelphia: Fortress 1979.

BEYSCHLAG, Karlmann. *Simon Magus und die christliche Gnosis,* WUNT 16, Tübingen: Mohr 1975.

BIANCHI, Ugo, (ed.). *Le Origini dello Gnosticismo. Colloquio di Messina 13-18 Aprile 1966. Testi e Discussioni.* SHR 12, Leiden: Brill 1967, ²1970.

BICKERMANN, Elias. *Der Gott der Makkabäer. Untersuchungen über Sinn und Ursprung der makkabäischen Erhebung,* Berlin: Schocken 1937 = *The God of the Maccabees: Studies on the Meaning and Origin of the Maccabean Revolt,* SJLA 32, Leiden: Brill 1979.

BILLERBECK, Paul; STRACK, Hermann. *Kommentar zum Neuen Testaments aus Talmud und Midrasch,* vol. 1: Das Evangelium nach Matthäus, München: Beck 1956.

BOLKESTEIN, Hendrik. *Wohltätigkeit und Armenpflege im vorchristlichen Altertum. Ein Beitrag zum Problem "Moral und Gesellschaft",* Groningen: Bouma's Boekhuis 1967 (= reimpressão da edição Utrecht 1939).

BOUSSET, Wilhelm. *Kyrios Christos. Geschichte des Christusglaubens von den Anfängen des Christentums bis Irenaeus,* Göttingen: Vandenhoeck 1913.

BOVON, François. *Das Evangelium nach Lukas.* EKK III,1, Züruck: Benziger /neukirchen-Vluyn: Neukirchener 1989.

BRANDT, Sigrid. *Opfer als Gedächtnis. Zur Kritik und Neukonturierung theologische Rede von Opfer.* Tese. Heidelberg 1997.

BREYTENBACH, Cilliers. *Versöhnung. Eine Studie zur paulinischen Soteriologie,* WMANT 60, Neukirchen-Vluyn: Neukirchener 1989.

BÜHNER, Jan-A. *Der Gesandte und sein Weg im 4. Evangelium. Die kultur- und religionsgeschichtlichen Grundlagen der johanneischen Sendunsgschristologie sowie ihre traditionsgechichtliche Entwicklung,* WUNT II/2, Tübingen: Mohr 1977.

BULTMANN, Rudolf. *Theologie des Neuen Testaments,* Tübingen: Mohr ⁴1961.

_____. *Das Evangelium des Johannes,* KEK, Göttingen: Vandenhoeck ¹⁰1964.

BURCHARD, Christoph. *Der dreizehnte Zeuge. Traditions- und kompositionsgeschichtliche Untersuchungen zu Lukas' Darstellung der Frühzeit des Paulus,* FRLANT 103, Göttingen 1970.

BURKERT, Walter, *Homo Necans. Interpretationen altgriechischer Opferriten und Mythen,* RVV 32, Berlin, New York: de Gruyter 1972.

———. Opfertypen und antike Gesellschaftsstruktur, in: STEPHENSON, Gunther (ed.), *Der Religionswandel unserer Zeit im Spiegel der Religionswissenschaft,* Darmstadt: Wissenschaftliche Buchgesellschaft 1976, 168-186.

———. *Wilder Ursprung. Opferritual und Mythos bei den Griechen,* Kleine Kulturwissenschaftliche Bibliothek, 22, Berlin: Klaus Wagenbach 1990.

BURRIDGE, Richard. *What are the Gospels? A Comparison with Graeco-Roman Biography,* MSSNTS 70, Cambridge: University Press 1992.

CAMPENHAUSEN, Hans von. *Die Entstehung der christlichen Bibel,* BHTh 39, Tübingen: Mohr 1968.

CANCIK, Hubert. Bios und Logos. Formgeschichtliche Untersuchungen zu Lukians "Demonax", in: Id. (ed.) *Markus-Philologie. Historische, literargeschichtliche und stilistische Untersuchungen zum zweiten Evangelium,* WUNT 33, Tübingen 1984, 115-130.

CASSIRER, Ernst. *Philosophie der symbolischen Formen II. Das mythische Denken,* 1925 = Darmstadt: Wissenschaftliche Buchgesellschaft 1958.

———. *Was ist der Mensch? Versuch einer Philosophie der menschlichen Kultur,* Stuttgart: Kohlhammer 1960.

CHARLESWORTH, James H. (ed.). *Jesus' Jewishness. Exploring the Place of Jesus within Early Judaism,* New York: Crossroad 1991.

CHESTER, Andrew. Jewish Messianic Expectations and Mediatorial Figures and Pauline Christology, in: HENGEL, Martin; HECKEL, Ulrich (eds.). *Paulus und das antike Judentum,* WUNT 58, Tübingen 1991, 17-90.

CONZELMANN, Hans. *Die Mitte der Zeit. Studien zur Theologie des Lukas,* BHTh 17, Tübingen: Mohr ^{5}1964.

COSER, Lewis A. *Theorie sozialer Konflikte,* Neuwied/Berlin: Luchterhand 1972 = *The Function of Social Conflict,* New York: Free Press 1964.

COUNTRYMAN, Louis W. *The Rich Christian in the Church of the Early Empire. Contradictions and Accomodations*, New York, Toronto: Mellen 1980.

CULLMANN, Oscar. *Der johanneische Kreis,* Tübingen: Mohr 1975.

DAVIES, William D.; ALLISON, Dale C. *The Gospel According to Saint Matthew,* 1-3, ICC, Edinburgh: T.&T. Clark 1988, 1991, 1997.

DEISSMANN, Adolf. *Licht von Osten. Das Neue Testament und die neuentdeckten Texte der hellenistisch-römischen Welt,* Tübingen: Mohr ^{4}1923.

DETTWILER, Andreas. *Die Gegenwart des Erhöhten. Eine exegetische Studie zu den johanneischen Abschiedsreden (Joh 13,31-16,33) unter besonderer Berücksichtigung ihres Relecture-Chrakters,* FRLANT 169, Göttingen: Vandenhoeck 1995.

DIHLE, Albrecht. Ethik, *RAC* 6 (1965), 646-796.

DINKLER, Eberhard. Friede, *RAC* 8 (1972), 434-505.

DODD, Charles H. *The Interpretation of the Fourth Gospel,* Cambridge: University Press 1953.

DREXLER, Josef. *Die Illusion des Opfers. Ein wissenschaftlicher Überblick über die wichtigsten Opfertheorien ausgehend vom deleuzianischen Polyperspektivenmodell,* Münchener Ethnologische Abhandlungen 12, München: Akademischer Verlag 1993.

DRIJVERS, Hendrik J. W. The Origins of Gnosticism as a religious and historical Problem, *NedThT* 22 (1967/8), 321-351 = RUDOLPH, Kurt (ed.), *Gnosis und Gnostizismus,* WdF 262, Darmstadt: Wissenschaftliche Buchgesellschaft 1975.

EBERSOHN, Michael. *Das Nächstenliebegebot in der synoptischen Tradition,* MThSt 37, Marburg: Elwert 1993.

EBERTZ, Michael N. *Das Charisma des Gekreuzigten. Zur Soziologie der Jesusbewegung,* WUNT 45, Tübingen: Mohr 1987.

EBNER, Martin. *Jesus — ein Weisheitslehrer? Synoptische Weisheitslogien im Traditionsprozeß,*HBSt 15, Freiburg, Basel, Wien: Herder 1998.

ELERT, Werner. Redemptio ab hostibus, *ThLZ* 72 (1947), 265-270.

ELSAS, Christoph. Herrscherkult, *HRWG* III (1993), 115-122.

ETZIONI, Amitai. *The Active Society: A Theory of societal and political processes,* London: Macmillan 1968.

FAUST, Eberhard. *Pax Christi et Pax Caesaris. Religionsgeschichtliche, traditionsgechichtliche und sozialgeschichtliche Studien zum Epheserbrief,* NTOA 24, Freiburg Schweiz: Universitätsverlag/Göttingen: Vandehoeck 1993.

FELDTKELLER, Andreas. Der Synkretismus — Begriff im Rahmen einer Theorie von Verhältnisbestimmungen zwischen Religionen, *EvTh* 53 (1992), 224-245.

_____. *Identitätssuche des syrischen Urchristentums. Mission, Inkulturation und Pluralität im ältesten Heidenchristentum,* NTOA 25, Freiburg Schweiz: Universitätsverlag/Göttingen: Vandenhoeck 1993.

_____. *Im Reiche der syrischen Göttin. Eine religiös plurale Kultur als Umwelt des frühen Christentums,* Studien zum Verstehen fremder Religionen 8, Gütersloh: Gütersloher Verlagshaus 1994.

FESTINGER, Leon. *A Theory of Cognitive Dissonance,* Stanford, CA: Stanford University Press 1957 = *Theorie der kognitiven Dissonanz,* Bern: Huber 1978.

FITZER, Georg. Der Ort der Versöhnung nach Paulus, *ThZ* 22 (1966), 161-183.

FREND, William H.C. Montanismus, *TRE* 23 (1994), 371-279.

FREUD, Sigmund. Zwangshandlungen und Religionsübungen, in: *Gesammelte Werke* 9, Frankfurt/M: Fischer 1944.

FREUDENBERGER, Rudolf. Der Vorwurf ritueller Verbrechen gegen die Christen im 2. Und 3. Jahrhundert, *ThZ* 23 (1967), 97-107.

GAGER, John G. *Kingdom and Community. The Social World of Early Christianity,* Englewood Cliffs New Jersey 1975.

GAMBLE, Harry Y. Canon, New Testament, *ABD* I (1992), 852-861.

GEERTZ, Clifford. "Religion als kulturelles System", in: idem, *Dichte Beschreibung. Beiträge zum Verstehen kultureller Systeme,* Frankfurt: Suhrkamp 1983, 44-95 = Religion As a Cultural System, in: *The Interpretation of Cultures,* New York: Basic Books 1973, 87-125.

GEHLEN, Rolf. Liminalität, *HRWG* IV (1998), 58-63.

GEMÜNDEN, Petra von. *Vegetationsmetaphorik im Neuen Testament und seiner Umwelt,* NTOA 18, Freiburg Schweiz: Universitätsverlag/Göttingen: Vandenhoeck 1993.

GEMÜNDEN, Petra von; THEISSEN, Gerd. Metaphorische Logik im Römerbrief. Beobachtung zu dessen Bildsemantik und Aufbau, in: BERNHARDT, Reinhold; LINK-WIECZOREK, Ulrike (eds.). *Metapher und Wirklichkeit. Die Logik der Bildhaftigkeit im Reden von Gott, Mensch und Natur*, FS Dietrich Ritschl, Göttingen: Vandenhoeck 1999, 108-131.

_____. Die urchristliche Taufe und der Umgang mit den Affekten", in: ASSMANN, J.; STROUMSA, G., (eds.). *Transformations of the Inner Self in Ancient Religions*, Leiden: Brill 1999, 115-136.

GERLITZ, Peter. Opfer I, *TRE* 25 (1995), 253-258.

GESE, Hartmut. Τὸ δὲ Αγὰρ Σινὰ ὄρος ἐστὶν ἐν τῇ 'Αραβίᾳ (Gal 4,25), in: *Vom Sinai zum Zion*, BevTh 64, München: Kaiser 1974, 49-62.

_____. Die Sühne, in: *Zur biblischen Theologie. Alttestamentliche Vorträge*, BevTh 79, München: Kaiser 1977, 85-106.

GIRARD, René. *Le Bouc émissaire*, Paris: Bernard Grasset 1972 = *Der Sündenbock*, Zürich: Benziger 1988.

_____. *La violence et le sacré*, Paris: Bernard Grasset 1972 = *Das Heilige und die Gewalt*, Frankfurt/M: Fischer 1992.

GLADIGOW, Burkhard. Ritual, komplexes, *HRWG* IV (1998), 458-460.

GNUSE, Robert K. *No Other Gods*. Sheffield: Academic Press 1997.

GROM, Bernhard. *Religionspsychologie*, München: Kösel/Göttingen: Vandenhoeck 1992.

GUBLER, Marie-Louise. *Die frühesten Deutungen des Todes Jesus. Eine motivgeschichtliche Darstellung aufgrund der neueren exegetischen Forschung*, OBO 15, Freiburg Schweiz: Universitätsverlag / Göttingen: Vandenhoeck 1977.

GUTTENBERGER ORTWEIN, Gudrun. *Status und Statusverzicht im Neuen Testament und seiner Umwelt*, NTOA 39, Freiburg Schweiz: Universitätsverlag/Göttingen: Vandenhoeck 1999.

HARNACK, Adolf von. *Markion. Das Evangelium vom fremden Gott. Eine Monographie zur Geschichte der Grundlegung der katholischen Kirche*, Leipzig: Hinrichs 1924.

HARNISCH, Wolfgang. *Verhängnis und Verheißung der Geschichte. Untersuchungen zum Zeit- und Geschichtsverständnis im 4. Buch Esra und in der syr. Baruchapokalypse*, FRLANT 97, Göttingen: Vandenhoeck 1969.

HEINE, Ronald E. Montanus, Montanism, *ABD* IV (1992), 898-902.

HENGEL, Martin. *Eigentum und Reichtum in der frühen Kirche. Aspekte einer frühchristlichen Sozialgeschichte,* Stuttgart: Calwer Verlag 1973.

_____. Zwischen Jesus und Paulus. Die "Hellenisten", die "Sieben" und Stephanus (Apg 6,1-15; 7,54-8,3), *ZThK* 72 (1975), 151-206.

_____. *Die Zeloten. Untersuchungen zur jüdischen Freiheitsbewegung in der Zeit von Herodes I. bis 70 n. Chr.,* AGJU 1, Leiden, Köln: Brill ²1976, 151-234.

_____. Mors turpissime crucis. Die Kreuzigung in der antiken Welt und die "Torheit" des "Wortes vom Kreuz", in: FRIEDRICH, J.; STUHLMACHER, P. (eds.). *Rechtfertigung,* FS Erns Käsemann, Tübingen: Mohr 1976, 125-184.

_____. Der stellvertretende Sühnetod Jesu. Ein Beitrag zur Entstehung des urchristlichen Kerygmas, *IkaZ* 9 (1980), 1-25. 135-147.

_____. *The Atonement. A Study of the Origins of the Doctrine in the New Testament,* London: SCM 1981.

_____. Entstehungszeit und Situation des Markusevangeliums, in: CANCIK, Hubert (ed.). *Markus — Philologie. Historische, literargeschichtliche und stilistische Untersuchungen zum zweiten Evangelium,* WUNT 33, Tübingen 1984, 1-45.

_____. Jakobus der Herrenbruder — der erste "Papst"?, in: GRÄSSER, Ernst; MERK, Otto (eds.). *Glaube und Eschatologie,* FS Werner Georg Kümmel, Tübingen: Mohr 1985, 71-104.

_____. *Die johanneische Frage. Ein Lösungsversuch,* WUNT 67, Tübingen: Mohr 1993 = *The Johannine Question,* Philadelphia: Trinity 1989.

_____. *Die Schriftauslegung des 4. Evangeliums auf dem Hintergrund der urchristlichen Exegese,* JBTh 4, Neukirche-Vluyn: Neukirchener Verlag 1989, 249-288.

_____; SCHWEMER, Anna M. *Paulus zwischen Damaskus und Antiochien. Die unbekannten Jahre des Apostels,* WUNT 108, Tübingen: Mohr 1998 = Id., *Paul Between Damascus and Antioch. The Unknown Years,* London: SCM 1997, 106-126.

_____. Die Ursprünge der Gnosis und das Urchrisentum, in: ADNA, J. (ed.). *Evangelium — Schriftauslegung — Kirche,* FS Peter Stuhlmacher, Göttingen: Vandenhoek 1997, 190-223.

HODGSON, Robert Jr. Holiness (NT), *ABD* III (1992), 249-254.

HOLM, Nils G. *Einführung in die Religionspsychologie,* UTB 1592, München Basel: Reinhardt 1990.

HÖLSCHER, Gustav. Der Ursprung der Apokalypse Mrk 13, *ThBl* 12 (1933), esp. 193-202.

HOLTZMANN, Heinrich J. *Die synoptischen Evangelien. Ihr Ursprung und ihr geschichtlicher Charakter,* Leipzig: Engelmann 1863.

HOOKER, Morna D. *The Signs of a Prophet. The Prophetic Actions of Jesus,* Harrisburg Penn: Trinity Press 1997.

HORN, Friedrich W. Die Gütergemeinschaft der Urgemeinde, *EvTh* 58 (1998), 370-383.

HÜBNER, Hans. Unclean and clean (NT), *ABD* VI (1992), 741-745.

ISENBERG, Sheldon R. Millenarism in Greco-Roman Palestine, *Religion* 4 (1974), 26-46.

JENSEN, Anne. *Gottes selbstbewußte Töchter,* Freiburg, Basel, Wien: Herder 1992.

KARRER, Martin. *Die Johannesoffenbarung als Brief,* FRLANT 140, Göttingen: Vandenhoeck 1985.

_____. *Jesus Christus im Neuen Testament,* GNT 11, Göttingen: Vandenhoeck 1998.

KÄSEMANN, Ernst. *Jesu letzter Wille nach Johannes 17,* Tübingen: Mohr 1966.

KIPPENBERG, Hans G. *Die vorderasiatischen Erlösungsreligionen in ihrem Zusammenhang mit der antiken Stadtherrschaft,* STW 917, Frankfurt: Suhrkamp 1991.

KLAUCK, Hans-Josef. Das Sendschreiben nach Pergamon und der Kaiserkult in der Johannesoffenbarung, *Bib* 73 (1992), 153-182 = in: *Alte Welt und neuer Glaube. Beiträge zur Religionsgeschichte, Forschungsgeschichte und Theologie des Neuen Testaments,* NTOA 29, Freiburg Schweiz/Göttingen: Vandenhoeck 1994, 115-143.

_____. *Die religiöse Umwelt des Urchristentums I,* Stuttgart, Berlin, Köln: Kohlhammer 1995.

_____. *Die religiöse Umwelt des Urchristentums II,* Stuttgart, Berlin, Köln: Kohlhammer 1996.

KLEIN, Günter. Galater 2,6-9 und die Geschichte der Jerusalemer Urgemeinde, *ZThK* 57 (1960), 275-95 = Id., *Rekonstruktion und Interpretation; Gesammelte Aufsätze zum Neuen Testament,* BevTh 50, München: Kaiser 1969, 99-118 + 118-128.

KLINGHARDT, Matthias. *Gesetz und Volk Gottes. Das lukanische Verständnis der Gesetzes nach Herkunft, Funktion und seinem Ort in der Geschichte des Urchristentums,* WUNT II, 32, Tübingen: Mohr 1988.

KLOFT, Hans. *Liberalitas Principis,* Köln, Wien: Böhlau 1970.

KOKINS, Ralfs. *Das Verhältnis von* zwh, *und* avga,ph *im Joahnnesevangelium. Stufenhermeneutik in der Ersten Abschiedsrede.* Tese. Heidelberg 1999.

KÖRTNER, Ulrich H. *Papias von Hierapolis. Ein Beitrag zur Geschichte des frühen Christentums,* FRLANT 133, Göttingen: Vandenhoeck 1983.

KOSCHORKE, Klaus. *Die Polemik der Gnostiker gegen das kirchliche Christentum,* NHS 23, Leiden: Brill 1978.

KÖSTER, Helmut. *Einführung in das Neue Testament im Rahmen der Religionsgeschichte und Kulturgeschichte der hellenistischen und römischen Zeit,* Berlin, New York: de Gruyter 1980.

KRÜGER, Gustav. *Das Dogma vom Neuen Testament,* Gießen 1896.

KÜCHLER, Max. *Frühjüdische Weisheitstraditionen,* OBO 26, Freiburg Schweiz: Universitätsverlag/Göttingen: Vandenhoeck 1979.

KÜMMEL, Werner G. *Römer 7 und das Bild des Menschen im Neuen Testament,* ThB 53, München: Kaiser 1974, 1-160.

LAATO, Timo. *Paulus und das Judentum. Anthropologische Erwägungen,* Aabo: Aabo Akademis förlag 1991.

LAMPE, Peter. Keine Sklavenflucht des Onesimus, ZNW 76 (1985), 135-137.

_____. *Die stadtrömischen Christen in den ersten beiden Jahrhunderten,* WUNT II, 18, Tübingen: Mohn 1987, ²1989.

_____. Wissenssoziologische Annähung an das Neue Testament, *NTS* 43 (1997), 347-366.

_____. *Der Brief an die Philipper, Thessalonicher und an Philemon,* NTD 8,2, Göttingen: Vandenhoeck 1998, 205-232.

_____. *Die Wirklichkeit als Bild: Das Neue Testament als Grunddokument abendländischer Kultur im Lichte konstruktivistischer Epistemologie und Wissenssoziologie,* Neukirchen-Vluyn: Neukirchener 2000.

LANG, Bernhard. Kanon, *HRWG* III (1993), 332-335.

_____. Monotheismus, *HRWG* IV (1998), 148-165.

_____. Ritual/Ritus, *HRWG* IV (1998), 442-458.

LATTE, Kurt. Synkretismus, *RGG* V (²1931), 952-959.

LEEUW, Gerhardus van der. Die do-ut-des-Formel in der Opfertheorie, *ARW* 20 (1920/1), 241-253.

LINDBECK, Georg A. *The Nature of Doctrine. Religion and Theology in a Postliberal Age,* Philadelphia: Westminster Press 1984 = alemão: *Christliche Lehre als Grammatik des Glaubens. Religion und Theologie im postliberalen Zeitalter,* ThB 90, Gütersloh: Kaiser 1994.

LIPP, Wolfgang. Charisma — Social Deviation, Leadership and Cultural Change. A Sociology of Deviance Approach, *The Annual Review of the Social Sciences of Religion* 1 (1977), 59-77.

_____. Stigma und Charisma. Über soziales Grenzverhalten, *Schriften zur Kultursoziologie* 1, Berlin: Reimer 1985.

LIPS, Hermann v. *Weisheitliche Traditionen im Neuen Testament,* WMANT 64, Neukirchen-Vluyn: Neukirchener 1990.

LÖHR, Winrich A. *Basilides und seine Schule,* WUNT 83, Tübingen: Mohr 1996.

LÜDEMANN, Gerd. *Untersuchungen zur simonianischen Gnosis,* GTA 1, Göttingen: Vandenhoeck 1975.

_____. The Acts of the Apostles and the Beginnings of Simonian Gnosis, *NTS* 33 (1987), 279-359.

_____. *Die Auferstehung Jesu. Histoire, Erfahrung. Theologie,* Göttingen: Vandenhoeck 1994.

_____. Die Bekehrung des Paulus und die Wende des Petrus in tiefenpsychologischer Perspektive, in: HORN, Friedrich W. (ed.). *Bilanz und Perspektiven gegenwärtiger Auslegung des Neuen Testaments,* FS Georg Strecker, BZNW 75, Berlin, New York: de Gruyter 1995, 91-111.

LUZ, Ulrich, *Die Jesusgeschichte des Matthäus,* Neukirchen-Vluyn: Neukirchener 1993.

_____. *Das Evangelium nach Matthäus*, EKK I, 1-3, Neukirchen-Vluyn, 1985. 1990. 1997.

MALINOWSKI, Bronislaw. *Myth in Primitive Psychology,* New York 1926 = Westport, Conn.: University Press 1971.

MALTER, Rudolf. Kant, *TRE* 17 (1988), 570-581.

MARKSCHIES, Christoph. *Valentinus Gnosticus? Untersuchung zur valentianischen Gnosis mit einem Kommentar zu den Fragmenten Valentins*, WUNT 65, Tübingen: Mohr 1992.

MARTYN, James L. *History and Theology in the Fourth Gospel*, Nashville: Abingdon Press ²1979.

MATHYS, Hans Peter. *Liebe deinen Nächsten wie dich selbst. Untersuchungen zum alttestamentlichen Gebot der Nächstenliebe (Lev 19,18)*, OBO 71, Freiburg Schweiz: Universitätsverlag/Göttingen: Vandenhoek 1986.

MCLACHLAN WILSON, Robert. Gnosis /Gnostizismus II, *TRE* 13 (1984), 535-550.

MEEKS, Wayne A. *The Origins of Christian Morality. The First Two Centuries*, New Haven, London: University Press 1993.

MEIER, John P. *A Marginal Jew. Rethinking the Historical Jesus*. Vol. 1/2. NewYork: Doubleday 1991/1994.

MEISINGER, Hubert. *Liebesgebot und Altruismusforschung. Ein exegetischer Beitrag zum Dialog zwischen Theologie und Naturwissenschaft*, NTOA 33, Freiburg Schweiz: Universitätsverlag/Göttingen: Vandenhoeck 1996.

METZGER, Bruce. *Der Kanon des Neuen Testaments. Entstehung, Entwicklung, Bedeutung*, Düsseldorf: Patmos 1993 = *The Canon of the New Testament*, Oxford: University Press 1987.

MIETH, Dietmar. Normen, *HRWG* IV (1998), 243-250.

MÖDRITZER, Helmut. *Stigma und Charisma im Neuen Testament und seiner Umwelt. Zur Soziologie des Urchristentums*, NTOA 28, Freiburg Schweizer: Universitätsverlag /Göttingen: Vandenhoeck 1994.

MÜLLER, Ulrich B. *Zur frühchristlichen Theologiegeschichte. Judenchristentum und Paulinismus in Kleinasien an der Wende vom ersten zum zweiten Jahrhundert n. Chr.*, Gütersloh: Mohn 1976.

NYGREN, Anders. *Die Gültigkeit der religiösen Erfahrung*, Gütersloh: Bertelsmann 1922.

OTTO, Eberhard. *Die biographischen Inschriften ägyptischen Spätzeit. Ihre geistesgeschichtliche und literarische Bedeutung*. Leiden: Brill 1954.

OTTO, Eckart. *Theologische Ethik des Alten Testaments*, ThW 3,2, Stuttgart, Berlin, Köln: Kohlhammer 1994.

PAGELS, Elaine. *Versuchung durch Erkenntnis. Die gnostischen Evangelien*, Frankfurt: Insel 1981 = *The Gnostic Gospels*, New York: Random House 1979.

PARSONS, Talcott. *Beiträge zur soziologischen Theorie*, Nuewied: Luchterhand 1964.

PILHOFER, Peter. *Philippi vol. 1. Die erste christliche Gemeinde Europas*, WUNT 87, Tübingen: Mohr 1995.

RÄISÄNEN, Heikki. The "Hellenists" — a Bridge Between Jesus and Paul?, in: Id., *The Torah and Christ. Essays in German and English on the Problem of the Law in Early Christianity*, SESJ 45, Helsinki: Kirjappaino Raamattutalo 1986, 242-306.

_____. Paul's Theological Difficulties with the Law, in: Id., *The Torah and Christ. Essay in German and English on the Problem of the Law in Early Christianity*, SESJ 45, Helsinki: Kirjappaino Raamattutalo 1986, 3-24.

_____. *The "Messianic Secret" in Mark's Gospel*, Edinburgh: T.&T. Clark 1990.

_____. *Beyond New Testament Theology: A Story and a Programme*, London: SCM 1990.

_____. Die frühchirstliche Gedankenwelt: Eine religionswissenschaftliche Alternative zur "neutestamentlichen Theologie", in: DOHMEN, Christoph; SÖDING, Thomas (eds.). *Eine Bibel — zwei Testamente: Positionen biblischer Theologie*, Paderborn: Schöningh 1995, 253-265.

_____. *Marcion, Muhamad and the Mahatma*, London: SCM 1997.

_____. Comparative Religion, Theology, and New Testament Exegesis, StTh 52 (1998), 116-129.

RITSCHL, Dietrich; JONES, Hugh O. *"'Story' als Rohmaterial der Theologie*, THE 192, München: Kaiser 1976.

_____. Die Erfahrung der Wahrheit. Die Steuerung von Denken und Handeln durch implizite Axiome, in: Id., *Konzepte*, München: Kaiser 1986, 147-166.

ROLOFF, Jürgen. *Die Kirche im Neuen Testament*, GNT 10, Göttingen: Vandenhoeck 1993.

_____. *Einführung in das Neue Testament*, Stuttgart: Reclam 1995.

ROWLAND, Christopher. *Revelation*, Epworth Commentaries, London: Epworth 1993.

RUDOLPH, Kurt. Simon-Magus oder Gnosticus? Zum Stand der Debatte, *ThT* 42 (1978), 279-359.

_____. *Die Gnosis. Wesen und Geschichte einer spätantiken Religion*, Göttingen: Vandenhoeck ²1980 = *Gnosis: The Nature and History of Gnosticism*, Edinburgh: T.&T. Clark 1983.

RUPPERT, Lothar. *Jesus als der leidende Gerechte?* SBS 59, Stuttgart: Katholisches Bibelwerk 1972.

SABBATUCCI, Dario. Kultur und Religion, *HRWB* I (1988), 43-58.

SANDELIN, Karl-Gustav. *Wisdom as Nourisher: A Study of an Old Testament Theme, its Development within Early Judaism and its Impact on Early Christianity,* AAAbo 64,3, Aabo Akademi 1986.

SANDERS, Edward P. *Jesus and Judaism*, London: SCM 1985.

_____. *Paul and Palestinian Judaism. A Comparison of Patterns of Religion,* London: SCM 1977 = *Paulus und das palästinische Judentum. Ein Vergleich zweier Religionsstrukturen*, StUNT 17, Göttingen: Vandenhoeck 1985.

_____. *Judaism. Practice and Belief 63, BCE — 66 CE*, London/Philadelphia: SCM; Trinity Press 1992.

SCHAEFFLER, Richard. *Fähigkeit zur Erfahrung. Zur transzendentalen Hermeneutik des Sprechens von Gott*, QD 94, Freiburg, Basel, Wien: Herder 1982.

SCHÄFERS, Bernhard. Krise, in: Id. (ed.), *Gundbegriffe der Soziologie,* UTB 1416, Opladen: Leske & Budrich 1986, 167-169.

SCHLÜTER, Astrid. *Die Selbstauslegung des Wortes. Selbstreferenz und Fremdreferenzen in der Textwelt des Johannesevangeliums.* Tese. Heidelberg 1996 (publicado cerca de 2000).

SCHMELLER, Thomas. *Brechungen. Urchristliche Wandercharismatiker im Prisma soziologisch orientierter Exegese*, SBS 136, Stuttgart: Kath. Bibelwerk 1989.

SCHMITHALS, Walter. *Neues Testament und Gnosis,* EdF 208, Darmstadt: Wissenschaftliche Buchgesellschaft 1984.

SCHNELLE, Udo. *Einleitung in das Neue Testament*, UTB 1830, Göttingen: Vandenhoeck ²1996.

SCHTTOROFF, Luise. Gewaltverzicht und Feindesliebe in der urchristlichen Jesustradition, Mt 5,38-48 / Lk 6,27-36, in: STRECKER, Georg (ed.). *Jesus in Historie und Theologie,* FS H. Conzelmann, Tübingen: Mohr 1975, 197-221.

SCHRAGE, Wolfgang. *Ethik des Neuen Testaments*, GNT 4, Göttingen: Vandenhoeck ²1989.

SCHÜRMANN, Heinz. *Die Symbolhandlungen Jesu als eschatologische Erfüllungszeichen. Eine Rückfrage nach dem irdischen Jesus (1970)*. Idem. *Jesus — Gestalt und Geheimnis,* editado por Klaus Schltissek, Paderborn: Bonifatius 1994, 136-156.

SCHÜSSLER-FIORENZA, Elisabeth. *The Book of Revelation. Justice and Judgement,* London: SCM 1985.

_____. *Revelation. Vision of a Just World,* Proclamation Commentary, Minneapolis: Augsburg Fortress 1991.

SCHWEIZER, Albert. *Von Reimarus zu Wrede. Eine Geschichte der Leben-Jesu-Forschung,* Tübingen: Mohr 1906.

_____. *Geschichte der Leben-Jesu-Forschung,* UTB 1302, Tübingen: Mohr ⁹1984.

SCOTT, Martin. *Sophia and Johannine Jesus,* JSNT.S 71, Sheffield: JSOT Press 1992.

SEELEY, David. Rulership and Service in Mark 10:41-45, *NT* 35 (1993), 234-250.

SEIWERT, Hubert. Opfer, *HRWG* IV (1998), 1998, 268-284.

SELLIN, Gerhard. Mythologeme und mythische Züge in der paulinischen Theologie, in: SCHMID, Hans H. (ed.). *Mythos und Rationalität,* Gütersloh: Mohn 1988, 209-223.

SIEGERT, Folker. Unbekannte Papiaszitate bei armenischen Schriftstellern, *NTS* 27 (1981), 605-614.

SÖDING, Thomas. *Das Liebesgebot bei Paulus. Die Mahnung zur Agape im Rahmen der paulinischen Ethik,* NTA.NF 26, Münster: Aschendorf 1991.

STANTON, Graham N. The Fourfold Gospel, *NTS* 43 (1997), 317-346.

STECK, Odil Hannes. *Israel und das gewaltsame Geschick der Propheten,* WMANT 23, Neukirchen-Vluyn: Nudirchener 1967.

STEGEMANN, Hartmut. *Die Essener, Qumran, Johannes der Täufer und Jesus,* Herder Spektrum 4128, Freiburg, Basel, Wien: Herder 1993.

STEMBERGER, Günter. *Pharisäer, Sadduzäer, Essener,* SBS 144, Stuttgart: Kath. Bibelwerk 1990.

STENDAHL, Krister. *Paul among Jews and Gentiles and other essays,* Philadelphia: Fortress 1976 = *Der Jude Paulus und wir Heiden. Anfragen an das abendländische Christentum,* München: Kaiser 1978.

_____. The Apostle Paul and the Introspective Conscience of the West, *HThR* 56 (1963), 199-215 = Der Apostel Paulus und das "introspektive" Gewissen des Westens, *KuI* 11 (1996), 19-33.

STERN, Menahem. *Greek and Latin Authors on Jews and Judaism*, I, Jerusalem: Israel Academy 1976.

STOLZ, Fritz. *Grundzüge der Religionswissenschaft*, KVR 1527, Göttingen: Vandenhoeck 1988.

_____. Der mythische Umgang mit der Rationalität und der rationale Umgang mit dem Mythos, in: SCHMID, Hans H. (ed.). *Mythos und Rationalität*, Güttersloh: Mohn 1988, 81-106.

_____. *Einführung in den biblischen Monotheismus*, Darmstadt: Wissenschaftliche Buchgesellschaft 1996.

STOMMEL, Eduard. "Begraben mit Christus" (Röm 6,4) und der Taufritus, *RQ* 49 (1954), 1-20.

_____. Christliche Taufriten und antike Badesitten, *JAC* 2 (1959), 5-14.

STOOPS, Robert F. Simon, 13, *ABD* VI (1992), 29-31.

STRAUSS, David F. *Das Leben Jesu, kritisch bearbeitet*, 2 vols., Tübingen: Osiander 1835/36.

STRECKER, Christian. *Die liminale Theologie des Paulus. Zugänge zur paulinischen Theologie aus kulturanthropologischer Perspektive*, FRLANT 185, Göttingen: Vandenhoeck 1999.

TALMON, Shemarjahu. Die Samaritaner in Vergangenheit und Gegenwart, in: PUMPMER, Reinhard (ed.). *Die Samaritaner*, WdF 604, Darmstadt: Wissenschaftliche Buchgesellschaft 1992, 379-392.

THEISSEN, Gerd. Theoretische Probleme religionssoziologischer Forschung und die Analyse des Urchristentums, *NZSTh* 16 (1974), 35-36 = in: Id., *Studien zur Soziologie des Urchristentums*, WUNT 19, Tübingen: Mohr ³1989, 55-78.

_____. *Psychologische Aspekte paulinischer Theologie*, FRLANT 131, Göttingen: Vandenhoeck 1993.

_____. *Biblischer Glaube in evolutionärer Sicht*, München: Kaiser 1984.

_____. Autoritätskonflikte in den johanneischen Gemeinden. Zum "Sitiz im Leben" des Johannesevangeliums, in: *Diakonia*. Gedenkschrift B. Stogiannos, Thessaloniki: Theologische Hochschule 1988, 243-258 = (edição atualizada): Conflits d'autorité dans les communautés johanniques. La question du Sitz im Leben de l'évangile de Jean, in: Id., *Histoire sociale du christianisme primitif. Jésus, Paul, Jean*, MoBi 33, Genève: labor et Fides 1996, 209-226.

_____. Wert und Status des Menschen im Urchristentum, *Humanistische Bildung* 12 (1988), 61-93.

_____. Gewaltverzicht und Feindesliebe (Mt 5,38-48/Lk 6,27-38) und deren sozialgeschichtlicher Hintergrund, in: Id., *Studien zur Soziologie des Urchristentums,* WUNT 19, Tübingen: Mohr ³1989, 160-197.

_____. Jesusbewegung als charismatische Wertrevolution, *NTS* 35 (1989), 343-360.

_____. *Lokalkolorit und Zeitgeschichte in den Evangelien. Ein Beitrag zur Geschichte der synoptischen Tradition,* NTOA 8, Freiburg Schweiz: Universitätsverlag/Göttingen: Vandenhoeck 1989.

_____. Wanderradikalismus. Literatursoziologische Aspekte der Überlieferung von Worten Jesu im Urchristentum, *ZThK* 70 (1973), 245-271 = in: Id., *Studien zur Soziologie des Urchristentums,* ³1989, 79-105.

_____. L'hérméneutique biblique et la recherche de la vérité religieuse, *RThP* 122 (1990), 485-503.

_____. Judentum und Christentum bei Paulus. Sozialgeschichtliche Überlegungen zu einem beginnenden Schisma, in: HENGEL, Martin; HECKEL, Ulrich (eds.). *Paulus, Missionar und Theologe und das antike Judentum,* WUNT 58, Tübingen 1991, 331-356.

_____. Weisheit als Mittel sozialer Abgrenzung und Öffnung. Beobachtungen zur sozialen Funktion frühjüdischer und urchristlicher Weisheit, in: ASSMANN, Aleida (ed.). *Weisheit. Archäologie der literarischen Kommunikation III,* München: Fink 1991,193-204.

_____. Gruppenmessianismus. Überlegungen zum Ursprung der Kirche im Jüngerkreis Jesus, *JBTh* 7 (1992), 101-123.

_____. Mythos und Wetrevolution im Urchristentum, in: HARTH, Dieter; ASSMANN, Jan (eds.). *Revolution und Mythos,* Frankfurt: Fischer 1992, 62-81.

_____. Pax Romana et Pax Christi. Le christianisme primitif et l'idée de la paix, *RThP* 124 (1992), 61-84.

_____. *Frauen im Umkreis Jesu,* Sexauer Gemeindepreis für Theologie 1993, Sexau 1993, 1-23.

_____. "Geben ist seliger als nehmen" (Apg 20,35). Zur Demokratisierung antiker Wohltätermentalität im Urchristentum, in: BOLUMINSKI, Andrea (ed.). *Kirche, Recht und Wissenschaft,* FS Albert Stein, Neuwied: Luchterhand 1995, 195-215.

_____. Die pragmatische Bedeutung der Geheimnismotive im Markus-evangelium. Ein wissenssoziologischer Versuch, in: KIPPENBERG, Hans G.; STROUMSA, Guy. *Secrecy and Concealment. Studies in the History of Mediterranean and Near Eastern Religions,* Leiden, New York, Köln: Brill 1995, 225-245.

_____. Urchristlicher Liebeskommunismus. Zum "Sitz im Leben" des Topos ἅπαντα κοινά in: Apg 2,44 und 4,32, in: FORNBERG, Tornd; HELLHOLM, David (eds.). *Texts and Contexts. Biblical Texts in Their Textual and Situational Contexts*, FS Lars Hartman, Oslo/Copenhagen: Svandinavian University Press 1995, 689-711.

_____. Hellenisten und Hebräer (Apg 6,1-6). Gab es eine Spaltung der Urgemeinde?, in: LICHTENBERGER, Hermann (ed.). *Geschichte-Tradition-Reflexion*, vol. III. Frühes Christentum, FS Martin Hengel, Tübingen 1996, 323-343.

_____; MERZ, Annette. *Der historische Jesus*, Göttingen: Vandenhoeck 1996 (= *The historical Jesus*, London: SCM 1998).

_____. The Ambivalence of Power in Early Christianity, in: RIGBY, Cynthia L. (ed.). *Power, Powerlessness, and the Divine.* New Inquires in Bible and Theology, Atlanta: Scholars Press 1997, 21-36.

_____. Jesus und die symbolpolitischen Konflikte seiner Zeit. Sozialgeschichtliche Aspekte der Jesusforschung, *EvTh* 57 (1997), 378-400.

_____. Auferstehungsbotschaft und Zeitgeschichte. Über einige politische Anspielungen im 1. Kapitel des Römerbriefs, in: BIEBERSTEIN, Sabine; KOSCH, Daniel (eds.). *Auferstehung hat einen Namen. Biblische Anstöße zum Christsein heute*, FS Hermann-Josef Venetz, Luzern: Editon Exodus 1998, 59-68.

_____. Die Rede vom großen Weltgericht (Mt 25,31-46). Universales Hilfsethos gegenüber allen Menschen?, in: GÖTZELMANN, Arnd; HERRMANN, Volker; SETEIN, Jürgen (eds.). *Diakonie der Versöhnung. Ethische Reflexion und soziale Arbeit in ökumenischer Verantwortung*, FS Theodor Srohm, Stuttgart: Quell 1998, 60-70.

_____. Vom Davidssohn zum Weltherrscher. Pagane und jüdische Endzeiterwartungen im Spiegel des Matthäusevangeliums", in: BEKCER, Michael; FENSKE, Wolfgang (eds.). *Das Ende der Tage und die Gegenwart des Heils,* FS Heinz W. Kuhn, Leiden: Brill 1999, 145-164.

_____. Evangelienschreibung und Gemeindeleitung. Pragmatische Motive bei der Abfassung des Markusevangeliums, in: KOLLMANN, Bernd;

REIBOLD, Wolfgang; STEUDEL, Annette (eds.). *Antikes Judentum und Frühes Christentum,* FS Hartmut Stegemann, Berlin, New York: de Gruyter 1999, 389-414.

_____. Jesus im Judentum. Drei Ansätze einer Ortsbestimmung, *KuI* 14 (1999), 93-109.

_____. Jesus — Prophet einer millenaristischen Bewegung? Sozialgeschichtliche Überlegungen zu einer sozialanthropologischen Deutung der Jesusbewegung, *EvTh* 59 (1999), 402-415.

_____. Die urchristliche Taufe und die soziale Konstruktion des neuen Menschen, in: ASSMANN, J.; STROUMSA, G. (eds.). *Transformations of the Inner Self in Ancient Religions,* Leiden: Brill 1999, 87-114.

THYEN, Hartwig. Johannesevangelium, *TRE* 17 (1988), 200-225.

_____. Ich-Bin-Worte, *RAC* 17 (1994/96), 147-213.

TRAUTMANN, Maria. *Zeichenhafte Handlungen Jesu. Ein Beitrag zur Frage nach dem geschichtlichen Jesus,* FzB 37, Würzburg: Echter 1980.

TREVETT, Christine. *Montanism. Gender. Authority and the New Prophecy,* Cambridge: University Press 1996.

TROBISCH, David. *Die Entstehung der Paulusbriefsammlung,* NTOA 10, Freiburg Schweiz: Universitätsverlag/Göttingen: Vandenhoeck 1989.

_____. *Die Paulusbriefe und die Anfänge der christlichen Publizistik,* KT 135, Güterslohl: Kaiser 1994.

_____. David, *Die Endredaktion des Neuen Testaments,* NTOA 31, Freiburg Schweiz: Universitätsverlag/Göttingen: Vandenhoeck 1996.

TUCKETT, Christopher. *Q and the History of Early Christianity,* Edinburgh: T.&T. Clark 1996.

TURNER, Victor. *The Ritual Process. Structure and Anti-Structure,* Chicago: Aldine 1969.

URO, Risto (ed.). *Symbols and Strata. Essays on the Saying Gospel Q,* SESJ 65, Göttingen: Vandenhoeck 1996.

VERSNEL, Hendrik S. Quid Athenis et Hierosolymis? Bemerkungen über die Herkunft von Aspekten des "Effective Death", in: HENTEN, Jan W. van (ed.). *Die Entstehung der jüdischen Martyrologie,* StPB 38, Leiden: Brill 1989, 162-196.

VEYNE, Paul. *Brot und Spiele. Gesellschaftliche Macht und politische Herrschaft in der Antike,* Darmstadt: Wissenschaftliche Buchgesellschaft

1990 = *Le Pain et le cirque. Sociologie historique d'un pluralisme politique,* Paris: Editons du Seuil 1976.

VIELHAUER, Philipp. Erwägungen zur Christologie des Markusevangeliums (1964), in: Id., *Aufsätze zum Neuen Testament,* ThB 31, München: Kaiser 1965, 199-214.

VIELHAUER, Philipp; STRECKER, Georg. Judenchristliche Evangelien, in: SCHNEEMELCHER, Wilhelm. *Neutestamentliche Apokryphen I. Evangelien,* Tübingen: Mohr ⁵1987, 114-147.

WALTER, Matthias. *Leib-Metaphorik im Neuen Testament und bei den "Apostolischen Vätern".* Tese. Heidelberg 1998.

WALZER, Michael. *Kritik und Gemeinsinn,* Berlin: Rotbuch-Verlag 1900 = *Interpretation and Social Criticism,* Cambridge, Mass.: Harvard Univ. Press 1987.

WENGST, Klaus. *Bedrängen Gemeinde und verherrlichter Christus,* BThSt 5, Neukirchen-Vluyn: Neukirchener 1981 = München: Kaiser ²1990.

_____. *Didache (Apostellehre), Barnabasbrief, Zweiter Klemensbrief, Schrift an Diognet,* SUC II, Darmstadt: Wissenschaftliche Buchgesellschaft 1984.

_____. *Demut — Solidarität der Gedemütigten,* München: Kaiser 1987.

WINDELBAND, Wilhelm. Das Heilige, in: *Präludien. Aufsätze und Reden zur Philosophie und ihrer Geschichte. Vol. 2,* Tübingen: Mohr ⁵1915, 298-331 = (em partes in: COLPE, Carsten (ed.). *Die Diskussion um das "Heilige",* WdF 305, Darmstadt: Wissenschaftliche Buchgesellschaft 1977, 29-56.

WINDISCH, Hans. Friedensbringer — Gottessöhne. Eine religionsgeschichtliche Interpretation der 7. Seligpreisung, *ZNW* 85 (1994), 1-22.

WISCHMEYER, Oda. Matthäus 6,25-34 par. Die Spruchreihe vom Sorgen, *ZNW* 85 (1994), 1-22.

_____. Macht, Herrschaft und Gewalt in den frühjüdischen Schriften, in: MEHLHAUSEN, Joachim (ed.), *Recht — Macht — Gerechtigkeit,* Gütersloh: Kaiser 1998, 355-369.

WLOSOK, Antoine (ed.). *Römischer Kaiserkult,* WdF 372, Darmstadt: Wissenschaftliche Buchgesellschaft 1978.

WOLTERS, Michael. Verborgene Weisheit und Heil der Heiden. Zur Traditionsgeschichte und Intention des "Revelationsschemas", *ZThK* 84 (1987), 297-319.

WREDE, William. *Über Aufgabe und Methode der sogenannten Neutestamentlichen Theologie*, Göttingen: Vandenhoeck 1897 = STRECKER, Georg (ed.). *Das Problem der Theologie des Neuen Testaments*, WdF 367, Darmstadt: Wissenschaftliche Buchgesellschaft 1975, 81-154 = The Task and Methods of New Testament Theology, in: MORGAN, Robert (ed.). *The Nature of New Testament Theology*, SBT 25, London: SCM 1973, 68-116.

_____. *Das Messiasgeheimnis in den Evangelien. Zugleich ein Beitrag zum Verständnis des Markusevangeliums*, Göttingen: Vandenhoeck 1901 = ⁴1969.

_____. *Paulus*, RV I, 5-6, Halle: Gebauer Schwenschke 1904 = RENGSTORF, Karl H., *Das Paulusbild in der neueren deutschen Forschung*, WdF 24, Darmstadt: Wissenschaftliche Buchgesellschaft 1969,1-97.

WRIGHT, David P. Holiness (OT), *ABD* III (1992), 237-249.

_____. Unclean and Clean (OT), *ABD* VI (1992), 728-741.

ZELLER, Dieter. Die Menschwerdung des Sohnes Gottes im Neuen Testament und die antike Religionsgeschichte, in: Id., *Menschwerdung Gottes — Vergöttlichung von Menschen*, NTOA 7, Freiburg Schweiz: Universitätsverlag/Göttingen Vandenhoeck 1988, 141-176.

_____. Die Mysterienkulte und die paulinische Soteriologie (Röm 6,1-11). Eine Fallstudie zum Synkretismus im Neuen Testament, in: SILLER, Hermann P. (ed.). *Suchbewegungen. Synkretismus — kulturelle Identität und kirchliches Bekenntnis*, Darmstadt: Wissenschaftliche Buchgesellschaft 1991, 42-61.

_____. *Christus unter den Göttern. Zum antiken Umfeld des Christusglaubens*, Stuttgart: Kath. Bibelwerk 1993.

_____. Hellenistische Vorgaben für den Glauben an die Auferstehung Jesu?, in: HOPPE, R.; BUSSE, U. (eds.). *Von Jesus zu Christus*, FS Paul Hoffmann, Berlin/New York: de Gruyter 1998, 71-91.

ZIMBARDO, Philip L. *Psychologie*. Edição alemã por Siegfried Hoppe-Graff, Barbara Keller e Irma Engel, editado por Siegfried Hoppe-Graff e Barbara Keller, Berlin, Heidelberg, New York: Springer ⁶1995 = *Psychology and Life*, Glenview Ill.: Scott, Foresman ¹²1988.

ZUMSTEIN, Jean. L'évangile johannique: une stratégie de croire, *RSC* 77 (1989) 271-232 =Id., *Mettes exégétique*, MoBi 25, Genève: Labor et Fides 1991, 237-252.

ÍNDICE DE CITAÇÕES BÍBLICAS

1. Antigo Testamento

Gênesis
6,1ss	88, 242
9,4ss	184
22,11ss	205
49,11	183

Êxodo
19,6	156
19,15	155
22,1-11	33
22,20-23	33
22,24-25	33
23,1-12	33
32,30-32	207, 257

Levítico
10,8s	154
16	203
17,7.10.13s	346
18,6-29	346
19,2	156
19,18s	99, 103, 270
19,34	100
21,1-4	155, 186
21,7	155
21,7-8	157
21,11	155, 186
22,31ss	156

Números
16	156

Deuteronômio
4,6-8	151
6,4	270
21,1-9	207
21,23	295
23,2	157
32,14	183

1 Samuel
2,6s	110
2,22-24	155

2 Samuel
22,28	111

1 Reis
10	151

2 Crônicas
9	151

Salmos
2,7	89
18,28	111
40,4-9	194
40,18	111
50,8-15.23	194
51,18s	194
69,31s	194
70,6	111
86,1	111
109,22	111
110,1	73, 238
118,22	201
118,26	232

Provérbios
1-8	153
22,17-23,12	151

Isaías
1,11–17	194
2,11	110
6,9s	252, 253
7,14	89, 243

11,10	128	93,1-10	242
24,21s	47		
24,23	47	*IV Esdras*	
27,9	231, 297	8,20-36	291
33,17-22	47	8,47-49	292
40,3	257		
42,4	128	*José e Asenet*	
45,23	77, 228	8,10	181
52,7	311	15,5	181
53,10	208		
56,7	161, 195	*Flávio Josefo*	
57,19	130	*Antiquitates Judaicae*	
59,20s	231	4,141-155	290, 304
63,2	183	8,143	151
		11,344	318
Jeremias		12,257-64	102, 318
31,33s	297	15,348	127
		18,55-59	58, 101
Daniel		18,85	59
7,13	64	18,256-309	102
7,14	47, 397	19,334	129
		20,49-53	138
Oseias		20,200	347
6,6	247	*Contra Apionem*	
		1,1	155
Amós		*Bellum Judaicum*	
5,21-24	194	2,169-177	58, 101
9,11s	251, 252	2,184-203	102
		3,401s	63
Miqueias		6,312s	83
6,6-8	194	*Vita*	
		1	155
Zacarias		65s	58
9,9	111, 243		
14,9	47	*1 Macabeus*	
		1,29-41	54
Malaquias		6,2	318
3,1	257	14,1ss	127

2. Literatura judaica antiga

		2 Macabeus	
Carta de Aristeia	129	7,9.14	208
		7,32	208
Assunção de Moisés	47		
		4 Macabeus	
Enoque Etiópico		6,28s	209
42,1-2	151	14,5	209
91,11-17	242	14,15-17	141

15,3	209	38,31	148
16,13	209	39,1	148
17,18	209	39,26	183
17,20-22	209	50,1-24	146
18,19	209	50,15	183
		52,26	149
		51,27	149

Fílon
De Cherubim
41ss   89

Testamento dos Doze Patriarcas Issacar
7,6   101

De Josepho
28ss   304

José
17,8   100

Ad Gaium
118   235
197-337   102

Zebulon
5,1   101

Vita Mosis
1,1   234
11,2s   146

Sabedoria de Salomão
7-10   153
7,26s   87
7,27   88, 376
11,10   44

Probus
79   112, 114

Questiones in Genesim
111,18,56   89

3. Literatura cristã primitiva

Salmos de Salomão
17   124, 126, 127
17,21ss   128
17,31   128

(a) Novo Testamento
Evangelho de Mateus

2,1ss	372
3,7ss	373
3,9	156
3,11	63
3,13ss	243
3,15	244
3,17	156, 242
5,3	47, 126
5,9	128
5,13-16	165, 245
5,20	98, 165, 244
5,21s	50, 244
5,38ss	102, 129, 142
5,39	131, 199
5,43	378
5,43ss	52, 101, 103, 378
5,47s	244
5,48	245
6,1	244

Escritos de Qumrã I QM
6,8   47

Escritos de Qumrã I QS
1,9-11   101
1,10   101
2,23-25   111

Oráculos Sibilinos
3,767   47

Jesus Sirácida
24   152, 153, 232
24,3-10   151
24,17s   154
24,19   149
24,22   154
38,24   147
38,24–39,11   147
38,25-26   148

6,1-18	245	22,34ss	121
6,7	244	22,39	103
6,14	118	23,1ss	244
6,19–7,11	245	23,11	109
6,24	327	23,27	186
6,25ss	139, 140, 141, 149	23,34	153
		23,3ss	372
6,29	127	24,14	362
6,31	244	25,31-46	135
6,33	244	25,35ss	133, 135
7,12	245	25,44	136
7,24	46	26,13	362
8,10s	142	26,28	219
8,11s	47, 55, 61	26,53	243
8,21s	50, 199	27,52	372
9,13	247	28,18	243
10,5	349	28,19s	122, 180
11,16	46	28,20	245, 362
11,19	153	28,28	243
11,25-30	371		
11,26	243	*Evangelho de Marcos*	
11,27	243	1,7	237
11,28	47, 61, 149	1,9-11	156
11,29	243	1,11	238, 242
12,1ss	160	1,13	379
12,7	247	1,14s	45, 374, 377
12,11	160	1,16s	142
12,21	128	1,24	238
12,28	45, 130, 373	2,5	377
13,16s	45	2,17	377
14,33	242	2,23-28	160, 240
17,24ss	127	2,27-28	238
19,12	51, 157	3,4	54
19,19	103	3,7ss	241
19,21	245	3,20s	74
19,28	60, 127	3,22	409
19,30	109	3,28	238
20,16	109, 379	4,26-29	45
21,4	243	5,1ss	241
21,5	113	5,34	372
21,12	109	6,2a	148
21,31	141	7,15	54, 228, 233
21,32	47, 244	7,15,sss	241
22,35ss	245	7,22	139
22,7	246, 247	8,11-13	73

8,21ss	239	14,49	201
8,29	63	15,26	63
8,31	201	15,31s	372
9,2	237	15,32	63
9,7	236, 237, 238	15,38	240
9,9	237	15,39	228, 237
9,23	377	16,2	237
9,35	109	16,6	236, 237
9,37	375		
10,12ss	140	*Evangelho de Lucas*	
10,14	47	1,13ss	258
10,17ss	51	1,35	89
10,21ss	327	1,46	367
10,25	51, 137, 142, 327	1,49ss	371
		1,52	112, 129, 378
10,27	377	1,68ss	252, 258
10,31	109, 367, 379	2,14	258
10,35ss	379	2,29ss	258
10,38	180, 348	2,31	250
10,42	113	2,34	250
10,42-44	129, 378	2,38	258
10,43	367	3,10-14	133
10,43s	109	3,11	136
10,45	113, 203, 379	4,3.9	228
10,47-48	63	4,5-8	112
10,52	372	6,24ss	327
11,9	232	6,27ss	102
11,10	60	6,30	137
11,15ss	60	6,31	103
11,17	161, 195, 241	6,35	137
11,22-24	372, 377	7,1ss	250
11,27-33	177	7,5	52, 104
12,1ss	201	7,47	52, 103
12,10	201	9,51ss	102
12,13.17	61, 142	10,3ss	140
12,17	65	10,8	54, 55
12,28ss	52, 254	10,10-12	172
12,35-37	75	10,16	375
12,36	238	10,18	45
12,38-40	151	10,22	228
12,41-44	134	10,25	139
13	82, 374	10,25ss	102, 139, 378
13,6	409	10,30ss	52
14,25	177, 179	10,38-42	149
14,36	200	11,29s	401

11,46	151	3,36	259
11,52	151	4	318
12,15	139	4,21	276
13,6-9	401	4,24	195
13,17	251	4,42	266
13,30	109	5,17	78
13,34	201, 232	5,18	19, 79, 274
13,35	231, 232	5,24	374
14,11	109	5,24ss	400
15,1ss	149, 248	5,29	377
16,18s	140, 233	5,31ss	263
17,19	372	5,38	264
17,20s	45	5,39	264
18,14	109	6,35	263, 267
19,1ss	51	6,35ss	154
20,9-19	251	6,40	259
22,24	113	6,51	267
22,25s	138	6,51ss	34, 189, 190, 271, 376
24,21	228, 252		
24,26	201, 228	6,52-58	181
		6,53	189
Evangelho de João		6,53ss	185
1–12	261	6,56	189, 266
1,1	256, 258, 342	6,60	275
1,2	370	6,63	190, 266
1,4	267	6,65	277
1,5	260	6,66	275
1,14	89, 258, 376	7,42	75, 264
1,16	260	7,53–8,11	361
1,18	256, 258, 279, 342	8,2ss	51, 158
		8,12	263, 267
1,41	262	8,14	406
1,45	262, 264	8,24	263
1,49	262	8,28	263
1,50s	259, 262	8,33	276
2,1ss	266	8,44	82
2,6	265	8,58	263
2,18ss	376	9,1ss	154
3,3-5	265, 360	10,5	263
3,5	265, 374	10,7-10	267
3,16	104, 270	10,11	263, 267
3,16a	121, 270	10,14	267
3,17	380	10,30	79, 256, 274
3,18	377	10,33	79
3,27	277	11,1ss	154

11,25	267	15,18ss	272
11,54	349	16,2	276
12,3ss	154	16,11	276
12,15	113	16,12	279
12,27-33	204	16,33	377
12,31	276	17	261, 267
12,34	262	17,2s	268
12,44	259	17,11	256
12,45	375	17,21	256, 259, 274
12,47	380	17,22s	272
12,49s	267, 269	17,23	259
12,50	106	17,24	259
13–17	261	17,26	272
13	190	18,3	82, 277
13,1	172, 272	18,9	264
13,1ss	367, 379	18,32	264
13,10	271	19,11	82, 277
13,19	263	19,12	277
13,23	279	19,15	277
13,27	277	19,26s	278
13,34	104, 114, 272	20–21	261
13,34s	378	20,28	342
13,35	104	20,30s	362
14,1ss	400	21	280
14,6s	269	21,15ss	74, 278
14,9	259	21,24s	362
14,10s	259	21,25	362
14,15ss	154		
14,16	278	*Atos dos Apóstolos*	
14,19s	259	1,6	252
14,20	274	2,22ss	201
14,20ss	376	2,38	180
14,23	272	2,41	251
14,27	277	3,17	251
14,30	82, 276, 277	4,4	251
15–17	255	4,10s	201
15,1s	269, 270	5,1-11	409
15,3	271	6,1ss	349
15,3s	266	6,5	349
15,7	266	6,14	161, 195
15,9s	272, 378	7,53	304, 343
15,12	104, 114	8,5-40	318, 349
15,12-17	269	10,1-48	228
15,15	107	10,9ss	55
15,17	104	10,36	130

11,27ss	138	5,15	309
12,23	113, 238, 248	5,17	309
13,27ss	201	5,18ss	309
13,46	251	5,20	306
14,8ss	238, 248	6–8	310, 312
14,11	90	6	180
15,15-17	252	6,1	217, 312
15,20.29	346	6,1ss	90, 217, 375
15,22	364	6,3s	34
15,27	364	6,4	183, 188, 218, 374
19,1-7	177		
20,35	133	6,11.13	311
21,8	349	6,12ss	310
21,28	161, 195	6,19	310, 311
23,6	252	7,1ss	295
28,6	248	7,3	310
28,20	252	7,4	311
28,24	253	7,7ss	295, 311
28,27	253	7,12	306
28,30	253	8,1	376, 379
		8,3	203, 375
Carta aos Romanos		8,4	157
1,3s	42, 75, 82, 157	8,7	373
1,7	157	8,10	376
1,18-3,20	297, 308, 373, 409	8,17	310
2,12ss	379	8,21	310, 311
2,14s	308	8,29	294, 310, 311
3,1ss	308	8,31ss	204, 373
3,8	233	8,34	162, 206, 375
3,18-20	203	9–10	309
3,21-31	205	9–11	309, 311
3,21–5,21	308	9,11	309
3,25	202	9,19ss	373
3,25s	203, 205	10,2	289
3,28-30	308	10,8	29
3,30	283	10,9s	377
4,1ss	308, 375	10,15	311
4,1-25	205	10,17	29
4,17	309, 371	11	313
4,25	205	11,25	309
4,25s	375	11,25ss	231, 252
5,6ss	117, 204	11,27	296, 297
5,8	206, 270	12,1	158, 216
5,10	206, 375	12,1s	392
5,12ss	313, 373, 374	12,9ss	104, 114, 115

Índice de citações bíblicas

12,3s	376	11,23ss	42
12,16	109, 115	11,27	186
13,1-7	115, 130, 164	12,12ss	376
13,8ss	114, 115, 233, 270	12,25	141
		12,28	372
13,11-14	312	12,10.30	173
13,13	158	13	378
14,2.21	381	13,1	173
14,15	105	13,5	114
14,20	142	14,1	173
15,12	128	15,3ss	42, 76, 180, 201, 204
15,16	161, 195		
16,16	172	15,9	296
16,23	306	15,9s	297
16,25-27	152	15,11-28	369
16,27	152	15,17	205
		15,29	375
1. Coríntios		15,47ss	313
1,2	157	16,20	172
1,18s	144, 202, 371		
1,26	86, 150	*2. Coríntios*	
3,16	376	2,5-11	105
3,16ss	158, 376	3,1ss	230
3,21-23	115	3,4ss	230
4,8	127	3,6	293, 306
4,10	115	4,11	115
5,6s	158	4,16	370
6,3	127	5,7	259
6,9	141	5,14	375
6,10	139, 142	5,14ss	204
6,11	158, 189	5,15	205
6,15	376	5,16	78, 231
6,18	158	5,17	370, 374, 375
6,19	203, 376	5,18ss	204, 205
7,10	42, 140	5,19	162
7,12ss	78	5,21	162, 203
7,17.20.24	142	8,1	277
7,19	283, 298	8,2	137
8,1	105, 378	8,7ss	105
8,5	80	8,9	144
8,6	370	11,7	109, 115
9,1ss	140	13,12	172
9,5	317		
9,14	42, 78	*Carta aos Gálatas*	
10,19s	81	1,14	289, 294
11,17ss	189, 217, 271	1,15ss	297

2,1ss	344	4,2	109, 115
2,4	350	4,12	413
2,7	283, 344	4,22-24	189
2,9	344, 364	4,24	374
2,15	409	5,3	139
2,19s	186, 303	5,5	139, 142
3,1	303	5,32	318
3,3	203, 301	6,15	128
3,13	203, 375		
3,14	203	*Carta aos Filipenses*	
3,15ss	293	2,2s	114
3,19	304	2,4	114
3,23	377	2,6ss	89, 109, 117,
3,27	189		121, 202, 367,
3,28	187, 408		378
4,3	305	2,10	228
4,5	203	2,10s	77
4,6	157	3,4ss	297
4,17	301	3,5s	295
4,18	289	3,6	75, 289
4,21ss	302	3,10	297
4,25	305	3,18	303
4,26	127	3,19	302
5,3	301	3,21	127
5,6	298	4,8	122
5,11	302, 303		
5,12s	114	*Carta aos Colossenses*	
5,13	114	1,13	374
5,14	233, 305	1,16	370
5,16ss	371	1,18	370
6,2	375	1,26s	152
6,10	104	1,28	152
6,12	302	2,3	152, 371
6,14	303	2,9	89, 376
6,15	283, 298, 370,	2,11	218
	374, 408	2,14	204
		3,5	139
Carta aos Efésios		3,9s	189
1,10	380	3,11	347
2,6	127	3,16	347
2,17	84, 130		
2,19	127	*1 Tessalonicenses*	
2,21	413	1,1–3,13	297
3,10	152	1,2	297
3,13	152	1,10	228, 232
		2,13	201, 297

2,14-26	300	3,13-18	150, 371
2,16	296	4,10	109, 368
3,12	104, 114	5,15	377
4,3	158		
4,11s	142	*1 Pedro*	
		1,14-16	159, 161
1 Timóteo		1,18	159
4,14	172	1,22	114
		2,5	159
2 Timóteo		2,9	159
1,6	172	2,10	159, 161
2,12	127	2,13-17	164
2,18	347	2,21-25	202
		3,18-22	204
Carta a Tito		5,5	109, 116, 378
2,13	342	5,13	348
3,5	189, 374		
		2 Pedro	
Carta a Fiemon		1,1	342
16	105	1,13	348
		1,14	364
Carta aos Hebreus		1,15	348
1,8	342	3,1	364
6,20	162, 201	3,3s	400
8,7ss	181	3,16	364
8,13	196		
9,8-10	196	*1 João*	
10,16s	181	2,10	104
10,20	162, 201	3,14	374
10,22	162	3,17	270
11,1	377	4,16	376, 378, 410
11,3	377	5,4	377
11,4ss	377		
11,17-19	309	*2 João*	
12,22	162	9	349
13,2	135		
13,24	383	*Apocalipse*	
13,18-25	196	1,14-20	204
		2,1–3,22	354
Carta de Tiago		2,5.22s	374
1,6	377	3,21	127
2,1-11	106	2,26ss	127
2,1ss	137	4,11	329
2,5	138	12	130
2,8s	106	13	82, 130
2,19	377	14,4	332
2,20-24	309	14,19s	183

18,4	333	
20,6	127	

(b) Literatura extracanônica
1 Clemente
23ss	400
24,2	370
38,1-2	136
56,1	116

2 Clemente
11	400

Didaqué
7,1-3	183
8,2	358
9-10	90, 181, 190
11,3	358
11,11	318

Evangelho dos Ebionitas
Frag.2	381
Frag.6	191, 197, 382
Frag.7	382

Evangelho dos Hebreus
Frag.2	382
Frag.4a	382
Frag.5	382
Frag.6	382

Evangelho dos Nazarenos
Frag.10	348, 381
Frag.16	348, 381
Frag.18	348, 381

Evangelho de Tomé
3	383
12	347
19	383
28	383
53	53

Pastor de Hermas Parábolas
I.6	334
II.5-10	136, 333

4. Literatura Greco-romana

Aelian Historiae
2,20	111
XIII.13	134

Apuléio Metamorfoses
X.23,1	180
XI.27,1	180

Aristóteles Ética a Nicômano
IV.I,1120A	134

Diógenes Laércio
I,69	110

Epicteto Dissertationes
IV.1,1	311

Eurípedes
Alceste	208

Empédocles Fragmento
137	194

Firmicius Maternus De errore profanarum religionum
22,1	93

Galeno De pulsum differentiis
3,33	150

Heródoto História
1,193	183
2,77	183
2,86	183

Lívio
3,2,2	277
3,24,10	277
3,27,15	277

Ovídio Metamorforses
15,832	277

Platão
Politeia
V,473d	146

Banquete
179b-d   208

Plínio o Velho História
11,5,18   136

Plínio o Moço Cartas
X,96   81, 320
X,97   320

Plutarco
De Iside et Osiride
3   16
27   218
Moralia
173D   134
218A   128
Rômulo
28,2   90

Porfírio
Frag.69   185

Strabo
16,2,35-38   291

Suetônio Cláudio
25,4   300

Tácito História
V.9   57

Tucídides
II,97,4   134

Xenofontes Agesilau
11,11   111

Xenofontes Anabasis
III,2,10   110

5. Literatura cristã

Aristides Apologia
15,8   134

Atenágoras Supplicatio
3,35ss   185

Eusébio
História eclesiástica
III,31,3   354
III,39,4   360
III,39,8-10   354
III,39,14s   348
III,39,17   360
V,16,17   334
VI,12,36   358
Demonstratio evangelica
3,3,11   197
Praeparatio evangelica
IV,17,4-6   102, 196
IX,17,21-9   318

Irineu Adversus Haireses
I,23,2   317, 319
III,11,7-8   359
III,23,2-4   319

Hieronymys De viris inlustribus
3   358

Justino
Apologia
26,2-3   185, 317
28,2   400
61,4   360
66   359
Diálogo com Trifão
103,8   359

Minucius Felix
22,1   218

Canon Muratori
47s,57ss   364

Tertuliano
Apologia
7,8   185
De fuga
IX,4   334
De pudicitia
XXI,7   334
Scorpiace
X,1   321

ÍNDICE ONOMÁSTICO

A
Abraão	27, 48, 55, 82, 102, 122, 156, 162, 205, 234, 257, 276, 291, 298, 301, 304, 305, 308, 309, 318, 374
Adão	15, 43, 88, 306, 308, 313, 359, 374
Alceste	208
Aristóteles	134, 147

B
Barnabé	90, 138, 229, 238, 248, 251, 298, 344, 346, 348, 352, 364
Basilides	323, 424

C
Cláudio	83, 138, 299, 300
Clemente de Alexandria	353

D
Davi, davídico	42, 60, 63, 82, 157, 160, 234, 245, 247, 251, 252, 257, 264, 363

E
Elias	236, 291
Esdras	291, 293, 294
Estêvão	161, 195, 228, 304, 344, 349

F
Filipe	325, 344, 349, 360
Fílon	89, 102, 111, 114, 128, 146, 161, 234, 235, 256, 292, 293, 304
Fineias	293, 294

G
Gaio Calígula	81, 102

H
Helena de Adiabene	138
Herodes Agripa I	248
Herodes Antipas	58
Hipólito	323

J
João Batista	55, 59, 176, 177, 233, 258, 325, 328
Johanan ben Zakkai	247
Jonas	150, 152, 401
Judas	76, 82, 148, 277, 288, 325, 326, 328, 364, 365
Judas Galileu	288, 325, 326, 328

Justino 93, 317, 323, 352, 359

M

Marcião 323, 335, 336, 341, 352, 353, 354, 355, 356, 357, 361, 363, 370, 384

Maximila 334

Moisés 59, 146, 154, 155, 161, 195, 207, 234, 236, 244, 258, 259, 260, 262, 290, 291, 293, 304, 305, 359

P

Papias 348, 349, 360, 361

Pastor de Hermas 136, 333, 353, 365, 366

Pedro 55, 63, 74, 76, 106, 159, 202, 228, 236, 237, 248, 251, 266, 275, 276, 278, 280, 317, 337, 344, 346, 347, 348, 358, 360, 364

Platão 146, 147

Pôncio Pilatos 58

S

Salomão 124, 127, 140, 150, 151, 152

Sêneca 83

Simão de Cirene 321

Sócrates 147

Strabo 291, 293

T

Taciano 358

Tertuliano 321, 323, 335, 353

Tiago 74, 76, 105, 106, 137, 148, 150, 337, 344, 346, 347, 349, 350, 352, 360, 364, 368, 382

Trajano 320

V

Valentino valentinianos 323, 314, 352

Vespasiano 63, 83

Z

Zeus Xenios 102, 318

SUMÁRIO

Prefácio 7
Capítulo 1 – O programa de uma teoria da religião cristã primitiva 11
    O "ser" da religião: religião como sistema cultural de sinais 13
    A função da religião: religião como promessa do proveito da vida 21
    Problemas fundamentais de uma teoria da religião cristã primitiva 29

Parte I
Mito e história no cristianismo primitivo

Capítulo 2 – A importância do Jesus histórico para o surgimento da religião
    cristã primitiva. A revitalização da religião judaica
    por meio de Jesus 41
    O mito no anúncio do Jesus histórico 43
        A transformação "histórica" do mito 45
        A transformação "poética" do mito 46
        A transformação "política" do mito 47
    O etos do judaísmo e o anúncio de Jesus 49
    Os ritos judaicos e o anúncio de Jesus 53
    A situação política do judaísmo e o Jesus histórico 57
    Mito e autocompreensão de Jesus 62

Capítulo 3 – Como se chegou à divinização de Jesus? A transformação
    da religião judaica mediante a fé pós-pascal em Cristo 67
    A exaltação de Jesus como superação da dissonância 72
    A exaltação de Jesus como intensificação da convicção
    monoteísta fundamental 77
    A exaltação de Jesus como suplantação da concorrência 79
        Suplantação do poder mediante a exaltação 80
        Suplantação do bem-estar mediante a proximidade 86

Parte II
O etos do cristianismo primitivo

Capítulo 4 – Os dois valores fundamentais do etos cristão primitivo:
    amor ao próximo e renúncia ao *status* 97
    O amor ao próximo como primeiro valor fundamental cristão primitivo ... 99
        Tendências de expansão no cristianismo primitivo 101
        Tendências de restrição no cristianismo primitivo 104

Renúncia ao *status* como o segundo valor cristão
fundamental primitivo 108
   Renúncia ao status *na tradição sinótica*..112
   Humildade recíproca na literatura epistolar..113
O "mito" cristão primitivo e os dois valores fundamentais
do cristianismo primitivo..116

**Capítulo 5 – A relação do cristianismo primitivo com o poder e os bens:
exigências éticas à luz dos dois valores fundamentais I**...............121
Mudança de valor no trato com o poder e o senhorio 125
Mudança de valores no trato com os bens e a riqueza 132

**Capítulo 6 – A relação do cristianismo primitivo com a sabedoria e a santidade:
exigências éticas à luz dos dois valores fundamentais II**.............145
Mudança de valor no trato com a sabedoria..147
Mudança de valores no trato com a santidade e a pureza..154

Parte III
A linguagem simbólica ritual
do cristianismo primitivo

**Capítulo 7 – O surgimento dos sacramentos cristãos primitivos
a partir de ações simbólicas**..169
A linguagem simbólica ritual do cristianismo primitivo como um todo..........171
Ações simbólicas como formas primitivas dos sacramentos 176
A transformação de ações proféticas simbólicas
em sacramentos cristãos primitivos..179
   A relação com a morte de Jesus 179
   A tensão entre realização exterior e sentido religioso 182
   *A superação das fronteiras dos tabus nos sacramentos
   cristãos primitivos* 184

**Capítulo 8 – A interpretação sacrifical da morte de Jesus
e o fim dos sacrifícios** 193
A dissolução dos sacrifícios na época cristã primitiva..194
A interpretação sacrifical da morte de Jesus 198
   Autoestigmatização na vida e no ensinamento de Jesus 198
   As interpretações da morte de Jesus no cristianismo primitivo...............200
   A inclusão da ressurreição na interpretação da morte de Jesus.............204
As funções dos sacrifícios tradicionais 209
   Considerações metodológicas 210
   As funções do sacrifício...212
A linguagem simbólica cristã primitiva como equivalente
funcional dos sacrifícios tradicionais 216

Parte IV
A religião cristã primitiva como universo simbólico autônomo

Capítulo 9 – O caminho da religião cristã primitiva rumo a um universo simbólico autônomo: de Paulo aos evangelhos sinóticos 225
O início do desenvolvimento rumo à autonomia da religião
cristã primitiva: o Concílio dos Apóstolos e Paulo 227
O caminho rumo à autonomia da religião cristã primitiva
e os evangelhos sinóticos 233
*O evangelho de Marcos: a delimitação ritual em relação
ao judaísmo* 236
*O evangelho de Mateus: a delimitação ética em relação ao judaísmo
(e ao paganismo)* 242
*O evangelho de Lucas: a delimitação narrativo-histórica em
relação ao judaísmo* 247

Capítulo 10 – O evangelho de João: a tomada de consciência da autonomia interna do universo simbólico primitivo cristão 255
O programa da hermenêutica gradual joanina no prólogo de João 257
A execução da hermenêutica gradual joanina 261
A transformação do sistema mítico de sinais no evangelho de João 262
*A transformação da linguagem simbólica ritual
no evangelho de João* 264
A transformação da linguagem simbólica ética no evangelho de João 268
A auto-organização do sistema cristão primitivo de sinais
no evangelho de João 273
*A reorganização dos elementos simbólicos e das formas
tradicionais de expressão* 273
*A pré-organização primitiva da futura linguagem de
sinais no evangelho de João* 278

Parte V
Crises e consolidação do cristianismo primitivo

Capítulo 11 – Crises do cristianismo primitivo 283
A crise judaística no primeiro século 286
*Os axiomas fundamentais do judaísmo: monoteísmo e
nomismo da aliança e as aporias do judaísmo* 287
A doutrina da justificação na vida de Paulo 293
Causas históricas e políticas da crise no primeiro século 299
A crise judaística e a resposta da teologia paulina 303
A crise gnóstica no segundo século 313
Que é gnose? Tentativa de definição 314
O contexto histórico da gnose como movimento geral 315
O gnosticismo cristão 320

As crises proféticas no primeiro e no segundo século..................................325
　　　O movimento de Jesus e a Fonte dos Ditos..................................326
　　　O Apocalipse de João..................................329
　　　O Pastor de Hermas..................................333
　　　A nova profecia do montanismo..................................334

**Capítulo 12 – Pluralidade e unidade no cristianismo primitivo
　　e o surgimento do cânone**..................................337
　　A pluralidade no cristianismo primitivo até a formação do cânone..................342
　　　Conflitos e agrupamentos nas primeiras gerações..................................343
　　　Quatro correntes fundamentais na segunda geração..................................346
　　　*O cristianismo comunitário protocatólico e seu confronto
　　　com as "heresias"*..................................352
　　Formação do cânone como reconhecimento da pluralidade..................353
　　　*A decisão pela bipartição de todo o cânone
　　　em Antigo e Novo Testamento*..................................354
　　　*A decisão pela bipartição do Novo Testamento em
　　　evangelhos e Atos dos Apóstolos*..................................356
　　　A decisão pelo quádruplo evangelho..................................357
　　　A decisão pelas cartas de Paulo e pelas cartas católicas..................363
　　O cânone interno no cânone: a gramática da fé cristã primitiva..................366

**Capítulo 13 – Construção e plausibilidade do
　　universo simbólico cristão primitivo**..................................385
　　A construção da religião cristã primitiva: visão de conjunto..................385
　　A plausibilidade da religião cristã primitiva..................................392
　　　*Experiência do mundo como fonte de certeza: os axiomas do
　　　cristianismo primitivo como possibilidade de uma visão
　　　dinâmica do mundo*..................................396
　　　*A harmonia com o próprio ser como fonte de certeza:
　　　os axiomas do cristianismo primitivo e o* a priori *religioso*..................402
　　　*A harmonia com as demais pessoas como fonte de certeza:
　　　o dinamismo construtor de comunidades dos axiomas do
　　　cristianismo primitivo*..................................407

Bibliografia..................................415

Índice de citações bíblicas..................................435

Índice onomástico..................................449

Paulinas

Rua Dona Inácia Uchoa, 62
04110-020 – São Paulo – SP (Brasil)
Tel.: (11) 2125-3500
paulinas.com.br – editora@paulinas.com.br
Telemarketing e SAC: 0800-7010081